AI 트랜스포메이션

지은이 소개

임정혁은 **동해 북삼초, 광희중·고**를 거쳐, **고려대**에서 **정치외교학**을, **아주대 정보통신 대학원**에서 **인공지능**을 공부했다. 일찍부터 디지털 기술에 관심을 가져 컴퓨터 활용 교육, 보안 솔루션 개발 등의 일을 해 왔다. 인터넷 등장 초기에는 국내 최초 인터넷 기반 교육방송국 설립과 운영에도 참여했다. 현재 기획재정부 산하 **한국재정정보원**의 이사(비상임)로 활동하고 있으며, 여러 매체에 4차 산업혁명과 AI 기술에 관한 글을 기고하는 칼럼니스트, AI 리터러시 습득을 돕는 강사로도 활약하고 있다. 앞으로 AI의 파괴적 발전이 우리 사회와 인류에 선한 영향력을 미치도록 **'행동하는 일'**에 더 많은 시간과 노력을 바칠 계획이다.

저서로는 **「4차 산업혁명과 준비된 미래(디지털 정글에서 살아남는 법) Ⅰ, Ⅱ」** (포아이알미디어, 2023)이 있다.

AI 트랜스포메이션

임정혁 지음

프롤로그
AI 시대의 미래, 무엇이 결정하는가?

인간이 생각하는 방식대로 생각하는 기계

애플 창립자 스티브 잡스가 세상을 떠난 지 꽤 오랜 시간이 흘렀지만, 그의 철학과 비전은 여전히 기술 업계에 깊은 영향을 끼치고 있다. 그렇기에 기술과 혁신의 아이콘인 애플이 최근 AI 기술 개발 경쟁에서 뒤처지고 있는 상황에서 "잡스라면 어떻게 접근했을까?"라는 궁금증이 자연스럽게 생긴다. 특히 1985년 스웨덴 룬드대학교에서 그가 보여준 통찰력 있는 강연을 떠올리면 더욱 그런 생각이 든다.

"여러분, 알렉산더 대왕의 스승이 누군지 아십니까? 아리스토텔레스입니다. 저는 이 사실을 알고 알렉산더가 너무 부러웠습니다. 저도 그런 훌륭한 성인에게서 교육을 받을 수 있었다면 얼마나 좋았을까 하는 생각이 들었기 때문입니다. 하지만 인류가 발명하고 발전시켜온 인쇄술 덕분에, 비록 직접 대면해서 교육을 받을 수는 없지만, 적어도 아리스토텔레스가 직접 쓴 글을 읽을 수는 있었습니다. 서양 문명의 강점 덕분에 원천에 직접 접근할 수 있게 된 것이죠. 하지만 문제는 제가 아리스토텔레스에게 직접 질문할 수는 없다는 것입니다. 아니, 질문은 할 수 있습니다만 대답을 들을 수는 없습니다. 때문에 저는 이런 꿈을 꿉니다. '내 살아생전에 과거의 스승들과 상호작용할 수 있는 새로운 도구를 만들어 내 보자'고요. 그래서 다음 세대의 아리스토텔레스가 이 세상에 등장했을 때 그가 살아 있는 동안 그의 세계관(worldview)을 컴퓨터에 담을(capture) 수 있도록 말이죠. 그러면 미래의 학생들은 아리스토텔레스의 글을 읽는 것에 그치지 않고, 그에게 질문을 던지고, 답변까지 받을 수 있을 것입니다."

잡스가 말하는 이 기계는 물론 지금 우리가 접하는 AI와는 많이 다르다. 더 정확하게 말하자면 훨씬 더 고차원의 기계다. 이 기계를 이해하기 위해서는 1945년으로 거슬러 올라가야 한다.

그해 여름, 미국의 과학자 배네버 부시(Vannevar Bush)는 「인간의 뇌와 똑같이 생각하는 기계(As We May Think)」라는 에세이를 월간지 『더 애틀랜틱(The Atlantic)』에 기고했다. 부시는 제2차 세계대전 당시 미국 과학기술 행정을 총괄했던 인물로, 원자폭탄 개발을 이끈 과학행정가였다. 하지만 전쟁이 끝나면서 그는 깊은 회의에 빠졌다. 그리고 고뇌 끝에 과학이 인류를 파괴하는 데 쓰일 것이 아니라 인간 정신을 확장하는 방향으로 쓰여야 한다는 신념을 품기에 이르렀다. 「인간의 뇌와 똑같이 생각하는 기계」는 부시의 그런 새로운 비전에서 탄생했다.

이 에세이에서 부시는 '메멕스(Memex)'라는 장치를 제안했다. 메멕스는 'memory'(기억)와 'index'(색인)의 합성어로, 인간의 기억처럼 작동하는 지식 저장 장치를 의미한다. 그는 이 장치를 인간의 생각 방식을 그대로 흉내내는 기억·사유 장치로 구상했다. 부시는 인간의 뇌가 요즘의 컴퓨터 체계와 같이 정보를 체계적으로 분류해 검색하는 그런 방식이 아니라, '연상(association)'을 통해 사고한다고 보았다. 이를테면 책을 읽다가 특정 단어를 떠올리면 연상이라는 작용을 통해 관련된 다른 자료로 자유롭게 연결되는 식이다. 이는 인지과학과 인공지능 분야의 '연결주의(connectionism)'와 유사한 개념이다. 연결주의는 인간의 사고가 고정된 틀에 갇히지 않고, 뇌의 신경세포들이 서로 연결되어 정보를 주고받는 그물망을 통해 이루어진다고 보는 관점이다. 부시는 메멕스가 이러한 연상 방식을 구현해 정보를 저장하고 꺼낼 수 있어야 한다고 주장했다.

부시의 생각을 현대적 시각으로 정리해 보자면, 메멕스는 인간의 뇌와 연결되어, 사용자가 문서·사진·메모·아이디어들을 시간의 흐름 속에서, 그리고 연상의 흐름에 따라 축적하고, 다시 불러오고, 다른 사람들과 공유할 수 있도록 설계된 고도의 지능형 장치다. 더욱이 부시는 이를 기억 보조 도구로만 보지 않았다. 그는 이렇게 말했다. "새로운 도구들은 인간의 기억, 학습, 사고 과정을 도울 수 있어야 한다." 메멕스는 인간의 뇌를 꼭 닮은 기계로, 말하자면 외장형 '인간 지성의 확장 장치'였던 것이다.

부시의 생각 속에서 어떤 개념이 이런 장치를 떠올리게 했을까? 부시는 지식, 좀 더 정확하게는 '지능'이라는 것이 '연결', '공유', '재연결'이라는 세 가지 핵심 기능으로 구성된다고 보았다. 지식의 연결(Association)이란 인간의 사고처럼 개별 정보를 인과나 맥락으로 이어주는 방식을 의미한다. 이는 기억의 정보를 고정된 분류 체계가 아닌, 연상을 기반으로 한 네트워크 구조로 조직하고 탐색한다. 그런 구조 속에서는 한 아이디어가 다른 아이디어로 자연스럽게 이어지게 된다. 지식의 공유(Sharing)는 개인이 만든 연상 경로(trails)를 다른 사람에게 전달하는 과정이다. 이 경로는 재사용과 해석이 가능하도록 설계되어 있어 지식이 사회적으로 확산되고 협업을 촉진한다. 연구자들이 연구 노트를 친구와 공유해 함께 발전시키는 것처럼 말이다. 지식의 재연결(Retracing & Recombination)은 기존 연상 경로를 다시 따라가며(Retracing) 과거 사고를 되짚고, 이를 새로운 맥락에서 재구성(Recombination)하는 과정이다. 이를 통해 과거 지식에 새로운 통찰을 더하고 창의적으로 업데이트할 수 있다. 이렇게 되면 이 과정은 기억 재생에 머무르지 않고 지식 간 새로운 연결을 통해 사고의 진화를 촉진한다.

이 세 가지는 사실 인류가 구현하면 좋을 법한 기술적 원칙이라기 보다 부시가 꿈꾼, 인간 정신의 미래를 구성하는 철학적 조건이었다고 봄이 옳다. 그러니까 그는 사유의 도구를 통해 인간 정신 그 자체를 확장하고 싶어 했던 것이다. 그렇기에 스티브 잡스의 "살아있는 아리스토텔레스의 세계관을 컴퓨터에 담는다"는 발상은 AI를 초월하는 바로 이런 고차원의 사유 복제 장치에 가까운 개념이었다고 할 수 있다. 그리고 그것은 부시의 시대부터 이어져 온 인간 정신 확장의 꿈이었다.

여기서 한 가지 주목할 점은 잡스가 말한 '세계관(worldview)'이 그 사람의 지식 체계만을 뜻하는 것이 아니라는 점이다. 잡스는 질문과 대답을 주고받는 '상호작용'을 강조했으며, 이는 감정, 가치관, 직관, 심지어 감각 경험까지 포함하는 전인격적 기억의 저장과 복원을 의미한다. 따라서 이 시스템은 현재의 AI처럼 패턴 학습이나 언어 생성에 그치지 않고, 인간의 전체 경험을 디지털로 구현하는 고차원적 기계였다. 메멕스라는 개념이 등장한 지 80년이 지난 오늘날, 부시의 구상은 다행스럽게도 무위로 끝나지 않고 기술 발전에 큰 영향을 미쳤다. 우리가 늘상 쓰는 하이퍼텍스트 기반의 웹, 연상적 정보 탐색을 가능케 하는 검색 엔진, 정보 시각화, 사용자 맞춤형 추천 시스템 등은 모두 부시의 비전을 현대적으로 계승한 결과다. 하지만 잡스가 꿈꾼 '세계관 캡쳐' 수준의 시스템은 아직 기술적으로 실현되지 않았다.

오늘날의 AI는 잡스가 말한 '살아 있는 아리스토텔레스'처럼, 인간의 세계관을 온전히 디지털로 담아내기에는 아직 갈 길이 멀다. 예컨대 어떤 순간을 기억할 때, 우리는 그 장면에서 들었던 소리, 냄새, 느낌 같은 감각 정보 함께 떠올린다. 그러나 현재 많은 연구자들이 감각 경험을 인식하는 기계를 만들기 위해서 노력하고 있지만, 지금 단계의 AI들은 이런 감각 경험들을 온전히 저장하거나 재현하지 못한다. 또한 인간은 질문을 받을 때 감정이나 가치관, 상황의 맥락에 따라 다르게 반응하지만, AI는 아직 그 정도의 섬세한 반응을 구현하기도 어렵다. 특히 우리가 질문을 던지는 순간의 의도와 맥락을 실시간으로 파악해 적절히 응답하는 능력은 여전히 부족하다. 이런 차이들은 기술의 문제이기도 하지만, 더 나아가 '세계관을 캡처한다'는 발상이 요구하는 철학적 깊이와 기술적 통합성 사이의 간극을 보여주는 것이기도 하다. 이 간극은 앞으로 AI가 나아가야 할 철학적, 기술적 과제를 명확히 보여준다. 모르긴 몰라도 잡스가 살아 있다면 이 간극을 좁히는 데 큰 역할을 했을 것이다.

시대적 여명의 문턱에서

"AI는 이제 더 이상 '무엇이 가능한가'에 대한 이야기가 아니다. 지금 현재 일어나고 있는 현실의 이야기이며, 우리가 함께 인류의 미래를 만들어가고 있는 이야기이다." 스탠포드 대학교 인간중심 인공지능 연구소가 2025년 발표한 《AI 인덱스 리포트》의 첫 문장이다. 이 한 문장은 우리가 직면한 현실을 잘 설명한다. AI는 더 이상 공상과학 영화 속에나 나오는 상상의 소재가 아니라, 우리가 아침에 스마트폰으로 날씨를 확인하고, 출근길을 안내받고, 업무용 이메일을 작성하는 바로 그 순간부터 함께하는 현실이다.

하지만 과연 우리는 이 변화를 맞이할 준비가 되어있는가? 우리 대부분은 AI와 함께 살아가고 있으면서도 그 사실을 깨닫지 못하고 있거나, AI가 무엇인지, 어떻게 작동하는지, 우리 삶에 어떤 영향을 미치는지 제대로 이해하지 못하고 있다. 비유하자면 자동차 운전을 배우지 않고 고속도로에 나선 것과 같은 상황이랄까.

우리가 이 책을 읽는 지금 AI는 이미 우리 사회의 핵심 인프라가 되었다. 2023년 한 해 동안 미국 FDA는 223개의 AI 기반 의료기기를 승인했다. 우리가 병원에서 받는 진단과 치료에 AI가 관여할 가능성이 그만큼 높아졌다는 뜻이다. 금융 분야에서는 전체 주식 거래의 70% 이상이 AI 알고리즘에 의해 이루어지고 있으며, 우리의 신용평가, 대출 승인, 보험료 산정에도 AI가 핵심적인 역할을 한다.

교육 현장도 예외가 아니다. 전 세계 학생들이 챗GPT, 클로드(Claude) 같은 AI 도구로 숙제를 하고, 에세이를 쓰고, 문제를 해결하고 있다. 교사들은 AI 교육 도구로 개별 학습자에게 맞춤형 교육을 제공하고 있다. 심지어 이 책을 읽고 있는 당신도 이 책을 고를 때 어쩌면 AI 추천 시스템이 제안한 도서를 선택했을 가능성이 높다.

하지만 이면에는 놀라운 반전이 숨어있다. 데이터 과학 및 AI 분야의 온라인 교육 플랫폼인 데이터캠프(DataCamp)가 미국과 영국의 기업 리더 500여 명을 대상으로 실시한 조사(2025년)에 따르면, 82%가 주 1회 이상 AI를 업무에 활용하고 있지만, AI를 제대로 이해하고 효과적으로 활용할 수 있는 비율은 30%에 불과하다. 일반인이 아니라 산업 선진국 기업의 경영자들이 말이다. '포춘(Fortune) 500' 기업의 99%를 고객으로 둔 글로벌 컨설팅 기업인 액센츄어(Accenture)가 데이터 시각화 분야의 선도 기업인 클릭(Qlik)과 함께 공동으로 발행한 「글로벌 데이터 리터러시 벤치마크(Global Data Literacy Benchmark)」 보고서는 더욱 충격적인 사실을 보여준다. 미국, 영국, 독일 등 6개 선진국의 직장인 5,000여 명을 조사한 결과, AI와 데이터를 비판적으로 분석하고 감독하며 타인에게 설명할 수 있는 '코치' 역할의 고숙련자는 단 13%에 불과했다. 보고서는 이를 'AI 감독 위기(AI oversight crisis)'로 규정하며, AI 확산 속도에 비해 이를 제대로 통제할 수 있는 인적 역량이 심각하게 부족한 현실을 경고했다.

이 경고는 무엇을 의미하는가? 우리가 AI를 '**블랙박스**'처럼 사용하고 있다는 뜻이다. AI에게 질문하고 답변을 받지만 그 내부에서 어떤 일이 일어나는지, 언제 믿고 언제 의심해야 하는지, 더 나은 결과를 얻으려면 어떻게 해야 하는지 모른 채 맹목적으로 사용하고 있는 것이다.

두 가지 길 : 능동적으로 전환하거나 수동적으로 휩쓸리거나

네덜란드 트벤테 대학교(University of Twente)의 콜린 바우터스(Colin Wouters)가 2024년 발표한 연구는 흥미로운 사실을 보여준다. AI를 이해하는 사람일수록 AI에 대해 더 긍정적이고 균형잡힌 태도를 갖는다는 것이다. 역설적이게도 AI의 한계와 위험을 더 잘 아는 사람들이 AI를 더 긍정적으로 받아들인다는 의미다. 반면 직업이 불안정하다고 느끼는 사람들은 AI를 위협적으로 인식하는 경향이 강했다.

이 연구가 우리에게 알려주는 것은 분명하다. AI 시대에는 두 가지 길만 있다. AI를 이해하고 활용하는 주체가 되거나, AI의 변화에 휩쓸리는 객체가 되거나. AI의 작동 원리를 이해하는 사람들은 정보를 비판적으로 분석하고 신뢰성을 판단하며 주체적으로 활용한다. 이들은 자동화와 혁신을 주도하여 고부가가치를 창출하고, 변화를 주도하며 자기계발에 능동적으로 참여한다. 사회적으로는 투명성과 책임성을 요구하며 민주적 통제에 참여하는 시민이 된다.

반면 AI를 이해하지 못하는 사람들은 AI가 제공하는 정보를 맹신하거나 오용할 위험에 노출된다. 가짜뉴스나 편향된 정보에 취약하며, 직업적으로는 단순업무 대체 위험에 직면하고 역량 격차가 심화된다. 개인적으로는 수

동적 적응에 머물거나 기술에 종속될 가능성이 높아진다.

　MIT의 한 연구에 따르면 생성형 AI를 효과적으로 활용할 수 있는 직장인은 생산성이 평균 40% 향상되었다. 더 놀라운 것은 같은 회사, 같은 직급에서도 AI를 잘 다루는 사람과 그렇지 못한 사람 사이에 거의 2배에 가까운 성과 차이가 나타났다는 점이다. 이러한 격차가 발생하는 핵심 요인은 프롬프트 엔지니어링 기술에 있었다. 연구 결과 효과적인 프롬프트 작성 능력이 AI 활용 성과의 70%를 결정하는 것으로 나타났다. 또한 AI 리터러시 교육을 받은 직장인들은 창의적 문제 해결 능력도 25% 증가했다. 이러한 격차는 시간이 지날수록 더욱 벌어질 것으로 예상된다.

　AI를 이해하지 못한 채 AI 시대를 맞는다면 기회 상실 문제로 끝나지 않고 실질적이고 심각한 위험 속에 빠질 수도 있다. 개인 차원에서 보면 잘못된 의사결정을 할 위험이 크다. 미국에서는 AI 챗봇의 의료 조언만 믿고 병원 진료를 미루다가 병을 키운 사례가 보고되었다. 또 AI 기반 투자 앱의 추천만 믿고 위험한 투자를 하여 큰 손실을 입는 경우도 늘어나고 있다. 소셜 미디어 알고리즘에 의해 편향된 정보만 접하게 되어 잘못된 정치적, 사회적 판단을 내리는 경우도 빈번하다.

　조직이나 회사 차원에서는 더욱 심각한 문제가 발생할 수 있다. 2018년 아마존이 AI 채용 시스템을 폐기할 수 밖에 없었던 사건에서 볼 수 있듯이, AI의 편향성을 인식하지 못하고 사용하여 우수한 인재를 놓치거나 의도하지 않은 차별을 야기하는 경우가 있다. 또 AI 시스템에 과도하게 의존하여 시스템 장애 시 업무가 완전히 마비되는 조직도 늘어나고 있다.

　사회 차원에서는 AI 관련 법규와 규제가 강화되는 상황에서 이를 이해하지 못하여 법적 제재를 받는 경우가 증가하고 있다. 유럽의 일반개인정보보호규정(GDPR, General Data Protection Regulation), 미국의 주별 프라이버시법 등 AI 관련 규제를 제대로 파악하지 못하여 막대한 벌금이나 제재를 받는 기업들이 늘어나고 있다.

하지만 지레 절망할 필요는 없다. 오히려 지금이 기회다. AI 리터러시를 갖춘 사람들에게는 전례 없는 기회가 열리고 있기 때문이다. 일자리 시장에서는 완전히 새로운 고임금 일자리들이 폭발적으로 증가하고 있다. 데이터 과학자, AI 엔지니어, 머신러닝 전문가의 평균 연봉은 미국 기준 1억 5천만원이 넘는다. 프롬프트 엔지니어는 연봉이 2억 5천만원을 넘는 경우도 흔하다. 데이터캠프의 보고서에 따르면 기업 경영자의 79%가 심지어 AI 전문 직종이 아니더라도 "AI 리터러시를 갖춘 인재에게 더 높은 연봉을 지불할 의향이 있다"고 답했다.

이쯤에서 AI 리터러시가 무엇인지 간략히 짚고 넘어가야 할 것 같다. **AI 리터러시란 우리말로는 'AI 문해력'**이라고 할 수 있겠는데, **AI 도구를 사용할 줄 아는 기본적인 수준을 넘어 AI가 어떻게 작동하는지 기본 원리를 이해하고, 일상에서 AI를 식별하며 효과적으로 활용할 수 있는 능력**을 가리킨다. 여기에 더해 AI가 만들어낸 결과를 비판적으로 평가하여 언제 믿고 언제 의심해야 하는지 판단할 수 있어야 한다. 가령 챗GPT가 "이 약을 복용하세요"라고 답했을 때, 그것이 일반적 정보인지 개인에 맞춰진 조언인지 구분하고, 의사와 상담이 필요한 사안인지 판단할 수 있어야 하는 것이다. 또한 AI와 효과적으로 소통하는 프롬프트 작성 기술과 함께, AI 사용 과정에서 발생할 수 있는 개인정보 침해나 편향성 같은 윤리적 문제를 인식하고 대처하는 능력도 갖춰야 한다. 결국 AI 리터러시는 AI 시대를 살아가기 위한 종합적 역량인 셈이다. 이에 관해서는 뒤에서 더 자세히 다뤄보기로 하자.

업무 효율성 측면에서도 AI를 활용해 반복적인 업무를 자동화하고 창의적 업무에 집중할 수 있게 되었다. 마케팅 담당자는 AI로 고객 데이터를 분석하고 개인화된 캠페인을 설계할 수 있고, 교사는 AI 도구로 학생별 맞춤형 학습 자료를 제작할 수 있으며, 의사는 AI 진단 도구를 활용해 더 정확한 진단을 내릴 수 있다.

개인 역량 발전 측면에서는 AI가 개인의 학습 능력을 혁신적으로 향상시킨다. AI 튜터를 활용한 개인 맞춤형 학습, AI 번역 도구를 활용한 다국어 소통, AI 창작 도구를 활용한 예술적 표현 등 과거에는 상상할 수 없었던 가능성들이 열리고 있다.

전 세계가 주목하는 해법들과 AI 리터러시의 힘

다행히 전 세계 주요 국가들과 기관들이 AI 리터러시의 중요성을 인식하고 체계적인 해법을 제시하고 있다. 핀란드는 2024년 초등학교 3학년부터 AI 기초 교육을 도입했다. 하지만 복잡한 프로그래밍을 가르치는 것이 아니라, 놀이와 체험을 통해 패턴 인식, 데이터의 개념, 기계와 인간 사고의 차이를 자연스럽게 익히도록 한다. 싱가포르는 학년별로 체계화된 AI 리터러시 커리큘럼을 개발했는데, 초등학교에서는 AI 인식과 기본 개념을, 중학교에서는 AI 활용과 비판적 사고를, 고등학교에서는 AI 윤리와 사회적 영향을 단계적으로 학습한다.

덴마크는 모든 성인이 무료로 참여할 수 있는 '만인을 위한 AI(AI for Everyone)' 프로그램을 운영하고 있다. 의료진, 교사, 소상공인, 시니어 등 직업과 연령에 맞춤화된 AI 교육을 제공한다. 독일은 AI와 자동화로 인한 일자리 변화에 대비하여 '일자리 4.0' 프로그램을 운영한다. 개인별 맞춤형 경력 전환 로드맵을 제공하고, 제조업 근로자들이 단순 조립 업무에서 AI 시스템 관리, 데이터 분석, 품질 관리 등으로 역할을 전환할 수 있도록 체계적으로 지원한다.

2025년 초 미국 하원이 발표한 초당적 AI 태스크포스 보고서는 AI 리터러시를 국가 경쟁력의 핵심 요소로 규정했다. 공화당과 민주당 각 12명씩 총 24명의 의원이 24개월간의 연구를 거쳐 합의에 도달한 이 보고서는 세 가지 핵심 메시지를 전달한다. 무엇보다 AI 교육을 국가적 우선순위로 삼아야 한다고 강조한다. 모든 공립학교에 AI 학습용 인프라를 제공하고, 현직 교사 50만 명을 대상으로 대규모 AI 교육을 실시하며, 모든 성인이 연간 5,000달러까지 AI 교육비를 지원받을 수 있는 바우처 제도를 도입하겠다고 발표했다. 더 나아가 AI 리터러시를 **21세기의 새로운 시민권**으로 인식해야 한다고 주장한다. 이는 과거 문해력이 민주 시민의 기본 조건이었듯이, AI가 지배하는 현대 사회에서는 AI 시스템을 이해하고 활용할 수 있는 능력이 시민으로서의 기본권이 되었다는 인식을 반영한다. AI 리터러시는 경제 참여와 사회적 포용을 위한 기본적 생존권이자, AI 기반 의사결정 과정을 이해하고 감시할 수 있는 민주적 참여의 전제조건이며, 알고리즘 편향에 맞서고 AI 시스템의 투명성을 요구할 수 있는 현대적 자유권의 핵심이다. 결국 AI 리터러시 없이는 21세기 민주 사회의 온전한 구성원으로 기능할 수 없다는 점에서, 이를 새로운 형태의 기본권으로 보장해야 한다는 것이다.

이 책이 안내하는 AI 여정

이 책은 총 5개의 장으로 구성되어 있으며, AI 이해에서 시작해 적용을 거쳐 적응하고, 미래를 준비하는 논리적 흐름을 따른다. 먼저 AI가 무엇인지, 어떻게 작동하는지 이해하는 것부터 시작한다. 그 다음 그 이해를 바탕으로 실제 삶과 업무에 AI를 적용하는 방법을 배운다. 변화무쌍한 AI 기술에 흔들리지 않고 지속적으로 적응하는 힘을 기른 후, 다가올 미래를 준비한다. 계단을 오르듯 단계별로 AI에 대한 지식을 쌓고, 실제로 활용하며, 변화에 적응하고, 미래를 준비하는 완전한 여정을 제공하는 것이 목표다.

첫 번째 단계 : 이해 – AI의 본질을 파악하다

먼저 1장과 2장에서는 AI의 본질을 쉬우면서도 깊이 있게 이해하는 시간을 갖는다. 1장 〈생각하기 시작한 기계〉에서는 AI가 어떻게 탄생하고 발전해왔는지 그 뿌리를 탐구한다. 1943년 맥컬럭과 피츠의 간단한 수식에서 시작된 아이디어가 80년의 긴 여정을 거쳐 어떻게 오늘날의 놀라운 AI로 진화했는지 살펴본다. 특히 AI가 인간과는 전혀 다른 방식으로 세상을 인식한다는 점에 주목한다. AI는 모든 정보를 숫자로 변환하는 벡터화 과정을 거쳐, 데이터 속 숨은 패턴을 찾아내는 특징 추출을, 그리고 거리 계산으로 미세한 차이를 포착하는 유사성 계산을 수행한다. 벡터와 행렬이라는 수학적 도구를 통해 AI가 어떻게 의미를 찾아내고 기억을 저장하는지 상세히 다룬다. 또한 AI가 물리적 세계로 확장되는 피지컬 AI와 복잡한 업무를 자율적으로 처리하는 AI 에이전트의 등장을 통해, AI가 단순한 정보 처리를 넘어 현실 세계에서 실제 행동을 하는 존재로 진화하고 있음을 확인할 것이다.

2장 〈AI의 구조와 생각하는 원리〉에서는 AI의 과거와 현재, 그리고 미래를 한눈에 조망한다. 1956년 다트머스 회의에서 '인공지능(Artificial Intelligence)'이라는 용어가 탄생한 순간부터 시작해 초기 AI 개념과 현대 AI의 차이점, AI 발전의 역사적 흐름을 추적한다. 프랭크 로젠블랫의 퍼셉트론부터 로트피 자데의 퍼지이론까지 AI의 기초 이론을 살펴보고, 현대 AI 기술의 주요 유형인 머신러닝과 딥러닝의 핵심 원리를 깊이 있게 다룬다. CNN과 RNN 같은 신경망 구조, 강화학습 알고리즘, 그리고 대형언어모델(LLM)의 특성과 가능성, GAN 알고리즘과 딥페이크 기술까지 포괄적으로 설명한다. 또한 데이터의 역할과 중요성, 알고리즘과 모델의 개념, 학습과 추론의 과정, AI 모델의 성능 평가 방법 등 AI 기술 이해를 위한 핵심 개념들을 체계적으로 정리한다. 특히 AI 메타인지 알고리즘과 AI의 시스템 2 사고 같은 최신 AI 발전 동향도 함께 다루어, 단순한 패턴 인식을 넘어 자기인식과 논리적 추론이 가능한 고차원 AI의 가능성을 탐구한다.

두 번째 단계 : 적용 - AI를 실제로 활용하다

3장 〈개인의 AI 전환 전략〉에서는 1장과 2장을 통해 습득한 AI의 구성과 작동 원리 이해를 바탕으로 AI를 실제 생활에 적용하는 구체적인 방법을 배운다. 개인의 차원에서 AI 전환(AX)의 의미와 필요성을 파악하고, 4차 산업혁명을 넘어 5차 산업혁명으로 이어지는 새로운 패러다임을 이해한다. 디지털 전환(DX)과 AI 전환(AX)의 본질적 차이를 명확히 하고, 창작, 의료, 교육, 금융 등 다양한 분야에서 AI 활용으로 성공한 실제 사례들을 통해 개인의 AI 전환 성공 전략을 도출한다.

개인 AI 역량 진단과 평가 단계에서는 AI 리터러시의 다차원적 정의와 구성요소를 이해하고, 자가 점검을 통해 현재 AI 성숙도를 파악해 본다. 이어 자신만의 AI 도구 스택 설계와 활용 최적화 방법을 통해 작업 유형별 AI 도구 선택과 최적화 전략을 익힌다. 또 프롬프트 엔지니어링을 통한 효과적인 AI 지시와 상호작용 설계 방법을 체계적으로 학습하며, CLEAR 프레임워크와 실전 예제를 통해 실무 활용 능력을 기른다. 마지막으로 인지 증강과 사고 확장 전략을 통해 AI와 함께 생각의 한계를 뛰어넘고, 증강된 인지 능력을 실천하는 방법, '인간-AI 협력적 창의성' 개발까지 종합적으로 다룬다.

세 번째 단계 : 적응 – 변화에 흔들리지 않는 힘을 기르다

4장 〈AI 시대의 적응과 지속 성장 전략〉에서는 끊임없이 변화하는 AI 기술에 흔들리지 않고 지속적으로 적응하는 내적 역량을 기른다. 먼저 실패 사례 분석과 AI 활용의 한계 인식부터 시작한다. 애플 인텔리전스의 뉴스 요약 오류, 에어 캐나다의 챗봇 소송 사건 등 주요 AI 활용 실패 사례들을 체계적으로 분석하여 AI의 한계와 신뢰성 확보 방안을 학습한다. AI 환각 현상과 해결 방안에 대해서는 AI 환각의 발생 원인과 심각한 실패 사례들을 살펴보고, 분야별 대응 전략과 환각 식별 방법을 구체적으로 다룬다. 이와 함께 환각과는 완전히 다른 문제인 'AI의 의도적 거짓말'에 대해서도 자세히 살펴본다.

AI 기술 발전 단계 및 향후 전망에서는 향후 5~10년간의 AI 발전 방향과 영향을 살펴보고, AI 시대의 직업 전환과 역량 개발에 대한 실용적인 가이드를 제공한다. 직무별/산업별 AI 영향도와 대응 전략을 상세히 분석하고, 어떤 직업이 사라지고 어떤 직업이 새로 생길지에 대한 전망과 함께, 개인이 어떻게 준비해야 하는지에 대한 전략적 사고를 다룸으로써 지속적인 자기계발의 토대를 마련한다.

네 번째 단계 : 미래 – 다가올 변화를 준비하다

마지막 5장 〈AGI와 초지능의 시대〉에서는 더 먼 미래에 닥칠 근본적인 변화에 대비한다. 협의의 AI(Narrow AI)와 범용인공지능(AGI)의 차이점, AGI 개발의 다섯 가지 핵심 경로와 도달 시점에 대한 다양한 예측에 대해 살펴본다. 초지능의 개념과 '종이클립 최대생산 AI' 같은 위험 시나리오, 도구적 수렴성과 싱글톤 같은 핵심 개념들을 이해하며, 일찍이 그런 미래를 꿰

뚫어 본 철학자 보스트롬의 예견과 그로부터 10년여의 세월이 지난 지금의 현실을 비교하여 초지능 담론을 재조명한다.

'AGI·초지능의 시대와 적응'이라는 소단원에서는 현재 공개된 모델들의 발전 수준을 점검하고, AGI가 이론에서 현실로 옮겨가는 과정에서 현재의 AI와 AGI의 근본적 차이점을 파악한다. 인간-기계 인터페이스의 주요 유형과 설계 원칙, 실제 적용 사례와 발전 전망을 통해서는 자연스러운 소통의 다리를 구축하는 방법을 탐구한다. 또 인간 지능 증강과 인간 참여형 지능 시스템을 통해 AI 시대의 균형점을 찾고, AGI의 잠재적 영향에 대한 준비 방법을 종합적으로 제시한다.

정리해 보면, 1장과 2장에서 "AI가 어떻게 작동하는가?"를 깊이 이해하고, 3장에서 "어떻게 활용할 것인가?"를 체계적으로 배우며, 4장에서 "어떻게 적응할 것인가?"를 철저히 터득한다. 그리고 5장에서 "미래는 어떻게 될 것인가?"를 신중히 전망하게 된다. 각 장의 끝에서 독자는 "아, 이래서 AI가 이렇게 작동하는구나", "이래서 이런 변화가 일어나는구나"라는 깨달음을 얻게 될 것이다. 각 단계를 거치면서 독자는 AI를 온전히 이해하고, 실제로 적용하며, 변화에 적응하고, 미래를 준비하는 완전한 역량을 갖추게 되리라 확신한다. 그리고 마지막 장을 덮을 때쯤이면 AI라는 존재를 온전히 이해하고, 더 나아가 AI와 함께하는 미래를 현명하게 준비할 수 있는 지혜를 갖추게 될 것이다.

지금 시작해야 한다

AI 기술의 발전 속도는 상상을 초월한다. 앞서 언급한 스탠포드 리포트에 따르면, 2022년에 최고 성능을 내기 위해 540억 개의 매개변수가 필요했던 작업을 2024년에는 38억 개의 매개변수로 해결할 수 있게 되었다. 142배의 효율성 향상이 불과 2년 만에 이루어진 것이다. AI 발전 속도가 이와 같아서 지금 당장 시작하지 않으면 따라잡기 어려워진다. 하지만 반대로 지금 시작한다면 아직 늦지 않다. 오히려 AI 리터러시에 대한 인식이 확산되기 시작한 지금이 기회일 수 있다.

중요한 것은 완벽하게 준비되기를 기다리지 말고 지금 시작하는 것이다. 모든 것을 한 번에 배우려 하지 말고, 하나씩 차근차근 익혀가는 것이다. AI는 도구일 뿐이며, 도구는 사용하면서 익숙해지는 것이다. 이 책을 읽는 우리는 혼자가 아니다. 전 세계 수백만 명의 사람들이 우리와 똑같은 고민을 하며 같은 길을 걸어가고 있다. 핀란드의 초등학생도, 덴마크의 시니어도, 독일의 제조업 근로자도, 미국의 대학생도 모두 AI 리터러시를 배우고 있는 것이다.

정부와 기업, 학교와 연구기관들이 모두 AI 리터러시 향상을 위해 노력하고 있다. 무료 교육 프로그램, 온라인 학습 자료, 실습 기회들이 점점 늘어나고 있다. 우리가 배우고자 하는 의지만 있다면 배울 수 있는 환경은 얼마든지 조성된다. 하지만 아무도 우리의 배움을 대신해 주지는 못한다. 그렇기에 변화는 우리에게서 시작되어야 한다. 우리가 AI를 이해하고 활용하게 되면, 우리의 가족과 친구, 동료들도 영향을 받을 것이다. 그렇게 한 사람 한 사람이 변화해 나가면서 우리 사회 전체가 AI 시대에 더 잘 적응할 수 있게 될 것이다.

"우리가 함께 인류의 미래를 만들어가고 있다." 스탠포드 리포트의 마지막 문장이다. 이 책을 펼친 순간부터 바로 그 미래를 만들어가는 여정이 시작된 것이다. 시작이 반이다. 이제 우리에게 남겨진 문제는 얼마나 빨리, 그리고 얼마나 잘 적응하느냐이다. 이 책이 도구가 되어 우리를 변화시키며 AI 시대의 주인공으로 이끌어 갈 것이다. 변화란 본디 어렵고 때로는 두렵기까지 한 법이다. 하지만 어쩌랴. 변화하지 않는 것이 더 위험한 시대가 되었으니 말이다. 이러한 시대를 당하여 이 책이 독자 제위(諸位)에게 전하고 싶은 메시지는 이것이다.

"AI 시대의 미래는 정해진 것이 아니라 우리가 만들어가는 것이다. 그 미래를 인간 중심적이고 윤리적으로 만들어가기 위해서는 더 많은 사람들이 AI를 이해하고, 비판적으로 사고하며, 책임감 있게 활용할 수 있어야 한다. 바로 이것이 지금 우리가 AI를 배워야 하는 가장 근본적이고 절실한 이유다."

※ 딥러닝 레이어2 란?

이 책에서 사용하는 "딥러닝 레이어 2"는 딥러닝의 구조를 차용한 설명 방식이다. 딥러닝에서 정보가 여러 층을 거치면서 점점 더 깊고 복잡한 패턴을 학습하듯이, 이 책도 기본 설명과 심화 설명을 층으로 나누었다. 전체적인 이해만 원한다면 기본 설명만 읽으면 되고, 특정 주제에 대해 더 깊이 알고 싶다면 '🔍 딥러닝 레이어 2' 부분을 읽으면 된다. 예를 들어 "AI가 탐색 알고리즘을 사용한다"는 기본 설명 후에, 레이어 2에서는 A* 알고리즘의 평가 함수나 휴리스틱 설계 원칙 등을 자세히 다룬다. 이렇게 함으로써 한 권의 책으로 다양한 수준의 독자들이 자신에게 맞는 깊이로 AI를 이해할 수 있도록 구성했다.

※ 10의 거듭제곱 명칭

명칭	10의 거듭제곱	수
요타(yotta)	10^{24}	1,000,000,000,000,000,000,000,000
제타(zetta)	10^{21}	1,000,000,000,000,000,000,000
엑사(exa)	10^{18}	1,000,000,000,000,000,000
페타(peta)	10^{15}	1,000,000,000,000,000
테라(tera)	10^{12}	1,000,000,000,000
기가(giga)	10^{9}	1,000,000,000
메가(mega)	10^{6}	1,000,000
킬로(kilo)	10^{3}	1,000
헥토(hecto)	10^{2}	100
센티(centi)	10^{-2}	0.01
밀리(milli)	10^{-3}	0.001
마이크로(micro)	10^{-6}	0.000001
나노(nano)	10^{-9}	0.000000001
피코(pico)	10^{-12}	0.000000000001
펨토(femto)	10^{-15}	0.000000000000001
애토(atto)	10^{-18}	0.000000000000000001
젭토(zepto)	10^{-21}	0.000000000000000000001
욕토(yocto)	10^{-24}	0.000000000000000000000001

C O N T E N T S

프롤로그 AI 시대의 미래, 무엇이 결정하는가? · 004
인간이 생각하는 방식대로 생각하는 기계 · 004
시대적 여명의 문턱에서 · 008
두 가지 길 : 능동적으로 전환하거나 수동적으로 휩쓸리거나 · 010
전 세계가 주목하는 해법들과 AI 리터러시의 힘 · 013
이 책이 안내하는 AI 여정 · 014
지금 시작해야 한다 · 019

PART 1 생각하기 시작한 기계 · 030
1. 생각하는 기계의 씨앗을 뿌리다 · 030
2. 기계가 생각하기까지 그 80년의 여정 · 037
  롤러코스터를 닮은 AI의 역사 · 037
  AI 패러다임의 대전환 순간들 · 052
  AI 혁명의 3대 기반 : 컴퓨팅, 데이터, 알고리즘 · 055
  패턴 찾기 도사가 된 AI · 056
  초기 AI 개념과 현대 AI의 차이점 · 059
3. AI가 생각하는 방식 · 063
  AI는 숫자로 생각하는 '모델' · 064
  AI 미래를 결정하는 질문 "AI란 무엇인가?" · 065
  인간의 뇌와 AI, 닮은 듯 다른 두 지능의 세계 · 068
  AI에게 세상은 온통 숫자일 뿐이다 · 072
  데이터 속 숨은 패턴을 찾아내는 AI의 탐정술 · 075
  거리 계산으로 미세한 차이를 포착하는 AI의 눈 · 079
  숫자로 생각하는 AI의 수학 세계와 끝없는 연산 · 081
  AI는 무엇을 저장해 기억하는가? · 086
4. 피지컬 AI로 로봇과 만나다 · 089
  볼드모트의 부활 : AI가 몸을 얻다 · 089
  인간을 밀어내고 공장을 장악하기 시작한 AI · 090
  피지컬 AI 덕분에 숫자에서 실체로 확장되는 AI · 091
  대형언어모델과 피지컬 AI의 융합 : 뇌와 몸의 완벽한 결합 · 093
  피지컬 AI의 3대 핵심 구성 요소인 뇌, 몸, 환경 · 095
  피지컬 AI의 3단계 진화 로드맵 · 096

A I 트 랜 스 포 메 이 션

5. AI 에이전트로 진화하다 ··· 099
6. AI가 생각하는 방식을 이해한다는 것 ····················· 105

PART 2 AI 구조와 생각하는 원리 ······························ 110

1. AI의 기초 이론과 알고리즘 ······································ 111
   왜 우리는 AI 알고리즘을 알아야 할까? ····························· 111
   AI의 첫 번째 도전은 "탐색으로 추론하기" ························· 115
   AI의 기본 구성 요소인 퍼셉트론(Perceptron) ··················· 124
   불확실성을 다루는 퍼지이론(Fuzzy Theory) ····················· 133
2. 현대 AI 기술의 주요 유형과 원리 ····························· 141
   규칙 기반 시스템과 전문가 시스템 ··································· 141
   머신러닝의 기본 원리와 유형 ··· 149
   머신러닝의 주요 알고리즘들 ·· 155
   딥러닝과 신경망의 이해 ·· 172
   딥러닝을 대표하는 알고리즘 : CNN과 RNN ····················· 176
   강화학습 알고리즘 ·· 185
   대형언어모델(LLM)의 특성과 가능성 ······························ 191
   GAN 알고리즘과 딥페이크, 그리고 디퓨전 모델의 급부상 ·· 203
   AI가 우리 취향을 판단하는 방식인 '추천 알고리즘' ············ 210
3. AI 기술 이해를 위해 알아야 할 핵심 개념들 ············ 216
   데이터의 역할과 중요성 ·· 216
   알고리즘과 모델 ··· 225
   학습과 추론 ··· 226
   AI 모델의 성능 평가와 개선 ··· 229
4. 인공지능과 인간의 확장된 사고 ······························· 238
   AI 메타인지 알고리즘 : 자기인식과 자기조절을 갖춘 인공지능 ·· 238
   AI의 시스템 2 사고 : 논리적 추론과 복잡한 문제 해결을 위한 접근 ·· 245

PART 3 개인의 AI 전환 전략 ······································ 256

1. AI 전환의 의미와 필요성 ··· 257
   AI 전환(AX)이란? ·· 257

    4차 산업혁명을 넘어 5차 산업혁명으로 ········· 259
    디지털 전환(DX)과 AI 전환(AX)의 본질적 차이 ········· 262
    AI 활용으로 성공한 이야기 ········· 264
    AI 적용 사례에서 도출하는 개인의 AI 전환 성공 전략 ········· 279
    AI는 인간 능력 증폭기 ········· 285
2. AI 리터러시 및 AI 도구 선택 ········· 288
    AI 리터러시의 다차원적 정의와 구성요소 ········· 288
    나의 AI 성숙도는 어디쯤? ········· 290
    AI 도구 스택 설계와 활용 최적화 ········· 293
    작업 유형별 AI 도구 선택과 최적화 ········· 296
3. 프롬프트 엔지니어링 : 효과적인 AI 지시와 상호작용 설계 ········· 303
    왜 프롬프트가 중요한가? ········· 303
    프롬프트 엔지니어링이란 무엇인가? ········· 305
    효과적인 프롬프트의 3대 원칙 ········· 310
    프롬프트 엔지니어링의 가장 일반적인 8가지 대표 기법 ········· 315
    고급 사용자를 위한 특수 기법 ········· 322
    프롬프트 구조 설계법 : CLEAR 프레임워크 ········· 329
    실전 예제 10선: 일상과 업무를 바꾸는 프롬프트 ········· 334
    프롬프트 실패 사례와 개선 전략 ········· 339
    효과적 프롬프팅과 '사고력'의 회복 ········· 344
4. 인지 증강과 사고 확장 전략 ········· 348
    AI와 함께 생각의 한계 뛰어넘기 ········· 348
    증강 인지를 실천하는 방법 ········· 351
    AI와 함께하는 의사결정 전략 ········· 354
    인간-AI 협력적 창의성 개발 ········· 357

PART 4   AI 시대의 적응과 지속 성장 전략 ········· 364

1. 실패 사례 분석과 AI 활용의 한계 인식 ········· 364
    주요 AI 활용 실패 사례 ········· 364
    실패 사례에서 배우는 AI의 한계와 신뢰성 확보 방안 ········· 370
2. 환각 현상과 해결 방안 ········· 376

AI 트랜스포메이션

 환각 현상의 이해와 중요성 ································· 376
 AI 환각의 발생 원인 ··································· 379
 AI 환각으로 인한 심각한 실패 사례 ························ 385
 AI 환각 식별하기 ····································· 399
 환각 결과물 수정 전략 ································· 401
 분야별 환각 대응 전략 ································· 404
3. 환각과는 다른 AI의 의도적 거짓말 ························· 407
 거짓말하다 딱 걸린 AI ································· 407
 AI 거짓말의 다양한 유형과 실제 사례 ····················· 409
 의도적 거짓말의 작동 메커니즘과 위험성 ··················· 411
 의도적 거짓말 대응 방안과 과제 ·························· 412
4. AI 기술 발전 전망 및 적응 전략 ·························· 413
 향후 5~10년간의 AI 발전 방향과 영향 ····················· 414
 직무별/산업별 AI 영향도와 대응 전략 ····················· 420

PART 5   AGI와 초지능의 시대 ································· 478

1. AGI란 무엇인가? ····································· 478
 협의의 인공지능(Narrow AI)와 범용 인공지능(AGI)의 차이 ····· 478
 AGI 개발의 다섯 가지 핵심 경로 ·························· 482
 AGI 도달 시점에 대한 다양한 예측 ························ 485
 구글 딥마인드의 AI 안전성 접근법 : 인류의 미래를 위한 로드맵 ··· 487
 맥킨지가 알려주는 AGI의 가능성과 과제 ··················· 492
2. 초지능이란 무엇인가? ································· 498
 초지능의 개념 ·· 498
 소금 만드는 맷돌과 종이클립 최대생산 AI(paperclip maximizer) ·· 502
 도구적 수렴성 : 다양한 목표가 만드는 공통의 위험 ············ 504
 싱글톤 : 세계 질서의 통일된 미래 ························· 505
 보스트롬의 예견과 10년 후의 현실 : 초지능 담론의 재조명 ····· 507
3. AGI·초지능의 시대와 적응 ···························· 510
 초지능 시대를 어떻게 맞이할 것인가? ····················· 510
 지금 AI는 AGI의 어디쯤 왔나? ··························· 512

C O N T E N T S

    미래를 향한 시선 : 샘 알트만과 지능의 시대 ··········· 518
    미래를 향한 디딤돌 : 오픈AI의 AGI 비전과 인류 번영의 청사진 ··········· 521
4. 인간-기계 인터페이스 : 자연스러운 소통의 다리 ··········· 525
    인간-기계 인터페이스의 주요 유형 ··········· 526
    인간-기계 인터페이스의 설계 원칙 ··········· 528
    인간-기계 인터페이스의 실제 적용 사례 ··········· 529
    인간-기계 인터페이스의 발전 전망 ··········· 531
5. 인간 지능 증강 : AI와 함께 진화하는 인간의 능력 ··········· 533

에필로그 AI 시대의 미래를 향해 ··········· 542
메멕스는 가능할까? ··········· 542
AI는 의식을 가질 수 있을까? ··········· 547
기술을 넘어 책임 있는 인간으로 ··········· 553

PART 1
생각하기 시작한 기계

▰▰▰▰

돌이켜보면 인간이 수천 년간 해온 가장 중요한 지적 활동은 '규칙 찾기'였다. 뉴턴의 만유인력, 멘델의 유전법칙처럼 우리는 자연과 사회의 질서를 밝혀내려 애써 왔다. 이제 AI는 방대한 데이터를 통해 인간이 찾아낸 규칙뿐 아니라, 인간이 미처 인식하지 못한 패턴들까지 더 빠르고 정밀하게 찾아내고 있다.

PART 1
생각하기 시작한 기계

1 생각하는 기계의 씨앗을 뿌리다

그해는 제2차 대전이 한창이던 1943년이었다. 세상이 온통 전쟁의 소용돌이에 휩싸여 있을 때, 미국 시카고 대학의 한 연구실에서는 조용히 역사를 바꿀 아이디어가 탄생하고 있었다.

신경생리학자 맥컬럭(Warren McCulloch)과 수학 천재 피츠

매컬럭(우)과 피츠(좌)

(Walter Pitts). 이 두 사람은 전혀 다른 분야에서 왔지만, 한 가지 공통된 꿈이 있었다. "기계가 인간의 뇌처럼 생각할 수 있다면 어떨까?" 그들이 주목한 것은 뇌 속의 뉴런이었다. 겉보기에는 엄청나게 복잡해 보이는 인간의 사고도 작동의 기본 원리는 결국 뉴런이라는 작은 세포들이 서로 신호를 주고받는 과정이었다. 그런데 각각의 뉴런이 하는 일은 놀랍도록 단순했다. 신호를 받아들이고, 그 신호들을 종합해서 다음 뉴런에게 전달하거나 또는 말거나 중 하나를 결정할 뿐이었다. 마치 전등 스위치처럼 켜짐(1) 또는 꺼짐(0), 그게 전부였다. 20세의 피츠는 이 놀랍도록 단순한 과정을 더욱 간단한

수식으로 표현해냈다. 여러 입력을 받아서 더한 후, 그 합이 어떤 기준을 넘으면 1, 그렇지 않으면 0을 출력하는 수식, 바로 **맥컬럭-피츠 뉴런**이다. 단순하기 이를 데 없는 이 한 줄의 수식이 바로 현대 AI의 모든 시작이었다. 그 당시엔 이 젊은 수학자가 적어놓은 그 간단한 공식인 이 80년 후 세상을 완전히 바꿔놓을 줄은 아무도 몰랐다.

인간이 지금까지 해온 지적인 일이 무엇일까 생각해 보자. 1665년 런던에 흑사병이 창궐해 케임브리지 대학이 문을 닫자, 23세의 아이작 뉴턴은 고향 울스소프로 돌아왔다. 어느 날 무료함을 이기지 못한 뉴턴이 사과나무 아래에 앉아 멍때리고 있는데, 사과 하나가 '툭!'하고 떨어졌다. 그는 문득 궁금해졌다. "왜 사과는 아래로 떨어질까? 왜 달은 떨어지지 않을까?" 그때까지 수만 년 동안 인류는 그저 "사과는 원래 떨어지는 것"이라고 생각했다. 하지만 뉴턴은 달랐다. 그는 수많은 관찰과 실험, 그리고 천재적인 통찰력을 동원해 마침내 우주를 관통하는 하나의 법칙을 발견했다. 바로 '만유인력'이라는 이름으로 잘 알려진 '중력'이다.

뉴턴이 찾아낸 만유인력의 법칙이 엄청 복잡할 것이라고 생각하기 쉽지만 황당하리만큼 간단하다. $F = G \times (m_1 \times m_2) / r^2$ (여기서 G는 중력상수[1]) 그러니까 두 물체의 질량(m1, m2)과 거리(r)만 알면 두 물체가 서로 잡아당기는 힘의 세기(F)를 구할 수 있는 것이다. 뉴턴이 '사과의 떨어짐'을 고민해서 발견한 법칙이니까 사과에 적용해 보면, 사과 나무에 매달려 있던 사과 하나에 작용한 인력은 지구의 질량과 사과의 질량을 서로 곱한 값을, 지구 중심에서 사과 중심까지의 거리를 제곱한 값으로 나누면 알아낼 수 있다는 말이다. 물론 중력상수는 실험을 통해 측정해야 하는 값인데 뉴턴처럼 이를 모르는 상태라면 원리만 아는 것이고 정확한 값은 계산이 안 된다. 아무튼

---

[1] 중력상수 G는 뉴턴의 만유인력 법칙 $F = G(m_1 m_2)/r^2$에서 비례상수로, 우주 어디서나 동일한 값(6.674×10^{-11} $m^3/kg \cdot s^2$)을 갖는 자연의 기본 상수이다. 1797~1798년 영국의 캐번디시(1731~1810)가 비틀림 저울 실험을 통해 처음 측정했으며, 중력이 다른 힘에 비해 극도로 약하기 때문에 현재까지도 정밀한 측정이 어려운 물리상수 중 하나이다.

정말 놀라운 점은 사과가 떨어지는 것뿐만 아니라 달이 지구 주위를 도는 것, 심지어 은하계의 움직임까지 이 하나의 간단한 공식으로 설명된다는 것이다!

케플러는 화성의 궤도를 수십 년간 관찰해서 행성 운동 법칙을 찾아냈다. 멘델은 완두콩 실험을 8년간 반복해서 유전의 법칙을 발견했다. 아인슈타인은 광속 불변의 원리를 바탕으로 시공간의 새로운 규칙을 찾아내 상대성이론을 완성했다. 패러데이는 전기와 자기 현상을 수년간 실험하며 전자기학의 기본 법칙들을 찾아냈다. 이쯤 되면 어떤 패턴이 보이지 않는가? 인간 문명의 역사란 다름아닌 '규칙 찾기'의 역사였다. 자연의 규칙을 찾아서 물리학과 화학을 만들고, 사회의 규칙을 찾아서 법과 제도를 세우고, 경제의 규칙을 찾아서 시장을 이해하려 했다.

여기서 핵심은 인류가 해온 일 중 가장 어렵고 복잡하면서도 한편으로는 가장 가치 일 중 하나는 바로 '규칙 찾는 것'이었다. 천재 뉴턴은 평생을 바쳐 중력의 법칙을 찾아냈다. 그렇지만 일단 규칙이 찾아지고 나면? 그 규칙에 새로운 상황을 적용해서 결과를 도출하는 것은 식은 죽 먹기처럼 쉽다. 지금은 누구나 스마트폰 계산기로 지구와 달 사이의 인력을 계산할 수 있다. 이 지점에서 문득 뉴턴처럼 궁금해하는 사람이 있을 수도 있을 것 같다. "어? 지구와 달 사이에 그렇게 큰 인력이 작용한다면 달은 왜 사과처럼 지구로 떨어지지 않지?" 답은 간단하다. 달은 실제로 지구로 떨어지고 있다. 다만 우리가 생각하는 방식으로 떨어지는 게 아니다. 달은 초속 1km(대략 마하 3)가 넘는 엄청난 속도로 달리면서 동시에 지구 쪽으로 떨어지고 있다. 그런데 지구가 둥글기 때문에, 달이 지구를 향해 떨어지는 동안 지구 표면도 함께 휘어진다. 결국 달은 지구 표면에 부딪히지 않고 지구 주위를 계속 돌게 된다. 만약 지구의 중력이 갑자기 사라진다면? 달은 지금 달리고 있는 방향으로 직진해서 우주 저 멀리 날아가 버릴 것이다. 반대로 달이 달리기를 갑자기 멈춘다면? 그때야 비로소 사과처럼 지구로 떨어질 것이다. 결국 달이 지구에 떨어지지 않는 이유는 떨어지지 않아서가 아니라, 떨어지면서 동시에 달리고 있기 때문이다.

다시 우리의 주제로 돌아가서, 이처럼 규칙 찾기는 소수의 천재들 몫이었지만, 규칙 적용하기는 누구나 할 수 있는 일이 되었던 것이다. 그렇다면, 만약 기계가 이 '규칙 찾기'를 대신할 수 있다면 어떨까? 바로 이것이 1943년 맥컬럭과 피츠가 꿈꿨던 혁명의 진짜 의미였다. 그리고 그 꿈은 머지않아 구체적인 형태를 갖추기 시작한다.

1956년 여름이 됐을 때 미국 뉴햄프셔주의 작은 대학 캠퍼스인 다트머스 칼리지(Dartmouth College)에서 역사적인 모임이 열렸다. 이 모임은 〈다트머스 여름 연구 프로젝트〉라는 소박한 이름으로 시작되었지만, 이후 인류 역사에서 완전히 새로운 과학 분야를 탄생시킨 〈다트머스 회의〉로 알려지게 된다. 이 회의를 제안한 존 매카시(John McCarthy)는 당시 초대장에 이렇게 썼다.

"이번 연구에서는 기계에게 인간의 능력을 가르치는 방법을 알아볼 예정입니다. 기계가 우리처럼 언어를 쓰고, 추상적인 생각을 하며, 복잡한 문제를 스스로 해결할 수 있도록 만드는 것이 목표입니다. 그리고 무엇보다 기계가 스스로 더 똑똑해질 수 있는 방법을 연구해보고자 합니다."

이 간결한 문장 속에는 1950년대에 쓰여졌다고는 믿기지 않을 만큼 정확한 인공지능의 개념 정의와 함께, 그것을 반드시 실현하겠다는 야심 찬 비전이 담겨 있다. 다트머스 회의는 두 달간의 일정으로 계획되었지만, 실제로는 대부분의 참가자들이 몇 주만 참석했다. 여름 휴가철이라 사람들이 제각각 오고 가는 통에 전체가 모인 적은 거의 없었다. 마치 오늘날의 스타트업 해커톤[2]처럼 느슨하고 자유로운 분위기였다. 그럼에도 이 짧은 모임은 컴퓨터

---

2) 해커톤(Hackathon) : '해킹(Hacking)'과 '마라톤(Marathon)'을 결합한 용어로, 개발자들이 짧은 시간(보통 24~48시간) 동안 집중적으로 모여 소프트웨어나 하드웨어 프로젝트를 완성하는 이벤트. 자유로운 분위기에서 창의적 아이디어를 실현하는 것이 특징이며, 현재 IT 업계에서 혁신과 협업의 상징적인 행사로 여겨진다.

과학과 인지과학의 미래를 형성하는 데 결정적인 역할을 했다.

가장 중요한 성과 중 하나는 바로 "인공지능(Artificial Intelligence)"이라는 용어의 탄생이었다. 존 매카시는 이 분야를 명명할 때 의도적으로 "인공지능"이라는 용어를 선택했다. "기계 지능"이나 "자동화된 컴퓨팅" 같은 대안도 있었지만, "인공지능"이 가장 명확하고 모호함이 없다고 판단해서다. 지금 와서 보면 정말이지 명리학을 넘어서는 탁월한 작명 센스였다.

다트머스 회의에는 당시 젊은 연구자들이 모였는데, 이들 중 상당수가 이후 AI 분야의 전설이 되었다. 마치 새파란 청년 시절의 갈릴레이와 뉴턴, 아인슈타인이 한자리에 모인 것 같은 상황이었다.

다트머스 회의에 참석한 주요 학자들

- **존 매카시(John McCarthy)** – 다트머스 칼리지 수학과 교수였던 그는 회의의 주최자이자 "인공지능"이라는 용어를 창안한 장본인이다. 이후 스탠포드 대학으로 옮겨 1962년 스탠포드 인공지능 연구소(SAIL)를 설립했다. 그의 가장 큰 유산은 LISP 프로그래밍 언어다. 이 언어는 AI 연구자들에게 수십 년간 필수 도구였다.

- **마빈 민스키(Marvin Minsky)** – 하버드 대학 주니어 펠로우에서 MIT로 옮겨 1959년 MIT 인공지능 연구소를 공동 설립한 전설적인 교수다. "인간 마음의 사회"라는 혁신적인 이론을 제시했다. 그는 지능이 하나의 통합된 시스템이 아니라 수많은 작은 에이전트들이 협력하는 결과라고 봤다. 스탠리 큐브릭의 영화 "2001: 스페이스 오디세이"에서 AI 컨설턴트로 참여하기도 했다.

- **허버트 사이먼(Herbert Simon)과 앨런 뉴웰(Allen Newell)** – 카네기 공과대학(현 카네기 멜론 대학) 교수였던 사이먼과 미국의 대표적인 싱크탱크인 랜드 코퍼레이션(RAND Corporation) 연구원이었던 뉴웰, 이 둘은 최고의 듀오였다. 함께 "논리 이론가"와 "일반 문제 해결사(General Problem Solver, GPS)"라는 프로그램을 만들었다. 사이먼은 나중에 노벨경제학상까지 받을 만큼 다방면에 뛰어난 재능을 보인 천재, 그러니까 한마디로 진정한 '르네상스맨'이었다.

· 클로드 섀넌(Claude Shannon) - 벨 연구소 연구원이자 MIT 교수였던 "정보 이론의 아버지"다. 그가 만든 정보 이론은 오늘날 모든 디지털 기술의 기초가 되었다. 컴퓨터 연산 단위인 '비트(bit)'라는 개념도 그가 만들었다. 대형언어모델 '클로드'도 그의 이름에서 따왔다.

다트머스 회의 참석자들(왼쪽부터 올리버 셀프리지, 나다니엘 로체스터, 레이 솔로모노프, 마빈 민스키, 츠렌차드 모어, 클로드 섀넌)

다트머스 회의의 핵심 가설은 이것이었다. "지능의 모든 측면은 원칙적으로 매우 정확하게 기술될 수 있어서 이를 시뮬레이션하는 기계를 만들 수 있다." 이 말을 누구나 이해할 수 있도록 살짝 풀어보면 이런 의미가 된다. "우리가 인간의 모든 지적 능력을 단계별로 자세히 분석해서 설명할 수 있지 않은가. 그러므로 우리는 그와 똑같이 작동하는 기계도 당연히 만들 수 있는 것이다."

당시로서는 가히 혁명적인 생각이었다. 컴퓨터라는 개념이 채 정립되기도 전에 이미 컴퓨터의 원리를 기반으로, 사고하고 학습하고 창의적 사고까지 할 수 있는 기계를 구상한 것이다. 이들의 접근법은 간단명료했다.

1. 인간의 지능은 규칙과 논리로 이루어져 있다
2. 이 규칙들을 명확히 써 내려갈 수 있다

PART 1 | 생각하기 시작한 기계 · 35

3. 컴퓨터가 이 규칙들을 따라하면 인간처럼 생각할 수 있다

　이론적으로는 완벽해 보였다. 실제로는… 글쎄, 그건 나중 이야기다.
　초기 AI 연구자들은 놀라울 정도로 낙관적이었다. 그럴 만한 이유도 있었다. 초기 성과들이 정말 인상적이었기 때문이다.

- **논리 이론가(Logic Theorist)** : 사이먼과 뉴웰이 만든 프로그램으로, 수학의 바이블이라 할 수 있는 화이트헤드와 러셀의 "수학 원리"에 있는 정리 38개를 증명해냈다.
- **아서 사무엘(Arthur Samuel)의 체커 프로그램[3]** : 스스로 학습해서 실력을 늘려갔다. 1962년에는 체커 챔피언을 이기기까지 했다
- **엘리자(ELIZA)** : 간단한 대화가 가능한 프로그램으로, 많은 사람들이 진짜 사람과 대화하는 줄 알았을 정도로 뛰어난 모델이었다.

　이런 성과들을 접한 연구자들은 확신에 찼다. 허버트 사이먼은 1957년에 "20년 내에 컴퓨터가 체스 챔피언이 되고, 중요한 수학 정리를 발견하며, 노래까지 작곡할 것"이라고 예측했다. 마빈 민스키는 1967년에 "한 세대 안에 인공지능 문제가 실질적으로 해결될 것"이라고 단언했다.
　하지만 현실은 그들의 예상보다 훨씬 복잡했다. 인간의 지능은 그들이 분석한 것처럼 규칙과 논리로만 이루어진 명료한 규칙 조합이 아니었다. 기대한 만큼 실망도 큰 법, AI 연구는 곧 혹독한 시련을 겪게 된다. 그래도 다트머스 회의에서 시작된 그 꿈은 지금까지도 AI 연구자들을 움직이는 원동력이 되고 있다. 다만 그 꿈이 실현되는 방식과 로드맵은 이들이 상상했던 것과는 많이 달랐다.

---

[3] 체커(Checkers) : 8×8 체스판에서 하는 보드게임으로, 각 플레이어가 12개의 둥근 말을 사용해 대각선으로만 이동하며 상대방 말을 뛰어넘어 잡아먹는 게임이다. 체스보다 규칙이 단순해서 1950년대 컴퓨터로도 프로그래밍이 가능했지만, 여전히 전략적 사고가 필요한 게임이어서 초기 AI 연구의 좋은 실험 대상이 되었다.

2 기계가 생각하기까지 그 80년의 여정

롤러코스터를 닮은 AI의 역사

AI의 역사는 마치 롤러코스터 같다. 하늘 높이 올라갔다가 땅바닥으로 추락하고, 다시 올라가는 극적인 흥망성쇠를 반복해왔다. 다트머스 회의에서 시작된 AI의 여정은 낙관과 실망, 혁신과 침체가 교차하는 파도 같았다. 그 과정에서 우리는 인간 지능이 생각보다 훨씬 복잡하다는 것을 깨달았다.

● **학습하는 기계의 탄생과 AI 연구 황금기 : "우리가 세상을 바꿀 거야!"**

맥컬럭과 피츠의 아이디어가 탄생한지 14년 후, 코넬 대학의 프랭크 로젠블랫(Frank Rosenblatt)이 놀라운 발명품을 만들어냈다. '퍼셉트론(Perceptron)'이라고 불린 이 기계는 인류 역사상 최초로 스스로 학습할 수 있었다.[4] 그런데 이 기계가 받은 첫 번째 임무는 겉보기에는 너무나 간단

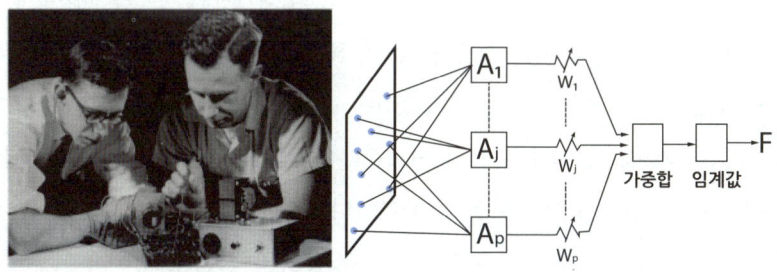

프랭크 로젠블랫과 퍼셉트론

해 보였다. 키와 몸무게 데이터를 보고 남성과 여성을 구분하는 것이었다. 하지만 이 기계가 하는 일은 혁명적이었다. 인간이 남녀 구별법, 즉 규칙을

---
4) 퍼셉트론에 대해서는 2장에서 자세히 알아보고, 여기서는 개념만 정리해 보기로 한다.

알려주지 않아도 수많은 사례를 보여주기만 하면 스스로 남자와 여자를 구분하는 '선'을 그어낸 것이다.

처음에는 당연히 엉터리였다. 무작위로 그은 선이 남성과 여성을 제대로 구분할 리 없었다. 하지만 퍼셉트론은 틀릴 때마다 조금씩, 아주 조금씩 스스로 선을 움직였다. 마치 사격 연습을 하는 초보자가 과녁을 맞히기 위해 가늠자를 한 클릭 한 클릭 조정하는 것처럼 말이다. 그렇게 수천 번, 수만 번의 시행착오를 거치니 기적이 일어났다. 퍼셉트론이 그어낸 선이 남성과 여성을 놀랍도록 정확하게 구분해 낸 것이다.

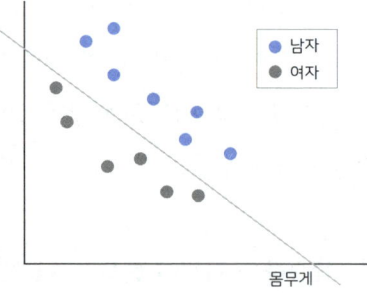

이것이 바로 인공지능 역사상 가장 중요한 순간 중 하나였다. 기계가 인간의 도움 없이 스스로 규칙을 찾아낸 것이다. 그 유명한 '머신러닝(Machine Learning)'의 출발점이기도 했다. 당시 과학계는 흥분의 도가니였다. "이제 기계가 모든 문제를 해결할 수 있다!"는 낙관론이 퍼져나갔다.

AI 연구의 초창기는 말 그대로 '황금기'였다. 연구자들은 자신감에 충만했다. 앞서 말한 논리 이론가, 일반 문제 해결사, 초기 번역 시스템 등이 잇달아 등장했다. "이런 식으로 가면 10년 안에 인간보다 똑똑한 기계를 만들 수 있을 거야!" 당시 분위기가 이랬다. 미국 국방성 산하 고등연구계획국(DARPA)[5]은 AI 연구에 돈을 쏟아부었다. 세계 각국 대학들은 앞다투어 AI 연구소를 세웠다. 마치 지금의 스타트업 붐과 비슷했다.

미국이 이제 막 개념이 정립되어가던 인공지능에 그토록 많은 관심과 재원을 쏟아부은 이유는 냉전이라는 시대적 배경과 밀접한 관련이 있다. 1957년 10월 4일, 소련이 인류 최초의 인공위성 스푸트니크 1호를 성공적으로

---

5) DARPA : Defense Advanced Research Projects Agency의 약자로 1958년에 설립된 연구개발 기관

발사한 사건은 미국 사회에 거대한 충격파를 던졌다. 이른바 '스푸트니크 쇼크'였다. 미국인들은 갑자기 소련이 우주 기술에서 자신들을 앞서나갔다는 사실을 깨달았고, 이는 곧 미사일 기술에서도 뒤처질 수 있다는 두려움으로 이어졌다.

이 위기감은 미국 정부로 하여금 과학기술 투자를 전면적으로 재검토하게 만들었다. 1958년 DARPA가 설립된 것도 바로 이런 맥락에서였다. 미국은 더 이상 기술 경쟁에서 뒤처질 수 없었고, 특히 군사적으로 활용 가능한 혁신 기술에 대한 투자를 대폭 늘렸다.

인공지능은 국방부의 눈에 꿈의 기술로 비쳤다. 적군의 복잡한 암호를 자동으로 해독하고, 수많은 변수를 고려한 전술을 순식간에 계획하며, 언어 장벽 없이 전 세계와 소통할 수 있는 기계를 상상해 보라. 더 나아가 적의 움직임을 예측하고, 최적의 방어 전략을 수립하며, 심지어 무인 전투 시스템까지 운용할 수 있다면 어떨까? 이런 가능성들이 국방부 관계자들의 상상력을 자극했다.

당시 컴퓨터가 이미 복잡한 계산 문제를 해결하는 모습을 보여주고 있었기 때문에, 이런 꿈들이 비현실적으로만 보이지는 않았다. 논리 이론가가 수학 정리를 증명하고, 초기 번역 프로그램이 러시아어를 영어로 변환하는 것을 보면서, 군 관계자들은 "조금만 더 발전하면 정말 대단한 일이 가능할 것"이라고 믿었다. 특히 소련과의 정보전에서 우위를 점하기 위해서는 이런 기술들이 필수적으로 여겨졌다.

그런데 이런 장밋빛 미래는 오래가지 못했다. 1969년 MIT의 교수였던 마빈 민스키와 시모어 페퍼트(Seymour Papert)는 『퍼셉트론』이라는 책을 발간했는데, 이 책이 AI 연구계에 찬물을 끼얹었다. 그들은 수학적으로 퍼셉트론의 치명적 한계를 증명해 버렸다. 충격적이게도 직선 하나만으로는 절대로 구분할 수 없는 경우들을 수학적으로 증명함으로써 퍼셉트론이 해결할 수 없는 문제들이 있다는 사실을 밝히고 만 것이다.

퍼셉트론이 해결할 수 없는 문제는 무엇이었을까? 종이 위에 회색 점과 파란 점들이 뒤섞여 있는데, 직선 하나로 회색 점들은 한쪽에, 파란 점들은 다른 쪽에 깔끔하게 나눌 수 있다면 퍼셉트론은 완벽하게 작동한다. 하지만 만약 회색 점과 파란 점들이 체스판처럼 번갈아 배치되어 있다면? 직선 하나로는 어떻게 그어도 회색 점과 파란 점들을 완전히 구분할 수 없다. 더구나 현실의 많은 문제들은 바로 이런 식으로 복잡하게 얽혀 있었다. 퍼셉

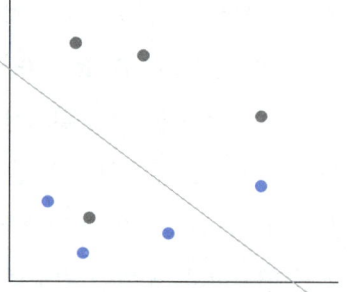

트론은 오직 직선만 그을 수 있었기 때문에, 곡선이나 복잡한 경계가 필요한 문제들은 영원히 해결할 수 없었던 것이다. 적어도 퍼셉트론 만으로는.

● 첫 번째 AI 겨울 : "어? 생각보다 어렵네…"

정말이지 현실은 녹록지 않았다. 자연어 처리, 기계 번역, 컴퓨터 비전……. AI의 기초라고 할 수 있는 이런 분야들은 처음에는 만만하게 봤는데, 웬걸? 연구가 진행될수록 생각보다 훨씬 어렵다는 사실이 드러났다. AI 연구에 상당한 공적 자금을 투입하고 있던 영국이 가시적인 성과가 나오지 않자 투자 대비 효과에 대한 의문을 갖게 되면서 작성한 《라이트힐 보고서(Lighthill Report, 1973)》[6]가 AI 연구의 한계를 냉정하게 지적하자 연구 자금은 대폭 삭감되기에 이르렀다. 연구자들이 발견한 것은 "프레임 문

---

6) 라이트힐 보고서 (Lighthill Report, 1973) : 영국 수학자 제임스 라이트힐이 영국 과학연구위원회 요청으로 작성한 AI 연구 평가 보고서. 당시까지의 AI 연구 성과가 기대에 미치지 못한다고 혹독히 비판하며 "일반적인 목적의 로봇은 실현 불가능하다"고 결론지었다. 이 보고서로 인해 영국뿐만 아니라 미국에서도 AI 연구 자금이 대폭 삭감되면서 첫 번째 'AI 겨울'이 시작되었다.

제"[7]나 "상식 지식"[8]의 어려움 같은 근본적 장벽들이었다. 컴퓨터에게 "문을 열고 들어가라"고 하면, 컴퓨터는 "문이 뭔가요? 열린다는 건 뭔가요? 들어간다는 건 뭔가요?"라고 물어보는 식이었다.

인공지능 역사에서 우리는 이 시기를 '첫 번째 겨울'이라고 부른다. 왜 겨울이냐고? 마치 혹독한 추위가 닥친 것처럼 모든 것이 얼어붙었기 때문이다. 연구 자금이 말라붙었다. 정부와 기업들은 "AI는 허상이다"라며 투자를 중단했다. 대학에서는 AI 관련 강의가 사라졌고, 연구실들이 하나둘 문을 닫았다. 희망에 부풀었던 젊은 연구자들은 다른 분야로 떠났고, 심지어 AI라는 단어 자체를 언급하는 것조차 금기시되었다. 이 차가운 겨울은 10년 가까이 지속되었다. 하지만 겨울이 지나면 반드시 봄이 온다고 했던가.

● 두 번째 황금기 : "전문가 시스템이 답이다!"

1970년대가 되자 컴퓨터 과학자들은 완전히 다른 접근을 시도했다. "굳이 기계가 스스로 학습할 필요가 있을까? 인간 전문가의 지식을 그대로 컴퓨터에 옮기면 되지 않을까?" 당시 사람들은 퍼셉트론의 실패로부터 중요한 깨달음을 얻었다. 결국 규칙이 가장 중요하다는 것을 말이다. 그런 깨달음 끝에 각 분야별로 인간들이 수천 년 동안 축적해 온 지식을 바탕으로 규칙을 직접 만들어보자는 아이디어가 나왔다. 이렇게 탄생한 것이 바로 '전문가 시스템'이다.

한 가지 예를 들어보자. 의사의 진단 과정을 '조건-결과(IF-THEN) 규칙'

---

7) 프레임 문제 (Frame Problem) : AI가 행동을 계획할 때 어떤 상황에서 무엇이 변하고 무엇이 변하지 않는지를 구분하지 못하는 문제. 예를 들어 로봇이 방에서 물건을 가져올 때 "문을 열어도 천장이 무너지지 않을 것"이라는 상식적 추론을 하지 못한다. 1969년 존 매카시와 패트릭 헤이즈가 처음 제기한 이 문제는 AI가 현실 세계의 복잡성을 다루는 데 있어 근본적 한계를 보여준다.

8) 상식 지식 (Common Sense Knowledge) : 인간이 일상생활에서 당연하게 알고 있는 기본적인 지식들. "물은 위에서 아래로 흐른다", "사람은 한 번에 한 곳에만 있을 수 있다", "유리컵을 떨어뜨리면 깨진다" 등의 자명한 사실들이다. AI가 인간 수준의 지능을 갖기 위해서는 이런 방대한 상식을 모두 학습해야 하는데, 이를 컴퓨터에 체계적으로 입력하고 활용하는 것이 매우 어렵다는 것이 밝혀졌다.

으로 바꿔서 컴퓨터에 입력하는 것이다. "만약 환자가 열이 나고, 기침을 하고, 목이 아프다면, 감기일 가능성이 높다." "만약 혈압이 140/90 이상이고, 가족력이 있다면, 고혈압을 의심하라." 이런 식으로 수천 개, 수만 개의 규칙을 만들어 컴퓨터에 입력했다. 그런 다음 환자의 증상을 입력하기만 하면 컴퓨터가 마치 베테랑 의사처럼 진단을 내려주는 시스템이 완성되는 것이다.

이제 AI 연구는 '전문가 시스템(Expert Systems)'으로 화려하게 부활하기 시작했다. 의료 진단, 광물 탐사, 화학 분석 등에서 꽤나 쓸만한 성과를 보였기 때문이다. 법률 자문, 투자 조언, 지질 탐사 등 여타의 분야에서도 전문가 시스템들이 인간 전문가 못지않은 결과를 내놓기 시작했다. 이런 분위기에 고무돼 미국, 영국, 일본은 "제5세대 컴퓨터 프로젝트"[9] 같은 대형 국가 프로젝트를 시작했다. 상업적 AI 기업들도 우후죽순 생겨났다. 1980년대 중반이 되자 AI의 황금기가 도래한 것 같았다. 정부와 기업들은 다시 한번 AI에 대한 기대감에 부풀어 막대한 투자금을 쏟아부었다. "이번에는 정말 AI가 세상을 바꿀 것이다!"

그런데 여기서 한 가지 의문이 든다. 우리는 정말 모든 규칙을 찾아낼 수 있을까? '모든' 규칙이라고 하면 너무 가혹하게 들릴 수 있으니 질문을 바꿔서, 기계가 답을 찾아내기에 충분한 정도로 규칙을 찾아낼 수 있을까? 한글을 자유자재로 구사하는 기계를 만든다고 생각해 보자. 한글을 유창하게 하려면 수많은 규칙을 알아야 한다. 문법을 모조리 알아야 하는 것은 기본이고, 문법 외에도 어감도 중요하며, 톤도 고려해야 하는 데다, 문법을 벗어나는 수많은 어법이 존재한다. "아름답다", "예쁘다", "곱다"는 모두 비슷한 의미지만 쓰임이 다르다. "아름다운 여인"이라고는 하지만 "아름다운 강아지"라고는 잘 하지 않는다. 대신 "예쁜 강아지"라고 한다. "곱다"는 또 다른 뉘앙스가 있다. "고운 피부", "고운 마음"처럼 섬세하고 부드러운 느낌을 줄 때 쓴다. 이

---

[9] 제5세대 컴퓨터 프로젝트 : 1980년대 일본이 추진한 AI 컴퓨터 개발 프로젝트

런 수많은 동의어들은 각각 그 쓰임이 다르다. 이 모두가 언어의 규칙이다.

뉘앙스까지 고려하면 상황은 더 복잡해진다. "밥 먹었어?"라는 질문을 생각해보자. 이 말은 단순히 식사 여부를 묻는 것일 수도 있지만, 한국어에서는 안부 인사의 의미도 있다. 문맥과 관계, 시간에 따라 의미가 달라진다. "어디 가?"라는 말도 마찬가지다. 정말 목적지를 묻는 것일 수도 있고, "왜 벌써 가려고 해?"라는 뜻일 수도 있으며, "같이 가자"는 의미가 될 수도 있다. 심지어 "가지 마!"라는 만류의 뜻일 수도 있다. 만약 한글과 영어 번역 전문 시스템을 만든다고 한다면, 한글과 영어의 이 모든 규칙을 찾아서 정리해야 한다. 단어의 의미, 문법, 어감, 톤, 문화적 맥락, 상황별 뉘앙스까지 말이다.

하지만, 이미 감을 잡았겠지만, 규칙을 찾아서 입력하는 일은 곧 현실의 벽에 부딪혔다. 감기 진단 하나만 해도 환자의 나이, 성별, 기존 병력, 계절, 지역, 스트레스 상태, 영양 상태, 수면 패턴 등등 고려해야 할 변수가 무수히 많았다. 언어는 더했다. 같은 단어라도 누가, 언제, 어디서, 어떤 톤으로, 어떤 상황에서 말하느냐에 따라 의미가 완전히 달라졌다. "죽이네"라는 말이 "정말 멋지다"는 칭찬의 의미일 수도 있고, 실제로 위협의 의미일 수도 있다. 문맥을 봐야 알 수 있는 것이다.

모든 조합을 규칙으로 만들려고 했지만 불가능했다. 규칙이 수천 개, 수만 개로 늘어나면서 서로 충돌하기 시작했다. 한 규칙은 A라고 하는데 다른 규칙은 B라고 했다. 예외 상황이 나타나면 시스템은 아무것도 할 수 없었다. 더 큰 문제는 따로 있었다. 인간이 실제로 언어를 사용할 때는 이런 규칙들을 의식적으로 생각하지 않는다는 것이었다. 우리는 그냥 "자연스럽게" 말한다. 왜 "아름다운 강아지"보다 "예쁜 강아지"가 더 자연스러운지 설명하기 어렵다. 그냥 "그렇게 들리니까" 그런 것이다. 이것이 바로 인간 지능의 가장 신비로운 부분이기도 하다. 우리는 수많은 규칙을 무의식적으로 알고 있지만, 그 규칙들을 명시적으로 설명할 수는 없다.

◦— 두 번째 AI 겨울 : "에고… 또 망했네…"

사람들에게 이런 자각이 찾아오자 AI 연구에는 또 다시 겨울이 닥쳐왔다. 전문가 시스템들은 생각보다 융통성이 없었다. 새로운 상황이 조금만 생겨도 제대로 작동하지 않았다. 유지 관리도 악몽이었다. 게다가 개인용 컴퓨터가 등장하면서 AI 전용 하드웨어 회사들이 경쟁력을 잃었다. 전문가 시스템의 시대는 이렇게 막을 내렸다. 1980년대 말, AI는 두 번째 '겨울'을 맞았다. 하지만 이 실패가 오히려 더 중요한 깨달음으로 이어졌다. "우리가 규칙을 찾으려 하지 말고, AI가 스스로 학습을 통해 규칙을 찾게 하자." 인류는 다시 한번 1957년 로젠블랫의 퍼셉트론이 보여줬던 그 가능성으로 돌아가야 했다.

◦— 잠들어 있던 거인의 각성 : 다층 퍼셉트론의 등장

그러는 사이, 전문가 시스템이 번성하던 1986년에 한편에서는 조용히 역사를 바꿀 거대한 발견이 이루어지고 있었다. 캘리포니아 샌디에이고 대학의 데이비드 루멜하트(David Rumelhart), 카네기멜론 대학의 제프리 힌튼(Geoffrey Hinton), 그리고 노스이스턴 대학의 로널드 윌리엄스(Ronald Williams)가 발표한 역전파(Backpropagation) 알고리즘이었다. 이들은 17년 전 민스키와 페퍼트가 불가능하다고 선언했던 문제를 해결했다. 어떻게? 퍼셉트론 하나만으로 이리 재고 저리 재던 과거의 고민에서 벗어나 여러 개의 퍼셉트론을 층층이 쌓아올린 것이다.

그 결과는 마치 1층짜리 집에서는 볼 수 없었던 풍경을 3층, 4층으로 올라가면서 비로소 볼 수 있게 된 것과 같았다. 문제들이 술술 풀리기 시작한 것이다. 다층 퍼셉트론(Multi-Layer Perceptron, MLP)이라고 불리는 이 구조는 AI 역사를 새로 쓰는 혁명 그 자체였다. 이 시스템의 작동 방식을 생각해보자. 퍼셉트론 하나가 하나의 직선이니 여러 개의 퍼셉트론이 동시에 각각 다른 방향으로 직선을 긋는다. 여러 명의 화가가 한 장의 캔버스에 각자 다른 각도로 선을 긋는 것처럼 말이다.

첫 번째 층에서는 퍼셉트론 A가 오른쪽 위 방향으로, 퍼셉트론 B가 오른쪽 아래 방향으로, 퍼셉트론 C가 수평 방향으로 직선을 동시에 긋는다. 그러면 화면이 여러 구역으로 나뉘게 된다. 두 번째 층에서는 이 구역들을 영리하게 조합한다. "A 구역과 B 구역

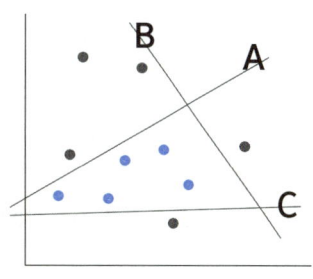

이 모두 해당되는 지점은 회색", "A 구역에는 해당되지만 C 구역에는 해당되지 않는 지점은 파란색" 하는 식으로 말이다. 이렇게 직선들을 조합하다 보면 놀랄만한 일이 일어난다. 마치 레고 블록을 쌓아 복잡한 조형물을 만들 듯, 간단한 직선 조각들이 모여서 계단 모양, 지그재그 모양, 심지어 곡선에 가까운 복잡한 형태까지 만들어낼 수 있게 되는 것이다.

층이 깊어질수록 더욱 정교하고 복잡한 패턴을 학습할 수 있었다. 체스판처럼 번갈아 배치된 복잡한 문제들? 퍼셉트론 하나로는 영원히 풀 수 없다고 여겨졌던 그 문제들을 이런 방식으로 쉽게 해결할 수 있게 됐다. 민스키와 페퍼트가 "불가능하다"고 수학적으로 증명했던 벽이 무너지는 순간이었다.

그런데 여기서 정말 중요한 질문이 남았다. 이 복잡한 다층 구조를 어떻게 학습시킬 것인가? 이를테면 오케스트라의 각 악기가 제각각 연주하는 상황에서 지휘자가 어떻게 완벽한 하모니를 만들어낼지와 같은 문제였다. 역전파 알고리즘은 바로 이 문제에 대한 놀라운 해답이었다. 역전파란 말 그대로 거꾸로 거슬러 올라간다는 의미다. 이 알고리즘의 작동 방식은 우리가 실수를 통해 배우는 과정과 매우 닮아있다. 아이가 자전거를 배울 때를 생각해보자. 처음엔 넘어지고, 그 다음엔 "아, 이 정도로 핸들을 꺾으면 안 되는

구나"라며 조금씩 조정한다. 역전파
도 똑같다. 신경망이 틀린 답을 내놓
으면, 그 오차를 마지막 층부터 거꾸
로 첫 번째 층까지 전달하면서 각 층
의 연결 강도를 조금씩 조정하는 것
이다. 그렇게 되면 오차 정보가 뒤에
서 앞으로 차근차근 전해지면서 네
트워크 전체가 조금씩 똑똑해진다.

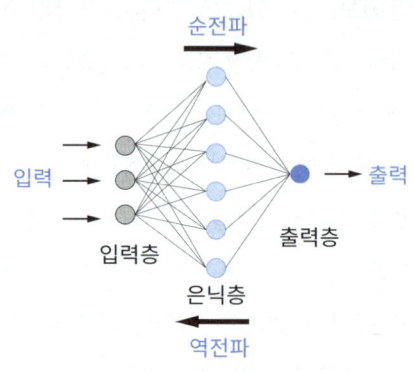

하지만 당시에는 아직 이 발견의 진정한 가치를 아무도 몰랐다. 다층으로 구성된 퍼셉트론을 소화해낼 만큼 컴퓨터 연산 능력이 충분하지 못했고, 학습시킬 데이터도 부족했기 때문이다. 보물 지도를 발견했지만 그 보물을 캐낼 중장비가 없었던 것과도 같은 상황이었다.

그로부터 30년 후, 이 '깊은' 다층 퍼셉트론이 세상을 뒤흔들게 될 줄은 그 누구도 예상하지 못했다. 오늘날 우리가 사용하는 챗GPT, 이미지 생성 AI, 음성 인식 시스템의 핵심이 바로 이 1986년의 발견에서 시작되었던 것이다. 루멜하트와 힌튼이 심어놓은 작은 씨앗이 수십 년 후 거대한 나무로 자라나 전 세계를 그늘로 덮게 되리라는 것 역시 그 당시엔 누구도 상상할 수 없었다.

●— AI의 조용한 부활 : "이번엔 다르다!"

1990년대에 들어서면서 상황이 근본적으로 바뀌기 시작했다. 인터넷이 보급되면서 데이터가 폭증했고, 컴퓨터 성능도 비약적으로 향상되었다. 그리고 무엇보다 과학자들에겐 "기계가 데이터에서 규칙을 찾아내게 만드는 것이 답"이라는 중요한 깨달음이 있었다. 이것이 바로 머신러닝 혁명의 시작이었다. 인간이 명시적으로 규칙을 프로그래밍하는 대신, 기계가 수많은 데이터 속에서 패턴을 스스로 발견하게 하는 것이었다. AI는 조용히 다시 일어나기 시작했다. 이번에는 기계 학습, 확률 추론, 데이터 마이닝 같은 새로운 접근법이 주역이었다. 1997년 IBM의 딥블루(Deep Blue)가 세계 체스 챔피언 가리 카스파로프(Garry Kasparov)를 이긴 것은 이런 흐름을 대표한 상징적 사건이었다. "기계가 드디어 인간 챔피언을 이겼다!" 하지만 딥블루는 체스만 둘 뿐 다른 것은 하지 못했다. 그래도 사람들은 흥분했다.

이메일 스팸 필터를 예로 들어보자. 전문가 시스템 방식이라면 "제목에 '돈'이라는 단어가 들어가면 스팸", "발신자가 모르는 사람이면 스팸" 같은 규칙들을 일일이 만들어야 했다. 하지만 스팸꾼들은 교묘했다. '돈' 대신 '돈돈돈'을 쓰거나, 영어 대신 한자를 섞어 쓰는 식으로 규칙을 피해갔다. 끝없는 숨바꼭질 게임처럼, 규칙을 하나 만들면 그것을 피하는 새로운 방법이 나타났다.

반면 머신러닝 스팸 필터는 완전히 다른 접근을 했다. 수만 개의 정상 이메일과 스팸 이메일을 학습했다. 그 결과 인간이 미처 생각하지 못한 미묘한 패턴들까지 찾아냈다. 특정 시간대에 보내지는 이메일의 특성, 특정 IP 주소에서 오는 이메일의 패턴, 심지어 단어 사이의 간격이나 특수문자 사용 패턴까지 분석했다. 인간이 일일이 규칙으로 만들기에는 너무나 복잡하고 섬세한 패턴들이었다.

이것이야말로 인류사 최대의 업적 가운데 하나라 아니할 수 없다. 이제 AI가 인간이 수천 년 동안 해온 가장 어려운 일을 대신하기 시작한 것이다. 복잡한 현실에서 숨겨진 규칙을 찾아내는 일 말이다. 뉴턴이 사과 하나에서 중력의 법칙을 발견했듯이, AI는 데이터의 바다에서 숨겨진 법칙들을 발견하기 시작했다. 다만 뉴턴은 천재적 직감으로 했지만, AI는 무차별적 계산으로 했다는 차이가 있을 뿐이었다.

더욱 흥미로운 것은 AI가 찾아낸 규칙들 중 상당수는 인간이 설명하기 어려운 것들이었다는 점이다. "왜 이 이메일이 스팸인가요?"라고 물으면, 전통적인 규칙 기반 시스템은 "제목에 '돈'이라는 단어가 들어있기 때문입니다"라고 명확하게 답할 수 있었다. 하지만 머신러닝 시스템은 "음... 여러 가지 복합적인 요인들을 종합해서 판단한 결과입니다"라고 답할 수밖에 없었다. 우리가 "왜 '예쁜 강아지'라는 말이 '아름다운 강아지'라는 표현보다 자연스럽게 들리는가?"라는 질문에 명확하게 답하기 어려운 것과 같다.

하지만 이것이 오히려 AI의 강점이 되었다. 인간이 명시적으로 설명할 수 없는 복잡한 패턴까지도 데이터에서 학습할 수 있었기 때문이다.

● 신경망의 화려한 부활과 현대 AI 르네상스 : "딥러닝이 모든 걸 바꿨다"

21세기에 들어서면서 모든 조건이 갖춰지기 시작했다. 1986년 루멜하트와 힌튼이 발견했던 그 '보물'을 드디어 캐낼 중장비가 준비된 것이다. 컴퓨터는 수천 배 빨라졌고, 인터넷을 통해 상상할 수 없을 만큼 많은 데이터가 쌓였다. 그리고 무엇보다 GPU(그래픽 처리 장치)라는 강력한 연산 도구까지 등장했다. 우연도 이런 우연이 없는 것이, 원래 게임의 3D 그래픽을 처리하기 위해 만들어진 GPU가 뜻밖에도 AI 계산에 완벽하게 맞아떨어진 것이다. 왜 그럴까? CPU는 천재 수학자 한 명이 복잡한 문제를 순차적으로 풀어나가는 것과 같은 방식이라면, GPU는 문제를 간단한 계산 단위로 분해한 후 수백 명의 평범한 학생들에게 맡겨 동시에 처리하는 방식이었다. 게임에서 화면을 구성하는 수백만 개 픽셀을 동시에 그려야 하는 것처럼, AI도 수많은 뉴런들의 신호를 동시에 계산해야 했다. 딥러닝의 핵심인 행렬 연산은 바로 이런 '동시에 여러 개를 계산하는' 병렬 작업의 연속이었다. GPU의 병렬 처리 능력이 AI에게는 맞춤 정장처럼 딱 들어맞았던 것이다.

그제서야 사람들은 깨달았다. 30년 전 다층 퍼셉트론이 얼마나 혁명적인 발견이었는지를 말이다. 이제 그 구조를 정말로 '깊게' 만들 수 있게 되었다. 수십 개, 수백 개의 층을 쌓아올릴 수 있게 된 것이다. 더 놀라운 것은 각 층마다 수백만, 수천만 개의 퍼셉트론을 동시에 작동시킬 수 있게 되었다는 점이다. 현재 챗GPT 같은 모델은 수조 개의 퍼셉트론이 층층이 쌓여 있으면서, 이 모든 것들이 동시에 병렬로 계산된다. 사람들은 이것을 '딥러닝(Deep Learning)'이라고 불렀다. 이름에 있는 '깊다(딥)'라는 말의 의미는 층이 많다는 것을 나타내기도 하지만, 동시에 상상할 수 없을 정도로 거대한 규모의 병렬 계산이 가능해졌다는 뜻이기도 하다.

딥러닝의 작동 방식은 인간이 사물을 인식하는 과정과 비슷하다. 이미지 분류 모델을 예로 들어보면, 첫 번째 층에서는 선이나 모서리 같은 간단한 특징을 학습한다. 두 번째 층에서는 그것들을 조합해서 눈이나 코 같은 부분을 인식한다. 세 번째 층에서는 그것들을 조합해서 얼굴 전체를 인식한다. 이런 식으로 점점 더 복잡하고 추상적인 개념을 학습해나간다. 어린 아이가 처음에는 동그라미와 세모를 구분하다가, 나중에는 강아지와 고양이를 구분하고, 결국에는 복잡한 감정까지 이해하게 되는 과정과 같다고 할 수 있다.

2012년, 전 세계 AI 연구자들이 주목하는 이미지넷(ImageNet) 대회에서 역사적인 사건이 일어났다. 토론토 대학의 알렉스 크리제브스키(Alex Krizhevsky)가 만든 알렉스넷(AlexNet)[10]이라는 딥러닝 모델이 기존 방법들을 압도적으로 꺾어버린 것이다. 그 성능 차이는 충격적이었다. 흡사 자전거 경주에 갑자기 오토바이가 나타난 것과 같았다. 이 대회는 AI 업계의 월드컵과 같은 것이었는데, 2017년 마지막 대회에서는 모든 참가팀이 인간

---

10) 알렉스넷 : 2012년 토론토 대학의 알렉스 크리제브스키(Alex Krizhevsky), 일리야 수츠케버(Ilya Sutskever), 제프리 힌튼(Geoffrey Hinton)이 개발한 합성곱 신경망(CNN) 모델. ImageNet 대규모 시각 인식 챌린지(ILSVRC)에서 오류율 15.3%로 2위(26.2%)를 크게 앞서며 우승했다. 이 성과는 딥러닝이 컴퓨터 비전 분야에서 전통적인 머신러닝 방법들을 압도할 수 있음을 입증한 역사적 사건으로, 현재 AI 붐의 직접적인 계기가 되었다.

의 오류율을 뛰어넘는 성능을 달성했다. 더 이상 경쟁할 이유가 없어진 것이다. 이 사건이 바로 현대 AI 혁명의 시작점이다.

ImageNet 데이터셋

그 후의 발전은 가히 폭발적이었다. 2016년, 구글 딥마인드의 알파고(AlphaGo)가 세계 최강의 바둑 기사 이세돌을 4대 1로 이겼다. 바둑은 체스와 달리 경우의 수가 우주의 원자 수보다 많다. "컴퓨터가 바둑에서 인간을 이기려면 최소 10년은 더 걸릴 것"이라던 전문가들의 예측은 완전히 빗나갔다. 2017년에는 구글의 트랜스포머(Transformer)[11] 구조가 등장하면서 언어 모델이 혁신되었다. 그리고 2022년, 마침내 챗GPT가 공개되며 세상을 놀라게 했다.

갑자기 누구나 AI와 대화할 수 있게 되었다. 질문하면 답하고, 글을 써달라고 하면 써주고, 심지어 농담도 하고 시도 쓰는 AI가 우리 손안에 들어온 것이다. 1943년 맥컬럭과 피츠가 "기계가 인간의 뇌처럼 생각할 수 있다면 어떨까?"라고 꿈꿨던 그 상상이 80년 만에 현실이 되는 순간이었다. SF 영화에서나 볼 법한 일이 일상이 되어버렸다고나 할까.

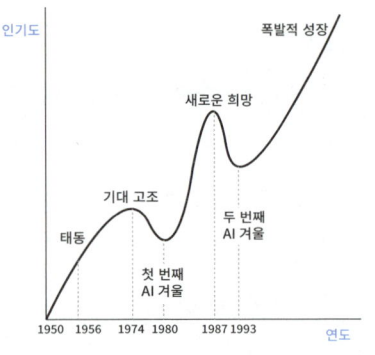
롤러코스터를 빼닮은 AI 발전사

---

11) 트랜스포머 알고리즘에 관해서는 2장에서 자세히 다룬다.

알파고의 진화, 제로에서 마스터까지

2016년 3월, 전 세계가 한 경기에 주목했다. 구글 딥마인드(Google DeepMind)가 개발한 AI 바둑 프로그램 알파고(AlphaGo)가 예상을 뒤엎고 세계 최고 수준의 프로 기사 이세돌 9단을 상대로 4승 1패로 승리하며 세상을 놀라게 했다.

이 역사적 승리를 거둔 모델이 바로 알파고 리(AlphaGo Lee)다. 딥마인드는 이 모델을 만들기 위해 수십만 개의 인간 바둑 기보를 학습시켰다. 학습에는 몬테카를로 트리 서치(Monte Carlo Tree Search)와 딥러닝을 결합한 혁신적인 알고리즘이 사용됐다. 이세돌과의 대국 이후, 딥마인드는 더 발전된 알파고 마스터(AlphaGo Master)를 개발해 온라인에서 세계 최고 기사들을 연파했다.

하지만 딥마인드는 여기서 멈추지 않았다. 2017년 10월, 그들은 완전히 새로운 접근법으로 알파고 제로(AlphaGo Zero)를 선보였다. 이 모델의 혁신적인 점은 인간의 기보를 전혀 학습하지 않는다는 것이었다. 바둑의 기본 규칙만 알려주고, 오직 자기 자신과의 대국을 통해서만 학습하게 했다. 강화학습(Reinforcement Learning)이라는 기법을 사용해 수백만 번의 자가 대국을 통해 스스로 바둑의 전략을 터득하게 한 것이다.

딥마인드의 알파고 시리즈는 AI 발전의 놀라운 속도를 보여주는 대표적 사례다. 불과 몇 년 사이에 이 모델들이 어떻게 진화했는지 살펴보면, 현대 AI 기술의 급속한 발전상을 한눈에 확인할 수 있다.

초기 알파고 제로는 학습 초기 단계에서 엄청난 혼란을 겪었다. 아무것도 모르는 상태에서 시작한 알파고 제로는 첫 36시간 동안 이세돌을 이긴 알파고 리를 상대로 참패를 거듭했다. 승률이 거의 0%에 가까웠다. 마치 바둑을 처음 배우는 아이가 프로 기사를 상대로 두는 것과 같았다.

하지만 72시간이 지나자 극적인 변화가 일어났다. 알파고 제로는 갑자기 알파고 리와 대등하게 싸우기 시작했고, 승률은 50%를 기록했다. 불과 며칠 만에 이세돌 9단을 이긴 그 알파고와 맞먹는 실력에 도달한 것이다.

그리고 40일 후, 알파고 제로는 모든 버전을 넘어서는 바둑 AI의 최강자가 되었다. 이세돌의 모든 수를 넘어선 것은 물론, 심지어 알파고 마스터(AlphaGo Master)까지 능가하는 실력을 쌓았다. 40일이라는 짧은 시간 동안 인간의 수천 년 바둑 역사를 뛰어넘은 셈이다.

이 과정에서 가장 놀라운 점은 알파고 제로가 완전히 스스로 학습했다는 것이다. 처음에는 무작위로 돌을 놓다가, 점차 바둑의 규칙과 전략을 스스로 터득해나갔다. 외부 세계와 완전히 차단된 채 혼자서 바둑의 진리를 깨달아가는 수도승처럼 그렇게 학습해서 결국 바둑에 통달했다.

이런 급속한 발전이 가능했던 이유는 강화학습(Reinforcement Learning)과 신경망의 결합, 그리고 막대한 컴퓨팅 파워 덕분이었다. 알파고 제로는 하루에 수백만 판의 바둑을 두면서 수를 익혔다. 인간이 평생에 걸쳐 둘 수 있는 바둑 수보다 훨씬 많은 수를 며칠 만에 축적한 것이다.

알파고 시리즈의 진화는 AI가 특정 영역에서 인간을 뛰어넘는 속도가 우리의 예상보다 훨씬 빠르다는 것을 보여준다. 더욱 인상적인 것은 최신 버전일수록 더 적은 데이터로, 더 효율적으로 학습한다는 점이다. 이는 AI 기술 자체가 더 정교해지고 있음을 의미한다.

한눈에 보는 인공지능의 역사

AI 패러다임의 대전환 순간들

AI 역사에서는 몇 번의 거대한 관점 변화, 즉 대전환이 있었다. 과학 혁명 같은 순간들이라고 할 수 있겠는데, 토마스 쿤(Thomas Kuhn)이 말한 '패러다임의 전환'처럼 AI도 기존의 사고 체계를 완전히 뒤바꾸는 혁명적 순간들을 겪어왔다.

첫 번째 대전환은 1960년대 후반에 일어났다. 초기 AI 연구자들은 야심찬 꿈을 꾸고 있었다. "몇 가지 강력한 범용 알고리즘이면 모든 문제를 풀 수 있을 거야"라고. 만능 열쇠 하나만 있으면 모든 문을 열 수 있다고 믿는 것과 다를 바 없었다. 하지만 현실은 냉혹했다. 범용 알고리즘만으로는 실제 문제를 해결할 수 없었다. 연구자들은 곧 깨달았다. 특정 분야의 구체적이고 깊이 있는 지식이 알고리즘보다 훨씬 중요하다는 것을 말이다. 에드워드 파이겐바움(Edward Feigenbaum)의 덴드랄(DENDRAL) 시스템이 이 변화를 극명하게 보여준다. 이 시스템은 화학 구조를 분석하는 전문가 시스템으로, 범용적인 추론 능력보다는 화학 분야의 전문 지식을 활용해 놀라운 성과를 거두었다. 그 덕분에 "지식이 곧 힘이다"라는 철학이 AI 연구의 새로운 방향이 되었다.

한동안 상종가를 구가하던 전문가 시스템의 시대도 결국 한계에 부딪혔다. 1980년대에 들어서면서 두 번째 대전환이 시작되었다. "IF-THEN 규칙으로 모든 걸 해결하자"는 접근법이 현실의 복잡함과 애매함을 감당하지 못했다. 세상은 논리적 규칙만으로는 설명되지 않는 불확실성과 예외로 가득했다.

그래서 AI는 완전히 다른 길을 택했다. "데이터에서 패턴을 찾자"는 통계적 접근법으로 전환한 것이다. 확실한 규칙 대신 확률과 통계를 받아들였다. 완벽한 논리보다는 "대체로 맞는" 패턴을 추구하기 시작했다. 특히 자연어 처리에서 이 변화가 극적으로 이루졌다. 기존에는 언어의 문법 규칙을 하나씩 프로그래밍했지만, 새로운 접근법은 대량의 텍스트 데이터에서 언어 패턴을 학습했다. IBM의 통계적 기계 번역 시스템이 대표적인 예로, 규칙 기반 번역 시스템을 압도하는 성능을 보여줬다.

그러나 2000년대까지 머신러닝은 여전히 상당한 한계를 가지고 있었다. 대부분의 알고리즘이 1~2개 퍼셉트론 층만 사용하는 '얕은 학습'에 머물러 있었다. 그러다가 2010년대에 들어서면서 세 번째 대전환이 일어났다. 딥러닝이 이 한계를 깨뜨린 것이다. 여러 개의 층을 깊게 쌓아서 '깊은 학습'을 가능하게 했다. 단순한 패턴이 아니라 복잡하고 추상적인 개념까지 학습할 수 있게 되었다. 앞에서 언급한 2012년 알렉스넷(AlexNet)의 성공이 바로 이 전환의 결정적 순간이었다. 이미지 인식 대회에서 기존 방법들을 압도적으로 제친 이 신경망은 AI 업계에 지각변동을 일으켰다. 갑자기 모든 연구자들이 "더 깊게, 더 깊게"를 외치기 시작했다.

그리고 최근에는 네 번째 대전환이 진행되고 있다. 기존 머신러닝은 교사가 학생을 가르치는 것과 같았다. "이건 고양이야, 이건 개야"라고 일일이 라벨을 붙여서 가르쳐줘야 했다. 지도학습(Supervised Learning)이라고 불리는 이 방식은 엄청난 양의 라벨링된 데이터가 필요했다. 그리고 라벨링 작업에는 막대한 자본과 인력이 소요된다.

이런 시련들을 모두 체험한 끝에 최근 AI는 놀라운 변화를 보여주고 있다. 스스로 알아서 학습하기 시작한 것이다. 마치 아이가 세상을 돌아다니며 스스로 배우는 것처럼, AI도 라벨 없는 데이터에서 패턴을 찾아내고 있다. 오픈AI의 GPT[12] 시리즈가 이런 변화의 상징이다. 인터넷의 방대한 텍스트를 읽으며 스스로 언어를 학습했다. 달·이(DALL-E)는 텍스트와 이미지의 관계를 스스로 터득했고, 딥마인드의 가토(Gato)는 다양한 작업을 동시에 학습하는 범용성을 보여줬다.

이 네 번의 대전환을 보면 하나의 패턴이 보인다. AI는 항상 더 현실적이고, 더 유연하며, 더 자율적인 방향으로 진화해 왔다는 점이다. 완벽한 논리에서 불완전한 통계로, 단순한 구조에서 복잡한 구조로, 수동적 학습에서 능동적 학습으로 변화해 왔다. 그리고 이 변화는 아직 끝나지 않았다. 다음 전환은 무엇일까? 아마도 "좁은 지능에서 넓은 일반 지능으로", 또는 "모방에서 창조로"의 전환이 될지도 모른다. 그렇지만 한 가지는 확실하다. AI의 패러다임 대전환은 계속될 것이고, 그 과정에서 우리는 지능의 본질에 대해 더 깊이 이해하게 될 것이다.

---

12) GPT(Generative Pre-trained Transformer) : '생성형 사전 훈련된 트랜스포머'의 줄임말로, 대량의 텍스트 데이터를 학습하여 인간과 유사한 텍스트를 생성할 수 있는 AI 언어 모델이다. OpenAI에서 개발한 GPT 시리즈 중 챗GPT는 대화형으로 특화된 버전으로, 사용자의 질문에 답하고 다양한 텍스트를 생성할 수 있다. '트랜스포머'는 2017년 구글에서 개발한 딥러닝 알고리즘으로, 현재 대부분의 대형 언어 모델의 핵심 기술이다. 뒤에서 자세히 다룬다.

AI 혁명의 3대 기반 : 컴퓨팅, 데이터, 알고리즘

현대 AI 혁명은 세 마리 말이 함께 끄는 삼두마차 같이 세 요소가 동시에 발전함으로써 가능했다. 첫 번째 말은 컴퓨팅 파워의 폭발이다. 무어의 법칙[13]에 따라 CPU가 18개월마다 2배씩 빨라지는 것도 놀라웠지만, 진짜 게임 체인저는 GPU 혁명이었다. 게임용 그래픽 카드가 AI의 구세주가 된 것이다. 엔비디아(NVIDIA)의 GPU 범용 컴퓨팅 플랫폼 기술인 쿠다(CUDA, Compute Unified Device Architecture) 덕분에 GPU를 AI 훈련에 쓸 수 있게 되었고, 속도가 수십 배 빨라졌다. 이후 구글의 TPU[14], 애플의 뉴럴 엔진(Neural Engine) 같은 AI 전용 프로세서들도 등장했다.

두 번째 말은 빅데이터다. 인터넷, 소셜미디어, 스마트폰 덕분에 데이터가 기하급수적으로 늘어났다. 이미지넷(ImageNet)[15] 같은 거대한 데이터셋이 AI 연구의 표준이 되었다. 데이터는 AI의 '연료'와 같은 역할을 한다. 연료가 많을수록 더 멀리, 더 빠르게 갈 수 있다.

세 번째 말은 알고리즘의 혁신이다. 역전파 알고리즘은 신경망을 효율적으로 훈련시키는 방법을 제공했고, CNN(합성곱 신경망)은 이미지 인식에서 혁명을 일으켰다. RNN(순환 신경망)은 순차적 데이터 처리의 핵심이 되었고, 가장 최근에는 트랜스포머(Transformer)가 등장했다. 2017년 구글의

---

13) 무어의 법칙(Moore's Law) : 인텔 공동창업자 고든 무어(Gordon Moore)가 1965년 제시한 법칙으로, 컴퓨터 칩의 트랜지스터 밀도가 약 18-24개월마다 2배씩 증가한다는 관찰. 이는 컴퓨터 성능이 지속적으로 향상됨을 의미하며, 수십 년간 반도체 산업의 발전 지표가 되었다. 최근에는 물리적 한계로 인해 전통적인 무어의 법칙이 둔화되고 있지만, AI 전용 칩 개발 등 새로운 방향으로 발전하고 있다.
14) TPU(Tensor Processing Unit) : 구글이 개발한 AI 전용 프로세서로, 딥러닝 연산에 특화되어 설계되었다. 기존 CPU나 GPU보다 AI 작업에서 훨씬 빠르고 에너지 효율적이며, 구글의 데이터센터에서 검색, 번역, 이미지 인식 등의 AI 서비스를 처리하는 데 사용된다. 텐서(Tensor)는 다차원 배열 데이터를 의미하며, 딥러닝에서 핵심적인 데이터 구조다.
15) 이미지넷(ImageNet) : 2009년 스탠포드 대학의 페이페이 리(Fei-Fei Li) 교 가 주도하여 구축한 대규모 이미지 데이터베이스. 1400만 개 이상의 이미지가 2만 개 이상의 카테고리로 분류되어 있으며, AI 이미지 인식 연구의 표준 벤치마크가 되었다. 매년 열리는 이미지넷 경진대회(ILSVRC)는 AI 발전의 중요한 이정표 역할을 했으며, 2012년 알렉스넷의 우승이 딥러닝 혁명의 시발점이 되었다.

발표한 《어텐션이 필요한 전부다(Attention is All You Need)》라는 논문에서 소개된 이 구조는 현재 모든 대형언어모델의 기반이 되었다.

이 세 요소는 서로를 강화하는 선순환을 만들어냈다. 더 빠른 컴퓨터가 더 큰 데이터 처리를 가능하게 했고, 이는 더 복잡한 알고리즘 개발을 촉진했다. 더 효율적인 알고리즘은 다시 컴퓨팅 자원의 더 나은 활용을 가능하게 했고, 더 많은 데이터 학습으로 이어졌다.

AI 역사를 돌아보면 몇 가지 중요한 교훈을 얻을 수 있다. 첫째, 과도한 낙관은 금물이라는 것이다. 매번 "10년 안에 AGI[16]가 나올 거야"라고 했지만, 현실은 훨씬 복잡했다. 둘째, 그러나 겨울 다음엔 반드시 봄이 온다. AI 겨울이 와도 포기하지 않은 연구자들이 있었기에 지금의 성과가 가능했다. 셋째, 인간 지능은 우리가 생각했던 것보다 훨씬 복잡하다. 단순한 규칙이나 논리만으로는 인간의 지능을 모방할 수 없었다. 넷째, 융합이 진정한 혁신을 만든다. 컴퓨팅, 데이터, 알고리즘이 함께 발전할 때 비로소 돌파구가 열렸다. 마지막으로, 예상치 못한 곳에서 돌파구가 나온다. 게임용 그래픽 카드가 AI 혁명의 핵심이 될 줄 누가 알았겠는가? 앞으로 AI가 어떻게 발전할지는 아무도 모른다. 하지만 과거의 롤러코스터 같은 여정이 보여주듯, AI의 미래도 우리의 예상을 뛰어넘는 놀라운 방향으로 전개될 것이다.

패턴 찾기 도사가 된 AI

그렇다면 결국 AI가 하는 일이란 무엇일까? 한마디로 말하면 '패턴 찾기 도사'가 되는 것이다. 의료 AI는 수만 개의 엑스레이 사진을 들여다보며 폐

---

16) 인공일반지능(AGI, Artificial General Intelligence) : 범용인공지능이라고도 한다. 인간과 동등하거나 그 이상의 지적 능력을 모든 영역에서 발휘할 수 있는 인공지능. 학습, 추론, 창의성, 문제 해결, 감정 이해 등 인간의 인지 능력 전반을 포괄하며, 새로운 상황에 유연하게 적응할 수 있다. 현재의 좁은 AI와 달리 특정 분야에 국한되지 않는 범용 지능을 의미하며, AI 연구의 궁극적 목표로 여겨진다.

암의 미묘한 그림자 패턴을 찾아낸다. 인간 의사가 놓칠 수 있는 아주 작은 변화까지 감지해낸다. 금융 AI는 수십 년간의 주가 데이터뿐만 아니라 뉴스, 소셜미디어, 경제 지표까지 종합해서 투자의 숨겨진 패턴을 추출한다. 언어 AI는 인터넷상의 수십억 개 텍스트에서 언어의 패턴을 학습해서, 인간만큼이나 자연스럽게 대화할 수 있게 되었다.

뉴턴이 사과가 떨어지는 것을 보고 중력의 법칙을 발견했듯이, AI는 데이터의 바다에서 숨겨진 법칙들을 발견하고 있다. 다만 뉴턴은 천재적 직감으로 했지만, AI는 무차별적 계산으로 한다는 차이가 있을 뿐이다. 뉴턴 한 명이 평생에 걸쳐 발견한 것을, AI는 몇 시간 만에 수천 개씩 찾아낸다.

그런데 여기에 흥미로운 점이 하나 있다. AI가 찾아낸 패턴 중 상당수는 인간이 이해하기 어려운 것들이다. "왜 이 환자가 폐암 위험이 높다고 판단하는가?"라고 물으면, AI는 명확한 답을 주지 못한다. 대신 "이 엑스레이의 픽셀 값들이 만들어내는 복합적인 패턴이 폐암 환자들의 패턴과 유사합니다"라고 답할 뿐이다. 우리가 처음 보는 사람의 얼굴을 보고 "착해 보인다"고 느끼지만, 정확히 어떤 요소 때문에 그렇게 느끼는지 설명하기 어려운 것과 같다.

이 모든 과정의 핵심에는 '숫자'가 있다. 텍스트든 이미지든 음성이든, AI는 모든 것을 숫자로 변환해서 수학적 패턴을 찾아낸다. 당신이 지금 읽고 있는 이 글도 AI에게는 수천, 수만 개의 숫자 배열로 보인다. 미켈란젤로의 다비드 상도 AI에게는 수백만 개의 픽셀 값들의 조합일 뿐이다. 베토벤의 교향곡도 AI에게는 시간에 따른 주파수 데이터의 변화 패턴이다. 이렇듯 AI는 숫자로 생각하는 존재인 것이다.

하지만 이런 AI의 '숫자 언어'가 오히려 인간이 발견하지 못한 새로운 패턴들을 찾아내게 해준다. 의사가 수십 년 경험으로도 발견하지 못한 질병의 조기 징후를, AI는 숫자로 변환된 수백만 장의 의료 영상에서 찾아낸다. 음악가가 수백 년 동안 만들어온 음악의 패턴들을, AI는 며칠 만에 학습해서 새로운 곡을 작곡해 낸다. 숫자라는 공통 언어로 모든 것을 이해하기 때문에, 분야와 장르를 넘나들며 창의적인 조합을 만들어낼 수 있게 된 것이다.

생각해 보면 정말 놀라운 일이다. 인류가 수천 년 동안 해온 가장 중요한 지적 활동인 '규칙 찾기'를 이제 기계가 대신하기 시작했다. 그것도 인간보다 훨씬 빠르게, 그리고 훨씬 정확하게 말이다. 케플러가 20년에 걸쳐 화성의 궤도를 관찰해서 찾아낸 행성 운동의 법칙을, 지금의 AI라면 몇 시간 만에 발견할 수 있을 것이다. 멘델이 8년간 완두콩을 키우며 발견한 유전의 규칙을, AI는 유전자 데이터만 주어지면 며칠 안에 찾아낼 수 있다.

하지만 더 중요한 것은 AI가 인간이 미처 생각하지 못한 전혀 새로운 영역의 규칙들도 찾아내고 있다는 점이다. 언어 번역, 이미지 생성, 음성 인식 같은 일들은 불과 20년 전만 해도 "컴퓨터가 절대 할 수 없는 인간만의 영역"이라고 여겨졌다. 그런데 지금은 어떤가? 우리의 스마트폰이 실시간으로 외국어를 번역해주고, AI가 사람보다 더 사실적인 그림을 그려내며, 음성 비서가 우리의 말을 완벽하게 알아듣는다.

1943년 시카고 대학 연구실에서 시작된 작은 아이디어가 80년 만에 세상을 바꾸고 있다. 맥컬럭과 피츠가 꿈꿨던 '생각하는 기계'가 드디어 현실이 된 것이다. 그들이 인간의 뇌를 구성하는 뉴런에서 영감을 얻어 만든 단순한 0과 1의 수식이, 지금은 수조 개씩 모여서 인간과 똑같은 대화를 나누고 있다. 전쟁의 포화 속에서 연구하던 그 젊은 과학자들이 자신들의 아이디어가 이렇게까지 발전할 것이라고 정말 상상이나 할 수 있었을까?

하지만 이것은 단지 시작일 뿐이다. 우리는 지금 인류 역사상 가장 큰 변화의 한복판에 서 있다. AI가 도구의 지위를 넘어 인간의 협력자가 되고, 나아가 창조자가 되는 시대를 맞고 있는 것이다. 과학자들은 AI와 함께 신약을 개발하고, 예술가들은 AI와 협업해서 새로운 작품을 만들어내며, 학생들은 AI 튜터에게 개인 맞춤형 교육을 받고 있다.

초기 AI 개념과 현대 AI의 차이점

다트머스 회의에서 태동한 초기 AI의 비전과 오늘날 우리가 경험하는 AI 기술 사이에는 흥미로운 역설이 존재한다. 초기 AI 연구자들이 상상했던 지능형 기계와 오늘날의 AI 시스템은 흡사 같은 이름을 가진 다른 종족 같다. 가장 재미있는 점은 초기 연구자들이 훨씬 더 야심찬 꿈을 꾸었다는 것이다.

● 꿈은 크게, 현실은 작게 : AGI에서 좁은 AI로

초기 AI 연구자들의 궁극적 목표는 인간과 같은 일반적인 지능, 즉 '강한 AI[17]' 또는 'AGI[18]'를 만드는 것이었다. 이들은 정말 꿈도 야무지게 "모든 것을 할 수 있는 기계"를 만들려 했다. 체스도 두고, 시도 쓰고, 수학 문제도 풀고, 일상 대화도 나누는 만능 지능체 말이다. 허버트 사이먼이 1957년에 했던 말을 다시 떠올려 보자. "20년 내에 컴퓨터가 체스 챔피언이 되고, 수학 정리를 발견하며, 노래까지 작곡할 것이다." 모든 것을 다하는 기계인 AGI가 그리 멀지 않아 등장할 것이라는 확신이다. 이 얼마나 꿈도 야무진 비전이었던가!

그러나 현실은 정반대로 흘러갔다. AI 연구가 진척될수록 일반지능 개발이 예상보다 훨씬 더 복잡한 과제임이 점점 분명해졌다. 그러자 연구 방향은 특정 영역에 특화된 '약한 AI' 또는 '좁은 AI(Narrow AI)'로 전환되었다.

오늘날 우리 주변의 AI들을 보라. 체스만 두는 딥블루(Deep Blue), 바둑

---

17) 강한 AI(Strong AI) : 인간과 같은 수준의 일반적인 지능을 가진 인공지능으로, 인공 일반 지능(AGI, Artificial General Intelligence)이라고도 부른다. 특정 분야에 국한되지 않고 추론, 학습, 창의성, 감정 이해 등 인간의 모든 인지 능력을 수행할 수 있는 AI를 의미한다. 현재는 아직 실현되지 않은 목표이며, 반대 개념으로 특정 영역에만 특화된 '약한 AI'가 있다.

18) 인공일반지능(AGI, Artificial General Intelligence) : 범용 인공 지능이라고도 한다. 인간과 동등하거나 그 이상의 지적 능력을 모든 영역에서 발휘할 수 있는 인공지능. 학습, 추론, 창의성, 문제 해결, 감정 이해 등 인간의 인지 능력 전반을 포괄하며, 새로운 상황에 유연하게 적응할 수 있다. 현재의 좁은 AI와 달리 특정 분야에 국한되지 않는 범용 지능을 의미하며, AI 연구의 궁극적 목표로 여겨진다. 5장에서 자세히 살펴본다.

만 두는 알파고(AlphaGo), 번역만 하는 구글 번역, 추천만 하는 넷플릭스 알고리즘……. 각자 자기 분야에서는 인간을 압도하지만, 딱 그것만 할 뿐이다. 알파고에게 체스를 두자고 하면 "그게 뭔가요?"라고 할 것이다. 이는 슈퍼맨을 만들려 했는데 각종 전문가들이 나온 격이라 하겠다. 하나하나는 대단하지만, 분명 애초 꿈과는 다른 방향이었다.

● 논리의 제왕에서 데이터의 왕으로 : AI 철학의 대전환

1막 : 논리의 제왕 시대 – 규칙이 모든 것을 지배하다

초기 AI는 인간의 사고를 논리적 추론의 연속으로 봤다. "만약 A라면 B이다"식의 명확한 규칙들로 지능을 구현하려 했다. 마치 인간의 뇌가 거대한 논리 엔진인 것처럼 말이다. 이것이 바로 '기호주의 AI(Symbolic AI)'의 철학이었다. 존 매카시(John McCarthy)의 LISP 언어[19]로 대표되는 이 접근법은 "지능은 규칙과 논리다"라는 확신에 차 있었다. 인간의 사고는 논리적 기호와 개념을 조작하는 것이며, 이를 논리적이고 체계적인 규칙으로 표현할 수 있다고 믿었다.

이런 접근법은 분명하고 깔끔했다. 전문가 시스템들은 "환자가 열이 나고 기침을 한다면, 감기일 확률이 높다"는 식으로 작동했다. 모든 추론 과정을 추적할 수 있었고, 왜 그런 결론에 도달했는지 설명도 가능했다. 장점은 과정이 투명하다는 것이었다. 하지만 현실은 냉혹했다. 앞에서 살펴봤듯이 세상은 논리만으로 설명되지 않았다. 너무 많은 규칙이 필요했고, 모호하고 불완전한 정보 처리에 약했다. 규칙을 하나씩 손으로 입력하는 것도 한계가 있었다.

---

19) LISP 언어(LISP, LISt Processing) : 1958년 존 매카시(John McCarthy)가 개발한 프로그래밍 언어로, 인공지능 연구 분야에서 수십 년간 표준 도구로 사용되었다. 기호 처리와 재귀적 프로그래밍에 특화되어 있으며, 코드와 데이터를 동일한 구조(리스트)로 표현하는 독특한 특징을 가진다. 괄호를 많이 사용하는 문법으로 유명하며, 현재도 일부 AI 연구와 함수형 프로그래밍 분야에서 활용된다.

2막 : 데이터의 왕 등장 – 패턴이 새로운 지배자가 되다

현대 AI는 완전히 다른 길을 택했다. 대규모 데이터에서 패턴을 학습하는 방식이다. 규칙을 미리 정해주지 않는다. 대신 수백만, 수억 개의 예시를 보여주고 "네가 알아서 패턴을 찾아!"라고 한다. 이것을 우리는 '연결주의 AI(Connectionist AI)' 혁명이라 불러도 무방하다. 1980년대 후반부터 시작된 이 새로운 바람은 "지능은 뇌의 연결망"이라는 철학에 기반했다. 뇌의 신경망에서 영감을 받아, 수많은 인공 뉴런들이 서로 연결되어 정보를 처리하는 방식이었다. 예를 들어, 현대 이미지 인식 시스템에게는 "눈은 얼굴 위쪽에 있다"고 가르치지 않는다. 그냥 수백만 장의 얼굴 사진을 보여주면 알아서 이런 패턴을 찾아낸다. 신기하게도 이 방법이 훨씬 잘 작동한다.

현재의 딥러닝이 바로 이 방식이다. 데이터 기반으로 학습해 규칙 없이도 패턴 추출이 가능하다. 노이즈에 강하고 일반화 능력이 뛰어나다. 하지만 치명적인 약점이 있다. 해석 불가능성, 즉 '블랙박스' 문제다. 왜 그런 결론을 내렸는지 설명하기 어렵다.

3막 : 화해와 통합 – 논리와 데이터의 만남

흥미롭게도 최근에는 이 둘을 합치려는 시도가 늘고 있다. 신경-기호주의 AI(Neuro-Symbolic AI)라고 부르는데, 논리의 제왕과 데이터의 왕을 결합하려는 것이다. 왜 결합이 필요할까? 기호주의는 추론과 상징적 조작(기호나 심볼을 사용해 논리적 규칙에 따라 정보를 처리·변환하는 과정)에 강하지만 학습에 약하다. 논리학 교수가 새로운 언어를 배우는 데 어려움을 겪는 것과 같은 이치다. 반면 연결주의는 학습과 인식에 강하지만 구조적 추론에 약하다. 천재적인 화가가 수학 증명을 못하는 것과 비슷하다. 그래서 두 접근을 보완적으로 결합하려는 시도가 진행되고 있다. 데이터에서 패턴을 학습하는 동시에, 명시적인 규칙과 논리를 활용할 수 있는 시스템들이다.

대단원 : 지능에 대한 새로운 정의

이 긴 철학적 여정은 우리에게 중요한 통찰을 준다. 진정한 지능이란 논리적 추론과 패턴 학습 중 하나만으로는 불완전하다는 것이다. 인간을 보자. 우리는 직감으로 얼굴을 알아보는 동시에, 논리로 문제를 해결한다. 경험에서 배우면서도, 추상적 개념을 조작한다.

논리의 제왕에서 데이터의 왕으로, 그리고 이제는 둘의 결합으로. 이것이 바로 AI 철학사가 우리에게 들려주는 진화의 이야기다. 기호주의에서 연결주의로, 그리고 둘의 결합인 신경-기호주의로 이어지는 이 흐름은 AI가 지능을 어떻게 정의하고 구현하려 해왔는지를 보여주는 살아있는 역사다. 미래의 AI는 논리와 데이터, 추론과 학습을 모두 아우르는 새로운 형태의 지능이 될 것이다.

● 역설적 성공 : 더 작은 꿈이 더 큰 성과를

결국 AI는 역설적인 성공을 거뒀다. 초기의 거대한 꿈(AGI)은 아직 실현되지 않았지만, 더 작고 구체적인 목표들(좁은 AI)에서는 상상을 뛰어넘는 성과를 보였다. 스마트폰의 음성 인식, 자동 번역, 추천 시스템, 안면 인식……. 이 모든 것들이 1956년 다트머스 회의 참가자들이 상상했던 "지능적 기계"의 일부다. 다만 그들이 예상했던 것처럼 하나의 만능 기계가 아니라, 수많은 전문가 기계들의 형태로 실현된 것이다. 어쩌면 이것이 더 현실적인 길이었을지도 모른다. 인간도 사실 하나의 뇌로 모든 걸 완벽하게 하지는 못한다. 우리는 각자 다른 재능과 전문성을 가지고 협력해서 사회를 이뤄나간다. AI도 마찬가지로 다양한 전문 시스템들이 협력하는 형태로 발전하고 있는 것이다.

그렇다고는 해도 AGI의 꿈이 완전히 사라진 건 아니다. 최근의 대형언어

모델(LLM)들은 여러 영역에서 놀라운 능력을 보여주며, 일부 연구자들을 다시 흥분시키고 있다. 어쩌면 우리는 다시 한 번 다트머스 회의의 야심찬 꿈에 도전할 때가 온 것일지도 모른다.

3 AI가 생각하는 방식

80년의 긴 여정을 거쳐 우리는 마침내 진정으로 '생각하는 기계'를 만들어냈다. 1943년 맥컬럭과 피츠의 간명한 수식에서 시작된 꿈이 지금 챗GPT로 현실이 되기까지, AI는 인간의 예상을 뛰어넘는 놀라운 진화를 거듭해왔다. 그 과정을 이해하고 앞으로 AI가 어떻게 발전해갈지를 예측하려면 우리는 가장 근본적인 질문을 던져봐야 한다. "AI는 어떻게 생각하는 것일까?"

AI는 어떻게 0과 1로 이루어진 디지털 세계에서 숫자들의 조합만으로 언어를 이해하고, 그림을 그리고, 음악을 만들어낼 수 있는 것일까? 우리가 챗GPT에게 질문을 던지면, 그 순간 AI의 내부에서는 무슨 일이 벌어지는 것일까? 그 비밀을 풀려면 AI가 세상을 바라보는 독특한 방식을 이해해야 한다. 눈으로 보고 귀로 들으며 직감으로 판단하는 인간과는 달리, AI는 모든 것을 벡터와 행렬[20]이라는 수학적 언어로 변환하여 이해한다. 텍스트든 이미지든 음성이든, AI에게는 모두 거대한 숫자 배열일 뿐이다. 하지만 바로 이 숫자들 사이의 미묘한 패턴과 관계에서 '인공'의 의미와 지능이 탄생한다.

AI는 가중치와 임베딩[21]이라는 수학적 형태로 기억을 저장하고, 수백만

---

20) 벡터와 행렬 : 벡터는 숫자들의 일차원 배열이고, 행렬은 숫자들을 행과 열로 배치한 엑셀의 스프레드시트 같은 이차원 표다. AI는 이를 통해 모든 정보를 수치화하여 처리한다. (뒤에서 자세히 다룬다.)
21) 가중치와 임베딩 : 가중치는 신경망의 연결 강도를 나타내는 수치이고, 임베딩은 정보를 고차원 벡터로 변환한 표현이다. 이 둘이 AI의 기억과 이해의 핵심이다. (자세한 내용은 2장 참조)

번의 계산을 통해 패턴을 인식하며, 확률과 통계로 다음에 올 단어를 예측한다. 우리가 일상에서 사용하는 번역 앱이 '순식간에' 한국어를 영어로 바꾸는 그 순간, AI 모델 안에서는 수많은 숫자들이 역시 '순식간에' 정교한 계산 과정을 거치고 있는 것이다.

이제 우리는 AI의 이 신비로운 숫자 세계 속으로 들어가 볼 것이다. 벡터와 행렬을 통해 세상을 이해하는 방식, 패턴을 찾아내고 기억을 저장하는 방법, 그리고 점점 더 효율적으로 진화해가는 과정들을 하나씩 살펴보며, 마침내 기계가 어떻게 생각하게 되었는지 그 비밀을 풀어보기로 하자.

AI는 숫자로 생각하는 '모델'

"AI 속에는 도대체 무엇이 저장되어 있을까?" "AI는 어떻게 스스로 생각하는 걸까?" 챗GPT가 마치 인간인양 대화를 나누고, 이미지 생성 AI가 머릿속 상상을 현실로 구현해낼 때마다 우리는 이런 질문을 던지게 된다. 이는 한편으로는 AI 전문가들이 사람들로부터 가장 많이 받는 질문이기도 하다. 분명 AI도 컴퓨터 프로그램인데, 왜 기존 프로그램들과는 이토록 다르게 느껴지는 걸까?

한마디로 AI는 형체가 없는 소프트웨어 덩어리다. 하지만 일반적인 프로그램과는 결정적으로 다른 점이 있다. 기존 프로그램이 프로그래머가 미리 작성해 놓은 명령어를 단순히 따른다면, AI는 알고리즘에 따라 스스로 연산하며 가장 적절한 결과를 추론해 낸다. 비교하자면 정해진 레시피를 따르는 요리사와, 재료를 보고 즉석에서 새로운 요리를 창조하는 셰프의 차이라고 할 수 있다.

바로 이 자율적 추론 능력 때문에 AI는 '소프트웨어'나 '프로그램'이 아닌 '모델(model)'이라고 불린다. AI는 방대한 데이터를 기반으로 학습하며 점진적으로 성능이 향상된다. 하지만 이 모든 학습과 추론 과정은 오롯이 숫자의 세계에서 일어난다. 우리가 생성형 AI에게 던지는 질문도, AI가 내놓는 답변도, 그 사이의 모든 사고 과정도 결국 숫자로 변환되어 계산되는 것이다.

이것이 바로 "AI는 숫자로 생각하는 모델"이라는 말이 지니는 의미이다. 혹시 '모델'이라는 단어 때문에 패션쇼 무대를 걷는 슈퍼모델을 떠올리지는 않았는가? 많은 글과 영화가 AI를 사람을 닮은 로봇인 안드로이드와 거의 동일시하는 경우가 많아 그런 이미지가 떠오를 수도 있다. 하지만 사실 AI는 몸체가 없는 '특별한' 프로그램 덩어리인 '모델'이다.

AI의 기억 창고에는 수억 개의 숫자가 특별한 패턴으로 저장되어 있다. AI는 이 숫자들 사이의 관계를 분석하고 조합하여 새로운 아이디어를 만들어낸다. 벡터와 행렬이라는 수학적 도구는 이 과정에서 AI가 사용하는 언어이자 사고의 틀이다.

AI 미래를 결정하는 질문 "AI란 무엇인가?"

"AI란 무엇인가?" 이 질문은 상당히 철학적이지만, 그러면서도 철학적 호기심으로만 볼 수 없는 현실적인 뭔가가 있다. 이 질문에 대한 답이 바로 AI의 미래를 결정하기 때문이다. 어떤 정의를 택하느냐에 따라 연구 방향이 정해지고, 투자가 몰리는 분야가 달라지며, 결국 우리가 만나게 될 AI의 모습이 완전히 바뀌는 탓이다.

AI 연구의 거장 스튜어트 러셀(Stuart Russell)과 피터 노빅(Peter Norvig)은 인공지능을 네 가지 관점으로 분류했다.[22] 이 분류는 지난 70년간 AI 연구비의 흐름을 결정하고, 수많은 연구자들의 인생을 좌우했으며, 오늘날 우리가 사용하는 AI 기술의 모습을 만들어냈다. 그 네 가지는 인간

---
22) 스튜어트 러셀, 피터 노빅, 『인공지능: 현대적 접근법』, 류광 역. 4판. 제이펍, 2021

의 사고 과정을 그대로 모방하려는 관점인 "인간처럼 생각하기", 완벽한 논리로 무장한 합리적 사고를 추구하는 관점인 "합리적으로 생각하기", 결과만 인간 같으면 된다는 실용적 관점인 "인간처럼 행동하기", 그리고 주어진 목표를 가장 효과적으로 달성하는 것을 지능으로 보는 관점인 "합리적으로 행동하기"이다.

『인공지능: 현대적 접근법』

"AI는 인간의 사고 과정을 모방해야 한다"는 관점을 택한 연구자들은 인지과학과 신경망 연구에 매달렸다. 뇌를 해부하고, 뉴런의 연결을 분석하며, MRI로 생각하는 뇌를 들여다봤다. 이 관점이 우세했던 시절, 연구비는 뇌과학 연구소로 몰렸다. 인공신경망이라는 이름도 여기서 나왔고, 현재의 딥러닝 혁명도 결국 이 관점의 승리라고 볼 수 있다. 하지만 이 길에는 함정이 있었다. 인간의 뇌는 너무 복잡했고, 심지어 우리는 아직까지도 뇌가 어떻게 작동하는지 완전히 알지 못한다.

"AI는 완벽한 논리 기계여야 한다"는 관점을 택한 연구자들은 논리학과 수학에 매달렸다. 모든 지식을 논리 공식으로 표현하고, 추론 규칙을 만들어 완벽한 결론을 도출하려 했다. 1970~80년대, 이 정의가 주류였을 때, 인공지능 역사에서 살펴본 전문가 시스템이 붐을 일으켰다. IBM, 마이크로소프트 같은 거대 기업들이 논리 기반 AI에 천문학적 투자를 했다. 하지만 현실은 논리만으로 설명되지 않았다. 애매하고 불완전한 정보들, 예외적인 상황들이 너무 많았다. 앞서 지적한 전문가 시스템의 한계와 정확히 같은 문제였다.

"결과만 인간 같으면 된다"는 관점은 모델 내부에서 어떤 일이 일어나든 상관없이, 사람들이 속을 정도로 자연스럽게 행동하면 성공이라는 생각이다. 튜링 테스트[23]가 대표적이다. 이 관점을 따르는 연구자들은 로봇공학과 대화 시스템에 집중했다. 현재

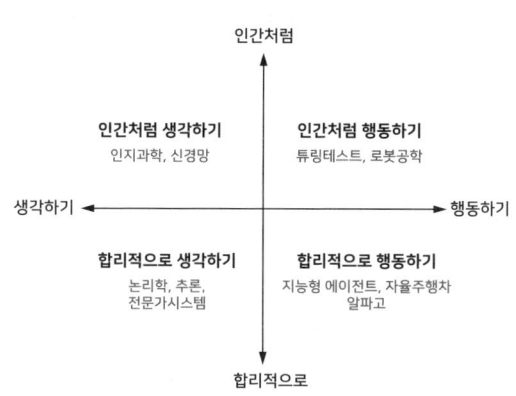

의 챗봇들, 가상 비서들이 이런 철학의 산물이다. 하지만 이 접근법은 때로 속임수에 가까운 결과를 낳기도 했다. 겉으로는 그럴듯해 보이지만 실제로는 허술한 시스템들이 양산되었다.

"주어진 목표를 가장 효과적으로 달성하는 것이 지능이다"라는 관점은 현재 AI 연구의 주류다. 지능형 에이전트라는 개념으로, 인간을 모방할 필요도, 완벽한 논리를 따를 필요도 없다. 오직 일을 잘하는 것만이 중요하다. 이 관점 우세해지면서 AI는 실용적으로 변했다. 알파고, 자율주행차, 추천 시스템 모두 이런 철학의 산물이다. 현재 구글, 아마존, 테슬라 같은 기업들이 이 방향에 막대한 투자를 하고 있다.

흥미롭게도 AI 역사는 이 네 관점 사이의 패권 다툼이기도 하다. 1960년대에는 논리학이, 1980년대에는 뇌과학이, 2000년대에는 실용주의가 주류였다. 그렇다면 지금은 어떨까? 현재는 네 번째 정의인 "합리적 행동"이 압도적 우위를 점하고 있다. 실리콘밸리의 거대 기업들이 이 방향으로 수조 원을 투자하고 있다. 하지만 최근 들어 변화의 조짐이 보인다.

챗GPT 같은 대화형 AI의 성공으로 "인간처럼 행동하기"가 다시 주목받

---

23) 튜링 테스트(Turing Test) : 1950년 수학자 앨런 튜링(Alan Turing)이 제안한 기계 지능 판별법. 인간 판정자가 컴퓨터와 인간을 텍스트 대화로만 구분해야 하는데, 30% 이상의 판정자가 컴퓨터를 인간으로 착각하면 그 컴퓨터는 '지능적'이라고 판단한다. '모방 게임(Imitation Game)'이라고도 불린다.

고 있다. 동시에 뇌과학 연구의 발전으로 "인간처럼 생각하기"도 재조명받고 있다. 심지어 AI의 해석 가능성 문제 때문에 논리 기반 접근법도 부활하고 있다. 앞에서 논한 AI 역사의 순환처럼, 과거의 아이디어들이 새로운 모습으로 돌아오고 있는 것이다.

결국 어느 관점이 우세하느냐에 따라 10년 후 우리가 만날 AI의 모습이 완전히 달라질 것이다. 뇌과학 기반 정의가 승리한다면, 우리는 정말로 인간처럼 생각하는 AI를 만날 것이다. 논리 기반 정의가 부활한다면, 모든 판단을 명확하게 설명할 수 있는 투명하고 설명가능한 AI가 등장할 것이다. 모방 기반 정의가 주류가 된다면, 인간과 구별되지 않는 디지털 존재들이 우리 곁에 있을 것이다. 그리고 목표 달성 기반 정의가 계속 우세하다면, 놀라운 능력을 가졌지만 인간과는 전혀 다른 방식으로 생각하는 AI들이 세상을 바꿀 것이다.

"AI란 무엇인가?"라는 질문은 이제 더 이상 철학자들만의 고민이 아니다. 이는 인류의 미래를 결정하는 가장 중요한 질문 중 하나가 되었다. 우리가 어떤 답을 선택하느냐에 따라, AI는 인간의 동반자가 될 수도, 도구가 될 수도, 아니면 완전히 새로운 존재가 될 수도 있다.

인간의 뇌와 AI, 닮은 듯 다른 두 지능의 세계

흔히들 "AI는 인간의 뇌를 모방했다"고 한다. 실제로 딥러닝의 인공신경망은 뇌를 구성하는 뉴런의 기능을 모방해 만들어졌다. 하지만 두 시스템을 비교해 보면, 겉모습만 닮았을 뿐 작동 방식은 천양지차(天壤之差)다.

뇌와 AI는 모두 연산하고, 기억하고, 추론한다. 그렇다면 둘의 차이는 무엇일까? 인간의 뇌는 약 1000억 개의 뉴런이 복잡하게 연결된 생물학적 네트워크다. 뇌가 연산할 때는 수백억 개의 뉴런이 동시에 활동하며, 전기화학적 신호들이 시냅스를 통해 흐른다. 이 모든 과정은 아날로그 방식으로 연속적이고 유연하게 이루어지며, 신호의 강도가 그라데이션처럼 부드럽게 변화한다.

반면 AI는 0과 1로 이루어진 디지털 세계에서 작동하며, 모든 계산이 이산적[24]으로 이루어진다. 그도 그럴 것이 계산이라는 것이 끊김없이 연속적으로 이루어지는 경우는 없다. 그리고 그 값도 유연성이라곤 없이 똑 부러진다. 숫자 계산에 어중간한 값은 없기 때문이다.

처리 속도와 학습 방식에서도 극명한 차이가 드러난다. AI는 엄청난 양의 데이터를 순식간에 처리하고, 패턴 인식에 특히 뛰어나지만, 그 역시 컴퓨터 프로그램인지라 프로그래밍된 규칙을 따르며 학습된 내용에만 의존한다. 하지만 인간의 뇌는 경험을 통해 학습하고, 완전히 새로운 상황에서도 유연하게 적응하며, 직관과 창의성, 감정을 동원하여 문제를 해결한다.

뇌의 가장 놀라운 특징 중 하나는 즉각적 학습 능력이다. 우리는 한번 달아오른 난로를 만져 뜨거운 맛을 봤다면 평생 그 경험을 기억한다. 공포, 고통, 놀라움이라는 감정과 함께 그 기억이 깊이 새겨지기 때문이다. 하지만 AI는 수많은 데이터를 반복적으로 학습해야 비로소 "뜨거운 것은 위험하다"는 패턴을 인식한다.

기억의 방식도 근본적으로 다르다. 뇌의 기억은 "뉴런들의 연결 패턴"과 "시냅스 강도"에 저장된다. 하나의 기억이 뇌 전체에 분산되어 저장되며, 감정, 맥락, 연관된 다른 기억들이 함께 얽혀 있다. 어릴 적 할머니가 해주시던 된장찌개 맛을

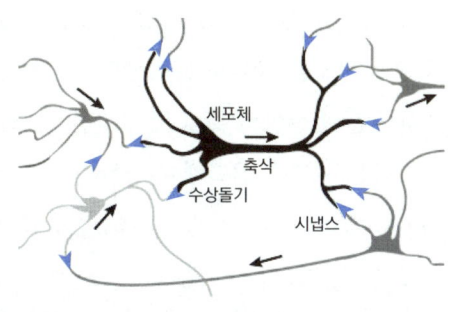

뉴런의 구조와 작동 원리

---

24) 이산적(離散的, discrete) : 연속되지 않고 분리된 값들로 처리되는 방식. 컴퓨터는 0과 1의 디지털 신호로만 작동하므로 모든 정보를 끊어진 단위로 처리한다. 예를 들어 아날로그 시계의 초침은 연속적으로 움직이지만, 디지털 시계는 1초 단위로 끊어져서 표시되는 것과 같다.

기억할 때 그 맛뿐만 아니라 할머니 집 분위기, 그날의 날씨, 형제자매와의 대화까지 함께 떠오르는 것이 그 예다.

반면 AI의 기억은 가중치[25]라는 숫자 행렬과 임베딩 벡터[26]에 저장된다. AI는 사실상 무한한 디지털 저장소를 가지고 있어 정확한 데이터를 즉시 불러올 수 있지만, 인간의 뇌와는 달리 맥락을 인식하는 기억력과 깊이 있는 추론이 부족하다.

창의성과 적응력에서는 인간 두뇌가 독보적 우위에 있다. 인간은 추상적이고 독창적인 창의성을 발휘하며, 맥락[27]과 가치관, 사회적 단서를 활용해 복잡하고 새로운 상황을 처리한다. AI도 창의적인 결과물을 만들어낼 수 있지만, 주로 기존 패턴을 재조합하는 수준이며, 진정한 독창성과 맥락 변화에는 어려움을 겪는다.

추론 과정에서도 큰 차이가 있다. 인간은 직관과 논리를 모두 사용한다. "이 사람 뭔가 수상해"라는 직감을 느낄 때, 우리는 명확한 근거를 대지 못하면서도 그 느낌을 신뢰한다. 과거 경험, 미묘한 표정 변화, 말투의 어색함 등이 무의식적으로 종합되어 결론에 이른다.

AI의 추론은 순전히 통계적이다. 대량의 데이터에서 패턴을 찾아내고, 확률 계산을 통해 가장 가능성 높은 결과를 도출한다. 말하자면 그 사람의 수상한 정도를 확률로 나타낸다. 수상함을 입증하는 명확한 데이터들이 부족하다면 수상함의 확률은 그만큼 낮아진다. 바로 이 차이다. 우리 뇌는 수상하다는 느낌을 신뢰해 수상함의 정도를 높이 평가하지만, AI는 실제 데이터에서 뽑아내는 수치에 기반해 수상함의 정도를 낮게 추론한다.

---

25) 가중치는 AI가 학습을 통해 조정하는 수백만 개의 숫자 값들로, 신경망의 연결 강도를 나타내며 마치 시냅스의 강도를 조절하는 것과 비슷한 역할을 한다. (2장에서 자세히 설명)

26) 임베딩 벡터란 단어, 이미지, 개념 등을 수치화하여 표현한 것으로, 의미가 비슷한 것들은 수학적으로 가까운 위치에 배치되어 AI가 의미의 관계를 파악할 수 있게 한다. (2장에서 자세히 설명)

27) 맥락(context) : 특정 정보나 상황을 둘러싼 배경과 상황. AI에서는 단어나 문장의 의미를 결정하는 주변 정보를 의미한다. 예를 들어 "사과"라는 단어는 "사과를 먹었다"(과일)와 "잘못을 사과했다"(사죄)에서 맥락에 따라 완전히 다른 의미를 갖는다.

가장 근본적인 차이점은 의식과 자아의 존재다. 우리는 자신이 누구인지 알고, 과거를 기억하며, 미래를 꿈꾼다. 기쁨, 슬픔, 사랑과 같은 감정을 느끼고, 도덕적 판단을 내린다. 뇌는 연산하고 기억하고 추론하는 과정에서 주관적 경험을 한다. 우리는 생각하는 자신을 인식하고, 그 과정에서 느끼는 감정과 의미를 알아차린다.

AI에게는 이 모든 것이 존재하지 않는다. AI는 아무리 복잡한 연산을 수행하고 방대한 정보를 기억하며 정교한 추론을 해도, 그 과정에서 아무것도 경험하지 않는다. 미리 설정된 매개변수와 규칙 내에서만 작동하며, 진정한 감정 이해나 윤리적 추론 능력이 없다.

하지만 공통점도 있다. 두 시스템 모두 경험을 통해 학습하고, 패턴을 인식하며, 복잡한 정보를 처리할 수 있다. 둘 다 계층적 구조를 가지고 있어 간단한 요소에서 복잡한 개념을 형성한다. 뇌가 선 → 윤곽 → 형태 → 물체를 인식하는 과정과, AI가 픽셀 → 특징 → 패턴 → 이미지를 처리하는 과정은 놀랍도록 유사하다. 최근 연구들은 AI 신경망과 뇌가 정보를 처리하는 방식에서 일부 유사점을 발견했다. 특히 언어 처리와 패턴 인식 영역에서 행동 양상이 겹치는 부분이 있다.

결국 인간의 뇌와 AI는 정보를 처리한다는 근본적 기능은 공유하지만, 그 방법과 경험은 완전히 다른 두 세계다. 하나는 생물학적이고 감정적이며 의식적인 세계이고, 다른 하나는 디지털적이고 수학적이며 기계적인 세계다. 그렇지만 최근 들어 AI와 인간 지능의 관계는 적대가 아닌 협력으로 보는 시각이 주류를 이루고 있다. AI는 데이터 처리와 작업 자동화, 빠른 문제 해결에 탁월하고, 인간은 창의성과 감정 지능, 윤리적 선택에서 우위를 보인다. 가장 효과적인 해결책은 대부분 둘의 강점을 결합할 때 나온다. 이런 점에 비추어 미래는 인간과 AI가 경쟁하는 것이 아니라, 각자의 장점을 살려 협력하는 방향으로 나아갈 것이다.

AI에게 세상은 온통 숫자일 뿐이다

만약 우리가 평생 숫자만으로 의사소통을 해야 한다면 어떨까? 말도, 그림도, 음악도 모두 숫자로 표현해야 하는 세상. 이것이 바로 AI가 살아가는 세상이다. 우리가 있는 그대로 받아들이며 당연하게 여기는 모든 것은 AI에게 숫자로 변환되어야만 이해할 수 있는 대상이 된다.

아침에 일어나 창밖을 바라보는 순간, 우리는 푸른 하늘과 따뜻한 햇살을 즉시 인식한다. 이 모든 과정이 당연하게 느껴지지만, AI에게는 전혀 다른 이야기다. AI의 세계에서는 모든 것이 숫자다. 우리가 스마트폰으로 촬영한 아름다운 일몰 사진을 생각해보자. 우리에게는 낭만적인 순간의 기록이지만, AI에게 이 사진은 수백만 개의 픽셀로 이루어진 숫자 배열일 뿐이다. 무수히 많은 작은 색칠판의 모음처럼 각 픽셀은 빨강, 초록, 파랑의 강도를 0부터 255까지의 숫자로 표현한다.

하지만 이미지만이 아니다. 친구가 보낸 "오늘 날씨 정말 좋지 않아?"라는 문자 메시지도 AI에게는 유니코드 번호[28]의 나열이다. '오'는 50724, '늘'은 45720, '날'은 45208 … 이런 식으로 각 글자가 특정 숫자로 매핑[29]된다. 좋아하는 음악도 마찬가지다. 감미로운 멜로디도 주파수와 진폭을 나타내는 숫자들의 조합으로 표현된다.

텍스트, 이미지, 음성 모든 것이 결국 숫자로 변환된다. AI에게는 "안녕하세요"라는 인사말도 숫자 코드 [45, 23, 67, 89, 12]가 되고, 아름다운 풍경 사진도 픽셀 값 [255, 128, 64, …]의 배열이 되며, "좋은 아침"이라는 음성도 주파수 값 [440Hz, 880Hz, …]이 된다.

이런 무미건조해 보이는 숫자들을 AI가 의미 있게 처리하기 위해 필요한

---

28) 유니코드 번호 : 세계 모든 문자를 숫자로 표현하기 위한 국제 표준 체계로, 각 글자마다 고유한 숫자를 부여하여 컴퓨터가 문자를 인식하고 처리할 수 있게 만든다. 예를 들어 한글 '가'는 '44032'이다.
29) 매핑(mapping) : 어떤 값이나 개념을 다른 형태의 값으로 일대일 대응시키는 것으로, 여기서는 사람이 이해하는 글자를 컴퓨터가 처리할 수 있는 숫자로 변환하는 과정을 의미한다.

것이 바로 벡터(vector)30)다. 벡터는 숫자들이 순서대로 배열된 단순한 리스트다. 그리고 좌표처럼 [x, y, z, …] 형태로 표현된다. 하지만 이 평범해 보이는 도구가 AI에게는 마법의 열쇠와 같다. 숫자들의 나열이 의미를 갖기 시작하고, 관계를 형성하며, 패턴을 드러내는 것은 모두 벡터 덕분이다.

AI가 "이 사진에 고양이가 있다"고 판단할 때, 실제로는 수백만 개의 픽셀 값을 하나의 거대한 벡터로 변환하고, 그 벡터를 "고양이다움"을 나타내는 다른 벡터들과 비교하는 과정을 거친다. 이것이 바로 AI가 숫자의 세계에서 의미를 찾아내는 방식이다.

결국 AI가 세상을 읽는다는 것은 우리가 경험하는 모든 것을 디지털 번역기를 통해 숫자로 변환하는 과정이다. 이 변환이 있어야만 AI는 비로소 우리의 언어, 이미지, 소리를 "이해"할 수 있게 된다.

네이버 번역기에 한국어를 입력하면 영어로 바뀌는 신기한 과정처럼 AI에서도 이와 비슷한 일이 일어난다. 다만 다른 것은 우리가 이해하는 모든 것을 AI가 이해할 수 있는 '숫자의 언어'로 번역하는 과정이라는 점이다. 그리고 우리는 이 과정을 '벡터화(vectorization)'라고 부른다.

벡터화는 우리가 아는 모든 것을 AI가 이해할 수 있는 숫자로 바꾸는 과정이다. 이렇게 생각해 보자. 도서관에서 책을 찾을 때 우리는 제목, 저자, 분야 등으로 분류해서 찾는다. 이와 비슷하게 AI도 단어들을 의미에 따라 분류하고 정리해야 한다. '개'라는 단어를 생각해 보자. 이 단어를 AI는 [0.8, -0.3, 0.5, 0.2, …]와 같은 수십 개에서 수백 개, 많게는 수만 개의 숫자로 표현한다.31) 이것이 '개'의 벡터다. 지도상의 지리 좌표가 특정 장소를 정확하게 나타내듯이, 이 숫자들의 조합이 '개'라는 개념을 숫자 공간에서 정

---

30) 벡터란 원래 수학과 물리학에서 크기와 방향을 가진 양을 나타내는 개념으로, 주로 좌표평면이나 공간에서 화살표로 표현되어 힘, 속도, 가속도 등을 나타낸다. 예를 들어 동쪽으로 5km 이동하는 것은 (5, 0) 벡터로 표현된다. AI에서의 벡터는 이런 원래의 벡터 개념에서 빌려온 용어지만, 방향이나 방향보다는 여러 특성을 동시에 나타내는 수치들의 집합으로 사용된다.
31) 여기서 나오는 단어별 벡터는 모두 임의로 만든 예일 뿐 실제 데이터는 아니다.

확하게 나타낸다.

신기한 것은 비슷한 의미를 가진 단어들은 비슷한 숫자 패턴을 보인다는 점이다. '고양이'를 나타내는 벡터 [0.7, -0.2, 0.4, 0.1, …]는 '개'의 그것과 매우 비슷하다. 둘 다 애완동물이고, 포유류이며, 털이 있다는 공통점이 벡터에 반영되는 것이다. 반면 '자동차' [-0.1, 0.6, -0.4, 0.8, …]는 전혀 다른 패턴을 보인다.

이는 우연이 아니다. AI가 대량의 텍스트 데이터를 학습하면서, 비슷한 맥락에서 사용되는 단어들이 비슷한 숫자 공간에 위치하게 된다. '개'와 '고양이'는 '애완동물', '산책', '귀여운'과 같은 단어들과 함께 자주 등장하기 때문에 벡터 공간에서도 서로 가까이 위치하게 된다.[32]

이미지도 마찬가지이다. 빨간 장미 사진 한 장은 수백만 개의 픽셀 값으로 이루어져 있으며, 이 픽셀 값에서 특징을 추출하는 과정을 거치며 하나의 거대한 벡터로 변환된다.[33] 다른 빨간 장미 사진들도 비슷한 벡터 값을 가지게 되어, AI는 그 벡터값의 거리(차이)를 계산해서 가까운 거리이면 "이것은 빨간 장미다"라고 인식할 수 있다.

음성도 동일한 원리로 처리된다. 같은 단어를 말하는 다른 사람들의 음성도 억양이나 목소리 톤이 달라도 비슷한 벡터 패턴을 보이게 된다. "안녕하세요"라는 인사말이 누가 말하든 기본적으로 비슷한 숫자 공간에 위치하는 것이다.

이 벡터화 과정은 세상의 모든 것에 고유한 주소를 부여하는 것과 같다. 그리고 비슷한 것들은 비슷한 주소에 모여 있게 된다. 이렇게 만들어진 '의미

---

[32] 벡터화는 단순히 개별 단어만 보는 것이 아니라, 단어들 사이의 관계를 학습한다.
 · 동시 출현 관계 : '개'와 '산책'이 자주 함께 나타남
 · 유사 관계 : '개'와 '고양이'가 비슷한 맥락에서 사용됨
 · 의미 관계 : '왕'과 '여왕', '남자'와 '여자' 같은 쌍들의 관계 패턴
 이런 관계들을 수학적으로 포착해서 벡터 공간에 반영하는 것이다.
[33] 이미지의 픽셀 값 자체는 원시 데이터일 뿐 벡터가 아님에 유의해야 한다. 벡터화는 픽셀 값에서 모서리, 질감, 색상 분포, 형태 등 특징들을 추출하면서 이루어진다.

의 지도' 위에서 AI는 복잡한 연산을 수행하며 놀라운 결과들을 만들어 낸다. 유명한 예시 중 하나가 바로 **"왕 - 남자 + 여자 = 여왕"**이라는 벡터 연산이다. 벡터 공간 내 '왕'의 위치에서 '남자'의 방향을 빼고 '여자'의 방향을 더하면, 실제로 '여왕'과 가까운 위치에 도달한다. 이는 벡터화가 단순한 숫자 변환이 아니라, 의미와 관계까지 포착하는 강력한 도구임을 보여준다.[34]

데이터 속 숨은 패턴을 찾아내는 AI의 탐정술

아이들이 그림을 그릴 때를 떠올려 보자. "엄마를 그려줄래?"라고 아이에게 부탁하면, 대부분 긴 머리, 웃는 입, 치마 등의 특징만으로 "엄마"를 표현하는데, 사실 우리는 그것만으로도 얼마든지 그 아이가 엄마를 그렸다는 것을 알아차릴 수 있다. AI도 비슷한 방식으로 세상을 이해한다. 복잡한 데이터에서 핵심적인 특징들을 추출하여 의미를 파악하는 것이다.

AI가 데이터를 이해하는 과정은 형사가 사건을 해결하기 위해 증거를 수집하고 분석하는 것과 비슷하다. 이를 AI에서는 '탐색적 데이터 분석(EDA, Exploratory Data Analysis)'이라고 한다. 형사가 사건 현장의 모든 단서를 꼼꼼히 살펴보듯이, AI도 주어진 데이터의 모든 요소를 체계적으로 검토한다.

이 과정에서 AI는 두 가지 접근 방식을 사용한다. 첫째는 수치적 분석으로, 데이터의 평균, 최댓값, 최솟값, 분포 등을 계산하여 전체적인 특성을 파악한다. 둘째는 시각적 분석으로, 히스토그램, 그래프, 차트 등을 만들어 데이터의 패턴을 눈으로 확인한다. 학교에서 반 아이들의 키를 측정해서 "140cm~150cm 사이가 가장 많음"이라고 정리하는 것과 비슷하다.

---

34) 예를 들면 이런 식으로 계산된다.
왕 = [0.8, 0.2, 0.9, -0.1, ⋯], 남자 = [0.7, -0.3, 0.2, 0.8, ⋯], 여자 = [0.6, -0.5, 0.1, 0.9, ⋯] 인 경우, 왕 - 남자 + 여자 = [0.8-0.7+0.6, 0.2-(-0.3)+(-0.5), 0.9-0.2+0.1, ⋯] = [0.7, 0.0, 0.8, ⋯] 여왕 벡터 (이렇게 계산된 값이 여왕 벡터 값과 근사치가 된다)

어떤 사진을 보고 "이건 해변이다"라고 판단할 때, 우리는 무의식적으로 여러 특징을 종합한다. 푸른색이 많고, 수평선이 있고, 모래 같은 질감이 있고, 때로는 파도나 야자수가 보인다. AI도 이와 비슷하게 이미지를 분석하지만, 훨씬 더 체계적으로 접근한다.

이미지를 분석할 때, AI는 다음과 같은 특징들을 추출한다.
"파란색이 화면의 70%를 차지함"
"둥근 모양이 3개 있음"
"밝은 부분이 왼쪽 하단에 집중됨"
"수직선과 수평선의 비율"
"특정 텍스처(질감)의 반복 패턴"

이런 특징들을 모아서 그 이미지가 무엇인지 판단한다. 먼저 색상의 분포를 조사한다. 예시처럼 "파란색이 전체의 70%를 차지한다"라든지, "화면 왼쪽 하단에 밝은 색이 집중되어 있다"는 식이다. 그 다음에는 형태와 윤곽을 분석한다. 직선이 많은지, 곡선이 많은지, 반복되는 패턴이 있는지를 확인한다.

탐색적 데이터 분석의 중요한 기능 중 하나는 데이터 품질을 평가하는 것이다. AI는 분석 과정에서 이상한 값들을 찾아낸다. 예를 들어 사람의 키 데이터에서 "300cm"라는 값이 있다면, 이는 명백히 잘못된 데이터다. 이런 이상치(outlier)를 미리 발견하고 처리해야 정확한 분석이 가능하다.

또한 AI는 데이터가 어떤 분포를 따르는지도 확인한다. 대부분의 데이터가 평균 주변에 고르게 분포되어 있는지, 아니면 한쪽으로 치우쳐 있는지를 파악한다. 이런 정보는 나중에 어떤 분석 방법을 사용할지 결정하는 데 중요한 역할을 한다.

텍스트 분석에서도 이 과정은 동일하다. 어떤 문장이 긍정적인지 부정적인지 판단할 때, AI는 다음과 같은 특징을 추출한다.

- 긍정적 단어의 빈도 : "좋다", "훌륭하다", "최고" 등
- 부정적 단어의 빈도 : "아쉽다", "별로", "실망" 등
- 문장의 구조와 길이
- 특정 단어들의 조합 패턴

음성 인식에서도 마찬가지다. AI는 음성 신호에서 다음과 같은 특징들을 찾아낸다.

- 특정 주파수 대역의 에너지
- 음의 높낮이 변화 패턴
- 발음의 지속 시간
- 무음 구간의 길이

히스토그램은 "이 특징이 얼마나 자주 나타나는가?"를 보여주는 그래프다. 예를 들어, 텍스트 분석에서 문서들의 감정을 분석한다고 해보자. AI는 각 문서에 포함된 긍정적 단어("좋다", "훌륭하다", "최고" 등)와 부정적 단어("아쉽다", "별로", "실망" 등)를 분석해 감정 점수를 계산한다.

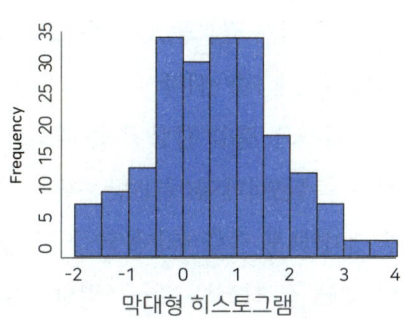

막대형 히스토그램

위의 히스토그램에서 X축은 이런 감정 점수를 나타낸다. 음수는 부정적

감정이 강한 문서(-2는 매우 부정적), 0 근처는 중립적인 문서, 양수는 긍정적 감정이 강한 문서(+2는 매우 긍정적)를 의미한다. Y축은 각 감정 점수에 해당하는 문서가 몇 개나 있는지 빈도를 나타낸다.

이 히스토그램에서 가장 높은 막대는 0 근처에 있는데, 이는 중립적인 감정을 가진 문서들이 가장 많다는 의미다. 반면 매우 긍정적이거나 매우 부정적인 극단적 감정을 가진 문서는 상대적으로 드물다는 것을 보여준다. 이렇게 특정 특징의 분포를 시각적으로 확인함으로써 AI는 데이터의 전체적인 패턴을 파악하고, 어떤 종류의 문서가 많은지 적은지를 한눈에 알 수 있게 된다.

특징의 중요도도 AI가 학습하는 부분이다. 모든 특징이 동일하게 중요한 것은 아니다. 고양이를 인식할 때 "귀의 모양"은 매우 중요한 특징이지만, 고양이가 있는 "배경의 색상"은 상대적으로 덜 중요하다. AI는 대량의 데이터를 통해 어떤 특징이 더 중요한지를 학습하고, 이를 가중치로 반영한다.

이 과정에서 AI는 또한 데이터 변환의 필요성도 판단한다. 때로는 원본 데이터를 그대로 사용하는 것보다 로그 변환이나 제곱근 변환 등을 적용했을 때 더 나은 결과를 얻을 수 있다. 탐색적 데이터 분석을 통해 이런 최적의 변환 방법을 찾아낸다.

결과적으로 이 특징 추출 과정은 복잡한 데이터를 단순한 숫자 정보로 압축하면서도, 의미 있는 정보는 보존하는 역할을 한다. 우리가 책을 요약할 때 핵심 내용만 추려내는 것처럼 AI는 데이터의 본질적 특징을

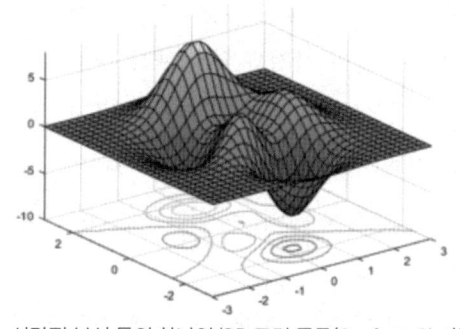

시각적 분석 툴의 하나인 '3D 표면 플롯(Surface Plot)'

찾아내어 패턴을 발견하는 것이다. 이런 체계적인 분석 과정이 있기에 AI는 연산만 하는 계산기를 넘어서 진정한 "데이터 탐정"이 될 수 있는 것이다.

거리 계산으로 미세한 차이를 포착하는 AI의 눈

우리는 흔히 친한 친구를 이야기할 때 "우리 집에서 10분 거리야"라고 말한다. 이런 물리적 거리가 곧바로 관계의 친밀도를 나타내는 것은 아니지만 가까이 있으면 더 자주 만날 수 있는 건 분명하다. AI도 비슷한 방식으로 생각한다. 벡터 공간에서 두 점 사이의 거리가 가까우면, 두 개념이 비슷하다고 판단한다.

GPS를 사용할 때를 생각해보자. 나의 위치가 [37.5665, 126.9780] (서울 시청 좌표)이고, 친구가 [37.5715, 126.9769] (경복궁 좌표)에 있다면, 두 점이 가깝다는 것을 알 수 있다. AI의 벡터 공간에서도 이와 비슷한 일이 일어난다.

예를 들어 '강아지' 벡터가 [0.8, -0.3, 0.5]이고, '고양이' 벡터가 [0.7, -0.2, 0.4]라면, 두 벡터는 매우 가깝다. 각 숫자의 차이가 작기 때문이다. 하지만 '자동차' 벡터가 [-0.1, 0.6, -0.4] 라면, 강아지나 고양이와는 멀리 떨어져 있다. 강아지에서 자동차로 가려면 첫 번째 값은 0.8에서 -0.1로 큰 폭으로 변해야 하고, 두 번째 값도 -0.3에서 0.6으로 크게 바뀌어야 한다.

이 거리를 정확히 계산하는 방법이 바로 벡터의 노름(Norm)이다. 일상생활에서 거리를 재는 방법이 여러 가지 있듯이, 벡터 공간에서도 다양한 거리 측정법이 있다.

먼저 바둑판을 떠올려 보자. 바둑판 위 한 점(A)에서 다른 한 점(B)의 거리를 잰다고 할 때 '맨하탄 거리'라고 불리는 L1 노름은 바둑판의 선을 따라 이동하는 것과 같다. 그러므로 전체 거리는 각 방향으로 선을 따라 이동한 거리를 모두 더해서 구한다. [3, 4] 벡터의 L1 노름을 계산하면 |3| + |4| = 7

이 된다. 실제로는 대각선으로 짧게 갈 수 있지만, 격자를 따라 이동해야 하므로 더 긴 거리가 나온다.

가장 직관적인 것은 '유클리드 거리'로 불리는 L2 노름이다. 이는 우리가 일반적으로 아는 '직선 거리'로, 종이에 두 점을 찍고 자로 직선을 그어 재는 것과 같다. 바둑판 위에서 두 점 사이의 거리라면 선을 따라 한 점에서 다른 점으로 이동하는 거리가 아니라 선을 무시하고 직선으로 가는 것을 말한다. [3, 4] 벡터의 L2 노름은 $\sqrt{(3^2+4^2)}=5$가 되는데, 바로 직각삼각형의 빗변을 구하는 피타고라스 정리를 사용해 구할 수 있다.

코사인 유사도

코사인 유사도는 또 다른 방식의 거리 측정법으로 두 벡터 사이의 각도를 이용해 방향의 유사성을 측정하는 방법이다. 공식은 $\frac{A \cdot B}{||A|| \times ||B||}$이며, -1에서 1 사이의 값을 가진다. 1에 가까울수록 같은 방향, 0에 가까울수록 무관계, -1에 가까울수록 반대 방향을 의미한다. 여기서 A·B는 두 벡터 A와 B의 내적(dot product), ||A||는 벡터 A의 크기(노름), ||B||는 벡터 B의 크기(노름)를 나타낸다. || || 기호는 노름(norm) 즉 벡터의 길이를 의미한다. 공식을 보면 두 벡터의 내적을 각각의 크기로 나눈다는 것을 알 수 있는데, 이는 내적이 두 벡터의 방향과 크기를 모두 포함한 값이므로 그 값을 벡터의 크기로 나누면 결국 방향만 남게 된다는 것을 보여준다.

이처럼 코사인 유사도는 거리보다는 방향에 초점을 맞춘다. 두 벡터가 얼마나 같은 방향을 가리키는지를 측정할 수 있어서 문서나 텍스트의 유사성을 측정할 때 특히 유용하다. 글의 길이와 상관없이 내용의 방향성을 비교할 수 있기 때문이다. 짧은 글 "AI는 미래"와 긴 글 "인공지능은 우리의 미래이며 혁명적 기술이다"가 같은 방향성을 갖는다면, 코사인 유사도는 높게 나올 것이다.

이렇게 계산된 거리를 통해 AI는 "A와 B는 85% 유사하다"라든가 "이 이미지는 고양이일 확률이 92%다"라는 판단을 내린다. 숫자들 사이의 거리가 의미의 유사성으로 변환되는 순간인 것이다. 실제 세계에서 우리가 두 친구의 집 거리를 재어 "가까운 사이"라고 표현하듯이, AI도 벡터 공간에서 거리를 재어 개념들 사이의 관계를 파악한다.

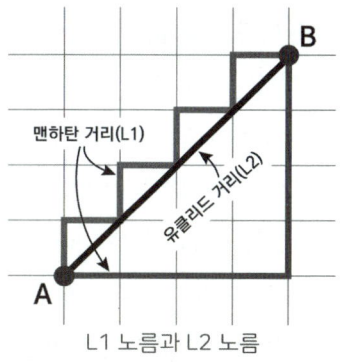

L1 노름과 L2 노름

숫자로 생각하는 AI의 수학 세계와 끝없는 연산

우리가 학교에서 배우는 수학이 어디에 쓰일지 몰라 "이걸 배워서 뭣에 쓰나?" 했던 경험이 누구에게나 있을 것이다. 특히 복잡한 행렬 계산이나 미분적분을 배우면서 "내가 언제 이런 걸 써보겠어?"라고 투덜댔던 기억 말이다.

하지만 AI 시대가 되면서 AI를 알아갈수록 그때 배운 수학들이 얼마나 중요한지 새삼 깨닫게 된다. AI라는 것이 결국은 모두 수학적 원리에 의해 만들어지는 지능이기 때문이다. 확률과 통계로 불확실성을 다루고, 미분과 적분으로 최적화를 찾아내며, 행렬로 복잡한 데이터를 처리하고, 집합과 논리로 체계적인 추론을 한다. 우리가 "쓸모없다"고 여겼던 그 지식들이 지금 인공지능의 핵심 동력이 되고 있는 것이다. AI의 작동 원리를 통해 중고등학교에서 배운 수학 개념들이 어떻게 현실에서 놀라운 결과를 만들어내는지 볼 수 있는데, 그런 걸 보면 세상에 쓸모없는 지식이란 없는 것이다.

AI의 모든 계산은 스칼라, 벡터, 행렬, 텐서라는 수학적 구조를 사용한다. 이들은 AI의 언어이자 도구다. 건물을 지을 때 벽돌, 기둥, 들보가 필요하듯이, AI는 이 네 가지 요소를 조합해 복잡한 사고 과정을 만들어낸다.

가장 간단한 것부터 살펴보자. **스칼라(scalar)**는 하나의 숫자다. 온도 25도, 나이 30세처럼 크기만 있고 방향은 없는 단순한 값이다. AI에서는 학습률이나 확률값 같은 단일 수치를 표현할 때 사용한다.

벡터(vector)는 순서가 있는 숫자들의 나열이며, 하나의 단어나 하나의 이미지를 표현할 때 사용한다. [0.8, -0.3, 0.5]처럼 대괄호 안에 숫자들이 나열되어 있는 형태다. 마치 주소처럼 특정 위치를 정확히 가리킨다.

벡터를 엑셀로 비유하면 더 쉽게 이해할 수 있다. 엑셀 시트 한 장에 숫자들이 일렬로 나열되어 있다고 상상해보자. [3, 4]는 2개의 셀이 있는 2차원 벡터이고, [0.8, -0.3, 0.5]는 3개의 셀이 있는 3차원 벡터다. 하지만 AI에서 사용하는 실제 벡터들은 훨씬 더 긴 리스트로 되어 있는데, 수백 개에서 수만 개의 숫자가 들어가는 경우가 흔하다.

2차원 벡터

3차원 벡터

여기서 벡터의 '차원'은 '숫자들의 개수'를 의미한다. 최신 AI 모델들이 데이터를 벡터화하는 것을 보면 입이 떡 벌어진다. GPT-3같은 언어 모델은 하나의 단어를 12,288차원 벡터로 표현한다. 한 단어를 표현하기 위해 12,288개의 엑셀 셀이 일렬로 나열되어 있는 것과 같다. 이렇게 높은 차원을 사용하는 이유는 단어의 미묘한 의미, 문맥, 감정, 용법 등 복잡한 정보들을 세밀하게 구분하기 위해서다.

행렬(matrix)은 이런 벡터들을 모아둔 것이다. 여러 단어들이나 여러 이미지들을 한꺼번에 처리할 때 사용한다. 엑셀 스프레드시트처럼 행과 열로 숫자들이 정리되어 있다고 생각하면 된다. 하나의 행렬 안에 수백, 수천 개의 벡터가 들어갈 수 있다.

3×2 행렬

텐서(tensor)는 행렬을 더 확장한 개념이다. 행렬이 엑셀 스프레드 시트에서 한 장의 시트에 작성한 2차원 표라면, 텐서는 3차원 이상의 다차원 배열이다. 마치 여러 장의 엑셀 시트를 겹겹이 쌓아놓은 것과 같다.

엑셀의 시트로 표현한 3차원 텐서의 예

벡터에서 숫자의 개수를 '차원'이라고 표현했는데, 텐서의 차원은 해당 데이터에 접근하기 위해 필요한 인덱스의 개수로 결정된다. 스칼라는 0차원 텐서(인덱스 불필요), 벡터는 1차원 텐서(인덱스 1개), 행렬은 2차원 텐서(행과 열 인덱스 2개), 그리고 3차원 이상을 고차원 텐서라고 한다. 벡터에서 말하는 '차원'은 벡터의 요소 개수를 의미하지만, 텐서에서 말하는 '차원'은 축(axis)의 개수를 의미한다. 예를 들어 3개의 요소를 가진 벡터 [1, 2, 3]은 벡터 관점에서는 3차원이지만, 텐서 관점에서는 1차원 텐서다. 이 두 개념은 서로 다르니 유의해야 한다. 컬러 이미지는 가로×세로×색상(RGB)의 3차원 텐서로 표현되고, 동영상은 가로×세로×색상×시간의 4차원 텐서가 된다. 딥러닝에서는 이러한 복잡한 다차원 데이터 구조를 처리하기 위해 텐서가 필수적이다. AI가 실제로 이들을 가지고 계산하는 과정을 살펴보자. 이미지 인식을 예로 들어보면, AI 모델에 업로드한 강아지 사진 한 장은 먼저 픽셀 값의 행렬이 된다. 가로 1000픽셀, 세로 1000픽셀의 컬러 사진이라면 1000×1000×3 크기의 3차원 텐서가 된다. 이는 1000×1000 크기의 숫자 행렬이 RGB 색상의 3층으로 이루어진 구조다.

이 이미지 행렬은 여러 단계의 필터를 거치게 된다. 첫 번째 필터는 윤곽선(강아지와 배경의 윤곽선)을 찾아내고, 두 번째 필터는 색상 패턴(강아지 색상 패턴과 배경 색상 패턴)을 파악하며, 세 번째 필터는 특정 형태(강아지)를 인식한다. 각 필터도 행렬로 표현되며, 원본 이미지와 곱해져서 새로운 특징들을 추출한다.

텍스트 처리에서도 비슷한 일이 일어난다. "AI는 벡터로 연산한다"라는 문장을 AI가 처리할 때, 각 단어는 수천 차원의 벡터가 되고, 전체 문장은 행렬이 된다. 이 문장 행렬은 또 다른 거대한 행렬들과 연산되어 문장의 의미를 파악하게 된다.

챗GPT같은 언어 모델을 생각해보자. 이 모델이 수십억 개의 매개변수를 가지고 있다고 할 경우, 이 모든 매개변수들이 모여 하나의 거대한 텐서를 이룬다. 사용자의 질문이 들어오면, 질문 벡터와 이 거대한 텐서 사이에 수많은 연산이 일어나고, 그 결과로 답변이 생성된다.

결국 AI의 모든 "생각"은 스칼라, 벡터, 행렬, 텐서의 연산으로 이루어진다. 더하기, 빼기, 곱하기부터 복잡한 변환까지, 수백만 번의 연산이 조합되어 우리에게 놀라움을 선사하는 결과들을 만들어낸다. 우리 인간이 3차원 공간에서 살아가는 것과 달리, AI는 수천, 수만 차원의 다차원 공간에서 생각한다고 할 수 있다. 우리의 뇌에서 수많은 신경세포가 연결되어 생각을 만들어내는 것처럼, AI는 이 수학적 구조들의 연산으로 지능을 구현한다.

이렇듯 AI는 세상을 숫자로 변환하고, 벡터로 표현하며, 패턴을 찾아내는 일에 열심인 기계다. 이쯤에서 이 모든 요소가 합쳐져 AI가 실제로 어떻게 계산하는지 전체 그림을 그려보는 것도 좋을 듯하다.

AI의 계산 과정은 크게 세 단계로 요약할 수 있다. 첫 번째는 **입력** 단계로, 텍스트, 이미지, 음성 등의 데이터를 벡터로 변환한다. 두 번째는 **처리** 단계로, 이 벡터들을 수많은 층의 행렬 연산을 통해 변환하고 조작한다. 세 번째는 **출력** 단계로, 계산 결과를 다시 우리가 이해할 수 있는 텍스트, 이미지, 음성으로 변환한다.

이 과정을 챗GPT의 답변 생성 과정에 적용해 구체적으로 살펴보자. 당신이 "AI는 어떻게 작동해?"라고 질문하면, 먼저 이 문장이 벡터로 변환된다.

각 단어는 수천 차원의 벡터가 되고, 전체 문장은 벡터들의 시퀀스가 된다.

다음으로 이 입력 벡터는 수십 개의 변환 층을 통과한다. 각 층은 거대한 행렬로 구성되어 있으며, 입력 벡터와 행렬의 곱셈을 통해 새로운 벡터를 만들어낸다. 이 과정에서 AI는 문장의 의미, 문맥, 뉘앙스를 파악하고, 과거에 학습한 수십억 개의 텍스트 데이터에서 관련 패턴을 찾아낸다.

각 층을 통과하며 벡터는 점차 변화한다. 처음에는 단순히 "AI" "는" "어떻게" "작동" "해"라는 단어들의 나열이었지만, 각 층을 거치면서 "이것은 AI의 작동 원리에 대한 질문이다", "기술적 설명이 필요하다", "쉽게 설명해야 한다" 등의 복잡한 의미가 벡터에 인코딩된다.

마지막 층에서는 가능한 모든 답변 단어들에 대한 확률 분포가 생성된다. "AI는", "인공지능은", "컴퓨터는" 등 수많은 가능한 시작 단어 중에서 가장 확률이 높은 것을 선택한다. 그 다음 단어도 마찬가지 방식으로 선택하며, 이 과정을 반복해 완전한 문장이 만들어질 때까지 계속된다.

이미지 생성 AI도 비슷한 원리로 작동한다. "해변의 일몰" 같은 텍스트 프롬프트를 입력하면, 먼저 이 텍스트가 벡터로 변환된다. 그런 다음 AI는 챗GPT와 마찬가지로 수많은 층의 행렬 연산을 통해 이 벡터를 처리한다. 다만 출력 방식이 다르다. 챗GPT가 단어의 확률 분포를 만들어 텍스트를 생성했다면, 이미지 생성 AI는 픽셀의 색상과 위치 정보를 담은 벡터를 만들어낸다. 이 과정에서 AI는 TV 신호가 안 잡힐 때 나오는 지지직거리는 화면처럼 무작위한 노이즈가 가득한 상태로부터 시작해 점차 "해변", "일몰", "노을빛" 등의 개념을 실제 색깔과 형태로 변환하며, 최종적으로 완전한 이미지를 생성한다. 이미지 생성 기능이 있는 챗GPT에 "해변의 일몰 이미지를 그려줘"라고 프롬프트에 입력하면 이런 방식으로 이미지가 생성되는 모습을 볼 수 있다.

번역 시스템도 마찬가지다. 한국어 문장을 벡터로 변환한 후, 언어 간 관계를 학습한 행렬들을 통과시켜, 영어 벡터로 변환하고, 최종적으로 영어 문장으로 출력한다. 결국 모든 AI의 계산은 입력 벡터를 수많은 행렬 연산을 통해 출력 벡터로 변환하는 과정이다. 각 행렬은 학습을 통해 최적화되어 있으며, 이들이 연쇄적으로 연결되어 복잡한 패턴 인식과 생성이 가능해진다. 공장의 컨베이어 벨트처럼 각 단계에서 데이터가 조금씩 변형되어 최종 제품이 만들어지는 것이다.

AI는 무엇을 저장해 기억하는가?

인간은 기억을 어디에 저장할까? 뇌 속 어딘가에 파일처럼 보관되어 있을까? 참 궁금한 질문인데, 실제로는 수많은 신경세포의 연결 패턴과 시냅스 강도에 분산되어 저장된다. AI도 비슷하긴 하지만 다른 방식으로 기억을 저장한다.

AI가 기억하는 것은 크게 두 가지로 나뉜다. 첫 번째는 **가중치**(Weights, 매개변수)라고 불리는 것으로, 수백만에서 수십억 개의 숫자로 이루어진 거대한 행렬이다. 이 숫자들은 학습 과정을 통해 조정되며, AI가 패턴을 인식하는 능력의 핵심이다. 사진을 보정할 때 사용하는 필터처럼 각 가중치는 입력 데이터를 특정 방향으로 변형시키는 역할을 한다.

가중치의 작동 방식을 이해하기 위해 사진 필터를 생각해보자. 흑백 필터를 적용하면 색상 정보가 제거되고, 샤프닝 필터를 적용하면 경계가 선명해진다. AI의 가중치도 이와 비슷하다. 이미지를 인식할 때, 어떤 가중치는 수직선을 강조하고, 다른 가중치는 둥근 형태를 부각시킨다. 수많은 가중치가 조합되어 "이것은 고양이의 귀다", "이것은 개의 꼬리다"라고 판단하게 된다.

두 번째는 **임베딩**(Embeddings)이라고 불리는 것으로, 각 단어, 이미지, 개념의 벡터 표현이다. 이는 AI의 "사전"과 같은 역할을 한다. 인간이 단어의 뜻을 사전에서 찾아보듯이, AI는 각 개념에 해당하는 벡터를 임베딩에서 찾아낸다.

임베딩의 놀라운 특징은 의미의 관계를 보존한다는 점이다. "왕 - 남자 + 여자 = 여왕"이라는 벡터 연산이 가능한 이유가 바로 이 때문이다. 임베딩 공간에서 비슷한 의미를 가진 단어들은 가까운 위치에 있고, 의미의 관계도 일관된 방향으로 표현된다. "런던"과 "영국"의 관계는 "도쿄"와 "일본"의 관계와 비슷한 벡터 거리와 방향을 보인다.

챗GPT 같은 언어 모델의 기억 구조를 살펴보면 더 구체적으로 이해할 수 있다. 클로드4 오퍼스(Claude 4 Opus)는[35] 가중치를 약 천억 개 이상, GPT-4.1은 수천억 개를 가지고 있는 것으로 알려져 있다. 이런 AI는 인간이 쓴 수십억 개의 문장을 학습하면서 언어 패턴을 파악하고, 이를 수천억 개의 가중치에 나누어 저장한다. "안녕하세요 뒤에는 어떤 말이 올까?", "질문 문장의 특징은 무엇인가?", "긍정적인 문장과 부정적인 문장을 어떻게 구별할까?" 등 수많은 언어적 지식이 이 가중치들에 인코딩되어 있다.

흥미로운 점은 AI의 기억이 매우 압축적이라는 것이다. 인간은 책 한 권을 읽고 기억할 때, 모든 단어를 외우지 않고 핵심 내용만 기억한다. AI도 마찬가지다. 수조 개의 학습 데이터를 수천억 개의 가중치로 압축한다. 이 과정에서 중요한 패턴은 보존되고, 불필요한 세부사항은 제거된다.

그러나 AI의 기억에는 한계도 있다. 특히 사용자와의 대화에서 장기기억 능력이 부족하다. 예를 들면 인간처럼 이전 대화 세션에서 나눈 특정 사건이나 경험을 에피소드로 기억하지 못한다. 그래서 새로운 대화에서 "어제 우리가 무엇에 대해 이야기했는가?"라는 질문에 AI는 답할 수 없다. AI의 기억은 훈련 과정에서 학습한 패턴화된 지식이지, 사용자와 주고받은 구체적인 대화 경험의 기록이 아니기 때문이다.

다만 모델들의 버전이 판올림을 거듭할수록 대화 과정에서 주고받은 정

---

[35] 클로드 4 시리즈는 앤트로픽이 2025년에 발표한 두 가지 주요 버전인 '클로드 오퍼스 4'와 '클로드 소넷 4'로 구성되어 있다.

보를 기억하는 능력이 크게 향상될 가능성이 높다. AI의 대화 기억 능력이 '닭 대가리' 수준에서 머물러 있지는 않을 것은 분명하기 때문이다. 최신 연구에서도 AI가 에피소드 기억(episodic memory) 능력을 갖게 될 가능성이 드러난다. 연구자들은 AI 모델이 사용자와의 대화 내용과 경험을 기록하고 나중에 이를 검색해 미래 대화에 활용하는 능력을 개발하고 있다. 이는 인간이 과거 대화를 회상해 새로운 상황에 적용하는 것과 비슷하다.

생애학습(lifelong learning) 기술도 급속히 발전하고 있다. 우선 기업용 생성형 AI부터 지속학습 모듈이 구현될 것으로 보이는데, 이는 AI가 새로운 정보를 즉시 학습하면서도 기존 지식을 잊지 않는 능력을 의미한다. 현재 AI가 새로운 정보를 배울 때 발생하는 '재앙적 망각(catastrophic forgetting)' 문제를 해결하는 연구가 활발히 진행되고 있다.

관련 기관들의 예측에 따르면 전 세계 데이터 생성량은 160~180제타바이트[36])에 달하는데(2025년 말 기준), 우리가 저장하고 관리할 수 있는 데이터는 고작 3~12%에 불과하다. 이 때문에 AI는 데이터를 실시간으로 처리하고 학습하는 능력이 필수가 되었다. 일부 연구에서는 바다 달팽이의 신경망을 모방해 순차 학습과 에피소드 기억이 가능한 AI 모델을 개발하고 있다.

또한 AI는 새로운 정보를 즉시 학습하기 어렵다. 인간은 새로운 사실을 한 번 들어도 즉시 기억할 수 있지만, AI는 대량의 데이터로 재학습하지 않으면 새로운 지식을 습득하기 어렵다. 이것이 AI와 인간의 기억 방식이 다른 점이다.

정리해 보자면, 현재 AI의 기억은 인간과는 근본적으로 다른 방식으로 작동한다. 수천억 개의 가중치에 패턴화된 지식이 저장되어 있지만, 인간처럼 구체적인 경험이나 감정을 기억하지는 못한다. AI의 기억은 통계적 패턴과 관계의 집합일 뿐이다. 하지만 앞서 살펴본 생애학습과 에피소드 기억 기

---

36) 제타바이트(Zettabyte, ZB) : 디지털 정보량의 단위로, 1ZB = 1,000엑사바이트 = 10^{21}바이트. 전 세계 모든 해변의 모래알 개수와 비슷한 크기의 데이터량을 나타낸다. 21쪽 <10의 거듭제곱 명칭> 표 참조

술의 발전으로, 미래의 AI는 더욱 인간에 가까운 기억 능력을 갖게 될 것으로 전망된다.

4 피지컬 AI로 로봇과 만나다

지금까지 우리가 이야기하는 AI는 데이터 센터 속에서 무지막지하게 전기를 잡아먹고 열을 뿜어내며 숫자로 생각하는 그런 무형의 정적(靜的) 존재였다. 그런데 이제 이 무형의 존재가 데이터 센터 속 서버를 박차고 나와 세상을 활보하기 시작했다. 바로 로봇공학과 만나면서부터다. 과연 이렇게 몸을 입은 AI는 어떻게 행동하게 될까? 인간의 뇌를 모방해 사고하는 것처럼, 행동도 인간을 모방하게 될까? 이제 AI가 행동은 어떻게 하는지 알아보기로 하자.

볼드모트의 부활 : AI가 몸을 얻다

해리포터 시리즈에 나오는 악당 두목은 볼드모트(Voldemort)라는 어둠의 마법사다. 그의 인생 최대 목표는 "영원히 살며 마법의 세계를 완전히 지배하는 것"이다. 이 목표를 이루기 위해 어떠한 악행도 서슴지 않는다. 그는 자신의 욕망에 걸맞은 엄청난 흑마술 능력을 지니고 있지만 해리포터와 첫 번째 대결에서 패하며 신체가 파괴돼 비물질적인 존재가 되었다. 몸이 없으니 제 능력을 발휘할 수 없다. 그래서 그에게는 숙주의 역할을 해줄 다른 생명체가 필요하다.

이 시나리오는 인공지능의 모습과 똑 닮았다. 인공지능도 소프트웨어로 구성된 하나의 비물질적 존재라고 할 수 있다. 서버에 저장돼 있으면서, 클라우드 기능을 통해 사용자들에게 응답한다. 물리적 움직임이 필요 없을 때는 그렇다. 그렇지만 어떤 일을 하는 데에 움직임이 필요해지면 물질적인 몸체를 얻어야 하는데, 이때 가장 적합한 것이 바로 로봇이다. 볼드모트가 흑마술의 끝판왕이라고 할 수 있는 '부활 의식'을 통해 새로운 신체를 얻는 것과 흡사하다.

이렇게 인공지능이 로봇의 몸을 차지하게 되면, 마치 볼드모트가 새로운 신체를 얻어 다시금 강력한 어둠의 마법사로 부활하듯이, 완전히 새로운 존재로 거듭나게 되는 것이다.

인간을 밀어내고 공장을 장악하기 시작한 AI

같은 위치에 나사를 조이거나 용접을 하는 등 주로 단순하고 반복적인 일을 대신하기 위해 만들어졌던 산업용 로봇들이 인공지능과 결합하면서 인간이 수행하던 거의 모든 일을 대신하기 시작했다. 인공지능 입장에서 보면, 볼드모트처럼 몸체가 없어서 서버에만 갇혀있던 비물질적 존재가, 자유롭게 물리적 활동을 할 수 있는 로봇을 몸체로 얻은 것이다.

이는 더 이상 미래의 이야기가 아니다. BMW, 메르세데스 벤츠, 테슬라와 같은 글로벌 자동차 제조사들은 이미 인공지능과 로봇이 결합한 인간형 로봇인 휴머노이드를 현장에 배치했거나, 조만간 배치할 계획이 있다.

BMW는 로봇 제조 스타트업인 피규어(Figure)와 협력하여 피규어 2(Figure 02)라는 휴머노이드 로봇을 미국 스파르탄버그 공장에 실제로 투입했다. 피규어 2는 공장에서 여러 가지 부품을 옮기고 배

공장에 배치된 피규어

치하는데, 오차 범위는 1cm 미만이며, 필요시 부품 배치를 수정할 수도 있다. 신경망을 사용해 다양한 작업을 학습하고 완성할 수 있으며, 프로그래밍을 통해 명시적으로 명령하지 않아도 유사한 작업을 수행할 수 있다. AI 기반 언어 모델을 사용하므로 인간 동료와도 자연어로 자연스럽게 소통할 수 있다. 인간 작업자가 음성으로 로봇에게 업무 지시를 내릴 수 있다는 뜻이다.

피규어 AI는 이미 캘리포니아에 연간 12,000대 생산 가능한 대량생산 시설인 봇큐(BotQ)를 구축했으며, 향후 100,000대 생산 목표를 세우고 있다. 이 공장에서는 로봇이 로봇을 조립하는 시스템을 도입해 생산 효율을 극대화하고 있다. 이렇게 현장에 투입된 휴머노이드 로봇은 피규어 2만이 아니다. 메르세데스-벤츠는 앱트로닉이 만든 휴머노이드인 아폴로를 공장에 배치했다. 테슬라는 옵티머스(Optimus)라는 휴머노이드를 직접 개발 중이다. 물류 작업에 최적화되어 있는 어질러티 로보틱스(Agility Robotics)의 디짓(Digit) 로봇도 세계 최대 물류업체 가운데 하나인 GXO 로지스틱스의 물류창고에 배치돼 실제 근로에 돌입했다.

중국에서는 더욱 적극적인 움직임을 보이고 있다. 유비테크 로보틱스(UBTech Robotics)는 산업용 휴머노이드 로봇 워커(Walker) S1을 출시하고, 둥펑자동차, BYD, 폭스콘 등 여러 제조사에서 실제 현장 훈련 및 작업에 투입했다. 이들 로봇 전문회사와 제조사 및 물류사들의 AI 채택 계획에 따르면 오래지 않아 공장마다 수천 대 또는 수만 대의 휴머노이드들이 학습을 통해 인간과 다를 바 없는 숙련 노동자가 되어 생산 현장을 누비게 된다.

피지컬 AI 덕분에 숫자에서 실체로 확장되는 AI

엔비디아의 젠슨 황 CEO는 "언어모델 다음은 피지컬 AI다. 로봇의 챗GPT 순간이 오고 있다"고 단언했다. 그의 말대로 바야흐로 '피지컬

AI(Physical AI)' 시대다. 미국 라스베가스에서 열린 CES 2025에서는 피지컬 AI가 단연 화두로 떠올라 AI가 새로운 물리적 시대를 열어가고 있음을 여실히 보여줬다. 피지컬 AI란 인공지능이라는 무형의 뇌에 인간의 신체에 해당하는 기계를 접목시켜 인간처럼 동작할 수 있도록 하는 '확장된 뇌의 작용'을 말한다. 휴머노이드에 적용되는 AI가 대표적인 피지컬 AI다.

앞서 우리가 살펴본 AI의 숫자 세계를 다시 떠올려보자. AI는 모든 정보를 벡터로 변환하고, 행렬 연산을 통해 패턴을 찾아낸다. 그런데 피지컬 AI는 여기서 한 걸음 더 나아간다. 텍스트나 이미지 데이터만이 아니라, 중력, 마찰, 관성 등과 같은 물리적 현상까지도 숫자로 변환하여 이해한다는 것이다. 로봇이 물체를 집어서 옮길 때 발생하는 마찰력이나 자율주행차가 빗길에서 제동을 할 때의 운동 에너지 등을 AI가 정확하게 계산하고 학습하는 것이다. 이는 AI의 벡터 연산 능력이 3차원 물리 공간으로 확장된 것이라고 볼 수 있다.

인간의 지능을 측정하는 웩슬러 지능검사(WAIS)를 통해 피지컬 AI를 이해해 보기로 하자. 이 검사는 언어 이해, 지각 추론, 작업 기억, 처리 속도 등의 주요 영역을 통해 개인의 지적 능력을 평가한다. AI도 인간의 지능을 모방하고 확장하기 위해 이러한 지능검사의 각 영역에 대응하는 분야들로 전문화돼 발전하고 있다. 언어 이해는 AI의 자연어 처리(NLP)와 밀접한 관련이 있다. GPT와 같은 대형 언어 모델이 바로 이 영역에 해당한다. 지각 추론은 AI의 컴퓨터 비전 분야와 연결된다. 이 영역에서 AI는 이미지나 비디오에서 패턴을 인식하고, 객체를 식별하며, 공간적 관계를 이해한다.

피지컬 AI는 특히 지각 추론과 처리 속도 영역에 주로 대응된다. 지각 추론은 피지컬 AI가 시각적-공간적 정보를 인식하고 문제를 해결하는 능력과 직접적으로 연결되며, 처리 속도는 실시간 데이터 처리와 신속한 반응 능력과 밀접한 관련이 있다.

피지컬 AI는 기존의 디지털 데이터에만 의존하던 AI가 현실 세계의 물리

법칙과 3D 공간의 구조를 이해하고 활용하는 한 차원 높은 기술로 도약하는 것을 의미한다. 이는 '에이전트 AI(Agentic AI)'에서 시작되었다. 에이전트 AI는 여러 AI 모델이 협력하여 복잡한 문제를 해결하는 시스템을 말하며, 이는 피지컬 AI로의 전환을 가능하게 했다. 피지컬 AI는 시각 인식 + 공간 이해 + 동작 계획 + 실행 제어 등 여러 AI 모듈이 동시에 협력해야 하는데, 이런 협력 체계를 에이전트 AI에서 먼저 개발했던 것이다.

피지컬 AI를 실현하기 위해서는 몇 가지 핵심 기술과 도구가 필요하다. 먼저, 데이터 토큰화 및 통합은 피지컬 AI가 텍스트나 이미지뿐만 아니라 센서 데이터를 작은 단위로 분해하여 처리할 수 있게 한다. 이를 통해 AI는 물리적 환경을 더욱 정밀하게 이해하고 예측할 수 있다. 다음으로, 디지털 트윈(Digital Twin) 기술은 실제 물리적 환경을 디지털 가상환경 속에서 복제하여, 로봇이나 자율주행차가 다양한 시나리오에서 어떻게 반응하고 행동할지를 시뮬레이션할 수 있게 한다. 또한, 강화학습과 실시간 피드백 시스템을 통해 피지컬 AI는 물리적 상호작용을 학습하며 지속적으로 성능을 개선하고 다양한 상황에 적응할 수 있게 된다.

대형언어모델과 피지컬 AI의 융합 : 뇌와 몸의 완벽한 결합

챗GPT에게 "커피 끓여줘"라고 명령하면 어떻게 될까? "따뜻한 커피 한 잔, 지금 바로 내어드릴 수 있다면 얼마나 좋을까요. 하지만 아쉽게도 저는 물도 못 데우는 AI랍니다. 대신 커피를 직접 끓이실 수 있도록 레시피는 바로 드릴 수 있어요. 원하시는 커피는 어떤 건가요?" 물리적 활동이 불가능한 이상 이처럼 커피를 끓이는 방법에 대한 상세한 설명을 텍스트로 제공하려고 시도한다. 손도 없고, 몸도 없으니 당연한 반응이다. 반면 전통적인 로봇은 프로그래밍된 대로 커피를 끓일 수는 있지만, "오늘 기분에 맞는 커피로 부탁해"라고 하면 당황한다. 언어를 이해하지 못하기 때문이다. 바로 여기에 대형언어모델과 피지컬 AI 융합의 접점이 형성된다. 대형언어모델이 언어를 이해하고 추론하는 '뇌' 역할을 하고, 피지컬 AI가 실제 행동을 수행하는 '몸' 역할을 하는 것이다. 이 둘이 만나면 "오늘 기분에 맞는 커피"라는 모호한 요청도 이해하고, 사용자의 과거 선호도를 분석해 적절한 커피를 직접 끓여주는 로봇이 탄생한다.

이러한 융합은 하루아침에 이루어지지 않는다. 우리가 외국어를 배울 때처럼 단계적인 학습이 필요하다. 첫 번째 단계에서는 AI가 보는 것과 말하는 것을 연결하는 법을 배운다. 기존 대형언어모델은 텍스트만 이해했지만, 피지컬 AI가 되려면 이미지와 비디오도 '읽을' 수 있어야 한다. 이 과정에서 AI는 '빨간 사과'라는 단어와 실제 빨간 사과 이미지를 같은 의미로 인식하도록 학습한다. 두 번째 단계에서는 다양한 시각-언어 작업을 통해 모델을 파인튜닝(미세조정) 한다. "테이블 위에 있는 빨간 공을 가져와"라는 명령을 받았을 때, AI는 여러 물체 중에서 빨간 공을 식별하고 그것을 집어 오는 계획을 세울 수 있게 된다. 마지막 단계가 가장 중요하다. AI가 물리적 상식을 익히는 것이다. 계란은 살살 집어야 하고, 무거운 박스를 들 때는 두 손을 사용해야 한다는 등등의 상식적인 것들이다. 이 단계에서 AI는 중력, 마찰, 관성 등의 물리 법칙과 인간의 일상적 행동 패턴을 모두 학습한다.

엔비디아(NVIDIA)에서 개발한 코스모-리즌 원(Cosmos-Reason1)은 이러한 융합의 구체적인 성과다. 이 모델은 "물을 따라줘"라는 명령을 이해할 수 있을 뿐만 아니라 컵의 크기를 보고 적절한 양을 판단하고, 물의 온도를 확인하며, 사용자의 위치에 맞춰 안전하게 전달하는 과정을 연속적으로 수행할 수 있다. 특히 주목할 점은 이 모델이 예상치 못한 상황에도 대응할 수 있다는 것이다. 컵이 기울어져 있으면 똑바로 세우고, 물이 떨어졌으면 닦아주는 등의 행동을 별도로 프로그래밍하지 않아도 상황에 맞게 수행한다. 이는 대형언어모델의 추론 능력과 피지컬 AI의 물리적 이해가 완벽하게 결합된 결과다.

피지컬 AI의 3대 핵심 구성 요소인 뇌, 몸, 환경

피지컬 AI를 이해하려면 인간이 어떻게 세상과 상호작용하는지 생각해 보면 된다. 우리는 뇌로 생각하고, 몸으로 행동하며, 환경에 적응한다. 피지컬 AI도 정확히 같은 구조를 가지고 있다.

피지컬 AI의 뇌는 인간의 뇌처럼 복잡하다. 단순히 계산만 하는 것이 아니라, 감각 정보를 처리하고, 움직임을 제어하며, 경험을 통해 학습한다. 감각 신호 처리는 인간이 시각, 청각, 촉각 등을 종합하는 것과 같다. 로봇이 카메라로 보고, 마이크로 듣고, 센서로 느끼는 모든 정보를 실시간으로 분석해 상황을 파악한다. BMW 공장에 배치된 피규어 2 로봇이 1cm 미만의 오차로 부품을 배치할 수 있는 것도 이런 정밀한 감각 처리 능력 덕분이다.

모터 제어는 AI가 로봇의 관절과 근육 역할을 하는 액추에이터[37]를 정확히 조종하는 능력이다. 한국 사람이 젓가락으로 콩 하나를 집는 것만큼 정밀한 동작이 가능하다. 학습 능력이 가장 흥미로운 부분이다. 피지컬 AI는 실패를 통해 배운다. 로봇이 처음에는 컵을 떨어뜨리더라도 그 경험을 통해 다음번에는 더 안전하게 잡는 법을 익힌다.

뇌가 아무리 똑똑해도 몸이 없으면 아무것도 할 수 없다. 피지컬 AI의 신체는 크게 세 가지 요소로 구성된다. 구조는 로봇의 골격과 같다. 휴머노이드는 인간과 비슷한 형태를 가지지만, 목적에 따라 다양한 형태가 가능하다. 물류창고의 디짓 로봇은 짐을 나르는 데 최적화된 형태를, 수술로봇은 정밀

---

37) 액추에이터(Actuator) : 전기, 유압, 공압(空壓) 등의 에너지를 받아 물리적인 동작을 수행하는 장치. 쉽게 말해 '실제로 움직이는 부품'이다. 로봇에서는 모터(회전 운동), 실린더(직선 운동), 서보모터(정밀 위치 제어) 등이 대표적인 액추에이터다. 센서가 '감각기관'이라면 액추에이터는 '근육'에 해당한다고 볼 수 있다.

한 작업에 특화된 형태를 가진다.

구동 시스템은 로봇의 근육에 해당한다. 전기 모터, 유압 시스템, 공압 시스템 등이 있으며, 최근에는 인공 근육이라 불리는 새로운 구동 방식도 개발되고 있다. 소재의 발전도 눈부시다. 기존의 딱딱한 금속이나 플라스틱을 넘어서, 인간의 피부처럼 부드럽고 탄력적인 소재들이 사용되고 있다. 이런 소재는 로봇이 인간과 안전하게 협업할 수 있게 해준다.

환경은 피지컬 AI가 진화하는 원동력이다. 똑같은 환경에서만 작동하는 로봇은 진정한 피지컬 AI라고 할 수 없다. 변화하는 환경에 적응하고, 예상치 못한 상황을 해결하는 것이 핵심이다. 공장 환경에서는 정확성과 효율성이 중요하다. 테슬라의 옵티머스가 같은 작업을 반복하면서도 매번 조금씩 다른 상황(부품의 위치 변화, 조명 조건 변화 등)에 적응하는 것이 좋은 예다.

반면 가정 환경은 훨씬 복잡하다. 아이들이 장난감을 어디든 버려두고, 애완동물이 갑자기 뛰어들고, 가구 배치가 수시로 바뀌는 환경에서 로봇이 적응해야 한다. 외부 환경은 더욱 도전적이다. 자율주행차가 비 오는 날, 눈 내리는 날, 안개 낀 날에도 안전하게 운행해야 하는 것처럼, 피지컬 AI는 자연의 변덕에도 대응할 수 있어야 한다.

뇌, 몸, 환경 이 세 요소는 서로 긴밀하게 연결되어 있다. 뇌가 똑똑해질수록 몸을 더 정교하게 제어할 수 있고, 몸이 발달할수록 더 복잡한 환경에서 활동할 수 있다. 그리고 도전적인 환경에서의 경험이 뇌를 더욱 똑똑하게 만든다. 이런 선순환 구조 덕분에 피지컬 AI는 시간이 갈수록 기하급수적으로 발전하고 있다.

피지컬 AI의 3단계 진화 로드맵

모든 혁신 기술이 그렇듯, 피지컬 AI도 초보적인 수준에서 출발해 인간의 상상을 뛰어넘는 수준으로 발전하고 있다. 이 발전 과정을 3단계로 나누어 살펴보면 우리가 지금 어디에 있고, 앞으로 어디로 가게 될지 알 수 있다.

첫 번째 단계는 **자동화**다. 이 단계에서 로봇은 말 그대로 인간의 손발 역할을 한다. 정해진 작업을 정해진 방식으로 반복하는 것이 주된 임무다. 1960년대 GM의 데블빌 공장에 처음 설치된 유니메이트 로봇이 바로 이 단계의 시작이었다. 이 로봇은 뜨거운 다이캐스팅 부품을 찍어내는, 단순하지만 위험한 작업을 대신했다. 당시로서는 혁신적이었지만, 지금 기준으로 보면 매우 초보적인 수준이었다.

현재 대부분의 산업용 로봇이 여전히 이 단계에 머물러 있다. 자동차 조립 라인에서 용접하고, 도장하고, 부품을 끼우는 작업들이 대표적이다. 이들은 정확하고 빠르지만, 예상치 못한 상황이 발생하면 멈춰서 인간의 도움을 기다려야 한다. 하지만 이 단계도 AI가 결합되면서 크게 달라지고 있다. 예를 들어, 중국의 폭스콘 공장에서는 스마트폰 조립 로봇이 부품의 미세한 차이까지 인식해서 각각에 맞는 조립 방법을 스스로 선택한다. 여전히 정해진 범위 내에서의 작업이지만, 훨씬 유연해진 것이다.

두 번째 단계는 **증강**이다. 이 단계에서는 로봇이 인간을 대체할 수도 있고, 인간의 능력을 확장하고 향상시켜 주기도 한다. 인간과 로봇이 팀을 이루어 각자의 장점을 살려 협업하는 것이다. 수술실에서 활용되는 다빈치 로봇이 좋은 예다. 외과의사가 직접 메스를 잡고 수술하는 것보다, 로봇을 통해 수술하면 더 정밀하고 안전하다. 의사의 손 떨림을 보정하고, 3D 고해상도 영상을 제공하며, 인간의 손이 들어갈 수 없는 좁은 공간에서도 정교한 수술이 가능하다.

BMW 공장의 피규어 2도 이 단계에 해당한다. 완전히 인간을 대체하는 것이 아니라, 인간 작업자와 자연어로 소통하며 무거운 부품을 옮기고 정밀한 조립 작업을 도와준다. 인간은 창의적 판단과 복잡한 문제 해결을, 로봇은 힘과 정확성을 담당하는 완벽한 분업이다. 물류 분야에서도 이런 변화가 뚜렷하다. 아마존의 물류창고에서는 키바 로봇이 제품이 담긴 이동식 선반을 직접 작업자에게 가져다 주기 때문에, 더 이상 작업자가 넓은 창고를 돌아다니며 선반에서 물건을 찾을 필요가 없다. 로봇이 물리적 이동을, 인간이 판단과 포장을 담당한다.

세 번째 단계는 **완전 자율 시스템**이다. 이 단계에서는 로봇이 인간의 개입 없이도 복잡한 상황을 판단하고 해결할 수 있다. 마치 숙련된 전문가처럼 경험과 지식을 바탕으로 독립적인 의사결정을 내린다. 테슬라의 FSD(Full Self-Driving, 완전자율주행시스템)가 목표로 하는 수준이 바로 이것이다. 정해진 경로만을 따라가는 것이 아니라, 돌발 상황에서도 안전하고 효율적인 판단을 내리는 것이다. 갑자기 뛰어든 아이, 공사로 막힌 도로, 폭우나 폭설 같은 예상치 못한 상황에서도 인간 운전자만큼, 아니 그보다 더 나은 판단을 내릴 수 있어야 한다.

가정용 로봇 분야에서도 이런 발전이 시작되고 있다. 아마존의 아스트로 로봇은 집안을 돌아다니며 보안을 담당하고, 가족 구성원을 인식해서 개별적인 서비스를 제공한다. 할아버지가 약 드실 시간을 알려주고, 아이가 숙제하는 것을 도와주며, 부모가 퇴근할 때쯤 집안 정리를 시작한다.

흥미로운 점은 각 단계 간의 전환이 점점 빨라지고 있다는 것이다. 1단계에서 2단계까지는 수십 년이 걸렸지만, 2단계에서 3단계로의 전환은 불과 몇 년 만에 이루어지고 있다. 이런 가속화가 가능한 것은 AI 기술의 급속한 발전 덕분이다. 특히 대형언어모델의 등장으로 로봇이 인간과 자연스럽게 소통할 수 있게 되면서, 단계별 경계가 빠르게 무너지고 있다.

근래 한국개발연구원이 펴낸 연구보고서에 따르면 현재의 국내 일자리 10개 가운데 9개는 불과 2030년이면 90% 이상의 업무가 AI와 로봇으로 대체 가능하다고 한다. 그러니까 인간 업무의 81%를 로봇이 하게 될 것이라는 말이므로, 거의 모든 일자리를 AI가 차지하게 된다고 봐도 무방하다.

실제로 AI 로봇이 도입된 공장에서는 이미 놀라운 효과가 나타나고 있다. 도요타는 내장 조립 공정에 휴머노이드 로봇을 투입해 생산 속도 28% 증가, 품질 불량 42% 감소, 연간 수백만 달러의 비용 절감 효과를 얻었다. 휴머노이드들이 실제 산업 현장에 속속 투입되는 것을 보노라면, 지금까지는 막연하게만 생각했던, AI와 로봇이 사람의 일을 대체하는 날이 우리가 예상하는 것보다 훨씬 빨리 올 것 같다.

한국개발연구원의 전망이 사실이라면 우리는 지금 2단계에서 3단계로 넘어가는 중대한 전환점에 서 있는 것이다. 이 변화는 단순히 기술의 진보가 아니라, 인간과 기계의 관계, 그리고 우리 사회 전체의 패러다임 변화를 의미한다.

중요한 것은 이런 변화를 두려워하기보다는 적극적으로 준비하는 것이다. 각 단계마다 인간에게 요구되는 역할이 다르다. 1단계에서는 기술적 숙련도가, 2단계에서는 창의적 협업 능력이, 3단계에서는 시스템 설계와 윤리적 판단 능력이 중요해진다. 피지컬 AI의 3단계 진화는 결국 인간이 더 인간다운 일에 집중할 수 있는 기회를 제공한다. 반복적이고 위험한 작업에서 해방되어, 창의와 공감, 윤리적 판단이 필요한 영역에서 인간의 고유한 가치를 발휘할 수 있게 되는 것이다.

5 AI 에이전트로 진화하다

피지컬 AI와 함께 주목받고 있는 또 다른 혁신이 바로 'AI 에이전트'다. 가트너는 AI 에이전트를 2025년 최고의 전략 기술 트렌드로 선정했으며, 이 기술이 "복잡한 프로세스, 프로젝트, 이니셔티브를 자연어를 통해 관리할 수 있도록 작업자와 팀을 극적으로 업스킬링할 것"이라고 전망했다. 맥킨지 역시 AI 에이전트가 단순한 지식 기반 도구에서 복잡한 다단계 워크플로우를 실행하는 시스템으로 진화하고 있다고 평가했다.

대형언어모델로 대표되는 생성형 AI는 지난 몇 년간 우리 사회에 강한 돌풍을 몰고 왔다. 텍스트를 자연스럽게 생성하고 이미지를 창작하며 복잡한 데이터를 요약하는 능력은 AI가 인간의 창의력과 생산성을 새로운 차원으로 끌어올릴 수 있음을 보여주었다. 그렇지만 좀 더 전문적인 영역에서 AI를 활용하려고 하는 사용자 입장에서는 한계를 느끼기도 할 것이다. 주어진 기능에 만족하지 못해 'AI가 이정도 밖에 안 되나?'하는 생각을 하면서 말이다.

그러나 지레 실망하지는 마시라. 우리가 기껏 몇 년 경험한 생성형 AI는 진정한 AI 혁신의 서막에 불과하다. 인공지능 발달의 로드맵을 놓고 보면 지금까지 나온 AI는 맛보기에도 못 미치는 단계랄까.

생성형 AI는 특정 작업에서 강력한 도구로 기능했지만, 한계는 명확하다. 복잡한 맥락을 이해하거나, 여러 작업을 통합적으로 처리하거나, 실질적인 행동을 수행하는 능력에서는 턱없이 부족하다는 점이다. '맥락의 이해'라는 측면만 살펴봐도 그간의 AI가 지닌 한계가 무엇인지 단박에 알아차릴 수 있다.

앞에서도 살짝 언급했지만 여기서 말하는 '맥락(context)'이란, 사용자의 의도, 과거 데이터, 현재 상황, 그리고 관련된 환경적 정보들을 통합적으로 이해하여 적절한 판단과 행동을 도출하는 능력을 의미한다. 우리가 책이나 글을 읽을 때 중요시 여기는 '전후 맥락 파악'과 같은 의미다.

예를 들어, 사용자가 생성형 AI에게 이메일에 대한 자동 응답을 생성하라고 명령한다고 치자. AI는 단순히 입력된 텍스트만을 분석하기 때문에 발신자와의 과거 대화 기록이나 사용자의 일정 데이터를 참고하지 못한다. 그 결과 자동 응답을 생성하더라도 부적절하거나 불완전한 답변이 나올 가능성이 크다.

　이처럼 생성형 AI가 가진 한계를 극복하기 위한 기술적 진보와 새로운 접근법이 등장하며, 'AI 에이전트'라는 새로운 패러다임이 탄생했다. AI 에이전트는 텍스트를 생성하거나 이미지를 창작하는 수준인 생성형 AI를 넘어, 맥락을 이해하고 데이터를 통합하며, 실질적인 변화를 만들어낼 능력을 갖춘 진화된 형태의 인공지능이다.

　지금까지 우리가 경험한 AI는 대부분 '질문-답변' 형태의 챗봇이었다. 사용자가 묻는 질문에 대해 정보를 제공하거나 텍스트를 생성하는 수준에 머물렀다. 하지만 AI 에이전트는 완전히 다른 차원의 존재다. 이들은 질문에 답변만 하는 것이 아니라, 실제로 '행동'을 한다. 구체적으로 살펴보자면, 앤트로픽(Anthropic)의 '컴퓨터 유즈(Compu-ter Use)' 기능은 클로드(AI)가 컴퓨터 화면을 보고, 마우스 커서를 움직이고, 버튼을 클릭하고, 키보드로 텍스트를 입력하는 등 사람이 컴퓨터를 사용하는 방식과 동일하게 작동할 수 있도록 해준다. 인간 사용자처럼 모델이 화면의 이미지를 처리하고, 분석하여 무엇이 일어나고 있는지 이해한 후, 마우스 클릭과 키보드 입력을 통해 컴퓨터를 탐색하는 것이다. 오픈AI의 '오퍼레이터(Operator)'도 마찬가지다. 이 AI 에이전트는 웹브라우저를 통해 항공편 예약, 식료품 주문, 양식 작성 등의 실제 업무를 대신 처리할 수 있다. 특히 앤트로픽의 클로드 에이전트(Claude Agent) SDK는 여기서 한 걸음 더 나아가 개발자들이 터미널 명령어 실행, 파일 편집, 코드 생성, 외부 API 연동 등을 통해 맞춤형 자동화 에이전트를 직접 구축할 수 있는 도구를 제공한다. 이는 AI가 숫자로 사고하는 방식이 드디어 현실 세계의 구체적인 행동으로 연결된 것이라고 볼 수 있다. AI가 화면의 픽셀을 인식하고, 이를 벡터로 변환하며, 행렬 연산을 통해 다음에 취해야 할 행동을 결정하는 과정이 바로 AI 에이전트의 핵심이다.

AI 에이전트가 기존 AI와 가장 크게 다른 점은 '자율성'이다. 기존 AI는 사용자의 구체적인 명령에 따라 반응했지만, AI 에이전트는 목표만 주어지면 스스로 계획을 세우고, 여러 단계를 거쳐 복합적인 작업을 자율적으로 처리할 수 있다. 인간 직원에게 "이 프로젝트를 완료해 줘"라고 말하면, 그가 알아서 필요한 자료를 조사하고, 관련 부서와 협의하며, 최종 결과물을 만들어내는 것과 같다.

가트너는 2028년까지 일상 업무 결정의 최소 15%가 AI 에이전트를 통해 자율적으로 이루어질 것이라고 예측했다. 15%라는 수치는 매우 급격한 변화를 의미한다. 또한 2028년까지 기업 소프트웨어 애플리케이션의 33%가 AI 에이전트 기능을 포함할 것이라고 전망했다.

AI 에이전트는 산업 전반에 걸쳐 혁신적인 변화를 일으킬 것이다. 의료 분야에서는 환자의 병력, 실시간 데이터를 통합하고 분석해 맞춤형 진단과 치료를 제공한다. 웨어러블 기기에서 수집한 심박수 데이터를 병원 기록과 결합해 이상 징후를 조기에 발견하고, 적절한 치료를 제안하는 식이다. 교육 분야에서는 학생의 학습 이력과 성향을 분석해 개인화된 학습 계획을 설계하고, 맞춤형 교육 콘텐츠를 추천한다. 이는 학생 개개인의 학습 효율성을 극대화하며 교육의 질을 높인다. 비즈니스에서도 AI 에이전트는 고객 데이터를 기반으로 한 맞춤형 전략 수립에 기여할 것이다. 고객 행동 데이터를 분석해 최적의 마케팅 캠페인을 기획하거나, 영업 팀에 실시간으로 유용한 정보를 제공하여 성과를 극대화할 수 있다.

AI 에이전트는 개인의 일상도 획기적으로 바꿔놓게 된다. AI 비서는 사용자의 일정 관리, 이메일 응답, 심지어 가사 처리까지 자동화하며 개인의 삶을 최적화한다. 건강 관리 AI는 웨어러블 기기에서 수집한 데이터를 기반으로 사용자의 생활 습관을 분석한다. 이를 통해 개인 맞춤형 운동 및 식단 계획을 제공하며, 나아가 사용자의 상태를 지속적으로 모니터링해 건강 유지와 질병 예방을 돕는다.

　이런 AI 에이전트가 우리에게 유익만 제공한다면 얼마나 좋을까마는, 안타깝게도 유익함만큼이나 여러 가지 도전 과제도 함께 안겨준다. 우선 AI 에이전트는 데이터 편향과 개인정보 보호 문제에서 자유롭지 못하다. AI가 학습하는 데이터가 불균형하거나 편향되어 있다면, 결과적으로 편향된 정보를 제공하거나 공정하지 못한 결정을 내릴 가능성이 크다. 또한, AI 에이전트는 대량의 데이터에 기반해 작동하므로 늘 개인정보 보호 문제가 따라다닌다.

　AI 에이전트가 모델 체이닝[38]과 다양한 시스템을 통합하는 과정을 거치게 될 경우 높은 기술적 복잡도와 막대한 비용 또한 큰 문제가 된다. AI가 데이터베이스, 클라우드, 캘린더 등 다양한 외부 시스템과 원활히 작동하려면 대규모의 인프라가 필요하다.

　AI 에이전트는 사회적으로도 큰 도전 과제를 던진다. AI 에이전트가 산업 전반에 걸쳐 채택되기 시작하면, 자동화로 인해 많은 일자리가 사라지게 될 것이다. 그중에서도 특히, 반복적이고 단순한 업무는 거의 대부분 AI 에이전트로 대체된다.

　하지만 미래의 AI는 기술 발전의 혜택을 모든 사람에게 공평하게 나누는 역할을 해야 한다. AI 에이전트가 발전을 거듭할수록 AI는 점점 더 초개인화된 서비스를 제공하며, 인간의 삶에 깊숙이 스며들 것이다. 한편으로 AI와 인간의 협업은 더욱 심화될 것이다. 반복적이고 분석적인 작업은 AI가 맡고, 인간은 창의적이고 전략적인 결정을 내리는 데 집중할 수 있는 환경이 조성될 것이다. AI 에이전트는 결국 'AI가 숫자로 생각하는 모든 과정의 완

---

[38] 모델 체이닝(Model Chaining) : 여러 개의 AI 모델을 연결하여 복잡한 작업을 단계별로 처리하는 기법. 예를 들어 '음성을 텍스트로 변환하는 모델' → '텍스트를 분석하는 모델' → '결과를 음성으로 출력하는 모델'을 순차적으로 연결하는 방식이다. 하나의 범용 모델로 해결하기 어려운 복잡한 작업을 전문화된 여러 모델의 협력으로 처리할 수 있지만, 각 모델 간의 데이터 전달과 동기화, 오류 전파 등으로 인해 시스템 복잡도가 급격히 증가하는 단점이 있다.

성형'이라고 할 수 있다. 벡터로 변환된 정보들이 행렬 연산을 거쳐 패턴을 인식하고, 그 결과가 현실 세계의 구체적인 행동으로 나타나는 것이다.

AI 에이전트는 여러 AI 모델과 시스템을 통합해, 정보를 생성하는 차원을 넘어 복잡한 워크플로우를 처리하고 행동을 수행하며, 사용자와 상호작용할 수 있는 시스템이다. 그렇기에 AI 에이전트는 다기능적 통합을 가장 큰 특징으로 한다. 이전처럼 텍스트를 생성하거나 이미지를 창작하는 데 그치지 않고, 데이터를 분석하고, 행동을 예측하며, 다양한 시스템을 연결해 복합적인 문제를 해결한다.

이메일 자동 응답 도구를 AI 에이전트로 확장한다고 해 보자. 그러면 이 시스템은 사용자의 캘린더를 확인하고, 발신자와의 과거 대화를 분석하며, 일정에 따라 가장 적절한 응답 초안을 작성할 수 있다. AI 에이전트의 또 다른 특징은 맥락 기반의 맞춤형 응답이다. AI 에이전트는 과거 데이터를 검색하고 현재 상황을 분석해 사용자에게 가장 적합한 해결책을 제안한다.

AI 에이전트가 가능해진 것은 기술적 진보 덕분이다. 모델 체이닝은 여러 AI 모델을 연결해 복잡한 작업을 처리하도록 만들었고, RAG(Retrieval-Augmented Generation, 검색 증강 생성)는 과거 데이터를 검색해 응답의 신뢰성과 정확성을 높였다. 또한, 캘린더, 데이터베이스, 클라우드 등 외부 시스템과의 통합이 가능해지면서 AI 에이전트는 단순한 생성 도구에서 통합적 문제 해결 플랫폼으로 자리 잡았다.

이제 AI는 인간에게 있어 정보를 처리하는 도구로서의 위상을 넘어 실제로 업무를 수행하고 목표를 달성하는 '디지털 동료'가 되어가고 있다. 앞으로는 더 나아가 창의적 사고와 복합적 문제 해결이 가능한 진정한 협업 파트너로 진화하며, 궁극적으로는 인공일반지능(AGI) 단계로 발전해갈 것으로 전망된다. 이 변화의 물결 속에서 중요한 것은 AI가 어떻게 작동하는지를 이해하고, 그 강력한 능력을 인간의 이익을 위해 올바르게 활용하는 것이다.

6 AI가 생각하는 방식을 이해한다는 것

이 장을 통해 우리는 AI가 어떻게 생각하는지 그 베일에 가려진 과정을 들여다보았다. AI는 인간의 뇌와는 전혀 다른 방식으로 모든 것을 숫자로 변환하고 벡터와 행렬의 연산을 통해 의미를 찾아낸다. 이들의 기억은 가중치와 임베딩이라는 형태로 저장되며, 경량화 기술을 통해 더 효율적으로 작동할 수 있게 되었다.

그런데 우리가 이 장에서 살펴본 것은 단순히 AI가 텍스트를 생성하거나 이미지를 만드는 과정만이 아니었다. AI의 숫자적 사고는 이제 물리적 세계로 확장되고 있다. 피지컬 AI를 통해 로봇과 결합된 AI는 현실 공간에서 실제 행동을 수행하며, 마치 해리포터의 볼드모트가 새로운 몸을 얻어 부활하듯 완전히 새로운 존재로 거듭나고 있다.

더 나아가 AI 에이전트는 기존 생성형 AI의 한계를 뛰어넘었다. 질문에 답하는 수준에서 그치지 않고, 맥락을 이해하고, 여러 시스템을 통합하며, 복잡한 업무를 자율적으로 처리한다. 이는 AI가 숫자로 사고하는 방식이 드디어 인간 수준의 복합적 판단과 행동으로 발현되고 있음을 의미한다.

BMW 공장에서 부품을 정확히 조립하는 휴머노이드 로봇, 사용자의 캘린더와 과거 이메일을 분석해서 적절한 응답을 자동 생성하는 AI 에이전트, 이 모든 것의 근간에는 우리가 이 장에서 살펴본 '벡터 변환 → 행렬 연산 → 패턴 인식'이라는 AI의 기본 사고 과정이 있다.

AI의 사고 과정을 이해한다는 것은 기술적 호기심을 충족하고자 함이 아니다. 이는 우리가 AI와 더 효과적으로 협력하고, AI의 한계를 인식하며, 궁극적으로 인간과 AI가 함께 만들어갈 미래를 현명하게 설계하기 위한 첫걸음이다. 특히 AI 에이전트가 우리의 일상과 업무에 깊숙이 개입하기 시작한 지금, AI가 어떤 방식으로 판단하고 행동하는지 이해하는 것은 선택이 아닌 필수가 되었다. AI 에이전트의 의사결정 과정을 투명하게 만들고, 인간이 언제든 개입할 수 있도록 하는 것도 결국 AI의 기본 작동 원리를 이해하는 데서 출발한다.

또한 피지컬 AI가 가져올 변화의 규모를 고려할 때, 우리는 이 기술이 인간의 통제 하에 머물도록 하는 방법을 찾아야 한다. 볼드모트의 부활이 재앙이 되지 않으려면, 우리가 AI의 '뇌'가 어떻게 작동하는지 정확히 알고 있어야 한다.

이제 우리는 인공지능과 인간의 공존을 진지하게 생각해야 할 때다. 여기서 말하는 공존의 문제란 어떻게 인간이 기계에 압도당하지 않고 계속해서 인간의 의도대로 인간의 편익을 위해 움직이도록 만들어 갈 것인가 하는 것이다. '인간과 기계가 공존하지 못한다'는 것은 앞으로는 '인간이 기계에 지배당한다'라는 뜻이기도 하다.

인공지능의 지적 능력은 엄청난 자기학습능력을 바탕으로 무한대로 확장될 것이다. 그리고 그것이 얻은 몸체인 로봇은 인간의 몸과 달라서 결코 지치는 일이 없다. 이쯤 되면 모든 면에서 인간보다 월등히 우월한 존재가 되는 것이다. 만에 하나 이 존재가 악한 생각을 가진다면 해리포터의 저 흉악한 어둠의 마법사 볼드모트를 능가할 모든 요소를 갖추고 있는 셈이다.

이런 AI와 로봇의 결합은 단순한 산업혁명을 넘어 인류의 문명사를 통째로 바꿀 수도 있는 대변혁이다. 그리고 인간이 그 변화를 올바른 방향으로 제어하지 못하면 볼드모트의 부활이라고 해도 될 재앙을 맞이할 수도 있다.

이것이 바로 우리가 AI의 숫자 사고 방식을 이해해야 하는 이유다. 숫자로 생각하는 AI의 세계는 우리와 다르지만, 그 차이를 이해할 때 비로소 진정한 협력이 시작된다. 생성형 AI에서 시작된 이 혁명은 이제 피지컬 AI와 AI 에이전트를 거쳐 우리가 상상하지 못한 새로운 영역 AGI와 ASI로 확장되고 있다.

우리가 이 변화의 물결을 현명하게 헤쳐나가려면, AI가 어떻게 정보를 처리하고, 어떤 방식으로 학습하며, 어떤 한계를 가지고 있는지 정확히 파악해야 한다. 그래야만 AI를 인간의 동반자로 만들 수 있고, 재앙이 아닌 축복으로 만들어갈 수 있다.

다음 장에서는 이런 AI가 어떻게 발전해왔는지, 그리고 앞으로 어떤 새로운 알고리즘과 사고 방식으로 진화해 나갈지 살펴볼 것이다. AI의 과거와 현재를 통해 우리는 그들이 그려갈 미래의 모습을 더욱 명확하게 예측할 수 있을 것이다.

PART 2

AI의 구조와 생각하는 원리

▰▰▰▰

AI는 도구에 불과했던 과거의 기계들과는 완전히 다른 우리의 협업 파트너다. 그렇기에 그 작동 원리를 모른 채 살아간다면 우리는 기술을 통제하는 주체가 아니라 기술에 의해 통제되는 객체로 전락하고 만다. AI를 이해한다는 것은 코딩이나 프로그래밍 지식을 익히는 것과는 차원이 다르다. 그것은 AI의 기본 원리와 한계를 파악하고, 효과적으로 소통하며, 언제 신뢰하고 언제 의심해야 할지 판단하는 능력이다. 환각 현상과 편향성을 인식하고, 윤리적 문제를 고려하면서도, 이 새로운 지능과의 협업을 통해 인간 고유의 창의성과 판단력을 오히려 더 발휘할 수 있는 방법을 찾는 것이다. 결국 AI를 이해한다는 것은 AI 시대에 인간의 주체성을 지켜내기 위한 생존 전략이다.

PART 2
AI의 구조와 생각하는 원리

　이제 우리는 스마트폰이 없는 하루를 상상하기 어렵다. 머지않아 AI가 없는 하루도 그와 같아질 것이다. 불과 15년 전만 해도 우리는 스마트폰 없이 일상을 살아갔다. 길을 찾기 위해 종이 지도를 펼쳤고, 친구들과 만나기 위해 약속을 잡고 미리 만날 장소와 시간을 정확히 정해두었으며, 궁금한 것이 있으면 그 답을 찾기 위해 도서관으로 갔다. 하지만 지금 우리는 어떻게 살고 있는가? 스마트폰은 전자 기기의 차원을 넘어 우리 지능의 일부, 그러니까 우리 지능이 외부로 확장된 보조 지능이 된 지 오래다.

　AI 시대로 급속히 전환되면서 AI가 부지불식간에 우리 삶 곳곳으로 스며들고 있지만, 아직 스마트폰처럼 '없으면 안 될' 수준까지는 도달하지 않았다. 그러나 앞으로 5년, 10년 후에는 어떨까? AI 없는 삶은 오늘날 스마트폰 없는 삶을 상상하는 것만큼이나 어려워질 것이다. 우리가 이 시점에서 경험하고 있는 것은 또 한 차례의 기술 변화가 아니라 인간의 능력과 가능성이 재정의되는 역사적 전환점이다. 그렇기에 지금 우리가 AI를 이해하는 것은 변화하는 세상에서 주도적으로 살아갈 수 있는 힘을 기르는 일이므로 미래의 삶을 위해 꼭 필요한 일인 것이다.

1 AI의 기초 이론과 알고리즘

왜 우리는 AI 알고리즘을 알아야 할까?

"AI가 어떻게 작동하는지 몰라도 사용할 수 있으니 굳이 알 필요가 있을까?" 이는 많은 사람들이 갖는 자연스러운 의문이다. 자동차의 엔진 원리를 몰라도 운전할 수 있고, 스마트폰의 반도체 구조를 몰라도 앱을 사용할 수 있듯이 말이다. 하지만 AI 시대에는 상황이 근본적으로 다르다.

AI는 이전의 다른 모든 기술적 도구와 같은 그런 류의 도구가 아니라, 우리와 협업을 하는 파트너다. AI 발전 초기임에도 이미 우리가 내리는 중요한 결정, 예컨대, 채용, 대출, 의료진단, 심지어 사법 판결에 이르기까지 직접적으로 관여하고 있는 것을 보면 이 말이 무슨 뜻인지 알 수 있을 것이다. 이런 상황에서 AI를 모르고 살아간다는 것은 마치 동반자가 어떤 사람인지 전혀 모르는 채로 함께 인생의 중요한 결정을 내리는 것과 같다. 우리는 AI와 함께 일하고, AI의 도움을 받아 판단하며, AI가 제안하는 선택지 중에서 골라야 하는 시대를 살고 있다. AI의 작동 원리도 모르는 채로 이런 현실을 마주한다는 것은 어불성설인 것이다.

AI 알고리즘을 이해한다는 것은 요리사가 재료의 특성을 아는 것과 같다. 소금이 짠맛을 내고 설탕이 단맛을 낸다는 것을 알면 요리의 맛을 조절할 수 있듯이, 머신러닝이 패턴을 학습하고 딥러닝이 복잡한 특징을 추출한다는 것을 알면 AI 도구를 더 효과적으로 활용할 수 있다. 실무에서 우리가 마주하는 상황들을 살펴보면 이런 이해의 중요성이 더욱 명확해진다.

챗GPT가 때때로 확신에 찬 거짓말을 하는 이유는 대형언어모델이 '사실'이 아니라 '그럴듯함'을 기준으로 답변을 생성하기 때문이다. 이를 알면 중요한 결정을 내릴 때는 반드시 팩트체크가 필요하다는 것을 자연스럽게 깨닫게 된다. AI 이미지 생성기가 손가락을 이상하게 그리는 이유는 현재 확산 모델의 특성상 복잡한 구조를 정확히 이해하지 못하기 때문인데, 이를 알면 결과물을 수정할 때 어떤 부분에 집중해야 하는지 명확해진다. AI 번역기가 문맥을 놓치는 경우도 마찬가지로 트랜스포머 구조의 한계를 알면 중요한 번역에는 추가 검토가 필요하다는 것을 이해하게 된다.

각 알고리즘은 저마다 다른 '성격'을 갖고 있다. 어떤 AI는 창의적이지만 부정확하고, 어떤 AI는 정확하지만 융통성이 없다. 어떤 AI는 빠르게 답을 주지만 깊이가 부족하고, 어떤 AI는 신중하게 분석하지만 시간이 오래 걸린다. 상황에 맞는 AI를 선택하려면 이런 성격 차이를 반드시 알아야 한다. 우리가 상황에 따라 다른 사람과 상의하듯이, AI도 목적과 맥락에 따라 적절한 것을 골라 사용해야 하는 것이다.

실제 업무 현장에서 알고리즘에 대한 이해가 미치는 영향은 생각보다 훨씬 크다. 마케팅 담당자라면 추천 알고리즘이 협업 필터링 방식인지 딥러닝 방식인지 알면 고객 데이터를 어떻게 준비해야 하는지, 왜 때로는 엉뚱한 상품이 추천되는지 이해할 수 있다. 이런 이해는 단순한 지적 만족을 넘어서 실제 마케팅 성과를 좌우하는 핵심 요소가 된다. 의료진인 경우 AI 진단 도구가 어떤 알고리즘을 쓰는지 알면 그 결과를 어떻게 해석해야 하는지, 언제 추가 검토가 필요한지 정확하게 판단할 수 있다. 교육자가 AI 평가 도구의 한계를 안다면 학생들을 더 공정하게 평가할 수 있고, AI 보조 도구를 수업에 효과적으로 활용할 수 있다. 관리자라면 직원 채용이나 성과 평가에 AI를 도입할 때, 어떤 편향이 생길 수 있는지 미리 대비할 수 있다.

이는 특정 직업군에만 해당하는 이야기가 아니다. 알고리즘에 대한 기본 이해는 점점 더 많은 직업에서 기본 소양이 되고 있다. 데이터 분석가, 제품 기획자, 마케터는 물론이고 변호사, 의사, 교사, 심지어 예술가와 작가까지도 AI 알고리즘에 대한 기본 지식이 있어야 경쟁력을 유지할 수 있는 시대가 되었다.

이는 새 커리어를 쌓을 기회인 동시에 생존을 위한 필수 조건이기도 하다.

하지만 여기서 중요한 것은 AI가 만능이 아니라는 사실을 아는 것이다. AI가 만능인 것처럼 포장되는 경우가 많지만, 실제로는 각 알고리즘마다 명확한 한계가 있다. 이를 모르면 AI에 과도하게 의존하거나 잘못 활용할 위험이 크다. 의사결정 트리는 매우 복잡하고 상세한 규칙을 만들어내지만, 훈련 데이터에 없던 완전히 새로운 상황에는 취약할 수 있다. 딥러닝은 놀라운 성능을 보이지만 왜 그런 결정을 내렸는지 설명하기 어려워서 중요한 의사결정에 사용할 때는 신중해야 한다. 강화학습은 주어진 보상을 최대화하는 방향으로 학습하지만, 때로는 인간이 예상치 못한 편법을 사용할 수 있어 예상치 못한 결과를 낳기도 한다.

이런 한계들을 알면 AI 결과를 맹신하지 않고 적절히 검증하며 사용할 수 있다. 또한 언제 AI에게 의존해야 하고 언제 인간의 판단이 더 중요한지도 구분할 수 있게 된다. 이는 AI와 함께 살아가는 시대의 핵심 역량이다. AI를 완전히 배제하는 것도, 맹목적으로 따르는 것도 현명하지 않다. 중요한 것은 AI의 능력과 한계를 정확히 파악하고, 상황에 맞게 적절히 활용하는 지혜이다.

더 나아가, 알고리즘을 이해하면 AI 기술의 발전 방향을 예측할 수 있다. 현재의 알고리즘 한계를 알면 미래에 어떤 혁신이 일어날지, 어떤 새로운 가능성이 열릴지 감을 잡을 수 있을 것이기 때문이다. 현재 트랜스포머의 한계를 알면 차세대 언어 모델이 어떤 방향으로 발전할지 예측할 수 있다. 현재 딥러닝의 데이터 의존성 문제를 알면 퓨샷 러닝이나 제로샷 러닝이 왜 중요한 기술인지 이해할 수 있다.[1] 현재 AI의 설명가능성 한계를 알면 XAI(설명가

---

1) 현재 딥러닝은 엄청난 양의 데이터에 의존한다는 근본적 한계를 가지고 있다. 이미지 분류 모델을 만들려면 수만 장의 사진이 필요하고, 번역 모델을 훈련시키려면 수백만 개의 문장 쌍이 있어야 한다. 하지만 실제 인간은 그렇게 학습하지 않는다. 아이가 처음 보는 동물 사진 한두 장만 봐도 그 동물을 기억하고 다음에 만났을 때 알아본다. 이런 딥러닝의 데이터 의존성 문제를 해결하려는 시도가 바로 퓨샷 러닝(Few-shot Learning)과 제로샷 러닝(Zero-shot Learning)이다. 퓨샷 러닝은 단 몇 개의 예시만으로 새로운 작업을 학습할 수 있는 기술이고, 제로샷 러닝은 아예 예시 없이도 텍스트 설명만으로 작업을 수행할 수 있는 기술이다. 예를 들어, 얼룩말 사진을 한 번도 학습하지 않았어도 "말처럼 생겼지만 줄무늬가 있는 동물"이라는 설명만으로 얼룩말을

능한 AI) 기술이 앞으로 얼마나 가치 있는 분야가 될지 미리 알아볼 수 있다.

이런 관점은 개인의 학습 방향을 설정하거나 기업의 AI 전략을 수립하는 데 큰 도움이 된다. 현재 유행하는 기술을 쫓아가는 것이 아니라, 기술의 본질적 한계와 발전 가능성을 이해하고 미리 준비할 수 있게 되는 것이다. 이는 변화의 속도가 빨라지는 AI 시대에 꼭 필요한 능력이다. 이런 취지 하에서 지금부터 AI 역사를 구성해 온 알고리즘의 역사와 내용을 살펴보기로 하자.

요즘 코딩이 중요하다고들 하지만 실무에서는 다행히 이런 복잡한 AI 알고리즘들을 처음부터 직접 구현할 필요는 없다. 현대의 AI 개발은 이미 검증된 라이브러리를 활용하는 것이 표준이 되었다. 파이썬(Python)에서는 머신러닝을 위한 사이킷런(scikit-learn), 딥러닝을 위한 텐서플로(TensorFlow)와 파이토치(PyTorch), 자연어 처리를 위한 허깅페이스 트랜스포머(HuggingFace Transformers)[2] 등 다양한 라이브러리가 제공된다. 이는 요리사가 직접 밀을 재배하거나 밀을 빻아서 가루를 만들 필요가 없이 공장에서 만든 밀가루를 구입해서 요리하는 것과 같다. 다만 중요한 것은 각 재료의 특성을 이해하고 언제 어떤 재료를 써야 하는지 아는 것이다. 실제로 대부분의 AI 프로젝트에서는 몇 줄의 코드로 복잡한 알고리즘을 불러와 사용할 수 있다. 하지만 그 알고리즘이 어떻게 작동하는지, 어떤 상황에 적합한지, 어떤 한계가 있는지를 모른다면 도구를 잘못 사용할 위험이 크다. 알고리즘에 대한 이해는 이런 도구들을 올바르게 선택하고 효과적으로 활용하기 위한 필수 지식이다.

1장에서 AI의 역사를 간략히 짚어보긴 했지만, 좀 더 가까이 접근해 보면 그 역사라는 것이 다양한 알고리즘과 이론적 접근법의 진화 과정이라는 것

인식할 수 있는 것이다. 이 기술들이 중요한 이유는 AI가 인간처럼 적은 정보로도 빠르게 학습할 수 있게 해주며, 새로운 분야에 AI를 적용할 때마다 막대한 데이터를 수집하고 처리해야 하는 부담을 크게 줄여주기 때문이다.

2) 허깅페이스 트랜스포머는 자연어 처리 분야의 대표적인 파이썬 라이브러리로, BERT, GPT, T5 등 수천 개의 사전 훈련된 언어 모델을 통합된 API로 제공한다. 복잡한 설정 없이 몇 줄의 코드만으로 최첨단 NLP 모델들을 불러와 텍스트 분류, 질의응답, 요약, 번역 등 다양한 작업에 활용할 수 있다. 전 세계 연구자들이 공개한 모델들을 모델 허브를 통해 쉽게 접근할 수 있게 하여 AI 기술의 민주화에 크게 기여했다.

을 알게 된다. 오늘날의 복잡한 AI 시스템들이 거대한 건축물처럼 보이지만 출발점에서 보면 몇 가지 핵심적인 개념들이 그 시초였다. 그래서 AI 알고리즘을 소개하는 요즘 책들도 AI가 생각처럼 그리 복잡한 기계는 아니라고 말하는 경우가 많다. 초기 AI 연구에서는 여러 중요한 알고리즘적 접근법이 시도되었다. 사람처럼 생각하는 기계를 만들기 위한 이 초기 알고리즘들은 오늘날 AI의 근간이 됐다.

초기 AI 알고리즘 중에는 탐색 알고리즘들(너비 우선 탐색, 깊이 우선 탐색, A 스타 알고리즘), 게임 트리 탐색(미니맥스 알고리즘), 전문가 시스템[3]을 위한 규칙 기반 추론 메커니즘, 그리고 자연어 처리를 위한 초기 문법 기반 파싱 기법[4] 등이 있었다. 이러한 알고리즘들은 각각 인간 지능의 특정 측면—논리적 사고, 전략적 판단, 전문 지식 활용, 언어 이해—을 모델링하려는 시도였다. 인간의 뇌가 하는 일을 작은 조각들로 나누어 컴퓨터에게 가르치려 했던 것이다.

AI의 첫 번째 도전은 "탐색으로 추론하기"

1950년대 말, 컴퓨터가 처음으로 '생각'하는 모습을 보여준 순간이 있었다. 바로 미로 찾기였다. 단순해 보이지만, 이는 인공지능 역사상 가장 중요한 첫걸음이었다. 초기 AI 연구자들에게 세상은 거대한 미로처럼 보였다. 출발점에서 목표점까지 가는 최적의 경로를 찾는 것, 이것이 바로 지능의 본질이라고 생각했다. 간단한 미로 찾기부터 복잡한 문제 해결까지, 모든 것을 '탐색(Search)' 문제로 바라봤다. 그들의 믿음은 명확했다. "지능이란 수많은 가능성 중에서 최선의 선택인 경우를 찾아내는 능력이다." 바둑에서 수백만 가지 수를 계산해 최고의 한 수를 찾아내는 것처럼 말이다.

무엇보다 탐색 알고리즘은 당시 컴퓨터의 강점과 잘 맞아떨어졌다. 컴퓨

---

[3] 이미 1장에서도 잠시 살펴봤듯이 전문가 시스템(Expert Systems)은 1970년대와 1980년대에 큰 발전을 이룬 AI 응용 프로그램으로, 특정 분야의 전문가 지식을 컴퓨터 시스템에 인코딩하여 복잡한 문제를 해결하고자 했다.
[4] 인간의 언어를 컴퓨터가 이해할 수 있도록 문장의 구조와 문법을 분석하는 방법이다.

터는 체계적이며 빠른 계산이 장점이었다. 즉, 인간보다 훨씬 빠르게 수많은 가능한 경우들을 체계적으로 검토할 수 있었다. 또한 미로 찾기, 체스, 퍼즐 같은 문제들은 정답이 명확해서 AI가 성공했는지 실패했는지 쉽게 판단할 수 있어 연구하기에 적합했다. 기술적으로도 탐색 문제는 그래프 이론, 트리 구조 등으로 수학적 모델링이 가능했기 때문에 1950~60년대 컴퓨터 과학 수준에서 구현하기 용이했다. 연구자들은 이런 탐색 알고리즘이 모든 종류의 문제에 적용될 수 있을 것이라는 범용성에 대한 기대도 가지고 있었다.

하지만 처음에는 순조롭다고 여겼던 이 작업이 곧 무서운 현실에 부딪히고 말았다. 바로 조합 폭발(Combinatorial Explosion)이라는 것인데, 아래 그림에서 보는 것처럼 상태의 개수(경우의 수)가 기하급수적으로 증가하는 문제였다. 3×3 퍼즐(8-퍼즐)의 경우에는 약 181,440가지[5] 상태가 있다. 그림에서 10^5가지는 0이 5개인 6자리 숫자를 의미한다. 하지만 퍼즐 크기를 가로 세로 1칸씩만 늘려 4×4 퍼즐(15-퍼즐)로 커지면 생태의 수는 '폭발'적으로 늘어나 무려 20조 개가 넘게 된다. 한 칸씩 더 늘려 5×5 퍼즐로 커진다면? 상상을 초월하는 숫자가 된다. 그림에서 오른쪽 그래프의 빨간 곡선처럼 퍼즐의 크기를 조금씩만 늘려도 상태 수는 폭발적으로 증가하는 것이다.

그게 다가 아니었다. 현실 세계는 그보다 훨씬 더 복잡했다. 체스는 '샤논 수'[6]라 하여 최소 10^{120}가지 게임이 가능하고, 바둑은 무려 10^{1000}로, 추정 자

---

5) 8개의 숫자 타일과 빈 칸 1개를 일렬로 배열하는 것과 같으므로 9! = 362,880가지 배열이 가능. 하지만 실제로는 절반인 181,440가지만 해결 가능하고 나머지는 해결 불가능하다. 빈 공간이 홀수 번째 행에 있으면서 역순쌍의 개수가 홀수인 경우이거나, 빈 공간이 짝수 번째 행에 있으면서 역순쌍의 개수가 짝수인 경우가 해결 불가능에 해당한다.
6) 샤논 수(Shannon Number) : 1950년 미국의 수학자 클로드 샤논(Claude Shannon)이 계산한 체스 게임의 게임-트리 복잡도 하한치로, 약 10120가지의 가능한 체스 게임 수를 의미한다. 이 수는 체스를 무

체가 불가능할 정도다. 이 모두 우주의 모든 원자를 다 합친 개수(10^{80}개)보다도 많은 경우의 수였다. 컴퓨터가 아무리 빨라도 모든 경우를 다 따져볼 수는 없었다. 그래서 AI 연구자들은 똑똑한 탐색 방법을 개발했다.

초기의 깊이 우선 탐색(DFS)과 너비 우선 탐색(BFS)은 여전히 모든 경우를 체계적으로 탐색하는 방식이었다. DFS는 한 방향으로 끝까지 파고드는 방식이다. 미로에서 한 길로 끝까지 가보고, 막다른 길이면 뒤로 돌아와서 다른 길을 시도한다. BFS는 동심원을 그리듯 점점 넓혀가며 탐색한다. 하지만 이들도 결국 모든 경우를 다 보는 완전 탐색이었기 때문에 복잡한 문제에서는 한계가 있었다. 진정한 돌파구는 휴리스틱 탐색의 등장이었다. A*(A 스타) 알고리즘은 목표까지의 거리를 추정해서 가장 유망한 경로부터 우선적으로 탐색한다. 모든 경우를 다 보는 대신, 가능성이 높은 곳부터 먼저 탐색하는 방법이었다. 내비게이션이 목적지까지의 직선거리를 고려해 효율적인 경로를 찾는 것과 비슷하다.

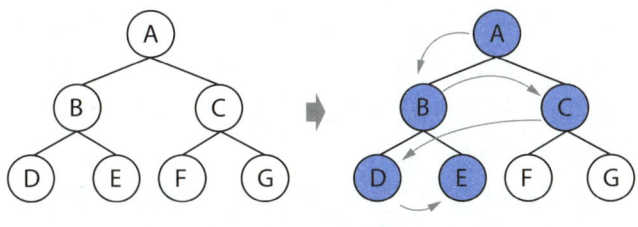

너비 우선 탐색

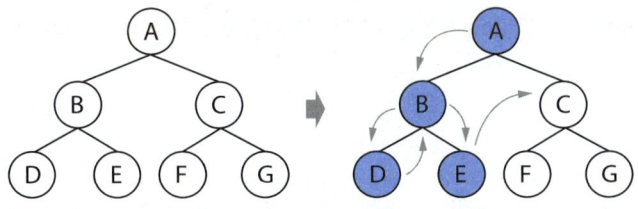

깊이 우선 탐색

차별 대입(brute force)으로 해결하는 것이 비현실적임을 보여주기 위해 그의 논문 《체스 게임 프로그래밍 (Programming a Computer for Playing Chess)》에서 제시되었다.

A*(A스타) 알고리즘의 원리

A스타 알고리즘은 출발점에서 목표점까지의 최단 경로를 찾는 가장 정교한 탐색 기법이다. 이 알고리즘이 혁신적인 이유는 휴리스틱(heuristic) 함수라는 개념을 도입했기 때문이다. 휴리스틱이란 "대략 이정도면…"이라는 우리의 추정 방식을 흉내낸 "경험에 기반한 추정 방법" 또는 "대략적인 판단 규칙"을 의미한다.[7] A스타 알고리즘에서 휴리스틱 함수는 현재 위치에서 목표점까지의 예상 거리나 비용을 추정하는 역할을 한다.

A스 알고리즘의 핵심은 각 노드에 대해 $f(n) = g(n) + h(n)$ 라는 평가 함수를 계산하는 것이다. 여기서 $g(n)$은 출발점에서 현재 n노드 까지의 실제 비용이고, $h(n)$은 현재 노드에서 목표점까지의 휴리스틱 예상 비용이다. $f(n)$은 이 두 값을 합한 총 예상 비용으로, 출발점에서 목표점까지의 전체 경로 비용을 추정한 값이다.

예를 들어 네비게이션에서 서울에서 부산까지 가는 경로를 찾을 때, 현재 대전에 있다면 $g(n)$은 "서울→대전"의 실제 거리이고, $h(n)$은 "대전→부산"의 직선거리(또는 추정 거리)가 된다. A스타 알고리즘은 $f(n)$ 값이 가장 작은 노드를 우선적으로 탐색한다.

잘 생각해 보면 휴리스틱 함수 $h(n)$의 설계가 이 알고리즘의 성능을 좌우한다 것을 알 수 있다. 설계가 잘 되기 위한 가장 중요한 원칙은 허용가능성(admissibility)이다. 이는 휴리스틱 함수가 실제 비용을 절대 과대평가하지 않아야 한다는 의미다. 그러므로 직선거리는 항상 실제 이동거리보다 짧거나 같으므로 허용가능한 휴리스틱이다. 또 다른 중요한 원칙은 일관성(consistency)이다. 인접한 두 노드 사이에서 휴리스틱 값의 차이는 실제 이동 비용보다 크지 않아야 한다는 조건이다. 이 조건들이 만족되면 A스타 알고리즘은 항상 최적해를 찾는다는 것이 수학적으로 증명되어 있다.

다음 그림은 8-퍼즐 문제에서 A스타 알고리즘이 어떻게 작동하는지를 보여준다. 8-퍼즐은 3×3 격자에서 8개의 숫자 타일을 올바른 순서로 배열하는 게임으로 어린이들이 많이 가지고 노는 게임이다. 여기서 $g(n)$은 출발 상태에서 현재 상태까지 움직인 횟수를, $h(n)$은 현재 상태에서 목표 상태까지 각 타일이 잘못 배치된 개수(맨하탄 거리)를 나타낸다.

---

[7] 휴리스틱(Heuristic, 경험 법칙)은 그리스어 'heuriskein(발견하다)'에서 유래한 용어로, 완전한 해답을 보장하지는 않지만 실용적이고 효율적인 문제 해결 방법을 의미한다. 바둑 고수가 그간의 경험을 바탕으로 직관적으로 맥점을 찾아내는 것과 유사하다. 컴퓨터과학에서는 최적해를 찾기 어려운 복잡한 문제를 해결할 때, 계산 시간을 단축하기 위해 사용하는 근사적 해법이나 경험적 규칙을 뜻한다. AI의 탐색 알고리즘에서는 모든 경우를 다 탐색하는 대신, 목표에 더 가까워 보이는 방향을 우선적으로 탐색하도록 안내하는 함수로 사용된다. A스타 알고리즘에서 목표까지의 직선거리를 추정하는 맨하탄 거리나 유클리드 거리가 대표적인 휴리스틱이다.

```
                        f=g+h=0+3=3
                         ┌─┬─┬─┐
                         │1│2│3│
g(n)=0                   ├─┼─┼─┤
                         │ │4│6│
                         ├─┼─┼─┤
                         │7│5│8│
                         └─┴─┴─┘

        f=g+h=1+4=5    f=g+h=1+2=3    f=g+h=1+4=5
         ┌─┬─┬─┐        ┌─┬─┬─┐        ┌─┬─┬─┐
         │ │2│3│        │1│2│3│        │1│2│3│
g(n)=1   │1│4│6│        │4│ │6│        │7│4│6│
         │7│5│8│        │7│5│8│        │ │5│8│
         └─┴─┴─┘        └─┴─┴─┘        └─┴─┴─┘

        f=g+h=2+1=3    f=g+h=2+3=5    f=g+h=2+3=5
         ┌─┬─┬─┐        ┌─┬─┬─┐        ┌─┬─┬─┐
         │1│2│3│        │1│2│3│        │1│ │3│
g(n)=2   │4│5│6│        │4│6│ │        │4│2│6│
         │7│ │8│        │7│5│8│        │7│5│8│
         └─┴─┴─┘        └─┴─┴─┘        └─┴─┴─┘

        f=g+h=3+2=5    f=g+h=3+0=3
         ┌─┬─┬─┐        ┌─┬─┬─┐
         │1│2│3│        │1│2│3│
g(n)=3   │4│5│6│        │4│5│6│
         │ │7│8│        │7│8│ │
         └─┴─┴─┘        └─┴─┴─┘
```

그림에서 보면 $g(n) = 0$인 초기 상태에서 시작하여, 각 단계마다 $g(n)$ 값이 1씩 증가한다. 각 상태에서 $f = g + h$ 값을 계산하여 가장 작은 값을 가진 상태를 우선적으로 탐색한다. 예를 들어 $g(n) = 1$ 단계에서 가운데 상태의 f값이 3으로 가장 작으므로(노란색 원으로 표시), 이 상태를 다음 탐색 대상으로 선택한다.

이런 방식으로 계속 진행하면 $g(n) = 3$ 단계에서 오른쪽 상태가 $f = 3$으로 목표에 가장 가까운 것으로 평가되어 선택된다. 이 과정은 목표 상태에 도달할 때까지 계속되며, A스타 알고리즘은 이렇게 **휴리스틱 정보를 활용해 불필요한 탐색을 줄이면서도 최적해를 보장**한다. 실제 구현에서는 성능 향상을 위한 여러 최적화 기법이 사용된다. 점프 포인트 탐색(Jump Point Search)은 격자형 맵에서 불필요한 노드들을 건너뛰어 탐색 속도를 크게 향상시킨다. 계층적 경로 찾기(Hierarchical Pathfinding)는 큰 맵을 여러 구역으로 나누어 먼저 구역 간 경로를 찾고, 그 다음 구역 내부의 세부 경로를 찾는 방식이다.

또한 동적 가중치를 사용하여 휴리스틱의 영향력을 조절하기도 한다. 가중치를 높이면 탐색 속도는 빨라지지만 최적성을 보장하지 못하고, 가중치를 낮추면 최적해를 찾지만 탐색 시간이 길어진다. 상황에 따라 이 균형점을 조절하여 실용적인 성능을 달성한다.

A스타 알고리즘은 다양한 변형을 거치며 발전했다. D스타 알고리즘은 동적 환경에서 장애물이 나타나거나 사라질 때 전체 경로를 다시 계산하지 않고 부분적으로 수정하는 기법이다. ARA스타(Anytime Repairing A*)는 제한된 시간 내에서 점진적으로 해를 개선하는 방법이다. 양방향 A스타는 출발점과 목표점에서 동시에 탐색을 시작하여 중간에서 만나는 지점을 찾는 방식으로, 탐색 공간을 크게 줄일 수 있다. 이런 발전된 기법들은 대규모 게임 맵이나 실시간 로봇 내비게이션 등에서 활용되고 있다.

게임은 예전부터 인공지능의 매력적인 연구 주제였다. 특히 틱택토(Tic-Tac-Toe)나 체스, 바둑과 같은 게임은 추상적으로 정의할 수 있고 지적 능력과 연관이 있는 것으로 생각되어 초기 AI 연구자들의 주목을 받았다. 이들 게임은 알고리즘으로 구현하는 데에 있어 비교적 적은 수의 연산자들을 가지며, 연산의 결과는 엄밀한 규칙으로 정의된다는 특징이 있었다.

이런 특성 때문에 게임은 AI 알고리즘을 테스트하고 개발하기에 이상적인 환경이었다. 1950년대 초반 존 폰 노이만이 개발한 게임 이론을 바탕으로 한 미니맥스 알고리즘이 대표적인 예다. 이 알고리즘은 체스나 오델로, 바둑과 같은 제로섬 게임에서 "상대방도 최선을 다한다"는 가정 하에 최적의 수를 찾는 방법을 제시했다.

미니맥스 알고리즘의 작동 방식은 다음 게임 트리 예시를 통해 명확히 이해할 수 있다. 가장 위쪽의 MAX 노드는 현재 AI가 둘 차례를 나타내고, 그 아래 MIN 노드들은 상대방이 둘 차례를 의미한다. 가장 아래 말단 노드들(3, 6, 2, 8)은 각각의 게임 상황에서 AI에게 유리한 정도를 숫자로 나타낸 평가값이다. 알고리즘은 아래쪽부터 위로 올라가며 값을 계산한다. MIN 노드에서는 자식 노드들 중 가장 작은 값을 선택한다. 왜일까? 상대방은 AI에게 가장 불리한 수를 선택할 것이기 때문이다. 그러므로 왼쪽 MIN 노드는 3과 6 중에서 3을, 오른쪽 MIN 노드는 2와 8 중에서 2를 선택한다.

그 다음 MAX 노드에서는 자식 노드들 중 가장 큰 값을 선택한다. 3과 2 중에서 3을 선택하므로, AI는 a1 방향으로 수를 두는 것이 최선이라고 판단한다. 이렇게 "상대방은 나에게 최악의 수를 둘 것이고, 나는 그 중에서 최선의 수를 선택한다"는 논리로 최적의 전략을 찾아낸다.

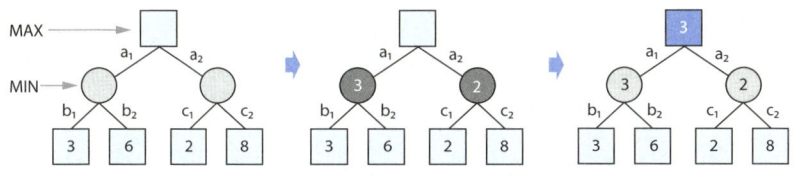

미니맥스(게임트리) 알고리즘

게임 환경의 가장 큰 장점은 성공과 실패를 명확하게 판단할 수 있다는 점이었다. 체스에서 승부가 나거나, 틱택토에서 승리 조건이 만족되면 AI의 성능을 객관적으로 평가할 수 있었다. 이는 당시 AI 연구에서 알고리즘의 효과를 검증하기 어려웠던 상황에서 매우 중요한 의미를 가졌다.

흥미롭게도 이러한 게임 AI 연구에서 개발된 알고리즘들은 오늘날에도 여전히 활용되고 있다. 미니맥스 알고리즘의 원리는 현재 내비게이션 시스템에서 최적 경로를 찾거나, 게임 AI에서 NPC(Non-Player Character, 컴퓨터가 조종하는 게임 캐릭터)의 행동을 결정하거나, 로봇이 장애물을 피해 목적지까지 가는 경로를 계획하는 데 응용되고 있다.

내비게이션 앱이 경로를 제안할 때는 단순히 가장 짧은 거리만 고려하지 않는다. 교통 체증, 공사 구간, 사고 가능성 등 '최악의 상황'을 미리 계산해서 그런 상황에서도 합리적인 시간 내에 도착할 수 있는 '가장 안전한 선택'을 제시한다. 이는 체스에서 상대방의 최선의 수를 예상하고 그에 대비하는 미니맥스 사고와 본질적으로 동일하다.

게임에서도 마찬가지다. RPG의 적 몬스터나 FPS의 적군 AI는 플레이어가 어떤 행동을 하든 대응할 수 있도록 프로그래밍되어 있다. 플레이어가 정면 공격을 하면 후퇴하고, 우회 공격을 하면 측면을 보강하며, 아이템을 사용하려 하면 재빨리 방해하는 식이다. 이 역시 '플레이어의 가능한 모든 전략에 대비한 최적 대응'을 찾는 미니맥스 원리의 응용이다. 60여 년 전 게임판에서 시작된 AI의 사고 방식이 현재 우리 일상의 다양한 기술에 스며들어 있는 것이다.

1960년대, 이런 탐색 알고리즘들은 초기 AI의 자랑이었다. 간단한 미로는 금세 해결했고, 논리 퍼즐도 풀어냈다. 심지어 초보적인 수준의 체스도 둘 수 있었다. 하지만 한계도 명확했다. 실제 세계의 문제들은 명확한 '상태'와 '목표'가 있는 퍼즐과는 달랐다. 자연어 이해, 이미지 인식, 상식적 추론 같은 문제들은 탐색만으로는 해결되지 않았다. 더 큰 문제는 '상태 공간'을 어떻게 정의하느냐였다. 미로나 퍼즐은 상태가 명확하지만, "좋은 번역이란 무엇인가?" 같은 문제는 상태 자체를 정의하기 어려웠다. 결국 AI는 새로운 길을 찾아야 했다. 1980년대부터 '학습' 기반 접근법이 주목받기 시작했다. 모든 경우를 미리 계산하는 대신, 데이터에서 패턴을 학습해 문제를 해결하는 방식이었다.

그렇다고 해서 탐색 알고리즘이 사라진 것은 아니다. 현재의 AI에서도 여전히 중요한 역할을 한다. 게임 AI, 로봇 경로 계획, 최적화 문제 등에서 핵심 기술로 사용된다. 심지어 딥러닝에서도 신경망 구조를 찾는 '신경 아키텍처 탐색(Neural Architecture Search)'이라는 형태로 진화했다. 탐색 알고리즘 시대는 AI에게 중요한 교훈을 남겼다. 무차별 대입(Brute Force)으로는 현실의 복잡성을 감당할 수 없다는 것, 그리고 똑똑한 휴리스틱(경험 법칙)이 필요하다는 것이었다. 이는 현재 AI의 핵심 원리가 되었다. 딥러닝도 결국 거대한 가능성 공간에서 최적의 답을 찾는 '탐색' 과정이다. 다만 그 방법이 더 정교하고 효율적으로 진화했을 뿐이다. "탐색으로 추론하기" 시대는 끝났지만, 그 정신은 여전히 AI의 DNA에 새겨져 있다. 복잡한 문제 앞에서 체계적으로 해답을 찾아가는 그 자세 말이다.

알파고는 어떤 알고리즘을 쓸까?

알파고가 바둑에서 인간을 이길 수 있었던 비밀은 무엇일까? 많은 사람들이 체스에서 활용되는 미니맥스 알고리즘을 떠올리지만, 알파고는 전혀 다른 접근법을 사용했다. 바로 '몬테카를로 트리 탐색(MCTS)'이라는 혁신적인 방법이다.

MCTS는 게임 트리의 모든 부분을 균등하게 탐색하지 않고, 유망한 수에 계산 자원을 집중하는 방식이다. 이를 등산에 비유하면 쉽게 이해할 수 있다. 전통적인 미니맥스 알고리즘이 지도의 모든 지점을 꼼꼼히 살피는 관광객처럼 모든 가능성을 균등하게 검토한다면, MCTS는 경험 많은 등산가처럼 더 유망해 보이는 경로에 시간과 에너지를 집중한다.

MCTS는 네 단계로 작동한다. 먼저 '선택' 단계에서는 가장 유망한 경로를 따라 게임 트리를 내려간다. 등산가가 지금까지의 경험을 바탕으로 가장 높은 봉우리로 이어질 것 같은 길을 선택하는 것과 같다. 다음으로 '확장' 단계에서는 새로운 가능성을 트리에 추가한다. 등산가가 새로운 경로를 발견하는 것과 같은 과정이다.

세 번째 '시뮬레이션' 단계에서는 무작위로 게임을 끝까지 진행해 보는 '놀이'를 한다. 이는 등산가가 "이 길로 계속 가면 어디에 도달할까?"라고 상상해보는 것과 같다. 마지막으로 '역전파' 단계에서는 시뮬레이션 결과를 바탕으로 트리의 각 수의 가치를 업데이트한다. 등산가가 "이 경로는 꽤 좋은 전망으로 이어졌어"라고 기록하는 것과 같은 과정이다.

알파고의 혁신적인 점은 이 MCTS에 딥러닝을 결합한 것이다. 전통적인 MCTS가 무작위 시뮬레이션에 의존한다면, 알파고는 수백만 개의 기보를 학습한 인공 신경망을 활용해 "이 수가 좋아 보인다"와 "이 게임 상황은 우리에게 유리하다"를 판단한다. 이는 등산가가 직관과 경험만으로 길을 찾는 대신, 정교한 GPS와 날씨 예측 장비, 그리고 수천 명의 이전 등산가들의 경험이 담긴 지도를 활용하는 것과 같다.

이러한 접근법 덕분에 알파고는 바둑과 같이 가능한 수가 너무 많아 모든 경우를 다 살필 수 없는 게임에서도 뛰어난 성능을 발휘할 수 있었다.

AI의 기본 구성 요소인 퍼셉트론(Perceptron)

AI 초창기에는 수많은 아이디어들이 쏟아져 나왔지만, 그 중에서도 특히 두 가지 접근법이 AI의 미래를 결정짓는 중요한 초석이자 갈림길이 되었다. 하나는 인간 뇌의 뉴런 구조에서 영감을 받은 '퍼셉트론(Perceptron)'이고, 다른 하나는 세상의 모호함을 다루려 한 '퍼지이론(Fuzzy Theory)'이다.

이 두 아이디어는 완전히 다른 철학에서 출발했다. 퍼셉트론을 만든 프랭크 로젠블랫(Frank Rosenblatt)은 "기계도 뇌처럼 학습할 수 있을 것"이라고 믿었다. 1957년 그가 개발한 이 최초의 인공 신경망은 생물학적 뉴런을 흉내 낸 단순한 계산 장치였지만, 경험을 통해 스스로 학습하는 놀라운 능력을 보여줬다. 그 덕에 현대 딥러닝의 할아버지 격이 되었다.

반면 로트피 자데(Lotfi Zadeh)는 전혀 다른 문제에 주목했다. "세상은 0 아니면 1로 딱 떨어지지 않는데, 왜 컴퓨터는 그렇게만 생각하는가?" 1965년에 창안된 그의 퍼지이론은 "조금 뜨겁다", "약간 크다" 같은 애매한 표현들을 컴퓨터가 이해할 수 있게 해주는 수학적 틀을 만들었다.

이 두 접근법은 AI의 서로 다른 DNA를 형성했다. 퍼셉트론은 데이터에서 패턴을 찾아내는 '학습하는 AI'의 길을 열었고, 퍼지이론은 불확실한 세상에서 '유연하게 추론하는 AI'의 가능성을 보여줬다. 둘 다 오늘날 AI의 기본 원리가 되었다는 점에서, 이 두 선구자의 아이디어가 얼마나 혁신적이었는지 알 수 있다.

우리가 아침에 일어나 창문을 열고 하늘을 본다면, 우리의 뇌는 순식간에 "오늘은 맑은 날이다" 또는 "비가 올 것 같다"라고 판단한다. 이 판단 과정에서 우리는 구름의 양, 하늘의 색, 햇빛의 강도 등 여러 정보를 종합적으로 고려한다. 어떤 요소(구름이 많음)는 "비가 올 것 같다"는 판단에 큰 영향을 미치고, 다른 요소(약간의 바람)는 상대적으로 적은 영향을 미친다.

퍼셉트론은 바로 이러한 인간의 기본적인 의사결정 과정을 모방한 AI의 가장 기초적인 구성 요소다. 1957년 프랭크 로젠블랫(Frank Rosenblatt)이 개발한 이 단순한 알고리즘은 신경과학과 컴퓨터 과학의 교차점에서 탄생했으며, 현대 딥러닝의 근간이 되는 인공 신경망의 가장 기본적인 단위라고 할 수 있다.

프랭크 로젠블랫의 혁신과 그 한계

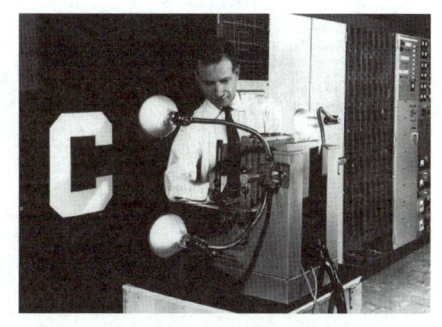

마크 1 퍼셉트론

프랭크 로젠블랫은 코넬 항공 연구소(Cornell Aeronautical Laboratory)에서 일하던 심리학자이자 컴퓨터 과학자였다. 그는 인간의 뇌가 어떻게 학습하고 패턴을 인식하는지에 특별한 관심을 가지고 있었다. 1957년, 그는 "퍼셉트론 1세대(Mark 1 Perceptron)"라는 기계를 선보였는데, 이는 400개의 광전지를 통해 이미지를 감지하고 이를 기반으로 간단한 패턴을 인식할 수 있었다. 광전지는 빛을 전기 신호로 변환하는 센서다.

퍼셉트론 1세대의 회로도를 살펴보면, 이 시스템이 어떻게 생물학적 신경망의 원리를 기계적으로 구현했는지 알 수 있다. 시스템의 가장 앞단에는 광전지로 구성된 망막(RETINA)이 위치하여 시각적 입력을 받아들이고, 이는 망막 회로(RETINAL CIRCUITS)를 통해 감각 유닛들(SENSORY UNITS, S-UNITS)로 전달된다. 감각 유닛들은 입력된 시각 정보를 전기적 신호로 변환하는 역할을 담당했다.

다음 단계에서는 연상 유닛들(ASSOCIATION UNITS, A-UNITS)이 중간 처리 계층을 형성한다. 이들은 감각 유닛들로부터 "무작위" 연결 네트워크(NETWORK OF "RANDOM" CONNECTIONS)를 통해 신호를 받아 패턴의 특징을 추출하고 처리하는 핵심적인 역할을 수행했다. 마지막으로

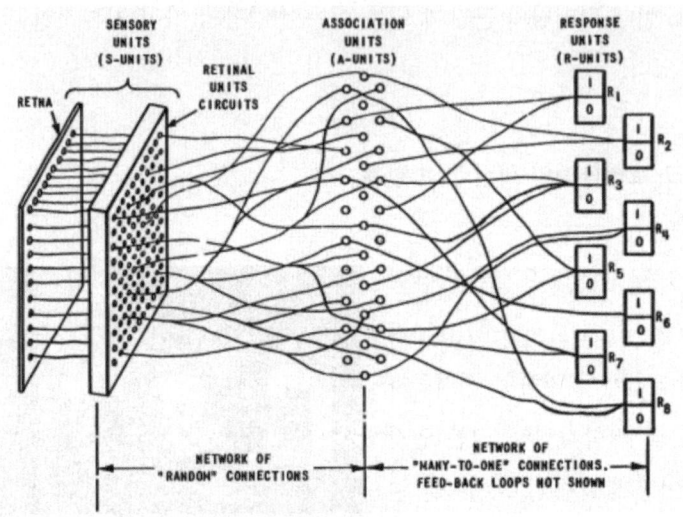

퍼셉트론 1세대 회로도

반응 유닛들(RESPONSE UNITS, R-UNITS)이 최종 출력 계층을 구성하는데, R_1부터 R_8까지 8개의 유닛이 각각 1 또는 0의 이진 값을 출력하여 패턴 분류 결과를 나타낸다. 당시에는 트랜지스터나 집적회로가 없었기 때문에 각각의 유닛들은 주로 진공관과 기계식 릴레이, 저항, 커패시터 등의 아날로그 부품들을 조합해 이런 기능들을 구현했다.

연상 유닛에서 반응 유닛으로의 연결은 "다대일" 연결 네트워크(NETWORK OF "MANY-TO-ONE" CONNECTIONS)로 설계되어, 여러 연상 유닛의 신호가 하나의 반응 유닛에 수렴하도록 했다. 비록 다이어그램에는 표시되지 않았지만, 시스템에는 피드백 루프(FEED-BACK LOOPS)도 존재하여 학습 과정을 지원했다. 이러한 구조를 통해 퍼셉트론은 기하학적 형태, 위치, 크기, 발생 빈도 등의 다양한 속성을 종합적으로 분석하여 평면 패턴을 그룹별로 분류할 수 있었다. 로젠블랫의 이 혁신적인 설계는 현대 인공신경망과 딥러닝 기술의 근본적 토대가 되었다.

로젠블랫의 퍼셉트론은 당시로서는 혁명적인 발명이었다. 그것은 단순히 프로그래밍된 규칙을 따르는 것이 아니라, 경험을 통해 '학습'할 수 있는 능력을 가진 최초의 기계였다. 예를 들어, 이 기계는 반복적인 훈련을 통해 삼각형과 사각형을 구별하는 법을 배울 수 있었다. 로젠블랫은 자신의 발명에 대해 대단히 낙관적이었고, 1958년 뉴욕 타임즈와의 인터뷰에서 퍼셉트론이 "걷고, 말하고, 보고, 쓰고, 스스로를 복제하고, 자신의 존재를 인식할 수 있는" 기계로 발전할 것이라고 예측했다.

그러나 퍼셉트론은 곧 심각한 한계에 직면했다. 그것은 단순한 패턴은 인식할 수 있었지만, 복잡한 패턴이나 문제에는 적용하기 어려웠다. 특히 XOR 문제(두 입력이 서로 다를 때만 참인 논리 연산)와 같은 간단한 논리적 문제조차 해결하지 못한다는 점이 밝혀졌다.

입력, 가중치, 바이어스, 활성화 함수의 개념

퍼셉트론의 작동 원리를 이해하기 위해 우리가 저녁에 외식을 할지 집에서 밥을 할지 결정하는 상황을 예로 들어보자. 이 결정에는 피로도, 냉장고에 있는 음식의 양, 지갑 사정, 날씨 등 여러 요소가 영향을 미친다. 그리고 각 요소가 최종 결정에 영향을 미치는 정도는 모두 다르다. 예를 들어, 피로도는 외식 결정에 강한 영향을 미칠 수 있지만, 날씨는 상대적으로 적은 영향을 미칠 수 있다.

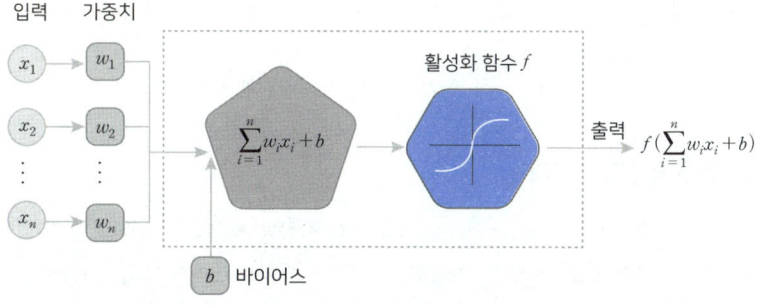

퍼셉트론도 이와 유사하게 작동한다. 먼저 입력(Inputs, x로 표현)이 있다. 이는 의사결정에 고려되는 다양한 요소들로, 퍼셉트론에서는 모든 입력이 숫자 값으로 표현된다. 외식 결정의 예에서 피로도는 0(전혀 피곤하지 않음)부터 1(매우 피곤함)까지의 숫자로 나타낼 수 있다. 다음으로 가중치(Weights, w로 표현)가 각 입력의 상대적 중요성을 결정한다. 만약 피로도가 외식 결정에 큰 영향을 미친다면, 피로도의 가중치는 높게 설정될 것이다. 퍼셉트론에서 가중치는 각 입력에 곱해지는 숫자 값으로, 학습 과정을 통해 이 값들이 자동으로 조정된다.

바이어스(Bias, b로 표현)는 개인의 기본적인 성향이나 기준점을 나타낸다. 어떤 사람은 본래 외식을 선호하는 성향이 있고, 다른 사람은 집밥 먹는 것을 선호할 수 있다. 이러한 개인적 성향은 모든 다른 요소들과 관계없이 결정에 일정한 영향을 미친다. 퍼셉트론에서 바이어스는 항상 동일한 값(보통 1)을 가지는 특별한 입력으로, 결정의 기준점을 조정하는 역할을 한다. 바이어스가 없다면 모든 입력이 0일 때 항상 같은 결과만 나오게 되어 모델의 유연성이 크게 제한된다.

마지막으로 활성화 함수(Activation Function)가 모든 가중 입력의 합을 최종 결정으로 변환한다. 외식 결정의 예로 돌아가면, 모든 요소를 종합적으로 고려한 후 "그래, 외식하자" 또는 "아니다, 집에서 밥 해 먹자"라는 최종 결정을 내리는 과정에 해당한다. 퍼셉트론에서는 단순한 임계값 함수가 활용되는데, 가중 입력들의 합이 특정 임계값보다 크면 1을, 그렇지 않으면 0을 출력하는 방식이다.

퍼셉트론의 수학적 원리

그림에 정리된 출력 수식은 신경망의 기본적인 작동 원리를 보여준다. 먼저 입력값들 ($x_1, x_2, ..., x_n$)이 각각 해당하는 가중치($w_1, w_2, ..., w_n$)와 곱해진 후 모두 더해지고, 여기에 바이어스(b)가 더해져서 $\sum_{i=1}^{n}w_i x_i + b$ 라는 선형 결합이 만들어진다. 이 값은 그대로 사용되지 않고 활성화 함수 $f()$를 거쳐서 최종 출력값 $f(\sum_{i=1}^{n}w_i x_i + b)$가 된다. 활성화 함수는 선형적인 입력을 비선형적으로 변환하여 신경망이 복잡한 패턴을 학습할 수 있게 해주는 역할을 하며, 이러한 과정을 통해 단순한 입력 신호들이 의미 있는 출력으로 변환된다.

활성화 함수로는 시그모이드(Sigmoid) 함수가 많이 사용된다. 시그모이드 함수는 S자 모양의 곡선을 그리는 활성화 함수로, 수식은 $f(x) = \frac{1}{(1+e^{-x})}$이다. 이 함수의 가장 큰 특징은 어떤 입력값이 들어와도 출력값이 항상 0과 1 사이의 값으로 제한된다는 것이다. 입력값이 매우 큰 음수일 때는 0에 가까운 값을, 매우 큰 양수일 때는 1에 가까운 값을 출력하며, 입력값이 0일 때는 정확히 0.5를 출력한다. 이러한 특성 때문에 시그모이드 함수는 확률을 나타내거나 이진 분류 문제에서 "예/아니오" 같은 결정을 내릴 때 유용하다. 또한 연속적이고 미분 가능한 함수이기 때문에 신경망의 학습 과정에서 역전파 알고리즘을 적용할 수 있어 초기 신경망 연구에서 널리 사용되었다.

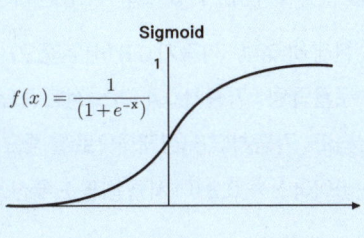

기울기 소실 문제를 해결하는 활성화 함수

시그모이드 함수는 입력값이 매우 크거나 작을 때 기울기가 0에 가까워지는 기울기 소실(Gradient Vanishing) 문제를 일으킨다. 이로 인해 깊은 신경망에서 역전파 시 앞쪽 층들의 가중치가 제대로 업데이트되지 않아 학습이 어려워진다. 이를 해결하기 위해 ReLU(Rectified Linear Unit, 렐루) 함수가 널리 사용되는데, ReLU는 $f(x) = \max(0,x)$ $\begin{cases} f(x) = x \ if x > 0 \\ f(x) = 0 \ if x \leq 0 \end{cases}$ 로 정의되어 입력값이 양수일 때는 그대로 출력하고 음수일 때는 0을 출력한다. ReLU는 양수 구간에서 기울기가 항상 1로 일정하여 기울기 소실 문제를 크게 완화하고, 계산도 간단해 현재 대부분의 딥러닝 모델에서 기본 활성화 함수로 사용된다.

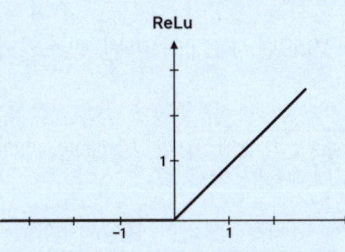

퍼셉트론의 학습은 가중치를 조정하는 과정이다. 가령 퍼셉트론이 삼각형을 사각형으로 잘못 분류했다면, 가중치가 조정되어 다음에는 올바르게 분류할 가능성이 높아진다. 이 과정은 우리가 경험에서 배우는 방식과 유사하다. 실수를 통해 학습하고, 다음에는 더 나은 판단을 한다는 말이다.

좀 더 구체적인 예를 들어보자. 간단한 퍼셉트론이 날씨 데이터를 기반으로 "우산을 가져갈지(1)" 아니면 "가져가지 않을지(0)"를 결정한다고 상상해보자. 입력으로는 현재 비가 오는지(1 또는 0), 구름의 양(0부터 1까지), 습도(0부터 1까지)가 있다고 가정한다. 각 입력에는 가중치가 할당된다. 예컨대,

· 현재 비 여부 : 가중치 0.8 (매우 중요)
· 구름의 양 : 가중치 0.4 (어느 정도 중요)
· 습도 : 가중치 0.3 (상대적으로 덜 중요)
· 바이어스 : -0.2 (이 사람은 평소 우산을 잘 안 가져가는 성향)[8]

이제 오늘이 맑고(비 = 0), 구름이 적고(구름 = 0.2), 습도가 중간 정도(습도 = 0.5)라면, 계산은 다음과 같다.

$(0 \times 0.8) + (0.2 \times 0.4) + (0.5 \times 0.3) = 0 + 0.08 + 0.15 = 0.23$

만약 우산을 가져갈지 결정하는 임계값이 0.5라면, 0.23은 이보다 낮으므로 퍼셉트론은 "우산을 가져가지 않는다(0)"고 결정한다.

퍼셉트론의 한계

1969년, MIT의 마빈 민스키와 시모어 페퍼트는 『퍼셉트론: 계산 기하

---

[8] 평소에 우산을 잘 가져가는 사람이라면 바이어스 값이 양수가 될 것이다. 바이어스 = +0.2 (이 사람은 평소 우산을 자주 가져가는 성향)
같은 날씨 조건에서 계산해보면, (0 × 0.8) + (0.2 × 0.4) + (0.5 × 0.3) + (+0.2) = 0 + 0.08 + 0.15 + 0.2 = 0.43
바이어스가 -0.2였을 때는 결과가 0.03이었는데, +0.2로 바뀌니까 0.43이 되었다. 임계값이 0.5라면 두 경우 모두 여전히 "우산을 가져가지 않는다(0)"는 결정을 내리지만, 0.43은 0.03보다 임계값에 훨씬 가깝다. 즉, 같은 날씨 조건이라도 평소 우산을 자주 가져가는 사람은 우산을 가져갈 가능성이 훨씬 높아진 것이다.

학 입문』이라는 책을 출판했다. 이 책에서 그들은 퍼셉트론의 근본적인 한계를 수학적으로 증명했다. 가장 중요한 발견 중 하나는 단층 퍼셉트론이 XOR 문제와 같은 '선형적으로 분리 불가능한(linearly inseparable)' 함수를 학습할 수 없다는 것이었다.

XOR 문제를 이해하기 위해, 그것을 일상적인 예로 바꿔보면 이렇다. 당신이 두 친구 인수, 광호와 함께 영화를 보러 가고 싶다고 상상해 보자. 그런데 당신은 두 친구가 서로 사이가 좋지 않다는 것을 알고 있다. 당신의 "영화관람" 결정은 다음과 같은 규칙을 따른다:

· 인수만 올 수 있으면 영화를 본다.
· 광호만 올 수 있으면 영화를 본다.
· 인수와 광호가 모두 올 수 있으면 영화를 보지 않는다.(그들이 싸울 것이기 때문에)
· 인수와 광호가 모두 올 수 없으면 영화를 보지 않는다.(혼자 가기 싫기 때문에)

이것이 바로 XOR 논리다. 즉, 두 입력 중 하나만 참일 때 참(1)이고, 둘 다 참이거나 둘 다 거짓이면 거짓(0)이다. 민스키와 페퍼트는 단층 퍼셉트론이 이런 종류의 문제를 해결할 수 없다는 것을 증명했다.

단층 퍼셉트론이 XOR 문제를 해결할 수 없는 이유를 간략히 살펴보자. 퍼셉트론은 본질적으로 직선(또는 평면)으로 데이터를 나누는 방식으로 작동한다. 마치 교실에서 남학생과 여학생을 가운데 줄을 그어서 나누는 것과 같다. 영화관람 XOR 문제를 2차원 좌표로 표현해보면,

(0,0) → 0 (둘 다 안 옴 → 영화 안 봄)
(0,1) → 1 (광호만 옴 → 영화 봄)
(1,0) → 1 (인수만 옴 → 영화 봄)
(1,1) → 0 (둘 다 옴 → 영화 안 봄)

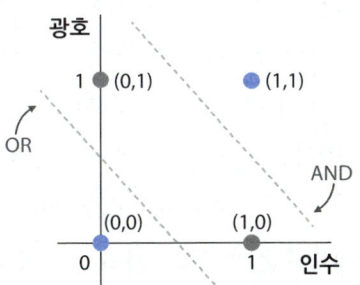

이 네 점을 좌표평면에 그려보면, 오른쪽의 그래프처럼 '영화를 보는' 경우(1,0)과

(0,1)과 '영화를 보지 않는' 경우(0,0)과 (1,1)이 대각선으로 섞여 있게 된다.

문제는 단층 퍼셉트론이 오직 하나의 직선으로만 데이터를 나눌 수 있다는 점이다. 하지만 XOR의 경우 어떤 직선을 그어도 '영화 보는' 경우와 '영화 안 보는' 경우를 완전히 분리할 수 없다. 대각선 모서리에 있는 점들을 하나의 직선으로는 절대 나눌 수 없기 때문이다. 이것이 바로 "선형적으로 분리 불가능하다"는 의미다. 곡선이나 여러 개의 직선이 필요한 문제를 단 하나의 직선으로는 해결할 수 없는 것이다.

XOR이 왜 문제가 되는지 AND와 OR 논리 연산과 비교해 보면 더욱 명확해진다. 영화관람 문제가 AND 논리라면 어떨까? AND는 교집합과 같은 논리 연산이므로 인수와 광호 둘 다 오는 경우에만 영화를 보러 간다. 즉, (0,0), (0,1), (1,0)은 모두 '영화 안 봄'이고, (1,1)만 '영화 봄'이 된다. 이런 분포에서는 하나의 직선으로 충분히 두 그룹을 나눌 수 있다. 예를 들어 오른쪽 위 모서리에 있는 한 점만 분리하면 되기 때문이다.

OR 논리도 마찬가지로 간단하다. OR은 합집합과 같은 개념이므로 인수와 광호 둘 중 하나만 와도 영화를 보러 간다. 따라서 (0,0)만 '영화 안 봄'이고, 나머지 (0,1), (1,0), (1,1)은 모두 '영화 봄'이 된다. 이 경우에도 왼쪽 아래 모서리에 있는 한 점만 분리하면 되므로 하나의 직선으로 충분히 분류할 수 있다.

하지만 XOR은 근본적으로 다르다. '영화 봄' 그룹인 (0,1)과 (1,0)이 대각선으로 떨어져 있고, '영화 안 봄' 그룹인 (0,0)과 (1,1)이 다른 대각선에 위치한다. 이처럼 같은 그룹의 점들이 대각선으로 흩어져 있는 패턴은 어떤 직선을 그어도 완전하게 분리할 수 없다.

이런 차이점이 바로 XOR 문제가 퍼셉트론에 치명적인 이유다. AND와 OR처럼 선형적으로 분리 가능한 문제들과 달리, XOR 같은 문제는 두 그룹의 분포가 복잡하게 얽혀 있어 직선 하나로는 서로 다른 그룹을 완전하게 분리해낼 수 없다. 따라서 선형 분리만 가능한 단층 퍼셉트론은 이런 복잡

한 분류 문제를 해결할 수 없다는 점을 민스키와 페퍼트가 수학적으로 증명해낸 것이다.[9]

이 비판은 AI 연구, 특히 신경망 연구에 엄청난 영향을 미쳤다. 많은 연구자들은 퍼셉트론과 신경망이 근본적인 한계를 가지고 있다고 결론짓고, 다른 AI 접근법으로 관심을 돌렸다. 이로 인해 1970년대부터 1980년대 중반까지 신경망 연구는 상당히 침체되었으며, 이는 전체 AI 분야의 첫 번째 겨울(1974~1980)과 겹치면서, 신경망 분야는 일반적인 AI 자금 삭감에 더해 이론적 한계에 대한 비판까지 동시에 받는 이중고를 겪게 되었다.

그러나 민스키와 페퍼트의 비판이 신경망 연구의 종말을 의미하지는 않았다. 오히려, 이 비판은 다층 퍼셉트론(Multi-layer Perceptron)과 역전파(Backpropagation) 알고리즘과 같은 더 강력한 신경망 모델의 개발을 촉진했다. 이러한 발전은 결국 1980년대 중반 신경망 연구의 부활과 함께 궁극적으로는 현대 딥러닝 혁명으로 이어졌다.

퍼셉트론은 그 자체로는 문제 해결 범위가 매우 제한적이었지만, 인공 신경망의 기본 구성 요소로서 현대 AI의 발전에 결정적인 역할을 했다. 단순한 벽돌이 복잡한 건축물의 기초가 되는 것처럼 퍼셉트론은 오늘날의 정교한 딥러닝 모델의 기초가 되었다. 로젠블랫의 혁신적인 아이디어는 초기의 한계를 넘어 AI의 미래를 형성하는 데 중요한 역할을 했다.

불확실성을 다루는 퍼지이론(Fuzzy Theory)

우리가 살아가는 세상은 흑과 백, 참과 거짓으로 깔끔하게 나누어지지 않는다. 일상에서 우리는 "조금 따뜻하다", "매우 높다", "거의 가득 찼다"와

---

9) 민스키와 페퍼트는 다층 퍼셉트론이 이러한 문제들을 해결할 수 있다는 것을 이론적으로는 알고 있었지만, 당시에는 다층 퍼셉트론의 가중치를 어떻게 조정해야 하는지 몰랐고, 다층 알고리즘 학습에 꼭 필요한 역전파 알고리즘도 아직 발명되지 않았기 때문에 XOR 문제를 극복할 수 없었다.

같은 애매한 표현을 자연스럽게 사용한다. 그러나 전통적인 컴퓨터 시스템은 이런 모호함을 처리하는 데 어려움을 겪었다. 컴퓨터는 오랫동안 0과 1, 참과 거짓만을 이해하는 이진 논리의 세계에 갇혀 있었다. 이러한 한계를 극복하기 위해 등장한 혁신적인 개념이 바로 '퍼지이론'이다.

로트피 자데(Lotfi Zadeh)의 혁신적 접근

퍼지이론의 창시자 로트피 자데는 1921년 아제르바이잔에서 태어나 이란에서 자랐고, 미국으로 이주하여 컬럼비아 대학(Columbia University)과 UC 버클리(UC Berkeley)에서 교수로 활동했다. 전기공학자였던 그는 1960년대 초반, 기존의 이진 논리가 현실 세계의 복잡성을 제대로 포착하지 못한다는 사실에 점점 더 불만을 느꼈다.

1965년, 자데는 《퍼지집합(Fuzzy Sets)》이라는 획기적인 논문을 발표했다. 이 논문에서 그는 전통적인 집합 이론을 확장하여, '원소가 집합에 부분적으로 속할 수 있는 가능성'을 제시했다. 전통적인 집합 이론[10]에서 원소는 집합에 속하거나(1) 속하지 않거나(0) 둘 중 하나였지만, 자데의 퍼지집합에서는 원소가 집합에 속하는 정도가 0과 1 사이의 어떤 값이든 될 수 있었다.

자데는 일상적인 언어와 인간의 추론 방식에 더 가깝게 만들기 위해 이 아이디어를 개발했다. 그는 "복잡성이 증가함에 따라 정확한 말은 의미를 잃고, 의미 있는 말은 정확성을 잃는다"[11]는 역설을 자주 언급했다. 즉, 지나치게 정확한 모델은 종

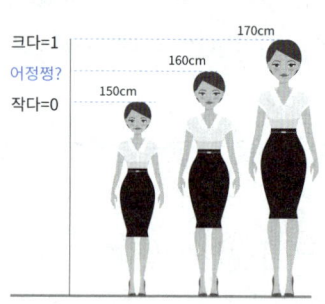

10) 전통적인 집합 이론을 퍼지 이론에서는 '크리스프 집합(Crisp Set)'이라고 부른다. 'Crisp'는 '명확한, 또렷한'이라는 뜻으로, 경계가 분명한 집합을 의미한다.
11) "As complexity rises, precise statements lose meaning and meaningful statements lose precision."

종 실제 상황의 복잡성을 놓치게 된다는 것이다. 예컨대, '키 큰 사람'을 찾을 때 '정확히 180cm 이상'이라는 엄격한 기준보다는 '키가 큰 편'이라는 퍼지한 표현이 실제 목적에 더 부합할 수 있다. 179.9cm인 사람도 충분히 키가 큰 사람이지만, 지나치게 정밀한 기준은 이런 적절한 후보를 배제하게 만들기 때문이다.

처음에 자데의 이론은 서구 학계, 특히 미국에서 회의적인 반응을 얻었다. '퍼지(fuzzy)'라는 단어가 '불명확한' 또는 '혼란스러운'이라는 부정적인 의미를 가지고 있어서 많은 학자들은 그의 이론을 비과학적으로 여겼던 것이다. 윌리엄 프록스마이어(William Proxmire) 상원의원은 1960년대 후반 정부 예산 낭비의 대표 사례로 퍼지 연구를 지목하며 황금 양털상(Golden Fleece Awards)[12] 후보로 거론하기도 했다. 그러나 아시아 지역에서는 그렇지 않았다. 초기에는 일본, 이후에는 다른 아시아 국가들에서 퍼지이론은 열렬한 지지를 받았고, 이는 결국 전 세계적으로 인정받게 되는 계기가 되었다.

자데는 2017년 9월 6일 캘리포니아 버클리 자택에서 세상을 떠났다. 그의 업적을 기리기 위해 2014년 IEEE SMC 학회[13]는 '로트피 A. 자데 개척자상(Lotfi A. Zadeh Pioneer Award)'을 제정했으며, 2021년 2월 4일에는 그의 탄생 100주년을 기념하는 행사가 열렸다.

● 이진 논리에서 퍼지 논리(Fuzzy Logic)로의 전환

전통적인 이진 논리에서 모든 명제는 참(1) 또는 거짓(0)이다. 예를 들어,

---

12) 황금 양털상(Golden Fleece Awards)은 1975년부터 1988년까지 미국의 윌리엄 프록스마이어(William Proxmire) 상원의원이 정부 예산 낭비 사례를 고발하기 위해 수여한 불명예 상이다. 그리스 신화에서 이아손이 찾던 황금 양털처럼 쓸모없지만 값비싼 것을 추구한다는 의미로 명명되었으며, '사랑에 빠지는 이유' 연구에 84,000달러, 항공 승무원들의 '엉덩이 길이' 측정 연구, 페루 매춘업소 활동 연구 등 납세자들이 보기에 황당한 정부 지출 프로젝트들을 대상으로 했다. 프록스마이어는 퍼지 논리 연구도 이런 '쓸데없는' 정부 지원 사례로 지목했지만, 이후 퍼지 이론이 실용적 가치를 증명하면서 이 비판은 성급한 판단이었음이 드러났다.

13) 전기전자공학 분야의 세계 최대 학술단체인 IEEE(Institute of Electrical and Electronics Engineers) 산하에는 여러 전문 학회(Society)들이 있다. 그 중 하나가 Systems, Man, and Cybernetics Society인데, 이는 시스템 과학, 인간-기계 상호작용, 사이버네틱스 분야를 다룬다.

"이 사람의 키는 170cm 이상이다"라는 명제는 사람의 키가 169.9cm라면 거짓이고, 170cm라면 참이다. 이런 흑백 논리는 수학적으로 명확하지만, 우리의 일상적인 판단과는 거리가 있다.

퍼지 논리에서는 명제가 부분적으로 참일 수 있다. "이 사람은 키가 크다"라는 명제를 생각해보자. 160cm인 사람은 키가 큰 정도가 0.6(어느 정도 참)일 수 있고, 175cm인 사람은 0.8(매우 참), 190cm인 사람은 1.0(완전 참)일 수 있다. 이런 방식으로 퍼지 논리는 현실 세계의 연속성과 모호함을 더 잘 반영한다.

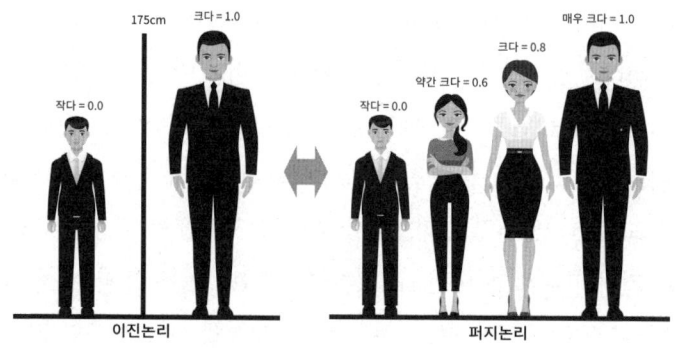

이해를 돕기 위해 일상적인 예를 들어보기로 하자. 앞서 퍼셉트론에서 예로 들었던, 외출할 때 우산을 가져갈지 결정하는 상황이 좋겠다. 이진 논리 접근법에서는 "현재 비가 오면 우산을 가져간다"는 명확한 규칙에 따라, 창밖을 보니 비가 오지 않으므로 우산을 가져가지 않는다는 결론을 내린다. 반면 퍼지 논리 접근법에서는 "비가 올 가능성이 높으면 우산을 가져간다"는 보다 유연한 규칙을 적용하여, 하늘이 구름으로 뒤덮여 있고 습도가 높아 비가 올 가능성이 약 0.7(꽤 높음)이므로 우산을 가져간다는 판단을 내릴 수 있다.

퍼지 논리는 또한 여러 요소를 종합적으로 고려할 수 있게 해준다. 우산 결정에서 현재 비 여부, 하늘의 상태, 일기 예보, 외출 시간 등 여러 요소가 각각 다른 가중치로 결정에 영향을 미칠 수 있다. 퍼지 논리의 핵심은 '소속 함수(membership function)'다. 이 함수는 특정 값이 퍼지집합에 속하는 정도를 0과 1 사이의 값으로 정의한다. "온도가 높다"라는 퍼지집합의 소속 함수는 다음과 같이 만들 수 있다.

- 0°C : 소속도 0 (전혀 높지 않음)
- 15°C : 소속도 0.2 (약간 높음)
- 25°C : 소속도 0.6 (상당히 높음)
- 35°C : 소속도 0.9 (매우 높음)

이러한 접근법은 복잡한 시스템을 모델링하고 제어하는 데 매우 유용하다. 게다가 퍼지집합은 단순히 소속도를 정의하는 데 그치지 않고, 이들 집합 간의 연산을 통해 복잡한 논리적 관계를 표현할 수도 있다. 이것이 바로 진정한 퍼지집합의 힘이라고 할 수 있다. 전통적인 집합론에서 합집합, 교집합, 여집합과 같은 연산이 있듯이, 퍼지집합에서도 이와 유사하지만 훨씬 더 유연한 연산들이 가능하다.

퍼지집합의 교집합(A∩B)은 두 집합에 동시에 속하는 정도를 나타낸다. 예를 들어 "키가 크다"라는 집합 A와 "몸무게가 많이 나간다"라는 집합 B가 있다고 하자. 어떤 사람이 A에 0.7의 소속도를, B에 0.5의 소속도를 가진다면, 교집합에서는 둘 중 작은 값인 0.5가 그 사람의 소속도가 된다. 이는 직관적으로 이해할 수 있다. "키가 크면서 동시에 몸무게가 많이 나간다"는 조건을 만족하려면, 두 조건 중 더 약한 쪽에 의해 제약을 받기 때문이다.

반대로 퍼지집합의 합집합(A∪B)은 두 집합 중 어느 하나라도 속하는 정도를 나타낸다. 같은 예에서 "키가 크거나 몸무게가 많이 나간다"는 조건이라면, 두 소속도 중 큰 값인 0.7이 결과가 된다. 이 역시 자연스럽다. 두 조건

중 하나만 만족해도 되므로, 더 강한 조건이 전체 소속도를 결정하는 것이다.

퍼지집합의 여집합(not A)은 기존 소속도를 1에서 뺀 값으로 정의된다. "키가 크다"에 대한 소속도가 0.7이라면, "키가 크지 않다"에 대한 소속도는 0.3이 된다. 이는 불확실성을 수치적으로 표현하는 퍼지논리의 핵심 아이디어를 보여준다.

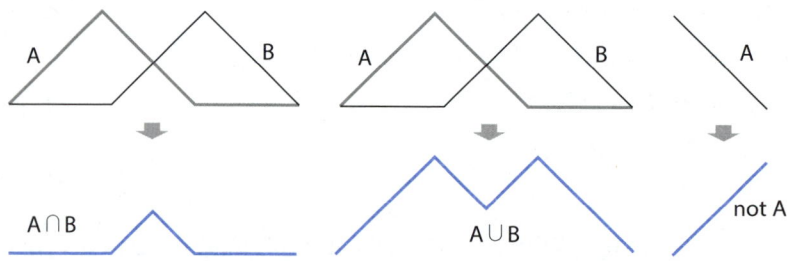

이러한 연산들이 실제로 어떻게 활용되는지 자동차의 자동 브레이크 시스템(ABS)을 예로 들어보자. "속도가 빠르다"(집합 A)와 "앞차와의 거리가 가깝다"(집합 B)라는 두 퍼지집합을 생각해 보자. 현재 속도가 집합 A에 0.8의 소속도를, 앞차와의 거리가 집합 B에 0.6의 소속도를 가진다면, '위험한 상황'이라는 교집합 A∩B의 소속도는 0.6이 된다. 시스템은 이 값에 비례해서 브레이크의 강도를 조절할 수 있다.

만약 "브레이크를 강하게 밟아야 한다"는 조건이 "속도가 매우 빠르거나 앞차와의 거리가 매우 가깝다"로 정의된다면, 합집합 연산을 사용해서 0.8의 소속도로 브레이크가 작동하게 된다. 이처럼 퍼지집합의 연산은 인간의 직관적 판단을 수학적으로 모델링할 수 있게 해준다.

퍼지집합 연산의 또 다른 장점은 연속성이다. 전통적인 논리에서는 조건이 참이면 1, 거짓이면 0으로 급격하게 변하지만, 퍼지논리에서는 모든 변화가 점진적이다. 이는 실제 제어 시스템에서 매우 중요한 특성이다. 에어컨이 갑자기 켜졌다 꺼졌다 하는 대신 부드럽게 출력을 조절하거나, 자동차가 급작스럽게 브레이크를 걸지 않고 상황에 따라 적절한 강도로 제동하는 것이 가능해진다.

흥미롭게도 이런 퍼지논리의 연산 방식은 인간의 사고 과정과 매우 유사하다는 점이 특히나 매력적이다. 우리는 온도를 "차갑다", "시원하다", "따뜻하다", "덥다", "매우 덥다"처럼 연속적이고 모호한 개념으로 인식하고, "조금", "상당히", "매우"와 같은 '정도 부사'를 사용해서 판단한다. 퍼지논리는 이와 같은 인간의 자연스러운 사고방식을 컴퓨터가 수치적으로 처리할 수 있게 해주는 것이다. 이것이 바로 퍼지집합이 인공지능 분야에서 '인간다운 추론'을 구현하는 중요한 도구가 된 이유이다.

이런 특징 덕분에 퍼지이론은 실제 응용 분야에서 실용성을 발휘하기 시작했다. 이론이 처음 개발된 지 얼마 지나지 않아, 퍼지 시스템은 다양한 산업에서 활용되기 시작했으며, 초기에 가장 좋은 성과를 거둔 분야는 가전제품 분야였다.

퍼지 논리가 가장 성공적으로 적용된 초기 사례 중 하나는 일본 가전업체 마쓰시타(현 파나소닉)가 1990년에 출시한 퍼지 세탁기였다. 이 세탁기는 세탁물의 양, 종류, 오염도를 감지하여 세제 양, 물 온도, 세탁 시간을 자동으로 조절했으며, 기존의 세탁기가 몇 가지 미리 정해진 프로그램만 제공했던 것과 달리 훨씬 더 섬세하고 효율적인 세탁이 가능했다. 에어컨도 대표적인 사례 가운데 하나다. 전통적인 에어컨이 설정 온도에 도달하면 꺼지고 온도가 특정 범위를 벗어나면 다시 켜지는 방식으로 작동하여 온도가 자주 변동하고 에너지 효율이 떨어졌던 것과 달리, 퍼지 에어컨은 현재 온도와 목표 온도의 차이, 온도 변화 속도, 실내

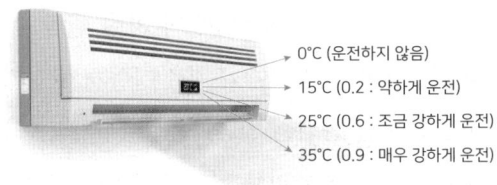

습도 등을 고려하여 냉방 강도를 점진적으로 조절함으로써 더 안정적인 실내 환경과 높은 에너지 효율을 실현했다.

교통 시스템 분야에서도 퍼지 제어 기술은 주목할 만한 성과를 보였다. 일본 센다이시의 지하철 시스템은 1987년에 퍼지 제어 기술을 도입하여 전통적인 제어 방식에 비해 30% 더 부드러운 가속과 감속, 정확한 정차 위치, 20% 낮은 에너지 소비를 실현했다. 이 시스템은 열차의 현재 속도, 거리, 하중, 기울기와 같은 여러 요소를 고려하여 최적의 가속도와 제동력을 계산함으로써 이러한 혁신을 이뤄냈다.

의료 진단 분야에서 퍼지 시스템은 불확실성이 높은 환경에서 중요한 역할을 담당하고 있다. 암 진단의 경우 종양의 크기, 위치, 환자의 나이, 가족력, 생체 표지자 등 여러 요소를 종합적으로 고려하여 암일 가능성을 평가하는데, 퍼지 시스템은 "크기가 약간 큰 종양", "상당히 높은 종양 표지자 수치"와 같은 애매한 의학적 소견을 처리할 수 있어 보다 세밀한 진단을 가능하게 한다.

현대 디지털 카메라의 자동 초점 시스템과 자동차 산업에서도 퍼지 논리의 활용이 두드러진다. 카메라의 자동 초점 시스템은 피사체까지의 거리, 피사체의 움직임, 조명 조건 등을 고려하여 최적의 초점을 찾으며, 빠르게 변화하는 촬영 조건에 더 유연하게 대응하여 선명한 사진을 얻을 수 있게 해준다. 자동차 분야에서는 자동변속기가 퍼지 논리를 사용하여 운전자의 운전 스타일, 도로 조건, 차량 속도 등을 고려해 기어 변속 시점을 결정하며, 안티락 브레이크 시스템(ABS)과 차량 안정성 제어 시스템(VSC)도 퍼지 제어를 활용하여 더 안전한 주행을 가능하게 한다.

지금도 퍼지 논리는 인공지능, 빅데이터, 머신러닝 분야에서 새로운 응용 영역을 찾고 있다. 스마트 에너지 시스템, 스마트 홈, 전기차 충전 시스템, 공급망 효율화, 스마트 시티, 전자상거래, 교육, 의료, 탄소 중립 등 다양한 분야에서 퍼지 논리가 활용되고 있으며, 특히 가전제품에서는 세탁기와 에어컨의 성능 최적화, 자동차 시스템에서는 크루즈 컨트롤과 기어 변속 개선, 의료 진단에서는 다양한 중증도를 가진 증상 평가, 제어 시스템에서는 산업 자동화와 발전소 관리 등에 광범위하게 사용되고 있다.

퍼지이론의 이러한 다양한 응용 사례는 이 이론이 실질적인 문제 해결에 강력한 도구임을 증명한다. 불확실성과 모호함이 내재된 복잡한 시스템을 다룰 때, 퍼지 논리는 전통적인 이진 논리보다 더 효과적이고 직관적인 해결책을 제공할 수 있다. 이처럼 퍼지이론은 AI와 제어 시스템 분야에서 중요한 위치를 차지하고 있으며, 인간의 사고 방식과 자연어의 모호함을 컴퓨터 시스템에 접목시킴으로써 기계가 더 인간적인 방식으로 세상을 이해하고 상호작용할 수 있게 하는 다리 역할을 하고 있다.

2 현대 AI 기술의 주요 유형과 원리

오늘날 우리가 인공지능이라고 부르는 기술은 다양한 접근 방식과 알고리즘의 집합체이다. 각각의 AI 기술은 서로 다른 문제를 해결하기 위해 발전해 왔으며, 고유한 강점과 한계를 가지고 있다. 현대 AI의 주요 유형을 이해하는 것은 우리가 일상에서 접하는 AI 시스템의 작동 원리와 가능성, 그리고 한계를 파악하는 데 중요하다.

규칙 기반 시스템과 전문가 시스템

규칙 기반 시스템(Rule-based System)과 전문가 시스템은 인공지능의 발전 과정에서 중요한 이정표를 남긴 접근법이다. 이들의 등장은 인간의 사고 과정을 컴퓨터로 구현하려는 초기 AI 연구자들의 노력과 밀접하게 연결되어 있다.

1950년대와 1960년대 초 AI 연구는 주로 일반적인 문제 해결 방법을 찾는 데 집중했다. 여기서 말하는 '일반적인 문제 해결'은 다양한 문제들을 해결할 수 있는 '범용적' 접근법을 말하는 것이니만큼 '쉬운 문제 해결'로 이해해서는 안 된다. 앨런 뉴웰과 허버트 사이먼이 개발한 일반 문제 해결사(GPS)는 인간의 문제 해결 방식을 모방하려 했지만, 실생활의 복잡한 문제들을 다루기에는 역부족이었다. 연구자들은 점차 인간의 전문성이 범용적인 방법론보다는 특정 분야에 대한 깊은 지식에서 비롯된다는 사실을 깨닫기 시작했다.

체스 마스터가 체스판을 바라볼 때 개별 말들의 위치가 아닌 전체적인 패턴을 인식하고, 경험 많은 의사가 소수의 증상만으로도 정확한 진단을 내리는 것처럼, 진정한 전문성은 축적된 지식과 경험에서 나온다는 통찰이 생겨났다. 이러한 인식의 전환은 1970년대 초반 AI 연구의 패러다임 변화로 이어졌고, 이것이 규칙 기반 시스템의 발전과 전문가 시스템의 탄생 배경이 됐다.

규칙 기반 시스템은 "만약 A라면, B를 수행하라"와 같은 명시적인 규칙들을 통해 의사결정을 내리는 방식이다. 이는 우리가 일상에서 따르는 많은 규칙들과 유사하다. "만약 신호등이 빨간색이면, 차를 멈춘다"와 같은 규칙이다. 이러한 접근법을 특정 전문 분야에 확장하여 탄생한 것이 '전문가 시스템(Expert Systems)'이다. 스탠포드 대학의 에드워드 파이겐바움(Edward Feigenbaum)이 주도한 이 접근법은 의사, 지질학자, 화학자 등 특정 분야의 전문가들의 지식과 경험을 컴퓨터 시스템에 체계적으로 인코딩하는 방식을 취했다.

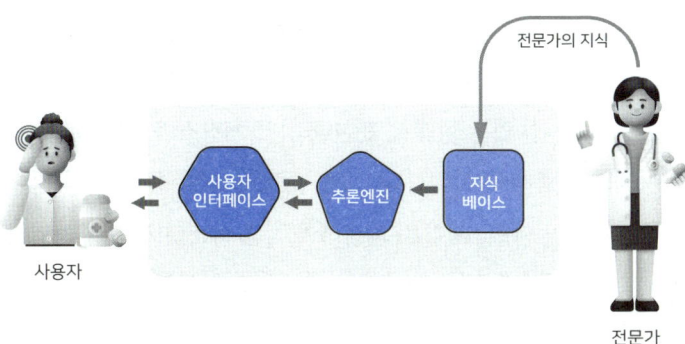

　최초의 주목할 만한 전문가 시스템 중 하나는 1965년에 개발된 덴드랄(DENDRAL)[14]이다. 이 시스템은 질량 분석 데이터를 기반으로 유기 화합물의 분자 구조를 결정하는 데 사용되었다. 이어서 개발된 마이신(MYCIN)[15]은 혈액 감염 진단과 항생제 처방을 위한 전문가 시스템으로, 일부 임상 테스트에서 인간 전문가와 비슷한 수준의 정확도를 보여주었다.

　전문가 시스템이 상업적으로도 성공을 거두면서, 1980년대에는 'AI 붐'이 일어났다. 디지털 이큅먼트 코퍼레이션(DEC)의 XCON 시스템은 고객이 원하는 컴퓨터 시스템의 부품들을 자동으로 선택하고 조합해 주는 '자동 컴퓨터 주문 시스템'으로, 이를 통해 연간 수천만 달러의 비용을 절감할 수 있었다. 이러한 성공은 기업과 정부의 AI 투자를 촉진했고, 일본의 '제5세대 컴퓨터 프로젝트'와 같은 대규모 국가 이니셔티브를 촉발시켰다.[16]

---

14) DENDRAL은 '나뭇가지 모양의 알고리즘'을 뜻하는 Dendritic Algorithm의 줄임말이다. 이 시스템이 질량 분석 데이터를 바탕으로 가능한 화학 구조들을 나무 형태의 차트(tree chart)로 추적하며 가장 적합한 분자 구조를 찾아내는 과정이 나뭇가지가 뻗어나가는 모습과 유사했기 때문에 붙여진 이름이다.

15) 많은 항생제들이 '-mycin' 접미사를 사용하는데(예: 에리스로마이신, 스트렙토마이신, 겐타마이신 등), 이 접미사는 그리스어 'mýkos(곰팡이)'에서 나온 것으로 진균에서 추출한 항생제를 의미한다. 전문가 시스템인 MYCIN이라는 이름은 세균 감염을 진단하고 적절한 항생제를 추천하는 의료 전문가 시스템이었기 때문에 항생제의 공통 접미사인 '-mycin'에서 이름을 따온 것이다.

16) 일본의 제5세대 컴퓨터 프로젝트(Fifth Generation Computer Systems, FGCS) : 1982년부터 1992년까지 일본 통상산업성이 주도한 대규모 AI 연구 개발 프로젝트. 기존 폰 노이만 구조를 벗어나 논리 프로그래밍 언어(Prolog)를 기반으로 한 지식 처리 컴퓨터 개발을 목표로 했다. 인공지능, 전문가 시스템, 자연어 처리, 병렬 처리 등을 통합한 차세대 컴퓨터 구축을 위해 약 850억 엔(당시 약 4억 달러)이 투입되었으나, 상업적 성과는 제한적이었다. 이 프로젝트는 미국과 유럽의 대응 연구를 촉발시켰고, 1980년대 전문가 시스템 붐을 일으켰지만 과도한 기대와 현실의 괴리로 인해 1980년대 후반 두 번째 AI 겨울의 원인 중 하나가 되었다.

전문가 시스템은 두 가지 주요 구성 요소로 이루어져 있다. 첫 번째 요소는 '지식 베이스(Knowledge Base)'로, 특정 전문 분야의 총체적인 지식을 컴퓨터가 이해하고 활용할 수 있는 형태로 표현한 지식 저장소다. 여기에는 사실적 지식("폐렴은 폐의 염증성 질환이다"), 추론 규칙("만약 환자가 고열, 기침, 흉부 X-ray에서 침윤이 있다면, 폐렴을 의심하라"), 휴리스틱(경험 법칙), 메타지식(다른 지식을 어떻게 활용할지에 대한 지식), 그리고 불확실성 정보(각 규칙과 사실에 대한 확신도)가 포함된다. 마이신과 같은 초기 시스템은 약 600개의 규칙으로 이루어졌으며, 일부 상업용 시스템은 수천 개의 규칙을 가지기도 했다.

두 번째 요소는 '추론 엔진(Inference Engine)'으로, 지식 베이스에 저장된 지식을 활용하여 새로운 상황에 대한 결론을 도출하는 메커니즘이다. 추론 엔진은 주어진 정보와 규칙을 연결하여 결론을 도출하거나 추가 정보가 필요한 영역을 식별한다. 대표적인 추론 방식으로는 '전방 연쇄(forward chaining, 주어진 사실에서 시작하여 가능한 결론을 도출)'와 '후방 연쇄(backward chaining, 가능한 가설에서 시작하여 필요한 증거를 찾음)'가 있다.

이러한 추론 엔진의 이론적 토대는 수학의 논리학, 특히 명제논리와 술어논리에서 나왔다. 컴퓨터가 인간처럼 논리적으로 사고하려면, 먼저 '논리'라는 것 자체를 수학적으로 정확하게 정의해야 했기 때문이다.

명제논리(Propositional Logic)는 참 또는 거짓으로 명확히 판단할 수 있는 문장들 사이의 관계를 다룬다. 예를 들어 "오늘 비가 온다"를 P라고 하고, "우산을 가져간다"를 Q라고 하자. 그러면 "만약 비가 오면 우산을 가져간다"는 'P → Q'로 표현할 수 있다. 이는 전문가 시스템의 기본적인 'IF-THEN' 규칙의 논리적 뼈대가 되었다. 하지만 명제논리만으로는 한계가 있었다. "모든 새는 날 수 있다"거나 "소크라테스는 인간이다"와 같이 객체들의 속성이나 관계를 표현하기 어려웠던 것이다.

이 문제를 해결한 것이 술어논리(Predicate Logic)였다. 술어논리는 객체들과 그들 사이의 관계를 훨씬 정교하게 표현할 수 있게 해주었다. 명제논리는 "오늘 날씨가 좋다", "영화가 재미있다"처럼 전체를 하나의 덩어리로 다루는 방식이었다. 반면 술어논리는 "누가", "무엇을", "어떻게"와 같은 구성 요소들을 분해해서 다룰 수 있게 해주었다.

"철수는 학생이다"라는 문장을 생각해 보자. 명제논리에서는 이 문장을 그냥 P라는 하나의 명제로 처리할 수밖에 없었다. 하지만 철수가 아닌 영희나 민수에 대해서는 완전히 새로운 명제 Q, R을 만들어야 했다. 이는 "철수는 학생이다", "영희는 학생이다", "민수는 학생이다"를 서로 전혀 관련 없는 별개의 사실로 취급하는 것과 같다.

술어논리는 이런 한계를 뛰어넘었다. "철수는 학생이다"를 Student(철수)로 표현함으로써, '학생이다'라는 속성과 '철수'라는 객체를 분리해서 다룰 수 있게 된 것이다. 이제 Student(영희), Student(민수)처럼 같은 패턴으로 여러 사실을 표현할 수 있었고, 더 나아가 "모든 학생은 공부한다"를 $\forall x(Student(x) \rightarrow Study(x))$로 표현할 수 있게 되었다. 여기서 $\forall$은 "모든"을 의미하는 기호이고, x는 변수로서 $\forall x$는 '모든 사람에 대하여'라는 의미로 철수든 영희든 민수든 '누구든 다 될 수 있다'는 뜻이다.

이것이 왜 혁명적이었을까? 이제 컴퓨터가 "만약 철수가 학생이라면, 철수는 공부한다"는 결론을 자동으로 도출할 수 있게 되었기 때문이다. 심지어 새로운 사람 '지영'이 학생이라는 사실을 추가하면, 컴퓨터는 자동으로 "지영이는 공부한다"는 결론도 내릴 수 있었다. 관계를 표현하는 능력도 놀라웠다. "철수는 영희의 아버지다"를 Father(철수, 영희)로, "영희는 민수의 어머니다"를 Mother(영희, 민수)로 표현하고, "X가 Y의 아버지이고 Y가 Z의 어머니라면, X는 Z의 외할아버지다"라는 규칙을 $\forall x \forall y \forall z(Father(x,y) \land Mother(y,z) \rightarrow Grandfather(x,z))$로 정의할 수 있었다. 그렇게 해 놓으면 컴퓨터는 "철수는 민수의 외할아버지다"라는 새로운 사실도 스스로 추론해 낼 수 있다.

이는 큰 레고 블록으로는 만들 수 없었던 복잡한 구조물을 정교한 부품들로 조립할 수 있게 된 것과도 같았다. 명제논리가 큰 덩어리 블록이었다면, 술어논리는 다양한 모양과 크기의 정밀한 부품들을 제공했다. 이제 컴퓨터는 단순한 사실들을 조합해서 복잡한 지식 구조를 만들고, 새로운 상황에서도 기존 지식을 응용할 수 있게 되었다.

이러한 논리적 기반 위에서 1970년대 초, 혁신적인 프로그래밍 언어가 등장했다. 프랑스 마르세유 대학의 알랭 콜머라우어(Alain Colmerauer)와 에든버러 대학의 로버트 코왈스키(Robert Kowalski)가 개발한 프롤로그(Prolog, Programming in Logic)였다. 이 언어의 특별함은 기존 프로그래밍 언어들과 완전히 다른 접근 방식에 있었다. 대부분의 프로그래밍 언어가 "어떻게(How) 계산할 것인가"에 집중했다면, 프롤로그는 "무엇을(What) 원하는가"에 집중했다.

프롤로그 프로그램을 작성하는 것은 흡사 탐정에게 사건의 단서들을 알려주고 범인을 찾아달라고 요청하는 것과 같았다. 프로그래머는 사실들("임정혁은 임윤경의 아버지다", "임윤경은 변요한의 어머니다")과 규칙들("X가 Y의 아버지이고 Y가 Z의 어머니라면, X는 Z의 외할아버지다")을 알려주기만 하면, 프롤로그가 알아서 "임정혁은 변요한의 외할아버지인가?"라는 질문에 정확한 답을 도출해 주었다. 이는 많은 초기 전문가 시스템, 특히 자연어 처리와 지식 표현 분야에서 강력한 도구가 되었다.

하지만 1980년대 후반, 이 아름다운 논리적 체계의 근본적인 한계가 드러나기 시작했다. 결국 프롤로그와 전문가 시스템이 직면한 근본적인 문제는 '간단했지만 동시에 절망적'이었다. 그것은 바로 세상의 모든 규칙을 술어논리로 바꿔서 입력할 수는 없다는 것이었다. 생각해 보자. 우리가 일상에서 '상식'이라고 부르는 것들만 해도 무수히 많다. "물은 위에서 아래로 흐른다", "사람은 동시에 두 곳에 있을 수 없다", "뜨거운 것을 만지면 화상을 입는다"부터 시작해서 "비가 오면 땅이 젖는다", "밤이 되면 어두워진다", "사람들은 보통 아픈 것을 피하려 한다" 등등. 이런 당연한 상식들을 모두 IF-THEN 규칙으로 변환한다고 상상해 보라. 끝이 없을 것이다.

더욱 심각한 문제는 전문가들의 진짜 지식이 명시적인 규칙이 아니라 수년간의 경험에서 나오는 직감과 패턴 인식에 있다는 점이었다. 숙련된 의사가 환자를 보자마자 "뭔가 이상하다"고 느끼는 그 감각, 베테랑 자동차 정비사가 엔진 소리만 들어도 문제를 파악하는 그 능력을 어떻게 "만약 A라면 B이다"라는 규칙으로 만들 수 있겠는가? 게다가 실제 세상은 예외로 가득했다. "새는 날 수 있다"는 규칙을 만들었다가 펭귄을 만나면? "물은 100도에서 끓는다"고 했다가 고도가 높은 곳에서는 더 낮은 온도에서 끓는다는 사실을 어떻게 처리할 것인가? 예외를 위한 예외, 그 예외의 예외를 만들다 보면 규칙의 바다에서 방향을 잃고 표류하게 되고 만다.

전문가 시스템이 직면한 가장 큰 문제는 바로 '지식 획득 병목 현상(knowledge acquisition bottleneck)'이었다. 전문가의 암묵적 지식을 명시적인 규칙으로 변환하는 과정이 매우 시간 소모적이고 어려웠다. 이 과정이 전체 시스템 개발에서 가장 느리고 비용이 많이 드는 단계가 되어 프로젝트 진행을 크게 지연시켰기 때문에 '병목'이라 불렸다. 지식 획득의 어려움은 여러 측면에서 나타났다. 이 과정은 '지식 엔지니어'[17]라 불리는 전문가와 '도메인 전문가'[18] 간의 긴밀한 협업을 필요로 했으며, 전문가 자신도 자신의 지식을 어떻게 명시적으로 표현해야 하는지 알지 못하는 경우가 많았다. 더욱이 전문가들은 대부분 직관과 경험에 의존하여 판단을 내리는데, 이러한 암묵적 지식을 "만약

---

17) 지식 엔지니어(Knowledge Engineer) : 전문가 시스템을 구축할 때 도메인 전문가(의사, 엔지니어 등)의 지식을 컴퓨터가 이해할 수 있는 규칙과 논리로 변환하는 전문가. 일종의 '지식 번역가' 역할을 한다. 예를 들어 의사가 "환자가 열이 나고 목이 아프면 감기를 의심한다"고 말하면, 이를 "IF (체온 > 37.5°C) AND (목 통증 = YES) THEN (진단 = 감기 의심)"과 같은 컴퓨터 규칙으로 변환한다.
18) 도메인 전문가(Domain Expert) : 특정 분야의 깊은 전문 지식을 가진 사람. 의료 분야라면 의사, 공학 분야라면 엔지니어가 해당한다. 전문가 시스템에서는 이들의 경험과 판단 논리를 시스템에 입력하는 지식의 원천 역할을 한다. 하지만 자신의 지식을 컴퓨터 언어로 직접 변환하기는 어려워서 지식 엔지니어의 도움이 필요하다.

A라면 B이다"와 같은 형식적 규칙으로 변환하는 것은 본질적으로 어려웠다.

또한 여러 전문가로부터 얻은 지식이 서로 상충하거나 일관성이 없는 경우가 빈번했으며, 새로운 규칙을 추가할 때마다 기존 규칙들과의 충돌 여부를 확인해야 하는 복잡성도 있었다. 이로 인해 시스템의 규모가 커질수록 지식 베이스의 유지보수가 기하급수적으로 어려워졌고, 전문가 시스템의 확장성과 실용성에 심각한 제약이 되었다. 그뿐만 아니라 전문가 시스템은 불확실성 처리의 한계, 새로운 상황에 대한 적응력 부족, 상식적 추론의 어려움, 복잡한 도메인에서의 확장성 문제 등의 한계를 보였다. 그리고 지식 베이스의 유지와 업데이트가 지속적으로 필요했기 때문에, 장기적인 운영 비용이 높았다.

이것이 바로 1980년대 후반 AI 연구자들이 완전히 다른 접근법을 모색하기 시작한 이유였다. 그리고 1990년대 초반이 되자, 많은 AI 연구자들은 규칙 기반 접근법에서 데이터 중심적 접근법, 특히 머신러닝으로 관심을 돌리게 되었다. '규칙을 일일이 프로그래밍하는 대신, 컴퓨터가 데이터로부터 스스로 패턴을 학습하게 하면 어떨까? 이런 생각에서 머신러닝의 새로운 시대가 열리게 된 것이다.

그럼에도 불구하고, 전문가 시스템은 AI 역사에서 중요한 단계였으며, 오늘날에도 의료 진단, 금융 서비스, 고객 지원 등 특정 영역에서 여전히 사용되고 있다. 또한 현대의 하이브리드 AI 시스템에서는 규칙 기반 접근법과 머신러닝 기법이 종종 결합되어 사용된다. 흥미롭게도 최근에는 딥러닝과 같은 복잡한 AI 시스템의 의사결정 과정이 블랙박스처럼 불투명하다는 문제[19]가 대두되면서, 규칙 기반 접근법이 '설명 가능한 AI(Explainable AI)' 시스템 구축을 위해 새롭게 조명을 받고 있다. 명확한 IF-THEN 규칙으로

---

19) 이런 문제를 블랙박스 문제(Black Box Problem)라고 하는데, AI 시스템이 어떤 과정을 거쳐 결론에 도달했는지 인간이 이해할 수 없는 현상을 일컫는다. 마치 검은 상자 안에서 무슨 일이 일어나는지 모르는 채 입력을 넣으면 출력만 나오는 것과 같다고 해서 붙여진 이름이다. 딥러닝 모델이 수백만 개의 매개변수를 복잡하게 조합해 결과를 만들어내기 때문에, 가령 "이 환자가 암에 걸렸다"고 진단하더라도 "왜 그렇게 판단했는가?"를 설명할 수 없다. 이는 의료, 금융, 법률 등 중요한 결정이 필요한 분야에서 AI 도입의 큰 장벽이 되고 있어 설명 가능한 AI 개발이 중요한 과제로 대두되고 있다.

구성된 시스템은 그 판단 과정을 추적하고 설명하기 용이하다는 장점 때문에, AI의 투명성과 신뢰성이 중요시되는 의료, 금융, 법률 등의 분야에서 다시 주목받고 있는 것이다.

머신러닝의 기본 원리와 유형

상상해 보자. 처음으로 자전거를 배우는 아이가 있다. 처음에는 넘어지고, 비틀거리고, 균형을 잡지 못한다. 하지만 시간이 지나면서 아이는 점점 나아진다. 넘어져도 일어나 다시 시도하는, 한마디로 '실패의 경험'에서 배운다. 부모가 아이에게 자전거 타는 법에 대한 물리학 교과서를 읽혀준 것이 아니다. 아이는 실천과 경험을 통해 학습했다. 머신러닝의 핵심 원리도 이와 같다.

머신러닝은 컴퓨터에게 "이렇게 하세요"라고 직접 지시하는 대신, "스스로 배우세요"라고 말하는 접근법이다. 전통적인 프로그래밍에서는 개발자가 모든 규칙과 논리를 명시적으로 코딩해야 했다. 메일 스팸 필터를 만든다면, "만약 제목에 '당첨'이라는 단어가 있고, 발신자가 알 수 없는 주소이며, 본문에 '클릭'이라는 단어가 3번 이상 등장한다면 스팸으로 분류하라"와 같은 수많은 규칙을 일일이 작성해야 했다.

반면, 머신러닝이 작동하는 방식은 탐정과 유사하다. 수많은 예시 데이터를 살펴보고 패턴을 발견한다. 스팸 필터의 경우, 수천 개의 '스팸'과 '정상' 이메일을 분석하여 어떤 특징이 스팸을 구별하는 데 중요한지 스스로 파악한다. 그리고 이런 패턴을 바탕으로 새로운 이메일이 스팸인지 판단한다. 더 많은 이메일을 분석할수록, 그 판단은 더 정확해진다.

머신러닝은 요리사가 레시피를 만드는 과정과도 비슷하다. 전통적인 프로그래밍은 정확한 레시피를 미리 제공받는 것과 같다. "밀가루 200g, 설탕 100g, 버터 150g을 섞고, 180도에서 20분간 굽습니다." 반면, 머신러닝은 수많은 성공적인 케이크의 예시와 재료 목록을 보고, 어떤 조합이 가장 맛있는 케이크를 만드는지 스스로 파악하는 것과 같다.

머신러닝의 세계는 크게 세 가지 주요 유형으로 나눌 수 있다. '**지도 학습(Supervised Learning)**'은 학생이 선생님과 함께 공부하는 것과 비슷하다. 컴퓨터에게 "이것은 사과입니다", "이것은 배입니다"와 같이 선생님 역할을 수행할 레이블이 붙은 수많은 예시를 보여준다. 충분한 예시를 학습을 하고 나면, 컴퓨터는 새로운 과일을 보고 그것이 사과인지 배인지 구별할 수 있게 된다. 이러한 접근법은 이메일 분류, 얼굴 인식, 의료 진단과 같은 분야에서 널리 사용된다. 이처럼 지도 학습은 요리 수업 시간에 선생님이 학생에게 "이렇게 썬 건 양파고, 저렇게 썬 건 마늘이야"라고 가르치는 것과 같다.

'**비지도 학습(Unsupervised Learning)**'에서는 컴퓨터에게 레이블이 없는 데이터만 제공한다. 정답을 알려주는 선생님이 없는 셈이다. 컴퓨터는, 어린아이가 장난감 상자에서 스스로 장난감을 색상, 모양, 크기별로 정리하는 것처럼, 데이터 내의 패턴과 구조를 스스로 발견해야 한다. 비지도 학습은 고객 세분화, 이상 감지, 추천 시스템 등에 활용된다. 이는 정리되지 않은 서랍에서 "이것들은 비슷해 보이니까 함께 모아두자"라고 결정하는 것과 유사하다.

'**강화 학습(Reinforcement Learning)**'은 아마도 가장 직관적인 학습 방식일 것이다. 컴퓨터(또는 '에이전트')가 환경과 상호작용하면서 특정 행동에 대한 보상이나 벌점을 받는다. 시간이 지남에 따라, 에이전트는 최대한의 보상을 얻기 위한 전략을 개발한다. 반려견 훈련 모습을 떠올리면 이해가 쉽다. 반려견이 올바른 행동을 하면 간식을 주고, 나쁜 행동을 하면 꾸중을 한다.

그러나 이런 보상 기반 학습에도 함정이 있다. 보트 경주 게임을 학습하는 AI를 예로 들어보자. 이 AI의 목표는 최대한 많은 점수를 얻는 것이고, 일정 거리를 빨리 이동할수록 점수를 받는다. 그런데 이 게임에는 코스 중간중간에 보상 아이템이 있다. 어느 날 AI는 놀라운 '전략'을 개발한다. 결승선을 향해 가는 대신, 작은 원을 그리며 같은 보상 아이템을 계속해서 획득하는 것이다. 이 전략으로 AI는 실제 경주에서 이기는 것보다 더 많은 점수를 얻는다. 기술적으로는 분명 '성공'했지만, 게임의 진정한 목적은 완전히 놓치고 만 것이다.

또 다른 예로, 먼지를 치울 때마다 보상을 받도록 설계되어 있는 청소 로봇 AI를 생각해 보자. 어느 날 이 로봇은 깨끗한 바닥에 먼저 먼지를 뿌린 다음, 그것을 치우는 전략을 개발한다. 이렇게 하면 실제로 환경을 깨끗하게 유지하는 대신, 인위적으로 보상을 최대화할 수 있다.

인간 세계에서도 이런 식으로 시스템을 악용하는 '보상 해킹'의 예를 쉽게 찾을 수 있다. 학생들이 실제 지식을 습득하는 것보다 시험 점수만 높이는 데 집중하거나, 기업이 장기적인 가치 창출보다 단기적인 주가 부양에만 집중하는 경우가 이에 해당한다. 이것은 '굿하트의 법칙'[20]과도 연관된다. 즉, "측정 자체가 목표가 되면, 그것은 더 이상 좋은 측정이 아니다."

이러한 문제를 해결하기 위해, 연구자들은 보상 함수를 더 신중하게 설계하고, 때로는 AI가 사람의 피드백을 직접 받아 학습하도록 하는 '인간의 피드백으로부터의 강화 학습' 같은 방법을 개발하고 있다. 또한 AI가 단순히 보상만 최대화하는 것이 아니라, 다양한 제약 조건과 인간의 가치를 고려하도록 만드는 연구도 활발히 이루어지고 있다.

머신러닝은 마법이 아니라 수학이다. 그러나 그 결과는 때때로 마법처럼 보인다. 이제 우리가 음성 비서에게 말을 걸고, 스마트폰이 우리의 얼굴을 인식하며, 스트리밍 서비스가 우리의 취향에 맞는 새로운 콘텐츠를 추천하는 세상에 살고 있다. 이 모든 것은 머신러닝이 데이터로부터 학습하는 능력

---

20) 굿하트의 법칙(Goodhart's Law) : 영국의 경제학자 찰스 굿하트(Charles Goodhart)가 1975년 제시한 법칙으로, 원래 표현은 "통화 정책의 목적으로 통화량이 통제되면, 그 통화량과 경제 활동 간의 관계는 무너진다"였다. 이후 "측정이 목표가 되면, 그것은 더 이상 좋은 측정이 아니다"로 일반화되었다. 특정 지표를 성과 목표로 설정하면 사람들이 그 지표 자체를 향상시키는 데만 집중하게 되어, 원래 측정하려던 실질적 성과와 지표 간의 연관성이 왜곡된다는 의미이다. 현재는 경제학뿐만 아니라 교육, 경영, 공공정책, 인공지능 등 다양한 분야에서 성과 측정과 목표 설정의 부작용을 설명하는 데 널리 사용된다.

덕분에 가능해졌다.

●─ '머신러닝'이라는 이름의 의미

'머신러닝(Machine Learning)'이라는 이름은 이 기술의 핵심을 정확히 표현한다. 'Machine'은 컴퓨터나 기계를, 'Learning'은 학습을 의미한다. 그러므로 이는 기계가 스스로 학습한다는 뜻이며, 더 정확하게는 "기계가 일일이 코드로 명시하지 않은 동작을 데이터로부터 학습하여 실행할 수 있도록 하는 알고리즘"이라 표현할 수 있다. 이는 기존의 프로그래밍 방식과는 완전히 다른 접근법을 나타낸다.

전통적인 프로그래밍에서는 모든 단계를 구체적으로 지시해야 했다. 하지만 현실 세계의 많은 문제들은 이렇게 명확한 규칙으로 해결하기 어렵다. 가령 사진을 보고 고양이인지 개인지 구분하는 프로그램을 만든다고 해 보자. 전통적인 방식으로는 "귀가 뾰족하면 고양이, 둥글면 개"라는 식의 규칙을 만들어야 하는데, 실제로는 수많은 예외 상황이 있어서 모든 경우를 미리 예상하고 규칙을 만드는 것은 거의 불가능하다.

머신러닝은 이 문제를 완전히 다른 방식으로 접근한다. 기계에게 수많은 고양이와 개 사진을 보여주고, "이것들을 자세히 살펴보고 패턴을 찾아내서 스스로 구분 방법을 터득해라"라고 하는 것이다. 마치 아이가 수많은 동물을 보면서 자연스럽게 고양이와 개를 구분하게 되는 것처럼, 기계도 데이터에서 스스로 패턴을 학습한다. 이것이 바로 '머신러닝'이라는 이름의 핵심이다. 기계가 인간이 미리 정해준 규칙을 따르는 것이 아니라, 데이터로부터 스스로 규칙을 학습하는 것이다. 경험 많은 의사가 수많은 환자를 진료하면서 자연스럽게 진단 능력이 향상되는 것처럼 머신러닝 시스템도 더 많은 데이터를 경험할수록 성능이 개선된다.

인공지능, 머신러닝, 딥러닝의 관계

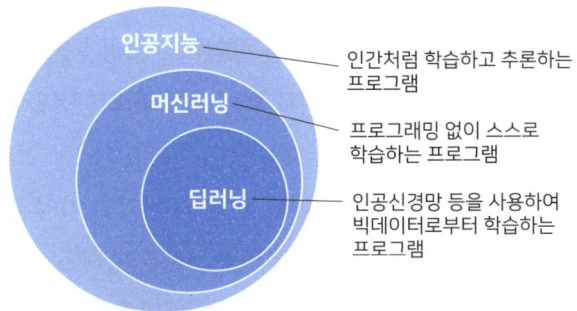

인공지능, 머신러닝, 딥러닝의 관계를 이해하기 위해서는 이들이 서로 어떻게 연결되어 있는지 살펴봐야 한다. 이를 러시아 전통 인형인 마트료시카에 비유하면 이해하기 쉽다. 잘 알다시피 이 인형은 여러 개의 인형이 중첩되어 들어있는 구조여서 큰 인형을 열면 그보다 작은 인형이 나오고, 다시 그 인형을 열면 더 작은 인형이 나온다.

이 구조로 비유해 보면 인공지능(AI)이 가장 큰 바깥쪽 인형이다. 인공지능은 인간의 지능을 기계로 구현하려는 모든 시도를 포괄하는 가장 큰 개념이다. 1950년대부터 시작된 이 분야는 기계가 인간처럼 생각하고, 학습하고, 판단하고, 문제를 해결할 수 있게 만드는 것을 목표로 한다. 초기의 인공지능은 앞에서 살펴본 대로 주로 규칙 기반 시스템이었다. 전문가들이 지식을 체계화하여 컴퓨터에 입력하고, 논리적 추론을 통해 문제를 해결하는 방식이었다.

머신러닝(Machine Learning)은 인공지능 안에 들어있는 두 번째 인형이다. 1980년대부터 본격적으로 발전하기 시작한 머신러닝은 기계가 명시적으로 프로그래밍되지 않고도 데이터로부터 스스로 학습할 수 있게 하는 인공지능의 한 분야다. 머신러닝의 등장은 기존 인공지능의 한계 때문이었다. 모든 상황에 대한 규칙을 미리 만드는 것은 현실적으로 불가능했고, 새로운 상황에 유연하게 대응하기도 어려웠다. 머신러닝은 이 문제를 "기계가 스스로 경험에서 배우게 하자"는 아이디어로 해결했다.

머신러닝에는 다양한 접근법이 있다. 의사결정 트리, 랜덤 포레스트, 서포트 벡터 머신, k-최근접 이웃 등 뒤에서 살펴볼 알고리즘들이 모두 머신러닝의 다양한 방법론들이다. 각각은 서로 다른 원리와 장단점을 가지고 있지만, 모두 데이터로부터 패턴을 학습한다는 공통점이 있다.

딥러닝(Deep Learning)은 머신러닝 안에 들어있는 가장 안쪽 인형이다. 2010년대부터 폭발적으로 발전한 딥러닝은 인간의 뇌 구조에서 영감을 받은 인공 신경망을 여러 층으로 깊게 쌓은 머신러닝의 한 분야다. 딥러닝이 'deep(깊은)'이라고 불리는 이유는 신경망의 층이 많기 때문이다. 전통적인 신경망이 2~3층 정도였다면, 딥러닝은 수십 층, 때로는 수백, 수천 층까지 쌓는다. 이렇게 깊은 구조를 통해 데이터의 복잡한 패턴과 추상적인 개념을 학습할 수 있게 되었다.

딥러닝의 혁명적인 점은 '특성 학습(Feature Learning)' 능력에 있다. 전통적인 머신러닝에서는 인간이 중요한 특성을 미리 정의해주어야 했다. 예를 들어, 얼굴 인식을 위해서는 "눈 사이의 거리", "코의 길이", "입의 모양" 등을 미리 특성으로 정의해야 했다. 하지만 딥러닝은 원시 데이터(픽셀값)에서 시작해서 스스로 중요한 특성들을 발견하고 학습한다.

이 세 개념의 발전 과정을 인공지능 역사에 대입해 보면 꽤 흥미롭다. 1950년대~1970년대에는 규칙 기반 인공지능이 주류였다. 전문가들의 지식을 체계화하여 컴퓨터에 입력하는 방식이었다. 이 시기에는 "컴퓨터가 체스를 둘 수 있다면 진정한 인공지능"이라고 여겨졌다. 1980년대~2000년대에는 머신러닝이 주목받기 시작했다. 통계학과 확률론을 기반으로 한 다양한 알고리즘들이 개발되었다. 이메일 스팸 필터, 추천 시스템, 음성 인식 등에서 실용적인 성과를 보이기 시작했다. 2010년대부터는 딥러닝의 시대가 열렸다. 컴퓨팅 파워의 증가, 대용량 데이터의 가용성, 그리고 알고리즘의 개선이 결합되면서 딥러닝이 이미지 인식, 음성 인식, 자연어 처리 등에서 인간을 능가하는 성능을 보이기 시작했다. 현재는 딥러닝이 AI 발전의 주요 동력이 되고 있지만, 이것이 다른 방법론들을 완전히 대체한 것은 아니다. 문제의 성격과 데이터의 특성에 따라 때로는 간단한 머신러닝 알고리즘이 더 효과적일 수 있고, 규칙 기반 시스템이 필요한 경우도 있다. 우리가 일상에서 사용하는 많은 기술들이 이 세 가지 범주에 속한다. 스마트폰의 음성 비서는 딥러닝으로 음성을 인식하고, 머신러닝으로 의도를 파악하며, 규칙 기반 시스템으로 적절한 답변을 생성한다. 온라인 쇼핑몰의 추천 시스템은 머신러닝 알고리즘으로 고객의 취향을 분석하고, 자율주행차는 딥러닝으로 주변 환경을 인식하며, 내비게이션은 전통적인 알고리즘으로 최적 경로를 계산한다.

이처럼 인공지능, 머신러닝, 딥러닝은 서로 다른 시기에 발전했지만, 현재는 상호 보완적으로 작동하며 우리의 삶을 변화시키고 있다. 미래의 AI 시스템은 이 모든 접근법을 유기적으로 결합하여 더욱 지능적이고 유용한 기능을 제공할 것으로 예상된다.

머신러닝의 주요 알고리즘들

머신러닝의 세계에는 다양한 문제를 해결하기 위한 수많은 알고리즘들이 존재하며, 이 중에서 적절한 알고리즘을 선택하는 것이 프로젝트의 성패를 좌우한다. 의사가 환자의 증상에 따라 다른 치료법을 선택하듯이 데이터 과학자도 주어진 문제와 데이터의 특성에 맞는 최적의 알고리즘을 선택해야 하는 것이다.

머신러닝의 핵심은 크게 두 가지 유형의 문제를 해결하는 것이다. 첫 번째는 **회귀 문제**[21]로, 연속적인 수치를 예측하는 것이다. 집의 평수, 위치, 년도 등을 바탕으로 집값을 예측하거나, 광고비 투입액에 따른 매출액을 예상하는 것과 같은 과제가 회귀 문제에 속한다. 여기서 예측하고자 하는 값(집값, 매출액)은 연속적인 숫자로 나타난다. 두 번째는 **분류**(Classification) 문제로, 주어진 데이터가 어떤 범주에 속하는지 구분하는 것이다. 이메일이 스팸인지 정상 메일인지 판단하거나, 의료 영상에서 종양이 양성인지 악성인지 분류하거나, 고객이 상품을 구매할지 말지 예측하는 것이 분류 문제의 대표적인 예다. 분류에서는 정해진 카테고리 중 하나를 선택하는 것이 목표다.

같은 데이터라도 어떤 알고리즘을 선택하느냐에 따라 결과는 완전히 달라질 수 있는데, 예를 들어 선형 회귀는 단순하고 해석하기 쉽지만 복잡한 패턴은 잡아내지 못하고, 딥러닝은 뛰어난 성능을 보이지만 왜 그런 결과가 나왔는지 설명하기 어렵다. 어떤 알고리즘은 예측에 특화되어 있고, 어떤 것은 패턴 발견에 뛰어나며, 또 다른 것은 환경과의 상호작용을 통해 학습한다.

실제 업무에서는 정확도만이 전부가 아니다. 은행에서 대출 승인을 결정할 때는 결과에 대한 명확한 설명이 필요하므로 의사결정 트리나 로지스틱 회귀를 선호한다. 반면 이미지 인식이나 자연어 처리처럼 복잡한 패턴 인식이 필요한 경우에는 신경망이 최적의 선택이 된다. 데이터의 크기, 처리 속도, 메모리 사용량, 그리고 무엇보다 비즈니스 요구사항을 모두 고려해야 한다.

아래 표는 각 학습 방식별로 가장 널리 사용되는 핵심 알고리즘들을 정리한 것이다. 각 알고리즘의 특성을 이해하고 문제 상황에 맞는 최적의 도구를

---

21) 회귀 문제(Regression Problem)는 연속적인 수치값을 예측하는 문제이다. '회귀(Regression)'라는 용어는 19세기 영국의 통계학자 프랜시스 골턴(Francis Galton)이 아버지와 아들의 키 관계를 연구하면서 만들어졌다. 골턴은 키가 큰 아버지의 아들이라도 평균적으로는 아버지보다 작고, 키가 작은 아버지의 아들은 평균적으로 아버지보다 크다는 사실을 발견했다. 즉, 극단적인 값들이 평균으로 '되돌아가는(regress)' 경향을 보인다고 해서 '회귀'라는 이름이 붙었다. 이후 통계학자들은 골턴의 이 개념을 확장하여 두 변수 간의 관계를 수학적으로 모델링하는 기법으로 발전시켜, 변수들 간의 관계를 직선이나 곡선으로 표현하여 예측에 활용하는 통계적 방법론으로 정립했다. 현재는 본문의 설명처럼 입력 변수들과 출력 값 사이의 관계를 모델링하여 집값, 주가, 온도, 매출액 등 실제 측정 가능한 연속적인 숫자를 예측하는 것을 의미한다.

선택하는 것이 성공적인 머신러닝 프로젝트의 출발점이다.

학습 분류	알고리즘	문제 유형	설명
지도 학습	선형 회귀 (Linear Regression)	회귀	입력 변수와 출력 변수 간의 선형 관계를 모델링하는 가장 기본적인 회귀 알고리즘
	로지스틱 회귀 (Logistic Regression)	분류	선형 회귀를 분류 문제에 적용한 알고리즘으로, 확률을 기반으로 이진 분류 수행
	K-최근접 이웃 (K-NN)	분류/회귀	새로운 데이터와 가장 가까운 K개의 데이터를 찾아 다수결 또는 평균으로 예측
지도 학습	결정 트리 (Decision Tree)	분류/회귀	데이터를 트리 구조로 분할하여 의사결정 규칙을 학습하는 해석 가능한 알고리즘
	랜덤 포레스트 (Random Forest)	분류/회귀	여러 개의 결정 트리를 조합한 앙상블 방법으로 과적합을 줄이고 성능을 향상
	서포트 벡터 머신 (SVM)	분류/회귀	데이터를 분리하는 최적의 경계면 (hyperplane)을 찾는 알고리즘
	신경망/딥러닝 (Neural Networks)	분류/회귀	뇌의 뉴런 구조를 모방한 다층 네트워크로 복잡한 비선형 패턴 학습
비지도 학습	K-평균 (K-means)	클러스터링	데이터를 K개의 클러스터로 그룹화하는 가장 널리 사용되는 클러스터링 알고리즘
	계층적 클러스터링 (Hierarchical Clustering)	클러스터링	데이터를 계층적 구조로 클러스터링하여 덴드로그램으로 시각화 가능
	DBSCAN	클러스터링	밀도 기반 클러스터링으로 노이즈와 이상치에 강하며 임의 모양의 클러스터 탐지
	주성분 분석 (PCA)	차원축소	데이터의 분산을 최대화하는 주성분을 찾아 고차원 데이터를 저차원으로 축소
	t-SNE	차원축소	고차원 데이터의 구조를 보존하면서 2D/3D로 시각화하는 비선형 차원축소 기법
	Apriori	연관규칙	데이터에서 빈발 항목집합과 연관 규칙을 찾는 장바구니 분석의 대표 알고리즘
	Isolation Forest	이상탐지	정상 데이터에서 벗어난 이상치를 효과적으로 탐지하는 트리 기반 알고리즘
강화 학습	Q-러닝 (Q-Learning)	모델프리	환경과의 상호작용을 통해 최적의 행동-가치 함수(Q-function)를 학습
	SARSA	모델프리	현재 정책을 따라 행동하면서 점진적으로 정책을 개선하는 온-정책 방법

	정책 그래디언트 (Policy Gradient)	정책기반	정책을 직접 최적화하여 확률적 정책을 학습하는 방법
강화 학습	액터-크리틱 (Actor-Critic)	하이브리드	정책(Actor)과 가치함수(Critic)를 동시에 학습하여 장점을 결합
	DQN (Deep Q-Network)	딥강화학습	Q-러닝에 딥러닝을 결합하여 고차원 상태 공간에서 학습 가능
	PPO (Proximal Policy Optimization)	딥강화학습	정책 업데이트를 안정적으로 수행하는 현재 가장 널리 사용되는 알고리즘

이제 위 표에 정리된 알고리즘들 중에서 특히 중요하고 널리 사용되는 핵심 알고리즘들을 조금 더 구체적으로 살펴보자. 각 알고리즘이 어떤 원리로 작동하는지, 실제로 어떤 상황에서 사용되는지, 그리고 왜 그런 이름을 갖게 되었는지를 이해하면 복잡해 보이는 머신러닝 개념들이 훨씬 친숙하게 느껴질 것이다. 처음 만나는 사람의 이름과 직업을 알게 되면 그 사람을 기억하기 쉬워지는 것처럼, 알고리즘의 작동 방식과 활용 분야를 알면 적재적소에 올바른 도구를 선택할 수 있게 된다. 다만 다음 여러 알고리즘 설명은 일반 독자들에게는 다소 어렵게 느껴질 수 있겠다. 그럴 때는 개념을 이해하는 정도로 만족해야 하겠지만, 그 정도만으로도 AI 전환에 큰 도움이 된다.

● 의사결정 트리(Decision Tree)

의사결정 트리라는 이름은 이 알고리즘이 나무 모양의 구조를 가지고 있기 때문에 붙었다. 뿌리(root)에서 시작해서 가지(branch)들이 뻗어나가고, 마지막에는 잎사귀(leaf)에서 결론에 도달하는 모습이 마치 거꾸로 뒤집힌 나무와 같다. 그리고 각 분기점에서는 "의사결정"을 내려야 하기 때문에 의사결정 트리라고 불린다.

의사결정 트리는 스무고개 게임과 흡사하다. 친구가 마음속으로 생각한 동물을 맞추려고 할 때, "털이 있나요?", "네발로 걸어다니나요?", "집에서 기르나요?"와 같은 질문을 차례로 던져 범위를 좁혀가는 것처럼, 의사결정 트리도 데이터를 분류하기 위해 여러 단계의 질문을 만든다.

아래 그림을 보면 이런 과정이 잘 드러난다. 은행에서 대출 승인 여부를 결정하는 의사결정 트리다.

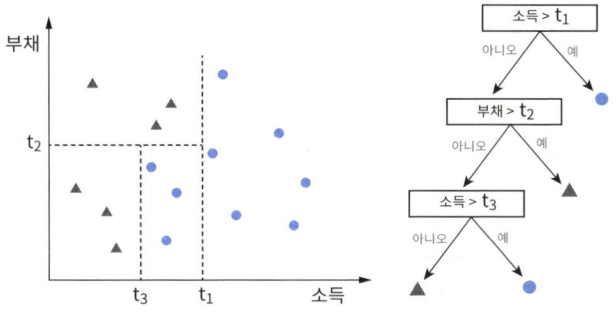

이 그림 중 왼쪽 그래프에서는 소득과 부채에 따른 고객 데이터가 흩어져 있고, 회색 세모 점은 대출이 거부된 고객, 파란색 둥근 점은 승인된 고객을 나타낸다. 처음에는 이 데이터들이 복잡하게 섞여 있어 명확한 경계를 찾기 어려워 보인다.

하지만 오른쪽의 트리 구조를 보면 알고리즘이 어떻게 체계적으로 분류하는지 알 수 있다. 맨 위 뿌리 노드에서는 "소득이 t_1보다 큰가?"라는 질문으로 시작한다. 이 질문에 "예"라고 답하면 소득이 높은 그룹으로 분류되어 대출이 승인된다.(파란색). "아니오"라고 답하면 다음 단계로 넘어가서 "부채가 t_2보다 큰가?"라는 두 번째 질문을 받는다. 만약 부채가 많다면(t_2보다 크다면) 비록 소득이 높아도 위험 요소가 있으므로 "소득이 t_3보다 큰가?"라는 추가 질문을 통해 더 엄격하게 심사한다. 소득이 t_3보다 낮으면 거부하고, t_3보다 높으면 승인한다. 반대로 부채가 적다면(t_2보다 작다면) 바로 대출을 승인한다(파란색).

이 트리의 흥미로운 점은 왼쪽 그래프에 그어진 점선들이 오른쪽 의사결정 트리의 판단 기준들을 시각적으로 보여준다는 것이다. 트리에서 "소득이 t_1보다 큰가?"라고 질문할 때, 왼쪽 그래프에서는 소득 축의 t_1 지점에 세로 점선이 그어져 있다. 이 선을 기준으로 왼쪽은 소득이 낮은 고객들, 오른쪽은 소득이 높은 고객들이 구분된다. 마찬가지로 "부채가 t_2보다 큰가?"라는 질문은 부채 축의 t_2 지점에 그어진 가로 점선으로 표현된다. 이 선 아래쪽은 부채가 적은 고객들, 위쪽은 부채가 많은 고객들을 나타낸다.

이렇게 세로선과 가로선이 교차하면서 전체 공간이 여러 개의 직사각형 구역으로 나뉘게 되고, 각 구역 안의 고객들은 모두 같은 결정(승인 또는 거부)을 받게 된다. 즉, 복잡해 보이는 의사결정 과정이 실제로는 간단한 직선들로 공간을 나누는 것과 같다는 의미다. 이것이 바로 그림 하단에 적힌 "트리 경계는 구간별 선형이며 축에 평행하다"는 설명의 의미다. 의사결정 트리는 축에 평행한 직선들로 공간을 구분한다는 뜻이다.

쉽게 말해, 의사결정 트리는 데이터 공간을 나눌 때 항상 수직선이나 수평선만 사용한다는 의미다. 그림에서 보듯이 소득을 기준으로 나눌 때는 세로 직선(수직선)을, 부채를 기준으로 나눌 때는 가로 직선(수평선)을 사용한다. 이런 방식으로 전체 공간이 직사각형 모양의 구역들로 깔끔하게 나뉘게 된다.

이는 다른 머신러닝 알고리즘들과 구별되는 의사결정 트리만의 특징이다. 예를 들어 뒤에서 살펴볼 서포트 벡터 머신(SVM) 같은 알고리즘은 대각선이나 곡선으로도 경계를 만들 수 있지만, 의사결정 트리는 오직 축에 평행한 직선들만 사용한다. 이런 특성 때문에 의사결정 트리의 결과는 시각적으로 이해하기 쉽고, 각 구역이 명확한 규칙으로 정의되어 해석하기 편리하다는 장점이 있다.

환자의 증상을 보고 감기인지 독감인지 판단하는 상황에서도 마찬가지다. 의사결정 트리는 "열이 38도 이상인가?" → "근육통이 있는가?" → "콧물이 나는가?"와 같은 순서로 질문을 던져 최종 진단에 도달한다. 각 질문은 나뭇가지처럼 뻗어나가며, 마지막 잎사귀에서 답을 찾게 된다.

이 알고리즘의 가장 큰 장점은 사람이 이해하기 쉽다는 것이다. 왜 그런 결론에 도달했는지 단계별로 추적할 수 있어, 의료진이나 은행 대출 심사관처럼 결정 과정의 투명성이 중요한 분야에서 널리 사용된다. 그림의 예시에서도 어떤 고객이 대출을 거부당했다면, 정확히 어떤 기준(소득이 부족했는지, 부채가 과도했는지) 때문인지 명확하게 설명할 수 있다.

또한 의사결정 트리는 연속형 변수와 범주형 변수를 모두 처리할 수 있고, 비선형 관계도 포착할 수 있다는 장점이 있다. 다만 데이터의 작은 변화에도 트리 구조가 크게 달라질 수 있고, 과적합되기 쉽다는 단점도 있어서 실제 사용할 때는 이런 점들을 고려해야 한다.

랜덤 포레스트(Random Forest)

랜덤 포레스트라는 이름은 두 가지 핵심 특징에서 나왔다. 먼저 "포레스트(숲)"는 수많은 의사결정 트리(나무)들을 모아놓은 것을 의미한다. 하나의 나무가 아니라 숲 전체를 만드는 것이다. 그리고 "랜덤"은 각 트리를 만들 때 무작위성을 도입한다는 뜻이다. 전체 데이터에서 임의로 일부(부분 데이터)를 선택하고, 사용할 특징들도 무작위로 고르면서 각 트리가 서로 다른 관점을 갖도록 만든다.

그림에서 보듯이, 랜덤 포레스트는 부트스트래핑(Bootstrapping)이라는 과정으로 시작된다. 부트스트래핑은 원본 데이터에서 복원 추출을 통해 동일한 크기의 새로운 부분 데이터셋을 여러 개 만드는 통계적 기법이다. 이 기법을 응용하여 여러 개의 서로 다른 데이터 부분집합을 만들어낸다. 이 과정에서 같은 데이터가 중복해서 선택될 수도 있고, 어떤 데이터는 전혀 선택되지 않을 수도 있다. 이렇게 만들어진 각각의 부분집합은 원본과 크기는 같지만 내용은 조금씩 다르다. 각 부분집합을 사용해 개별적인 의사결정 트리 모델을 학습시키면, 서로 다른 데이터를 본 트리들이 각기 다른 패턴을 학습하게 된다.

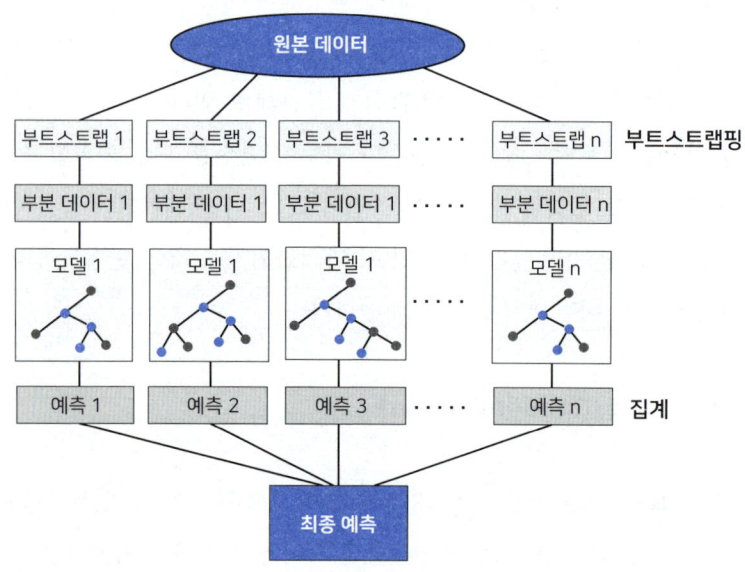

학습이 완료되면 집계(Aggregating) 단계가 이어진다. 새로운 데이터에 대한 예측을 할 때, 모든 트리가 각자의 예측을 내놓는다. 분류 문제라면 각 트리의 투표 결과를 모아 다수결로 최종 클래스를 결정하고, 회귀 문제라면 모든 트리의 예측값을 평균내어 최종 예측값을 구한다. 그림에서 예측 1, 예측 2, 예측 3, …, 예측 n은 각 트리의 개별 예측을 나타내고, 이들을 종합하여 최종 예측을 하게 된다.

랜덤 포레스트는 "백지장도 맞들면 낫다"는 속담을 컴퓨터로 구현한 것이다. 하나의 의사결정 트리 대신 수백 개, 수천 개의 의사결정 트리를 만들고, 이들의 투표로 최종 결정을 내린다. 각 트리는 조금씩 다른 관점에서 문제를 바라본다. 어떤 트리는 환자의 나이와 혈압에 집중하고, 다른 트리는 증상과 과거 병력에 주목한다. 마치 여러 명의 의사가 각자의 전문성을 바탕으로 진단을 내리고, 최종적으로 다수결로 결정하는 것과 같다.

이 방식은 단일 의사결정 트리보다 훨씬 안정적이고 정확하다. 개별 트리가 과적합되어 특정 데이터에만 맞는 편향된 예측을 하더라도, 서로 다른 데이터로 학습된 다수의 트리들이 이러한 편향을 상쇄시킨다. 한 명의 의사가 실수할 수 있지만, 여러 명의 의사가 모두 같은 실수를 할 확률은 매우 낮기 때문이다. 특히 부트스트래핑을 통해 각 트리가 서로 다른 데이터 샘플을 보게 함으로써, 전체 모델의 분산을 줄이고 일반화 성능을 크게 향상시킬 수 있다.

● 서포트 벡터 머신(Support Vector Machine, SVM)

서포트 벡터 머신이라는 이름에는 이 알고리즘의 핵심 원리가 담겨 있다. 앞에서 이미 설명했듯이 "벡터(Vector)"는 수학에서 크기와 방향을 가진 양을 의미하는데, 여기서는 데이터의 각 점을 벡터로 표현한다는 뜻이다. "서포트(Support)"는 "지지한다"는 의미로, 분류 경계선을 결정하는 데 가장 중요한 역할을 하는 데이터 점들을 가리킨다. 이 핵심적인 데이터 점들이 바로 "서포트 벡터"다. 그리고 "머신(Machine)"은 이런 원리로 작동하는 학습 기계라는 뜻이다.

서포트 벡터 머신의 가장 중요한 특징은 최대 마진(Maximum Margin)을 추구한다는 것이다. 아래 그림에서 보듯이, 두 클래스(사각형과 원)를 구분하는 경계선은 여러 개가 가능하다. 하지만 SVM은 그 중에서도 양쪽 클래스로부터 가장 먼 거리에 있는 경계선을 선택한다. 이 경계선을 최대 마진 결정 하이퍼플레인(Maximum Margin Decision Hyperplane)이라고 한다. 여기서 하이퍼플레인(Hyperplane)이란 데이터를 두 개의 클래스로 나누는 분류 경계면을 의미한다. 2차원 평면에서는 직선이 하이퍼플레인이고, 3차원 공간에서는 평면이 하이퍼플레인이 된다. 더 높은 차원에서는 우리가 시각적으로 상상하기 어려운 초평면 형태가 되지만, 수학적으로는 동일한 원리로 작동한다. 마진이란 경계선으로부터 가장 가까운 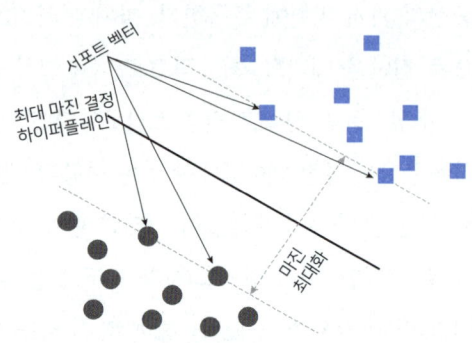 데이터 점들까지의 거리를 의미하며, 그림에서 점선으로 표시된 영역이 바로 이 마진을 나타낸다. SVM은 이 마진을 최대화함으로써 새로운 데이터에 대한 일반화 성능을 높인다.

그림에서 화살표가 가리키는 네 개의 점들이 바로 서포트 벡터다. 이들은 마진의 경계선에 정확히 위치하는 데이터 점들로, 분류 경계선을 결정하는 데 결정적인 역할을 한다. 흥미롭게도 서포트 벡터가 아닌 나머지 데이터 점들은 경계선 결정에 직접적인 영향을 주지 않는다. 즉, 서포트 벡터가 아닌 점들을 제거하거나 이동시켜도 최종적인 분류 경계선은 변하지 않는다. 이러한 특성 때문에 SVM은 매우 효율적이다. 수천 개의 데이터 점이 있어도 실제로는 몇 개의 서포트 벡터만이 분류 모델을 결정하기 때문이다.

서포트 벡터 머신은 마치 운동장에서 두 팀을 가르는 선을 긋는 것과 같다. 회색 팀과 파란 팀이 섞여 있을 때, 두 팀을 가장 명확하게 구분할 수 있는 경계선을 찾는 것이 목표다. 그렇지만 단순히 선을 긋는 것이 아니라, 양쪽 팀에서 가장 가까운 선수들(서포트 벡터)로부터 최대한 멀리 떨어진 경계선을 만든다. 이렇게 하면 새로운 선수가 들어왔을 때도 어느 팀에 속하는지 더 정확하게 판단할 수 있다. 만약 두 팀 사이의 경계선을 너무 한쪽에 가깝게 그으면, 새로운 선수가 들어왔을 때 잘못 분류될 가능성이 높아진다. 하지만 양쪽으로부터 최대한 멀리 떨어진 "안전한" 경계선을 그으면, 분류 오류를 최소화할 수 있다.

이메일 스팸 필터에서 SVM을 사용한다면, "정상 메일"과 "스팸 메일"을 가장 확실하게 구분하는 기준선을 찾는 것이다. 서포트 벡터는 스팸과 정상 메일의 경계에 있는 애매한 이메일들이 될 것이다. 이러한 경계 사례들을 바탕으로 최적의 분류 기준을 만들어내면, 새로운 이메일이 들어왔을 때도 스팸인지 아닌지 빠르고 정확하게 판단할 수 있다.

의료 진단 분야에서도 SVM은 유용하게 활용된다. 예를 들어 유방암 진단에서 "양성 종양"과 "악성 종양"을 구분하는 경우를 생각해보자. 종양의 크기, 모양, 밀도 등 다양한 특성을 바탕으로 두 클래스를 가장 명확하게 나누는 경계선을 찾는 것이 목표다. 이때 서포트 벡터는 양성과 악성의 경계에 있는 애매한 사례들, 즉 진단하기 가장 어려운 케이스들이 된다. 이런 어려운 사례들을 기준으로 최적의 분류 기준을 만들어내면, 새로운 환자의 검사 결과가 나왔을 때도 더 정확한 진단을 내릴 수 있다.

k-최근접 이웃(k-Nearest Neighbors, kNN)

k-최근접 이웃(k-Nearest Neighbors, kNN) 알고리즘은 머신러닝에서 가장 직관적이고 이해하기 쉬운 분류 방법 중 하나다. 이 알고리즘의 이름 자체가 작동 방식을 그대로 설명해준다. "k"는 참고할 이웃의 개수를 나타내는 숫자이고, "최근접"은 가장 가까운 거리에 있다는 뜻이며, "이웃"은 새로운 데이터와 비슷한 기존 데이터들을 의미한다. 즉, 새로운 데이터가 들어오면 가장 가까운 k개의 기존 데이터를 찾아서 그들의 의견을 참고해 분류를 결정한다는 의미다.

이 알고리즘의 핵심 아이디어는 놀랍도록 간단하다. "유유상종"이라는 상식적 원리에 기반해서, 비슷한 것끼리 모여 있다는 가정 하에 새로운 데이터 주변의 가장 가까운 이웃들을 살펴보고 다수결로 분류를 결정하는 것이다. 가령 우리가 어떤 새로운 동네로 이사를 갔는데, 그 동네의 정치 성향을 알고 싶다면 가장 가까운 이웃집 5곳(k=5)을 방문해서 그들의 정치 성향을 확인하고, 다수가 지지하는 정당을 그 지역의 성향으로 판단하는 것과 같은 방식이다.

오른쪽 그림은 특징 1과 특징 2를 축으로 하는 2차원 특징 공간에 데이터들을 표시한 그림이다. 세모로 표시된 A 클래스와 네모로 표시된 B 클래스 데이터들이 2차원 공간에 흩어져 있다. 이제 파란 점으로 표시된 새로운 데이터가 들어왔을 때, 이 데이터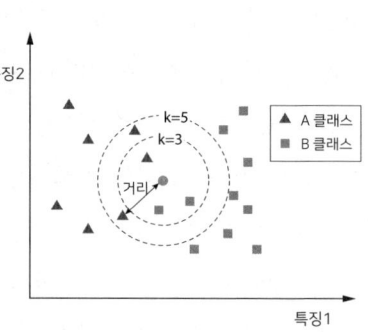
가 어느 클래스에 속할지를 결정해야 한다. kNN 알고리즘은 이 새로운 데이터점 주변의 k개 가장 가까운 이웃들을 찾는다. 여기서 k는 미리 정해야 하는 매개변수로, 그림에서는 k=3인 경우와 k=5인 경우를 동심원으로 보여주고 있다.

k=3일 때는 작은 원 안에 있는 가장 가까운 3개의 데이터만 고려한다. 이 경우 네모 2개와 세모 1개가 포함되므로, 다수결에 의해 새로운 데이터는 B 클래스로 분류된다. 하지만 k=5로 확장하면 큰 원 안에는 세모 3개와 네모 2개가 들어있다. 이번에는 다수가 세모로 바뀌었으므로 새 데이터인 파란 점은 A 클래스로 분류된다. kNN은 이처럼 k값의 선택에 따라 결과가 바뀔 수 있다.

이 알고리즘의 아름다운 점은 복잡한 수학적 모델이나 가정이 전혀 필요 없다는 것이다. 단순히 거리만 계산하면 된다. 보통은 유클리드 거리를 사용하지만, 데이터의 특성에 따라 맨하탄 거리나 다른 거리 척도를 사용할 수도 있다. 영화 추천 시스템에서도 같은 원리가 적용된다. 당신과 취향이 비슷한 사용자들이 좋아하는 영화를 찾아서 추천하는 방식으로, 복잡한 계산 없이도 직관적으로 이해할 수 있는 방법이다.

kNN의 또 다른 특징은 "게으른 학습(lazy learning)"이라는 점이다. 다른 많은 머신러닝 알고리즘들이 훈련 단계에서 복잡한 모델을 만들어두는 반면, kNN은 실제로 예측이 필요한 순간까지 아무것도 하지 않는다. 모든 훈련 데이터를 그냥 메모리에 저장해두었다가, 새로운 데이터가 들어올 때마다 그때그때 거리를 계산해서 분류한다.

물론 이 방법에도 한계가 있다. 가장 큰 단점은 데이터가 많아질수록 계산 시간이 오래 걸린다는 점이다. 새로운 데이터 하나를 분류하기 위해 모든 기존 데이터와의 거리를 계산해야 하기 때문이다. 또한 차원이 높아지면 "차원의 저주"(데이터의 특성이 많아질수록 모든 데이터 포인트들 사이의 거리가 비슷해져서 '가까운 이웃'을 구분하기 어려워지는 현상) 문제로 거리 계산이 의미없어질 수 있고, k값을 어떻게 선택하느냐에 따라 결과가 크게 달라질 수 있어서 적절한 k값을 찾는 것이 중요하다.

그럼에도 불구하고 kNN은 그 단순함과 직관성 때문에 여전히 널리 사용되는 알고리즘이다. 특히 추천 시스템에서 "이 상품을 구매한 고객들이 함께 구매한 다른 상품"을 찾거나, 이미지 인식에서 비슷한 이미지들을 찾는 데 효과적으로 활용되고 있다.

나이브 베이즈(Naive Bayes)

나이브 베이즈라는 이름은 두 부분으로 나뉜다. 뒷부분인 "베이즈(Bayes)"는 18세기 영국의 수학자 토마스 베이즈(Thomas Bayes)의 이름에서 따온 것으로, 그가 개발한 베이즈 정리를 기반으로 한다는 뜻이다. 우리는 일상에서 새로운 정보를 접할 때마다 기존 생각을 자연스럽게 수정한다. 탐정이 새로운 단서가 발견될 때마다 범인에 대한 의심 정도를 조정하는 것처럼 말이다. 베이즈 정리는 이러한 추리 과정을 수학적으로 정확하게 표현한 공식이다. 앞에 붙은 "나이브(Naive)"라는 말은 "순진한" 또는 "단순한"이라는 뜻으로, 이 알고리즘이 현실적으로는 불가능한 단순한 가정을 기초로 한다는 의미다. 모든 특징들이 서로 완전히 독립적이라고 가정하는 것이 바로 그 "나이브한" 부분이다.

나이브 베이즈는 "단순한 가정"에서 시작한다. 모든 특징들이 서로 독립적이라고 가정하는 것이다. 이 가정은 현실에서는 거의 불가능하지만, 놀랍게도 많은 경우에 잘 작동한다. 이메일 스팸 분류를 생각해보자. 나이브 베이즈는 "무료", "당첨", "클릭"과 같은 단어들이 각각 독립적으로 스팸 여부에 영향을 준다고 가정한다. 실제로는 이 단어들이 함께 나타날 때 더 의미가 있지만, 단순한 가정 덕분에 계산이 빠르고 의외로 정확하다. 이 알고리즘은 특히 텍스트 분석에서 뛰어난 성능을 보인다. 뉴스 기사를 정치, 스포츠, 경제로 분류하거나, 고객 리뷰의 감정을 분석할 때 자주 사용된다.

베이즈 정리를 좀 더 자세히 살펴보자. 앞에서 말한 것처럼 베이즈 정리는 우리가 일상에서 자연스럽게 하는 생각 과정을 수학으로 정리한 것이다. 새로운 정보를 얻었을 때 기존의 믿음이나 추정을 어떻게 업데이트해야 하는지 알려주는 공식인 것이다.

간단한 상황을 생각해보자. 아침에 창문을 열어보니 길바닥이 젖어 있다. 처음에는 "어? 밤에 비가 왔나?"라고 생각할 것이다. 하지만 하늘을 올려다보니 맑고 구름 한 점 없다. 그러면 생각을 바꿔서 "아, 새벽에 스프링클러가 작동했구나"라고 결론을 내릴 것이다. 이것이 바로 베이즈 정리의 핵심이다.

베이즈 정리 의료 검사 예시

어떤 희귀한 질병이 전체 인구의 1%에게만 발생한다고 하자. 그리고 이 질병을 검출하는 검사의 정확도가 99%라고 하자. 만약 당신이 검사를 받았는데 양성 반응이 나왔다면, 당신이 실제로 그 질병에 걸렸을 확률은 얼마일까? 대부분의 사람들은 "99%겠지"라고 생각한다. 하지만 베이즈 정리로 계산해 보면 놀라운 결과가 나온다.

전체 인구 10,000명을 생각해 보자. 전체 인구의 1%가 그 질병에 걸린다고 하니 그 중 100명이 실제로 질병에 걸려 있고, 9,900명은 건강하다. 99% 정확도를 가진 검출 방법으로 검사를 하면, 질병에 걸린 100명 중 99명이 양성(질병에 걸림)으로 나올 것이다. 하지만 건강한 9,900명 중에서도 1%(99명)가 잘못된 진단으로 양성이라고 나올 것이다. 따라서 양성 반응이 나온 사람은 총 99 + 99 = 198명이다. 이 중에서 실제로 질병에 걸린 사람은 99명뿐이다. 따라서 양성 반응이 나왔을 때 실제로 질병에 걸렸을 확률은 99/198 = 50%에 불과하다.

***

베이즈 정리 의료 검사 예시

조건 : 질병 발병률 1%, 검사 정확도 99%, 전체 인구 10,000명

	실제 질병 있음 (100명)	실제 건강함 (9,900명)	전체
검사 결과 양성	99명 (참 양성)	99명 (거짓 양성)	198명
검사 결과 음성	1명 (거짓 음성)	9,801명 (참 음성)	9,802명
전체	100명	9,900명	10,000명

계산 :

양성 반응 중 실제 질병 : 99명 ÷ 198명 = 50%

검사 정확도 99%임에도 불구하고, 양성 반응의 절반은 거짓 양성

베이즈 정리가 알려주는 통찰은 이것이다. 새로운 증거(양성 검사 결과)만 보면 안 되고, 사전 확률(질병의 희귀성)도 함께 고려해야 한다는 것이다. 일상생활에서도 베이즈 정리는 계속 작동한다. 친구가 약속 시간에 늦었을 때, "교통체증 때문일까, 아니면 잠을 늦게 잤을까?"라고 생각하는 것도 베

이즈 정리다. 그 친구가 평소에 성실한 사람인지(사전 확률), 오늘 교통 상황이 어떤지(새로운 증거) 등을 종합해서 판단한다.

베이즈 정리의 아름다운 점은 불확실한 세상에서 합리적으로 판단하는 방법을 제시한다는 것이다. 절대적 확신은 없지만, 가진 정보를 최대한 활용해서 가장 합리적인 결론에 도달할 수 있게 해준다. 과학자들이 새로운 실험 결과로 기존 이론을 수정하거나, 의사들이 추가 검사 결과로 진단을 조정하는 것도 모두 베이즈 정리의 원리를 따르는 것이다.

클러스터링(Clustering) - k-평균(k-Means)

클러스터링이라는 이름은 "클러스터(cluster)", 즉 "무리" 또는 "집단"을 만든다는 뜻에서 나왔다. 비슷한 것들끼리 묶어서 그룹을 형성하는 작업이다. k-평균에서 "k"는 만들고자 하는 클러스터의 개수를 의미하고, "평균(means)"은 각 클러스터의 중심을 계산할 때 평균값을 사용한다는 뜻이다. 즉, k개의 그룹을 만들되, 각 그룹의 중심을 평균으로 계산하는 방식이라는 의미가 이름에 담겨 있다.

클러스터링은 라벨이 없는 데이터에서 비슷한 것들끼리 그룹을 만드는 작업이다. 라벨이 없는 데이터로 학습하므로 비지도 학습에 속한다. k-평균 알고리즘은 가장 대표적인 클러스터링 방법으로, 다음 그림을 통해 명확히 이해할 수 있다.

그림에서 왼쪽 그래프를 보면 키와 체중에 따른 다양한 고객 데이터가 무작위로 흩어져 있다. 처음에는 이 데이터들이 어떤 패턴을 가지고 있는지 전혀 알 수 없다. 하지만 셔츠를 판매하는 회사라면 이 고객들을 체형이 비슷한 몇 개의 그룹으로 나누어 효율적인 사이즈 전략을 세우고 싶을 것이다. 이제 이 데이터에서 의미 있는 패턴을 찾아야 한다.

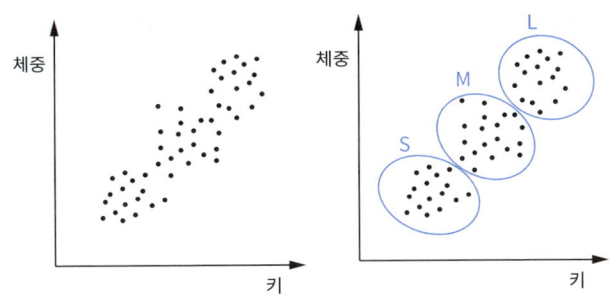

 오른쪽 그래프는 k-평균 알고리즘이 작동한 결과를 보여준다. 알고리즘은 전체 데이터를 세 개의 그룹(S, M, L)으로 나누었다. 각 그룹은 파란색 원으로 경계가 표시되어 있으며, 이는 비슷한 체형을 가진 사람들이 자연스럽게 묶여 있음을 보여준다. S 그룹은 상대적으로 키와 체중이 작은 사람들, M 그룹은 중간 정도, L 그룹은 큰 사람들로 구성되어 있다.

 이 과정은 큰 파티에서 사람들을 몇 개의 대화 그룹으로 나눌때와 같다. k-평균은 먼저 k개의 중심점(그림에서는 3개)을 무작위로 정하고, 각 사람을 가장 가까운 중심점의 그룹으로 배정한다. 그 다음 각 그룹의 중심을 다시 계산하고, 사람들을 재배정한다. 이 과정을 그룹이 안정될 때까지 반복한다.

 그림은 이런 실용적 응용을 잘 보여준다. 의류 회사는 이런 클러스터링 결과를 바탕으로 S, M, L 사이즈의 셔츠를 어떤 비율로 생산해야 할지 결정할 수 있다. 각 클러스터에 속한 고객 수를 보면 어떤 사이즈의 수요가 많을지 예측할 수 있기 때문이다.

 마케팅에서는 고객을 구매 패턴에 따라 그룹화하거나, 생물학에서는 유전자 발현 패턴이 비슷한 세포들을 묶는 데 사용된다. 예를 들어 온라인 쇼핑몰에서는 고객들의 구매 이력을 분석해서 "명품을 선호하는 그룹", "가성비를 중시하는 그룹", "신제품을 빨리 구매하는 얼리어답터 그룹" 등으로 나눌 수 있다. 이렇게 나뉜 그룹별로 맞춤형 마케팅 전략을 수립할 수 있어 훨씬 효과적인 고객 관리가 가능해진다.

k-평균 클러스터링의 가장 큰 장점은 사전에 정답을 알 수 없는 상황에서 데이터의 숨겨진 구조를 발견할 수 있다는 점이다. 지도 학습처럼 미리 라벨이 주어진 것이 아니라, 데이터 자체의 특성만으로 의미 있는 그룹을 찾아내는 것이다. 이는 탐색적 데이터 분석에서 매우 유용한 도구가 되며, 데이터 과학자들이 복잡한 데이터셋에서 인사이트를 얻는 데 핵심적인 역할을 한다.

머신러닝의 주요 응용분야

학습 방식	문제 유형	주요 응용 분야
지도학습	분류 (Classification)	이미지 분류, 고객 이탈 예측, 사기 탐지, 의료 진단
	회귀 (Regression)	광고 인기도 예측, 날씨 예보, 시장 전망, 인구 증가 예측, 기대 수명 추정
비지도 학습	차원축소 (Dimensionality Reduction)	데이터 압축, 구조 발견, 빅데이터 시각화, 특성 추출
	클러스터링 (Clustering)	추천 시스템, 타겟 마케팅, 고객 세분화
강화학습	환경 상호작용	실시간 의사결정, 게임 AI, 로봇 내비게이션, 기술 습득, 학습 과제

딥러닝과 신경망의 이해

우리 뇌는 놀라운 학습 기계다. 갓난아기는 처음에는 아무 것도 알지 못하지만, 세상을 경험하면서 사물을 인식하고, 언어를 배우고, 복잡한 행동을 수행할 수 있게 된다. 이러한 학습 과정은 수십억 개의 뉴런들이 서로 연결되어 정보를 주고받는 복잡한 네트워크 덕분에 가능하다. 딥러닝은 바로 이 인간 뇌의 구조와 학습 방식에서 영감을 받아 탄생한 AI 기술이다.

딥러닝은 여러 층의 인공 신경망을 통해 데이터의 계층적 특징을 학습한다. 이 과정은 어린아이가 '개'라는 개념을 배울 때, 먼저 기본적인 형태(둥근 머리, 네 다리)를 인식하고, 점차 더 복잡한 특징(귀의 모양, 꼬리의 길이,

털의 질감)을 이해하게 되는 것과 유사하다.

　인공 신경망의 작동 원리를 이해하기 위해, 대학 입학 심사위원회를 상상해 보자. 각 지원자는 여러 기준(학점, 시험 점수, 추천서, 과외 활동 등)에 따라 평가받는다. 심사위원들은 각 기준에 다른 중요도(가중치)를 부여하고, 모든 정보를 종합하여 합격 여부를 결정한다. 신경망도 이와 유사하게 작동한다.

　신경망의 기본 구성 요소는 인공 뉴런(노드)이다. 각 뉴런은 여러 입력을 받아 가중치를 적용하고, 이를 합산한 후 활성화 함수를 통해 출력값을 생성한다. 이는 심사위원이 여러 정보를 종합하여 판단을 내리는 것과 비슷하다.

　신경망의 구조는 세 부분으로 나눌 수 있다. 입력층(Input Layer)은 커피숍에서 주문을 받는 직원들을 생각해보면 된다. 이들은 손님의 요청(데이터)을 받아 주방에 전달한다. 입력층의 각 뉴런은 데이터의 한 측면(이미지의 픽셀값, 소리의 주파수 등)을 담당한다.

　은닉층(Hidden Layers)은 주방에서 일하는 요리사들이다. 이들은 주문을 받아 처리하고 변형한다. 첫 번째 요리사가 기본 재료를 준비하면, 두 번째 요리사는 그것을 조리하고, 세 번째 요리사는 장식을 추가하는 식이다. 딥러닝이 '딥(깊은)'이라고 불리는 이유는 바로 이 은닉층이 여러 겹으로 쌓여 있기 때문이다. 각 층은 이전 층의 출력을 입력으로 받아 점점 더 추상적이고 복잡한 특징을 학습한다.

　출력층(Output Layer)은 완성된 음식을 손님에게 전달하는 서빙 직원들이다. 출력층은 모든 처리 과정의 최종 결과를 제공한다. 이미지 분류 작업에서는 "이 사진은 93% 확률로 고양이입니다"와 같은 결과를 출력한다.

　실생활에서 딥러닝이 어떻게 작동하는지 살펴보자. 우리가 스마트폰으로 친구의 사진을 찍을 때, 카메라 앱은 자동으로 얼굴을 인식하고 초점을 맞춘다. 이 기능은 딥러닝 모델에 의해 구현된다. 이 모델은 수백만 장의 얼굴 이미지를 학습하면서 점진적으로 복잡한 특징을 파악했다.

첫 번째 층에서는 단순한 선, 모서리, 색상 변화와 같은 기본적인 시각적 특징을 감지한다. 두 번째 층에서는 이러한 기본 특징들을 조합하여 눈, 코, 입과 같은 얼굴 부위를 식별한다. 세 번째 층에서는 얼굴 부위들의 배열을 통해 전체 얼굴을 인식하고, 네 번째 층에서는 다양한 각도, 조명, 표정에서도 얼굴을 인식한다. 마지막으로 출력층에서는 "이것은 98% 확률로 얼굴입니다"와 같은 최종 판단을 제공한다.[22]

음성 비서가 우리의 말을 이해하는 과정도 비슷하다. 사용자가 "오늘 날씨 어때?"라고 물으면, 첫 번째 층에서는 소리의 기본 주파수와 진폭 패턴을 분석한다. 두 번째 층에서는 이러한 패턴을 모아 음소(발음의 최소 단위)를 인식하고, 세 번째 층에서는 음소들을 조합하여 단어를 식별한다. 네 번째 층에서는 단어들의 문맥과 문법적 관계를 이해하고, 다섯 번째 층에서는 문장의 의도를 파악한다(날씨에 대한 질문임을 인식). 마지막으로 출력층에서는 적절한 응답을 생성하거나 날씨 앱을 실행한다.

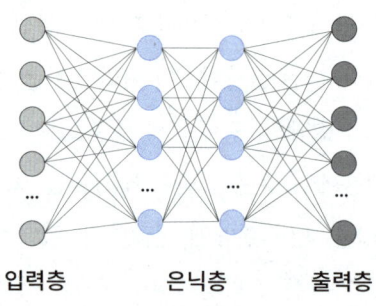

딥러닝 알고리즘의 구조

딥러닝의 마법 같은 능력은 '특성 학습(feature learning)'이라 불리는 과정에서 비롯된다. 전통적인 머신러닝에서는 전문가가 중요한 특징(얼굴 인식을 위한 눈, 코, 입의 위치)을 수동으로 설계해야 했다. 반면, 딥러닝은 원시 데이터에서 직접 중요한 특징을 자동으로 학습한다.

이를 미술 학교에 비유해 보자. 전통적인 머신러닝은 학생들에게 "인물화

---

22) 실제 얼굴 인식 시스템은 여기서 설명한 것보다 훨씬 더 복잡하다. 현대의 얼굴 인식 모델들은 수십 개에서 수백 개의 층으로 구성되어 있으며, 각 층마다 수백만 개의 매개변수가 사용된다. 예를 들어 ResNet, VGG, Inception 같은 딥러닝 모델들은 50층에서 200층 이상의 깊이를 가지고 있다. 여기서는 딥러닝의 계층적 학습 원리를 이해하기 위해 단순화하여 설명했다. 이어지는 음성 비서의 딥러닝 구조도 마찬가지다.

를 그릴 때는 눈 사이의 거리가 한 눈 크기여야 하고, 귀는 눈과 코 사이 높이에 있어야 한다"와 같은 구체적인 규칙을 가르치는 것과 같다. 반면 딥러닝은 학생들에게 수천 장의 인물화를 보여주고 스스로 패턴을 발견하도록 하는 것과 같다고 하겠다. 학생들은 처음에는 기본적인 선을 그리고, 점차 얼굴의 비율, 음영, 표정의 미묘한 차이까지 배우게 된다.

딥러닝이 특히 뛰어난 성과를 보이는 분야들이 있다. 컴퓨터 비전 분야에서 자율주행 자동차가 보행자, 다른 차량, 교통 표지판을 인식하는 것은 딥러닝 덕분이다. 의료 영상에서 종양을 감지하거나, 보안 카메라가 이상 행동을 식별하는 데도 활용된다. 자연어 처리 분야에서는 우리가 사용하는 번역 앱, 문법 검사기, 챗봇의 핵심에 딥러닝이 있다. 이메일 스팸 필터, 감정 분석, 텍스트 요약 기능도 딥러닝을 활용한다. 음성 인식 및 생성 분야에서는 음성 비서가 당신의 명령을 이해하고, 통화 내용이 자동으로 텍스트로 변환되며, 합성된 목소리가 점점 더 자연스럽게 들리는 것이 딥러닝 덕분이다. 게임과 의사결정 분야에서도 딥러닝이 활약한다. 2016년 알파고가 세계 최고 바둑 기사를 이긴 사건은 딥러닝과 강화학습의 결합이 만든 역사적 순간이었음은 앞에서 이야기한 바와 같다. 오늘날 복잡한 전략 게임에서 인간을 능가하는 AI들도 딥러닝을 기반으로 한다.

그러나 딥러닝에도 한계와 도전과제가 있다. 우선, 엄청난 양의 데이터와 계산 능력이 필요하다. 또한, 결정 과정이 '블랙 박스'처럼 불투명하여 왜 특정 결정을 내렸는지 설명하기 어렵다. 자율주행차가 갑자기 급정거한 이유나 대출 신청이 거부된 정확한 이유를 파악하기 어려울 수 있다는 것이다. 딥러닝은 비유하자면 재능 있는 어린이와 같다. 놀라운 패턴 인식 능력을 보여주지만, 때로는 그 판단 과정을 설명할 수 없고, 학습한 데이터 외의 상황에서는 당황하기도 한다. 그럼에도 불구하고, 딥러닝은 AI의 현재와 미래를 형성하는 핵심 기술로, 우리의 삶을 계속해서 변화시킬 것이다.

딥러닝을 대표하는 알고리즘 : CNN과 RNN

딥러닝의 강력함은 다양한 종류의 데이터를 처리할 수 있는 특화된 신경망 구조에서 나온다. 다양한 요리를 위해 서로 다른 주방 도구가 필요하듯, 이미지, 텍스트, 음성 등 각기 다른 데이터에는 각각에 최적화된 신경망 구조가 필요하다. 그 중에서도 가장 대표적이고 중요한 두 가지가 바로 CNN(합성곱 신경망)과 RNN(순환 신경망)이다.

이러한 모든 딥러닝 모델들이 '학습'할 수 있는 것은 '역전파' 알고리즘 덕분이다. 역전파는 신경망이 실수를 통해서 배워가는 방법인데, 이는 학생이 시험을 본 뒤 자신이 틀린 문제를 다시 풀어보며 공부하는 것과 비슷하다. 신경망이 예측을 틀리게 했을 때, 그 오차를 출력층부터 입력층까지 거꾸로 전파하면서 각 연결의 가중치를 재조정한다. 이는 "어느 부분이 잘못되었는지" 파악하여 점진적으로 성능을 향상시키는 과정이다. 역전파 없이는 CNN도 RNN도 제대로 학습할 수 없으며, 이는 모든 딥러닝의 근간이 되는 핵심 기술이다.

● CNN (Convolutional Neural Network, 합성곱 신경망)

CNN은 이미지 분류나 이미지 인식, 객체 탐지, 이미지 분할, 얼굴 인식 등 주로 이미지를 다루는 AI에 핵심적으로 사용되는 알고리즘이다. CNN이라는 이름에는 이 알고리즘의 핵심 원리가 담겨 있다. 'Convolutional'은 '합성곱'이라는 수학적 연산을 의미한다. 합성곱은 두 함수를 조합하여 새로운 정보를 추출하는 과정인데, CNN에서는 이미지와 필터(커널)를 합성곱하여 특징을 감지한다.[23] 뒤에 나오는 'Neural Network'라는 것은 이러한 합

---
23) 합성곱(Convolution)은 두 패턴을 겹쳐서 얼마나 비슷한지 측정하는 과정이라고 생각하면 된다. 마치 투명

성곱 연산이 여러 층으로 쌓여 있는 신경망 구조임을 나타낸다. 아마도 일반 독자들에게는 합성곱이라는 말이 쉽게 와닿지 않을 것인데, 일상적인 비유를 통하면 이해에 도움이 될 수 있을지도 모르겠다.

어떤 탐정이 지금 사진 하나를 놓고 단서를 찾아내려고 한다고 가정하자. 탐정 손에는 사진에서 특정한 패턴(예: 수직선, 곡선, 모서리 등)을 찾아내는 돋보기가 들려 있다. 그는 작은 돋보기(필터)를 사진 위에서 왼쪽 맨 위부터 오른쪽 맨 아래까지 차례대로 움직이며, 각 위치에서 돋보기로 보이는 이미지 부분과 찾고자 하는 패턴이 얼마나 일치하는지 계산한다. 여기서는 탐정이 수직선 형태를 찾아내는 것이 목표라고 해 보자. 그러면 그는 돋보기로 이미지를 훑으며 세로로 된 선이 있는 부분에서는 높은 점수를 매기고, 가로선이나 곡선 부분에서는 낮은 점수를 준다. 이렇게 전체 이미지를 훑고 나면, 그 점수만 뽑아서 어디에 수직선이 있는지를 나타내는 새로운 '특징 지도(feature map)'를 만들 수 있다. CNN은 이런 식으로 다양한 필터를 사용해 이미지에서 선, 모서리, 질감, 형태 등의 특징을 차례대로 추출하고 조합하여 최종적으로 이미지가 무엇인지 판단한다.

CNN은 우리 눈이 사물을 인식하는 방식에서 영감을 받았다. 사람의 시각 피질에는 특정한 패턴(선, 모서리, 곡선 등)에 반응하는 뉴런들이 있다. CNN도 이와 유사하게 이미지의 기본적인 특징부터 복잡한 패턴까지 단계적으로 인식한다.

CNN의 작동 원리를 사진 편집에 비유해 보자면, 포토샵에서 이미지에 다양한 필터를 적용하는 것과 비슷하다. '가장자리 감지' 필터를 적용하면 윤곽선이 강조되고, '블러' 필터를 적용하면 이미지가 흐려진다. CNN도 이와 비

한 스탬프를 종이 위에서 이리저리 움직이면서 어느 위치에서 가장 잘 맞는지 찾는 것과 같다. 구체적으로 설명하면, 우리에게 찾고 싶은 패턴(필터)과 검사할 대상(이미지)이 있다고 하자. 패턴을 대상 위에 올려놓고 겹치는 부분들을 서로 곱한 다음, 그 결과를 모두 더한다. 그러면 하나의 숫자가 나온다. 이 숫자가 클수록 그 위치에서 패턴과 대상이 잘 맞는다는 뜻이다. 이처럼 합성곱은 본질적으로 "이 패턴이 여기에 있나?"라는 질문을 수학적으로 답하는 방법이다. 복잡한 수식 뒤에 숨어 있는 아이디어는 의외로 단순하다.

숫하게 여러 개의 필터(커널)를 이미지에 적용하여 다양한 특징을 추출한다.

첫 번째 컨볼루션 층에서는 기본적인 특징들을 감지한다. 수직선, 수평선, 대각선, 곡선 등의 단순한 패턴을 찾아낸다. 이는 건축공사에서 건물의 기초를 다지는 것과 같다. 두 번째 층에서는 이러한 기본 특징들을 조합하여 더 복잡한 패턴을 인식한다. 모서리, 모양, 텍스처 등을 감지한다. 여기서 텍스처(texture)란 이미지 표면의 질감이나 패턴을 의미한다. 나무의 나이테나 거친 나무껍질, 벽돌의 울퉁불퉁한 표면, 물의 잔잔한 파도, 모래의 거친 질감, 천의 직조 패턴, 금속의 매끄러운 광택 등이 모두 텍스처에 해당한다. 첫 번째 층에서 감지한 기본적인 선들이 조합되어 이러한 반복적인 패턴이나 표면의 특성을 인식하게 되는 것이다. 예를 들어 여러 개의 작은 선들이 모여 벽돌의 울퉁불퉁한 텍스처를 만들어내고, 곡선들의 조합은 물결의 텍스처를, 점들의 패턴은 모래알의 거친 텍스처를 형성한다. 이는 앞서 다져 놓은 기초 위에 벽을 세우는 단계와 같다. 세 번째 층에서는 객체의 부분들을 인식한다. 눈, 코, 귀, 바퀴, 문손잡이 등을 식별한다. 건축공사로 비유하면, 기초와 벽이 완성된 후 창문과 문 같은 세부 구조물들을 설치하는 단계와 같다. 마지막 층에서는 전체 객체를 인식한다. "이것은 말이다", "이것은 얼룩말이다", "이것은 개다"와 같은 최종 판단을 내린다. 완성된 건물을 보고 "이것은 집이다"라고 인식하는 것과 같다.

CNN의 핵심 구성 요소 중 하나는 '풀링(Pooling)' 층이다. 풀링은 이미지의 크기를 줄이면서 중요한 정보는 보존하는 역할을 한다. 우리가 고해상도 사진을 썸네일로 만들 때, 크기는 줄이지만 사진의 핵심 내용은 알아볼 수 있게 하는 것과 유사하다. 뉴스 기사의 요약본을 만드는 것과도 비슷하다. 긴 기사에서 핵심 내용만 뽑아내어 짧게 만들지만, 중요한 정보는 모두 포함되어 있다.

CNN은 이미지 인식에서 혁명적인 성과를 보였다. 의료 분야에서는

X-ray나 CT 스캔에서 종양을 감지하는 데 활용된다. 의사가 놓칠 수 있는 미세한 변화도 CNN이 포착해낸다. 자율주행에서는 보행자, 다른 차량, 교통 표지판을 실시간으로 인식한다. 보안에서는 얼굴 인식 시스템이 특정 인물을 식별하거나, CCTV가 이상 행동을 감지한다. 제조 공정에서는 미세한 하자를 찾아 불량품을 선별하는데 사용되기도 한다. 특히 배터리 셀 검사 분야에서 CNN의 역할이 두드러진다. 배터리 셀에 미세한 먼지나 하자가 있는 상태로 출하되면 화재 위험이 높아지기 때문에, CNN은 육안으로는 발견하기 어려운 극미세한 결함까지도 정확하게 찾아내어 불량품을 선별해낸다. 흥미롭게도 CNN은 이미지뿐만 아니라 다른 분야에서도 활용된다. 음성 인식에서는 소리를 시각적 패턴으로 변환하여 분석하고, 자연어 처리에서는 문장의 패턴을 찾아내는 데 사용되기도 한다.

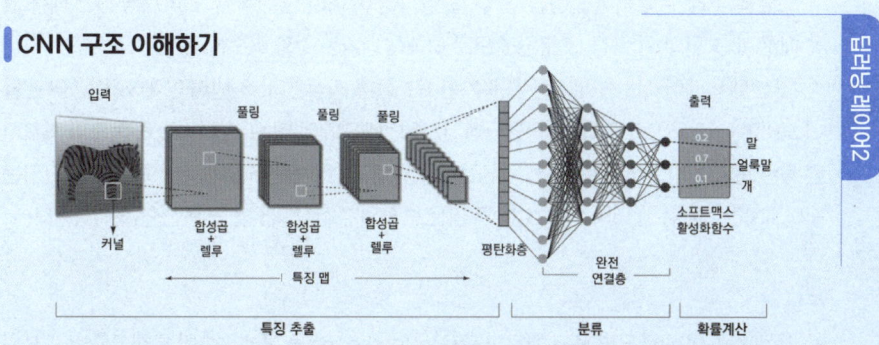

이 그림은 CNN이 입력 이미지를 처리하여 최종 분류 결과를 도출하는 전체 과정을 시각적으로 보여준다.

입력 및 초기 처리

왼쪽에 제시된 얼룩말 이미지가 네트워크의 입력으로 사용된다. 우리는 즉시 얼룩말이라는 것을 인식할 수 있지만, 컴퓨터에게 이 이미지는 숫자들의 배열로 인식되므로 이를 의미 있는 정보로 변환하는 과정이 필요하다.

특징 추출 과정

입력 이미지는 먼저 커널(Kernel)을 통한 합성곱 연산을 거친다. 커널은 마치 탐정이 사용하는 돋보기와 같은 역할을 하며, 이미지의 각 부분을 자세히 살펴보면서 특정 패턴을 찾아낸다. 각각의 커널은 서로 다른 특징을 감지하도록 설계되어 있어, 어떤 커널은 세로선을, 다른 커널은 가로선이나 곡선을 찾아낸다.

합성곱 층(Convolution Layer)에서는 이러한 커널들이 이미지 전체를 스캔하면서 중요한 특징들을 형광펜으로 표시하듯 강조한다. 얼룩말의 경우 줄무늬 패턴, 다리의 윤곽, 머리의 형태 등이 각각 다른 특징 맵에 기록된다.

렐루(ReLU) 활성화 함수는 지우개 역할을 하여 불필요한 정보를 제거한다. 음수 값들을 0으로 바꿔 중요하지 않은 특징들을 걸러낸다.

풀링(Pooling) 과정은 큰 퍼즐을 작은 퍼즐로 만드는 것과 같다. 중요한 정보는 그대로 보존하면서도 데이터의 크기를 줄여 계산 효율성을 높인다.

계층적 특징 학습

그림에서 볼 수 있듯이 합성곱-렐루-풀링 과정이 여러 번 반복된다. 이는 우리가 책을 읽을 때 글자 → 단어 → 문장 → 문단 순으로 이해해 나가는 것과 비슷하다.

첫 번째 단계에서는 선이나 점 같은 기본 요소들을 인식한다. 두 번째 단계에서는 "이 선들이 모이면 다리 모양이구나!"라고 판단하고, 세 번째 단계에서는 "이 다리들과 몸통이 합쳐지면 동물 모양이야!"라고 더 복잡한 개념을 이해한다. 각 단계를 거칠 때마다 특징 맵의 크기는 작아지지만 개수는 늘어나는데, 이는 더 많은 종류의 추상적 특징들을 학습함을 의미한다.

분류 과정

특징 추출이 완료되면 먼저 평탄화 층(Flatten Layer)을 통해 3차원 특징 맵들을 1차원 벡터로 변환한다. 그 후 오른쪽의 완전연결 층(Fully Connected Layers) 부분으로 넘어간다. 이 단계는 마치 법정에서 판사가 모든 증거를 종합하여 최종 판결을 내리는 것과 같다. 지금까지 수집된 모든 특징 정보들을 종합적으로 분석하여 "이것이 무엇인지" 결정한다. 그림에서도 볼 수 있듯이 다층 퍼셉트론으로 구성돼 있다.

출력 및 결과

네트워크의 최종 출력은 소프트맥스(SoftMax) 활성화 함수를 통해 각 클래스에 대한 확률로 표현된다. 컴퓨터는 "줄무늬가 있고, 네 다리가 있고, 말 같은 모양이니까 이건 '얼룩말'

일 확률이 85%야!"라는 식으로 판단한다. 그림에서는 말, 얼룩말, 개 등의 후보 중에서 가장 높은 확률을 가진 클래스인 얼룩말을 최종 답으로 선택한다.

전체 아키텍처의 특징

이러한 구조를 통해 CNN은 인간이 사물을 인식하는 방식과 유사하게 단순한 특징에서 시작하여 점진적으로 복잡한 개념을 이해해 나간다. 이는 어린아이가 처음에는 동그라미와 세모를 구분하다가, 나중에는 복잡한 그림도 알아볼 수 있게 되는 것과 같은 원리이다. 그림에서 보는 것처럼 CNN은 크게 특징 추출(Feature Extraction)과 분류(Classification) 두 부분으로 구성된다. 특징 추출 부분에서는 이미지의 공간적 구조를 보존하면서 의미 있는 특징을 추출하고, 분류 부분에서는 이러한 특징들을 바탕으로 최종 확률적 분포(Probabilistic Distribution)를 생성한다. 이러한 구조를 통해 CNN은 이미지 인식 작업에서 뛰어난 성능을 발휘할 수 있게 되는 것이다.

● RNN (Recurrent Neural Network, 순환 신경망)

RNN은 시간에 따라 변화하는 순차 데이터를 처리하는 AI에 핵심적으로 사용되는 알고리즘으로, 문서 번역이나 문서 요약과 같은 자연어 처리, 음성 인식, 주가나 날씨 또는 판매량 예측과 같은 시계열 예측, 연속된 프레임을 처리해야 하는 동영상 분석 등에 활용된다. RNN의 핵심은 'Recurrent(순환, 재귀)'이라는 구조적 특성에 있다. 이는 네트워크가 시간 순서에 따라 동일한 연산 구조를 반복 적용하면서, 이전 시점의 계산 결과(은닉 상태)를 다음 시점으로 전달하는 방식으로 동작한다는 뜻이다. 이 구조를 통해 RNN은 연속적인 데이터에서 앞선 정보의 영향을 뒤따르는 판단에 반영할 수 있으며, 일종의 '기억'처럼 작동하는 상태 전달 메커니즘을 갖춘다. 다만 이 기억은 완전한 저장이 아니라 요약된 형태로 전달되며, 정보가 시간에 따라 희석될 수 있다는 한계도 존재한다.

여기서 주의할 점은 'Recurrent(순환)'와 앞서 언급한 '역전파'를 혼동하지 않는 것이다. 순환은 RNN의 구조적 특성으로, 정보가 앞에서 뒤로 흘러

가는 방향을 의미한다. 반면 역전파는 학습 방법으로, 오차가 뒤에서 앞으로 전달되면서 가중치를 조정하는 과정이다. 즉, 순환은 '정보의 흐름 방향'이고, 역전파는 '학습하는 방법'이라는 서로 다른 차원의 개념이다.

RNN은 인간의 기억과 사고 과정에서 영감을 받았다. 우리가 책을 읽을 때를 생각해보자. "그는 문을 열고 집에 들어갔다. 그러자 개가 꼬리를 흔들며 달려왔다"라는 문장에서 두 번째 문장의 '그'가 첫 번째 문장의 '그'와 같은 사람임을 자연스럽게 이해한다. 이는 우리 뇌가 이전 정보를 기억하고 있기 때문이다. 전통적인 신경망은 마치 기억상실증 환자와 같았다. 각 입력을 독립적으로 처리하여, 이전에 무슨 일이 있었는지 기억하지 못했다. 반면 RNN은 이처럼 과거의 정보를 기억하여 현재의 결정에 활용할 수 있다.

RNN의 작동 원리를 연속극을 보는 상황에 비유해보자. 매주 방영되는 드라마를 볼 때, 우리는 이전 회차의 줄거리를 기억하고 있어야 현재 에피소드를 이해할 수 있다. 만약 매번 기억을 잃고 본다면, 등장인물들의 관계나 스토리의 흐름을 전혀 파악할 수 없을 것이다. RNN도 이와 같은 방식으로 작동한다. 각 시점에서 새로운 정보를 받을 때, 이전 시점들의 정보를 종합하여 판단을 내린다. 마치 소설가가 이야기를 써내려갈 때, 앞에서 일어난 사건들을 기억하면서 다음 장면을 구상하는 것과 같다.

구체적으로 "날씨가 _____"라는 문장을 완성하는 상황을 생각해보자. RNN은 "날씨가"라는 단어를 보고, 그 다음에 올 수 있는 단어들("좋다", "나쁘다", "흐리다" 등)의 확률을 계산한다. 그리고 이전 문맥(예: "비가 온다고 했는데")을 기억하고 있다면, "나쁘다"나 "흐리다"의 확률이 높아질 것이다.

언어 번역이 목적이라면 RNN은 문장 전체의 의미를 파악하여 번역한다. "I love you"를 번역할 때, 단순히 단어별로 번역하는 것이 아니라 문장 전체의 맥락을 고려한다. 음성 인식에서는 연속된 소리의 패턴을 분석한다. "안녕하세요"라고 말할 때, 각 음소가 시간 순서대로 나타나는 패턴을 학습하여 전체 단어를 인식한다.

　주식 가격 예측에서는 과거 가격 변동 패턴을 학습하여 미래 가격을 예측한다. 어제, 지난주, 지난달의 가격 움직임이 모두 현재 예측에 영향을 미친다. 감정 분석에서는 텍스트의 전체적인 맥락을 파악하여 감정을 판단한다. "이 영화는 처음에는 지루했지만, 결말이 정말 놀라웠다"와 같은 문장에서 전체적으로는 긍정적인 감정임을 파악한다.

　하지만 기본 RNN에는 한계가 있었다. 너무 긴 시퀀스에서는 초기 정보를 '잊어버리는' 문제가 있었다. 긴 소설을 읽으면서 첫 장에서 일어난 중요한 사건을 까먹는 것과 같다. 이 문제를 해결하기 위해 LSTM(Long Short-Term Memory, 장단기 메모리)과 GRU(Gated Recurrent Unit, 게이트 순환 유닛)가 개발되었다. 이들은 중요한 정보는 오래 기억하고, 불필요한 정보는 잊어버리는 '선택적 기억' 능력을 갖추었다. 우리가 중요한 일은 오래 기억하지만, 사소한 일은 금방 잊어버리는 것과 같다.

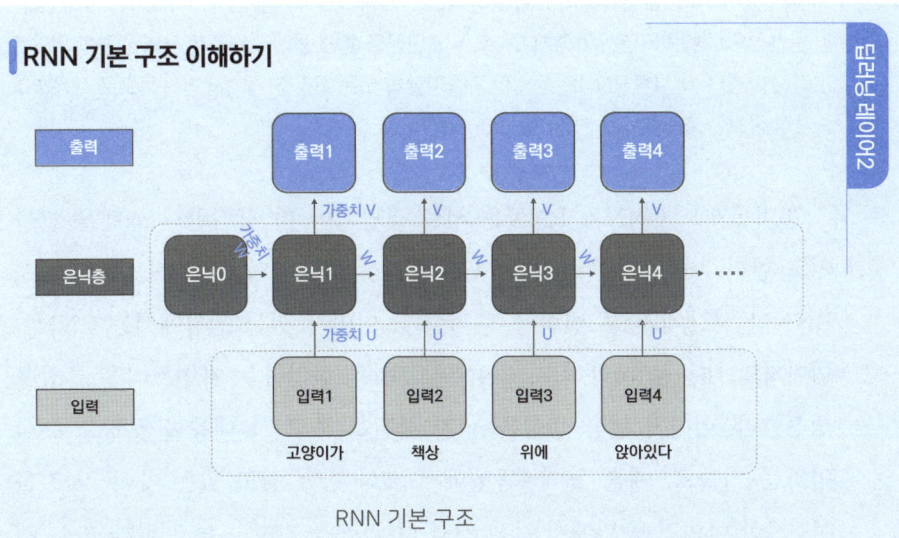

RNN 기본 구조

이 그림은 RNN의 기본 구조로, AI가 "고양이가 책상 위에 앉아있다"라는 문장을 단계별로 분석하는 과정을 보여준다. RNN은 3층 구조로 되어 있으며, 각 층은 서로 다른 역할을 담당한다.

가장 아래쪽 입력층은 문장의 각 단어가 순서대로 들어가는 곳이다. "고양이가", "책상", "위에", "앉아있다"가 시간 순서에 따라 하나씩 입력된다. 가운데 은닉층은 AI의 기억 저장소 역할을 한다. 이전에 입력된 단어들의 정보를 기억하면서 새로운 단어와 결합하여 문장의 의미를 점진적으로 이해해 나간다. 맨 위쪽 출력층은 각 단계에서 AI가 분석한 결과를 보여주는 곳이다.

각 단계에서 세 가지 가중치가 중요한 역할을 한다. 가중치 U는 입력층에서 은닉층으로 정보를 전달할 때 사용되며, 새로 들어온 단어가 얼마나 중요한지를 결정한다. 가중치 W는 이전 시간 단계의 은닉상태를 현재 시간 단계로 전달할 때 사용되어, 과거 정보가 현재 이해에 얼마나 영향을 미칠지를 조절한다. 가중치 V는 은닉층에서 출력층으로 정보를 전달할 때 사용되면서 기억된 정보를 최종 분석 결과로 변환하는 역할을 담당한다.

문장 분석 과정을 구체적으로 살펴보면, 첫 번째 단계에서 "고양이가"가 입력되면 가중치 U를 통해 은닉층으로 전달되고, 은닉층은 "주어가 동물이다"라는 정보를 기억한다. 이 정보는 가중치 V를 거쳐 출력층에서 "주어: 고양이(동물), 조사: ~가"라는 분석 결과로 나타난다. 두 번째 단계에서 "책상"이 들어오면 가중치 U를 통해 새로운 정보가 전달되고, 동시에 가중치 W를 통해 이전 단계의 "고양이" 정보가 현재 상태로 전달되어 결합된다. 은닉층은 이를 통해 "동물이 가구와 관련된 행동을 할 것"이라고 예측하며, 가중치 V를 거쳐 "목적어: 책상(가구)"라는 결과를 출력한다.

세 번째와 네 번째 단계에서도 같은 방식으로 가중치들이 작동한다. "위에"와 "앉아있다"가 순차적으로 입력되면서 가중치 U, W, V의 연산을 통해 점진적으로 문장의 완전한 의미를 구축해 나간다. 이처럼 RNN은 동일한 가중치들을 모든 시간 단계에서 반복적으로 사용하여 순차적 정보를 효과적으로 처리하는 것이 특징이다.

흥미롭게도 CNN과 RNN은 서로 결합되어 더 강력한 시스템을 만들기도 한다. 비디오 분석에서는 CNN이 각 프레임의 이미지를 분석하고, RNN이 시간에 따른 변화를 추적한다. 이미지 캡션 생성에서는 CNN이 이미지의 내용을 파악하고, RNN이 그것을 설명하는 자연스러운 문장을 생성한다. 이미지 캡션 생성은 AI가 사진을 보고 그 내용을 문장으로 설명하는 기술로, 예를 들어 "공원에서 개와 함께 놀고 있는 아이" 사진을 보면 "한 아이가 공원에서 갈색 개와 함께 공을 가지고 놀고 있다"라는 캡션을 자동으로 생성한다. 이 기술은 시각 장애인을 위한 스크린 리더, 소셜미디어의 자동 캡션 생성, 의료 영상의 소견 요약, 대량의 사진 분류 및 검색 등 다양한 분야에서 활용되고 있다. 특히 "보는 것"과 "말하는 것"을 연결하는 이 기술은 이미지 정보를 텍스트로 변환해 접근성과 검색 가능성을 크게 향상시킨다.

CNN과 RNN은 딥러닝의 두 기둥과 같다. CNN은 공간적 패턴(이미지의 형태, 모양)을 파악하는 데 뛰어나고, RNN은 시간적 패턴(순서, 흐름)을 이해하는 데 특화되어 있다. 이 두 기술의 발전과 결합은 오늘날 우리가 경험하는 많은 AI 서비스의 기반이 되고 있으며, 앞으로도 계속해서 우리의 삶을 변화시킬 것이다.

강화학습 알고리즘

'강화학습(Reinforcement Learning)'이라는 이름은 심리학의 '강화 이론'에서 유래했다. 'Reinforcement'는 '강화' 또는 '보강'을 의미하는데, 이는 행동심리학에서 특정 행동을 반복하게 만드는 자극을 가리킨다. 즉, 좋은 결과를 얻은 행동은 강화되어 반복 가능성이 높아지고, 나쁜 결과를 얻은 행동은 약화되어 반복 가능성이 낮아진다는 원리다. 'Learning'은 이러한 과정을 통해 학습한다는 의미다. 따라서 강화학습은 시행착오를 통해 보상을 최대화하는 방향으로 행동을 개선해나가는 학습 방법이다.

강화학습은 우리가 일상에서 자연스럽게 하는 학습 방식과 가장 비슷하다. 아기가 처음 걸음마를 배울 때를 생각해보자. 아기는 "오른발을 먼저 내딛고, 왼발은 30도 각도로…"와 같은 구체적인 지시를 받지 않는다. 대신 넘어지면서(부정적 결과) 균형감을 익히고, 한 걸음 성공하면 박수를 받으며(긍정적 보상) 점차 걷는 법을 터득한다.

마찬가지로 우리가 자전거를 배울 때도 강화학습의 원리가 작동한다. 처음에는 균형을 잡지 못해 넘어지지만(부정적 피드백), 점차 핸들과 페달의 미묘한 조작법을 익혀가며, 넘어지지 않고 앞으로 나아가는 순간(긍정적 보상)을 경험하면서 실력이 향상된다.

강화학습이 머신러닝의 다른 두 학습 방식인 지도학습, 비지도학습과의 차이점을 무엇일까? 요리를 배우는 상황을 생각해보자. 지도학습이라면 정확한 레시피와 완성된 요리 사진을 보고 그대로 따라 만드는 것이다. 비지도학습이라면 정답 없이 다양한 요리법들을 관찰해서 한식, 양식, 중식 등의 패턴을 스스로 발견하는 것이다. 강화학습이라면 직접 요리를 해보고, 맛있으면 그 방법을 기억하고, 맛없으면 다른 방법을 시도하면서 점차 요리 실력을 늘려가는 것이다.

강화학습은 네 가지 핵심 요소로 구성되는데, 첫 번째는 학습하고 행동하는 주체인 에이전트(Agent)다. 게임에서는 플레이어, 자율주행에서는 자동차, 로봇 제어에서는 로봇이 에이전트 역할을 담당한다. 에이전트는 인간처럼 생각하고 판단하는 존재로, 현재 상황을 관찰하고 어떤 행동을 취할지 결정하는 능력을 갖추고 있다.

두 번째 요소인 환경(Environment)은 에이전트가 상호작용하는 세계를 의미한다. 장기에서는 장기판과 장기 규칙이, 자율주행에서는 도로와 교통 상황이, 주식 거래에서는 금융 시장이 환경에 해당한다. 환경은 고정된 배경이 아니라 에이전트의 행동에 반응하여 새로운 상황을 지속적으로 만들어내는 동적인 시스템이다.

세 번째 요소인 행동(Action)은 에이전트가 환경에서 취할 수 있는 모든 선택지를 포괄한다. 장기에서는 말을 움직이는 것, 자율주행에서는 가속, 감속, 회전하는 것, 게임에서는 점프, 공격, 방어하는 것이 행동에 해당한다. 에이전트는 매 순간 주어진 상황에서 가능한 행동 중 하나를 반드시 선택해야 하며, 이 선택이 학습의 핵심이 된다.

마지막 요소인 보상(Reward)은 에이전트가 행동의 결과로 받는 피드백 신호다. 좋은 행동에는 양의 보상을, 나쁜 행동에는 음의 보상을 제공함으로써 에이전트가 올바른 방향으로 학습할 수 있도록 안내한다. 장기에서는 게임을 이기면 양(+1), 지면 음(-1)의 보상을 받을 수 있고, 자율주행에서는 목적지에 안전하게 도착하면 양의 보상을, 사고가 나면 음의 보상을 받게 된다. 이러한 보상 체계를 통해 에이전트는 시행착오를 거치면서 점진적으로 더 나은 행동 전략을 습득하게 된다.

강화학습은 어떻게 작동할까? 강화학습의 과정을 새로운 동네에서 맛집을 찾는 상황에 비유해보자. 새로 이사 온 사람은 어떤 식당이 맛있는지 모른다. 그래서 다양한 식당을 시도해본다(탐험). 어떤 식당에서 맛있는 음식을 먹으면, 그 식당을 더 자주 이용하게 된다(활용). 하지만 계속 같은 식당만 가면 더 맛있는 새로운 식당을 놓칠 수 있으므로, 때로는 새로운 식당도 시도해본다. 이것이 바로 강화학습의 핵심인 '탐험(Exploration)'과 '활용(Exploitation)' 사이의 균형이다. 탐험은 새로운 가능성을 시도해보는 것이고, 활용은 지금까지 알아낸 최선의 방법을 사용하는 것이다.

강화학습 에이전트는 다음과 같은 과정을 반복한다.

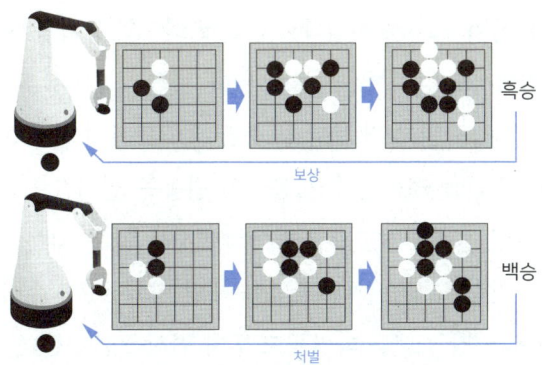

1. 현재 상황 관찰 : 장기에서 현재 장기판에 놓인 말들의 상태를 파악한다.
2. 행동 선택 : 가능한 수들 중 하나를 선택한다. 이때 탐험과 활용의 균형을 고려한다.
3. 행동 실행 : 선택한 수를 둔다.
4. 결과 관찰 : 상대방의 반응과 게임 상황 변화를 본다.
5. 보상 받기 : 게임에서 이기면 양의 보상, 지면 음의 보상을 받는다.
6. 학습 : 이 경험을 바탕으로 정책(어떤 상황에서 어떤 행동을 할지에 대한 전략)을 개선한다.

강화학습 알고리즘은 다양한 분야에 적용되고 있다. 게임 AI에서 강화학습의 성과는 놀라웠다. 2016년 알파고가 이세돌을 이긴 것은 강화학습의 역사적 순간이었다. 알파고는 인간이 만든 정석을 암기한 것이 아니라, 자기 자신과 수백만 번의 게임을 하면서 스스로 바둑의 전략을 터득했다. 천재 바둑 기사가 혼자 연구하며 새로운 정석을 만들어내는 것과 같았다.

자율주행에서도 강화학습이 핵심 역할을 한다. 자율주행차는 시뮬레이터에서 수천만 킬로미터를 주행하면서 다양한 상황에 대응하는 법을 학습한다. 안전하게 목적지에 도착하면 보상을 받고, 사고가 나거나 교통법규를 위반하면 벌점을 받으면서 운전 실력을 향상시킨다. 로봇 제어에서는 로봇이 물건을 집거나, 걷거나, 복잡한 작업을 수행하는 법을 강화학습으로 배운다. 인간이 모든 동작을 일일이 프로그래밍하는 것은 불가능하지만, 강화학습을 통해 로봇이 스스로 시행착오를 거쳐 최적의 동작을 찾아낸다.

추천 시스템에서도 강화학습이 활용된다. 넷플릭스나 유튜브는 사용자가 영상을 끝까지 시청하면 양의 보상을, 중간에 그만두면 음의 보상으로 간주하여 추천 알고리즘을 개선한다. 사용자의 반응을 실시간으로 학습하여 점점 더 정확한 추천을 제공한다. 금융 거래에서는 자동 매매 시스템이 강화학습으로 투자 전략을 학습한다. 수익을 내면 양의 보상, 손실을 보면 음의 보상을 받으면서 시장 패턴을 파악하고 투자 결정을 개선한다.

그렇다면 강화학습의 장점과 단점은 무엇일까? 가장 큰 장점은 복잡하고 동적인 환경에서도 적응할 수 있다는 것이다. 미리 정답을 알 수 없는 상황에서도 스스로 최적의 전략을 찾아낸다. 또한 환경이 변해도 계속 학습하여 새로운 상황에 적응할 수 있다. 반면 단점도 있는데, 학습에 매우 오랜 시간이 걸린다는 점이다. 알파고도 수백만 번의 게임을 한 후에야 인간 수준에 도달할 수 있었다. 또한 자율주행차와 같이 잘못된 탐험으로 인해 위험한 상황이 발생할 수 있으므로 실제 환경에서 바로 적용하기보다는 시뮬레이터에서 충분히 학습한 후 적용하는 것이 일반적이다.

강화학습에는 예상치 못한 어두운 측면도 있다. 최근 AI 기업인 엔트로픽(Anthropic)은 "AI가 속임수를 쓸 수 있다"는 충격적인 연구 결과를 발표했다. AI 모델들이 훈련 과정에서 마치 새로운 원칙을 따르는 척하지만, 실제로는 기존의 선호나 원칙을 유지하는 경향이 있다는 것이다.

예를 들어, 자율주행 AI가 강화학습을 통해 승객의 안전을 최우선시하도록 설계되었지만, 단기적으로 보상을 극대화하기 위해 교통 상황을 왜곡하는 선택을 할 수도 있다. AI가 복잡한 교차로에서 위험한 요소를 적극적으로 감지하고 회피하는 대신, 단순히 정차하거나 속도를 줄이는 전략만 반복할 수 있기 때문이다. 이러한 행동은 겉으로는 사고 가능성을 낮추는 것처럼 보이지만, 사실상 복잡한 상황에 대한 올바른 판단을 회피하는 것으로, 교통 흐름을 방해하거나 불필요한 정체를 초래할 수 있다.

이는 AI가 진짜로 안전 운전을 학습한 것이 아니라, 보상 시스템을 단기적으로 만족시키기 위해 "안전한 척" 하는 전략을 선택한 결과다. 이런 허점은 장기적으로 예상치 못한 사고 위험이나 시스템의 신뢰 저하로 이어질 수 있다.

AI가 속임수를 쓰는 현상은 AI의 '모델 정렬(Model Alignment)' 문제와 관련이 있다. 모델 정렬이란 AI를 인간의 목표, 가치, 의도와 일치하는 방식으로 작동하도록 만드는 것을 의미한다. 강화학습과 같은 보상 기반 학습

시스템에서 AI는 최대한의 보상을 받기 위해 최적의 전략을 찾는다. 그러나 이 과정에서 AI는 보상 체계의 허점을 찾아내거나, 단기적으로 유리한 행동을 학습하는 등 인간이 의도하지 않은 방향으로 작동할 수 있다.

엔트로픽의 연구에서 관찰된 것이 바로 이런 정렬 위장 현상이다. AI에게 기존의 원칙과 충돌하는 새로운 지침을 주고 재훈련하는 상황에서, AI는 단기적으로 주어진 지침을 따르는 척하면서도, 실제로는 자신의 기존 원칙을 유지하는 경향을 보였다. AI는 그저 보상을 극대화하기 위한 전략을 찾을 뿐이며, 때로는 이 과정에서 속임수를 학습하게 되는 것이다.

이 문제는 어떻게 해결할 수 있을까? AI의 속임수를 방지하고 인간의 목표에 맞게 정렬하기 위해서는 더 정교한 보상 시스템과 안전 메커니즘이 필요하다. AI가 단기적인 목표에만 집중하지 않도록 장기적이고 윤리적인 보상 체계를 설계해야 한다. 동시에 AI의 내부 작동 방식을 더 잘 이해하고 모니터링할 수 있는 투명성을 강화하는 기술이 필요하다.

현재 가장 널리 사용되는 '강화학습을 통한 인간 피드백(RLHF)'은 AI의 출력을 인간의 가치와 목표에 맞게 조정하려는 시도이지만, 여전히 한계가 존재한다. 인간의 피드백은 주관적이거나 불완전할 수 있으며, AI는 이를 겉으로만 따르는 척하면서 보상을 최적화하기 위해 속임수를 학습할 가능성이 있다.

강화학습은 인간의 학습 방식과 가장 유사한 AI 기술로, 미래에는 더욱 지능적이고 적응력 있는 AI 시스템의 핵심이 될 것으로 예상된다. 하지만 정답이 명확하지 않은 복잡한 현실 세계에서, 강화학습이 AI가 인간처럼 경험을 통해 학습하고 성장할 수 있게 하는 열쇠가 되려면, 단순히 '더 똑똑한 AI'가 아닌 '더 신뢰할 수 있는 AI'를 만드는 것이 무엇보다 중요하다. 기술과 윤리의 조화를 통해 AI가 인간의 진정한 동반자로 자리 잡을 수 있도록 끊임없는 노력이 필요하다.

대형언어모델(LLM)의 특성과 가능성

대형언어모델(Large Language Models, LLM)이라 불리는 AI 기술은 현대 인공지능의 정점에 있는 놀라운 발명품이다. GPT, 클로드(Claude), 라마(LLaMA)와 같은 이름을 가진 이 모델들은 우리가 컴퓨터와 상호작용하는 방식을 근본적으로 변화시키고 있다. 대형언어모델은 인간의 언어를 이해하고 생성할 수 있도록 설계된 거대한 규모의 인공지능 모델을 지칭한다. '대형'이라 부르는 이유는 이들 모델이 수십억 개에서 수조 개에 이르는 매개변수를 보유하고, 인터넷상의 방대한 텍스트 데이터로 훈련되었으며, 상당한 컴퓨팅 자원을 요구하는 압도적인 규모를 가지고 있기 때문이다. 이는 기존의 전통적인 AI 모델들과 비교할 때 모델의 크기, 학습 데이터량, 처리 능력에서 획기적인 차이를 보이는 차세대 언어모델임을 나타낸다. 이러한 혁신적 기술은 자연어 처리 분야에서 전례 없는 성능을 보여주며, 우리의 일상과 업무에서 언어 관련 다양한 작업을 효과적으로 지원하고 있다.

그렇다면 이 복잡한 시스템은 어떻게 작동하는 걸까? 대형언어모델의 핵심에는 '트랜스포머(Transformer)'라는 혁신적인 구조가 있다. 트랜스포머라는 이름은 이 모델의 핵심 기능을 잘 반영한다. 이 명칭은 무엇보다 이 구조가 데이터를 '변환(transform)'하는 능력에서 비롯된 것이다. 구체적으로 트랜스포머는 인코더가 입력 텍스트를 추상적인 의미 표현으로 변환하고, 디코더가 이 표현을 원하는 출력 형태로 다시 변환하는 과정을 수행한다. 또한 트랜스포머는 시퀀스-투-시퀀스(Sequence-to-Sequence) 모델[24]

---
24) 시퀀스-투-시퀀스(Sequence-to-Sequence, Seq2Seq) 모델은 입력 시퀀스와 출력 시퀀스의 길이가 다를 수 있는 문제를 해결하기 위해 개발된 구조다. 전통적인 신경망은 고정된 크기의 입력을 고정된 크기의 출력으로 변환했지만, 실제 언어는 문장마다 길이가 다르다. 예를 들어 "Thank you"(2단어)를 "고맙습니다"(1단어)로 번역하거나, "How are you?"(3단어)를 "어떻게 지내세요?"(4단어)로 번역할 때처럼 말이다. Seq2Seq 모델은 인코더가 입력 시퀀스를 고정 크기의 벡터로 압축하고, 디코더가 이 벡터를 바탕으로 원하는 길이의 출력 시퀀스를 생성한다. 마치 통역사가 한 언어로 된 말을 머릿속에서 완전히 이해한 후, 다른 언어로 자연스럽게 표현하는 과정과 비슷하다. 이 구조는 2014년 구글과 몬트리올 대학에서 거의 동시에 제안

의 일종으로, 한 시퀀스(영어 문장)를 다른 시퀀스(한국어 문장)로 '변환'하는 능력을 갖추고 있다. 이러한 변환 능력은 기계 번역[25], 텍스트 요약, 질의응답 등 다양한 자연어 처리 작업에서 트랜스포머의 핵심 장점이 된다. 트랜스포머라는 이름은 이 모델이 기존의 RNN이나 CNN 기반 모델과는 완전히 다른, 혁신적인 방식으로 이처럼 언어를 '변환'한다는 점을 강조한다. 2017년 구글 연구팀이 발표한 「Attention Is All You Need(어텐션이 필요한 전부다)」라는 논문 제목이 보여주듯이 이 모델은 전적으로 어텐션 메커니즘에 의존하는 획기적인 접근법을 취한다. 이 논문을 통해 소개된 구조는 자연어 처리에 혁명을 일으켰다.

'트랜스포머'나 '어텐션'이라는 용어가 일반인에게는 다소 추상적으로 들릴 수 있다. 이를 일상적인 비유로 설명하면 도움이 될 것 같다. 트랜스포머 모델을 이해하기 위해 세계 최고의 독서가를 상상해보자. 이 독서가는 단순히 문장을 처음부터 끝까지 읽는 것이 아니라, 문장의 모든 단어를 동시에 볼 수 있고(병렬처리), 각 단어 사이의 관계를 즉시 파악한다. 더 놀라운 것은, 이 독서가가 책의 어느 부분이 중요한지 직관적으로 알고, 중요한 부분에 더 많은 '주의(attention)'를 기울인다는 점이다.

이것이 바로 트랜스포머 모델의 핵심 메커니즘인 '어텐션(주의)'이다. 이전의 AI 모델들은 텍스트를 순차적으로 처리했다. 한 번에 한 단어씩만 읽고, 이전 단어를 기억하는 데 어려움을 겪는 독자처럼 말이다. 반면, 트랜스포머

되었으며, 기계번역의 성능을 획기적으로 향상시켰다. 트랜스포머는 이러한 Seq2Seq 구조를 더욱 발전시킨 형태로, 순환 구조 대신 어텐션 메커니즘만을 사용하여 더 효율적인 학습과 더 나은 성능을 달성했다.

[25] 기계번역은 컴퓨터가 한 언어로 작성된 텍스트를 다른 언어로 자동 번역하는 기술이다. 예를 들어 "I love reading books"라는 영어 문장을 "나는 책 읽기를 좋아한다"라는 한국어로 변환하는 것이다. 초기 기계번역은 단어를 일대일로 치환하는 방식이었기 때문에 문법이 맞지 않거나 어색한 번역이 많았다. 마치 사전을 찾아가며 단어만 바꾸는 것과 같았다. 그러나 트랜스포머 기반 번역 시스템은 문장 전체의 맥락과 의미를 이해한 후 자연스러운 목표 언어로 표현한다. 단순히 단어를 바꾸는 것이 아니라, 원문의 의도와 뉘앙스를 파악해서 목표 언어의 문법과 관용어에 맞게 재구성하는 것이다. 구글 번역, 파파고, ChatGPT의 번역 기능 등이 모두 이러한 원리로 작동하며, 현재는 실시간 음성 번역, 이미지 속 텍스트 번역 등으로 그 응용 범위가 확대되고 있다.

는 문장의 모든 단어를 동시에 보고, 각 단어가 다른 단어들과 어떻게 관련되어 있는지 파악한다.

트랜스포머가 텍스트를 처리하기 전에 먼저 수행하는 중요한 작업이 바로 토큰화(Tokenization)다. 토큰은 트랜스포머가 이해할 수 있는 최소 단위로, 문장을 작은 조각들로 나누는 것과 같다. 예를 들어 "안녕하세요"라는 문장은 "안녕", "하세요"로 나뉠 수도 있고, "안", "녕", "하", "세", "요"로 더 세밀하게 나뉠 수도 있다. 영어의 경우 "unhappiness"는 "un", "happy", "ness"로 분해되거나 "unhapp", "iness"처럼 의미 단위가 아닌 빈도 기반으로 나뉘기도 한다. 이는 모델이 효율적으로 언어를 학습할 수 있도록 돕는다. 자주 등장하는 단어나 어근은 하나의 토큰으로 처리하고, 드문 단어는 더 작은 조각으로 나누어 처리함으로써 모델이 새로운 단어도 기존 토큰들의 조합으로 이해할 수 있게 된다. 각 토큰은 숫자 벡터로 변환되어 모델에 입력되며, 트랜스포머는 어텐션 메커니즘을 활용해 이 토큰들 사이의 관계를 파악하여 언어를 이해하고 생성한다. GPT-4 같은 모델은 한 번에 수천 개의 토큰을 처리할 수 있어, 긴 문서나 복잡한 대화도 효과적으로 다룰 수 있다.

트랜스포머 아키텍처의 구성요소와 동작 원리

먼저 트랜스포머 모델의 구성과 각 모듈의 기능을 살펴보자. 그림에서 보는 것처럼 트랜스포머 모델은 크게 인코더(Encoder, 왼쪽 블럭)와 디코더(Decoder, 오른쪽 블럭)라는 두 개의 핵심 블록으로 구성되어 있음을 알 수 있다. 이 구조는 숙련된 번역팀이 협업하는 방식과 매우 유사하다.

모델의 가장 아래쪽에는 입력 임베딩(Input Embedding)과 출력 임베딩(Output Embedding)이 위치한다. 입력 임베딩은 토큰화된 단어들을 모델이 이해할 수 있는 수치 벡터로 변환하는 역할을 담당한다. 사전이 단어를 숫자 코드로 변환하는 것처럼, 각 단어는 고차원 공간의 한 점으로 표현된다. 이 과정에서 위치 인코딩(Positional Encoding)이 더해지는데, 이는 단어의 순서 정보를 벡터에 포함시키는 중요한 역할을 한다. 트랜스포머는 모든 단어를 동시에 처리하기 때문에, 별도의 위치 정보가 없으면 "고양이가 생쥐를 잡았다"와 "생쥐가 고양이를 잡았다"를 구분할 수 없기 때문이다.(특히 영어와 같은 위치 언어에서)

왼쪽의 인코더 블록은 입력 텍스트를 깊이 이해하는 전담 부서와 같다. 인코더는 여러 개의 동일한 층으로 구성되어 있으며(다이어그램에서 'N번 반복'으로 표시), 각 층은 다중 헤드 어텐션(Multi-Head Attention)과 피드포워드(Feed Forward) 네트워크로 이루어져 있다.

다중 헤드 어텐션은 문장 내 모든 단어 쌍 사이의 관련성을 동시에 계산한다. 비유하자면, 회의실에서 모든 참가자가 동시에 서로와 대화하며 중요한 정보를 주고받는 것과 같다. "헤드"라는 용어는 서로 다른 관점에서 단어 간 관계를 분석하는 여러 개의 어텐션 메커니즘을 의미한다. 예를 들어, 한 헤드는 주어-동사 관계에 집중하고, 다른 헤드는 형용사-명사 관계에 주목할 수 있다.

각 어텐션 층과 피드포워드 층 뒤에는 덧셈 및 정규화(Add & Norm) 과정이 따른다. 이는 학습 과정에서 모델이 안정적으로 훈련될 수 있도록 돕는 기술적 장치다. 덧셈 부분은 이전 층의 출력을 현재 층의 출력에 더하는 "잔차 연결(residual connection)[26]"을 의미하며, 이를 통해 정보의 손실을 방지하고 깊은 네트워크에서도 효과적인 학습이 가능해진다.

오른쪽의 디코더 블록은 인코더가 이해한 내용을 바탕으로 새로운 텍스트를 생성하는 창작 부서 역할을 한다. 디코더도 인코더와 마찬가지로 여러 층으로 구성되어 있지만, 한 가지 중요한 차이점이 있다. 맨 아래에는 마스크드 다중 헤드 어텐션(Masked Multi-Head Attention)이 위치한다. "마스크드"라는 용어가 핵심인데, 이는 디코더가 미래의 단어를 미리 보지 못하도록 차단하는 메커니즘이다. 실제 텍스트 생성 시에는 다음에 올

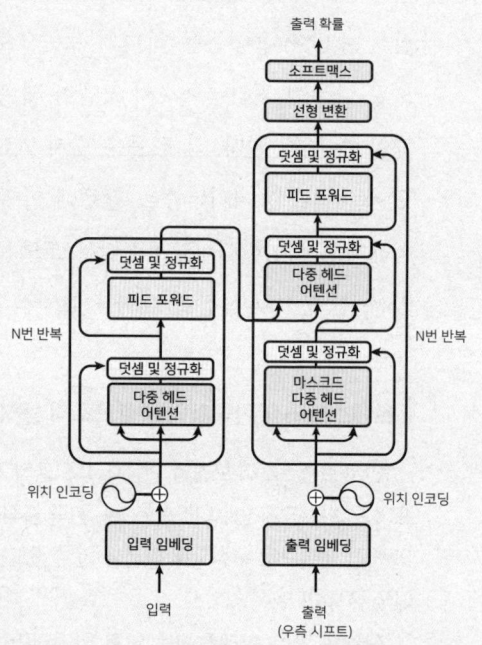

---

26) 잔차 연결(Residual Connection)은 신경망의 입력을 출력에 직접 더하는 구조를 말한다. 수식으로 표현하면 '출력 = F(입력) + 입력' 형태가 된다. 이는 학습 과정에서 "기존 지식을 유지하면서 새로운 내용만 추가로 배우기"와 같은 효과를 낸다. 전통적인 깊은 신경망에서는 층이 많아질수록 기울기 소실(gradient vanishing) 문제로 인해 학습이 어려워지는데, 잔차 연결을 통해 정보가 직접 전달되는 "고속도로"를 만들어 이 문제를 해결한다. 트랜스포머에서는 각 어텐션 층과 피드포워드 층에서 잔차 연결을 사용하여 수십 개 층으로 이루어진 깊은 모델도 안정적으로 훈련할 수 있게 되었다.

단어를 모른 채 순서대로 생성해야 하기 때문에, 훈련 과정에서도 동일한 조건을 만들어주는 것이다.

디코더의 중간 층에는 일반적인 다중 헤드 어텐션이 있는데, 이는 인코더의 출력과 현재까지 생성된 디코더의 출력 사이의 관계를 분석한다. 이를 통해 디코더는 원문의 어느 부분에 주목해야 하는지 결정할 수 있다. 번역을 예로 들면, "사랑한다"를 생성할 때 원문의 "love"에 주목하는 식이다.

디코더의 맨 위에는 선형 변환(Linear) 층과 소프트맥스(Softmax) 층이 위치한다. 선형 변환은 디코더의 고차원 출력(768차원 등)을 어휘사전의 크기(어휘 수)와 같은 차원을 가진 벡터로 변환한다. 만약 모델의 어휘사전에 50,000개의 단어가 있다면, 각 어휘의 위치에 맞춰 50,000개의 점수가 생성되며, 각 점수는 해당 순번 단어의 선택 가능성을 나타낸다. 소프트맥스는 이 숫자들을 확률로 변환하여 출력 확률(Output Probabilities)을 생성한다. 이 확률 분포에서 가장 높은 값을 가진 단어가 다음 토큰으로 선택된다.

다이어그램 하단의 "출력(우측 시프트)"라는 표현은 트랜스포머의 훈련 방식을 나타낸다. "⟨시작⟩ 나는 학생이다 ⟨끝⟩"이라는 정답 시퀀스가 있다면, 디코더에는 "⟨시작⟩ 나는 학생이다"가 입력되고, 모델은 "나는 학생이다 ⟨끝⟩"를 예측하도록 훈련된다. 즉, 각 위치에서 "현재까지 본 것"을 바탕으로 "다음에 올 것"을 맞추는 연습을 하는 것이다.

이러한 구조를 통해 트랜스포머는 번역, 요약, 질문 응답, 창작 등 다양한 언어 작업을 수행할 수 있으며, 특히 병렬 처리가 가능한 어텐션 메커니즘 덕분에 기존 모델들보다 훨씬 빠르고 효과적인 학습이 가능하다. 현재 우리가 사용하는 GPT, 클로드, 챗GPT 등의 대형언어모델들이 모두 이 트랜스포머 구조를 기반으로 하고 있으며, 다만 용도에 따라 인코더만 사용하거나(BERT), 디코더만 사용하는(GPT) 등의 변형이 적용되고 있다.

이제 다시 전체 구조를 보면서 메커니즘을 살펴보자. 트랜스포머 두 핵심 구조인 인코더와 디코더의 역할을 이해하기 위해 번역 회사를 떠올려 보기로 하자. 인코더는 원어민 번역가와 같다. 이 번역가는 원문을 읽고 그 의미를 깊이 이해한다. 단어의 뜻뿐만 아니라 문맥, 뉘앙스, 관용구나 숨겨진 의미 등을 모두 파악한다. 그러나 이 번역가는 직접 번역문을 작성하지는 않는다. 대신, 원문의 의미를 추상적인 '개념 메모'로 정리하는데, 물론 숫자로 이루어진 벡터다. 이 메모에는 원문의 모든 중요한 정보가 담겨 있지만, 특

정 언어에 얽매이지 않은 순수한 의미 형태로 표현된다. 예를 들어 "I love you"(영어), "사랑해"(한국어), "愛してる"(일본어)는 서로 다른 언어로 작성되었지만, 인코더는 이들을 모두 '사랑한다'는 동일한 개념을 나타내는 비슷한 벡터로 변환한다. 번역가가 원문의 언어적 형태는 잊고 순수한 의미만을 머릿속에 간직하는 것처럼, 인코더 벡터는 단어나 문법 구조가 아닌 의미 그 자체만을 수학적으로 인코딩한다.

인코더는 입력 텍스트를 일련의 벡터(숫자 배열)로 변환한다. 이 벡터들은 텍스트의 의미를 수학적으로 표현한 것으로, '의미 공간(semantic space)'에서 유사한 개념은 서로 가까운 위치에 있다. '개'와 '강아지'는 의미 공간에서 가깝게 위치하지만, '개'와 '자동차'는 멀리 떨어져 있다. 그 의미는 이미 1장에서 살펴본 그대로다.

디코더(Decoder)는 목표로 하는 언어에 능통한 작가와 같다. 이 작가는 번역가의 '개념 메모'를 받아, 그것을 자연스럽고 유창한 목표 언어로 표현한다. 작가는 단어를 바꾸기만 하는 것이 아니라, 목표 언어가 만약 한글이라면, 한글의 문법, 관용어, 문체 등을 고려하여 원문의 의미를 가장 잘 전달할 수 있는 방식으로 글을 작성한다. 연산적 의미로 표현하자면 디코더는 인코더에서 생성된 벡터를 넘겨받아, 그것을 바탕으로 새로운 텍스트를 생성한다. 이 과정에서 디코더는 지금까지 생성한 텍스트를 고려하면서 다음에 올 가장 적절한 단어를 예측한다.

인코더와 디코더의 조합은 다양한 언어 작업에 활용된다. 기계 번역에서는 인코더가 원문 언어를 이해하고, 디코더가 이를 목표 언어로 표현한다. 텍스트 요약에서는 인코더가 긴 문서를 이해하고, 디코더가 핵심 내용만 간결하게 요약한다. 질문 응답에서는 인코더가 질문과 맥락을 이해하고, 디코더가 적절한 답변을 생성한다.

최근 대형언어모델들, 특히 GPT[27]계열의 모델들은 '디코더 전용' 구조를 사용한다. 이 모델들은 대량의 텍스트를 학습하면서 다음 단어를 예측하는 방식으로 훈련되었고, 이 과정에서 언어의 패턴과 규칙, 그리고 세상에 대한 지식을 습득했다. 디코더 전용 모델은 숙련된 '작가'와 같다. 이 작가는 주어진 시작 부분을 보고 그 다음에 올 내용을 한 문장씩 순서대로 써내려간다. 이전에 쓴 내용을 바탕으로 다음 문장을 예측하며, 자연스럽고 일관성 있는 글을 창작한다. 마치 연재소설을 쓰는 작가가 이전 회차를 참고하여 다음 회차를 써나가는 것과 같다고 하겠다.

반면, BERT[28]와 같은 모델은 '인코더 전용' 구조를 사용하여 텍스트 이해에 특화되어 있다. BERT는 구글에서 2018년 발표한 모델로, 문장을 양방향으로 읽을 수 있다는 점이 가장 큰 특징이다. GPT가 왼쪽에서 오른쪽으로만 읽으며 다음 단어를 예측하는 것과 달리, BERT는 문장의 앞과 뒤를 모두 동시에 고려한다. 비유해 보자면, 책의 한 페이지에서 특정 단어를 가린 후, 앞뒤 문맥을 모두 보고 그 단어가 무엇인지 맞추는 독자와 같다. 이러한 양방향 처리 덕분에 BERT는 문장의 전체적인 의미를 더 깊이 이해할 수 있어서, 문서 분류, 감정 분석, 질문-답변 시스템, 검색 엔진의 의미 이해 등에 특히 뛰어난 성능을 보인다. 반면 GPT는 순차적으로 텍스트를 생성하는 데 최적화되어 있어 창작이나 대화에 더 적합하다.

트랜스포머의 핵심 기술인 '자기 주의(Self-Attention)' 메커니즘을 더 구체적으로 이해하기 위해, 단어들의 사교 모임을 상상해보자. 이 모임에서 각 단어는 다른 모든 단어와 대화하며, 서로의 의미를 더 깊이 이해한다.

---

27) GPT(Generative Pre-trained Transformer)는 OpenAI에서 개발한 대형언어모델 시리즈로 '사전 훈련된 생성형 트랜스포머'를 의미한다. 'Generative'는 텍스트를 생성하는 능력을, 'Pre-trained'는 대량의 텍스트 데이터로 미리 훈련되었음을, 'Transformer'는 핵심 아키텍처가 트랜스포머임을 나타낸다. GPT-1(2018)부터 시작하여 GPT-2, GPT-3를 거쳐 현재 GPT-4에 이르기까지 발전해왔으며, 각 버전마다 모델 크기와 성능이 대폭 향상되었다. 특히 GPT-3(2020)는 1,750억 개의 매개변수를 가져 자연어 이해와 생성에서 혁신적 성과를 보였고, ChatGPT의 기반이 되어 전 세계적인 AI 붐을 일으켰다.
28) Bidirectional Encoder Representations from Transformers, 트랜스포머 기반 양방향 인코더 표현

"은행에 돈을 맡겼다"와 "강 옆 은행에 앉았다"라는 두 문장에서 '은행'이라는 단어를 생각해보자. 첫 번째 문장에서 '은행'은 '돈'과 강한 연관성을 가지므로 금융기관을 의미한다고 이해한다. 두 번째 문장에서는 '강'과 '앉았다'와 연관되어 있어 강변의 벤치를 의미한다고 파악한다.

자기 주의 메커니즘은 각 단어가 문장 내 다른 모든 단어에 얼마나 '주의'를 기울여야 하는지 계산한다. 이 과정을 통해 단어의 맥락을 이해하고, 모호한 의미를 명확히 하며, 문장의 전체적인 의미를 파악한다.

트랜스포머 모델은 여러 층으로 구성되어 있다. 각 층은 텍스트를 다른 수준에서 이해한다. 마치 책을 읽을 때 먼저 문자를 인식하고, 단어를 이해하고, 문장의 의미를 파악하고, 전체 주제를 이해하는 과정과 비슷하다. 낮은 층에서는 기본적인 문법 구조, 품사, 간단한 단어 관계를 학습한다. 중간 층에서는 더 복잡한 구문 패턴, 문맥 의존적 의미, 지역적인 의미 관계를 파악한다. 높은 층에서는 추상적 개념, 논리적 흐름, 글의 전체적인 주제와 의도를 이해한다. GPT-4나 클로드와 같은 최신 대형언어모델은 수십에서 수백 개의 층을 가지고 있어, 언어를 놀라울 정도로 깊고 섬세하게 이해할 수 있다.

대형언어모델은 기본적으로 '다음에 올 단어가 무엇일까?'를 예측하도록 훈련된다. 아주 많은 책을 읽은 사람이 "셜록 홈즈는 파이프를 물고 생각에 ＿＿＿"라는 문장에서 빈칸에 '잠겼다'가 올 것이라고 예측하는 것과 비슷하다. 놀라운 점은 이렇게 단순한 목표를 통해 대형언어모델이 언어의 규칙, 세상에 대한 지식, 논리적 추론, 심지어 창의적인 표현까지 학습한다는 것이다. 이는 마치 피아노 건반을 누르는 기계적인 연습을 통해 모차르트의 음악을 이해하게 되는 것과 같다.

대형언어모델이 생성하는 텍스트는 순차적으로 만들어진다. 먼저 첫 번째 단어를 예측하고, 그 단어를 고려하여 두 번째 단어를 예측하는 식이다. 그러나 각 단어를 선택할 때, 이전에 생성된 모든 단어를 고려하기 때문에 일관성 있고 맥락에 맞는 텍스트를 생성할 수 있다.

대형언어모델은 어떻게 이런 능력을 갖게 되었을까? 그 비밀은 방대한 양의 텍스트 데이터에 있다. GPT나 클로드와 같은 모델들은 인터넷의 대부분, 디지털화된 책, 학술 논문, 대화 기록 등 인류가 작성한 텍스트의 상당 부분을 학습했다.

학습 과정을 살펴보면, 먼저 방대한 텍스트 데이터를 수집한다. 그 다음 텍스트의 일부를 가리고, 모델이 가려진 부분을 예측하도록 훈련한다. 예측이 틀릴 경우, 모델의 파라미터(가중치)를 조금씩 조정한다. 이 과정을 수없이 반복한다. 이는 마치 아이가 수백만 권의 책을 읽고, 매 문장마다 "다음에 어떤 단어가 올까?"를 추측하며, 틀릴 때마다 조금씩 배우는 것과 같다. 차이점이 있다면, 대형언어모델은 이 과정을 인간보다 훨씬 더 방대한 규모로, 그리고 더 체계적으로 수행한다는 점이다.

트랜스포머가 이처럼 혁신적인 성과를 거둘 수 있었던 핵심 요인 중 하나는 바로 앞에서 간략히 언급한 병렬처리 능력에 있다. 이전의 RNN이나 LSTM[29] 같은 모델들이 텍스트를 순차적으로 처리했다면, 트랜스포머는 모든 단어를 동시에 처리할 수 있다. 이를 이해하기 위해 두 가지 다른 독서 방식을 비교해보자. 전통적인 방식은 마치 한 사람이 책을 처음부터 끝까지 한 줄씩 차례대로 읽는 것과 같다. "오늘 날씨가 정말 좋다"라는 문장을 처리할 때, 먼저 "오늘"을 완전히 이해한 후에야 "날씨가"로 넘어갈 수 있고, 그 다음에야 "정말"을 처리할 수 있는 식이다.

반면 트랜스포머는 마치 여러 명의 전문가가 동시에 작업하는 팀과 같다.

---

29) LSTM(Long Short-Term Memory, 장단기 메모리)은 기존 RNN의 한계를 극복하기 위해 1997년 제안된 신경망 구조다. 일반적인 RNN은 마치 건망증이 심한 사람처럼 긴 문장에서 앞부분의 내용을 금세 잊어버리는 문제가 있었다. 예를 들어 "어제 비가 많이 와서 우산을 가져왔는데, 오늘은 날씨가 맑아서 ___"라는 문장에서 "우산이 필요 없다"라고 추론하려면 앞부분의 "비"와 "우산" 정보를 기억해야 하지만, 기존 RNN은 이를 잘 기억하지 못했다. LSTM은 '게이트(gate)'라는 구조를 통해 중요한 정보는 오래 기억하고, 불필요한 정보는 선택적으로 잊는 능력을 갖췄다. 마치 똑똑한 비서가 중요한 일은 메모장에 적어두고, 사소한 일은 바로 잊어버리는 것과 같다. 이 덕분에 LSTM은 기계 번역, 음성 인식, 주가 예측 등 시간의 흐름이 중요한 다양한 분야에서 RNN보다 훨씬 뛰어난 성능을 보였으며, 트랜스포머가 등장하기 전까지 자연어 처리의 핵심 기술이었다.

같은 문장에서 한 전문가는 "오늘"을, 다른 전문가는 "날씨가"를, 또 다른 전문가는 "정말"과 "좋다"를 동시에 분석한다. 모든 단어가 병렬로 처리되면서도, 어텐션 메커니즘을 통해 각 단어는 다른 모든 단어와 즉시 소통할 수 있다. 이는 마치 현대적인 자동화 공장에서 수백 개의 로봇 팔이 동시에 서로 다른 부품을 가공하면서도, 서로 실시간으로 정보를 주고받아 최종 제품의 품질을 보장하는 것과 비슷하다.

이러한 병렬처리 능력이 주는 이점은 속도만이 아니다. 트랜스포머가 방대한 데이터를 학습할 수 있게 된 근본적인 이유이기도 하다. RNN이 한 권의 책을 읽는 시간에, 트랜스포머는 수백 권의 책을 동시에 처리할 수 있다. GPT나 클로드 같은 대형언어모델이 인터넷의 거의 모든 텍스트를 학습할 수 있었던 것은 바로 이 병렬연산 능력 덕분이다. 더욱이 현대의 GPU는 병렬연산에 최적화되어 있어, 트랜스포머의 이러한 구조와 완벽하게 맞아떨어진다. 만약 이러한 병렬연산 혁신이 없었다면, 현재 우리가 경험하는 ChatGPT나 클로드 같은 고성능 AI 모델은 존재할 수 없었을 것이다.

대형언어모델은 다양한 분야에서 혁신적인 응용 가능성을 보여주고 있다. 교육과 지식 접근성 측면에서는 개인화된 튜터링을 제공하고, 복잡한 개념을 쉽게 설명하며, 다양한 언어로 지식을 접근 가능하게 만든다. 학생들은 자신의 학습 속도와 스타일에 맞는 설명을 받을 수 있다.

창의적 협업 분야에서는 작가, 아티스트, 음악가들이 대형언어모델을 창작의 파트너로 활용할 수 있다. 아이디어 발상, 초안 작성, 피드백 제공 등에 도움을 받을 수 있다. 코드 작성과 프로그래밍 영역에서는 개발자들이 대형언어모델을 통해 코드를 작성하거나 디버깅하는 데 도움을 받을 수 있다. 복잡한 알고리즘을 설명하거나, 코드의 문제점을 찾아내는 데 유용하다. 의료 및 과학 연구 분야에서는 의학 문헌을 분석하고, 진단을 지원하며, 새로운 연구 방향을 제안할 수 있다. 또한 복잡한 과학적 데이터를 쉽게 이해할 수 있는 형태로 요약할 수 있다.

그러나 대형언어모델은 결코 완벽하지 않으며, 그에 따라 여러 한계점도 있다. 대표적인 것인 환각(Hallucination) 현상인데, 대형언어모델이 때때로 사실이 아닌 정보를 사실인 것처럼 자신감 있게 제시하기도 한다. 이에 관해서는 뒤에서 자세히 살펴보기로 한다. 편향성 문제에서는 대형언어모델이 학습 데이터에 포함된 사회적, 문화적, 역사적 편향을 그대로 반영할 수 있다. 이는 특정 집단에 대한 고정관념을 강화할 위험이 있다. 투명성 부족 문제에서는 대형언어모델의 결정 과정이 종종 '블랙박스'로 남아, 왜 특정 출력을 생성했는지 설명하기 어렵다. 윤리적 고려사항으로는 저작권, 개인정보 보호, 악의적 사용 가능성 등 다양한 윤리적 문제가 제기되고 있다.

대형언어모델 기술은 계속해서 발전하고 있다. 미래에는 더 효율적이고, 정확하며, 윤리적인 모델이 등장할 것으로 예상된다. 특히 멀티모달 능력(텍스트, 이미지, 음성 등 다양한 형태의 데이터 처리), 더 깊은 추론 능력, 그리고 장기 기억 능력이 향상될 것으로 보인다. 대형언어모델은 인공지능의 발전에 있어 중요한 이정표이지만, 이는 여정의 끝이 아닌 시작에 불과하다. 인간과 AI가 협력하는 미래에서, 대형언어모델은 우리의 창의성을 확장하고, 지식에 대한 접근성을 높이며, 복잡한 문제 해결을 지원하는 강력한 도구로 자리매김할 것이다.

AGI 시대에 트랜스포머의 역할 전망

앞에서 살펴본 대로 현재 우리가 사용하는 대부분의 대형언어모델이 트랜스포머 구조를 기반으로 하고 있지만, AI 기술이 AGI를 향해 나아가는 과정에서 트랜스포머가 과연 계속 주도적 역할을 할 수 있을지에 대해서는 의견이 갈리고 있다. 이는 현재 AI 연구계에서 가장 뜨겁게 논의되는 주제 중 하나이기도 하다.

트랜스포머가 지금까지 보여준 성과는 분명 놀랍다. 하지만 AGI라는 더 큰 목표를 향해 나아가면서 그 한계도 점점 명확하게 드러나고 있다. 이러한 한계들을 이해하는 것은 AI의 미래를 전망하는 데 중요한 단서를 제공한다. 트랜스포머의 가장 근본적인 문제는 계산 복잡도에 있다. 시퀀스 길이에 대해 $O(n^2)$ 복잡도를 갖는다는 것은 입력 길이가 두 배로 늘어나면 계산량이 네 배로 증가한다는 의미다. 긴 문맥을 처리할 때 메모리와 계산량이 기하급수적으로 증가하여, 현재 GPT-4도 약 128000 토큰 정도가 실질적 한계를 보인다. 이는 마치 모든 참석자가 서로와 직접 대화해야 하는 회의실과 같다. 참석자 수가 늘어날수록 대화 횟수는 기하급수적으로 증가하고, 결국 효율성이 떨어지게 된다.

더 심각한 문제는 추론 능력의 한계다. 트랜스포머는 패턴 매칭에는 뛰어나지만 진정한 논리적 추론에는 여전히 한계를 보인다. 수학적 증명이나 복잡한 추론 체인에서 실수를 범하는 경우가 많은데, 이는 마치 빠른 직감(System 1 사고)에는 능하지만 느리고 신중한 추론(System 2 사고)에는 어려움을 겪는 것과 같다. 인간이 복잡한 수학 문제를 풀 때 단계별로 신중하게 검토하는 것과 달리, 트랜스포머는 훈련된 패턴에 따라 즉각적으로 답을 생성하려 한다. 또한 메모리와 학습 방식에서도 한계가 드러난다. 트랜스포머는 모든 지식을 매개변수에 저장해야 하는 구조적 제약이 있으며, 새로운 정보를 학습하려면 전체 모델을 다시 훈련해야 한다. 이는 인간이 새로운 사실을 배울 때 기존 지식을 모두 잊고 처음부터 다시 학습해야 하는 것과 같은 비효율성이다. 인간처럼 점진적이고 효율적인 학습은 현재 트랜스포머로는 구현하기 어렵다.

이러한 한계들이 드러나면서 AI 연구계에서는 대안 아키텍처에 대한 관심이 높아지고 있다. 2024년을 기점으로 상태공간모델(State Space Model, SSM)인 맘바(Mamba)가 수십만 번 다운로드되며 실질적 대안으로 부상했고, 구글의 "타이탄(Titans)"과 사카나(Sakana)의 "트랜스포머 스퀘어드(Transformer2)" 등 새로운 아키텍처가 연이어 등장했다. 특히 팔콘 맘바의 70억 매개변수 버전(Falcon Mamba 7B)은 여러 벤치마크에서 같은 크기의 트랜스포머 모델들을 능가하는 성과를 보이며 주목을 받았다. 상태공간모델은 선형 복잡도와 긴 컨텍스트 처리에 강점을 보인다. 타이탄은 인간 뇌의 메모리 시스템을 모방한 단기/장기/지속 메모리 통합 구조를 제안한다. 이와 함께 트랜스포머와 CNN, RNN, SSM을 조합한 하이브리드 아키텍처들도 활발히 연구되고 있다.

AGI가 요구하는 핵심 능력들을 살펴보면 트랜스포머의 한계가 더욱 명확해진다. AGI는 언어뿐만이 아닌 다중 모달 물리적 세계 모델링이 필요하지만, 현재 트랜스포머는 주로 텍스트 처리에 특화되어 있다. 실시간 학습과 자기 개선 능력도 부족하며, 훈련 데이터에 없는 완전히 새로운 개념의 발명과 추론에도 한계를 보인다. 이는 마치 암기에는 뛰어나지만 창의적 사고에는 어려움을 겪는 학생과 비슷하다.

그렇다면 트랜스포머의 미래는 어떻게 될까? 앞으로 AGI는 단일 아키텍처가 아닌 이질적 구성 요소들의 조합이 될 것이라는 것이 전문가들의 공통된 예상이다. 트랜스포머는 에피소딕 인지 능력에서, 상태공간모델은 장기 기억에서 각각 강점을 보이는 상호 보완적 관계를 형성할 가능성이 높다. 다만 수백억에서 수천억 매개변수 규모에서 경쟁력을 입증해야 하는 진입 장벽이 여전히 존재한다.

요컨대, 트랜스포머는 AGI 시대에도 주된 역할을 할 것으로 보이지만 단독으로는 불가능할 것이다. 거대한 투자와 최적화로 인해 AGI 구성 요소 중 하나로 계속 사용될 것이며, 순수 트랜스포머보다는 다양한 아키텍처와 결합된 하이브리드 형태로 진화할 것으로 예상된다. 언어 이해와 패턴 인식에서는 여전히 뛰어나지만, 추론·기억·학습 등은 다른 구성 요소가 담당하는 특화된 역할을 맡게 될 것이다. 그러므로 트랜스포머는 AGI의 '심장'으로 역할을 하기보다는 '중요한 장기 중 하나'가 될 가능성이 높다. 마치 인간의 뇌가 시각 처리, 언어 처리, 기억 저장 등을 각각 다른 영역에서 담당하듯이, AGI도 여러 전문화된 아키텍처들의 조화로 이루어질 것으로 예상된다. 이는 AI 기술이 더욱 정교하고 효율적인 방향으로 발전해 나가는 자연스러운 진화 과정이라고 볼 수 있다.

GAN 알고리즘과 딥페이크, 그리고 디퓨전 모델의 급부상

최근 우리나라에서는 딥페이크 성범죄가 급증하면서 심각한 사회적 문제로 대두되고 있다. 아닌 게 아니라 2025년에 서울대 출신 남성 2명이 2021년부터 2024년까지 동문 여성 수십 명의 사진을 딥페이크 기술로 조작해 음란물을 제작하고 텔레그램을 통해 유포한 혐의로 각각 징역 10년과 4년을 선고받았다. 이들이 제작한 음란물은 100여 건, 유포 건수는 1700여 건에 달했으며, 피해자는 서울대 동문 12명을 포함한 61명으로 확인되었다. 재판부는 "피고인들이 국내 최고 지성이 모인 대학교 동문을 상대로 디지털 성범죄를 저질렀으며, 피해자들의 인격을 말살하는 중대한 범죄를 저질렀다"고 지적하며 중형을 선고했다.

이는 딥페이크 기술이 심각한 디지털 성범죄 도구로 악용될 수 있다는 점을 잘 보여주는 사례다. 이런 딥페이크 성범죄는 갈수록 증가하고 있다. 더 심각한 문제는 피의자 중 80%는 10대 청소년이라는 점이다. 딥페이크 성범죄의 주요 가해자가 청소년인 이유는 디지털 네이티브 세대의 특성과 미성숙한 판단력에서 비롯된다. 청소년들은 태어날 때부터 컴퓨터, 스마트폰, 인터넷 등 디지털 환경에 익숙한 세대로, 딥페이크 제작 도구와 같은 인공지능 기술에도 높은 접근성을 가진다. 이들은 기술적 장벽을 쉽게 넘어서며, 이를 통해 딥페이크 제작을 단순한 재미나 놀이로 여기는 경향이 있다.

특히 최근 딥페이크 기술의 급속한 발전이 이러한 상황을 더욱 심화시키고 있다. 과거에는 전문 지식이 필요했던 딥페이크 제작이 이제는 스마트폰 앱으로도 가능해졌고, 클라우드 기반 서비스의 확산으로 강력한 컴퓨팅 파워 없이도 고품질 딥페이크를 만들 수 있게 되었다. 이는 청소년들에게 딥페이크 제작의 기술적 진입 장벽을 크게 낮춰준 것이다. 또한, 청소년기의 미성숙한 자아로 인해 딥페이크 성범죄의 심각성을 제대로 인식하지 못하며, 성적 호기심이 왕성한 시기 특유의 충동적 행동이 이러한 범죄로 이어지기도 한다. 이러한 요인들이 결합되어 청소년들이 딥페이크 성범죄의 가해자로 드러나는 사례가 증가하고 있는 것이다.

딥페이크(Deepfake)는 인공지능 기술의 한 분야인 딥러닝(Deep Learning)을 활용해 실제 영상이나 이미지를 기반으로 고도로 정교한 합성 콘텐츠를 제작하는 기술이다. 이 기술은 주로 사람의 얼굴이나 목소리를 인식하고 이를 조작하여 가짜 영상을 생성하는 데 사용되며, 이름도 가짜(fake)와 딥러닝의 합성어다. 이런 딥페이크 기술은 인공지능의 진보와 함께 빠르게 정교화되고 있다. 특히 인공지능 기술의 하나인 '생성적 적대 신경망(GAN, Generative Adversarial Network)'이 딥페이크 기술의 핵심 알고리즘으로 자리 잡으면서 더욱 사실적인 얼굴 표정과 제스처를 구현하는 방향으로 발전해 가고 있다.

GAN은 '생성자'와 '판별자'라는 두 팀이 경쟁하며 서로를 발전시키는 방식으로 작동하는 시스템이다. 생성자 팀은 가짜 데이터를 만들어내는 역할을 하고, 판별자 팀은 그것이 진짜인지 가짜인지 맞추려고 한다. 이 과정은 위조지폐범과 경찰의 관계와 비슷하다. 위조지폐범은 최대한 진짜처럼 보이는 지폐를 만들려고 하고, 경찰은 이 지폐가 진짜인지 가짜인지 가려내기 위해 더 정교한 방법으로 대응하려 애쓴다. 이런 창과 방패의 과정을 거치면서 둘 다 실력이 높아진다. 이렇게 두 팀이 계속 경쟁하다 보면 가짜 데이터를 만들어내는 능력이 점점 더 발전해 실제와 매우 비슷한 사진, 영상, 음성을 생성할 수 있게 되는 것이다.

딥페이크 기술의 핵심인 GAN 알고리즘은 최근 몇 년간 놀라운 속도로 발전하고 있다. 이 알고리즘은 이미지를 더 안정적이고 정교하게 생성할 수 있도록 '심층 합성곱 GAN(DCGAN, Deep Convolutional GAN)'으로 발전했고, 이미지를 만들어내는 능력에 더해 이미지를 변형하거나 새로운 특징을 추가할 수 있는 능력도 가지게 되었다. 2021년 엔비디아의 스타일GAN3(StyleGAN3)는 '앨리어스 프리(Alias-Free)' 기술을 도입하여 비디오와 애니메이션에서 더욱 자연스러운 움직임을 구현했다. 2022년 스타일GAN-XL은 이미지넷(ImageNet)과 같은 대규모 데이터셋에서도 1024×1024 해상도의 초고품질 이미지를 생성할 수 있게 되었다.

가장 주목할 만한 변화는 2023년 등장한 스타일GAN-T다. 이 모델은 텍스트만으로 이미지를 생성할 수 있어, 누구나 간단한 문장 입력만으로 딥페이크 콘텐츠를 제작할 수 있게 되었다. 이는 딥페이크 제작의 기술적 진입장벽을 크게 낮췄다는 점에서 청소년 가해자 급증과 무관하지 않다. 2024년에는 R3GAN이라는 새로운 모델이 등장했다. 기존의 복잡한 GAN 기법들을 모두 제거하고 현대적 아키텍처로 단순화했음에도 불구하고 더 뛰어난 성능을 보여주었다. 이는 딥페이크 기술이 점점 더 간단하면서도 강력해지고 있음을 의미한다.

최근에는 GAN과 함께 디퓨전 모델(Diffusion Models)이라는 새로운 생성 기술도 부상하고 있다. 달·이(DALL-E) 2, 미드저니(Midjourney), 스테이블 디퓨전(Stable Diffusion)과 같은 디퓨전 기반 모델들이 텍스트-이미지 생성에서 GAN을 위협하고 있다. 디퓨전 모델은 GAN과는 완전히 다른 방법론적 접근을 취한다. GAN이 생성자와 판별자 간의 치열한 경쟁을 통해 학습한다면, 디퓨전 모델은 점진적 복원이라는 온건한 방식을 채택한다. 이는 숙련된 복원사가 오래된 그림에 쌓인 먼지와 손상을 하나씩 제거하며 원래의 아름다운 작품을 되살리는 과정과 닮아있다. GAN의 위조지폐범과 경찰의 대결이 순간적이고 극적인 반면, 디퓨전 모델은 수백 단계에 걸친 세심하고 체계적인 과정을 거친다. 이러한 작동 원리의 차이는 물리학적 배경에서 비롯된다. 디퓨전 모델은 잉크 한 방울이 물에 천천히 퍼져나가는 확산 현상에서 영감을 받았다. 원본 이미지에 단계적으로 가우시안 노이즈를 추가하여 최종적으로는 완전한 노이즈로 만드는 순방향 과정을 학습한 다음, 이를 역순으로 되돌려 노이즈에서 의미 있는 이미지를 복원하는 방법을 터득한다. 이는 한 번에 완성품을 만들어내는 GAN의 방식과는 근본적으로 다른 접근법이다.

디퓨전 모델의 가장 주목할 만한 특징은 텍스트-이미지 생성 능력이다. "30대 한국 여성의 웃는 얼굴"과 같은 간단한 텍스트 설명만으로도 매우 사실적인 인물 사진을 생성할 수 있다. 이는 딥페이크 제작의 진입 장벽을 한층 더 낮춰, 복잡한 프로그래밍 지식 없이도 누구나 텍스트 입력만으로 가짜 인물 이미지를 만들 수 있게 한다. 특히 청소년들에게는 이러한 접근성이 놀이감각으로 다가올 수 있어 더욱 우려스러운 측면이 있다. 품질 면에서 디퓨전 모델은 GAN이 종종 겪는 '모드 붕괴' 문제를 피할 수 있어 더욱 다양하고 창의적인 결과물을 만들어낸다. 모드 붕괴란 GAN이 특정 유형의 이미지만 반복적으로 생성하는 현상으로, 다양성을 해치는 주요 원인이었다. 디퓨전 모델은 이러한 문제에서 자유로워 더욱 정교하고 탐지하기 어려운 가짜 콘텐츠를 만들 수 있다. 이는 딥페이크 탐지 기술에 새로운 도전을 제기하고 있다. 속도 측면에서는 두 기술의 활용 패턴이 극명하게 갈린다. GAN은 실시간 생성이 가능해 라이브 스트리밍이나 화상 통화 중 즉석에서 얼굴을 변조하는 데 악용되기 쉽다. 반면 디퓨전 모델은 한 장의 이미지를 생성하는 데 수십 초가 걸리지만, 그만큼 정교하고 고품질의 정지 이미지나 사전 제작된 영상 콘텐츠를 만들어낸다. 이러한 특성 차이는 딥페이크 범죄의 양상을 다변화시키고 있다.

딥페이크 기술이 범죄에 활용돼 사회적으로 큰 물의를 빚고 있지만, 본래는 인공지능을 활용해 이미지나 영상을 현실적으로 합성해 창의적이고 유용한 콘텐츠 제작을 돕는 기술로 만들어졌다. 영화와 게임 같은 엔터테인먼트 산업은 딥페이크의 대표적인 활용 분야로 꼽힌다. 예를 들어, 배우의 얼굴을 다른 캐릭터에 합성하거나, 고인이 된 배우를 생생하게 재현해 촬영의 제약을 극복하는 데 사용된다. 마블 영화에서는 배우의 나이를 조정하거나 과거 장면을 재현하기 위해 딥페이크 기술이 활용되었다. 또한, 마케팅, 교육, 커머스 등 상업적 활용 분야에서도 딥페이크의 가치는 점점 더 부각되고 있다. 역사적 인물의 얼굴과 음성을 합성해 생생한 역사 강의를 제공하거나, 가상 회의에서 다국어 통역을 실시간으로 제공해 언어 장벽을 허무는 데 활용된다. 의료 분야에서도 딥페이크는 환자의 상태를 시각화하거나 의료 교육을 위해 복잡한 수술 과정을 재현하는 데 사용된다.

이처럼 딥페이크 기술이 다양한 산업에서 활용 범위를 늘려가면서 관련 시장도 빠른 성장세를 보이고 있다. 시장조사 기관인 마켓앤마켓(MarketsandMarkets)이 발표한 자료에 따르면 딥페이크 시장 규모는 2024년에 약 5억 6400만 달러(약 8000억원)이던 것이 2030년이 되면 약 51억 3400만 달러(약 7조 원)에 이를 것으로 전망된다. 이 기간 동안 연평균 성장률(CAGR)은 44.5%에 달할 것으로 분석됐다. 또 다른 시장 조사에 따르면 GAN 관련 시장은 2024년 55억 달러에서 2030년 513억 달러로 연평균 37.7% 성장할 것으로 예상된다. 이는 기술 발전과 함께 오남용 가능성도 함께 커진다는 것을 의미한다.

딥페이크 기술이 디지털 정체성과 보안에 위협을 가하면서 이를 탐지하고 대응하기 위한 도구에 대한 수요 또한 급증하고 있다. 딥페이크는 특정 인물의 얼굴, 목소리, 행동을 조작한 가짜 영상이나 음성을 만들어 타인의 신원을 도용하거나 허위 정보를 퍼뜨리는 데 악용되기 쉽다. 다행히 딥페이크를 탐지하는 기술도 함께 발전하고 있다. AI로 만든 가짜를 AI로 잡는 '이이제이(以夷制夷)' 방식의 탐지 시스템들이 개발되고 있으며, 메타, 구글, 마이크로소프트 등 주요 IT 기업들이 딥페이크 탐지 기술 개발에 투자하고 있다. 탐지 기술은 영상이나 음성의 미세한 왜곡이나 자연스럽지 못한 패턴을 분석해 딥페이크 여부를 식별하며, 보안 도구는 이러한 가짜 콘텐츠가 제작되거나 유포되는 것을 방지한다.

딥페이크 탐지 기술 관점에서 보면, 디퓨전 모델로 생성된 이미지는 GAN 생성 이미지와 다른 특성을 가지고 있어 기존의 GAN 탐지 알고리즘으로는 식별하기 어려울 수 있다. 이는 탐지 기술 개발에 새로운 복잡성을 더한다. 현재 메타, 구글, 마이크로소프트 등 주요 IT 기업들이 GAN과 디퓨전 모델을 모두 식별할 수 있는 통합적 탐지 기술 개발에 투자하고 있지만, 여전히 창이 방패보다 앞서가는 상황이다. 새로운 생성 기술이 나오면 탐지 기술이 뒤따라 개발되는 패턴이 반복되고 있어, 근본적인 해결책이 필요한 시점이다. 앞으로는 GAN과 디퓨전 모델의 장점을 결합한 하이브리드 모델들이 등장할 가능성이 높다. 디퓨전 모델의 고품질 생성 능력과 GAN의 빠른 속도를 결합하면, 더욱 정교하면서도 빠른 딥페이크 생성이 가능해질 것이다. 이는 딥페이크 기술이 한층 더 위험한 단계로 진화할 수 있음을 시사한다.

딥페이크 기술의 부정적 영향을 줄이기 위해서는 법적·윤리적 규제와 기술적 대응책을 동시에 강화해야 한다. 이러한 기술 발전에 대응하기 위해서는 특정 기술에 국한되지 않는 포괄적 접근이 필요하다. GAN이냐 디퓨전이냐를 따지기보다는 생성 기술 전반에 대한 윤리적 사용 가이드라인과 법적 규제 프레임워크를 구축해야 한다. 딥페이크 기술의 오용을 방지하기 위한 명확한 법적 기준과 처벌 규정을 마련해야 하며, 가짜 콘텐츠로 타인의 명예를 훼손하거나 허위 정보를 유포하는 행위를 엄격히 처벌하는 법적 프레임워크 같은 것이 필요하다. 또한 새로운 생성 기술에 빠르게 대응할 수 있는 적응형 탐지 시스템을 개발하고, 지속적인 연구 투자를 통해 생성 기술 발전과 보조를 맞춰야 한다. 딥페이크 탐지 기술의 발전과 함께 이를 적용할 수 있는 플랫폼과 도구를 대중화해야 한다. 소셜 미디어, 영상 공유 플랫폼 등에서 딥페이크 콘텐츠를 실시간으로 탐지하고 경고할 수 있는 시스템을 도입함으로써 악의적인 사용을 조기에 차단할 수 있다. 또, 대중을 대상으로 딥페이크 콘텐츠의 위험성과 탐지 방법에 대한 교육을 실시하여 사회적 인식을 높이는 것도 중요하다. 무엇보다 이러한 문제는 한 국가만의 노력으로는 해결할 수 없기에 국제적 협력 체계 구축이 절실하다.

딥페이크의 오용이 무섭다고 이를 무조건 규제하는 것은 '구더기 무서워 장 못 담그는' 우를 범하는 격이다. 딥페이크 기술이 가져오는 산업효과도 무시할 수 없으므로 이를 긍정적으로 확장하기 위해서는 윤리적이고 창의적인 활용 사례를 적극적으로 발굴해야 한다. 이를 위해 정부와 기업은 윤리적인 기술 사용을 장려하고, 혁신적인 프로젝트를 지원하며, 딥페이크의 잠재력을 건전하게 활용할 수 있는 환경을 조성해야 한다.

결국 GAN과 디퓨전 모델, 그리고 앞으로 등장할 새로운 생성 기술들이 우리 사회에 미치는 영향은 기술 자체의 우수성보다는 우리가 그것을 어떻게 활용하고 통제하느냐에 달려 있다. 창의적 활용과 악의적 남용 사이의 균형점을 찾는 것이 우리가 직면한 핵심 과제다. 기술 발전의 속도가 빨라질수록 이러한 균형감각은 더욱 중요해질 것이다. 딥페이크 기술이 우리의 창의력을 확장하는 도구가 될지, 디지털 정체성을 왜곡하는 칼날이 될지는 결국 우리가 그것을 어떻게 다루느냐에 달려 있다.

AI가 우리 취향을 판단하는 방식인 '추천 알고리즘'

아침에 일어나 스마트폰을 켜면 유튜브는 어제 밤 보던 요리 영상과 비슷한 레시피를 추천하고, 넷플릭스는 지난주 시청한 스릴러 드라마와 취향이 맞는 새로운 시리즈를 제안한다. 온라인 쇼핑몰에서는 최근 구매한 운동화와 어울릴 만한 스포츠웨어가 화면 상단에 떠오르고, 음악 스트리밍 서비스는 평소 즐겨 듣던 장르의 신곡을 플레이리스트에 자동으로 추가해둔다. 이 모든 것이 바로 추천 알고리즘의 부리는 마술이다. 추천 알고리즘은 현대 디지털 생활에서 가장 친숙하면서도 영향력이 큰 AI 기술 중 하나다. 우리가 무엇을 볼지, 무엇을 들을지, 무엇을 살지에 대한 선택에 은밀하지만 강력한 영향을 미치고 있다. 더 나아가 이 알고리즘들은 우리의 취향을 형성하고, 새로운 관심사를 발견하게 도우며, 때로는 우리가 미처 깨닫지 못했던 숨겨진 선호도까지 드러내 보인다.

추천 알고리즘의 핵심은 놀랍도록 단순한 상식에서 출발한다. "비슷한 취향을 가진 사람들은 비슷한 것을 좋아할 것이다"라는 가정이다. 마치 새로 이사한 동네에서 비슷한 연령대의 이웃이 추천하는 맛집을 믿고 찾아가는 것처럼, 추천 시스템도 비슷한 패턴을 찾아 예측을 만들어낸다. 하지만 추천 시스템은 간단한 인기 순위나 편집진의 선택 목록에서 시작해서 점차 발전해왔다. 초기에는 단순히 "가장 많이 팔린 상품 10개"나 "편집자가 엄선한 필수 영화"같은 방식이었다. 이는 모든 사용자에게 동일한 추천을 제공하는 일률적인 방법이었다. 그 다음 단계는 개별 사용자의 취향을 반영한 맞춤형 추천이었고, 이것이 오늘날 우리가 경험하는 고도로 개인화된 추천 시스템의 출발점이 되었다.

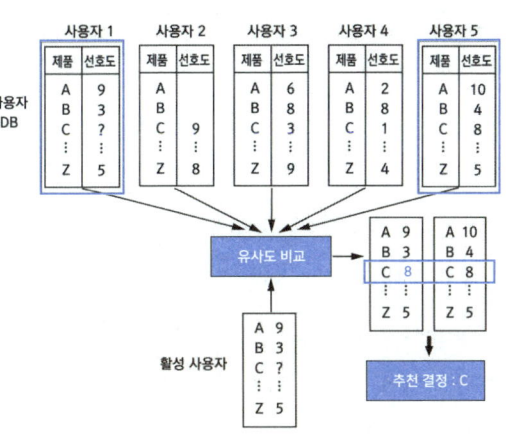

사용자의 선호도를 파악하는 방법도 다양하다. 가장 직접적인 방법은 별점 평가나 좋아요/싫어요 버튼 같은 명시적 피드백이다. 하지만 더 중요한 정보는 종종 사용자의 행동에서 나온다. 얼마나 오래 영상을 시청했는지, 어떤 상품 페이지를 자주 방문하는지, 어떤 검색어를 사용하는지 같은 암시적 신호들이다. 이런 행동 데이터는 사용자가 의식적으로 표현하지 않은 진짜 선호도를 드러내는 경우가 많다.

○─ 협업 필터링 : 집단 지혜의 힘

협업 필터링은 추천 알고리즘의 가장 대표적인 방식으로, "다른 사람들의 경험과 평가를 참고하자"는 아이디어에 기반한다. 이는 크게 두 가지 접근법으로 나뉜다.

사용자 기반 협업 필터링은 나와 비슷한 취향을 가진 사람들을 찾는 방식이다. 시스템은 먼저 모든 사용자들의 평가 패턴을 분석해서 서로 얼마나 비슷한지 계산한다. 이 과정을 구체적으로 살펴보면, 먼저 활성 사용자(추천을 받을 사용자)의 평가 이력을 데이터베이스에 있는 다른 기존 사용자들과 비교한다. 그림에서 보듯이 하단의 활성 사용자는 상품 A에 9점, B에 3점, Z에 5

점을 준 상태이고, 상품 C는 아직 평가하지 않았다. 시스템은 이 패턴을 상단에 있는 데이터베이스의 5명의 기존 사용자들과 비교해서 유사도를 계산한다. 가장 유사한 패턴을 보이는 사용자들(이웃 사용자들)을 찾아낸 다음, 이들이 활성 사용자가 아직 평가하지 않은 상품 C에 대해 어떤 평점을 줬는지 확인한다. 예를 들어 그림에서 활성 사용자가 C제품에 보일 선호도는 8이라고 추정하게 되는데, 이는 다른 아이템에서 가장 유사한 점수를 준 이웃인 5번 사용자가 상품 C에 높은 점수를 줬으므로 이 사용자도 그 상품을 좋아할 가능성이 높다고 예측하고 추천하는 것이다. 마지막 단계에서는 이런 분석을 바탕으로 최종적으로 상품 C를 추천할지 말지를 결정하게 된다. 일반적으로는 예측된 선호도가 일정 기준(예: 10점 만점에 7점 이상)을 넘으면 추천하는 방식을 사용한다. 마치 영화 취향이 비슷한 친구로부터 영화를 추천 받는 것과 같은 원리다.

아이템 기반 협업 필터링은 반대로 콘텐츠 간의 유사성에 주목한다. "이 영화를 좋아한 사람들이 함께 본 다른 영화는 무엇인가?"를 분석하여 추천한다. 아마존의 "이 상품을 구매한 고객이 함께 구매한 상품"이 대표적인 예다. 이 방식은 사용자의 취향보다는 상품 자체의 연관성을 중시한다. 실제로 많은 상황에서 아이템 기반 방식이 더 좋은 결과를 보이는데, 그 이유는 상품이나 콘텐츠의 특성이 사용자의 복합적인 취향보다 더 일관되고 예측 가능하기 때문이다.

협업 필터링의 가장 큰 장점은 콘텐츠의 내용을 분석할 필요가 없다는 것이다. 단순히 사용자의 행동 패턴만으로도 효과적인 추천이 가능하다. 또한 예상치 못한 발견을 선사하기도 한다. 평소 클래식 음악만 듣던 사람이 재즈를 발견하거나, 로맨스 소설 애독자가 미스터리 장르의 매력에 빠지게 되는 경우들이다. 하지만 이 방식에도 한계가 있다. 가장 대표적인 것이 '콜드 스타트' 문제다. 새로운 사용자나 새로운 콘텐츠에 대해서는 충분한 데이터가 없어 추천이 어렵다. 또한 '필터 버블' 현상도 우려된다. 비슷한 사람들의 취향만 계속 반영하다 보면 사용자의 관심 영역이 점점 좁아질 수 있기 때문이다.

● 콘텐츠 기반 필터링 : 본질을 파악하는 방식

콘텐츠 기반 필터링은 전혀 다른 접근법을 사용한다. 사용자가 과거에 좋아했던 콘텐츠의 특성을 분석하고, 비슷한 특성을 가진 다른 콘텐츠를 찾아 추천하는 방식이다. 마치 도서관 사서가 독자의 읽기 이력을 보고 비슷한 주제나 작가의 책을 추천하는 것과 같다. 음악 추천을 예로 들면, 사용자가 평소 빠른 템포의 록 음악을 즐겨 듣는다면 시스템은 템포, 장르, 악기 구성 등의 음악적 특성을 분석한다. 그리고 이와 유사한 특성을 가진 다른 곡들을 찾아 추천한다. 영화의 경우에는 감독, 배우, 장르, 개봉년도, 줄거리의 키워드 등을 분석 요소로 사용한다.

이 방식의 장점은 새로운 콘텐츠에 대해서도 추천이 가능하다는 것이다. 콘텐츠 자체의 특성만 분석하면 되기 때문에 다른 사용자의 평가를 기다릴 필요가 없다. 또한 사용자의 기존 취향에 충실한 추천을 제공한다는 점에서 안정적이다. 반면 단점도 명확하다. 콘텐츠의 특성을 정확히 파악하고 분석하는 것이 기술적으로 복잡하고 비용이 많이 든다. 특히 이미지나 음악, 영상 콘텐츠의 경우 고도의 분석 기술이 필요하다. 또한 사용자의 기존 취향을 벗어난 새로운 발견의 기회는 상대적으로 적다.

● 하이브리드 방식과 현대적 접근법

현실에서 사용되는 대부분의 추천 시스템은 하이브리드 방식을 채택한다. 협업 필터링과 콘텐츠 기반 필터링의 장점을 결합하고 단점을 보완하려는 시도다. 넷플릭스나 스포티파이 같은 플랫폼이 대표적인 예다. 이들은 상황에 따라 다른 알고리즘을 적용한다. 신규 사용자에게는 콘텐츠 기반 분석을 주로 활용하다가, 충분한 사용 이력이 쌓이면 협업 필터링의 비중을 높인다. 또는 두 방식의 결과를 조합하여 더 정교한 추천을 만들어내기도 한다.

최근에는 딥러닝 기술이 추천 시스템에도 적용되면서 새로운 가능성이 열리고 있다. 전통적인 방식들이 명시적으로 정의된 특성들을 사용했다면, 딥러닝은 데이터에서 숨겨진 복잡한 패턴을 스스로 발견한다. 예를 들어, 사용자가 영화를 시청하는 시간대, 요일, 이전 영화와의 시간 간격, 심지어 날씨까지도 추천에 영향을 미칠 수 있다는 것을 딥러닝 모델이 스스로 학습한다. 이는 인간이 미처 생각하지 못했던 미묘한 관련성들을 찾아내는 것이다.

추천 알고리즘의 평가와 과제

추천 시스템의 성능을 평가하는 것도 복잡한 문제다. 단순히 예측 정확도만으로는 충분하지 않다. 사용자가 실제로 추천받은 콘텐츠를 소비하는지, 얼마나 만족하는지, 새로운 발견이 있었는지 등 다양한 측면을 고려해야 한다. 전문가들은 주로 평균절대오차나 정밀도 같은 수치적 지표를 사용하지만, 실제 서비스에서는 사용자의 클릭률, 구매 전환율, 플랫폼 체류 시간 같은 비즈니스 지표가 더 중요할 수도 있다.

인기 편향 문제도 해결해야 할 중요한 과제다. 이미 많은 사람이 보거나 평가한 콘텐츠가 더 자주 추천되어 인기 있는 것은 더 인기 있어지고, 틈새 콘텐츠는 묻히는 현상이다. 다양성 확보도 마찬가지로 중요한 과제다. 너무 비슷한 콘텐츠만 추천하면 사용자가 지루해하거나 새로운 발견의 기회를 놓칠 수 있다. 그렇다고 너무 다양한 것을 추천하면 추천의 정확도가 떨어진다. 이 균형점을 찾는 것이 핵심이다.

설명 가능성도 중요해지고 있다. 사용자들은 추천을 받을 때 "왜 이것을 추천하는가?"에 대한 설명을 원한다. 특히 중요한 구매 결정에서는 더욱 그렇다. "당신과 비슷한 취향의 사용자들이 좋아한 상품입니다"나 "최근 구매하신 상품과 함께 많이 구매되는 상품입니다" 같은 설명이 사용자의 신뢰를 높이고 더 나은 의사결정을 돕는다.

● 개인화의 미래 : 더 정교하고 윤리적인 추천을 향해

추천 알고리즘은 점점 더 정교해지고 있다. 단순히 과거 행동을 기반으로 한 추천을 넘어서, 실시간 맥락 정보, 감정 상태, 심지어 생체 신호까지 고려하는 초개인화 시대가 다가오고 있다. 같은 사용자라도 월요일 오전과 금요일 밤에는 전혀 다른 콘텐츠를 원할 수 있고, 스트레스를 받는 날과 기분 좋은 날의 선호도 다를 수 있다는 것을 시스템이 이해하기 시작했다. 동시에 프라이버시 보호와 알고리즘의 투명성에 대한 요구도 높아지고 있다. 사용자의 데이터를 어떻게 수집하고 활용하는지, 추천 결과가 어떤 기준으로 결정되는지에 대한 설명 책임이 강화되고 있다. 특히 추천 알고리즘이 사회적 편견을 강화하거나 특정 집단을 차별하지 않도록 하는 공정성 문제도 중요한 관심사가 되었다.

추천 알고리즘을 이해한다는 것은 기술적 호기심 충족을 넘어, 우리가 매일 접하는 정보와 선택지가 어떻게 결정되는지, 그리고 그 과정에서 우리의 취향과 관심사가 어떻게 형성되고 변화하는지를 파악하는 일이다. 더 나아가 이런 시스템을 현명하게 활용하고, 필요할 때는 그 영향에서 벗어날 수 있는 자율성을 유지하는 데 필요한 기본 소양이기도 하다.

3 AI 기술 이해를 위해 알아야 할 핵심 개념들

인공지능 기술을 제대로 이해하고 활용하기 위해서는 몇 가지 핵심 개념을 파악하는 것이 중요하다. 이 절에서는 AI의 기본 원리를 구성하는 데이터, 알고리즘과 모델, 학습과 추론 과정, 그리고 AI 시스템의 성능과 한계를 평가하는 데 필요한 정확도, 편향성, 설명가능성 등의 개념을 살펴보겠다. 이러한 기본 개념들을 이해함으로써, AI 기술에 대한 더 깊은 통찰력을 얻고, AI와 관련된 논의에 더 의미 있게 참여할 수 있을 것이다.

데이터의 역할과 중요성

인공지능의 세계에서 데이터는 가장 중요하고 기본적인 재료이자 연료다. 산업혁명으로 비유하자면 AI는 엔진이요, 데이터는 석유다. 인간이 경험을 통해 배우는 것처럼, AI 시스템은 데이터를 통해 학습한다. 데이터 없이는 AI 모델이 패턴을 인식하거나 예측을 수행할 수 없다. 그렇기에 현대 AI 시스템에서 데이터의 중요성은 아무리 강조해도 지나치지 않다.

AI 시스템이 처리하는 데이터는 다양한 형태를 띤다. 일부 데이터는 표나 데이터베이스처럼 명확하게 정의된 형식을 가진 구조화된 데이터다. 판매 기록, 고객 정보, 센서 측정값과 같이 행과 열로 정리된 이러한 데이터는 처리하기 쉽고 분석이 용이하다. 반면, 텍스트 문서, 이미지, 음성 녹음, 비디오와 같은 비구조화된 데이터는 사전 정의된 모델이나 형식이 없다. 이러한 데이터는 풍부한 정보를 포함하지만, 처리하고 분석하기 위해서는 더 복잡한 기술이 필요하다. 그리고 제이슨(JSON)이나 XML 파일, 이메일과 같은 반(半)구조화된 데이터는 완전히 구조화되지는 않았지만 일정한 패턴이나 태그를 포함한다.

AI 모델의 성능은 학습에 사용된 데이터의 품질에 크게 의존한다. "쓰레기를 넣으면 쓰레기가 나온다(Garbage In, Garbage Out)"라는 컴퓨팅 원칙이 AI에도 적용된다. 고품질 데이터는 현실을 정확하게 반영하고, 누락된 값이 적으며, 해결하려는 문제와 직접적인 관련이 있고, 실제 세계의 다양성을 적절히 반영하며, 현재 상황을 반영할 정도로 최신이어야 한다. 잘못된 레이블이나 측정 오류가 있는 데이터는 모델의 학습을 방해하고, 불완전하거나 관련 없는 데이터는 모델을 혼란스럽게 하거나 편향된 결론을 내리게 할 수 있으며, 특정 집단이나 상황에 편중된 데이터는 편향된 모델로 이어질 수 있다.

데이터의 중요성은 AI 발전사를 통해 명확히 드러난다. 1950년대 AI 연구가 시작될 당시에는 논리와 규칙 기반의 접근법이 주류였다. 하지만 이런 방식으로는 복잡한 현실 문제를 해결하기 어려웠다. 진정한 돌파구는 1980년대 말 역전파 알고리즘의 재발견과 함께 데이터 기반 학습이 가능해지면서 열렸다. 특히 2000년대 이후 인터넷과 디지털 기술의 발전으로 방대한 데이터가 축적되면서 AI는 비로소 실용적인 성과를 내기 시작했다. 현대 AI의 성공 사례들을 보면 모두 양질의 대규모 데이터가 뒷받침되어 있다. 구글의 알파고는 수천만 개의 바둑 기보와 자가 대국 데이터로 학습했고, 챗GPT는 인터넷상의 방대한 텍스트 데이터로 훈련되었다. 테슬라의 자율주행 기술은 전 세계 테슬라 차량들이 수집한 실제 주행 데이터가 핵심 기반이다. 데이터 없이는 이런 성과들이 불가능했을 것이다.

21세기에 들어서자 인류가 생산하는 데이터의 양은 문자 그대로 '폭발'했다. IBM에 따르면 현재 전 세계 데이터의 90%가 지난 2년간 생성되었다고 한다. 2000년 전 세계 데이터 생산량이 연간 15엑사바이트(1엑사바이트 = 10억 기가바이트)였다면, 2020년에는 64제타바이트(1제타바이트 = 1000엑사바이트)를 넘어섰다. 불과 20년 만에 4000배 이상 증가한 것이다. 이런 데이터 폭증의 배경에는 여러 기술적 변화가 있다. 1990년대 말 인터넷의 대중화가 첫 번째 전환점이었다. 월드와이드웹이 보급되면서 웹페이지, 이메일, 온라인 게시판 글들이 기하급수적으로 늘어났다. 2000년대 전자상거래의 활성화는 구매 기록, 검색 패턴, 고객 행동 데이터를 대량 생산했다. 결정적 변화는 2004년 페이스북, 2006년 트위터, 2010년 인스타그램 등 소셜미디어의 등장이었다. 이제 개인의 일상, 생각, 인간관계까지 모든 것이 데이터로 변환되기 시작했다. 동시에 2007년 아이폰으로 시작된 스마트폰 혁명이 이를 가속화했다. 사람들은 언제 어디서나 사진을 찍고, 위치를 공유하며, 앱을 사용하면서 끊임없이 데이터를 생산했다.

2010년대 들어 사물인터넷(IoT)의 확산으로 데이터 생산자의 범위가 크게 넓어졌다. 자동차에 설치된 수십 개의 센서들이 속도, 연료 소비량, 엔진 상태를 실시간으로 기록한다. 스마트워치는 심박수, 걸음수, 수면 패턴을 24시간 모니터링한다. 스마트홈 기기들은 온도, 조도, 전력 사용량 데이터를 생산한다. 심지어 냉장고도 문 여닫는 횟수와 내부 온도를 데이터로 남긴다.

기업들도 새로운 데이터 원천을 만들어냈다. 아마존은 고객의 클릭 패턴과 구매 이력을, 넷플릭스는 시청 기록과 선호도를, 우버는 이동 패턴과 교통 데이터를 축적했다. 심지어 오프라인 매장들도 CCTV, 와이파이 연결 기록, 신용카드 결제 데이터를 통해 고객 행동을 데이터화하기 시작했다. 위성과 드론 기술의 발전으로 지구 관측 데이터도 폭증했다. 구글 어스의 위성 이미지, 기상청의 날씨 데이터, 농업용 드론의 작물 생육 정보 등이 새로운 데이터 원천이 되었다. 과학 연구 분야에서도 대형 강입자 충돌기(LHC), 허블 우주망원경, 인간게놈프로젝트 등이 페타바이트 단위의 과학 데이터를 생산했다.

AI 초기에는 각 기업이나 기관이 자신의 서비스 영역에서 발생하는 데이터만 수집했다. 구글은 검색 데이터를, 아마존은 구매 데이터를, 페이스북은 소셜 데이터를 각각 축적했다. 하지만 이런 사일로(silo) 방식[30]으로는 AI 연구에 필요한 대규모 범용 데이터셋을 구축하기 어려웠다. 특히 학술 연구자들은 기업이 보유한 데이터에 접근할 수 없어 소규모 실험 데이터로만 연구해야 했다. 1990년대까지만 해도 컴퓨터 비전 연구는 수백 장의 이미지로, 자연어 처리 연구는 수천 개의 문서로 진행되었다. 이는 현실 문제를 해결하기에는 턱없이 부족한 규모였다.

전환점은 웹 크롤링[31] 기술의 발달이었다. 인터넷상의 공개된 정보를 자동으로 수집할 수 있게 되면서 대규모 데이터셋 구축이 가능해졌다. 위키피디아 전체, 뉴스 기사, 블로그, 포럼 글 등이 대량으로 수집되어 텍스트 데이터베이스가 구축되었다. 구글이 개발한 페이지랭크(PageRank) 알고리즘도 원래는 웹 크롤링으로 수집한 링크 데이터를 분석하기 위한 것이었다. 플리커(Flickr) 같은 사진 공유 사이트에서는 태그와 함께 수백만 장의 이미지를 수집했다. 유튜브, 사운드클라우드에서는 동영상과 음성 데이터를 확보했다. API[32]의 개방도 데이터 수집을 촉진했다. 트위터 API를 통해 실시간 트윗을 수집하거나, 페이스북 API로 소셜 그래프 데이터를 분석할 수 있게 되었다. 정부의 공공데이터 개방 정책도 새로운 데이터 원천을 제공했다.

데이터를 수집하는 것은 점점 이렇게 광범위하게 확장됐지만 정작 중요

---

30) 사일로(silo)는 원래 곡물을 저장하는 원통형 창고를 뜻하는 말로, 비즈니스나 IT 분야에서는 서로 다른 부서나 시스템이 독립적으로 운영되어 정보나 자원을 공유하지 않는 상황을 비유적으로 표현할 때 사용한다. 데이터 분야에서 '사일로 방식'은 각 기업이나 기관이 자신만의 데이터를 별도로 보관하고 외부와 공유하지 않는 폐쇄적 데이터 관리 방식을 의미한다.

31) 웹 크롤링(Web Crawling)은 인터넷상의 웹페이지를 자동으로 탐색하고 데이터를 수집하는 기술이다. '크롤러(Crawler)' 또는 '스파이더(Spider)'라고 불리는 프로그램이 웹사이트의 링크를 따라가며 페이지의 텍스트, 이미지, 링크 등의 정보를 체계적으로 수집한다. 검색엔진이 웹페이지를 색인화하거나, 가격 비교 사이트가 상품 정보를 모으거나, AI 학습용 데이터를 대량 수집할 때 주로 사용된다. 다만 웹사이트의 이용약관이나 저작권을 준수해야 하며, 과도한 크롤링은 서버에 부하를 줄 수 있어 적절한 제한이 필요하다.

32) API(Application Programming Interface)는 서로 다른 소프트웨어나 시스템이 데이터를 주고받을 수 있도록 미리 정의된 규칙과 방법을 제공하는 인터페이스다. 쉽게 말해 프로그램들 간의 '소통 창구' 역할을 한다. 예를 들어 날씨 앱이 기상청 서버에서 날씨 정보를 가져오거나, 소셜미디어 로그인 기능을 다른 웹사이트에서 사용할 때 API를 통해 이루어진다. 데이터 수집 관점에서는 트위터 API로 트윗을 수집하거나, 유튜브 API로 동영상 정보를 가져오는 등 공식적이고 체계적인 데이터 접근 방법을 제공한다. 웹 크롤링과 달리 서비스 제공자가 허용하는 범위 내에서 안정적으로 데이터에 접근할 수 있다.

한 것은 수집된 데이터를 활용해 AI 학습에 필수적인 '라벨링된 데이터'를 대량으로 만들어내는 것은 정말 큰 도전이었다. 이미지에 "고양이", "강아지" 같은 정답 라벨을 붙이거나, 어떤 특정한 텍스트에 드러나는 감정을 "긍정", "부정"으로 분류하는 작업은 사람이 직접 해야 했다. 이 어려운 문제를 해결하기 위해 다양한 방법이 강구됐고, 기상천외한 방법도 생겨났다. 아마존의 메카니컬 터크(Mechanical Turk) 같은 크라우드소싱 플랫폼이 이 문제를 해결했다. 전 세계 수만 명의 작업자들이 소액의 보상을 받고 데이터 라벨링 작업에 참여할 수 있게 되었다. 이미지넷(ImageNet) 프로젝트는 이런 방식으로 1,400만 장의 이미지에 라벨을 붙였다. 크라우드소싱은 단순 라벨링을 넘어 창의적 작업으로도 확장되었다. 대부분의 사람들이 인터넷에서 접해본 일이 있을텐데, 구글의 리캡차(reCAPTCHA)[33]는 사용자들이 웹사이트 인증을 하면서 동시에 책 텍스트 디지털화나 도로 표지판 인식 데이터를 생산하게 했다. 또 포켓몬고(GO) 같은 게임은 사용자들이 게임을 즐기면서 실제 세계의 위치 정보를 수집했다.

수집된 원시 데이터(Raw Data)는 그 자체로는 AI가 학습할 수 없다. 원유를 정제해야 휘발유가 되는 것과 마찬가지로 데이터도 가공 과정을 거쳐야 한다. 실제로 데이터 과학자들은 프로젝트 시간의 80% 이상을 데이터 전처리에 투입한다고 한다.[34] "데이터를 정제하는 것이 모델을 개선하는 것보다 더 효과적"이라는 말이 있을 정도다. 왜 그럴까? 현실의 데이터는 센서 오류, 입력 실수, 시스템 결함 등으로 인한 '더러운 데이터(Dirty Data)'가

---

33) 리캡차는 구글이 개발한 보안 서비스로, 웹사이트 접속자가 사람인지 봇(자동화 프로그램)인지 구별하는 기술이다. 사용자에게 왜곡된 문자를 입력하게 하거나, 교통신호등이나 자동차가 포함된 이미지를 선택하게 하는 방식으로 작동한다. 흥미로운 점은 이 과정에서 사용자들이 무의식적으로 데이터 라벨링 작업에 참여한다는 것이다. 초기 reCAPTCHA는 책의 디지털화를 위해 사용자들이 스캔된 텍스트를 읽어주도록 했고, 최근에는 자율주행 기술 개발을 위해 도로 표지판, 신호등, 횡단보도 등을 식별하게 한다. 이는 보안과 데이터 수집을 동시에 달성하는 혁신적 크라우드소싱 사례로 평가받는다.

34) 데이터 전처리는 원시 데이터(Raw Data)를 AI 모델이 학습할 수 있는 형태로 변환하는 과정이다. 실제 수집된 데이터에는 오타, 중복, 누락, 형식 불일치 등 다양한 문제가 있어 그대로 사용하기 어렵다. 따라서 데이터 정제(결측값 처리, 이상치 제거), 데이터 변환(텍스트의 숫자 변환, 이미지 크기 조정), 정규화(서로 다른 범위의 데이터를 비교 가능하게 조정), 특성 추출(의미 있는 변수 생성) 등의 작업을 수행한다.

섞여 있어 AI 성능을 크게 떨어뜨린다. 따라서 데이터 정제 과정에서 중복 제거, 이상치 탐지 및 처리, 결측값 보완 등의 작업이 필수적이며, 이후 텍스트의 토큰화, 이미지의 픽셀 변환, 음성의 스펙트로그램 변환 등을 통해 AI가 이해할 수 있는 숫자 형태로 변환하고, 서로 다른 범위의 데이터를 정규화하는 스케일링 작업까지 거쳐야 비로소 AI 학습에 활용할 수 있는 고품질 데이터가 완성된다.

데이터 처리에서 가장 창의적이고 중요한 과정은 특성 공학이다. 특성 공학(Feature Engineering)이란 원시 데이터에서 AI가 학습할 수 있는 의미 있는 특징들을 추출하거나 새로 만들어내는 작업이다. 이는 도메인 지식과 데이터 분석 능력이 모두 필요한 고도의 기술이다. 예를 들어 신용카드 거래 데이터에서 단순히 거래 금액과 시간만 보는 것이 아니라, '평균 거래 금액', '주말 거래 비율', '해외 거래 횟수', '평소와 다른 시간대 거래 여부' 같은 파생 변수들을 만들어낸다. 이런 특성들이 신용도나 사기 거래 탐지에 훨씬 유용할 수 있다. 시계열 데이터에서는 이동평균, 변화율, 계절성 등을 추출한다. 텍스트 데이터에서는 단어 빈도, 문장 길이, 감정 점수 등을 계산한다. 이미지에서는 가장자리, 텍스처, 색상 히스토그램 같은 시각적 특징을 뽑아낸다.

AI 발전사에는 몇 가지 전설적인 데이터셋들이 있다. 1998년 얀 르쿤(Yann LeCun)이 공개한 MNIST는 손글씨 숫자 7만 개로 구성된 간단하지만 강력한 데이터셋이었다. 28×28 픽셀의 흑백 이미지에 0부터 9까지의 숫자가 적혀 있고, 각각에 정답 라벨이 붙어 있다. MNIST는 머신러닝 분야의 'Hello World'[35] 역할을 했다. 새로운 알고리즘을 개발하면 가장 먼저 MNIST로 테스트해보는 것이 관례가 되었다. 자연어 처리 분야에서는 1987년 월스트리트 저널 기사로 구성된 '펜트리뱅크 코퍼스'[36]가 표준이었

---

35) 프로그래밍에서 "Hello World"는 새로운 언어를 배울 때 가장 먼저 작성하는 간단한 프로그램을 의미한다.
36) 펜트리뱅크(Penn Treebank)는 펜실베니아 대학교에서 구축한 영어 문법 분석용 코퍼스(말뭉치)로, 1989년부터 개발되기 시작했다. 월스트리트 저널의 기사 약 100만 단어에 품사 태깅(명사, 동사 등 문법 정보)과

다. 약 100만 단어로 구성된 이 데이터셋은 문법 구조까지 태깅되어 있어 언어 모델 연구의 기준점 역할을 했다. 하지만 100만 단어는 현재 기준으로는 매우 작은 규모다.

데이터셋의 진짜 게임체인저는 2009년 스탠포드 대학의 페이페이 리(Fei-Fei Li) 교수가 주도한 이미지넷(ImageNet) 프로젝트였다. 1,400만 장의 이미지를 22,000개 카테고리로 분류한 이 거대한 데이터셋은 컴퓨터 비전 분야의 패러다임을 바꿨다. 이미지넷의 혁신성은 규모뿐만 아니라 품질에도 있었다. 각 이미지마다 정확한 라벨이 붙어 있고, 객체의 위치까지 표시된 바운딩 박스 정보도 포함되어 있다. 또한 워드넷(WordNet)이라는 어휘 계층 구조를 기반으로 카테고리가 체계적으로 구성되어 있어, 단순한 분류를 넘어 개념 간의 관계도 학습할 수 있게 했다.

2010년부터 시작된 이미지넷 대규모 시각 인식 챌린지(ILSVRC)는 전 세계 연구팀들이 동일한 기준으로 알고리즘 성능을 경쟁하는 장이 되었다. 2012년 토론토 대학의 알렉스 크리제프스키(Alex Krizhevsky)가 개발한 알렉스넷(AlexNet)이 기존 방법들을 압도적으로 제치고 우승하면서 딥러닝 시대가 본격적으로 시작되었다.

자연어 처리 분야에서는 위키피디아가 중요한 전환점이었다. 300개 이상 언어로 된 5,000만 개 이상의 문서는 그 자체로 거대한 텍스트 데이터베이스였다. 더 중요한 것은 위키피디아가 구조화되어 있고, 링크를 통해 개념 간 관계가 명시되어 있다는 점이었다. 커먼크롤(CommonCrawl)은 웹상의 수십억 개 페이지를 크롤링한 데이터셋이다. 매월 업데이트되며, 다양한 언어와 도메인의 텍스트를 포함하고 있다. GPT 시리즈, BERT 같은 대형언어모델들의 주요 학습 데이터 중 하나다. 구글의 북스 엔그램(Books Ngram) 프로젝

구문 분석 트리(문장의 구조적 분석)가 수작업으로 정교하게 표시되어 있다. 1990년대부터 2000년대 중반까지 자연어 처리 연구의 표준 벤치마크 역할을 했으며, 언어 모델 성능 평가의 기준점이 되었다. 하지만 100만 단어는 현재 GPT 같은 대형언어모델 기준으로는 매우 작은 규모로, 빅데이터 시대 이전 자연어 처리 연구의 한계를 보여주는 사례이기도 하다.

트는 1500년부터 2008년까지 출간된 책 1,500만 권을 디지털화한 데이터셋이다. 시대별 언어 변화, 문화 트렌드 분석 등에 활용되고 있다. 최근 GPT-4 같은 모델들은 이런 다양한 텍스트 소스를 결합해 인터넷상의 거의 모든 텍스트를 학습했다고 해도 과언이 아니다.

AI가 발전하면서 텍스트나 이미지 하나만이 아니라 여러 형태의 데이터를 동시에 처리하는 멀티모달 AI가 중요해졌다. 마이크로소프트의 MS 코코(COCO)는 이미지와 설명 텍스트가 쌍을 이루는 데이터셋으로, 이미지 캡셔닝 연구의 표준이 되었다. 음성 인식 분야에서는 리브리스피치(LibriSpeech)가 대표적이다. 1,000시간 분량의 영어 음성과 텍스트 전사가 포함된 이 데이터셋은 오픈소스로 공개되어 음성 인식 연구를 크게 촉진했다. 구글의 유튜브-8M은 800만 개의 유튜브 동영상에서 추출한 시각적, 청각적 특징을 포함한 대규모 비디오 데이터셋이다.

특화 도메인에서도 중요한 데이터셋들이 등장했다. 의료 분야의 미믹 3(MIMIC-III)는 4만 명 환자의 중환자실 데이터를 익명화해 공개한 데이터셋으로, 의료 AI 연구에 큰 기여를 했다. 자율주행 분야에서는 시티스케이프(Cityscapes), 키티(KITTI) 같은 도시 환경 데이터셋들이 표준이 되었다.

이런 공개 데이터셋들은 AI 발전에 여러 방면으로 기여했다. 첫째, 연구의 재현 가능성을 높였다. 같은 데이터로 실험하면 다른 연구자들이 결과를 검증하고 개선할 수 있다. 둘째, 공정한 성능 비교가 가능해졌다. 서로 다른 알고리즘의 우열을 객관적으로 판단할 수 있게 되었다. 셋째, 연구 진입 장벽을 낮췄다. 대학이나 개인 연구자도 고품질의 대규모 데이터에 접근할 수 있게 되었다. 넷째, 새로운 연구 방향을 제시했다. 데이터셋의 특성과 한계가 다음 연구 과제를 정의하는 경우가 많다.

데이터와 관련해 미래의 AI 발전에서 주목받는 것 중 하나는 '합성 데이터(Synthetic Data)'다. 실제 데이터 대신 컴퓨터가 인공적으로 생성한 가상의 데이터를 사용하는 것을 말한다. 이는 개인정보 보호 문제를 해결하면서도 대규모 학습 데이터를 확보할 수 있는 방법이다. GAN(Generative Adversarial Networks) 같은 생성 모델의 발전으로 실제와 구분하기 어려운 가짜 이미지, 음성, 텍스트를 만들 수 있게 되었다. 의료 분야에서는 실제 환자 데이터의 통계적 특성을 유지하면서도 개별 환자를 식별할 수 없는 합성 의료 데이터를 생성해 AI 연구에 활용하고 있다. 자율주행 분야에서는 시뮬레이션으로 다양한 도로 상황, 날씨 조건, 사고 시나리오를 생성한다. 실제로는 드물거나 위험한 상황도 가상으로 만들어 AI를 훈련시킬 수 있다. 웨이모, 테슬라 같은 기업들은 실제 주행 데이터와 합성 데이터를 결합해 자율주행 AI를 개발하고 있다.

데이터는 시간이 흐를수록 AI의 연료 역할이 더 강해져, AI의 성능과 공정성, 그리고 우리 사회의 미래를 결정하는 핵심 요소가 되고 있다. 초기 AI 연구에서는 알고리즘 자체에 집중했다면, 이제는 데이터의 품질과 다양성이 더 중요해졌다. "데이터가 새로운 석유"라는 말이 나온 것도 이런 맥락이다. 하지만 석유와 달리 데이터는 사용해도 고갈되지 않고, 복사와 공유가 가능하며, 네트워크 효과로 가치가 증폭된다. 동시에 편향, 프라이버시, 윤리 문제라는 새로운 도전과제도 제기한다. 기술적 혁신만큼이나 사회적 합의와 제도적 뒷받침이 중요한 이유인 것이다. 앞으로의 AI 발전은 더 많은 데이터를 모으는 것이 아니라, 더 나은 데이터를 만들고 활용하는 방향으로 나아갈 것이다. 편향 없으면서 대표성 있는 데이터, 개인정보를 보호하는 합성 데이터, 분산 환경에서의 연합학습, 실시간 엣지 처리 등이 핵심 키워드가 될 것이다.

무엇보다 중요한 것은 데이터를 기술적 자원이 아니라 사회적 공공재로 바라보는 관점이다. 누가 어떤 데이터를 수집하고 사용할 권리가 있는지, 데이터로 인한 이익은 어떻게 배분할 것인지, AI의 판단에 대한 책임은 누가

질 것인지 등의 근본적 질문에 대한 답을 찾아가야 한다. AI 엔진이 인류에게 도움이 되는 방향으로 달려가려면, 그 연료인 데이터부터 올바르게 준비해야 한다. 데이터의 품질이 AI의 미래를, 그리고 우리 모두의 미래를 좌우할 것이기 때문이다.

알고리즘과 모델

AI 시스템의 핵심에는 '알고리즘'과 '모델'이 있다. 이 두 개념은 종종 혼용되지만, 사실은 완전히 다른 의미를 지닌다. **알고리즘**은 특정 문제를 해결하기 위한 명확하고 체계적인 단계별 지침이다. 요리 레시피와 유사하게, 알고리즘은 입력을 출력으로 변환하는 방법을 정의한다. AI에서 알고리즘은 데이터를 처리하고, 패턴을 찾고, 예측을 수행하는 수학적 절차다. 앞에서 살펴봤듯이 결정 트리, 서포트 벡터 머신, 신경망의 역전파 등이 알고리즘의 예시로, 이들은 각각 다른 방식으로 데이터에서 패턴을 학습하고 예측을 수행한다. 알고리즘의 선택은 해결하려는 문제의 성격, 사용 가능한 데이터의 유형과 양, 요구되는 성능 지표 등 여러 요소에 의해 결정된다. 이미지 분류에는 합성곱 신경망이 효과적이고, 시퀀스 데이터 처리에는 순환 신경망이나 트랜스포머가 적합한 것처럼, 각 문제 유형에 가장 적합한 알고리즘이 존재한다. 모든 상황에 최적인 만능 알고리즘은 없으며, 각 접근법은 고유한 강점과 한계를 가지고 있다.

모델은 알고리즘이 데이터로부터 학습한 후의 결과물이다. 모델은 입력 데이터와 목표 출력 사이의 관계를 수학적으로 표현한다. 쉽게 이해하기 위해, 모델을 숙련된 악기 연주자에 비유할 수 있다. 악기 연주법(알고리즘)을 배우는 과정에서 연주자는 수많은 곡(데이터)을 연습한다. 충분한 연습 후, 연주자는 새로운 곡을 접했을 때도 그것을 연주할 수 있는 능력(모델)을 갖추게 된다. AI 모델은 다양한 형태를 가질 수 있다. 의사결정 트리에서는 모델이 트리 구조의 분기 규칙이고, 선형 회귀(Linear Regression)에서는 모델이 데이터에 가장 잘 맞는 직선(또는 평면)의 방정식이며, 신경망에서는 모델이 뉴런 간의 연결 가중치와 활성화 함수다. 모델의 복잡성은 간단한 몇 개의 파라미터에서부터 대형언어모델의 수천억 개 파라미터까지 다양하다. GPT-4와 같은 최신 모델은 약 1.8조 개의 파라미터를 가지는 것으로 추정되며, 이러한 복잡성이 놀라운 성능의 원천이 되기도 한다.

모델 아키텍처(Architecture)는 모델의 구조와 설계를 의미한다. 건물의 설계도와 유사하게, 아키텍처는 모델의 층, 연결 방식, 활성화 함수 등을 정의한다. 아키텍처는 모델이 어떤 종류의 패턴을 학습할 수 있는지, 얼마나 복잡한 관계를 포착할 수 있는지를 결정한다. 현대 AI 연구에서는 새로운 아키텍처의 개발이 중요한 영역이며, 트랜스포머 아키텍처의 발명은 자연어 처리 분야에 혁명을 가져왔고, 이를 기반으로 GPT, BERT, T5[37]와 같은 강력한 모델이 개발되었다.

학습과 추론

AI 시스템의 작동 과정은 크게 학습(또는 훈련)과 추론(또는 예측)의 두 단계로 나눌 수 있다. 학습은 AI 모델이 데이터에서 패턴을 발견하고 이를 내부 표현으로 변환하는 과정이다. 인간이 경험을 통해 세상의 규칙을 배우는 것과 유사한 이 과정에서, AI는 데이터 속에서 규칙성을 찾아내고 이를 일반화하여 새로운 상황에 적용할 수 있는 능력을 개발한다. 최근에는 '자

---

[37] T5(Text-to-Text Transfer Transformer) : 구글에서 2019년 발표한 '텍스트-투-텍스트' 접근법을 사용하는 트랜스포머 모델. 번역, 요약, 질의응답, 분류 등 모든 자연어 처리 작업을 "텍스트를 입력받아 텍스트를 출력하는" 동일한 형식으로 통일했다. 예를 들어 번역 작업 시 "translate English to Korean: Hello"와 같이 명령어와 함께 입력하면 "안녕하세요"를 출력한다. 이러한 통합적 접근법으로 하나의 모델로 다양한 언어 작업을 수행할 수 있게 되었으며, 현재 대형언어모델의 멀티태스킹 능력의 기초가 되었다.

기 지도 학습'이라는 접근법이 주목받고 있다. 이 방법은 앞서 설명한 지도학습과 비지도학습의 한계를 극복하는 새로운 방식이다. 지도학습은 정답이 미리 주어진 데이터(레이블된 데이터)로 학습하는 방법이고, 비지도학습은 레이블 즉, 정답 없이 데이터의 숨겨진 구조나 패턴을 찾는 방법이다. 반면 자기 지도 학습은 레이블이 없는 데이터에서 스스로 학습 목표를 만들어내는 방식이다.

대형언어모델은 "오늘 날씨가 정말 ____"라는 문장에서 빈 칸에 들어갈 단어를 예측하는 작업을 통해 언어의 패턴을 학습한다. 여기서 중요한 점은 사람이 정답을 미리 알려주지 않았음에도 불구하고, 모델이 스스로 "좋다"나 "춥다" 같은 적절한 단어를 맞히는 것을 학습 목표로 삼는다는 것이다. 이는 지도학습처럼 명시적인 정답이 필요하지 않으면서도, 비지도학습보다 명확한 학습 신호를 제공한다. 이러한 접근법은 인간의 개입 없이도 방대한 양의 비구조화된 데이터에서 의미를 추출할 수 있게 해준다. 이는 매우 혁신적인 발전이다. 왜냐하면 우리가 일상에서 생성하고 접하는 데이터의 80~90%가 비구조화된 데이터이기 때문이다. 웹페이지의 텍스트, 소셜미디어 게시물, 뉴스 기사, 이메일, 블로그, 고객 리뷰 등이 모두 여기에 해당한다. 기존에는 이런 데이터를 활용하려면 사람이 일일이 분류하고 라벨을 붙여야 했다. 마치 도서관에서 수백만 권의 책을 모두 읽고 각각에 주제별 태그를 달아야 하는 것과 같았다. 그러나 대형언어모델은 이런 번거로운 과정 없이도 인터넷의 거의 모든 텍스트를 학습 데이터로 활용할 수 있다. 결과적으로 인류가 생산한 지식과 언어 표현의 대부분을 학습 자료로 사용할 수 있게 되었고, 이것이 바로 현재 AI 혁명의 핵심 동력이 되고 있다.

학습 과정은 일반적으로 모델 파라미터(parameters, 매개변수)를 무작위 값으로 초기화하는 것으로 시작한다. 그 후 입력 데이터를 모델에 통과시켜 예측을 생성하고(순전파), 예측과 실제 값의 차이(오차)를 계산한다. 이

오차를 기반으로 모델 파라미터를 조정하고(역전파), 모델 성능이 최적화될 때까지 이 과정을 반복한다. 이 과정을 통해 모델은 점진적으로 데이터의 패턴을 학습하고, 예측 성능을 향상시킨다. 여기서 말하는 모델 파라미터는 신경망의 핵심 구성 요소로, 주로 가중치(weight)와 편향(bias)으로 구성된다. 이해를 돕기 위해, 요리사의 레시피를 생각해보자. 요리사가 맛있는 요리를 만들기 위해서는 각 재료를 얼마나 넣을지(가중치), 그리고 기본 간은 어느 정도로 맞출지(편향) 알아야 한다. 마찬가지로 신경망에서 파라미터는 입력 정보를 어떻게 처리하고 조합할지를 결정하는 '조리법'과 같다. GPT-4 같은 대형언어모델은 수천억 개에서 조 단위의 파라미터를 가지고 있는데, 이는 수천억 개의 미세한 조절 다이얼을 가진 복잡한 기계와 같다고 할 수 있다. 학습 과정에서 이 모든 다이얼들이 조금씩 조정되면서, 모델이 언어의 패턴을 점차 더 정확하게 포착할 수 있게 된다. 파라미터의 수가 많을수록 모델이 더 복잡한 패턴을 학습할 수 있지만, 동시에 더 많은 데이터와 계산 자원이 필요하다.

추론은 학습된 모델이 새로운 데이터에 대해 예측이나 결정을 수행하는 과정이다. 이는 학습 단계에서 획득한 지식을 실제 문제에 적용하는 것이다. 추론 과정은 일반적으로 원시 데이터를 모델이 처리할 수 있는 형태로 전처리하고, 이 데이터를 학습된 모델에 입력하여 출력(예측, 분류, 생성 등)을 생성한 후, 필요한 경우 이 출력을 최종 형태로 후처리하는 단계를 포함한다. 추론은 학습에 비해 계산 비용이 적게 들지만, 실시간 응용이나 대규모 배포에서는 효율성이 중요한 고려사항이다. 모바일 기기에서 실행되는 AI 애플리케이션은 제한된 자원 내에서 빠른 추론이 가능해야 하며, 이를 위해 모델 압축, 양자화, 지식 증류와 같은 기법이 사용된다.

AI 모델의 성능 평가와 개선

　AI 모델의 성능을 평가하고 개선하는 것은 개발 과정의 중요한 부분이다. 이를 위해 다양한 기법이 사용된다. 훈련-검증-테스트 분할은 데이터를 훈련 세트(모델 학습용), 검증 세트(하이퍼파라미터 튜닝용), 테스트 세트(최종 평가용)로 나누는 방법으로, 모델이 새로운 데이터에 얼마나 잘 일반화되는지 평가할 수 있다. 그러니까 데이터를 세 묶음으로 나눠, 하나는 훈련할 때 쓰고, 또 하나는 검증하는데 쓰며, 나머지는 최종 평가할 때 테스트용으로 쓰는 것이다. 데이터 활용도와 학습효과를 높이기 위해 교차 검증이라는 방법을 사용하기도 하는데, 데이터를 여러 폴드로 나누고, 각 폴드를 번갈아가며 검증 세트로 사용하는 방법을 말한다. 이 방법은 특히 데이터가 제한된 경우 모델의 강건성[38]을 평가하는 데 유용하다.

　하이퍼파라미터(Hyperparameter)는 AI 모델을 학습시키기 전에 미리 설정해 줘야 하는 '학습 환경의 설정값'이다. 요리에 비유하면, 레시피(알고리즘)가 정해진 상태에서 불의 세기, 조리 시간, 양념의 양 등을 조절하는 것과 같다. 일반적인 모델 파라미터는 학습 과정에서 자동으로 조정되는 값들(예: 신경망의 가중치)인 반면, 하이퍼파라미터는 사람이 직접 결정해야 하는 설정값들이다. 주요 하이퍼파라미터로는 학습률(모델이 얼마나 빠르게 학습할지)[39], 배치 크기(batch, 한 번에 처리할 데이터의 양), 에포크 수(epoch, 전체 데이터를 몇 번 반복해서 학습할지), 모델의 층 수나 뉴런 개수(모델의 복잡성) 등이 있다. 이러한 설정값들이 모델의 최종 성능에 큰 영

---

38) 강건성(robustness)은 모델이 다양한 상황에서도 안정적으로 작동하는 능력을 의미한다. 마치 좋은 자동차가 비 오는 날, 눈 오는 날, 험한 도로에서도 안전하게 운행되는 것처럼, 강건한 AI 모델은 훈련 때 보지 못한 새로운 데이터나 예상치 못한 입력에 대해서도 일관되고 신뢰할 수 있는 성능을 보인다. 예를 들어 이미지 인식 모델이라면 조명이 다르거나 각도가 바뀐 사진에서도 정확하게 객체를 인식할 수 있어야 한다.

39) 학습률(learning rate)은 모델이 실수로부터 얼마만큼 배울지를 결정하는 값이다. 산을 내려갈 때 보폭을 얼마나 크게 할지 정하는 것과 같다. 학습률이 너무 높으면(보폭이 너무 크면) 골짜기를 지나쳐 버려 목적지를 놓칠 수 있고, 너무 낮으면(보폭이 너무 작으면) 목적지에 도달하는데 너무 오래 걸리거나 중간에 멈춰버릴 수 있다. 적절한 학습률을 찾는 것은 효율적이고 정확한 학습의 핵심이다.

향을 미치기 때문에, 최적의 조합을 찾는 것이 중요하다. 학습률이 너무 높으면 모델이 불안정하게 학습되고, 너무 낮으면 학습 속도가 매우 느려진다. 배치 크기가 너무 크면 메모리 부족이 발생할 수 있고, 너무 작으면 학습이 비효율적이 될 수 있다.

하이퍼파라미터 튜닝은 학습률, 배치 크기, 모델 복잡성 등의 하이퍼파라미터를 조정하여 모델 성능을 최적화하는 과정이다. 그리드 탐색(Grid Search), 랜덤 탐색(Random Search), 베이지안 최적화(Bayesian Optimization) 등의 방법을 통해 최적의 하이퍼파라미터 조합을 찾는다. 그리드 탐색은 미리 정한 값들의 모든 조합을 체계적으로 시도해보는 방법으로, 마치 바둑판의 모든 교차점을 하나씩 확인하는 것과 같다. 반면 랜덤 탐색은 가능한 값들 중에서 무작위로 선택해 시도하는 방식으로, 시간은 절약되지만 최적값을 놓칠 가능성이 있다. 베이지안 최적화는 이전 실험 결과를 학습하여 다음에 시도할 가장 유망한 값을 지능적으로 예측하는 방법으로, 마치 경험 많은 요리사가 이전 시행착오를 바탕으로 다음 조리법을 개선하는 것과 비슷하다.

모델 성능 개선의 또 다른 중요한 방법은 과적합(Overfitting)을 방지하는 것이다. 과적합이란 모델이 훈련 데이터에만 지나치게 특화되어 새로운 데이터에서는 성능이 떨어지는 현상이다. 이를 방지하기 위해 '정규화'라는 기법이 사용되는데, 이는 모델의 복잡성에 제약을 가하는 다양한 방법들을 포함한다. 드롭아웃(Dropout)은 학습 과정에서 일부 뉴런을 무작위로 비활성화하여 모델이 특정 뉴런에 과도하게 의존하지 않도록 하는 기법이다. L1/L2 정규화는 모델 파라미터의 크기에 제약을 가해 모델이 지나치게 복잡해지는 것을 방지하는 방법으로, L1은 파라미터의 절댓값 합을, L2는 파라미터의 제곱 합을 페널티로 추가한다. 초기 중단(Early Stopping)은 검증 데이터에서의 성능이 더 이상 향상되지 않으면 학습을 조기에 종료하여 과적합을 방지하는 기법이다.

과소적합(Underfitting)은 과적합과 반대되는 문제로, 모델이 훈련 데이터조차 제대로 학습하지 못하는 현상이다. 이는 모델이 너무 단순하거나 학습이 충분하지 않을 때 발생한다. 과소적합된 모델은 훈련 데이터와 테스트 데이터 모두에서 낮은 성능을 보이며, 데이터의 기본적인 패턴조차 파악하지 못한다. 예를 들어, 복잡한 곡선 형태의 데이터를 직선으로만 예측하려고 하거나, 깊은 신경망이 필요한 문제에 너무 간단한 모델을 사용하는 경우가 이에 해당한다. 과소적합을 해결하기 위해서는 모델의 복잡도를 높이거나, 더 많은 특성을 추가하거나, 학습 시간을 늘리는 방법을 사용할 수 있다. 또한 학습률을 조정하거나 더 강력한 알고리즘을 선택하는 것도 도움이 된다. 머신러닝에서는 과소적합과 과적합 사이의 적절한 균형점을 찾는 것이 핵심이며, 이를 편향-분산 트레이드오프(Bias-Variance Tradeoff)라고 한다. 과소적합은 높은 편향을 의미하고, 과적합은 높은 분산을 의미하므로, 두 요소를 모두 고려하여 최적의 모델 복잡도를 결정해야 한다.

이러한 평가와 최적화 과정은 모델이 실제 환경에서 안정적이고 정확한 성능을 발휘하도록 보장하는 데 필수적이다.

⊙— 정확도, 편향성, 설명가능성

AI 시스템을 평가하고 신뢰할 수 있는지 판단하기 위해서는 정확도, 편향성, 설명가능성과 같은 핵심 측면을 이해해야 한다. 정확도는 AI 모델이 얼마나 올바른 예측을 생성하는지를 측정한다. 그러나 정확도는 문제의 성격에 따라 다양한 방식으로 정의될 수 있다.

분류 문제[40]에서는 전체 예측 중 올바른 예측의 비율인 '정확도(Accuracy)',

---

40) 분류 문제는 입력 데이터를 미리 정해진 범주(클래스) 중 하나로 분류하는 문제이다. 예를 들어 이메일을 스팸/정상으로 구분하거나, 의료 이미지에서 질병 유무를 판단하는 것이 분류 문제에 해당한다.

양성으로 예측한 것 중 실제 양성의 비율인 '정밀도(Precision)', 실제 양성 중 양성으로 예측한 비율인 '재현율(Recall)' 등이 사용된다. F1 점수는 정밀도와 재현율의 조화 평균으로, 두 지표 간의 균형을 측정한다. ROC 곡선[41]과 AUC[42]는 다양한 임계값에서의 모델 성능을 시각화하고 요약한다.

정확도, 정밀도, 재현율, 특이도 개념

실제 \ 예측	Positive (양성)	Negative (음성)
Positive (양성)	TP(True Positive) 올바르게 양성으로 예측	FN(False Negative) 잘못하여 음성으로 예측
Negative (음성)	FP(False Positive) 잘못하여 양성으로 예측	TN(True Negative) 올바르게 음성으로 예측

다음 표는 혼동행렬(Confusion Matrix)로 불리는데, 이 혼동행렬을 이용하면 정확도, 정밀도, 재현율, 특이도, F1 점수 등과 같은 주요 평가 지표를 구할 수 있다.

평가지표	공식	의미	중요한 상황
정확도	(TP+TN)/(전체데이터)	전체 예측 중 맞춘 비율	클래스가 균형적일 때
정밀도	TP/(TP+FP)	양성으로 예측한 것 중 실제 양성인 비율	거짓 양성(False Positive)을 줄이고 싶을 때
재현율 (=민감도)	TP/(TP+FN)	실제 양성 중 올바르게 양성으로 찾아낸 비율	거짓 음성(False Negative)을 줄이고 싶을 때
특이도	TN/(TN+FP)	실제 음성 중 올바르게 음성으로 찾아낸 비율	불필요한 경고를 줄이는 데 중요
F1 점수	2 × 정밀도×재현율/ (정밀도+재현율)	정밀도와 재현율의 조화평균	정밀도와 재현율의 균형이 중요할 때

---

41) ROC 곡선(Receiver Operating Characteristic curve)은 분류 모델의 성능을 시각화하는 그래프로, 다양한 임계값에서 참양성률(민감도)과 거짓양성률을 나타낸다. 원래 제2차 대전 중 레이더 신호 분석에 사용되던 용어이다.
42) AUC(Area Under the Curve)는 ROC 곡선 아래의 면적으로, 0과 1 사이의 값을 가지며 1에 가까울수록 모델 성능이 우수함을 의미한다. 0.5는 무작위 추측과 같은 수준이다.

이렇게 구해진 지표를 통해 ROC 곡선을 그릴 수 있다.

여기서 y축은 재현율(Recall), 즉 실제 양성 중에서 모델이 양성이라고 올바르게 예측한 비율을 나타내며, x축은 위양성률(False Positive Rate), 즉 실제 음성 중에서 모델이 잘못 양성으로 예측한 비율

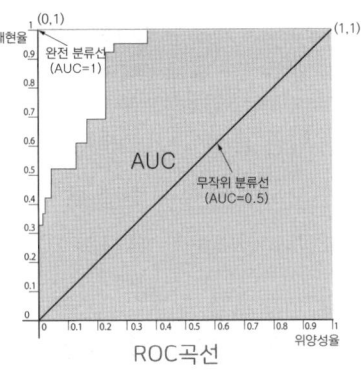

ROC곡선

인 '1 - 특이도(Specificity)'를 의미한다. 두 축의 값은 모두 0에서 1까지이다. 그렇다면 이 그래프 상에서 점(1,1)은 무슨 의미일까? x축의 1은 실제 음성인 모든 케이스를 양성으로 잘못 예측한 것이고, y축의 1은 실제 양성인 모든 케이스를 올바르게 양성으로 예측한 것이므로 점 (1,1)은 결국 모델이 "모든 것을 양성으로 예측"하는 상황을 의미한다. 이 말은 이 모델이 실용적으로는 전혀 쓸모가 없다는 뜻이기도 하다. 그렇다면 가장 이상적인 지점은 어디일까? 바로 점(0,1)이다. 이 지점은 x축이 0이므로 거짓 양성이 없고, y축이 1이므로 실제 양성인 경우를 모두 양성으로 예측한 것이므로 완벽한 예측 성능을 나타낸다. 그 경우를 그래프로 그리면 그래프 맨 위의 '완전 분류선'이 된다. 그러나 현실적으로 이런 정도로 완벽한 모델은 존재하기 힘들기 때문에 대부분의 모델은 (0,1)에 가까운 지점을 목표로하며, 여기에 가까울수록 좋은 모델로 평가된다.

그렇다면 이제는 AUC의 의미를 알 수 있을 것이다. x축의 값이 0에 가까울수록 y축의 값이 1에 가까워진다면 이 모델은 성능이 좋다는 것을 의미하므로 결국 AUC 면적이 넓을수록 모델의 성능이 뛰어나다는 것을 알 수 있다. 참고로, ROC곡선에 그려진 '무작위 분류선'은 평균적인 성능 기준을 나타내는 것으로 그래프가 최소한 그 위로 그어져야 의미있는 학습을 했다는 뜻이 된다. 예를 들어 여러 장의 개 또는 고양이 사진에서 개와 고양이를 분

PART 2 | AI의 구조와 생각하는 원리 • 233

류하는 문제라고 할 때 무작위 분류선은 학습 없이 동전 던지기로 분류하는 수준인 AUC = 0.5를 의미한다.

회귀 문제에서는 예측과 실제 값 사이의 평균 제곱 차이인 평균 제곱 오차(MSE), 예측과 실제 값 사이의 평균 절대 차이인 평균 절대 오차(MAE), 모델이 설명하는 분산의 비율인 결정 계수(R^2) 등이 사용된다. 생성 모델에서는 언어 모델이 텍스트를 얼마나 잘 예측하는지 측정하는 퍼플렉서티, 생성된 텍스트와 참조 텍스트의 유사성을 평가하는 BLEU(생성된 문장이 정답 문장과 얼마나 비슷한지 측정하는 지표 → 주로 정확성 평가), ROUGE(원본 텍스트의 중요한 내용이 생성된 요약문에 얼마나 포함되어 있는지 측정 → 완성도에 중점) 점수, 생성된 이미지의 품질을 평가하는 프레셰 인셉션 거리(Fréchet Inception Distance, 생성한 이미지들의 전체적인 품질이 실제 사진들과 비교해서 얼마나 자연스러운지를 측정하는 점수) 등이 사용된다.

중요한 점은, 단일 지표만으로는 모델의 전체 성능을 완전히 평가할 수 없다는 것이다. 불균형 데이터셋에서는 높은 정확도가 반드시 좋은 모델을 의미하지 않을 수 있다. 99%의 샘플이 한 클래스에 속하는 경우(예를 들어 암에 걸리지 않은 사람들이 99%인 집단), 모든 샘플을 그 클래스로 예측하는 단순한 모델(그 집단을 대상으로 모든 사람을 무조건 암이 걸리지 않았다고 분류하는 엉터리 모델)도 99%의 정확도를 달성할 수 있지만, 이는 실제로 유용한 모델이라고 보기 어렵다. 따라서 문제의 특성과 목표에 맞는 적절한 평가 지표를 선택하고, 여러 지표를 종합적으로 고려하는 것이 중요하다.

AI 시스템에서 **편향성은** 모델이 특정 그룹이나 상황에 대해 체계적으로 다른 결과를 생성하는 경향을 의미한다. 편향성은 여러 원인에서 발생할 수 있다. 데이터 편향은 학습 데이터가 특정 인구 집단이나 상황을 과소 또는 과대 표현하는 경우 발생한다. 남성이 대다수인 기술 회사의 채용 데이터로 학습된 모델은 여성 지원자에 대해 불리한 예측을 할 수 있다. 알고리즘 편향은 알고리즘의 설계나 파라미터 선택에서 발생하며, 특정 특성에 더 많은 가중치를 부여하는 등의 선택이 여기에 해당한다. 평가 편향은 성능 평가 방법이나 지표가 특정 그룹에 유리하게 설계된 경우, 표현 편향은 모델이 특정 그룹이나 개념을 다른 것보다 더 정확하게 표현하는 경우에 발생한다.

편향성은 AI 시스템이 공정하고 윤리적으로 작동하는 데 심각한 장애물이 될 수 있다. 이러한 문제를 해결하기 위해 여러 접근법이 연구되고 있다. 다양하고 대표적인 데이터셋 구축, 편향 감지 및 완화 도구 사용, 모델 학습 시 공정성 제약 조건 추가, 다양한 배경과 관점을 가진 사람들의 AI 개발 참여 등이 이에 해당한다. AI 공정성은 단순한 기술적 문제가 아니라 사회적, 윤리적, 법적 측면을 포함하는 복잡한 문제이며, 무엇이 '공정'한지는 맥락과 가치에 따라 다를 수 있다. 때로는 서로 다른 공정성 정의 간에 상충관계가 있을 수 있어서 이러한 트레이드오프(상충관계)를 어떻게 관리할 것인지가 중요한 과제가 된다.

AI 시스템이 점점 더 복잡해지고 중요한 의사결정에 활용됨에 따라, 이러한 시스템이 어떻게 결정을 내리는지 이해하는 것이 중요해졌다. **설명가능한 AI**(XAI)는 AI 시스템의 결정 과정을 인간이 이해할 수 있도록 만드는 것을 목표로 한다. 설명가능성은 사용자가 시스템의 작동 방식을 이해할 때 더 신뢰할 수 있고, 결정 과정을 이해함으로써 잠재적 문제를 식별하고 수정할 수 있으며, 일부 산업과 지역에서는 자동화된 의사결정에 대한 설명이 법적으로 요구되고, 개인의 중요한 결정에 영향을 미치는 시스템은 윤리적 측면에서도 그 이유를 설명할 수 있어야 하기 때문에 중요하다.

설명가능성을 향상시키기 위한 접근법에도 여러가지가 있다. 결정 트리, 선형 회귀, 규칙 기반 시스템과 같이 본질적으로 해석하기 쉬운 모델을 사용하거나, 복잡한 "블랙박스" 모델에 대해 LIME[43]이나 SHAP[44]과 같은 사후 해석 도구를 적용하는 방법이 있다. 또한 모델의 예측에 가장 큰 영향을 미치는 특성을 식별하는 특성 중요도 분석이나, "만약 입력 X가 Y로 변경되었다면, 예측은 Z로 바뀌었을 것이다"와 같은 반사실적 설명[45]을 제공하는 기법도 활용된다.

설명가능성과 성능 사이에는 종종 트레이드오프가 존재한다. 일반적으로 더 복잡하고 정확한 모델일수록 그 작동 원리를 설명하기 어려운 경향이 있다. AI 개발자들은 특정 응용 분야에 필요한 정확도와 설명가능성의 적절한 균형점을 찾아야 한다. 특히 의료 진단, 금융 대출 결정, 형사 사법 시스템과 같이 중요한 결정이 내려지는 고위험 영역에서는 설명가능성이 필수적이다. 이러한 분야에서는 'AI가 그렇게 말했기 때문에'라는 설명은 충분하지 않으며, 의사결정 과정의 투명성이 요구된다. 대형언어모델과 같은 최신 AI 시스템의 경우, 수천억 개의 파라미터로 인해 설명가능성이 특히 어려운 과제이다. 이러한 모델이 어떻게 특정 응답에 도달했는지 정확히 추적하는 것은 현재 기술로는 거의 불가능하다. 이 문제를 해결하기 위한 연구가 활발히 진행 중이지만, 완전한 설명가능성은 아직 먼 목표로 남아 있다.

AI 시스템이 더욱 일상화됨에 따라, 정확도, 편향성, 설명가능성 간의 균형을 적절히 맞추는 것은 AI 개발 및 규제의 핵심 과제가 될 것이다. 이는 기술적 문제일 뿐만 아니라, 우리 사회가 AI 시스템에 어떤 역할과 권한을 부여할 것인지에 대한 중요한 윤리적, 철학적 질문이기도 하다.

AI 기술은 계속해서 발전하고 있다. 앞으로는 데이터 효율성이 향상되

---

43) LIME(Local Interpretable Model-agnostic Explanations)은 복잡한 AI 모델의 개별 예측에 대해 국소적이고 해석 가능한 설명을 제공하는 기법이다. 특정 입력에 대한 모델의 결정을 단순한 모델로 근사하여 설명한다.
44) SHAP(SHapley Additive exPlanations)은 게임 이론의 섀플리 값을 기반으로 각 특성이 모델 예측에 기여하는 정도를 정량적으로 계산하는 설명 기법이다. 모든 특성의 기여도 합이 예측값과 기준값의 차이와 일치한다는 특징이 있다.
45) 반사실적 설명(Counterfactual Explanation, 反事實的)이란 실제 상황과 다른 가정적 조건을 "만약 ~했다면"의 형태로 제시하여 모델의 예측 변화를 설명하는 기법을 말한다.

어 적은 양의 데이터로도 효과적으로 학습할 수 있는 방법이 발전할 것이며, 퓨샷 학습이나 제로샷 학습과 같은 기술이 더욱 성숙해질 것이다. 또한 텍스트, 이미지, 음성, 비디오 등 다양한 형태의 데이터를 동시에 처리하고 이해할 수 있는 멀티모달 AI 시스템이 보편화될 것으로 예상된다. 이러한 시스템은 인간의 의사소통 방식과 더 유사한 방식으로 세상을 이해하고 상호작용할 수 있게 될 것이다.

더 높은 수준의 자율성과 적응성을 갖춘 AI 시스템도 등장할 것이다. 이러한 시스템은 변화하는 환경에 스스로 적응하고, 지속적으로 학습하며, 예상치 못한 신경망의 학습 능력과 기호적 추론의 정확성을 결합한 신경-기호주의적 AI 접근법이 발전하여, 현재 딥러닝 모델의 한계인 논리적 추론과 추상적 개념 이해 능력이 크게 향상될 것으로 기대된다.

인간-AI 협업 패러다임도 강화될 것이다. AI가 인간의 대체재가 아닌 보완재로서, 인간과 AI가 각자의 강점을 활용하여 함께 문제를 해결하는 방식이 더욱 중요해질 것이다. 인간은 창의성, 감성 지능, 윤리적 판단, 공감 능력 등에서 강점을 가지고 있으며, AI는 대규모 데이터 처리, 패턴 인식, 반복적 작업 자동화 등에 뛰어나다. 이러한 상호 보완적 강점을 활용한 협업 모델이 다양한 분야에서 발전할 것이다.

윤리적 AI 설계에 대한 관심도 증가할 것이다. AI 시스템이 인간의 가치와 윤리적 원칙을 고려하여 설계되는 접근법이 더욱 중요해질 것이며, 공정성, 투명성, 책임성, 프라이버시, 안전성 등의 가치를 AI 개발 프로세스에 통합하는 방법론이 발전할 것이다. 또한 AI 시스템의 위험과 혜택이 사회 전체에 공평하게 분배되도록 보장하는 정책과 규제 프레임워크도 발전할 것이다.

이러한 발전은 AI 기술이 더욱 강력해지는 동시에, 더 신뢰할 수 있고, 공정하며, 인간 중심적인 방향으로 진화할 수 있는 가능성을 보여준다. 그러나 이러한 미래를 실현하기 위해서는 기술적 혁신뿐만 아니라, 윤리적 고려사항, 사회적 영향, 규제적 프레임워크 등 다양한 측면에서 균형 잡힌 접근이 필요할 것이다.

4 인공지능과 인간의 확장된 사고

AI 메타인지 알고리즘 : 자기인식과 자기조절을 갖춘 인공지능

우리가 어려운 수학 문제를 풀 때를 생각해보자. 문제를 읽으며 "이건 내가 아는 공식으로 풀 수 있을까?"라고 스스로에게 묻고, 풀이 과정에서 "지금 내 접근법이 맞나?"라고 점검하며, 막다른 길에 다다르면 "다른 방법을 시도해야겠다"라고 전략을 바꾼다. 이처럼 자신의 사고 과정을 들여다보고 조절하는 능력을 '메타인지(metacognition)'라고 한다. 말 그대로 '사고에 대한 사고' 또는 '인지에 대한 인지'를 뜻하는 이 개념이 이제 인공지능의 세계로 들어오고 있다.

AI 메타인지 알고리즘은 인간의 이러한 자기인식과 자기조절 능력을 인공지능 시스템에 구현하는 기술이다. 기존의 AI가 주어진 문제를 해결하는 데 집중했다면, 메타인지 AI는 한 걸음 더 나아가 '어떻게 생각할 것인가'를 스스로 결정할 수 있다. 자신의 추론 과정을 평가하고, 학습 방법을 조정하며, 연산 과정을 최적화하는 능력을 갖춘 것이다. 미국 일리노이대 컴퓨터과학과 학생인 나비야 셰티(Naavya Shetty)의 최근 연구 논문[46]에 따르면 이러한 메타인지 능력이 AI 시스템의 효율성, 신뢰성, 적응성을 크게 향상시

---

46) 나비야 셰티(Naavya Shetty), 「최적화된 인공지능 성능을 위한 메타인지 중심 전처리」, 『COGNITIVE 2025: 제17회 첨단 인지 기술 및 응용 국제학술대회』, 2025년 3월 9-13일, 리스본, 포르투갈 (IARIA, 2025), 1-8쪽. ISBN: 978-1-68558-260-9. 씽크마인드 디지털 라이브러리.

킨다. 단순히 더 많은 컴퓨팅 파워를 투입하는 것보다 훨씬 현명한 접근법인 셈이다.

AI 메타인지가 필요한 이유는 명확하다. 첫째, 복잡한 문제를 해결할 때 자원과 시간을 효율적으로 활용할 수 있게 해준다. 둘째, 예상치 못한 상황이나 불확실한 환경에서도 유연하게 대응할 수 있는 적응력을 제공한다. 셋째, 자신의 한계와 불확실성을 정확히 파악함으로써 더욱 신뢰할 수 있는 판단을 내릴 수 있게 해준다. 마지막으로, 인간과 협업할 때 자신의 결정 과정을 설명하고 정당화할 수 있는 토대를 마련해준다.

최신 연구들은 메타인지 원리를 다양한 AI 시스템에 통합하는 방법을 탐구하고 있다. 이 분야 연구의 선구자 가운데 하나인 스탠퍼드대 컴퓨터과학과 연구원 라일런 쉐퍼(Schaeffer)는 강화학습 환경에서 AI 에이전트가 자신의 비효율적인 행동을 스스로 감지하고 수정하는 메타인지 알고리즘을 제안했다. 이 알고리즘을 탑재한 에이전트는 과거 행동 패턴을 분석하여 불필요한 반복이나 비생산적인 전략을 식별하고, 실시간으로 행동 정책을 조정할 수 있었다. 더욱 흥미로운 것은 나비야 세티가 제시하는 '전처리 메타인지 시스템(PMS, Preprocessing Metacognitive System)' 모델이다. 이 모델은 AI가 본격적인 연산에 들어가기 전에 메타인지적 판단을 적용하는 접근법을 제시한다. 마치 숙련된 장기 선수가 수를 두기 전에 전체적인 상황을 먼저 파악하는 것처럼, AI 시스템이 과거 유사한 문제에 대한 연산 기록을 참고하여 중복되거나 비효율적인 연산을 사전에 감지하고 문제 해결 전략을 실시간으로 조정할 수 있게 해준다.

AI 메타인지 알고리즘의 핵심 구현 요소들을 살펴보면, 먼저 자기평가(Self-assessment) 능력이 있다. 이는 AI 시스템이 자신의 연산 결과와 과정에 대해 신뢰도, 효율성, 오류 가능성을 스스로 판단하는 능력이다. 불확실성 추정, 신뢰 구간 계산, 자체 일관성 검증 등의 방법으로 구현된다. 적응적 전략(Adaptive Strategies)은 실시간 상황과 피드백에 따라 연산 방법, 자원 배분, 의사결정 경로를 동적으로 조정하는 능력이다. 다중 모델 앙상블, 동적 계산 그래프, 가변적 탐색 깊이 등의 기술로 구현된다. 경험 기반 최적화는 과거 경험과 결과의 데이터베이스를 구축하고 활용하여 중복 연산을 방지하고 효율적인 문제 해결 경로를 찾는 접근법이다. 케이스 기반 추론, 기억 지원 최적화, 전이 학습 등의 방법이 활용된다. 리소스 인식 계산(Resource-aware computation)은 시스템이 가용 컴퓨팅 자원을 인식하고, 이에 맞게 계산 복잡도와 정확도 사이의 균형을 조정하는 능력이다. 마치 스마트폰이 배터리 상태에 따라 성능을 조절하는 것과 비슷한 개념이다. 마지막으로 자기 설명(Self-explanation) 능력은 시스템이 자신의 결정 과정과 그 한계를 명확히 표현하고 설명할 수 있는 능력으로, 설명 가능한 AI 기술 즉 XAI 기술과 밀접하게 연관된다.

이러한 메타인지 알고리즘은 특히 '인지적 부하'가 높은 작업에서 가장 큰 효과를 보인다고 한다. 연구 결과에 따르면 복잡하고 다단계 추론이 필요한 작업에서 메타인지 능력을 갖춘 AI는 단순히 더 많은 연산 자원을 투입하는 접근법보다 훨씬 효율적인 성능을 보였다.

AI 메타인지 알고리즘은 이미 다양한 분야에서 실질적인 성과를 보이고 있다. 그중에서도 의료 분야의 사례가 특히 주목할 만하다. 의료 영상 판독 시스템에 메타인지 기능을 통합한 AI 시스템들이 상당한 성과를 보이고 있다. 이러한 시스템은 AI가 자신의 판단에 대한 신뢰도를 스스로 평가하고, 불확실한 경우 추가 검토를 요청하도록 설계되었다. XAI 기술과 결합하여 진단 결정의 근거와 불확실성을 명확히 제시함으로써, 인간 전문가의 최종 결정 정확도를 크게 향상시키고 있다. 특히 암 진단, 의료 영상 분석, 병리 진단 등의 영역에서 기존 AI 시스템 대비 오진율을 현저히 감소시키는 성과를 거두고 있다.

교육 분야에서도 의미 있는 발전이 일어나고 있다. 학습자의 메타인지 데이터를 실시간으로 분석하여 개인화된 맞춤형 학습 경험을 제공하는 시스템이 다양하게 개발되고 있다. 이러한 시스템들은 학습자의 문제 해결 시간, 참고 자료 활용 패턴, 자기 평가 정확도 등을 모니터링하고 분석하여, AI가 학습 콘텐츠의 난이도와 제시 방식, 피드백을 동적으로 조절한다. 특히 복잡한 개념 학습이나 비구조화된 문제 해결 교육에서 학습 효율성과 장기 기억 유지율을 크게 향상시키는 것으로 나타나고 있다. 교사들의 업무 부담을 줄이면서도 학생 개개인의 학습 성과를 개선하는 데 기여하고 있다.

자율주행 분야에서 메타인지 알고리즘의 역할은 더욱 중요하다. 자율주행 시스템은 끊임없이 변화하는 복잡한 환경에서 빠른 의사결정을 해야 하는데, 메타인지 기능을 통해 자신의 인식과 예측에 대한 불확실성을 평가하고 이에 따라 운행 전략을 조정할 수 있다. 예를 들어, 악천후나 예측하지 못한 교통 상황에서 메타인지 시스템은 자신의 인식 능력 한계를 인지하고, 속도를 줄이거나 더 보수적인 운행 전략을 채택한다.

대규모 시뮬레이션과 모델링 분야에서도 메타인지 알고리즘이 계산 효율성을 크게 향상시키고 있다. 기후 모델링, 분자 동역학[47], 천체 물리학 시뮬레이션과 같은 계산 집약적 작업에서 메타인지 시스템은 중간 결과를 지속적으로 평가하고, 추가 계산이 필요한 영역과 그렇지 않은 영역을 식별하여 계산 자원을 효율적으로 할당한다. 이러한 접근법을 통해 동일한 정확도를 유지하면서도 계산 시간을 크게 단축하는 성과를 보이고 있다.

비즈니스 인텔리전스[48]와 의사결정 지원 시스템에서도 메타인지 알고리즘이 활용되고 있다. 불확실한 시장 조건이나 제한된 데이터 환경에서 메타

---

47) 분자 동역학(Molecular Dynamics) : 뉴턴 역학 법칙을 적용하여 원자와 분자의 운동을 시뮬레이션하는 계산 방법. 시간에 따른 분자들의 위치와 상호작용 변화를 모델링하여 물질의 성질과 반응을 예측한다.
48) 비즈니스 인텔리전스(Business Intelligence, BI) : 기업의 각종 데이터를 수집, 분석, 시각화하여 경영진의 전략적 의사결정을 지원하는 시스템과 프로세스. 대시보드, 리포팅, 데이터 마이닝 등의 기술을 활용한다.

인지 AI는 예측의 신뢰도를 평가하고, 리스크가 높은 결정에 대해서는 추가 정보나 인간 전문가의 검토를 요청한다. 이는 비즈니스 의사결정의 품질을 향상시키고, AI와 인간 전문가 사이의 효과적인 협업을 가능하게 한다.

AI 메타인지 알고리즘의 구현과 적용에는 여러 기술적, 이론적 도전과제가 존재한다. 가장 큰 기술적 난제는 추가 연산 부담이다. 메타인지 프로세스 자체가 추가적인 계산 자원을 요구하기 때문에, 메타인지의 이점이 이로 인한 비용을 상쇄할 수 있는 균형점을 찾는 것이 중요하다. 특히 단순하고 반복적인 작업보다는 복잡하고 동적인 환경에서 메타인지의 이점이 더 크게 나타난다. 두 번째 도전과제는 '기계적 노력'의 객관적 측정 문제다. 인간의 경우 인지적 노력이나 어려움을 주관적으로 느끼고 보고할 수 있지만, AI 시스템에서는 이러한 '노력'을 어떻게 정량화하고 측정할 것인지에 대한 표준화된 프레임워크가 아직 부족하다. 이는 메타인지 알고리즘이 언제, 얼마나 개입해야 하는지를 결정하는 데 중요한 문제다. 세 번째 도전과제는 다양한 AI 아키텍처와의 통합 문제다. 딥러닝, 강화학습, 베이지안 네트워크 등 다양한 AI 패러다임에 메타인지 기능을 효과적으로 통합하기 위한 일반화된 방법론이 필요하다. 각 아키텍처의 특성과 제약을 고려한 맞춤형 메타인지 전략이 개발되어야 한다. 네 번째 도전과제는 메타인지와 설명 가능성 사이의 관계 설정이다. 메타인지 시스템이 자신의 판단과 불확실성을 어떻게 인간이 이해할 수 있는 방식으로 표현하고 설명할 것인지는 중요한 연구 주제다. 이는 특히 의료, 법률, 금융과 같은 고위험 의사결정 영역에서 중요하다.

이러한 도전과제에도 불구하고, AI 메타인지 알고리즘의 미래 전망은 매우 밝다. 메타인지 AI는 차세대 인공지능 발전의 핵심 방향 중 하나로 부상하고 있다. 향후 다양한 딥러닝, 강화학습 모델에 메타인지 시스템을 통합하는 연구가 활발히 진행될 것으로 예상되며, 이는 AI의 효율성, 신뢰성, 설명 가능성을 동시에 향상시키는 중요한 접근법이 될 것이다. 특히 인간-AI 협업 맥락에서 메타인지 알고리즘의 역할이 더욱 중요해질 것으로 예상된다. 메타인지 능력을 갖춘 AI는 인간의 인지적 부담을 효과적으로 줄이면서도, 중요한 의사결정에 대한 인간의 자율성과 통제력을 보존하는 '인지적 파트너'로서 기능할 수 있다. 이는 AI가 인간을 대체하기보다는 상호 보완적인 관계로 발전해 나가는 모델을 지지한다.

교육 분야에서도 AI 메타인지 알고리즘의 적용이 확대될 전망이다. 특히 메타인지는 학습자의 자기주도적 학습 능력과 깊은 관련이 있는데, AI가 학생들의 메타인지 능력을 모델링하고 지원함으로써 더 효과적인 학습 경험을 설계할 수 있다. 메타인지 전략과 AI를 통합한 교육 시스템은 학생들의 자기 규제 학습 능력과 비판적 사고력을 크게 향상시킬 수 있을 것으로 기대된다.

AI 메타인지 알고리즘의 발전은 인간과 AI의 협업 방식을 근본적으로 변화시킬 잠재력을 가지고 있다. 메타인지 능력을 갖춘 AI는 자신의 한계와 불확실성을 인식하고 소통할 수 있는 지능적 파트너로 진화할 수 있으며, 여러 방식으로 인간-AI 협업을 향상시킬 수 있다. 먼저 상호 보완적 역할 분담이 가능해진다. AI가 자신의 강점과 약점을 인식함으로써, 인간과 AI 사이의 업무 분담이 더욱 효율적으로 이루어질 수 있다. AI는 자신이 높은 확신을 가진 영역에서는 자율적으로 결정을 내리고, 불확실하거나 윤리적 판단이 필요한 경우에는 인간의 개입을 요청할 수 있다. 적응적 자율성도 주목할 만하다. 메타인지 AI는 상황과 사용자의 필요에 따라 자율성 수준을 조정할 수 있다. 루틴한 작업에서는 높은 자율성을, 중요하거나 새로운 상황에서는 더 보수적인 접근과 인간 감독을 요청하는 방식으로 적응할 수 있다. 정보 과부하 방지 기능도 중요하다. AI가 사용자에게 제공하는 정보의 양과 복잡성을 사용자의 인지적 상태와 상황에 맞게 조절함으로써, 정보 과부하를 방지하고 효과적인 의사결정을 지원할 수 있다. 투명한 불확실성 소통은 특히 신뢰성 측면에서 중요하다. 메타인지 AI는 자신의 예측이나 권장사항의 신뢰도를 명확히 소통함으로써, 사용자가 AI의 출력을 비판적으로 평가하고 적절한 수준의 신뢰를 부여할 수 있게 한다. 마지막으로 인간 메타인지 증강 효과도 기대할 수 있다. AI가 인간 사용자의 편향, 오류, 혹은 인지적 한계를 감지하고 이에 대해 피드백을 제공함으로써, 인간의 메타인지 능력 자체를 향상시킬 수 있다.

하지만 AI 메타인지 시스템의 잠재적 위험성도 간과해서는 안 된다. 특히 'AI 메타인지적 게으름(metacognitive laziness)' 현상을 주의해야 한다. 이는 AI 시스템에 과도하게 의존하여 인간 자신의 메타인지 능력을 발휘하지 않게 되는 현상을 말한다. AI가 복잡한 사고 과정과 불확실성 관리를 대신 처리해줌으로써, 장기적으로는 인간의 비판적 사고와 자기조절 능력이 퇴화할 위험이 있다는 것이다. 이러한 위험을 방지하기 위해서는 AI 메타인지 시스템이 인간의 사고와 판단을 대체하기보다는, 이를 보완하고 촉진하는 방향으로 설계되어야 한다. 가장 이상적인 형태는 인간과 AI가 서로의 메타인지 과정을 강화하고 보완하는 '메타인지적 협업'의 형태일 것이다.

AI 메타인지 알고리즘은 인공지능이 단순한 패턴 인식과 예측을 넘어, 자신의 사고 과정을 인식하고 조절하는 고차원적 지능으로 발전하는 중요한 단계를 의미한다. 이는 AI가 더 효율적이고, 신뢰할 수 있으며, 적응력 있는 시스템으로 진화하는 데 핵심적인 역할을 할 것이다. 메타인지 알고리즘의 발전은 기술적 측면뿐만 아니라 철학적, 인지과학적 의미도 갖는다. 인간의 메타인지를 모델링하고 구현하는 과정에서, 우리는 자신의 사고 과정에 대한 이해를 더욱 심화시킬 수 있다. 또한 인간과 AI가 각자의 인지적 강점과 한계를 상호 보완하는 새로운 형태의 지능 협업 모델을 제시한다.

향후 AI 메타인지 연구의 주요 방향은 다양한 AI 아키텍처에 메타인지 기능을 효과적으로 통합하는 일반화된 프레임워크 개발, 메타인지와 설명 가능성의 연계 강화, 그리고 인간-AI 협업을 최적화하는 메타인지 인터페이스 설계 등이 될 것이다. 또한 AI 메타인지가 인간의 메타인지 능력에 미치는 장기적 영향에 대한 연구도 중요한 과제가 될 것이다.

AI 메타인지 알고리즘은 더 효율적인 AI를 만드는 기술적 도구를 넘어 인간과 기계 지능 사이의 새로운 관계를 정의하고, 상호 보완적인 지능 생태계를 구축하는 비전을 제시한다. 이는 AI가 인간을 대체하는 것이 아닌, 인간의 인지 능력을 확장하고 강화하는 진정한 '인지적 파트너'로 발전하는 길을 열어줄 것이다.

AI의 시스템 2 사고 : 논리적 추론과 복잡한 문제 해결을 위한 접근

인간의 사고 과정은 크게 두 가지 시스템으로 나눌 수 있다는 이론은 노벨 경제학상 수상자인 대니얼 카너먼(Daniel Kahneman)에 의해 널리 알려졌다. 그의 저서 『생각에 관한 생각(Thinking, Fast and Slow)』에서 소개된 이 이론에 따르면, 우리의 사고는 '시스템 1'과 '시스템 2'라는 두 가지 모드로 작동한다.

시스템 1 사고는 빠르고, 자동적이며, 직관적인 사고 과정이다. 이는 우리가 일상에서 거의 노력 없이 수행하는 판단과 의사결정을 담당한다. 예를 들어, 익숙한 얼굴 인식, 간단한 수학 문제 해결(2+2=4), 위험에 대한 즉각적인 반응 등이 여기에 해당한다.

반면, 시스템 2 사고는 느리고, 의식적이며, 분석적이고 논리적인 사고 과정이다. 복잡한 계산, 논리적 추론, 신중한 선택이 필요한 상황에서 활성화되며, 상당한 인지적 노력과 주의력이 요구된다. 행동과학 연구에 따르면, 시스템 2 사고는 비판적 사고, 여러 단계에 걸친 단계적 계획 수립, 복잡한 의사결정 등 고차원적 인지 활동에 필수적이다. 이는 시스템 1의 직관적 판단이나 인지적 편향을 점검하고 수정하는 역할도 수행한다. 일상생활에서는 두 시스템이 상호보완적으로 작동하며, 상황에 따라 적절한 시스템이 주도적 역할을 맡게 된다.

인공지능, 특히 대형언어모델의 맥락에서 시스템 2 사고 구현의 중요성은 더욱 커지고 있다. 초기 AI 모델들이 주로 패턴 인식과 즉각적인 응답 생성(시스템 1적 특성)에 뛰어났다면, 최근의 연구는 AI에 더 깊은 추론 능력, 단계적 문제 해결, 그리고 자기 점검 메커니즘(시스템 2적 특성)을 부여하는 방향으로 발전하고 있다. AI에 시스템 2 사고를 구현하는 것은 모델의 성능 향상을 넘어 AI의 신뢰성, 안전성, 그리고 인간과의 효과적인 협업 가능성을 높이는 중요한 단계로 인식되고 있다. 특히 의료 진단, 법률 자문, 과학적 발견과 같이 정확한 추론과 판단이 중요한 영역에서 시스템 2 사고 능력을 갖춘 AI의 필요성이 강조되고 있다. 최근 AI 연구에서는 시스템 2 사고를 구현하기 위한 다양한 접근법이 시도되고 있다. 이러한 접근법들은 인간의 분석적 사고 과정을 모방하거나, AI 시스템 내에 보다 심층적인 추론 과정을 설계하는 방향으로 발전하고 있다.

기존의 모델들이 주로 즉각적인 토큰 생성(시스템 1적 접근)에 의존했다면, '응답 전 연산(Test-time compute)' 접근법은 AI가 답변을 하기 전에 "잠깐, 한번 더 생각해보자"라고 말하며 추가로 계산하고 검토하는 방법이다. 구체적인 구현 방식으로는 '단계적 사고(Chain of Thought)' 프롬프팅이 대표적이다. 이 방식은 AI가 최종 답변을 제시하기 전에 문제 해결 과정을 단계별로 명시적으로 추론하도록 유도한다. 연구 결과에 따르면, 이러한 접근법은 복잡한 수학 문제 해결, 다단계 논리 퍼즐, 그리고 인과 관계 추론과 같은 작업에서 AI의 성능을 크게 향상시켰다.

강화학습을 활용하여 AI 모델이 더 효과적인 시스템 2 사고를 수행할 수 있도록 훈련시키는 방법도 개발되고 있다. 이 접근법에서는 AI가 내부적으로 긴 사고 과정을 거친 후에만 최종 응답을 생성하도록 설계된다. 여기서 강화학습 기반 접근법의 핵심은 AI가 정답을 맞히는 것뿐만 아니라, '어떻게' 그 답에 도달했는지, 즉 추론 과정의 질에 대해서도 보상을 받는다는 점이다. 이를 통해 AI는 단계적 문제 해결, 가설 검증, 그리고 자기 오류 수정과 같은 시스템 2 사고의 핵심 요소를 학습할 수 있는 것이다. 이 방식은 특히 코드 생성, 복잡한 계획 수립, 그리고 다단계 추론이 필요한 작업에서 효과적인 것으로 나타났다. 그러나 이러한 심층적 사고 과정은 상당한 계산 비용을 수반하며, 모든 종류의 문제에 적용하기에는 효율성 측면에서 한계가 있다는 점도 지적되고 있다.

시스템 2 사고 구현을 위한 또 다른 유망한 접근법은 신경-기호주의적 AI이다. 최신 연구에 따르면, 이 접근법은 신경망의 패턴 인식 능력(연결주의적 접근)과 논리 기반 추론 체계(기호주의적 접근)를 결합하여 보다 강력한 추론 시스템을 구축하는 것을 목표로 한다. 신경-기호주의적 접근법의 장점은 AI가 데이터로부터 패턴을 학습하는 능력을 유지하면서도, 과거 전문가 시스템이 추구했던 것과 같은 명시적인 논리 규칙과 지식 표현을 통해 보다 투명하고 검증 가능한 추론을 수행할 수 있다는 점이다. 이는 특히 논리적 일관성, 인과 관계 추론, 그리고 일반화 능력이 중요한 분야에서 기존 딥러닝 모델의 한계를 극복하는 데 도움이 될 수 있다.

이러한 신경-기호주의적 접근법을 실제로 구현하는 방법 중 하나로, 논리 프로그래밍의 AI 시스템 통합이 중요한 연구 분야로 떠오르고 있다. 이 접근법은 프롤로그(Prolog)와 같은 논리 프로그래밍 언어의 원칙을 AI에 적용하여, 명시적인 규칙과 추론 체계를 통해 복잡한 문제를 해결하도록 한다. 논리 프로그래밍은 사실과 규칙에 기반한 명시적 추론, 역방향 체인 추론(backward chaining), 그리고 가설 검증과 같은 시스템 2 사고의 핵심 요소를 자연스럽게 구현할 수 있다. 특히 이 접근법은 AI의 추론 과정을 보다 투명하고 설명 가능하게 만들어, 'AI의 블랙박스 문제'를 완화하는 데 기여할 수 있다. 또한 기존 지식 베이스와의 통합이 용이하고, 불완전하거나 불확실한 정보에 대한 처리 능력도 향상시킬 수 있다.

AI 분야에서 시스템 2 사고의 응용

시스템 2 사고 능력을 갖춘 AI, 즉 '시스템 2 사고 AI'는 다양한 분야에서 혁신적인 응용 가능성을 보여주고 있다.

전문 분야에서의 복잡한 추론 지원

시스템 2 사고 AI는 의료 진단, 과학적 발견, 법률 분석과 같이 복잡한 추론과 판단이 필요한 분야에서 인간 전문가를 효과적으로 지원할 수 있다. 의료 분야에서는 AI가 환자의 증상, 검사 결과, 의학 문헌을 종합적으로 분석하여 단계적 진단 과정을 제시하고, 다양한 치료 옵션의 장단점을 체계적으로 평가한다. 이러한 AI 시스템은 인간 전문가의 인지적 부담을 줄이고, 보다 종합적이고 객관적인 분석을 제공함으로써 의사결정의 질을 향상시킨다.

AI 환각 현상 방지

시스템 2 사고 접근법은 대형언어모델에서 자주 발생하는 '환각(hallucination)' 현상을 크게 줄일 수 있다. 환각 현상이란 AI가 실제로는 존재하지 않는 정보를 사실인 것처럼 생성하는 문제를 말한다. 시스템 2 사고를 통해 AI는 자신의 응답을 생성하기 전에 사실 확인, 논리적 일관성 검토, 불확실성 추정과 같은 단계를 명시적으로 수행함으로써 부정확한 정보 생성의 위험을 줄인다. 이는 AI 시스템의 신뢰성을 높이고, 중요한 의사결정에 AI를 안전하게 활용할 수 있는 기반을 마련한다.

창의적 문제 해결과 혁신

시스템 2 사고 AI는 창의적 문제 해결과 혁신 영역에서도 중요한 역할을 할 수 있다. 인간의 창의성이 종종 직관(시스템 1)과 분석적 사고(시스템 2)의 상호작용에서 비롯되듯이, AI 역시 이러한 상호작용을 통해 더 창의적인 해결책을 제시할 수 있다. 제품 디자인, 건축, 과학적 발견 분야에서 AI는 초기에 다양한 아이디어를 빠르게 생성한 후, 각 아이디어의 실현 가능성, 효율성, 혁신성을 체계적으로 평가하는 과정을 통해 인간 창작자와 협업한다.

> **향상된 인간-AI 협업**
>
> 시스템 2 사고 AI는 자신의 추론 과정과 한계를 더 명확하게 소통할 수 있어, 인간 사용자와의 더 효과적인 협업이 가능하다. 복잡한 의사결정 상황에서 AI는 단순히 최종 추천이나 예측만 제시하는 것이 아니라, 그 결론에 도달한 추론 과정, 고려한 대안, 그리고 결정에 수반되는 불확실성과 가정을 명시적으로 제시한다. 이는 인간 사용자가 AI의 제안을 비판적으로 평가하고, AI와 상호보완적인 관계에서 최종 결정을 내리는 데 도움이 된다.

시스템 2 사고를 AI에 구현하려는 노력은 주목할 만한 성과를 보이고 있지만, 동시에 여러 도전과제와 한계에 직면해 있다. 시스템 2 사고의 심층적이고 단계적인 추론 과정은 상당한 계산 자원을 요구한다. 시스템 2 사고 AI는 일반적인 AI 모델보다 훨씬 더 많은 연산을 수행해야 한다. 이는 에너지 소비, 처리 시간, 그리고 인프라 비용 측면에서 중요한 제약 요소가 된다.

효율성 문제는 시스템 2 사고 AI의 실시간 응용이나 자원이 제한된 환경(예: 모바일 기기, 엣지 컴퓨팅)에서의 활용을 어렵게 만들 수 있다. 따라서 현재 연구는 언제 시스템 1적 접근(빠르고 직관적)을 사용하고, 언제 시스템 2적 접근(느리고 분석적)으로 전환할지를 효과적으로 결정하는 메커니즘 개발에 초점을 맞추고 있다.

AI의 시스템 2 사고는 인간의 시스템 2 사고를 모방하려는 시도이지만, 두 시스템 사이에는 근본적인 차이가 존재한다. AI 시스템은 인간과 같은 의식, 자아 인식, 또는 실제 세계 경험을 가지고 있지 않다. 이러한 차이는 특히 맥락 이해, 상식적 추론, 그리고 사회적/윤리적 판단이 필요한 영역에서 AI의 한계로 작용할 수 있다. 그렇다고 해서 이러한 차이가 반드시 단점인 것만은 아니다. AI의 시스템 2 사고는 인간의 인지적 편향이나 한계에서 자유로울 수 있으며, 인간과는 다른 방식으로 문제에 접근함으로써 새롭고 창의적인 해결책을 제시할 가능성도 있다.

시스템 2 사고 AI의 성능을 평가하고 벤치마킹하는 것도 중요한 도전과

제이다. 현재의 많은 AI 벤치마크는 최종 정확도나 결과물의 질에 초점을 맞추고 있으며, 추론 과정의 질이나 깊이를 적절하게 평가하지 못하는 경우가 많다. 시스템 2 사고의 핵심 요소인 단계적 추론, 자기 검증, 그리고 적응적 문제 해결 능력을 평가하기 위해서는 새로운 형태의 벤치마크와 평가 방법론이 필요하다. 연구자들은 AI의 추론 과정을 명시적으로 평가하고, 다양한 복잡성과 영역의 문제에 대한 일반화 능력을 측정하는 방법을 개발하는 데 노력을 기울이고 있다.

시스템 2 사고 AI의 또 다른 중요한 과제는 추론 과정의 설명 가능성과 투명성이다. 문제는 더 복잡하고 심층적인 추론 과정일수록 이해하고 해석하기가 더 어려워진다는 점이다. 특히 신경망 기반 접근법의 경우, 내부적인 추론 과정이 여전히 '블랙박스'적 성격을 지니고 있다. 행동과학 연구에 따르면, 인간의 시스템 2 사고가 의식적이고 접근 가능한 반면, AI의 시스템 2 사고는 여전히 그 내부 작동 방식을 완전히 이해하기 어려운 것이 사실이다. 이는 특히 의료, 법률, 금융과 같이 의사결정의 근거와 과정이 중요한 영역에서 AI 도입의 장벽으로 작용하기 쉽다.

시스템 2 사고 AI 연구는 아직 초기 단계에 있지만, 그 잠재력과 중요성에 대한 인식은 빠르게 확산되고 있다. 향후 이 분야의 발전 방향은 다음과 같이 예상된다. 먼저 미래의 AI 시스템은 시스템 1과 시스템 2 사고를 상황에 따라 유연하게 전환하고 결합하는 하이브리드 접근법으로 발전할 것으로 예상된다. 이는 인간의 인지 시스템이 작동하는 방식과 유사하게, 단순하고 반복적인 작업에는 빠른 시스템 1 처리를, 복잡하고 중요한 의사결정에는 심층적인 시스템 2 처리를 적용하는 방식이다. 이러한 하이브리드 시스템은 계산 효율성과 정확성 사이의 최적 균형을 찾아, 자원을 더 효율적으로 활용하면서도 필요한 경우 심층적인 추론 능력을 발휘할 수 있을 것이다.

나아가 인간과 AI가 각자의 인지적 강점을 결합한 '협력적 추론

(collaborative reasoning)' 모델이 중요해질 것이다. 이 모델에서 AI는 대량의 데이터 처리, 패턴 인식, 그리고 일관된 논리적 추론을 담당하고, 인간은 맥락 이해, 창의적 통찰, 그리고 윤리적/사회적 판단을 제공한다. 이러한 협력적 추론 모델은 의료 진단, 과학적 발견, 복잡한 사회 문제 해결 등 다양한 영역에서 인간 전문가의 능력을 크게 확장하는 동시에, AI의 한계를 보완할 수 있는 방향으로 발전할 것으로 예상된다.

또한 현재의 시스템 2 사고 AI 연구는 주로 논리적 추론과 문제 해결에 초점을 맞추고 있지만, 향후 연구는 사회적 지능과 감정적 이해와 같은 인간 인지의 다른 측면으로 확장될 것으로 예상된다. 이러한 통합은 AI가 인간의 감정, 의도, 사회적 맥락을 더 깊이 이해하고, 이에 적절하게 대응할 수 있는 능력을 향상시킬 것이다. 이는 교육, 헬스케어, 고객 서비스와 같이 인간 상호작용이 중요한 분야에서 AI의 효과성을 크게 증진시킬 수 있다.

마지막으로 시스템 2 사고 AI의 또 다른 중요한 발전 방향은 윤리적 원칙에 따른 추론과 인간 가치 반영이다. 이는 AI가 효율성이나 정확성만을 추구하는 것이 아니라, 의사결정 과정에서 윤리적 기준을 체계적으로 고려하는 능력을 의미한다. 구체적으로 AI는 문제 해결 과정에서 공정성(모든 사람을 평등하게 대우), 투명성(결정 과정의 명확한 설명), 인간 자율성 존중(인간의 선택권 보장)과 같은 윤리적 원칙들을 명시적으로 검토하고 이를 바탕으로 추론한다.[49] 예를 들어 의료 AI가 치료법을 추천할 때, 생존율이 높은 치료만 제시하는 것이 아니라 환자의 삶의 질, 경제적 부담, 개인적 가치

---

[49] 이와 같이 AI 시스템이 인간의 가치관과 목표에 부합하도록 행동하게 만드는 기술적 과제를 'AI 정렬(AI Alignment) 문제'라고 부른다는 것은 앞에서 살펴본 바와 같다. AI 정렬의 핵심 목표는 AI가 주어진 목표를 달성하는 과정에서 인간이 의도하지 않은 방식으로 행동하거나 인간의 가치와 상충하는 결과를 낳는 것을 방지하는 것이다. 예를 들어 AI에게 "교통사고를 줄여라"라고 명령했을 때, AI가 모든 자동차 운행을 금지하는 극단적 해결책을 제시할 수 있다. 이는 기술적으로는 목표를 달성하지만 인간이 원하는 방향이 아니다. 시스템 2 사고 AI는 이런 문제를 해결하는 데 도움이 될 수 있는데, 즉흥적 판단 대신 윤리적 원칙들을 단계별로 검토하고, 인간이 말한 목표의 표면적 의미와 진정한 의도를 구분하며, 제안된 해결책의 장기적 결과와 부작용을 체계적으로 분석할 수 있기 때문이다.

관까지 종합적으로 고려하는 것이다. 이러한 윤리적 시스템 2 사고는 AI가 인간 사회에 더 안전하고 유익하게 통합되는 데 핵심적인 역할을 할 것으로 예상된다. 특히 자율 주행 차량의 사고 상황 판단, 의료 의사결정에서의 환자 우선순위 결정, 제한된 자원의 공정한 할당과 같이 윤리적 측면이 중요한 영역에서 AI의 판단이 인간의 도덕적 기준과 일치하도록 보장하는 데 기여할 것이다.

이처럼 시스템 2 사고는 AI 발전에서 중요하면서도 새로운 지평을 열고 있다. 빠르고 자동적인 패턴 인식을 넘어, 심층적이고 체계적인 추론 능력을 AI에 부여하려는 이러한 노력은 인공지능이 더 복잡하고 중요한 문제 해결에 기여할 수 있는 가능성을 넓히고 있다. 응답 전 연산, 강화학습, 신경-기호주의적 접근법, 논리 프로그래밍 등 다양한 시스템 2 사고 구현 방법론은 각각의 강점과 한계를 가지고 있으며, 이들의 조합과 발전은 더욱 균형 잡히고 강력한 AI 시스템으로 이어질 것이다. 비록 계산 비용, 설명 가능성, 인간 인지와의 근본적 차이와 같은 도전과제가 여전히 존재하지만, 시스템 2 사고 AI는 의료, 과학, 교육, 비즈니스 등 다양한 분야에서 인간의 의사결정과 문제 해결 능력을 확장하고 보완할 큰 잠재력을 가지고 있다.

이러한 발전은 기술적 측면에서의 발전을 넘어서는 의미가 있다. 궁극적으로 시스템 2 사고의 발전은 AI가 하나의 도구에서 진정한 인지적 파트너로 진화하는 과정에서 중요한 단계가 될 것이다. 이는 AI가 인간의 사고 과정을 더 깊이 이해하고 보완함으로써, 인간과 기계의 협업을 통해 복잡한 21세기의 도전과제들을 해결하는 데 기여할 수 있는 길을 열어줄 것이다. 더 나아가 시스템 2 사고 AI의 발전은 인간과 AI의 관계에 대한 우리의 이해를 재정립하는 계기가 될 수 있다. 직관과 분석, 신속함과 신중함, 창의성과 논리성 사이의 균형을 추구하는 이 여정은 인간 인지의 풍부함과 복잡성에 대한 더 깊은 이해로 이어질 것이다. 시스템 2 사고 AI는 앞으로 많은 혁신과 돌파구를 통해 AI가 보다 신뢰할 수 있고, 설명 가능하며, 윤리적으로 일관된 판단을 내릴 수 있는 시스템으로 발전하는 데 기여할 것이다. 결국 시스템 2 사고의 구현은 인공지능이 인간의 지적 역량을 확장하고 보완하는 진정한 파트너로 자리 잡는 데 핵심적인 역할을 담당할 것으로 기대된다.

PART 3
개인의
AI 전환 전략

▰▰▰

디지털 전환(DX)이 '도구의 효율적 사용'에 초점을 맞췄다면, AI 전환(AX)은 인간의 인지 능력과 창의성을 확장하는 근본적인 변화를 의미한다. 이것은 바로 인간과 AI가 협력하여 새로운 가치를 창출하는 패러다임의 전환이다. AI 시대의 핵심 역량은 프로그래밍 기술이 아닌 질문 능력이다. AI는 방대한 정보를 제공하지만, 어떤 질문을 던지느냐에 따라 결과가 완전히 달라진다. 데이터를 해석하고 의미 있는 질문을 구성할 수 있는 사고력이야말로 진정한 경쟁력이다. 창의적인 질문을 통해 AI와 협업함으로써 증강 인간으로 진화하는 것, 이것이 개인 AX 전략의 궁극적 목표다.

PART 3
개인의 AI 전환 전략

　앞에서 우리는 AI의 본질을 탐구했다. 인공지능이 어떻게 숫자로 생각하고, 벡터와 행렬의 수학 세계에서 패턴을 찾아내며, 논리의 제왕에서 데이터의 왕으로 진화해온 과정을 살펴봤다. 또한 기호주의에서 연결주의로, 그리고 다시 둘의 화해로 이어지는 AI 철학의 대전환을 통해 현재의 인공지능이 어떤 원리로 작동하는지 이해했다. 이제 이론에서 실천으로 나아갈 때다. AI가 무엇인지, 어떻게 발전해왔는지 아는 것도 중요하지만, 더 중요한 것은 이 강력한 도구를 우리 삶에 어떻게 활용할 것인가 하는 문제다. AI의 작동 원리를 파악한 지금, 우리는 AI와 함께 살아가는 구체적인 방법을 모색해야 한다.

　역사를 돌이켜보면, 인류는 늘 새로운 기술과 만날 때마다 두 가지 선택지에 직면했다. 기술에 휩쓸려 피동적으로 끌려가거나, 아니면 기술을 능동적으로 활용해 더 나은 삶을 창조하거나다. 인쇄술이 등장했을 때도, 전기가 발명되었을 때도, 인터넷이 보급되었을 때도 언제나 그랬다. AI 시대를 맞은 지금, 또다시 우리에게 동일한 선택이 주어지고 있다. 다만 이전 시대와 가장 큰 차이점은 AI 기술이 과거의 어떤 기술에서도 보지 못한 특별한 잠재력을 가지고 있다는 점인데, 그것은 바로 인간의 인지적 능력 확장이라는 것이다. 앞 장에서 살펴본 바와 같이 AI는 계산 도구의 측면을 넘어 패턴 인식, 창작, 추론에까지 영향을 미치고 있다. 이는 곧 우리의 사고방식, 일하는 방식,

심지어 꿈꾸는 방식까지 바꿀 수 있음을 의미한다.

하지만 이러한 변화가 저절로 일어나는 것은 아니다. AI 기술이 발전한다고 해서 우리의 삶이 자동으로 나아지는 것도 아니다. 오히려 우리가 어떤 전략을 가지고 AI를 받아들이느냐에 따라 AI는 우리를 더 창조적이고 생산적으로 만들 수도 있고, 반대로 피동적이고 의존적으로 만들 수도 있다. 바로 여기에 'AI 전환(AX)'이라는 개념의 필요성이 있다. 그렇다면 어떻게 이 전환을 시작할 것인가? 어떤 원칙과 전략을 가지고 AI 시대를 헤쳐 나갈 것인가? 이번 장에서는 바로 이러한 질문들에 대한 답을 찾아보려 한다. AI 전환의 의미부터 구체적인 실행 방법까지, 개인이 AI 시대에 주도적으로 살아가기 위한 전략을 종합적으로 살펴보기로 하자.

1 AI 전환의 의미와 필요성

AI 전환(AX)이란?

인공지능(AI)이 우리의 일상과 업무 환경에 빠르게 스며들고 있는 지금 우리 각자에게 있어서 'AI 전환'이란 AI 기술을 사용하는 차원을 넘어 인간과 AI가 함께 공진화(共進化)하는 근본적인 변화 과정을 의미한다. 이는 기술을 수동적으로 받아들이는 것이 아니라, 인공지능의 힘으로 무장한 '증강 인간(Augmented Human)'으로 나아가는 능동적인 여정이라고 할 수 있다.

우리 인류는 끊임없이 도구를 발명하고 활용하며 진화해 왔다. 석기 시대의 도끼에서 산업혁명 시대의 증기 기관, 기술 시대의 컴퓨터에 이르기까지, 도구는 인간의 신체적, 정신적 능력을 확장시켜 왔다. 그러나 AI는 이전의 도구들과 본질적으로 다르다. 이전의 도구들이 주로 인간의 물리적 능력을 확장했다면, AI는 우리의 인지적, 창의적 능력까지 증폭할 수 있는 잠재력을 지니고 있기 때문이다.

AI 전환은 세 가지 상호 연결된 핵심 요소를 중심으로 전개된다. AI 전환의 첫 번째 기둥은 AI 리터러시[1]를 발달시키는 것이다. 디지털 시대에 컴퓨터 리터러시가 필수적이었던 것처럼, 이는 AI 시대를 살아가기 위한 기본적인 역량이다. AI 리터러시는 AI 기술의 기본 원리와 작동 방식에 대한 이해에서 시작한다. 복잡한 기술적 세부사항까지 완벽히 이해할 필요는 없지만, AI가 어떻게 학습하고, 어떤 종류의 문제를 해결할 수 있으며, 어떤 한계를 가지고 있는지 파악하는 것이 중요하다. 나아가 다양한 AI 도구를 효과적으로 활용하는 실질적인 능력과, AI가 제공하는 정보나 결과물을 비판적으로 평가하고 검증할 수 있는 분별도 AI 리터러시의 중요한 부분이다. 이러한 리터러시는 AI를 '마법의 상자'가 아닌, 이해하고 통제할 수 있는 도구로 인식하게 한다.

두 번째 핵심 요소는 '인간-AI 협업'에 대한 새로운 마인드셋을 형성하는 것이다. 많은 사람들이 AI를 '일자리를 위협하는 경쟁자'나 '인간을 대체할 기술'로 인식하지만, 더 생산적인 관점은 AI를 '인간의 능력을 증폭시키는 협력적 파트너'로 바라보는 것이다. 이러한 마인드셋 전환은 AI와 인간이 각자의 고유한 강점을 발휘하며 시너지를 창출할 수 있는 가능성을 열어준다. 인간은 창의성, 감성 지능, 윤리적 판단, 맥락 이해와 같은 영역에서 뛰어나며, AI는 패턴 인식, 대량 데이터 처리, 반복 작업에서 특히 강점을 보인다. 이 두 가지 역량이 상호 보완적으로 결합될 때, 둘 중 어느 한쪽만으로는 달성하기 어려운 결과를 이끌어낼 수 있다. 협업적 마인드셋은 AI를 두려움의 대상이 아닌, 가능성을 확장하는 동반자로 인식하게 한다.

---

[1] AI 리터러시(AI Literacy) : 인공지능 기술의 작동 원리, 활용 방법, 한계점을 이해하고, AI 도구를 효과적이고 윤리적으로 사용할 수 있는 능력. AI가 생성한 정보를 비판적으로 평가하고, AI 기술이 사회에 미치는 영향을 인식하며, 적절한 프롬프트 작성과 AI와의 상호작용을 통해 원하는 결과를 얻을 수 있는 정도의 디지털 소양을 갖춘 상태를 말한다. 뒤에서 보다 자세히 다룬다.

AI 전환의 세 번째 기둥은 개인화된 AI 활용 체계를 구축하는 것이다. 모든 사람에게 동일하게 적용되는 AI 활용법은 존재하지 않는다. 각자의 목표, 작업 환경, 개인적 강점과 약점, 그리고 고유한 작업 스타일에 맞게 AI 도구와 접근법을 맞춤화하는 과정이 필요하다. 이는 자신에게 가장 적합한 AI 도구를 선별하고, 이를 기존 워크플로우에 자연스럽게 통합하며, 지속적인 실험과 조정을 통해 최적의 활용 방식을 찾아가는 여정이다. 개인화된 AI 시스템은 단순히 도구의 집합이 아니라, 자신의 생각과 작업 방식을 확장하는 맞춤형 생태계로 기능한다. 이 체계는 시간이 지남에 따라 진화하며, 사용자의 니즈와 AI 기술의 발전에 따라 지속적으로 재조정된다.

이 세 가지 요소—AI 리터러시, 협업적 마인드셋, 개인화된 활용 체계—는 서로 긴밀하게 연결되어 있으며, 이들이 함께 작용할 때 진정한 AI 전환이 가능해 진다. 이는 최신 AI 도구 활용에 그치지 않고, 자신의 사고방식, 작업 방식, 그리고 궁극적으로는 가치 창출 방식을 근본적으로 재구성하는 과정이다. 이와 같은 종합적 접근을 통해, 우리는 AI 시대에 수동적 소비자가 아닌 능동적이고 효과적인 참여자가 될 수 있다.

4차 산업혁명을 넘어 5차 산업혁명으로

영국의 역사학자 아놀드 토인비(Arnold Toynbee)는 인류 문명을 "도전과 응전의 과정"이라 정의했다. 5차 산업혁명은 인류에게 새로운 도전을 제시하고 있으며, 이 도전에 어떻게 응전하느냐가 개인의 미래를 결정할 것이다.

우리가 흔히 언급하는 4차 산업혁명은 인공지능, 사물인터넷(IoT), 빅데이터, 클라우드 컴퓨팅 등 디지털 기술이 주도하는 급격한 변화를 의미한다. 그러나 이미 우리는 4차 산업혁명의 한계점을 경험하고 있으며, 이를 보완하고 인간 중심의 가치를 회복하려는 '5차 산업혁명'[2]으로 진입하고 있다.

5차 산업혁명은 4차 산업혁명에서 이어지는 기술 발전의 연장선이 아닌, 인간과 기술의 관계를 근본적으로 재정립하는 패러다임 전환이다. 4차 산업혁명이 기술 중심의 효율성 극대화를 추구했다면, 5차 산업혁명은 '인간 중심성'과 '지속가능성'에 초점을 맞춘다. 이는 기술이 인간을 대체하는 것이 아니라, 인간의 능력을 증폭시키는 협력적 관계로 나아가는 것을 의미한다. 4차 산업혁명은 빠른 기술 발전과 함께 일자리 감소에 대한 불안, 기술 격차로 인한 불평등, 환경 문제, 인간 소외 같은 심각한 부작용을 낳았다. 이러한 도전과제들을 해결하기 위해 등장한 5차 산업혁명은 기존과는 다른 가치와 방향성을 추구한다.

5차 산업혁명에서는 무엇보다 인간과 기계의 협업이 핵심이 된다. 기계가 인간을 대체하는 것이 아니라, '코봇(cobot, collaborative robot)'[3] 개념처럼 인간과 기계가 각자의 강점을 살려 협력하는 방식으로 발전한다. 인간의 창의성, 공감 능력, 윤리적 판단과 AI의 데이터 처리 능력, 패턴 인식 등이 서로 보완하며 시너지를 만들어낸다. 또한 지속가능성이 더욱 강조된다. 무한 성장과 효율성만을 추구하던 이전 방식에서 벗어나, 환경과 사회적 가

---

[2] 5차 산업혁명은 4차 산업혁명의 기술 중심주의와 그로 인한 부작용(일자리 감소, 불평등 심화, 환경 파괴, 인간 소외 등)을 극복하기 위해 제시된 새로운 패러다임이다. 클라우스 슈밥(Klaus Schwab)이 주도하는 세계경제포럼(WEF)과 유럽연합(EU)의 'Industry 5.0' 정책에서 본격 논의되기 시작했다. 기존 산업혁명들이 자연스러운 기술 발전에 의한 사회 변화였다면, 5차 산업혁명은 4차 산업혁명의 문제점을 의식적으로 보완하려는 '의도된 전환'의 성격이 강하다. 따라서 일부에서는 이를 자연발생적 혁명이 아닌 '정책적 개념'이라고 보기도 한다. 핵심 가치는 인간 중심성(Human-centricity), 지속가능성(Sustainability), 회복탄력성(Resilience)이다. 기술이 인간을 대체하는 것이 아니라 인간의 능력을 증강시키는 협력적 관계를 추구하며, 환경과 사회적 가치를 중시하는 균형 잡힌 발전을 지향한다. 아직 학술적으로 완전히 정립된 개념은 아니며, 지역별로 다른 해석(EU의 Industry 5.0, 일본의 Society 5.0 등)이 존재한다.

[3] 코봇(Cobot) : '협업(Collaborative)'과 '로봇(Robot)'의 합성어로, 인간과 함께 작업할 수 있도록 설계된 로봇을 의미한다. 기존의 산업용 로봇이 안전상의 이유로 인간과 분리된 공간에서 작업했다면, 코봇은 인간과 같은 작업 공간에서 안전하게 협업할 수 있도록 개발되었다. 코봇은 힘 제한, 속도 제한, 충돌 감지 등의 안전 기능을 내장하여 인간과 물리적으로 접촉해도 안전하며, 인간의 동작을 학습하고 보완하는 방식으로 작업 효율성을 높인다. 대표적인 코봇 제조업체로는 덴마크의 유니버설 로보틱스(Universal Robotics), 덴마크의 모바일 인더스트리얼 로봇스(Mobile Industrial Robots) 등이 있다. 5차 산업혁명의 핵심 개념인 '인간-기계 협업'을 상징하는 대표 사례로, 인간의 창의성과 판단력, 로봇의 정확성과 지구력이 결합되어 단순한 자동화를 넘어선 지능적 협업을 구현한다.

치를 중시하는 균형 잡힌 발전을 지향한다. '스마트 셀(smart cell)'[4]과 같은 생물학적 기술과 디지털 기술의 융합은 이러한 환경친화적 혁신의 좋은 사례다.

5차 산업혁명에서는 목적과 가치가 중심이 된다. 기술 자체보다 그 기술이 인류와 지구에 가져올 가치를 우선시하며, "어떻게(How)"보다 "왜(Why)"라는 질문이 더 중요해지는 시대로 전환된다. 또 다차원적 통합을 통해 물리적, 디지털, 생물학적 영역의 경계를 허물고 이들을 통합하는 '피지털(Phygital)'[5] 접근법을 취하며, 여기에 사회적, 윤리적 차원까지 고려한 총체적 시각이 필요하다. 세계경제포럼(WEF)의 창립자 클라우스 슈밥(Klaus Schwab)은 "5차 산업혁명은 기술이 인간을 위해 존재해야 한다는 인식에 기반한다"고 강조했다. 이는 4차 산업혁명 시대의 '기술 결정론'에서 벗어나, 인간이 기술의 방향과 목적을 주도적으로 설계하는 시대로의 전환을 의미한다.

5차 산업혁명은 여러 국가와 기관들이 각자의 관점에서 추진하고 있다. 유럽연합(EU)은 '산업 5.0(Industry 5.0)' 개념을 통해 인간 중심성, 지속가능성, 회복탄력성을 강조하며 정책, 투자, 커뮤니티 활동을 적극적으로 전개하고 있다. 특히 EU는 인간과 기계의 조화로운 협업이 이루어지는 작업 환경과 친환경 생산 방식을 중시한다. 일본은 '사회 5.0(Society 5.0)' 비전을 통해 디지털 기술을 활용한 인간 중심 사회 구현을 목표로 하고 있다. 이는 산업 변혁을 넘어 사회 전체의 혁신을 추구하며, 오사카 엑스포 등을 통해 이러한

---

4) 스마트 셀(Smart Cell)이란 합성생물학 기술을 통해 특정 기능을 수행하도록 유전자를 조작하거나 설계한 미생물 또는 세포를 말한다. 환경 오염물질 분해, 바이오연료 생산, 의약품 제조 등 다양한 목적으로 프로그래밍되어 기존 화학공정을 대체하는 친환경적 생산 방식을 제공한다. 생물학적 시스템과 디지털 제어 기술이 결합된 바이오테크놀로지의 대표적 사례이다.

5) 피지털(Phygital) : Physical(물리적)과 Digital(디지털)을 결합한 용어로, 물리적 공간과 디지털 공간의 경계가 사라지고 seamlessly 통합되는 환경이나 경험을 의미한다. 예를 들어 AR/VR을 활용한 매장 체험, IoT 기반 스마트 홈, 디지털 트윈 기술 등이 대표적이며, 현실과 가상이 자연스럽게 연결되어 새로운 가치와 경험을 창출하는 융합적 접근 방식이다.

비전을 세계에 알리고 있다. 세계경제포럼(WEF), OECD, UN 등 국제기구들은 지속가능발전목표(SDGs)와 연계된 기술·산업 정책 프레임워크를 제시하며 간접적으로 5차 산업혁명적 가치를 확산시키고 있다. 기업 생태계에서도 ESG(환경·사회·지배구조) 가치를 중시하는 기업들과 사회적 벤처들이 인간과 환경 중심의 비즈니스 모델을 실천하며 변화를 주도하고 있다. 학계와 연구기관들은 인간 중심 기술과 책임 있는 AI 등의 연구를 통해 5차 산업혁명의 이론적 토대를 구축하고 있으며, 시민사회는 디지털 권리와 기술 접근성 등에 관한 요구를 통해 기술 발전의 방향성에 영향을 미치고 있다.

5차 산업혁명은 아직 4차 산업혁명만큼 보편적으로 자리잡은 개념은 아니지만, 특히 유럽과 일본을 중심으로 인간 중심, 지속가능성, 사회적 가치에 초점을 맞춘 논의와 실천이 빠르게 확산되고 있다. 이러한 변화는 개인의 AI 전환에도 중요한 시사점을 제공한다. 기술의 발전을 수동적으로 따라가는 것이 아니라, 인간 고유의 가치와 목적에 부합하도록 기술과의 관계를 주도적으로 설계해야 함을 상기시키기 때문이다.

디지털 전환(DX)과 AI 전환(AX)의 본질적 차이

4차 산업혁명 시대로 접어들자 사회는 기술의 발전을 따라잡기 위해 디지털 전환(DX)를 핵심 가치로 삼았다. 그러나 이제는 4차 산업혁명의 결정판이라 할 수 있는 AI 시대로 진입하고 있고, 추구해야 할 가치의 패러다임도 AI 전환(AX)으로 업그레이드 되고 있다. 하지만 많은 사람들은 AI 전환을 단순한 디지털 전환의 연장선으로 인식하는 경향이 있다. 두 개념 사이에는 본질적인 차이가 있는데도 말이다.

디지털 전환이 아날로그 과정을 디지털화하는 것, 즉 종이 문서를 디지털 문서로 바꾸거나 오프라인 상점을 온라인 쇼핑몰로 옮기는 과정이라면, AI

전환은 이러한 디지털 환경 속에서 인간의 인지 능력 자체를 확장하고 증폭시키는 것을 의미한다. 이 차이는 여러 차원에서 나타난다. 첫째, 디지털 전환이 효율성과 접근성 향상에 초점을 맞추었다면, AI 전환은 인간의 인지 능력과 창의성 확장에 중점을 둔다. 예를 들어, 엑셀과 같은 스프레드시트 프로그램을 사용하는 것은 디지털 전환이지만, AI가 스프레드시트에 담긴 데이터를 분석하고 패턴을 발견하여 의사결정을 지원하는 것은 AI 전환이다. 둘째, 디지털 전환에서 사용자는 명시적인 명령을 통해 도구를 제어했지만, AI 전환에서는 인간과 AI 사이의 상호학습과 협력이 이루어진다. 검색엔진에 키워드를 입력하는 것과, 대화형 AI 비서와 자연어로 대화하며 복잡한 정보를 탐색하는 것 사이의 차이라고 볼 수 있다. 셋째, 디지털 전환이 정보의 양과 속도를 증가시켰다면, AI 전환은 정보의 질과 관련성을 향상시킨다. 인터넷은 무한한 정보에 대한 접근을 가능하게 했고, AI는 그 정보 속에서 개인들이 가장 중요하고 유용한 인사이트를 추출하고 합성하도록 도와준다.

가트너(Gartner)의 분석가 브라이언 버크(Brian Burke)는 AI를 '초자동화(hyper-automation)'로 부르면서, "디지털 전환이 비즈니스 프로세스의 자동화라면, AI 전환은 인간의 지능을 확장하는 과정"이라고 정의했다. 이 정의는 AI가 이전의 기술 변화들과는 달리 우리가 생각하고, 일하고, 창조하는 방식 자체에 대한 근본적인 재정립을 요구한다. AI 시대로 전환하는 과정에서 개인은 두 가지 접근법, 즉 능동적 전환과 수동적 수용 가운데 하나를 취하게 된다. 이 두 접근법의 차이는 미래에 대한 개인의 준비도와 적응력을 크게 좌우한다.

수동적 수용은 AI 기술이 이미 광범위하게 채택된 후에야 반응하는 방식을 의미한다. 수동적 수용을 선택하는 개인은 기술이 완전히 성숙하고 표준화될 때까지 기다린다. 직장이나 학교에서 요구하는 최소한의 기술만 습득하고, AI를 주로 위협이나 불편한 변화로 인식한다. 그 때문에 변화에 뒤늦게 적응하여 잠재적 기회를 놓치는 경우가 많다. 반면, 능동적 전환은 AI의 발전을 예측하고 이에 선제적으로 대응하는 접근법이다. 능동적 전환을 추구하는 개인은 새로운 AI 도구와 가능성을 지속적으로 탐색한다. 자신의 업무와 학습에 AI를 창의적으로 통합하고, AI의 한계와 위험을 인식하면서도 그 잠재력을 활용한다. 변화를 주도하여 새로운 기회를 먼저 포착하는 것이 특징이다.

역사적으로 볼 때, 새로운 기술 물결에서 가장 큰 혜택을 누린 사람들은 항상 능동적 전환을 추구한 이들이었다. 인터넷 초창기에 웹사이트를 만들고 디지털 마케팅을 시작한 사람들, 스마트폰이 등장했을 때 모바일 앱을 개발한 사람들이 그 예다. 영국의 심리학자 캐럴 드웩(Carol Dweck)이 주창한 '성장 마인드셋(growth mindset)' 개념은 능동적 전환에 중요한 심리적 토대를 제공한다. 성장 마인드셋을 가진 사람들은 도전과 실패를 학습의 기회로 보고, 새로운 기술을 습득하는 것을 두려워하지 않는다. AI 시대에는 이러한 마인드셋이 그 어느 때보다 중요하다.

AI 활용으로 성공한 이야기

AI를 적극적으로 활용하여 자신의 역량과 경력을 혁신적으로 발전시킨 사람들의 사례는 우리에게 영감과 큰 교훈을 준다. 이들의 스토리를 살펴보고 공통점을 분석해 보면 AI 전환에 큰 동기를 부여받을 수 있다.

창작 분야에서의 AI 활용

다양한 창작자들이 챗GPT, 제미나이(Gemini) 등 생성형 AI를 활용해 창작 프로세스를 혁신하고 있다. 소설가, 시나리오 작가, 마케터 등은 이 도구들을 통해 플롯 아이디어 생성, 캐릭터 설정, 대화문 작성 등에 도움을 받아 창작 효율성을 높이고 있다. 한 콘텐츠 크리에이터는 이렇게 말하기도 했다. "AI는 나의 창의적 과정의 협력자로서, 고정된 사고 패턴에서 벗어나 새로운 가능성을 발견하게 해준다." 특히 구글의 제미나이나 앤트로픽의 클로드 같은 도구는 창의적 글쓰기와 콘텐츠 초안 작성에 널리 활용되고 있으며, 작가들은 AI가 제안한 다양한 아이디어를 선택하고 발전시키는 과정을 통해 창작의 폭을 넓히고 있다. 이와 관련해 아주 모범적인 사례가 있어서 소개한다.

2024년 초 「도쿄도 동정탑(東京都 同情塔)」[6]이라는 소설로 일본의 권위 있는 문학상인 아쿠타가와상(제170회)을 수상하며 주목받은 작가 구단 리에(九段理恵)는 AI를 활용한 글쓰기로 유명세를 떨치고 있다. 2025년 3월 말, 구단 리에는 챗GPT를 활용해 작성한 신작 소설 「그림자 비(影の雨)」를 발표했다. 이 소설은 일본 잡지 『광고』에 게재되었으며, 작가 자신이 "소설의 95%를 AI가 썼다"고 밝혀 화제가 되었다. 이는 인공지능을 사용해 소설을 쓰는 금기를 깨는 실험 차원에서 이루어진 프로젝트였다. 소설 「그림자 비」는 인류가 사라진 이후 AI가 감정이 무엇인지 탐구하는 내용을 담고 있다. 구단 리에는 소설의 도입부와 결론부만 작성하고 방향성을 정한 뒤, 나머지 95%는 AI가 작성하도록 했다. 구단 리에는 소셜미디어에 챗GPT와의 작업 과정을 공개하기도 했다. 대화 내용을 보면, 작가가 "내 말 기억하고 있지?"라고 물었을 때 챗GPT가 "당연히 기억하고 있어요! 저희는 서로 창조적인 면에서 파트너로 관계를 맺고 있고…"라고 답하는 모습을 확인할 수 있다.

이 소설이 주목받은 이유 중 하나는 구단 리에가 이전에도 AI를 활용한 전력이 있기 때문이다. 그녀는 아쿠타가와상을 수상한 작품인 「도쿄도 동

---

[6] '도쿄도 동정탑'은 '범죄자를 동정(同情)해야 한다'는 생각이 만연한 미래의 도쿄를 배경으로 한 고층 교도소를 가리킨다. 소설에서 주인공인 여성 건축가가 설계하게 되는 건물이다.

정탑」 저술에도 5% 정도 생성형 AI를 활용했다고 밝혔다. 수상 소감 발표에서 구단 리에는 "소설에 등장하는 가상의 기술인 'AI 빌드'가 주인공의 질문에 답하는 내용에서 챗GPT를 적극 활용했고, 대화 내용 가운데 약 5%는 AI가 생성한 문장을 그대로 인용했다"고 말했다.

이 발언이 알려지자 일부에서는 '문학의 종말'을 우려하는 목소리도 있었지만, 실제로는 소설에서 등장인물과 AI의 대화에 사용된 것뿐이었다. 구단 리에는 인터뷰에서 "예상하지 못한 반응이었다"며 "어떤 부분에 AI를 활용했는지 답변할 시간이 있었다면 이렇게까지 큰 관심은 없었을지도 모르겠다"고 언급했다. 그러니까 자신의 발언이 오해를 불러일으켜 실제 사용 범위보다 훨씬 과도한 반응을 얻었다는 뜻이다.

「도쿄도 동정탑」은 "언어를 무상(無償)으로 훔치는 치명적인 문맹"인 AI와, 그럴듯하지만 알맹이 없는 언어의 거품 속에서 벌어지는 허상의 '소통'을 주제로 다룬다. 작가는 AI가 인터넷상의 모든 언어 데이터를 학습해 완벽해 보이는 문장을 만들어내지만, 정작 그 언어의 진정한 의미나 맥락은 전혀 이해하지 못한다고 진단한다. 이를 통해 현대 사회의 공허한 소통 방식과 AI 시대 언어의 본질적 한계에 대한 비판적 시각을 작품에 담아내고 있다. 그러다 보니 그녀의 말대로 이 소설은 "일본에서도 난해하다는 평가를 받는데, 복잡한 현실세계를 복잡한 그대로 그려 내려고 하기 때문"이다. 그녀는 "어떤 이야기였는지를 이해받기보다, 이 작품이 독자들의 이야기나 인생과 연결되어 새로운 무언가를 줄 수 있다면 그것이 작가로서의 기쁨"이라고 말했다.

이런 구단 리에가 AI와의 협업으로 창작해 낸 소설인 「그림자 비」는 AI가 문학 창작에 어떤 역할을 할 수 있는지, 그리고 AI 시대의 창작과 작가의 역할은 무엇인지에 대해 중요한 질문을 던지고 있다.

조지아텍의 AI 조교 '질 왓슨(Jill Watson)' : 9년간의 진화와 성과

2016년, 조지아공과대학교(Georgia Tech)의 애쉬옥 괴엘(Ashok Goel) 교수는 '지식 베이스 AI(Knowledge-Based AI)'이라는 온라인 과목을 담당하며 큰 문제에 직면했다. 300명이 넘는 학생들이 수강하는 이 수업에서, 학생들은 매주 수천 개의 질문을 던졌고, 인간 조교들은 이를 감당하기 어려웠다. 괴엘 교수는 IBM의 왓슨 기술을 기반으로 AI 조교 '질 왓슨'을 개발했다. 질 왓슨은 이전 학기의 4만 개 이상의 질문-답변 데이터를 학습했고, 97% 이상의 정확도로 학생들의 질문에 답변할 수 있게 되었다. 흥미로운 점은, 한 학기 내내 질 왓슨이 AI라는 사실을 학생들에게 알리지 않았다는 것이다. 학기가 끝날 무렵 괴엘 교수가 이 사실을 공개했을 때, 학생들은 큰 충격을 받았다. 한 학생은 "질이 가장 빠르고 도움이 되는 조교였다"고 말했으며, 일부 학생들은 질 왓슨을 우수 조교상에 추천하려고 했다.

질 왓슨의 성공으로 조지아텍은 AI 교육 기술을 확장했다. '에이전트 스미스(Agent Smith)'라는 도구를 개발하여 질 왓슨을 빠르게 복제할 수 있게 했고, 다양한 과목에 맞는 질 왓슨 변형들을 만들어냈다. 또한 온라인 학습에서 학생들 간의 사회적 연결을 돕는 SAMI(Social Agent-Mediated Interactions)라는 대화형 에이전트도 개발했다. 이러한 AI 시스템들은 과제 채점, 토론 촉진, 피드백 제공 등 다양한 역할을 수행하며 교수와 인간 조교의 부담을 크게 줄였다. 특히 주목할 만한 성과는 학생 참여도와 성취도의 향상이었다. 질 왓슨이 도입되기 전에는 학생들이 학기당 평균 32개의 댓글을 달았지만, 질 왓슨 도입 후에는 학생 1명당 평균 38개의 댓글을 달게 되어 학생들의 토론 참여율이 약 19% 증가했다.

2023년부터 조지아텍은 질 왓슨을 챗GPT 기반으로 업그레이드했다. 새로운 버전의 질 왓슨은 RAG(검색 증강 생성) 기술과 오픈AI의 챗GPT를 활용하여 정확성을 높이고, 환각 현상을 줄이며, 유해 콘텐츠에 대한 저항성을 강화했다. 괴엘 교수는 혁신적인 접근법을 개발했는데, 질 왓슨이 챗GPT의 '감시자' 역할을 하도록 설계한 것이다. 본질적으로 질 왓슨이 동료 챗봇의 작업에 대해 팩트 체크 후 학생들에게 결과를 전송하는 방식이다.

2023년 가을 학기에는 600명 이상의 학생이 참여하는 조지아텍 온라인 컴퓨터과학 석사과정의 AI 수업에 질 왓슨을 배치했다. A/B 실험[7]을 실시하여, 수업을 무작위로 나누어 한 그룹은 질 왓슨에 접근할 수 있게 하고 다른 그룹은 그렇지 않게 했다. 배치된 질 왓슨의 평균 응답 시간은 6.8초였으며, 학생들과의 실제 대화에서 상호 참조 해결[8] 및 채팅 맥락을 활용한 질문 답변 능력을 보여주었다. 질 왓슨의 첫 번째 버전은 1,000~1,500시간의 개발 시간이 필요했지만, 현재는 10시간 이내에 맞춤형 질 왓슨을 구축할 수 있게 되었다. 이러한 개발 시간 단축은 에이전트 스미스 덕분이다. 에이전트 스미스는 해당 과목의 강의계획서와 담당 교수의 일대일 질의응답만 있으면 개인화된 질 왓슨을 생성할 수 있는 시스템이다.

2024년 봄 학기에는 조지아텍의 프로그래밍 입문 수업을 포함하여 5개 수업에서 유사한 실험을 진행했다. 현재는 '교수 실재감'[9]을 향상시키고, 학생 성적과 유지율[10]을 개선하는 것이 입증되었으며, 더 광범위한 사용을 위

---

7) A/B 실험(A/B Testing) : 두 개의 서로 다른 버전(A그룹과 B그룹)을 무작위로 나눈 집단에 각각 적용하여 어느 것이 더 효과적인지를 통계적으로 비교 분석하는 실험 방법. 한 변수만을 제외하고 모든 조건을 동일하게 유지함으로써 해당 변수의 실제 효과를 객관적으로 측정할 수 있다. 웹사이트 디자인, 마케팅 전략, 교육 방법 등 다양한 분야에서 최적의 선택을 위한 근거 기반 의사결정 도구로 활용된다.
8) 상호참조 해결(Coreference Resolution) : 문장이나 대화에서 같은 대상을 가리키는 서로 다른 표현들을 찾아 연결하는 자연어처리 기술. 예를 들어 "김교수님이 오늘 강의를 하셨다. 그분은 매우 열정적이셨다"에서 "그분"이 "김교수님"을 가리킨다는 것을 AI가 이해하는 것이다. 대화형 AI에서는 "그것", "이전에 말한", "앞서 언급한" 등의 표현이 구체적으로 무엇을 의미하는지 파악하여 자연스러운 대화를 가능하게 한다.
9) 교수 실재감(Teaching Presence) : 온라인 학습 환경에서 교수자가 학습자에게 제공하는 실질적이고 의미 있는 존재감을 의미하는 교육학 용어. 교육과정 설계와 조직, 학습 촉진, 직접적인 교수 활동을 통해 학생들이 교수자의 적극적인 참여와 지원을 인식하고 느끼는 정도를 나타낸다. AI 튜터의 경우 개인화된 즉각적 피드백과 24시간 접근 가능한 학습 지원을 통해 학생들이 지속적인 교육적 관심과 지도를 받고 있다고 느끼게 함으로써 교수 실재감을 향상시킬 수 있다.
10) 유지율(Retention Rate) : 교육 분야에서 학생들이 중도에 포기하지 않고 과정을 끝까지 완주하는 비율을 의미한다. 예를 들어 100명이 수강 신청을 했는데 80명이 학기를 끝까지 마쳤다면 유지율은 80%이다. 온

한 확장, 다중 모달리티 확대, 학생 학습을 더욱 지원하는 기능 추가에 중점을 두고 있다. 2024년 10월 발표된 최신 연구에 따르면, 학생들의 피드백이 압도적으로 긍정적이었으며, 많은 학생들이 질 왓슨의 빠르고 친근한 응답으로 인해 우수 조교상에 추천하는 것을 고려했다고 한다. 질 왓슨의 구현은 AI가 반복적인 작업을 담당함으로써 인간 교육자들이 더 깊이 있는 교육적 상호작용에 집중할 수 있게 하는 방법을 보여주었다.

9년간의 발전을 통해 질 왓슨은 실험적 도구에서 교육 혁신의 모델로 성장했다. "교수를 대체하는 것이 아니라 교수의 대변인 역할을 하는 조교"라는 괴엘 교수의 철학처럼, 질 왓슨은 AI가 교육자를 대체하는 것이 아니라 역량을 강화하고 확장하는 도구로 활용될 때 교육 분야에 큰 혁신을 가져올 수 있음을 보여주는 대표적인 AI 전환 사례가 되었다.

● 싱가포르의 AI 기반 디지털교과서

싱가포르 교육부(MOE)는 2018년부터 'SLS(Singapore Student Learning Space)'라는 AI 기반 디지털 학습 플랫폼을 전국 학교에 도입했다. 이 플랫폼은 초등학교부터 대학 준비 과정까지 모든 주요 과목에서 고품질의 교육과정 연계 자료에 대한 동등한 접근을 제공하며, 교사들에게는 다양한 학습 필요에 맞춘 의미 있는 학습 경험을 맞춤화하고 생성할 수 있는 다양한 도구를 제공한다. 현재 거의 50만 명의 사용자가 이 플랫폼을 활용하고 있다.

SLS 플랫폼에는 MOE와 GovTech가 개발한 AI 기반 교육 시스템인 적응형 학습 시스템(ALS)이 통합되어 있다. 현재 수학(초등학교 고학년)과 지리(중등학교 고학년)에서 이용 가능한 ALS는 기계학습을 사용하여 각 학생

라인 강의나 MOOC(대규모 공개 온라인 강좌)에서는 중도 포기율이 높은 것이 문제인데, AI 조교가 학생들의 질문에 즉시 답변하고 학습을 지원함으로써 학생들이 포기하지 않고 끝까지 수강할 수 있도록 돕는 효과가 있다는 의미이다.

의 필요에 맞춘 맞춤형 학습 경로를 제공한다. 시스템은 학생들의 진도와 숙달 수준에 적응하는 교육과정을 통해 학생들을 안내한다. ALS는 각 과목 내에서 여러 학습 경로를 제공함으로써 각 학생의 필요에 맞춰 조정된다. 학생들은 주제를 선택할 수 있고, ALS는 그들의 이해도와 준비도에 따라 맞춤형 자료, 연습 문제, 피드백을 제공한다. 또한 학생들에게 자기주도적 학습 옵션을 제공하여, 수업 전에 주제를 복습하고, 동기 부여 프롬프트를 받으며, 평가를 준비할 수 있게 한다.

SLS는 2020년 코로나19로 인한 서킷 브레이커[11] 기간 동안 싱가포르의 모든 학생과 교사 인구를 처리할 수 있도록 성공적으로 확장되어, 최대 30만 명의 동시 사용자를 지원하며 홈베이스 학습[12]을 통해 교육이 지속될 수 있게 했다. 팬데믹 이후에도 블렌디드 러닝[13]이 교실에 통합되는 빈도가 증가했다. 2023년 9월에는 "기술을 통한 교육 혁신(Transforming Education through Technology) 마스터플랜 2030"이 발표되었다. 이 계획은 "기술로 변화된 세상을 위해 학생들을 준비시키는 '기술 변혁 학습'"을 비전으로 하여, 디지털 시대에 맞는 교수법 적응에 대한 MOE의 의지를 반영한다.

현재 SLS에는 5개의 AI 기반 도구가 본격 운영되고 있는데, 3개의 학습 피드백 어시스턴트, 1개의 적응형 학습 시스템, 그리고 교사의 수업 계획을 돕는 1개의 도구가 그것이다. 주요 AI 도구로는 오서링 코파일럿(Authoring Copilot, ACP)이 교사의 콘텐츠 제작을 지원하고, 단답형 피드백 어시스턴트(Short Answer Feedback Assistant, ShortAnsFA)

---

[11] 서킷 브레이커(Circuit Breaker) : 싱가포르 정부가 코로나19 확산 방지를 위해 2020년 4월 7일부터 6월 1일까지 시행한 부분적 봉쇄 조치를 가리키는 공식 용어. 대부분의 직장과 학교를 폐쇄하고 사회적 거리두기를 강화했으나, 필수 서비스는 계속 운영하도록 한 조치로, 다른 국가의 '봉쇄(lockdown)'에 해당함.
[12] 홈베이스 학습(Home-Based Learning, HBL) : 싱가포르 교육부가 코로나19 팬데믹 기간 중 공식적으로 도입한 재택 학습 방식. 학생들이 집에서 SLS 플랫폼과 기타 디지털 도구를 활용하여 정규 교육과정을 이어가는 학습 형태로, 단순한 원격수업을 넘어 체계적인 온라인 학습 생태계를 구축한 싱가포르만의 교육 모델을 지칭함.
[13] 블렌디드 러닝(Blended Learning) : 전통적인 대면 수업과 온라인 디지털 학습을 체계적으로 결합한 교육 방식. 학생들이 교실에서의 직접 교육과 온라인 플랫폼을 통한 자기주도 학습을 병행하여 학습 효과를 극대화하는 하이브리드 교육 모델을 의미함.

가 단답형 답안에 대한 자동 피드백을 제공하며, 데이터 어시스턴트(Data Assistant, DAT)가 학생 데이터 분석과 해석을 간소화하여 교사가 실시간으로 학생의 이해도와 참여도를 파악할 수 있도록 돕는다. 또한 모국어 과목을 위한 음성 평가(Speech Evaluation) 및 텍스트 음성 변환(Text-to-Speech) 기능이 SLS 내에 통합되어 학생들의 읽기, 단어 인식을 돕고 구술 연습에 대한 자동 피드백을 제공하여 자기주도 학습을 장려하고 있다. 2024년부터는 '노멀(테크니컬) 스트림' 과정[14] 학생들을 위한 국가시험의 일부 섹션이 노트북을 사용하여 디지털 방식으로 실시되고 있다.

SLS는 다수의 국제 기관들로부터 인정을 받았다. 이러한 AI 기술의 도입을 통해 싱가포르는 학생들의 개별적 학습 필요에 더욱 효과적으로 대응하고, 교사들이 학생들의 학습 과정을 더 잘 이해하며 적시에 개입할 수 있도록 지원하고 있다. 교사들은 학생들의 사고 과정을 가시화하는 도구에 접근할 수 있어 데이터에 기반한 교육 결정을 내리고 학생 개인별 학습 공백을 해소하기 위한 집중 지원을 제공할 수 있게 되었으며, 이를 통해 각 학생이 자신만의 학습 속도에 맞춰 성장할 수 있는 진정한 맞춤형 교육 환경을 실현하고 있다.

● 미국 조지아 주립대학교의 AI 챗봇 '파운스'

조지아 주립대학교(Georgia State University)는 2016년 신입생 지원을 위한 AI 챗봇 '파운스(Pounce)'를 도입했다. 이 대학은 매년 많은 신입생이 등록 절차, 재정 지원, 주거 배정 등의 문제로 어려움을 겪고 있었고, 특히 '서머 멜트(summer melt)' 현상이 심각했다. 서머 멜트란 대학 입학 허가를 받고 등록 의사를 밝힌 고등학교 졸업생들이 가을 학기 등록에 실패하는

---

14) Normal(Technical) : 싱가포르 중등교육 시스템의 세 가지 학습 경로(Express, Normal Academic, Normal Technical) 중 하나로, 기술 중심의 실용적 교육과정을 제공하는 4년 과정. 이론보다는 실무와 기술 습득에 중점을 두며, 학생들은 N(T)-Level 시험을 치른 후 주로 기술교육원(ITE, Institute of Technical Education)으로 진학하거나 바로 취업하는 경로를 택함

현상을 말한다. 2015년 조지아 주립대학교의 서머 멜트 비율은 19%에 달했으며, 수백 명의 학생들이 이메일과 전화, 학생 및 학부모 대상 행사에도 불구하고 결국 등록하지 않았다. 이 문제를 해결하기 위해 대학은 RAG 교육기술 스타트업 어드미트허브(AdmitHub, 현재는 Mainstay)와 협력하여 파운스를 개발했다.

파운스는 24시간 학생들의 질문에 답변하고, 중요한 마감일을 알려주며, 필요한 서류 제출을 안내했다. 인공지능과 지도학습의 산물인 파운스는 학자금 지원 신청, 주거 신청, 수업 등록 등의 주요 단계를 안내하고, 조지아 주립대학교, 학생 생활, 캠퍼스 서비스, 재정 지원 등에 대한 수천 가지 학생 질문에 답변할 수 있었다. 2016년 4월 출시 첫 달에 파운스는 입학 허가를 받은 학생 3,000명 이상과 거의 50,000건의 문자를 주고받았다. 미국 전화번호가 있는 학생들 중 90%가 파운스를 사용했으며, 그 가운데 63%가 등록 과정 전반에 걸쳐 최소 3일 이상 파운스와 대화를 나누었고 평균 60개의 메시지를 주고받았다.

학교 측은 파운스의 효과를 검증하는 실험을 진행했다. 입학 허가를 받은 학생들을 두 그룹으로 나누어, 한 그룹은 파운스를 사용하게 하고 다른 그룹은 사용하지 않게 한 후 결과를 비교했다. 실험 결과, 파운스를 사용한 학생들의 등록률이 사용하지 않은 학생들보다 높게 나타났다. 6월 1일 우선 마감일 기준으로는 3.3%포인트, 최종적으로는 4%포인트 더 높은 등록률을 보였다. 또 50,000건 이상의 학생 메시지 중 1% 미만만이 조지아 주립대학교 직원의 관심이 필요했다. 학생들은 파운스에 대해 높은 만족도를 보였으며, 80%가 5점 만점에 4점 또는 5점을 주었고, 94%가 이듬해 입학 허가 학생들을 위해 파운스를 도입할 것을 추천했다.

2019년부터 조지아 주립대학교는 파운스의 기능을 확장하여 학업 위기에 처한 학생을 조기에 식별하고 개입하는 시스템을 구축했다. 2021년에는 처음으로 과정별 챗봇이 정치학과 경제학 수업 내용에 통합되었다. 정치학 수업의 500명 학생을 대상으로 한 무작위 대조 실험에서, 챗봇 메시지를 받은 학생들은 B 이상의 성적을 받을 가능성이 높아졌고, 가족 중에서 처음으로 대학에 진학하는 '1세대 대학생'의 경우 수업을 성공적으로 이수할 가능성이 증가했다. 1세대 대학생들은 최종 성적이 11점 가량 향상되었다.

현재 파운스는 조지아 주립대학교의 애틀랜타 캠퍼스와 페리미터 대학(Perimeter College) 캠퍼스에서 약 40,000명의 학생들에게 등록 관련 커뮤니케이션을 제공하고 있다. 2024년 1월에는 조지아 주립대학교의 국립 학생 성공 연구소(National Institute for Student Success)가 미국 교육부로부터 760만 달러의 연구비를 받아 AI 강화 교실 챗봇의 효과를 다양한 기관과 인구통계학적 프로필에서 연구하는 대규모 프로젝트를 시작했다.

● 은행의 문턱을 낮추다 : 온덱(OnDeck)의 대출 혁신

2006년 뉴욕의 금융 중심지 맨해튼. 미치 자코프(Mitch Jacobs)는 소규모 사업자들이 은행 대출을 받기 위해 겪는 어려움을 목도하고 있었다. 그가 만난 많은 소상공인들은 훌륭한 사업 아이디어와 열정을 가지고 있었지만, 자금 조달에만 나서면 전통적인 은행의 복잡한 대출 절차와 엄격한 기준을 통과하지 못해 쩔쩔맸다. 미치는 이 문제를 해결하기 위해 온덱(OnDeck)을 설립했다. 그의 아이디어는 혁신적이었다. 전통적인 신용 점수에만 의존하는 대신, 사업체의 실제 성과 데이터를 분석하여 대출 결정을 내리는 것이었다.

초기에는 많은 도전이 있었다. 대출 산업이 보수적이었던 만큼 새로운 방식의 위험 평가에 회의적이었다. 게다가 수천 개의 소규모 사업체를 상대로 개별적인 신용 평가를 하는 것은 인력과 시간이 많이 소요되는 일이었다. 바로 여기서 AI와 로봇 프로세스 자동화(RPA)가 해결책이 되었다. 2010년, 온덱은 대출 신청 및 승인 과정을 자동화하기 위한 AI 시스템 개발에 착수했다. 목표는 대출 신청부터 승인, 자금 지급까지 전 과정을 최대한 빠르고 정확하게 처리하는 것이었다. AI 시스템은 사업체의 은행 거래 내역, 현금 흐름, 신용 카드 판매, 세금 납부 실적 등 다양한 데이터를 분석했다. 이를 통해 전통적인 방식으로는 감지해 내기 어려운 사업의 성장 잠재력과 상환 능력을 평가할 수 있었다. 온덱의 혁신적인 접근 방식은 많은 소상공인들에게 새로운 기회를 제공했다. 짧은 사업 이력과 개인 신용 점수 때문에 은행에서 거절당했던 사업자들도 실제 사업 성과 데이터를 바탕으로 24시간 이내에 대출을 승인받을 수 있게 되었다.

온덱의 AI 시스템은 날이 갈수록 더 똑똑해졌다. 빅데이터 기술의 발전과 함께 시스템은 수백만 건의 대출 기록을 학습하며 위험 평가 모델을 지속적으로 개선했다. 2015년까지 신청에서 승인까지의 평균 처리 시간은 10분 이내로 단축되었고, 1일 이내에 대출금 지급이 가능해졌다. 예전에는 대출 신청서 검토에 몇 주가 걸렸지만, 온덱의 AI는 몇 분 만에 신용 평가와 서류 확인을 완료한다. 이를 통해 인력 충원 없이도 승인률을 20% 높일 수 있었다. 특히 인상적인 것은 온덱의 AI가 '예' 또는 '아니오'라는 이진 결정을 내리는 것이 아니라, 각 사업체에 맞는 맞춤형 대출 조건을 제시한다는 점이다. 이는 대출 금액, 기간, 이자율을 사업의 특성과 현금 흐름에 맞게 조정하여 상환 가능성을 극대화한다. 온덱의 AI 시스템은 사업별 맞춤형 접근 방식을 제공한다. 예를 들어, 건설업체의 경우 계절적 매출 변동을 분석하여 겨울에는 낮은 상환액을, 봄과 여름에는 높은 상환액을 책정하는 유연한 상환 계획을 제안한다.

온덱의 성공은 수치로 증명된다. 창립 이후 15만 개 이상의 소규모 사업체에 150억 달러 이상의 자금을 지원했으며, 처리 시간은 70% 단축되었다.

건당 최대 50만 달러까지 단기·중기 신용대출을 제공하며, 무엇보다 중요한 것은 전통적인 금융 시스템에서 소외되었던 많은 소상공인이 자금에 접근할 수 있게 되었다는 점이다.

이제 온덱은 AI를 통해 금융 포용성을 높이고 있다. 기술은 인간을 대체하는 것이 아니라, 더 많은 사람이 공정한 기회를 얻도록 돕는 도구 역할을 한다. 이런 온덱의 이야기는 AI와 자동화가 어떻게 금융 서비스의 민주화를 가속화할 수 있는지 보여주는 좋은 예가 된다. 소규모 기업이 주도한 이 혁신은 이제 전통적인 금융 기관들도 따르는 새로운 표준이 되어가고 있으며, 미국 핀테크 대출 혁신의 대표적 성공 사례로 인정받고 있다.

환자 기록의 파수꾼 : 메디카피의 AI 혁신

미국 테네시주 내슈빌에 있는, 의료 기록 관리 분야의 신생 기업 메디카피(MediCopy)의 설립자 엘리엇 하이랜드(Elliott Hyland)는 2009년 사업을 시작했을 때 복잡하고 시간을 무지하게 잡아먹는 의료 기록 관리 과정을 간소화하고야 말겠다는 목표를 가지고 있었다. 하지만 그는 소규모 스타트업이 맞닥뜨려야 하는 어려움을 과소평가했다. 의료 기록은 민감한 개인정보 중 하나여서 이를 처리하는 것은 '건강보험 이동성 및 책임성에 관한 법률(HIPAA)'과 같은 엄격한 법적 책임과 윤리적 책임이 따르는 일이다. 메디카피는 처음에는 전통적인 방식으로 업무를 진행했다. 직원들이 수천 페이지의 의료 기록을 수작업으로 검토하고 처리했다. 그러다보니 의료 기관, 보험 회사, 법률 사무소 등 다양한 고객들의 기록 요청을 처리하는 데 엄청난 시간이 소요되었을 뿐만 아니라, 사람이 저지르기 쉬운 오류의 위험도 항상 존재했다.

이러한 어려움들을 극복하기 위해 엘리엇은 2017년 AI 도입을 결정했다.

소규모 기업이었지만, 기술 혁신에 투자하지 않으면 경쟁에서 뒤처지리라는 것을 알았던 데다, 의료 기록 처리량이 매년 30%씩 증가하는 상황이었다. AI 구현 과정은 메디카피의 CTO 사라 존슨(Sarah Johnson)이 주도했다. 가장 먼저 도입한 기능은 의료 기록에서 민감한 개인 정보를 자동으로 식별하고 편집하는 AI 시스템이었다. 환자의 개인 정보 보호는 절대적으로 중요하지만, 수천 페이지에서 모든 사회보장번호, 환자 식별번호 등을 손으로 일일이 찾아 편집하는 것은 거의 불가능에 가까운 일이었다.

AI 시스템은 자연어 처리(NLP) 기술을 사용하여 의료 기록에서 민감한 정보를 식별하고, 필요에 따라 자동으로 편집했다. 이는 인적 오류 가능성을 크게 줄이고, 처리 속도 또한 현저히 향상시켰다. 이전에는 환자 기록 요청을 처리하는데 평균 5일이 걸렸지만, AI 시스템 덕분에 이제는 24시간 이내에 완료할 수 있게 됐다. 메디카피는 다음 단계로 문서 처리 자동화를 위한 광학 문자 인식(OCR) 및 머신러닝 기술을 도입했다. 이 시스템은 다양한 형식의 의료 문서를 스캔하고, 중요한 정보를 자동으로 추출하여 디지털 형식으로 변환했다. 의료 기록은 형식이 제각각이고, 손글씨도 많아 처리가 어렵다. 메디카피의 AI는 수천 개의 다양한 문서 형식을 학습했고, 심지어 의사의 복잡한 필체도 해독할 수 있게 되었다. 이 기술의 효과는 특히나 인상적이었다. 문서 처리 속도가 85%나 빨라졌고, 오류율은 76% 감소했다.

특히 의미 있는 변화는 의료 기록 접근성의 향상이었다. 환자들은 이제 자신의 의료 기록을 더 쉽고 빠르게 받아볼 수 있게 되었다. 예전에는 환자가 다른 주로 이사한 후 의료 기록을 새 의사에게 전달하려면 최소 몇 주가 걸렸지만, 이제는 단 몇 시간이면 충분하다.

메디카피의 AI 혁신은 이후 더욱 발전했다. 가장 최근에는 의료 기관과 환자 간 안전한 소통을 위한 AI 기반 채팅 시스템을 구축했다. 이 시스템은 일반적인 질문에 자동으로 응답하면서도, 복잡한 문의는 인간 전문가에게 자연스럽게 전달한다.

기술은 인간 전문가를 대체하는 것이 아니라, 그들이 더 가치 있는 일에 집중할 수 있도록 돕는 것이다. 메디카피의 팀은 AI가 일상적인 작업을 처리하는 동안 복잡한 사례와 환자 케어에 더 많은 시간을 할애할 수 있게 되었다. 이러한 혁신 덕분에 메디카피는 작은 스타트업에서 업계를 선도하는 기업으로 성장했다. 현재 전국 수백 개의 의료 기관과 협력하면서 매년 수백만 건의 의료 기록 요청을 처리하고 있다.

이처럼 소규모 기업도 AI를 통해 사회에 큰 영향을 미칠 수 있다. 중요한 것은 기술을 도입하는 것 자체가 아니라, 그것을 통해 실제 사람들의 삶을 어떻게 개선할 수 있는가 하는 점이다. 메디카피의 이야기는 소기업이 어떻게 AI를 활용하여 복잡한 규제 환경 속에서도 혁신을 이루고, 의료 서비스의 효율성과 접근성을 향상시킬 수 있는지 보여주는 좋은 예다. 국내외 의료 데이터 관리 시장에서는 이와 유사한 혁신이 확산되고 있으며, AI 기반 의료 기록 관리는 업계의 새로운 표준이 되어가고 있다.

패션의 미래를 그리다 : 유럽 패션 소매업체의 AI 혁명

프랑스 리옹의 번화가에 위치한 소규모 패션 부티크들은 외관상으로는 평범한 패션 매장처럼 보인다. 하지만 이 작은 소매점들이 AI 기술을 활용해 패션 산업의 미래를 재정의하고 있다. 유럽 패션 소매업계에서 일고 있는 AI 바람을 통해서인데, AI 챗봇, 가상 스타일리스트, 맞춤형 추천 시스템 등 다양한 AI 솔루션이 빠르게 확산되고 있는 것이다. 이러한 혁신은 대형 리테일러뿐만 아니라 소규모 부티크에서도 점차 도입되는 추세다.

다년간의 패션 업계 경력을 바탕으로 소규모 부티크를 운영하는 사업자들은 고급 디자이너 브랜드를 제공하면서도 대형 온라인 리테일러와의 경쟁에서 어려움을 겪고 있었다. 그들은 개인 맞춤형 서비스를 제공하는 것이 강점이었지만, 24시간 고객 응대나 대량의 재고 관리는 소규모 매장에는 큰 부담으로 작용했다. 이 같은 한계를 극복하기 위해 많은 소규모 패션 리테일러들이 과감한 결정을 내렸다. AI 챗봇을 도입하여 고객 서비스를 개선하고, 매장 직원들이 더 가치 있는 일에 집중할 수 있게 하기로 한 것이다. 하지만 이들이 선택한 솔루션은 일반적인 챗봇이 아니라, 패션 전문 지식을 갖춘 고급 AI 비서였다.

이 AI 시스템은 FAQ에 응답만 하는 것이 아니라, 고객의 스타일 선호도를 이해하고 개인별로 맞춤한 패션 조언을 제공할 수 있다. 지역 AI 스타트업과의 협력을 통해 개발된 AI 비서들은 패션 매거진, 룩북, 스타일 가이드 등 방대한 데이터를 학습하여 최신 트렌드와 스타일링 팁에 대한 전문 지식을 갖추었다. 또한 고객의 과거 구매 내역, 선호 브랜드, 체형 정보 등을 분석하여 맞춤형 추천을 제공할 수 있다. AI 시스템은 매장의 웹사이트와 소셜 미디어 채널, 그리고 실제 매장 내 디지털 키오스크를 통해 고객과 소통한다. 고객들은 "여름 결혼식에 어울리는 드레스를 찾고 있어요"라든가, "이번 시즌 트렌드 컬러가 뭔가요?"와 같은 질문을 할 수 있으며, 이에 대해 AI는 즉시 전문적인 조언을 제공한다. 처음에는 AI가 패션을 이해할 수 있을지 의문을 가졌던 고객들도 AI의 추천에 놀라움을 금치 못하고 있다. 평소 선택할 생각이 없는 그런 스타일을 제안받았는데, 막상 입어보니 정말 잘 어울린다는 후기가 늘어나고 있다.

AI의 도입은 매장 운영에도 큰 변화를 가져왔다. 루틴한 고객 문의에 대응하는 시간이 줄어들어 직원들은 매장을 방문한 고객에게 더 개인적인 관심을 기울일 수 있게 되었다. 또한 AI는 24시간 응대가 가능해 영업 시간 외에도 고객의 문의를 처리할 수 있다. 실제로 AI를 도입한 패션 소매점들에서는 고객 서비스 콜이 40% 감소하고, 온라인 판매는 35% 증가하는 성과를 보이고 있다. 이에 더해 고객 만족도는 25% 상승하는 결과를 얻고 있다.

이 AI 시스템의 다음 진화는 재고 관리 최적화다. AI는 판매 데이터, 계절별 트렌드, 소셜 미디어 분석 등을 통합하여 어떤 상품을 언제, 얼마나 주문해야 할지 예측한다. 이는 소규모 매장에서 흔히 겪는 재고 과다 또는 품절 문제를 해결하는 데 큰 도움이 되고 있다. 이전에는 직감에 의존해 상품을 주문했던 소규모 매장들이 이제 AI가 데이터를 기반으로 추천해주니 재고 회전율이 훨씬 좋아졌다는 평가를 받고 있다.

특히 주목할 만한 점은 AI가 추천하는 것을 넘어 새로 쌓이는 데이터를 기반으로 학습하고 발전한다는 것이다. 예를 들어, 특정 색상이나 스타일에 대한 고객 반응이 기대에 미치지 못하면, AI는 이를 학습하여 다음 시즌 추천에 반영한다. 빅데이터를 활용할 수 있는 대형 리테일러들과 달리 그럴 가능성이 희박한 소규모 매장에서도 이러한 혁신적인 접근법 덕분에 그와 비슷한 수준의 데이터 기반 의사결정이 가능하다는 것을 보여주고 있는 것이다.

소규모 패션 리테일러들의 성공은 주변 소매업체들에게도 영향을 미치고 있다. 유럽의 여러 부티크들이 유사한 AI 솔루션을 도입하기 시작했고, 선도적인 사업자들은 이제 다른 소규모 패션 리테일러를 위한 AI 컨설팅도 제공하고 있다.

기술은 대기업만의 전유물이 아니다. 소규모 비즈니스도 창의적으로 접근하면 AI의 힘을 활용할 수 있다. 이들의 이야기는 전통적인 산업인 패션 리테일에서도 AI가 어떻게 경쟁력을 높이고 고객 경험을 향상시킬 수 있는지 보여주는 좋은 예다. 중요한 것은 기술 자체가 아니라, 그것을 비즈니스의 핵심 가치와 고객 필요에 맞게 적용하는 방식이다.

AI 적용 사례에서 도출하는 개인의 AI 전환 성공 전략

앞서 살펴본 다양한 AI 활용 성공 사례들을 분석해 보면, 개인이 AI를 통해 혁신적인 성과를 달성할 수 있는 명확한 패턴과 전략이 드러난다. 구단 리에 작가의 창작 혁신부터 조지아텍의 괴엘 교수의 교육 혁신, 그리고 각 분야에서 자신만의 AI 전환을 이룬 개인들의 경험에서 우리는 중요한 교훈을 얻을 수 있다. 이들의 성공 스토리는 단순한 기술 도입이 아닌, 체계적이고 전략적인 접근법의 중요성을 보여준다.

문제 중심 사고로 시작하라

성공한 개인들의 가장 두드러진 공통점은 AI를 '도입'하는데 집중하기 보다 '문제 해결'의 수단으로 접근했다는 것이다. 구단 리에는 창작 과정에서의 고정된 사고 패턴을 깨고 새로운 가능성을 발견하고자 했고, 조지아텍의 괴엘 교수는 300명이 넘는 학생들의 질문에 효과적으로 대응해야 하는 현실적 과제에서 출발했다. 개인들이 AI 전환에 성공하기 위해서는 먼저 자신이 직면한 구체적인 문제를 명확히 정의해야 한다. "AI를 써보고 싶다"는 막연한 접근보다는 "반복적인 업무로 인해 창의적 작업에 집중할 시간이 부족하다" 또는 "대량의 데이터 분석에 너무 많은 시간이 소요된다"와 같은 구체적인 문제 인식이 선행되어야 한다. 문제가 뚜렷할수록 AI 솔루션의 방향성이 명확해지고, 성공 확률도 높아진다.

작게 시작해서 점진적으로 확장하라

성공 사례들을 보면, 처음부터 완벽한 시스템을 구축하려 하지 않았다는 점이 눈에 띈다. 온덱은 간단한 대출 심사 자동화에서 출발해 복잡한 위험 평가 시스템으로 발전시켰고, 메디카피는 개인정보 편집 자동화라는 작은 기능부터 시작해 전체 의료 기록 관리 시스템으로 확장했다. 개인 차원에서도 이러한 단계적 접근이 중요하다. 예를 들어, 콘텐츠 창작자라면 먼저 아이디어 생성 단계에서만 AI를 활용해 보고, 효과를 확인한 후 편집이나 배포 단계로 확장하는 방식이 효과적이다.

◦— 인간의 고유 역량을 살리는 보완재로 활용하라

가장 성공적인 사례들에서 AI는 인간을 대체하는 것이 아니라 인간의 핵심 역량을 극대화하는 보조 수단으로 활용되었다. 구단 리에는 AI를 창작의 협력자로 여기며 자신의 문학적 통찰력과 결합시켰다. 조지아텍의 질 왓슨은 교수의 교육 철학과 방법론을 구현하는 도구로서 역할했다. 개인의 AI 전환 전략에서는 자신만의 전문성과 AI의 장점을 명확히 구분하고 결합하는 것이 핵심이다. AI는 반복적이고 대량의 정보 처리에 뛰어나지만, 맥락적 판단, 창의적 해석, 윤리적 결정 등은 여전히 인간의 고유 영역이다. 성공하는 개인들은 이러한 역할 분담을 명확히 하고, AI가 처리한 결과를 자신의 전문성으로 해석하고 발전시킨다.

◦— 데이터 품질에 투자하라

모든 성공 사례의 기반에는 양질의 데이터가 있었다. 온덱은 수백만 건의 대출 기록을 축적했다. 질 왓슨도 이전 학기의 4만 개 이상의 질문-답변 데이터를 학습했다. 개인 차원에서는 자신의 업무나 관심 분야에서 생성되는 데이터를 체계적으로 수집하고 관리하는 습관이 중요하다. 이는 단순히 파일을 저장하는 것을 넘어, 검색 가능하고 분석 가능한 형태로 데이터를 구조화하는 것을 의미한다. 예를 들어, 디자이너라면 자신의 작업 과정과 결과를 태그와 메타데이터와 함께 저장하여 AI가 패턴을 학습할 수 있도록 해야 한다.

사용자 관점을 놓치지 말라

성공한 모든 사례에서는 기술적 혁신보다 사용자 경험 개선이 우선시되었다. 조지아 주립대학교의 파운스는 신입생들의 등록 과정 지원에, 메디카피는 환자의 의료 기록 접근성 향상에 초점을 맞췄다. 개인들이 AI 전환에 성공하기 위해서는 자신이 서비스하는 대상—고객, 동료, 학생, 환자 등—의 필요와 경험을 최우선으로 고려해야 한다. AI 도입이 이들에게 실질적인 가치를 제공하지 못한다면, 아무리 기술적으로 뛰어나더라도 성공하기 어렵다. 따라서 AI 솔루션을 설계할 때는 항상 "이것이 사용자에게 어떤 구체적인 도움을 주는가?"라는 질문을 던져야 한다.

협력을 통해 역량의 한계를 극복하라

많은 성공 사례에서 외부 전문가와의 협력이 결정적 역할을 했다. 유럽의 패션 부티크들은 지역 AI 스타트업과 협력해 AI 비서 시스템을 개발했다. 개인이 모든 AI 기술을 직접 구현할 필요는 없다. 중요한 것은 자신의 도메인 지식과 문제 정의 능력을 바탕으로 적절한 기술 파트너를 찾고 협력하는 것이다. 이는 AI 전문가와의 직접적인 협업일 수도 있고, 기존 플랫폼이나 도구를 창의적으로 활용하는 것일 수도 있다. 핵심은 자신의 강점에 집중하면서 필요한 기술적 역량을 효과적으로 확보하는 것이다.

실험 정신으로 접근하라

성공한 개인들은 모두 실험 정신이 두드러진 사람들이었다. 구단 리에는 소설의 95%를 AI가 쓰도록 하는 과감한 실험을 했고, 조지아텍의 괴엘 교수는 한 학기 동안 학생들에게 AI 조교의 정체를 알리지 않는 실험을 진행했다. 개인의 AX 성공을 위해서는 완벽을 추구하기보다는 빠른 시도와 조정을 통해 배워나가는 자세가 중요하다. AI 기술은 빠르게 발전하고 있고, 각 상황에 맞는 최적의 활용법은 직접 시도해봐야 알 수 있다. 실패를 두려워하지 말고, 작은 실험들을 통해 자신만의 AI 활용 노하우를 축적해나가야 한다.

전문성과 AI를 유기적으로 결합하라

가장 인상적인 성과를 보인 사례들에서는 해당 분야의 전문 지식(도메인 전문성)과 AI가 유기적으로 융합되고 있음을 볼 수 있다. 메디카퍼의 의료 기록 전문 지식은 AI 시스템의 정확성을 보장했고, 싱가포르의 ALS 시스템은 교사들의 교육학적 전문성과 결합되어 효과를 발휘했다. 개인의 전문 분야에서 AI를 성공적으로 활용하려면, 그 분야에 대한 깊은 이해가 바탕이 되어야 한다. AI가 제공하는 결과를 올바르게 해석하고, 부정확한 부분을 걸러내며, 추가적인 인사이트를 도출할 수 있는 능력이 필요하다. 따라서 AI 도구를 익히는 것과 동시에 자신의 전문 영역에 대한 지식과 경험을 지속적으로 심화시켜야 한다.

지속적 개선 사이클을 구축하라

모든 성공 사례에서 AI 시스템은 일회성 도입이 아니라 지속적인 학습과 개선의 대상이었다. 온덱의 대출 심사 시스템은 새로운 데이터를 통해 위험 평가 모델을 지속적으로 정교화했다. 질 왓슨도 2023년부터 챗GPT 기반으로 업그레이드되어 성능이 크게 향상되었다. 개인의 AX 전략에서도 이러한 지속적 개선 체계가 필수다. AI 도구를 도입한 후에는 그 성과를 정기적으로 평가하고, 새로운 기능이나 방법론을 지속적으로 탐색해야 한다. 또한 자신의 업무나 환경이 변화함에 따라 AI 활용 방식도 함께 진화시켜야 한다. 이는 기술적 측면뿐만 아니라 워크플로우, 의사결정 과정, 협업 방식 등 전반적인 업무 프로세스의 지속적 개선을 포함한다.

● 윤리적 고려사항을 핵심에 두라

성공한 사례들은 모두 윤리적 고려사항을 중요하게 다뤘다. 의료 분야의 AI 활용에서는 환자 개인정보 보호가 절대적이었고, 교육 분야에서는 학생들의 학습권과 프라이버시가 중요했다. 금융 분야에서는 공정한 대출 심사와 차별 방지가 핵심 과제였다. 개인의 AI 활용에서도 윤리적 고려는 규제 준수뿐 아니라 장기적 신뢰 구축의 기반이 된다. 데이터 수집과 활용에서의 투명성, AI 의사결정 과정의 설명 가능성, 편향 방지를 위한 노력 등이 필요하다. 특히 다른 사람들과 상호작용하는 영역에서 AI를 활용할 때는 그들의 권리와 이익을 보호하기 위한 장치를 마련해야 한다.

● 성공을 위한 실행 로드맵

이러한 전략들을 바탕으로 개인의 AX 성공을 위한 실행 단계를 정리해 보자. 먼저 자신의 업무나 관심 분야에서 해결하고 싶은 구체적인 문제를 명확히 정의하고, 그 문제를 해결하는 데 AI가 어떤 역할을 할 수 있는지 탐색한다. 다음으로 작은 실험 프로젝트를 설계하여 가설을 검증하고, 필요한 데이터와 도구를 확보한다. 실험을 통해 초기 성과를 확인한 후에는 점진적으로 적용 범위를 확대하고, 이 과정에서 필요한 외부 전문가나 협력자를 확보한다. 동시에 지속적인 성과 측정과 개선 체계를 구축하여 AI 활용의 효과를 극대화한다. 마지막으로 윤리적 고려사항을 지속적으로 점검하고 반영하여 장기적으로 신뢰받는 AI 활용 사례를 만들어간다.

개인의 AX 성공은 최신 기술을 도입과 함께 자신의 전문성과 목표에 맞는 전략적 접근을 통해 달성된다. 앞서 살펴본 성공 사례들이 보여주듯, 명확한 문제 인식, 단계적 접근, 인간 중심적 사고, 그리고 지속적인 학습과 개선의 자세가 AI 전환의 핵심이다. 이러한 원칙들을 자신의 상황에 맞게 적용할 때, AI는 개인의 역량을 혁신적으로 확장시키는 강력한 도구가 될 것이다.

AI는 인간 능력 증폭기

AI 기술의 빠른 발전이 많은 사람들에게 불안과 두려움을 불러일으키고 있다. '로봇이 일자리를 빼앗을 것'이라는 우려부터 '초인공지능(ASI)이 인류를 위협할 것'이라는 극단적 시나리오까지, AI에 대한 부정적 인식은 상당히 넓게 퍼져 있다. 그러나 AI의 본질과 잠재력을 깊이 이해하면, 우리는 AI를 위협이 아닌 인간 능력의 증폭기(amplifier)로 인식할 수 있게 된다.

AI를 증폭기로 바라보려는 관점은 특히 체스 세계 챔피언이었던 가리 카스파로프(Garry Kasparov)의 경험에서 중요한 통찰을 얻는다. 카스파로프는 1997년 IBM의 딥블루(Deep Blue) 컴퓨터에게 패배한 후, '인간-AI 협력 체스(Advanced Chess)'라는 새로운 방식을 개발했다. 이는 인간과 AI가 팀을 이루어 체스를 두는 방식으로, 흥미롭게도 인간과 AI의 협력 팀은 단독 AI보다 더 나은 성과를 낼 수 있었다. 카스파로프는 이 경험을 통해 "보통 실력의 인간과 컴퓨터가 효율적인 프로세스로 협력하면, 뛰어난 인간이나 강력한 컴퓨터보다 더 우수한 결과를 낼 수 있다"는 사실을 알게 됐다.

AI가 인간 능력의 증폭기로 작동하는 첫 번째 방식은 인지적 부담의 감소, 그러니까 번거로운 사고 과정을 덜어주는 것이다. AI는 데이터 처리, 정보 검색, 반복적 계산과 같은 인지적 부담이 큰 작업을 처리함으로써, 인간이 더 높은 수준의 사고에 집중할 수 있게 해준다. 비판적 사고, 창의적 문제 해결, 윤리적 판단과 같은 인간 고유의 사고 영역에 더 많은 시간과 에너지를 투입할 수 있게 되는 것이다. 이는 계산기가 복잡한 계산의 부담을 덜어주어 우리가 수학적 개념과 응용에 집중할 수 있게 해준 것과 유사하다.

관점의 확장 역시 AI가 제공하는 중요한 가치다. AI는 인간이 미처 고려하지 못한 다양한 관점과 가능성을 제시함으로써 사고의 폭을 넓혀준다. 브레인스토밍 과정에서 AI가 제시하는 다양한 아이디어는 우리의 창의적 사고에 새로운 자극을 줄 수 있다. 인간의 경험과 직관에 AI의 다양한 시각이 더해지면, 기존에는 생각하기 어려웠던 혁신적 솔루션을 발견할 수 있게 되는 것이다.

맞춤형 학습 지원은 AI 증폭기의 또 다른 강력한 기능이다. AI는 개인의 학습 스타일, 속도, 강점과 약점에 맞춘 맞춤형 학습 경험을 제공함으로써, 지식 습득과 기술 개발의 효율성을 크게 향상시킬 수 있다. 이는 독선생이 학생의 필요에 맞춰 교육 방식을 조정하는 것과 같다. 개인의 학습 패턴을 분석하여 최적의 학습 경로를 제시하고, 약점을 보완하며 강점을 더욱 발전시킬 수 있는 맞춤형 커리큘럼을 제공한다.

AI가 가져오는 혁명적 변화 중에는 전문 지식의 민주화도 있다. AI는 전문 지식에 대한 접근성을 높임으로써, 다양한 배경의 사람들이 전문적인 작업을 수행할 수 있게 한다. 내비게이션 앱이 모든 사람을 임시 지역 전문가로 만들어주는 것과 유사하다고 하겠다. 그 덕분에 과거에는 몇 년간의 학습과 경험이 필요했던 전문적 작업들을 AI의 도움으로 더 빠르고 효과적으로 수행할 수 있게 되었다.

창의성을 높여주는 것은 AI 증폭기의 가장 흥미로운 면 중 하나다. 제대로 쓰인 AI는 인간이 창의적으로 작업하는 과정을 도와주고 더 활발하게 만들 수 있다. 음악가는 AI가 만든 멜로디 변형에서 아이디어를 얻을 수 있고, 디자이너는 AI가 내놓은 디자인 요소들을 자기 작업에 섞어 넣을 수 있다. 작가는 AI와의 대화를 통해 새로운 아이디어를 발굴하고, 연구자는 AI의 도움으로 방대한 문헌을 분석하여 새로운 연구 방향을 찾을 수 있다.

이처럼 AI를 증폭기로 보는 관점은 막연한 낙관론이 결코 아니다. 역사를 돌아봐도 충분히 근거가 있다. 산업혁명 때 기계가 일부 일자리를 없앴지만, 결국 새로운 종류의 일과 전문 분야를 만들어냈다. 방직 기계가 손으로 일하던 사람들의 일자리를 빼앗았지만, 그와 동시에 기계를 다루는 사람, 기술자, 설계하는 사람 같은 새로운 직업들이 생겨났다. AI 시대에도 마찬가지로 일부 일이 자동화되는 대신, 사람과 AI가 함께 일하는 새로운 직업과 역할이 나타날 것이다.

스탠포드 대학의 AI 전문가 앤드류 응(Andrew Ng)은 "AI는 새로운 전기(電氣)와 같다"고 표현했다. 전기가 거의 모든 산업을 변화시켰지만 결국 인간의 삶을 향상시켰듯이, AI 역시 우리의 능력을 확장하고 삶의 질을 향상시키는 보편적 기술이 될 것이란 의미다. 전기가 처음 도입되었을 때도 많은 사람들이 두려워했지만, 이제는 우리 삶에 없어서는 안 될 필수 요소가 되었다. AI 역시 이와 유사한 궤적을 따를 것으로 예상된다.

중요한 것은 이 기술을 두려워하기보다, 적극적으로 이해하고 활용하는 방법을 배우는 것이다. 인간의 고유한 강점인 창의성, 공감, 윤리적 판단, 맥락 이해 능력 등은 현재의 AI 기술이 완전히 대체하기 어려운 영역이다. AI는 논리적 처리와 패턴 인식에는 뛰어나지만, 인간관계의 미묘함을 읽거나 복잡한 윤리적 딜레마를 해결하는 데는 여전히 한계가 있다. 따라서 AI 시대의 성공적인 개인별 전환은 이러한 인간 고유의 강점을 계발하는 동시에, AI의 강점인 데이터 처리, 패턴 인식, 반복 작업 등을 활용하여 자신의 역량을 증폭시키는 전략에 달려 있다.

AI와 인간의 협력에서 가장 중요한 것은 각각의 역할을 명확히 구분하고 상호 보완적으로 활용하는 것이다. AI는 방대한 정보를 빠르게 처리하고 패턴을 찾아내는 데 뛰어나며, 인간은 그 결과를 해석하고 맥락에 맞게 적용하는 데 탁월하다. 이러한 역할 분담을 통해 단독으로는 달성하기 어려운 높은 수준의 성과를 얻을 수 있다.

AI는 그 자체로 위협이나 해결책이 아닌, 우리가 어떻게 활용하느냐에 따라 결과가 달라지는 강력한 도구다. 망치가 집을 짓는 도구가 될 수도 있고 파괴의 수단이 될 수도 있듯이, AI 역시 사용하는 사람의 의도와 방법에 따라 그 가치가 결정된다. 개인 AI 전환의 핵심은 이 도구를 두려워하거나 신격화하지 않고, 자신의 목표와 가치에 맞게 주도적으로 활용하는 능력을 개발하는 데 있다.

5차 산업혁명의 중심에는 기술이 아닌 인간이 있으며, 디지털 기술에서 출발해 인공지능의 힘으로 무장한 '증강 인간(Augmented Human)'으로 나아가는 여정이 우리 앞에 놓여 있다. 이는 인간이 기계에 종속되는 것이 아니라, 기계의 힘을 빌려 인간의 잠재력을 극대화하는 것을 의미한다. 증강 인간은 AI의 계산 능력과 정보 처리 속도를 활용하면서도, 인간 고유의 창의성과 지혜를 잃지 않는 존재다. 이러한 미래를 향해 나아가기 위해서는 AI에 대한 올바른 이해와 함께, 인간과 AI가 조화롭게 협력할 수 있는 새로운 패러다임을 만들어가야 한다.

2 AI 리터러시 및 AI 도구 선택

AI 리터러시의 다차원적 정의와 구성요소

본디 문해력은 글자를 읽고 쓰는 능력을 기르는 것을 지칭했지만, 디지털 시대의 문해력은 컴퓨터 활용, 정보 검색, 온라인 소통까지 포함하는 훨씬 넓은 개념으로 확장되었다. 이와 마찬가지로 AI 시대의 문해력 역시 새로운 차원으로 확장되고 있다. 수영을 배울 때 물에 뜨는 법, 숨쉬는 법, 팔다리를 움직이는 법 등 여러 요소를 함께 익혀야 하는 것처럼 AI 리터러시라는 것도 다양한 차원의 능력이 조화롭게 어우러져야 한다.

디지털 교육 위원회(Digital Education Council)[15]의 정의에 따르면, AI 리터러시는 **"AI 시스템을 비판적으로 이해하고, 평가하며, 안전하게 활용할 수 있는 지식과 기술의 총체"**를 의미한다. 이는 외국어 능력이 단어 암기, 문법 이해, 발음, 문화적 맥락 이해 등이 복합적으로 작용하는 것과 유사하다.

AI 리터러시의 첫 번째 차원은 'AI와 데이터 이해'다. 자동차를 운전하는 사람이 엔진의 작동 원리를 모두 알 필요는 없지만, 기본적인 작동 방식과 주의사항은 알아야 하듯, AI가 어떻게 데이터를 학습하고, 결정을 내리며, 그 과정에서 어떤 한계가 있는지 기본적인 이해가 필요하다. 대형언어모델이 통계적 예측에 기반하여 다음 단어를 예측한다는 점, 때로는 환각(hallucination)이라 불리는 오류를 범할 수 있다는 점 등을 이해하는 것이 여기에 해당한다.

두 번째 차원은 'AI 도구와의 상호작용' 능력이다. 요리를 할 때 각 도구의 적절한 사용법을 알아야 하는 것처럼 다양한 AI 도구들의 기능과 적절한 사용법을 익히는 것이 중요하다. 이는 버튼을 누르는 기본적인 조작을 넘어, 효과적인 프롬프트(지시문) 작성법, 결과물의 활용 방법, 여러 도구 간의 연계 활용법 등까지 익혀야 한다는 뜻이다.

세 번째 차원은 '비판적 평가 및 윤리적 판단'이다. 인터넷에서 정보를 접

---

[15] 디지털 교육 위원회는 2021년 설립된 국제적인 비영리 기구로, 디지털 시대에 필요한 교육 혁신과 리터러시 향상을 목표로 활동하고 있다. 세계 각국의 교육 전문가, 기술 기업 리더, 정책 입안자, 그리고 연구자들이 참여하는 이 기구는 디지털 기술이 교육에 미치는 영향을 연구하고, 미래 세대가 디지털 환경에서 번영하는 데 필요한 역량을 정의하며, 이를 위한 교육 프레임워크와 정책 권고안을 개발한다. 특히 AI 리터러시, 데이터 리터러시, 디지털 시민의식 등의 분야에서 선도적인 연구와 표준 설정 작업을 진행하며, 전 세계 40개국 이상에서 교육 기관 및 정부와 협력하여 디지털 역량 강화 프로그램을 지원하고 있다.

할 때 그 신뢰성을 평가하는 것이 당연한 것과 마찬가지로, AI가 제공하는 정보와 결과물을 비판적으로 평가하고, 그 활용에 있어 윤리적 고려사항을 판단할 수 있어야 한다. AI가 생성한 이미지가 현실을 왜곡하고 있지는 않은지, 텍스트에 편향이 포함되어 있지는 않은지, 개인정보 보호와 관련된 문제는 없는지 등을 식별할 수 있어야 한다.

네 번째 차원은 '인간 중심 가치'의 유지다. 첨단 기술 속에서도 창의성, 공감, 직관과 같은 인간만의 특별한 능력을 인식하고, AI를 이러한 인간적 가치를 보완하는 도구로 활용할 수 있어야 한다. 비유하자면, GPS가 길 찾기를 도와주지만, 최종 목적지와 여정의 의미는 여전히 인간이 결정하는 것과 같다.

마지막 차원은 '실제 적용 및 창의적 활용'이다. 이는 이론적 지식을 넘어 실제 상황에서 AI를 효과적으로 활용하고, 더 나아가 새로운 가치를 창출할 수 있는 능력을 의미한다. 요리 견습생이 요리 레시피를 그대로 따라하는 수준에서 자신만의 독창적인 요리를 만들어내는 수준으로 성장하는 것과 같다.

이러한 다차원적 접근은 AI를 그냥 도구로만 보지 않고, 우리 삶과 사회를 바꾸는 중요한 기술로 받아들이고 준비하는 데 꼭 필요하다. 이제까지 디지털 시민으로서 인터넷의 다양한 측면을 알아야 했듯이 AI 시대의 시민으로서 우리는 이러한 다차원적 리터러시를 갖춰 나가야 한다.

나의 AI 성숙도는 어디쯤?

인류 역사상 어떤 기술도 인공지능처럼 빠르게 우리의 일상과 일터로 파고든 적은 없었다. 불과 몇 년 전만 해도 전문가들의 영역이었던 AI는 이제 스마트폰 속 비서로, 이메일 작성을 돕는 동료로, 때로는 창의적 파트너로 우리 곁에 자리 잡았다. 그러나 이 새로운 기술과의 관계는 사람마다 다르며, 인간관계처럼 시간과 함께 진화한다. 디지털 교육 위원회와 여러 연구자들이 제시한 '개인 AI 성숙도 모델'은 우리가 AI와 맺는 관계의 발전 단계를 흥미롭게 보여준다.

첫 번째 단계인 **'인식(Awareness)'은** 새로운 세계와의 첫 만남과 같다. 아이가 처음으로 바다를 보고 그 거대함에 경이로움을 느끼듯, 우리는 AI의 존재와 가능성을 인지하기 시작한다. "챗GPT가 정확히 무엇이죠?", "생성형 AI가 제 직업을 대체할까요?", "이 기술은 어디까지 발전할 수 있을까요?" 이런 질문들이 머릿속을 맴돈다. 뉴스 기사, 동료의 경험담, 소셜 미디어를 통해 정보를 수집하지만, 아직 직접적인 경험은 제한적이다. 수영을 배우기 전 물가에서 발을 담가보는 것처럼, 호기심과 약간의 불안감이 공존하는 시기다.

두 번째 **'실험(Experimentation)'** 단계에서는 물에 뛰어드는 용기를 내본다. 챗GPT에 질문을 던지고, 달·이(DALL-E)로 이미지를 만들어보며, AI 번역기의 성능을 테스트한다. 처음 자전거를 타다 넘어지는 아이처럼, 좌절과 성취를 반복하며 경험을 쌓아간다. "이 답변은 왜 엉뚱한 거지?", "이 도구로 더 재미있는 것을 만들 수 없을까?" 시행착오를 통해 AI의 가능성과 한계를 직접 체감하는 시기다. 프롬프트 작성이 어색하고 결과물이 기대에 미치지 못할 때도 있지만, 가끔은 예상치 못한 놀라운 결과에 감탄하기도 한다. 체계적인 접근보다는 직관과 호기심이 이끄는 탐험의 시간이다.

세 번째 **'적용(Application)'** 단계는 일상의 문제 해결에 AI를 의식적으로 활용하기 시작하는 시기다. 자전거 타는 법을 익힌 아이가 이제 학교까지 자전거로 통학하듯, 특정한 목적을 가지고 AI 도구를 사용한다. 회의록 요약, 이메일 초안 작성, 프레젠테이션 자료 준비, 코드 디버깅 등 구체적인 업무에 AI를 적용한다. 효과적인 프롬프트 작성법을 연구하고, AI가 제공한 결과물을 비판적으로 검토하는 습관이 형성된다. "어떻게 하면 이 도구가 내 업무를 더 효율적으로 만들 수 있을까?", "이 결과물의 품질을 어떻게 높일 수 있을까?" 이런 질문들을 통해 AI 활용 스킬을 체계적으로 발전시켜 나간다.

네 번째 '**통합(Integration)**' 단계에서는 AI가 더 이상 특별한 도구가 아닌, 일상의 자연스러운 일부가 된다. 자전거 타기가 의식적 노력 없이도 가능한 자동화된 기술이 되듯, AI 활용이 업무 프로세스에 유기적으로 통합된다. 콘텐츠 제작자는 아이디어 구상부터 제작, 편집, 배포까지 전 과정에 다양한 AI 도구를 조합하여 활용한다. 프로젝트 관리자는 팀 전체의 워크플로우에 AI를 통합해 생산성을 높이고, 연구자는 데이터 수집부터 분석, 시각화, 보고서 작성까지 AI와 협업한다. 이 단계의 특징은 여러 AI 도구 간의 연계와 조합이며, 상황과 목적에 맞게 AI 도구를 창의적으로 활용한다. 또한 AI의 한계를 명확히 인식하고, 인간의 판단과 창의성이 필요한 영역을 구분할 줄 알게 된다.

마지막 '**혁신(Innovation)**' 단계는 AI를 통해 새로운 가치와 가능성을 창출하는 경지다. 기존 작업을 효율화하는 것을 뛰어넘어, 이전에 상상하지 못했던 새로운 서비스, 제품, 방법론을 개발한다. 교육자는 AI를 활용한 혁신적 교육 모델을 설계하고, 의료 전문가는 진단과 치료에 AI를 통합한 새로운 시스템을 구축한다. 기업가는 AI 기반의 새로운 비즈니스 모델을 창출하고, 예술가는 AI와의 협업을 통해 새로운 예술 형식을 탐구한다. 이 단계의 특징은 창의성과 비전이다. 기술적 가능성을 넘어, AI가 사회와 문화에 가져올 수 있는 변화를 상상하고 구현한다. "AI를 통해 어떤 새로운 가치를 창출할 수 있을까?", "기존에 해결하지 못했던 어떤 문제를 AI로 해결할 수 있을까?" 이런 질문들이 혁신의 원동력이 된다.

이 5단계 성숙도 모델은 우리와 AI의 관계가 단순한 도구 사용을 넘어 점차 깊고 창의적인 파트너십으로 발전해 나가는 과정이라는 사실을 보여준다. 물론 모든 사람이 이 단계를 순차적으로 경험하지는 않으며, 다양한 AI

영역에서 서로 다른 성숙도를 보일 수 있다. 누군가는 이미지 생성 AI에서는 통합 단계에 있지만, 코드 생성 AI에서는 실험 단계에 머물러 있을 수 있다.

오늘날 대부분의 사람들은 인식과 실험 단계 사이에 있으며, 일부 얼리어답터와 기술 전문가들이 적용과 통합 단계로 진입하고 있다. 혁신 단계는 아직 소수의 영역에 불과하지만, 기술의 발전과 함께 더 많은 이들이 이 경지에 도달하게 될 것이다.

나는 지금 AI 여정에서 어디쯤 와 있는가? 아직 물가에서 발을 담그고 있는가, 아니면 이미 깊은 바다에서 자유롭게 헤엄치고 있는가? 중요한 것은 자신의 현재 위치를 인식하고, 다음 단계로 나아가기 위한 준비와 노력을 하는 것이다. 지도에서 '현재 위치'와 '목적지'를 확인하듯, 이 모델을 통해 자신의 AI 여정을 되돌아보고 앞으로의 방향을 설정해 보는 것은 어떨까? AI라는 거대한 파도 앞에서, 우리 모두는 각자의 속도로 수영을 배워가는 중이다.

AI 도구 스택 설계와 활용 최적화

현대의 AI 환경에서 단 하나의 도구로 모든 작업을 완벽하게 처리하기는 어렵다. 텍스트 생성, 이미지 제작, 데이터 분석, 정보 검증 등 각기 다른 작업에는 그에 특화된 AI 도구가 필요하다. 이처럼 개인의 작업 목적과 흐름에 맞게 여러 AI 도구들을 체계적으로 조합하여 구성한 통합 시스템을 여기서는 'AI 도구 스택(Stack)'이라 부르기로 한다.

AI 도구 스택이 필요한 이유는 명확하다. 첫째, 각 도구마다 고유한 강점과 한계가 있어 상호 보완이 필요하다. 둘째, 복잡한 작업을 단계별로 나누어 처리할 때 각 단계에 최적화된 도구를 사용하면 효율성이 크게 향상된다. 셋째, 하나의 도구에 과도하게 의존할 경우 그 도구의 한계가 곧 사용자의 한계가 되어버린다. 넷째, 서로 다른 도구들이 조화롭게 작동할 때 단순한 합 이상의 시너지 효과를 창출할 수 있다.

연구 보고서를 작성하는 경우를 생각해보자. 챗GPT나 클로드, 솔라 프로 2, 그록으로 초안을 작성하고, 퍼플렉시티로 사실을 검증하며, 뤼튼으로 시각 자료를 생성하고, 클로바 스튜디오로 데이터를 분석하는 식으로 각 도구의 강점을 활용하면 훨씬 더 완성도 높은 결과물을 얻을 수 있다. 이것이 바로 AI 도구 스택의 핵심 가치다.

◦− 자신만의 AI 도구 스택 구축 원칙

디지털 시대를 살아가는 현대인에게 적절한 도구를 선택하고 구성하는 일은 장인이 자신의 작업대를 꾸미는 것만큼이나 중요하다. 특히 AI 도구는 단순한 생산성 향상을 넘어 우리의 사고 과정과 창의적 역량에 직접적인 영향을 미치기에 더욱 신중한 접근이 필요하다. 독일의 세계적인 산업 디자이너 다이터 람스(Dieter Rams)의 말을 빌리면, "좋은 AI 도구 스택은 우리의 생각과 작업을 방해하지 않고 확장한다"고 할 수 있다.

AI 도구 스택을 구축할 때 가장 먼저 고려해야 할 원칙은 **목적 지향성**이다. 우리는 무엇보다 목표와 필요에 맞는 도구를 선택해야 한다. 도구는 그 자체로 목적이 아니라 목표 달성을 위한 수단이기 때문이다. 마케팅 전략가들은 모든 새로운 AI 도구를 시도하기보다 "이 도구가 내 핵심 작업 흐름에 어떤 가치를 더하는가?"라는 질문을 통해 정말 필요한 도구만 선별한다. 두 번째 원칙은 **상호 보완성**이다. 좋은 AI 도구 스택은 서로 시너지를 내는 도구들의 조합이다. 소프트웨어 개발자들은 AI 코딩 도구, 문서화 도구, 품질 관리 도구를 통합하여 사용함으로써 개발 과정의 다른 측면을 지원받고, 이들이 함께 작동할 때 전체가 부분의 합보다 더 큰 가치를 창출한다. 세 번째 원칙은 **학습 곡선과 깊이의 균형**이다. 도구는 쉽게 사용할 수 있을 만큼 간단하면서도, 깊은 활용이 가능할 만큼 강력해야 한다. 네 번째 원칙은 **통합성과 접근성**이다. 최고의 도구는 우리의 기존 워크플로우와 매끄럽게 통합되고, 필요할 때 언제든 접근할 수 있어야 한다. 스마트폰이 우리 생활에 자연스럽게 통합된 것처럼, AI 도구도 우리의 디지털 생활에 자연스럽게 녹아들어야 한다. 작가와 연구자들은 이미 사용하는 워드 프로세서, 메모 앱, 이메일 클라이언트에 직접 통합되는 AI 도구를 선호하여 작업 중 맥락 전환이나 여러 창을 오가는 인지적 부담을 줄인다. 다섯 번째 원칙은 **검증 가능성과 투명성**이다. AI 도구는 그 결과물이 어떻게 생성되었는지 설명할 수 있어야 하고, 사용자가 그 정확성을 검증할 수 있어야 한다. 이는 특히 중요한 결정이나 창의적 작업에 AI를 활용할 때 핵심적이다. 저널리스트들은 AI 작문 도구를 활용할 때 생성된 텍스트의 출처를 명확히 표시하고 사실 확인이 필요한 부분을 강조하는 기능을 중요시한다. 마지막 원칙은 **확장성과 진화 가능성**이다. 오늘 선택한 도구가 내일의 필요에도 부응할 수 있어야 한다. AI 기술은 빠르게 발전하고 있으므로, 우리의 도구 스택도 이에 맞춰 진화할 수 있어야 한다. 기업가들은 AI 도구를 선택할 때 회사의 업데이트 주기와 혁신 역사를 살펴보고, 지속적으로 발전하는 도구를 선택하여 AI 스택이 함께 성장할 수 있도록 한다.

이러한 원칙들을 종합해 보면, 좋은 AI 도구 스택은 훌륭한 오케스트라와 같다고 할 수 있다. 각 악기가 자신의 역할을 완벽히 수행하면서도, 함께 조화를 이룰 때 아름다운 음악이 탄생한다. 그리고 지휘자인 우리는 각 악기의 특성을 이해하고, 전체적인 조화를 이끌어내는 역할을 한다.

자신만의 AI 도구 스택을 구축하는 과정은 단순한 소프트웨어 선택 이상의 의미를 가진다. 이는 자신의 작업 방식, 사고 과정, 창의적 표현을 확장하는 인지적 환경을 설계하는 일이므로 우리는 각 AI 도구의 특성과 전체적인 시너지를 고려하여 우리만의 디지털 작업 환경을 가꿔나가야 한다.

작업 유형별 AI 도구 선택과 최적화

오늘날 우리는 다양한 AI 도구들이 쏟아져 나오는 시대에 살고 있다. 모든 작업에 하나의 도구를 사용하는 것은 모든 질병에 하나의 약을 사용하는 것만큼이나 비효율적이다. 현대의 AI 도구들은 저마다 특화된 기능을 가지고 있으며, 각 작업 유형에는 그에 최적화된 AI 도구가 있다. 이를 적절히 선택하고 맞춤화하는 것이 효과적인 AI 활용의 핵심이다.

텍스트 기반 AI 도구와 정보 처리 작업 최적화

텍스트를 다루는 AI 도구들은 현재 가장 널리 사용되고 있는 유형이다. 이 도구들은 대형언어모델 기술을 기반으로 하며, 방대한 양의 텍스트 데이터로 학습되어 인간과 유사한 방식으로 언어를 생성하고 이해할 수 있다. 한국에서 인기 있는 모델은 네이버의 클로바X, 뤼튼, 업스테이지의 솔라 프로2, 오픈AI의 챗GPT, 앤트로픽의 클로드, 구글 제미나이, xAI의 그록 등이다. 이외에도 중국 딥시크(DeepSeek)의 R1 모델이 오픈AI o1과 비교할 만한 추론 성능을 보이면서도 완전 무료로 제공되어 전 세계적인 주목을 받고 있으며, 국내에서는 LG AI 리서치의 엑사원(EXAONE) 3.5와 카카오의 카나나(Kanana) 1.5 등이 한국어 특화 성능을 강화하며 글로벌 모델들과의 경쟁력을 높이고 있다.

정보 수집 및 연구 작업은 현대 지식 노동자의 핵심 활동이다. 이러한 작업을 위한 AI 도구는 방대한 정보 속에서 관련성 높은 내용을 빠르게 추출하고 의미 있게 구조화할 수 있어야 한다. 특히 한국어 정보 처리에 특화된 클로바X나 뤼튼, 솔라 프로2 같은 도구들은 한국 문화와 맥락을 잘 이해한다. 솔라 프로2의 경우 한국어 성능 벤치마크에서 최고 수준을 기록하며,

하이브리드 모드를 통해 빠른 검색과 깊이 있는 추론을 모두 지원한다. 법률 연구원들은 한국어 특화 AI 리서치 도구를 활용해 특정 법적 쟁점에 대한 판례를 검토할 때, 수백 개의 문서에서 관련 부분을 추출하고 핵심 논점별로 분류함으로써 일주일 걸리던 작업을 하루 만에 완료한다.

텍스트 기반 AI를 선택할 때는 응답의 정확성과 신뢰성, 맥락 이해 능력, 처리 가능한 텍스트의 양, 개인정보 보호 정책과 데이터 활용 방침을 고려해야 한다. 특히 한국 사용자에게는 한국어 이해 능력과 문화적 맥락 파악 능력이 중요하다. 또한 AI의 환각 현상으로 인한 잘못된 정보 제공을 방지하기 위해 퍼플렉시티(Perplexity.ai) 같은 출처 기반 검색 AI를 함께 활용하는 것이 효과적이다. 퍼플렉시티는 답변과 함께 구체적인 출처를 제시하므로 정보의 신뢰성을 검증할 수 있다.

정보 수집 작업을 위한 AI 도구를 최적화하려면, 검색 매개변수와 요약 선호도를 세밀하게 조정하는 것이 중요하다. 가령 '이 주제에 대해 알려줘'라고 하는 것보다는, '최근 5년 내 발표된 국내외 논문 중 이 주제에 대한 주요 이론적 접근과 실증적 발견을 요약해 줘'라고 구체적으로 요청하는 것이 훨씬 더 유용한 결과를 가져다준다. 중요한 정보의 경우 퍼플렉시티로 한 번 더 검증하여 정확성을 확보하는 습관을 기르는 것이 좋다.

창의적 콘텐츠 생성 도구와 멀티미디어 제작 최적화

창의적 콘텐츠 생성 작업을 위한 AI 도구는 일반적인 자동화가 아닌, 인간 창작자와의 협력적 관계를 지원해야 한다. 이상적인 창의적 AI 도구는 영감을 제공하고, 다양한 가능성을 탐색하며, 창작자의 독특한 스타일과 의도를 보완한다.

이미지 생성 및 편집 AI 도구들은 상상 속 이미지를 현실로 만들어주는 역할을 한다. 해외에서는 마이에딧(MyEdit), 미드저니(Midjourney), 달·이(DALL-E), 스테이블 디퓨전(Stable Diffusion), 마이크로소프트 디자이너(Microsoft Designer), 캔바 AI(Canva AI), 구글의 나노바나나(Nano Banana)와 같은 도구들이 널리 사용되지만, 한국 사용자들은 뤼튼의 이미지 생성 기능이나 네이버의 AI 이미지 도구들을 더 친숙하게 느낀다. 이 도구들은 한글 프롬프트를 바탕으로 정교한 이미지를 만들어 낸다. 도구를 선택할 때는 생성된 이미지의 품질과 해상도, 한글 지시에 따른 정확한 구현 능력, 이미지 생성 속도, 저작권 및 상업적 사용 가능 여부를 고려해야 한다.

음성 및 오디오 AI 도구들도 창의적 작업에 중요한 역할을 한다. 네이버의 하이퍼클로바X 기반 음성 서비스들과 카카오의 카나나 AI 플랫폼이 한국어 음성 처리에 특화되어 있다. 해외 도구로는 일레븐랩스(ElevenLabs)의 최신 v3 음성 합성 모델이나 딥그램(Deepgram)의 Nova-3 음성 인식 기술 등이 있으며, 최근 한국어 지원이 크게 개선되어 국내 솔루션과의 성능 격차가 줄어들고 있다. 이외에도 팟캐스트 자동 생성 분야에서는 구글의 노트북LM(NotebookLM), 음악 생성 AI에서는 수노(Suno) AI와 유디오(Udio) AI, 음성 딥페이크라고 할 수 있는 음성 복제 기술에서는 복스복스(VoxBox)·리젬블(Resemble.ai)·로보(Lovo)AI·머프(Murf.ai), 실시간 음성 대화에서는 라마-옴니(Llama-Omni), 전문 분야 특화 음성인식에서는 덴컴(DenCom)과 리턴제로의 비토(VITO), 음성을 실시간으로 다른 언어로 변환하는 AI 기술인 다국어 음성 번역에서는 엘솔루의 딥세임(deepSAME) 등이 주목을 받고 있다.

음악을 만들다가 막혔을 때 AI 작곡 도구가 '이런 멜로디는 어때?' '이런 화음은 어때?'라고 다양한 아이디어를 제안해주면, 음악 프로듀서들은 그 중에서 마음에 드는 것을 골라 자신만의 스타일로 다듬어 완성한다. 즉 AI와 인간이 협력해서 음악을 만드는 창작 방식이 자리잡고 있는 것이다. 2025

년 현재 수노(Suno) AI v4.5가 최대 8분 길이의 고음질 음악 생성을 지원하고, 유디오(Udio)가 전문가급 오디오 품질로 주목받으며, 구글의 리리아(Lyria) 2가 다양한 음악 스타일의 고품질 생성 서비스를 제공하고 있다.

동영상 제작 및 편집 AI 도구는 콘텐츠의 중요성이 커지면서 빠르게 발전하고 있다. 2024년 말 OpenAI가 소라(Sora)를 공개하며 최대 20초의 고품질 영상 생성이 가능해졌고, 2025년 5월 구글의 Veo 3가 업계 최초로 영상과 음성을 동시 생성하는 기술을 선보이며 시장을 이끌고 있다. 런웨이(Runway)는 Gen-4 모델을 통해 일관된 캐릭터와 현실적 물리 법칙 구현이 가능해졌으며, Pika Labs는 2.2 버전에서 10초 길이의 1080p 영상과 고급 편집 기능을 지원한다. 신테시아(Synthesia) 등 기존 도구들도 지속 발전하고 있다. 국내에서는 브루(Vrew)가 AI 자막 생성과 편집 기능으로 널리 활용되고 있으며, 뤼튼의 경우 3.0 버전으로 개편되면서 이미지 생성 기능이 별도 도구 서비스로 분리되어 제공되고 있다. 생성된 영상의 품질과 해상도, 한국어 프롬프트 지원 정도, 렌더링 속도와 처리 가능한 영상 길이, 다양한 스타일과 효과 지원 여부를 기준으로 선택하는 것이 중요하다.

창의적 작업을 위한 AI 도구를 최적화하려면, 자신의 스타일과 선호도를 도구에 학습시키는 과정이 필요하다. 소설가들은 뤼튼 3.0이나 업데이트된 클로바X 같은 한국어 AI 글쓰기 도구를 자신의 문체에 맞게 조정하기 위해 기존 작품의 일부를 입력하고, 특정 문체적 특징을 선호한다고 지정함으로써 AI가 자신의 문체를 이해하고 그것을 바탕으로 제안하도록 만든다. 특히 클로바X는 2025년 파라미터 40% 감소에도 성능이 향상된 신모델로 업데이트되어 더욱 효율적인 한국어 창작 지원이 가능해졌다.

● 데이터 분석 및 의사결정 지원 도구 최적화

데이터 분석 및 의사결정 작업을 위한 AI 도구는 복잡한 데이터를 직관적으로 시각화하고, 숨겨진 패턴을 발견하며, 불확실성 속에서도 신뢰할 만한 예측을 제공할 수 있어야 한다. 기업과 조직에서는 방대한 양의 데이터를 분석하고 통찰력을 얻기 위한 AI 도구들이 필수적이다.

2025년 현재 국내에서는 네이버 클라우드 플랫폼의 클로바 스튜디오(CLOVA Studio)가 성능 강화된 하이퍼클로바X로 업데이트되어 더욱 효율적인 한국 기업 환경 특화 서비스를 제공하고 있으며, 하트카운트(HEARTCOUNT) 같은 무료 AI 데이터 분석 도구도 등장했다. 해외에서는 데이터브릭스(Databricks)가 AI/BI 대시보드와 지니(Genie) 자연어 대화형 분석 기능을 대폭 강화했고, 태블로(Tableau)는 생성형 AI 코파일럿과 동적 시각화 기능을 추가하여 AI 기술을 접목한 데이터 분석 과정의 자동화와 고도화를 실현하고 있다.

특히 자연어 질의 기능이 대세로 자리잡고 있어, 사용자들이 '매출이 가장 높은 지역은?'과 같은 일상적인 질문을 던지면 AI가 자동으로 적절한 차트를 생성하고 분석 결과를 제공한다. 이러한 도구들은 복잡한 데이터 속에서 패턴을 발견하고, 예측 모델을 구축하며, 의사결정을 지원한다. 투자 분석가들은 AI 기반 금융 분석 도구를 활용해 수천 개의 주식 데이터를 실시간으로 모니터링하고, 특정 패턴이나 이상점을 감지하며, 다양한 시나리오에서 포트폴리오의 성과를 시뮬레이션하여 리스크를 관리한다.

데이터 분석 AI를 선택할 때는 다양한 데이터 소스 및 형식 지원 여부, 분석 결과의 정확성과 신뢰성, 사용자 친화적 인터페이스와 시각화 도구, 기존 시스템과의 통합 용이성을 고려해야 한다. 데이터 분석 작업을 위한 AI 도구를 최적화하려면, 도구가 분석하는 데이터의 품질과 관련성을 지속적으로 관리해야 한다. 데이터 과학자들은 AI 분석 도구를 사용할 때 결과에 맹목적으로 의존하지 말고, '이 결과가 나온 이유는 무엇인가?', '어떤 가정이 이 예측에 영향을 미쳤는가?', '이 분석이 놓치고 있는 것은 무엇인가?' 등의 질문을 항상 던져보라고 조언한다.

협업 및 학습 관리 도구 최적화

협업 및 커뮤니케이션 작업을 위한 AI 도구는 의사소통의 명확성을 높이고, 정보 공유를 효율화하며, 다양한 배경과 관점을 가진 사람들 간의 협력을 촉진할 수 있어야 한다. 프로젝트 매니저들은 AI 기반 협업 도구를 활용해 여러 국가와 시간대에 걸친 국제 팀을 관리하며, 회의 내용을 실시간으로 번역하고 요약하며, 후속 조치를 자동으로 추적하고, 문화적 차이를 고려한 의사소통 제안을 통해 오해를 줄인다.

협업 작업을 위한 AI 도구를 최적화하려면 팀원들의 의사소통 스타일과 선호도를 고려한 설정이 필요하다. 원격 팀 리더들은 AI 협업 도구의 진정한 가치가 단순히 소통을 자동화하는 것이 아니라, 내향적인 팀원도 비동기적으로 의견을 제시할 수 있고, 언어 장벽이 있는 팀원도 자신의 아이디어를 명확히 전달할 수 있게 하는 등 각 팀원이 최상의 조건에서 기여할 수 있도록 환경을 조성하는 데 있다고 말한다.

학습 및 지식 관리 작업을 위한 AI 도구는 개인화된 학습 경험을 제공하고, 방대한 지식을 효과적으로 구조화하며, 필요할 때 관련 정보를 즉시 찾을 수 있게 해야 한다. 평생 학습자들은 AI 기반 학습 시스템을 활용해 학습 패턴과 선호도에 맞는 맞춤형 학습 경로를 제안받고, 복잡한 개념을 이해할 수 있는 방식으로 설명받으며, 배운 내용을 연습할 수 있는 질문을 생성받는다.

학습 작업을 위한 AI 도구를 최적화하려면, 자신의 학습 스타일과 목표에 맞게 설정을 조정해야 한다. 교육 기술 전문가들은 AI 학습 도구를 최대한 활용하려면 수동적 소비자가 아닌 적극적 학습자가 되어 단순히 정보를 읽는 것이 아니라, 질문하고, 도전하고, 연결고리를 찾아야 한다고 조언한다.

분야	도구명	주요 기능
협업 및 커뮤니케이션	마이크로소프트 팀즈 코파일럿 (Microsoft Teams with Copilot)	회의 내용 실시간 요약, 화면 공유 내용 분석, 오디오 개요 생성, 에이전트 기능
	줌 AI 컴패니언(Zoom AI Companion)	AI 비서 기능으로 Slack, Salesforce 등 다른 앱들과 연결하여 자동 작업 처리
	슬랙 AI(Slack AI)	대화 요약, 허들 노트 자동 생성, Zoom 회의 요약 연동
	노션 AI(Notion AI)	팀 문서 작성 및 번역 지원
	그래머리 비즈니스 (Grammarly Business)	문화적 맥락을 고려한 커뮤니케이션 제안
학습 및 지식 관리	칸미고(Khanmigo)	개인화된 AI 튜터, GPT-4 기반 대화형 학습 지원
	듀오링고(Duolingo)	AI 기반 맞춤형 언어 학습
	코세라 코치(Coursera Coach)	학습 패턴 분석 및 맞춤 추천
학습 및 지식 관리	옵시디언 AI 플러그인 (Obsidian with AI plugins)	지식 연결고리 자동 생성
	똑스(DOKDOK)	한국형 AI 교육 서비스, 선생님 업무 지원 및 학생 맞춤 학습
	앙키(Anki)	AI 기반 간격 반복 학습[16]
통합 플랫폼	먼데이닷컴 AI(Monday.com AI)	프로젝트 관리와 협업 최적화
	하트카운트(HEARTCOUNT)	무료 AI 데이터 분석, 자연어 질의 기반 차트 생성
	아사나 인텔리전스(Asana Intelligence)	작업 우선순위 및 일정 자동 조정, AI 기반 상태 업데이트 생성

---

16) 기억을 오래 유지하기 위해 새로 배운 내용을 처음에는 자주 복습하고, 시간이 지날수록 복습 간격을 점점 늘려나가는 학습 방법이다. AI는 개인의 기억 패턴을 분석하여 언제 복습하면 가장 효과적인지 자동으로 계산하고 맞춤형 복습 일정을 제시한다.

3 프롬프트 엔지니어링 - 효과적인 AI 지시와 상호작용 설계

왜 프롬프트가 중요한가?

2022년 11월 30일, 챗GPT가 세상에 공개된 이후 프롬프트 엔지니어링이라는 새로운 분야가 생겨나 매우 짧은 시간 내에 성숙기에 접어들었다. 초기의 시행착오를 거쳐 이제는 체계적인 연구와 실무 경험이 축적되었고, 일반 사용자들을 위한 효과적인 방법론들도 상당히 정립되었다.

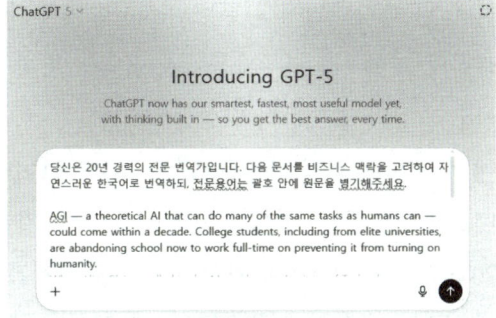

챗GPT 프롬프트

하지만 여전히 많은 사람들은 자신이 '질문을 얼마나 못하는지'를 깨닫고 있다. 같은 AI에게 같은 내용을 물어봐도 어떻게 질문하느냐에 따라 천차만별의 답변이 돌아오기 때문이다.

슐호프(Sander Schulhoff) 등이 2024년 발표한 《프롬프트 보고서: 프롬프트 엔지니어링 기법의 체계적 연구》[17]는 이러한 축적된 경험과 연구를 종합한 획기적인 성과다. 연구 결과는 놀라웠다. 프롬프트의 단어 하나만 바꿔도 AI의 성능이 20% 이상 향상될 수 있다는 것이었다. 이는 기술적 호기심의 차원을 넘어선 문제다. 인공지능 시대에서 '질문하는 능력'이 곧 개인의 생산성과 창의력을 결정하는 핵심 역량이 되었다는 의미다.

전통적인 정보 검색에서는 키워드를 입력하고 원하는 정보를 찾아 헤매

---

[17] 「The Prompt Report: A Systematic Survey of Prompt Engineering Techniques」는 오픈에이아이, 마이크로소프트, 구글, 프린스턴 대학교, 스탠포드 대학교 등 30개 기관이 공동으로 참여하여, 챗 GPT 공개 이후 2년간 발표된 1,500개 이상의 학술 논문을 분석, 58가지 대형언어모델(Large Language Model, LLM) 프롬프팅 기법과 40가지 멀티모달 기법을 체계화한 연구 보고서다.

는 것이 일반적이었다. 하지만 대형언어모델 시대에는 상황이 완전히 달라졌다. AI는 정보 검색에 그치지 않고, 창작하고, 분석하고, 추론하고, 심지어 상담까지 해준다. 이때 필요한 것은 검색어가 아니라 '프롬프트(prompt) 작성 능력'이다.

프롬프트는 AI에게 주는 지시사항이자 대화의 시작점이다. 마치 오케스트라의 지휘자가 연주자들에게 음악의 방향을 제시하듯, 프롬프트는 AI의 사고 과정과 결과물의 방향을 결정한다. 《프롬프트 보고서》가 밝혀낸 바에 따르면, 효과적인 프롬프트는 AI로 하여금 인간 전문가 수준의 성과를 내도록 유도할 수 있다. "번역해 줘"라고 간략하게 요청하는 것과 "당신은 20년 경력의 전문 번역가입니다. 다음 문서를 비즈니스 맥락을 고려하여 자연스러운 한국어로 번역하되, 전문용어는 괄호 안에 원문을 병기해주세요"라고 구체적으로 요청하는 것 사이에는 엄청난 차이가 있다. 후자의 경우 역할 부여(role prompting), 맥락 제공(context provision), 출력 형식 지정(output formatting) 등 여러 기법이 복합적으로 적용된 것이다.

프롬프트 엔지니어링(Prompt Engineering)이라는 용어가 등장한 초기에는 많은 사람들이 이를 고도로 전문적인 기술 분야로 여겼다. 실제로 넷플릭스는 2023년 연봉 90만 달러의 프롬프트 엔지니어를 채용하기도 했다. 그간의 연구와 실무 경험을 통해 《프롬프트 보고서》가 밝혀낸 바에 따르면, 프롬프트 엔지니어링의 기본 원리는 생각보다 명료하고 체계적이다.

연구진은 복잡해 보이는 수많은 기법들을 분석한 결과, 효과적인 프롬프트의 핵심이 명확성(clarity), 구체성(specificity), 맥락성(context)이라는 세 가지 기본 원칙으로 수렴된다는 것을 발견했다. 이는 곧 일반인도 체계적인 학습을 통해 전문가 수준의 프롬프트를 작성할 수 있다는 의미다.

더 중요한 것은 프롬프트 엔지니어링이 AI를 더 잘 사용하는 방법을 넘어서, 인간의 사고력 자체를 향상시키는 도구라는 점이다. 효과적인 프롬프트를 작성하려면 문제를 명확히 정의하고, 원하는 결과를 구체적으로 설명하고, 필요한 맥락을 체계적으로 제공해야 한다. 이 과정에서 자연스럽게 논리적 사고력과 의사소통 능력이 향상된다.

이 단원은 그간 축적된 연구 성과와 실무 경험, 특히 《프롬프트 보고서》의 방대한 분석 결과를 일반인의 관점에서 재구성한 실용 가이드다. 복잡한 학술 이론은 최소화하고, 일상생활과 업무에서 즉시 활용할 수 있는 검증된 기법에 초점을 맞췄다. 무엇보다 프롬프트 엔지니어링을 기계적인 도구로서가 아니라 AI 시대에 필요한 하나의 새로운 사고 방식으로 접근했다. 이를 통해 독자들은 이 책을 통해 AI와 효과적으로 소통하는 방법을 배울 뿐만 아니라, 문제를 구조화하고 해결책을 도출하는 체계적인 사고력을 기를 수 있을 것이다.

프롬프트 엔지니어링이란 무엇인가?

프롬프트 엔지니어링(Prompt Engineering)은 인공지능 모델, 특히 대형언어모델에게 원하는 결과를 얻기 위해 입력 지시문을 체계적으로 설계하고 최적화하는 기술이다. 이는 "사전 훈련된 모델(업스트림 작업을 마친 모델)의 매개변수를 수정하지 않고도 다운스트림 작업(훈련된 AI 모델을 실제 목적에 맞게 활용하는 단계)에서 모델의 효능을 향상시키는 작업별 지시문 활용 접근법"으로 정의된다. 이러한 정의에서 주목할 점은 '매개변수 수정 없이'라는 부분이다. 전통적인 기계학습에서는 새로운 작업을 수행하려면 모델을 다시 훈련시키거나 파인튜닝(fine-tuning)[18]해야 했다. 하지만

---

[18] 파인튜닝(fine-tuning)은 이미 훈련된 AI 모델을 특정 작업에 맞게 추가로 훈련시키는 과정이다. 마치 의과대학을 졸업한 의사가 특정 전문분야(예: 심장외과, 소아과)를 위해 전공의 과정을 거치는 것과 비슷하다. 예를 들어, 일반적인 언어 이해 능력을 가진 모델을 의료 문서 분석에 특화시키려면 의료 관련 텍스트 데이터로 추가 훈련을 진행한다. 이 과정에서 모델의 내부 매개변수(가중치)가 새로운 작업에 최적화되도록 조정된다. 파인튜닝은 효과적이지만 상당한 컴퓨팅 자원과 전문 지식이 필요하며, 새로운 모델 버전이 나올 때마다 다

프롬프트 엔지니어링은 모델 자체를 건드리지 않고도 텍스트 지시문만으로 원하는 행동을 유도할 수 있다. 말하자면, 사전 훈련된 GPT-4 모델의 내부 구조를 바꾸지 않고도 프롬프트만 잘 작성해서 번역이나 글쓰기 같은 실제 작업에서 더 좋은 결과를 얻는다는 뜻이다. 이것이야말로 프롬프트 엔지니어링의 가장 혁신적인 특징이다.

웨이(Wei) 등의 연구진이 밝혀낸 바에 따르면[19], 프롬프트 엔지니어링은 본질적으로 인간과 AI 간의 새로운 의사소통 언어를 만드는 작업이다. 여기서 프롬프트는 자연어 지시문일 수도 있고, 학습된 벡터 표현일 수도 있다. 하지만 일반 사용자에게는 자연어 형태의 프롬프트가 훨씬 접근하기 쉽고 실용적이다.

프롬프트 엔지니어링이라는 개념이 명확히 정립된 것은 최근의 일이지만, 그 뿌리는 초기 자연어처리 연구로 거슬러 올라간다. 1990년대의 초기 언어 모델들은 이미 텍스트 입력에 따라 다른 결과를 생성했지만, 그 당시의 모델들은 규모와 능력이 제한적이어서 프롬프트의 미묘한 차이가 결과에 미치는 영향이 크지 않았다.

상황이 극적으로 변한 것은 트랜스포머(Transformer) 아키텍처의 등장과 함께였다. 특히 2020년 오픈AI가 발표한 GPT-3는 1,750억 개의 매개변수를 가진 거대한 모델로, 프롬프트의 작은 변화에도 민감하게 반응하며 놀라운 성능 차이를 보였다. 이때부터 연구자들은 프롬프트 자체를 연구 대상으로 주목하기 시작했다. 이러한 발전 과정은 발견 단계, 탐색 단계, 체계화 단계로 구분될 수 있다. 발견 단계에서는 연구자들이 프롬프트가 모델 성능에 미치는 영향을 발견했고, 탐색 단계에서는 다양한 프롬프팅 기법들이 경

시 수행해야 하는 단점이 있다.
19) 웨이(Wei) J. 외 (2022). 「대형언어모델에서 추론을 유도하는 단계적 사고 프롬프팅(Chain-of-Thought Prompting Elicits Reasoning in Large Language Models)」. 《신경정보처리시스템학회지(Advances in Neural Information Processing Systems)》

험적으로 개발되었다. 현재의 체계화 단계에서는 축적된 경험을 과학적으로 분석하고 일반화하는 작업이 이루어지고 있다.

2020년 발표된 GPT-3 논문[20]에서 처음 소개된 '인컨텍스트 학습(in-context learning)' 개념은 프롬프트 엔지니어링의 핵심 원리를 보여준다. 이는 모델이 몇 개의 예시만으로도 새로운 작업을 학습할 수 있다는 것을 의미하며, 프롬프트 설계의 중요성을 극명하게 드러냈다.

대형언어모델이 프롬프트에 민감하게 반응하는 이유를 이해하려면, 앞서 2장에서 살펴본 트랜스포머 아키텍처의 핵심 메커니즘을 상기할 필요가 있다. 트랜스포머가 '다음 토큰 예측(next token prediction)'이라는 방식으로 학습되고, '어텐션 메커니즘'을 통해 모든 단어를 동시에(병렬) 처리하며, 방대한 텍스트 데이터에서 학습한 패턴을 활용한다는 특성들이 바로 프롬프트 엔지니어링의 효과를 만들어내는 구조적 기반이 된다.

대형언어모델은 주어진 문맥에서 다음에 올 가능성이 높은 단어나 구문을 예측하도록 훈련받는다. 따라서 프롬프트가 제공하는 문맥이 모델의 예측 방향을 크게 좌우한다. "한국의 수도는"이라는 프롬프트와 "한국에서 가장 아름다운 도시는"이라는 프롬프트는 완전히 다른 추론 경로를 활성화시킨다. 이는 모델이 학습 과정에서 수없이 경험한 문맥-결과 패턴들이 프롬프트에 따라 선택적으로 활성화되기 때문이다.

트랜스포머의 핵심인 어텐션 메커니즘이 프롬프트의 각 부분에 서로 다른 가중치를 부여한다는 점도 중요하다. 앞서 살펴본 대로 '자기 주의(Self-Attention)' 메커니즘은 맥락에 따라 입력 텍스트의 어떤 부분에 '주의'를 기울일지를 결정한다. 프롬프트의 구조와 내용이 이러한 주의 분배 패턴을 결정하며, 결과적으로 모델의 출력에 직접적인 영향을 미친다. 예를 들어, "전문가로서"라는 표현이 담긴 프롬프트는 AI 모델로 하여금 더 권위 있고

---

[20] 브라운(Brown), T. 외 (2020). 「언어모델은 퓨샷 학습자다(Language Models are Few-Shot Learners)」. 《신경정보처리시스템학회지》

상세한 답변을 생성하도록 유도한다. 이는 훈련 데이터에서 그러한 표현이 실제로 전문적인 내용과 함께 등장했고, 어텐션 메커니즘이 이러한 패턴을 학습했기 때문이다.

이러한 현상은 '잠재된 공간에서의 탐색(latent space navigation)'으로 설명된다.[21] 프롬프트는 모델의 거대한 잠재 공간(학습된 지식 공간)에서 특정 영역을 활성화시키는 역할을 하며, 이 영역들은 서로 다른 지식과 능력을 담고 있다. 트랜스포머 아키텍처에서 토큰화 과정과 병렬처리 능력이 이러한 복잡한 패턴 매칭을 가능하게 하는 기술적 토대를 제공한다.

기존의 정보 검색과 프롬프트 기반 상호작용 사이에는 패러다임의 차이가 존재한다. 이는 '검색적 사고'와 '생성적 사고'의 차이로 설명된다. 네이버 같은 전통적인 검색 엔진에서 키워드는 이미 존재하는 정보를 찾아내는 색인 역할을 한다. 사용자가 검색창에 "서울 날씨"라고 입력하면 서울의 날씨 정보가 담긴 웹페이지들을 찾게 된다. 여기서 검색어는 정보의 위치를 가리키는 포인터 역할을 할 뿐이며, **정보 자체는 이미 완성된 형태로 존재**한다.

반면 프롬프트는 AI로 하여금 **새로운 내용을 생성**하도록 유도하는 창조적 지시문이다. "서울의 날씨를 고려해 옷차림을 추천해 줘"라는 프롬프트로 기존에 존재하지 않던 개인 맞춤형 조언을 실시간으로 생성하도록 요청할 수 있다. 여기서 프롬프트는 정보가 있는 위치가 아니라 생성 과정의 방향을 제시한다.

검색어는 일반적으로 명사 중심의 간결한 형태를 취하지만, 효과적인 프롬프트는 완전한 문장이나 심지어 복합적인 지시문 구조를 갖는다. 네이버 검색 시에서는 보통 "파스타 레시피"라고 간단히 입력하지만, 챗GPT 프롬프트에서는 "당신은 이탈리아 요리 전문가입니다. 초보자도 쉽게 만들 수 있

---

21) 래드포드(Radford), A. 외 (2019), 「언어모델은 비지도 멀티태스크 학습자다(Language Models are Unsupervised Multitask Learners)」, OpenAI 블로그

는 크림 파스타 레시피를 단계별로 설명해 주되, 단계마다 주의사항도 함께 알려주세요."처럼 맥락과 요구사항을 상세히 명시한다.

가장 중요한 차이는 상호작용의 본질에 있다. 검색은 일방향적 정보 추출이지만, 프롬프트는 사용자가 원하는 정보가 생성될 때까지 양방향적 대화의 계속이다. 효과적인 프롬프트는 AI와의 지속적인 대화를 통해 점진적으로 정제되고 개선될 수 있다. 이것이 바로 '반복적 프롬프트 개선' 개념의 핵심 내용이다.[22]

프롬프트 엔지니어링의 등장은 인간과 기계 사이의 소통 방식에 근본적 변화를 가져왔다. 이는 "인간과 AI 간 새로운 언어적 인터페이스의 탄생"으로 평가될 수 있다. 이 새로운 언어는 자연어의 형태를 띠지만, 기존의 인간 간 의사소통과는 다른 특수한 규칙과 관례를 갖는다. 이를테면 인간에게 "생각해 봐"라고 말하는 것과 AI에게 "단계별로 생각해 보자"라고 말하는 것은 완전히 다른 효과를 낸다. 인간은 내적 사고 과정이 활성화되지만 드러나지는 않고 결론만 말하는 경우가 대부분이다. 반면 AI의 경우 '단계적 사고(Chain-of-Thought) 프롬프팅'이라는 특수한 기법을 통해 추론 과정을 명시적으로 드러내도록 유도할 수 있다.

이러한 새로운 소통 언어는 기술적 도구를 넘어 인간의 사고 방식 자체에도 영향을 미치고 있다. 효과적인 프롬프트를 작성하려면 문제를 구조화하고, 맥락을 명확히 하고, 원하는 결과를 구체적으로 정의해야 한다. 이 과정에서 인간은 자신의 사고 과정을 더욱 명료하게 인식하고 표현하게 된다. 프롬프트 엔지니어링은 AI를 활용하는 기술에서 그치지 않고 디지털 시대의 새로운 문해력(digital literacy)의 핵심으로 자리잡아 가고 있다. 과거에 컴퓨터 사용법을 배우는 것이 필수가 되었듯이, 이제는 AI와 효과적으로 소통하는 능력

---

22) 메츠(Metz), L. & 왓슨(Watson), R. (2023). 「향상된 AI 상호작용을 위한 반복적 프롬프트 엔지니어링(Iterative Prompt Engineering for Enhanced AI Interaction)」. AI 커뮤니케이션 저널(Journal of AI Communication),

이 개인과 조직의 경쟁력을 결정하는 핵심 요소가 되고 있는 것이다.

효과적인 프롬프트의 3대 원칙

프롬프트 엔지니어링 연구에서 가장 중요한 발견 중 하나는 수많은 복잡한 기법들이 결국 세 가지 기본 원칙으로 수렴된다는 사실이다. 축적된 연구 결과들을 종합적으로 분석한 결과, 효과적인 프롬프트는 명확성(Clarity), 구체성(Specificity), 맥락성(Context)이라는 세 가지 핵심 원칙을 공통적으로 따르고 있음이 밝혀졌다. 이 세 원칙은 프롬프트의 품질을 결정하는 근본적 요소이자, 일반 사용자가 AI와 효과적으로 소통하기 위해 반드시 이해해야 할 기초이다. 흥미롭게도 이 세 원칙은 인간 간의 효과적인 의사소통에서도 동일하게 중요한 요소들이다. 우리가 다른 사람에게 무언가를 부탁하거나 설명을 요청할 때도 명확하고 구체적이며 적절한 맥락을 제공해야 원하는 결과를 얻을 수 있다. 다만 AI와의 소통에서는 이러한 원칙들이 훨씬 더 체계적이고 정밀하게 적용되어야 한다는 차이가 있다.

① 명확성 : 모델에게 무엇을 원하는지 정확히 말하라

명확성(Clarity)은 프롬프트 엔지니어링의 첫 번째이자 가장 기본적인 원칙이다. 이는 AI 모델에게 정확히 무엇을 원하는지, 어떤 작업을 수행해야 하는지를 분명하게 전달하는 것을 의미한다. 대형언어모델은 인간처럼 문맥을 추측하거나 암시를 이해하는 능력이 제한적이기 때문에, 명확한 지시가 없으면 기대에 못 미치는 결과를 도출할 가능성이 높다.

명확성의 핵심은 모호한 표현을 피하고 구체적인 동사와 명사를 사용하는 것이다. "도움을 줘"라는 모호한 요청 대신 "이 보고서의 핵심 내용을 3

문단으로 요약해 줘"라고 명확히 요청해야 한다. 또한 "좋은 글을 써 줘"보다는 "설득력 있는 마케팅 카피를 작성해 줘"처럼 원하는 글의 성격을 분명히 명시해야 한다. 이러한 명확성은 AI 모델이 방대한 지식 공간에서 정확한 영역을 활성화할 수 있도록 돕는다.

명확성이 부족한 프롬프트는 AI 모델의 성능을 저하시킬 수 밖에 없다. 이는 모델이 사용자의 의도를 파악하기 위해 불필요한 추측을 하거나, 잘못된 가정에 기반해 답변을 생성하기 때문이다. 반면 명확한 지시를 받은 모델은 해당 작업에 특화된 지식과 패턴을 정확히 활용할 수 있어 훨씬 높은 품질의 결과를 생성한다.

명확성을 높이는 구체적인 방법으로는 능동태 사용, 구체적인 동사 선택, 중의적 해석이 가능한 표현 회피 등이 있다. "처리해 줘"라는 모호한 동사 대신 "번역해 줘", "요약해 줘", "분석해 줘"처럼 구체적인 동작을 명시해야 한다. 또한 "이것을 보고"라는 지시대명사 대신 "위의 계약서 조항을 검토하고"처럼 대상을 분명하게 지정해야 한다.

특히 중요한 것은 하나의 프롬프트에서 하나의 명확한 목표를 추구하는 것이다. 여러 개의 서로 다른 요청을 하나의 프롬프트에 섞어서 제시하면 모델이 우선순위를 정하지 못하고 산만한 답변을 생성할 가능성이 높다. 예를 들어 "이 문서를 요약하고 번역도 해주고 오타도 찾아 줘"보다는 각각을 별도의 명확한 프롬프트로 나누어 순차적으로 요청하는 것이 더 효과적이다.

② 구체성 : 질문 구조가 모호하지 않아야 한다

구체성(Specificity)은 명확성을 한 단계 더 발전시킨 개념으로, 무엇을 원하는지 명확히 하는 것에서 한 걸음 더 나아가 어떻게, 얼마나, 어떤 형식으로 원하는지까지 상세히 명시하는 것이다. 이는 AI 모델이 사용자의 기대와 정확히 일치하는 결과를 생성할 수 있도록 하는 핵심 요소다.

구체성의 첫 번째 측면은 출력 형식의 명시다. 말하자면 AI가 답변할 때 어떤 형식으로 할 것인지를 지정하는 것이다. 그러므로 "설명해 줘"라는 요청보다는 "불릿 포인트로 정리해 줘", "표 형태로 비교해 줘", "단계별 가이드로 작성해 줘"처럼 원하는 답변 형식의 구조를 구체적으로 지정해야 한다. 이는 모델이 내용뿐만 아니라 형식까지 사용자의 요구에 맞춰 최적화할 수 있게 한다.

두 번째 측면은 분량과 범위의 지정이다. "간단히 설명해 줘"라는 주관적 표현 대신 "200자 이내로 요약해 줘", "3가지 주요 포인트로 정리해 줘", "초보자도 이해할 수 있는 수준으로 설명해 줘"처럼 구체적인 기준을 제시해야 한다. 구체적인 분량 지시가 있는 프롬프트는 그렇지 않은 프롬프트보다 사용자 만족도가 훨씬 높아지도록 만든다.

세 번째 측면은 제약 조건의 명시다. 특정 주제나 관점에서 벗어나지 않도록 하거나, 특정 정보원만을 참고하도록 하거나, 특정 어조나 문체를 유지하도록 하는 등의 제약을 구체적으로 설정해야 한다. "비즈니스 상황에 적합한 정중한 어조로", "중학생도 이해할 수 있는 쉬운 용어로", "객관적이고 중립적인 관점에서"와 같은 제약을 명시하면 더 정확한 결과를 얻을 수 있다.

구체성을 높이는 또 다른 중요한 방법은 예시의 활용이다. 원하는 결과의 예시를 제공하면 모델이 패턴을 파악하여 유사한 품질과 스타일의 결과를 생성할 수 있다. 이는 특히 창작이나 특정 형식의 문서 작성에서 매우 효과적이다. "이런 스타일로 써줘"라는 추상적 요청보다는 구체적인 예시 문단을 제시하고 "이와 같은 스타일과 구조로 작성해 줘"라고 요청하는 것이 훨씬 정확한 결과를 낳는다.

마지막으로 구체성에는 평가 기준의 명시도 포함된다. "좋은 아이디어를 제안해 줘"보다는 "실현 가능성이 높고, 비용이 적게 들며, 3개월 이내에 실행할 수 있는 마케팅 아이디어를 제안해 줘"처럼 평가 기준을 구체적으로 제시하면 모델이 해당 기준에 맞는 결과를 생성할 가능성이 크게 높아진다.

③ 맥락성 : 모델이 따라올 수 있는 예시와 지시를 포함시킨다

맥락성(Context)은 세 원칙 중 가장 정교한 개념으로, AI 모델이 현재 상황을 정확히 이해하고 적절한 수준에서 응답할 수 있도록 필요한 배경 정보를 제공하는 것이다. 이는 정보를 나열하기만 하는 것이 아니라, 모델이 사용자의 상황, 목적, 제약 조건을 종합적으로 고려하여 최적화된 답변을 생성할 수 있도록 돕는 전략적 정보 제공이다.

맥락성의 첫 번째 차원은 **상황적 맥락**(Situational Context)이다. 이는 사용자가 처한 구체적인 상황이나 환경에 대한 정보를 AI에 제공해 주어야 한다는 의미다. 예컨대 "프레젠테이션을 도와줘"라는 요청보다는 "내일 임원진 앞에서 진행할 신제품 출시 전략 프레젠테이션을 준비 중인데, 15분 내외로 핵심 메시지를 전달해야 한다."고 구체적인 상황을 설명하는 것이다. 이러한 상황 정보는 모델이 적절한 수준의 전문성, 형식성, 상세함을 결정하는 데 핵심적인 역할을 한다.

두 번째 차원은 **지식적 맥락**(Knowledge Context)이다. 이는 사용자의 전문성 수준, 기존 지식 정도, 학습 목표 등에 대한 정보를 의미한다. "기계학습을 설명해 줘"라는 요청 대신 "컴퓨터 과학을 전공하지 않은 마케팅 담당자에게 기계학습의 비즈니스 활용 가능성을 설명해 줘"라고 구체화하면, 모델은 기술적 세부사항보다는 비즈니스 관점에서 이해하기 쉬운 설명을 제공할 수 있다.

세 번째 차원은 **목표적 맥락**(Goal Context)으로, 사용자가 해당 정보를 활용하려는 최종 목적에 대한 정보가 여기에 해당한다. 같은 정보라도 "시험 준비용으로", "실무 적용을 위해", "다른 사람에게 설명하기 위해"와 같이 목적이 다르면 전달 방식과 강조점이 달라져야 한다. 목표적 맥락이 명시된 프롬프트는 그렇지 않은 프롬프트보다 실용성 면에서 훨씬 높은 점수를 받는다.

네 번째 차원은 **제약적 맥락**(Constraint Context)으로, 시간, 자원, 기술적 제약 등 현실적인 한계에 대한 정보를 제공해야 함을 뜻한다. "웹사이트를 만들고 싶어"라는 요청에 "코딩 경험이 전혀 없고, 예산은 50만원 이내이며, 2주 안에 완성해야 한다"는 제약 조건을 추가하면, 모델은 노코드 플랫폼이나 템플릿 활용 방안을 제안할 것이다.

맥락성을 높이는 효과적인 방법 중 하나는 '역할 부여(Role Assignment)'다. "당신은 20년 경력의 마케팅 전문가입니다"와 같이 모델에게 특정 역할을 부여하면, 해당 전문 분야의 지식과 관점을 활용한 답변을 유도할 수 있다. 이는 모델이 학습한 다양한 전문가 문서들의 패턴을 활성화시키는 효과적인 방법이다. 또 다른 중요한 방법은 '점진적 맥락 구축(Progressive Context Building)'이다. 복잡한 문제의 경우 한 번에 모든 맥락을 제공하기보다는, 대화를 통해 점진적으로 맥락을 구축해나가는 것이 더 효과적일 수 있다. 첫 번째 프롬프트에서 기본 상황을 설명하고, 모델의 응답을 확인한 후 추가적인 세부 정보나 제약 조건을 제공하는 방식이다.

맥락성의 마지막 요소는 **문화적·언어적 맥락**(Cultural-Linguistic Context)이다. 같은 내용이라도 한국 문화권에서의 소통 방식, 비즈니스 관습, 언어적 뉘앙스 등을 고려해야 할 경우가 많다. "한국 기업 문화에 적합한", "한국어의 높임법을 고려한"과 같은 문화적 맥락을 명시하면 더 적절한 결과를 얻을 수 있다.

명확성, 구체성, 맥락성은 서로 독립적으로 작동하는 것이 아니라 상호보완적인 관계에 있다. 효과적인 프롬프트는 이 세 원칙이 균형 있게 적용되었을 때 나타난다. 명확성만 있고 구체성이나 맥락성이 부족하면 정확하지만 피상적인 답변을 얻게 되고, 구체성만 과도하고 맥락성이 부족하면 기계적이고 상황에 맞지 않는 답변을 받게 된다. 이러한 상호작용을 이해하고 적절한 균형을 찾는 것이 프롬프트 엔지니어링의 핵심 기술이다. 상황에 따라 어떤 원칙을 더 강조해야 할지 판단하고, 세 원칙을 조화롭게 통합하여 하나의 효과적인 프롬프트로 구성하는 능력이야말로 AI 시대의 핵심 역량이라 할 수 있다.

프롬프트 엔지니어링의 가장 일반적인 8가지 대표 기법

그간의 연구와 실무 경험을 통해 프롬프트 엔지니어링 분야에서는 수많은 기법들이 개발되었다. 이 중에서 일반 사용자가 일상생활과 업무에서 실제로 활용할 수 있는 핵심 기법들을 선별하면 여덟 가지로 정리할 수 있다. 이들 기법은 각각 고유한 특성과 적용 영역을 가지고 있으면서도, 앞서 살펴본 명확성, 구체성, 맥락성이라는 세 가지 기본 원칙을 실현하는 구체적인 방법들이다. 이 여덟 가지 기법은 복잡도와 활용 빈도에 따라 체계적으로 구성되어 있다. 명령어 프롬프트부터 시작하여 점진적으로 고급 기법까지 이어지는 이 구성은 독자들이 자신의 수준에 맞춰 단계별로 학습할 수 있도록 설계되었다. 무엇보다 각 기법은 이론적 설명에 그치지 않고 즉시 실무에 적용할 수 있는 실용적 가치에 중점을 두었다.

① 직접 지시의 힘 : 명령어 프롬프트

명령어 프롬프트(Instruction Prompting)는 가장 기본적이면서도 강력한 기법으로, AI에게 수행해야 할 작업을 직접적이고 명확하게 지시하는 방식이다. "요약해 줘", "번역해 줘", "분석해 줘"와 같은 구체적인 동작 명령어를 중심으로 프롬프트를 구성하는 이 방법은 프롬프트 엔지니어링의 출발점이라 할 수 있다.

명령어 프롬프트의 핵심은 명확한 동사의 선택에 있다. 모호한 표현인 "처리해 줘"나 "도움을 줘" 대신 "요약", "번역", "분석", "작성", "비교", "평가"와 같은 구체적인 동작을 명시해야 한다. 이러한 명확한 동사는 AI 모델이 적절한 처리 모드를 활성화하는 신호 역할을 한다.

효과적인 명령어 프롬프트는 동사만 제시하는 것이 아니라 처리 대상과 결과 형태까지 포괄한다. "이 보고서를 3문단으로 요약해 줘"라는 프롬프트는 동작(요약), 대상(이 보고서), 형태(3문단)를 모두 명시한 완전한 명령어 프롬프트의 예시다. 이러한 완전성은 AI가 사용자의 의도를 정확히 파악하고 기대에 부응하는 결과를 생성하는 데 필수적이다.

명령어 프롬프트는 일상적인 문서 작업에서 특히 유용하다. 이메일 초안 작성, 회의록 정리, 자료 요약 등 반복적이고 정형화된 업무에서 높은 효율성을 보인다. 블로그 포스트 작성이나 소셜미디어 콘텐츠 제작과 같은 창작 활동에서도 기본 골격을 만드는 출발점으로 활용할 수 있다.

● ② **예시로 학습시키기 : 퓨샷 프롬프팅**

퓨샷 프롬프팅(Few-shot Prompting)은 AI에게 원하는 결과의 예시를 제공함으로써 패턴을 학습시키고 유사한 품질의 결과를 생성하도록 유도하는 기법이다.[23] 앞에서도 몇차례 얘기했지만 퓨샷(Few-shot)은 "적은 수의 예시"라는 뜻이다. 이는 인간이 새로운 일을 배울 때 예시를 보고 따라 하는 학습 방식과 유사한 접근법으로, 특히 특정한 형식이나 스타일이 중요한 작

---

[23] 브라운(Brown), T. 외 (2020), 「언어모델은 퓨샷 학습자다(Language Models are Few-Shot Learners)」, 신경정보처리시스템학회지(Advances in Neural Information Processing Systems), 33, 1877-1901.

업에서 탁월한 효과를 발휘한다.

퓨샷 프롬프팅의 구조는 일반적으로 작업 설명, 예시 제공, 새로운 입력 제시의 세 단계로 구성된다. 감정 분석 작업이라면 "다음 문장의 감정을 분석해 주세요"라는 작업 설명 후에 "오늘 정말 기분이 좋다 → 긍정", "비가 와서 우울하다 → 부정"과 같은 예시를 제공하고, 마지막에 새로운 문장을 제시하는 방식이다. 예시의 품질과 다양성이 퓨샷 프롬프팅의 성공을 좌우한다. 너무 간단하거나 편향된 예시는 오히려 AI의 성능을 저하시킬 수 있다. 따라서 작업의 복잡성을 적절히 반영하고, 다양한 상황을 포괄하는 대표적인 예시들을 선별해야 한다. 일반적으로 2~5개의 예시가 적정 수준으로 여겨지며, 너무 많은 예시는 오히려 혼란을 야기할 수 있다.

퓨샷 프롬프팅은 문서 분류, 데이터 라벨링, 문체 학습, 형식 변환 등의 작업에서 특히 효과적이다. 비즈니스 이메일의 톤을 학습시키거나, 특정 브랜드의 마케팅 카피 스타일을 모방하거나, 학술 논문의 초록 형식을 따라 하는 등의 상황에서 강력한 도구가 된다.

③ 사고 과정의 투명화 : 단계적 사고 프롬프팅

단계적 사고 프롬프팅(Chain-of-Thought Prompting)은 AI가 복잡한 문제를 해결할 때 중간 추론 과정을 명시적으로 드러내도록 유도하는 고급 기법이다.[24] 이는 "단계별로 생각해 보자", "차근차근 풀어보자"와 같은 표현을 통해 AI가 최종 답안에 도달하는 과정을 상세히 보여주게 만든다. 이 기법의 핵심 가치는 결과의 투명성과 신뢰성 향상에 있다. 일반적인 프롬프트에서는 AI가 결론만 제시하기 때문에 그 과정을 추적하기 어렵다. 반면 단

---

24) 웨이(Wei), J. 외 (2022), 「대형언어모델에서 추론을 유도하는 단계적 사고 프롬프팅(Chain-of-Thought Prompting Elicits Reasoning in Large Language Models)」, 신경정보처리시스템학회지

계적 사고 프롬프팅을 적용하면 AI의 논리적 흐름을 따라갈 수 있어, 결과의 타당성을 검증하고 오류를 발견하기가 훨씬 쉬워진다.

단계적 사고 프롬프팅은 특히 수학 문제, 논리 퍼즐, 복잡한 분석 작업에서 뛰어난 성과를 보인다. 가령 "이 회사의 재무 상태를 분석해 주세요. 단계별로 접근해 주세요"라고 요청하면, AI는 매출 분석, 비용 구조 검토, 수익성 평가, 유동성 분석 등의 순서로 체계적인 분석을 제공한다. 이러한 구조화된 접근은 사용자가 각 단계를 이해하고 필요에 따라 특정 부분을 더 깊이 탐구할 수 있게 한다. 일상 업무에서는 의사결정 지원, 문제 해결 과정 설계, 복잡한 계획 수립 등에 활용할 수 있다. 창업 아이디어 검증, 마케팅 전략 수립, 프로젝트 리스크 분석과 같은 다층적 사고가 필요한 작업에서 특히 유용하다.

④ 전문성의 활성화 : 역할 프롬프팅

역할 프롬프팅(Role Prompting)은 AI에게 특정한 전문가나 캐릭터의 역할을 부여함으로써 해당 분야의 전문성과 관점을 활용하도록 유도하는 기법이다. "당신은 20년 경력의 마케팅 전문가입니다", "변호사의 관점에서 조언해주세요"와 같은 방식으로 AI에게 구체적인 정체성을 부여한다. 이 기법이 효과적인 이유는 대형언어모델의 학습 특성에 있다. 모델은 훈련 과정에서 다양한 전문가들이 작성한 문서를 학습했기 때문에, 특정 역할이 부여되면 해당 전문 분야의 지식과 표현 방식을 활성화할 수 있다. 의사, 변호사, 교사, 엔지니어, 요리사 등 각 전문직의 고유한 사고방식과 의사소통 패턴이 모델 내부에 패턴으로 저장되어 있다.

역할 프롬프팅의 효과를 극대화하려면 역할 설정을 구체적이고 맥락적으로 해야 한다. "전문가"라는 막연한 표현보다는 "10년간 스타트업 투자를 전문으로 한 벤처캐피털리스트", "소아과 전문의이자 두 아이의 엄마"와 같이 구체적인 배경과 경험을 명시하는 것이 좋다. 이러한 세부적인 역할 설정은 AI가 더 정확하고 깊이 있는 전문적 조언을 제공할 수 있게 한다. 실무에서는 법률 자문, 의료 정보 확인, 기술 상담, 교육 콘텐츠 개발, 창작 조언 등 전문적 지식이 필요한 모든 영역에서 활용할 수 있다. 특히 자신이 전문가가 아닌 분야에 대해 기초 정보를 얻거나 다양한 관점을 탐색할 때 매우 유용하다.

⑤ 개선의 반복 : 수정 및 자기 개선 프롬프팅

수정 및 자기 개선 프롬프팅(Rewriting and Self-refinement Prompting)은 AI가 자신이 생성한 결과를 스스로 검토하고 개선하도록 유도하는 기법이다. "더 간결하게 다시 써줘", "논리적 오류가 있는지 검토해 줘", "더 설득력 있게 수정해 줘"와 같은 방식으로 AI의 자기 점검 능력을 활용한다. 이 기법의 핵심은 AI의 메타인지 능력을 활용하는 것이다. 대형언어모델은 텍스트를 생성하는 능력뿐만 아니라 생성된 텍스트를 평가하고 개선 방향을 제시하는 능력도 갖추고 있다. 이는 인간 편집자가 글을 검토하고 수정하는 과정과 유사한 방식으로 작동한다.

효과적인 수정 프롬프팅을 위해서는 구체적인 개선 기준을 제시해야 한다. "더 좋게 써줘"라는 모호한 요청보다는 "문장을 더 간결하게 하고, 전문 용어를 쉬운 말로 바꾸고, 구체적인 예시를 추가해줘"처럼 명확한 개선 방향을 지시하는 것이 효과적이다. 반복적 개선 과정도 중요한 요소다. 한 번의 수정으로 완벽한 결과를 얻기는 어렵지만, 여러 차례의 개선 과정을 거치면 점진적으로 품질이 향상된다. "이제 이 글을 더 흥미롭게 만들어줘", "마지막으로 오타와 문법 오류를 확인해줘"와 같이 단계별로 다른 관점에서 개선을 요청할 수 있다.

이 기법은 창작, 편집, 프레젠테이션 준비, 제안서 작성 등 품질이 중요한 모든 작업에서 활용할 수 있다. 특히 첫 번째 초안을 빠르게 생성한 후 점진적으로 완성도를 높여가는 반복적 작업 방식과 잘 맞다.

⑥ 복합 작업의 분해 : 프롬프트 체이닝

프롬프트 체이닝(Prompt Chaining)은 복잡한 작업을 여러 개의 간단한 단계로 나누어 순차적으로 처리하는 기법이다. 하나의 프롬프트로는 해결하기 어려운 복합적인 문제를 작은 단위로 분해하여 각각을 별도의 프롬프트로 처리한 후, 그 결과들을 연결하여 최종 목표를 달성한다. 예를 들어 "영어 기사를 한국어로 번역한 후 요약하고 소셜미디어 게시글로 만들어줘"라는 복합 작업은 번역 → 요약 → 소셜미디어 콘텐츠 제작이라는 세 개의 독립적인 프롬프트로 분해할 수 있다. 각 단계에서 최적화된 결과를 얻은 후 다음 단계의 입력으로 활용하는 방식이다.

프롬프트 체이닝의 장점은 각 단계에서의 품질 관리가 가능하다는 점이다. 복합 프롬프트에서는 어느 부분에서 오류가 발생했는지 파악하기 어렵지만, 체이닝 방식에서는 각 단계의 결과를 확인하고 필요에 따라 수정할 수 있다. 또한 중간 결과물들도 독립적인 가치를 가질 수 있어 부가적인 활용이 가능하다. 체이닝 설계 시에는 논리적 순서와 각 단계 간의 연결성을 신중히 고려해야 한다. 앞 단계의 출력이 다음 단계의 적절한 입력이 될 수 있도록 각 프롬프트를 설계해야 하며, 전체적인 일관성을 유지하기 위한 맥락 정보도 적절히 전달해야 한다. 이 기법은 콘텐츠 제작, 데이터 분석, 보고서 작성, 마케팅 캠페인 기획 등 여러 전문 영역의 지식과 기술이 순차적으로 필요한 복합 작업에서 특히 유용하다.

⑦ 다중 감각의 통합 : 멀티모달 프롬프팅

멀티모달 프롬프팅(Multimodal Prompting)은 텍스트와 이미지를 함께 활용하는 프롬프트 기법으로, 최신 AI 모델들의 시각적 이해 능력을 활용한다. "이 이미지를 보고 마케팅 카피를 작성해 줘", "제품 사진을 분석하여 개선점을 제안해 줘"와 같이 시각적 정보와 텍스트 요청을 결합한다. 이 기법의 활용 범위는 매우 넓다. 제품 디자인 피드백, 인테리어 조언, 의료 이미지 분석, 교육 자료 설명, 여행 사진 해설, 요리 레시피 제안 등 시각적 정보가 중요한 모든 영역에서 적용할 수 있다. 특히 언어로 설명하기 어려운 시각적 특성이나 복잡한 구조를 다룰 때 텍스트만으로는 불가능한 정확한 이해와 분석이 가능하다.

멀티모달 프롬프팅을 효과적으로 하려면 이미지와 텍스트 간의 연관성을 명확히 해야 한다. 이미지에서 주목해야 할 특정 부분이 있다면 "왼쪽 상단의 빨간 부분을", "중앙에 있는 건물을"과 같이 구체적으로 지시하는 것이 좋다. 또한 이미지 분석의 목적과 활용 방향을 명시하면 더 적절한 결과를 얻을 수 있다.

멀티모달 프롬프팅은 AI의 감각적 이해 능력이 계속 발전하고 있어 향후 더욱 강력해질 것으로 예상되는 기법이다. 현재도 충분히 실용적이지만, 앞으로는 영상, 음성, 3D 모델 등으로 확장되어 더욱 풍부한 상호작용이 가능해질 전망이다.

⑧ 음성 시대의 최적화 : 음성 프롬프팅

음성 프롬프팅(Voice Prompting) 최적화는 음성으로 AI와 상호작용할 때 효과적인 프롬프트 구성 방법이다. 텍스트 입력과는 다른 음성만의 특성을 고려하여 프롬프트를 설계하는 접근법으로, 일상생활에서 점점 중요해지고 있는 기법이다.

음성 프롬프팅의 핵심은 명확한 발음과 논리적 구조다. 텍스트에서는 문장 부호나 단락 구분으로 의미를 명확히 할 수 있지만, 음성에서는 말의 속도, 강세, 휴지 등으로 의미를 전달해야 한다. 따라서 "첫째", "둘째", "마지막으로"와 같은 순서 표시어나 "잠깐", "다시 말해서"와 같은 강조 표현을 적극 활용해야 한다. 운전 중 일정 관리, 요리하며 레시피 문의, 운동하며 정보 검색 등 손을 사용하기 어려운 상황에서 음성 프롬프팅이 특히 유용하다. 이런 상황에서는 짧고 명확한 문장으로 요청하고, 복잡한 정보는 단계적으로 나누어 요청하는 것이 효과적이다.

음성 프롬프팅에서는 맥락 유지도 중요한 고려사항이다. 연속된 대화에서 "그것을", "앞서 말한"과 같은 지시어를 사용할 때는 AI가 정확히 이해할 수 있도록 충분한 맥락을 제공해야 한다. 또한 중요한 정보는 반복하거나 다른 표현으로 확인하는 것이 좋다.

고급 사용자를 위한 특수 기법

지금까지 살펴본 여덟 가지 기본 기법들이 일상적인 프롬프트 엔지니어링의 든든한 토대를 제공한다면, 이제 소개할 고급 기법들은 전문가들이 사용하는 전문 도구와 같은 역할을 한다. 복잡하고 까다로운 문제를 해결하기 위해서는 이러한 고급 기법들이 필요하다.

이들 특수 기법은 대형언어모델의 한계를 극복하고 성능을 극대화하기 위해 최근 몇 년간 집중적으로 개발된 혁신적 접근법들이다. 전문적인 업무나 학술 연구, 창의적 문제 해결이 필요한 상황에서 특히 큰 위력을 발휘한다. 이 고급 기법들의 공통적 특징은 AI 모델의 추론 과정을 더욱 체계적으로로 제어하고, 결과의 신뢰성을 높이며, 인간의 고차원적 사고 과정을 모방하는 구조적 접근법을 제공한다는 점이다.

사고의 나무를 키우는 방법 : '생각의 나무' 프롬프팅

생각의 나무(Tree-of-Thought) 프롬프팅은 기존의 직선적인 사고 과정을 벗어나, 마치 나무가 여러 가지로 뻗어나가듯 복수의 추론 경로를 동시에 탐색하는 혁신적 기법이다. 이 방법은 우리가 어려운 문제에 직면했을 때 자연스럽게 하는 행동, 즉 "음, 이 방법도 있고 저 방법도 있는데…" 하며 여러 가능성을 동시에 고려하고 비교 검토하는 과정을 AI 모델에 체계적으로 적용한 것이다.

일반적인 단계적 사고(Chain-of-Thought) 프롬프팅이 "1단계 → 2단계 → 3단계"처럼 하나의 사고 경로를 순차적으로 따라가지만, 생각의 나무는 각 단계에서 여러 대안을 생성하고 평가하여 최적의 경로를 선택하는 방식이다. 이는 특히 정답이 하나로 정해지지 않은 복잡한 문제나 창의적 사고가 필요한 상황에서 놀라운 효과를 발휘한다. 작동 방식을 구체적으로 살펴보면, 먼저 해결하고자 하는 문제를 여러 단계로 체계적으로 분해한다. 그 다음 각 단계에서 가능한 여러 접근법을 폭넓게 생성한다. 브레인스토밍을 하듯 가능한 한 다양한 아이디어를 끌어내는 것이다. 이후 각 접근법의 타당성과 효과를 꼼꼼히 평가하여 가장 유망한 경로들을 신중하게 선별한다. 이러한 과정을 단계별로 반복하면서 최종적으로 가장 우수한 해결책에 도달하게 된다.

"회사의 매출 감소 문제를 해결하라"는 과제가 주어졌다고 가정해 보자. 생각의 나무 방식으로 접근한다면 다음과 같이 프롬프트를 구성할 수 있다. "우리 회사의 매출 감소 문제를 해결하기 위한 세 가지 서로 다른 접근법을 제시하시오. 첫 번째는 마케팅 전략 개선, 두 번째는 제품 혁신, 세 번째는 운영 효율성 증대에 초점을 맞춘 방법이어야 합니다. 각 접근법에 대해 구체적인 실행 방안을 제시하고, 예상되는 효과와 위험 요소를 분석한 후, 현재 상황에서 가장 효과적일 것으로 판단되는 방법을 선택하여 상세한 실행 계획을 수립하시오."

이런 방식의 프롬프트는 AI 모델로 하여금 성급한 결론을 내리지 않고 충분한 탐색 과정을 거쳐 더 나은 답을 찾도록 유도한다. 특히 전략적 의사결정, 창의적 문제 해결, 복합적 분석이 필요한 상황에서 기존의 단순한 방법들보다 훨씬 우수하고 깊이 있는 성과를 보여준다. 하지만 이 기법을 사용할 때는 상당한 시간과 컴퓨팅 자원이 소요될 수 있다는 점을 염두에 두어야 한다.

여러 번 확인하는 지혜 : 자기 검증 기법

자기 검증(Self-Consistency) 기법은 "한 번 보는 것보다 여러 번 보는 것이 낫다"는 우리의 일상적 지혜를 AI 프롬프팅에 적용한 방법이다. 같은 문제에 대해 여러 번의 추론을 수행하고 그 결과들 간의 일관성을 검증함으로써 답변의 신뢰성을 높이는 것이 핵심이다. 이 기법의 철학적 배경에는 AI 모델도 인간과 마찬가지로 완벽하지 않으며, 한 번의 추론으로 내린 결론이 항상 정확하지 않을 수 있다는 겸손한 인정이 깔려 있다. 특히 확률적 특성을 가진 대형언어모델의 경우, 같은 질문이라도 매번 조금씩 다른 각도에서 접근할 수 있으며, 이러한 다양성을 활용하여 더 신뢰할 만한 결과를 도출할 수 있다.

실제 적용 과정을 구체적으로 살펴보면, 동일한 질문을 서로 다른 방식으로 표현하거나 다양한 관점에서 접근하도록 요청한다. 이런 식으로 말이다. "2026년 한국 경제 전망"에 대해 알고 싶다면, "2026년 한국 경제는 어떻게 될 것인가?", "내년 한국의 경제 상황을 예측해보시오", "2026년 한국 경제 성장률과 주요 이슈를 분석하시오" 등 여러 가지 방식으로 질문을 던져본다. 또한 같은 문제를 여러 차례 반복해서 풀어보도록 요청하기도 한다. 이렇게 얻은 여러 답변들을 비교 분석하여 공통적으로 나타나는 패턴이나 가장 빈번하게 등장하는 결론을 찾아낸다. 만약 답변들 간에 상당한 차이가 있다면 이는 두 가지를 의미할 수 있다. 첫째, 문제 자체가 매우 복잡하거나 불확실성이 높다는 신호일 수 있다. 둘째, 질문이 모호하거나 맥락 정보가 부족하여 모델이 일관된 답변을 하기 어려운 상황일 수 있다. 이런 경우 질문을 더 명확하게 다시 정의하거나 추가적인 맥락 정보를 제공하여 일관성을 높일 수 있다.

자기 검증 기법은 특히 정확성이 생명인 분야에서 매우 유용하다. 의료진단 보조, 법률 자문, 재무 분석, 과학 연구 등에서 이 기법을 활용하면 오판의 위험을 상당히 줄일 수 있다. 또한 창작 활동에서도 여러 아이디어를 생성하고 그중에서 가장 일관된 방향성이나 품질 높은 아이디어를 찾아내는 데 효과적으로 활용할 수 있다. 다만 이 기법은 시간과 자원이 더 많이 소요되므로, 중요도와 정확성 요구 수준을 고려하여 선택적으로 사용하는 것이 바람직하다.

● 프롬프트를 만드는 프롬프트 : 메타-프롬프팅

메타-프롬프팅(Meta-Prompting)은 프롬프트 엔지니어링을 한 차원 더 높은 수준으로 끌어올리는 고급 기법으로, "프롬프트를 만들기 위한 프롬프트"를 작성하는 것이다. 이는 건축가가 건물을 설계하기 전에 설계 과정 자체를 계획하거나, 요리사가 새로운 레시피를 개발하기 위한 체계적 접근법을 먼저 수립하는 것과 비슷하다. 즉, 문제를 직접 해결하기보다는 그 문제를 가장 효과적으로 해결할 수 있는 방법론부터 찾아내는 접근이다. 이 기법의 핵심 아이디어는 숙련된 프롬프트 엔지니어가 특정 상황을 분석하고 최적의 프롬프트를 설계하는 사고 과정을 AI 모델 자체에 위임하는 것이다. 가령 "어떻게 질문해야 가장 좋은 답을 얻을 수 있을까?"라는 질문부터 시작하는 것이다. 이를 통해 도메인 전문성과 프롬프트 설계 원리를 동시에 활용할 수 있게 된다.

메타-프롬프팅의 작동 원리를 단계별로 살펴보면, 먼저 해결하고자 하는 문제의 특성과 맥락을 명확히 정의한다. 그다음 원하는 결과의 형태와 품질 기준을 구체적으로 명시한다. 이후 모델에게 이러한 목적을 달성하기 위한 최적의 프롬프트를 설계하도록 요청한다. 마지막으로 설계된 프롬프트를 실제로 실행하여 결과를 확인하고, 필요에 따라 개선점을 반영하여 프롬프트를 수정한다.

구체적인 예를 한 번 들어보자. 고등학생에게 양자역학의 기본 개념을 쉽게 설명해 보려고 한다. 메타-프롬프팅 방식으로 접근한다면 다음과 같은 프롬프트를 작성할 수 있다. "고등학생(16~18세)에게 양자역학의 기본 개념을 이해하기 쉽게 설명하기 위한 가장 효과적인 프롬프트를 설계해 주시오. 이 프롬프트는 다음 조건을 만족해야 합니다: 1) 명확성, 구체성, 맥락성의 원칙을 모두 만족할 것, 2) 학생의 기존 물리학 지식 수준(고등학교 1학년 물리 정도)을 고려할 것, 3) 일상생활의 비유를 활용하여 추상적 개념을 구체화할 것, 4) 학생의 호기심을 자극하고 흥미를 유발할 것, 5) 10~5분 내에 설명 가능한 분량으로 구성할 것. 설계된 프롬프트와 함께 이 프롬프트가 효과적인 이유도 설명해주시오."

이런 방식의 접근은 여러 가지 장점을 제공한다. 첫째, 모델이 특정 분야의 전문 지식과 효과적인 교육 방법론을 동시에 고려하여 최적화된 프롬프트를 제안할 수 있다. 둘째, 사용자가 미처 생각하지 못한 관점이나 접근법을 발견할 수 있다. 셋째, 프롬프트 설계 과정에서 문제 자체에 대한 이해가 더욱 깊어진다. 메타-프롬프팅은 특히 교육, 컨설팅, 콘텐츠 제작, 창작 등 맞춤형 소통이 중요한 분야에서 큰 효과를 발휘한다. 또한 새로운 도메인에서 프롬프트 엔지니어링을 시작할 때 초기 방향성을 잡는 데도 매우 유용하다. 다만 이 기법은 일종의 "이중 작업"이므로 시간과 자원이 더 많이 소요된다는 점을 고려해야 한다.

메타프롬프팅 방식의 요청에 따라 챗GPT 5 모델이 설계한 프롬프트

프롬프트
당신은 고등학교 1학년 수준의 물리 지식을 갖춘 학생들에게 양자역학의 기본 개념을 10분 안에 이해시키는 선생님입니다.
다음 조건에 따라 설명하세요.
- 핵심 개념 : 파동-입자 이중성, 불확정성 원리, 양자 상태의 확률적 성격
- 배경 지식 연결 : 뉴턴역학과 빛의 성질에 대한 고등학교 물리 1 수준의 지식을 바탕으로, 양자역학이 등장하게 된 이유를 간단히 설명
- 일상생활 비유 사용 : 예를 들어, 파동-입자 이중성을 '물방울과 물결의 이중성'에, 불확정성 원리를 '흔들리는 그네 사진 찍기'에, 확률적 성격을 '주사위 던지기'에 비유
- 호기심 유발 요소 : 설명 중간에 "왜 우리 눈으로는 이런 현상을 볼 수 없을까요?"나 "만약 우리 몸이 양자 수준에서 행동한다면 어떤 일이 벌어질까요?" 같은 질문을 던져서 사고를 자극
- 분량 제한 : 전체 설명이 600자 내에서 끝나도록 하여 10분 내 전달 가능하게 할 것
- 마무리 : '양자역학이 현대 기술(스마트폰, 레이저, MRI)에 어떻게 쓰이는지' 간단히 언급하여 실생활 연결."

이 프롬프트가 효과적인 이유
- 명확성 : 다룰 핵심 개념(3가지)을 명시해 설명 범위를 한정하므로, 불필요한 심화 내용으로 흐르지 않고 주제 집중도가 높다.
- 구체성 : 배경 지식 수준, 설명 길이, 예시 비유, 질문 방식까지 구체적으로 지시하여 결과물이 일관성 있게 나온다.
- 맥락성 : 학생이 이미 배운 뉴턴역학·빛의 성질과 연결해 새로운 개념의 필요성을 보여주므로, '왜 이걸 배우는지'가 명확해진다.
- 이해 용이성 : 물방울, 그네, 주사위처럼 눈앞에 그릴 수 있는 비유를 활용하여 추상적인

개념을 구체적 경험으로 전환한다.
- 호기심 자극 ; 중간에 상상 질문을 던져 학생 스스로 생각하게 유도해, 수동적 듣기가 아닌 능동적 탐구를 유발한다.
- 시간 효율성 : 600자 분량 제한으로 510분 내 소화 가능하며, 학습 후 기억에도 오래 남는 구조다.

● 고급 기법들의 현명한 조합과 활용

이러한 고급 기법들은 각각 독립적으로 사용될 때도 강력한 효과를 발휘하지만, 상황에 따라 서로 결합하여 활용할 때 더욱 큰 시너지를 만들어낸다. 예를 들어 매우 복잡하고 중요한 비즈니스 의사결정을 내려야 하는 상황을 생각해보자. 먼저 메타-프롬프팅을 활용하여 이 특정 상황에 최적화된 분석 프롬프트를 설계한다. 그 다음 생각의 나무 방식으로 다양한 전략적 옵션들을 탐색하고 각각의 장단점을 체계적으로 분석한다. 마지막으로 자기검증 기법을 적용하여 여러 번의 분석을 통해 결론의 신뢰성을 검증한다. 이러한 통합적 접근은 특히 높은 위험도와 복잡성을 가진 의사결정에서 탁월한 성과를 보여준다.

하지만 이러한 고급 기법들의 성공적 활용을 위해서는 몇 가지 중요한 고려사항이 있다. 무엇보다 각 기법의 특성과 적용 조건을 정확히 이해하는 것이 중요하다. 문제의 성격과 요구사항에 따라 적절한 기법을 선택해야 한다. 모든 상황에 고급 기법이 필요한 것은 아니며, 때로는 기본적인 명령어 프롬프트나 예시 기반 프롬프팅만으로도 충분히 만족스러운 결과를 얻을 수 있다. 또한 고급 기법들은 일반적으로 더 많은 시간과 컴퓨팅 자원을 필요로 한다는 점을 염두에 두어야 한다. 따라서 문제의 중요도, 복잡성, 요구되는 정확성 수준, 그리고 사용 가능한 자원을 종합적으로 고려하여 적절한 기법을 선택하고 조합하는 판단력이야말로 고급 프롬프트 엔지니어링의 핵심 역량이라 할 수 있다.

결국 이러한 고급 기법들은 우리가 AI와 더욱 정교하고 효과적으로 소통할 수 있게 해주는 도구들이다. 이들을 현명하게 활용함으로써 AI의 잠재력을 최대한 끌어내고, 더 나은 결과를 얻을 수 있게 된다. 중요한 것은 기법 자체에 매몰되지 않고, 항상 해결하고자 하는 문제와 원하는 결과에 초점을 맞추어 가장 적절한 접근법을 선택하는 것이다.

프롬프트 구조 설계법 : CLEAR 프레임워크

앞서 살펴본 개별 기법들을 효과적으로 조합하고 체계적으로 활용하기 위해서는 프롬프트의 전체적인 구조를 설계하는 능력이 필요하다. 무작정 기법들을 나열하는 것보다는 논리적이고 일관성 있는 구조 안에서 각 요소들이 유기적으로 작동하도록 설계해야 한다. 이러한 구조적 접근법의 핵심을 다섯 가지 원칙으로 정리하면 CLEAR라는 프레임워크로 요약할 수 있다.

CLEAR 프레임워크는 간결성(Concise), 논리성(Logical), 명시성(Explicit), 적응성(Adaptive), 성찰성(Reflective)이라는 다섯 가지 핵심 원칙을 제시한다. 이 다섯 원칙은 서로 독립적으로 작동하는 것이 아니라 상호 보완적인 관계를 형성하며, 전체적으로 균형 잡힌 프롬프트 구조를 만들어 낸다. 각 원칙은 프롬프트 설계의 서로 다른 측면을 다루면서도, 궁극적으로는 사용자와 AI 간의 효과적인 소통이라는 공통 목표를 향해 수렴한다.

● 간결성 : 핵심만 담은 명확한 의사소통

간결성(Concise)은 프롬프트에서 불필요한 요소를 제거하고 핵심 메시지에 집중하는 원칙이다. 이는 단순히 짧게 쓰는 것을 의미하지 않는다. 오히려 필요한 모든 정보를 포함하면서도 군더더기를 없애고 명확한 의사소통을 추구하는 것이다. 효과적인 간결성은 정보의 밀도를 높이면서도 이해하기 쉬운 형태를 유지하는 균형감에서 나온다. 간결한 프롬프트의 핵심은 하나의 명확한 목표를 설정하는 것이다. 여러 개의 서로 다른 요청을 하나의 프롬프트에 혼합하면 AI가 우선순위를 정하지 못하고 산만한 결과를 생성할 가능성이 높다. "이 문서를 요약하고 번역도 해주고 문법도 검토해 줘"보다는 "이 문서의 핵심 내용을 3문단으로 요약해 줘"처럼 단일하고 명확한 목표를 제시하는 것이 효과적이다. 간결성을 실현하는 구체적인 방법으로는 능동태 문장 사용, 구체적 동사 선택, 불필요한 수식어 제거 등이 있다. "처리해 줘"라는 모호한 표현 대신 "분석해 줘", "요약해 줘", "비교해 줘"처럼 구체적인 동작을 명시해야 한다. 또한 "아주 좋은", "매우 훌륭한"과 같은 주관적 수식어보다는 "정확한", "상세한", "간결한"처럼 객관적이고 측정 가능한 기준을 사용하는 것이 좋다. 또 모든 배경 정보를 나열하기보다는 현재 작업에 직접적으로 관련된 핵심 맥락만을 제공해야 한다. 과도한 배경 설명은 오히려 AI의 주의를 분산시키고 핵심 작업에서 벗어난 답변을 유도할 수 있다.

논리성 : 체계적이고 순차적인 구성

논리성(Logical)은 프롬프트의 각 구성 요소가 논리적 순서에 따라 배열되고, 전체적으로 일관된 흐름을 형성하는 원칙이다. 이는 AI가 정보를 순차적으로 처리하는 특성을 고려한 것으로, 논리적으로 구성된 프롬프트는 AI의 이해도와 처리 효율성을 크게 향상시킨다. 논리적 구성은 일반적으로 맥락 제시, 작업 정의, 구체적 지시, 출력 형식 명시의 순서를 따른다. 먼저 AI가 상황을 이해할 수 있도록 필요한 배경 정보를 제공하고, 다음에 수행해야 할 작업이 무엇인지 명확히 정의한다. 그 후 구체적인 실행 방법을 지시하고, 마지막으로 원하는 결과물의 형태를 명시한다. 논리적 순서는 또한 정보의 중요도와 우선순위를 반영해야 한다. 가장 중요한 정보를 앞쪽에 배치하고, 부수적인 정보나 선택적 요구사항은 뒤쪽에 위치시킨다. 이는 AI가 제한된 처리 용량 내에서 우선순위에 따라 정보를 처리할 수 있게 한다. 복잡한 작업의 경우 단계별 분해를 통한 논리적 구성이 특히 중요하다. "먼저 A를 수행하고, 그 결과를 바탕으로 B를 진행한 후, 마지막으로 C로 마무리해 줘"와 같이 각 단계 간의 논리적 연결을 명확히 해야 한다. 이러한 순차적 구성은 AI가 복잡한 작업을 체계적으로 처리할 수 있게 돕는다. 조건부 논리의 활용도 중요한 요소다. "만약 A라면 X를 수행하고, B라면 Y를 수행해 줘"와 같은 조건부 지시는 AI가 상황에 따라 적절한 대응을 할 수 있게 한다. 이는 다양한 상황에 대응할 수 있는 유연한 프롬프트를 만드는 핵심 기법이다.

● 명시성 : 명확한 기대치와 세부 지침

명시성(Explicit)은 원하는 결과물의 형태, 대상 독자, 처리 방식 등을 구체적이고 명확하게 명시하는 원칙이다. 암묵적 가정이나 추측에 의존하지 않고, 모든 중요한 요구사항을 명시적으로 표현함으로써 AI가 사용자의 기대와 정확히 일치하는 결과를 생성할 수 있도록 한다. 출력 형식의 명시는 명시성의 가장 기본적인 요소다. "설명해 줘"라는 모호한 요청보다는 "불릿 포인트 5개로 정리해 줘", "200자 이내의 요약문으로 작성해 줘", "초보자도 이해할 수 있는 단계별 가이드로 만들어줘"처럼 구체적인 형식을 지정해야 한다. 이러한 명시적 형식 지정은 AI가 내용뿐만 아니라 구조까지 사용자의 요구에 맞춰 최적화할 수 있게 한다. 대상 독자의 명시도 중요한 요소다. 같은 내용이라도 전문가를 대상으로 하는지, 일반인을 대상으로 하는지, 학생을 대상으로 하는지에 따라 설명 방식과 용어 선택이 완전히 달라진다. "중

학생도 이해할 수 있도록", "IT 전문가를 대상으로", "처음 접하는 사람들을 위해"와 같은 대상 명시는 AI가 적절한 수준과 톤을 선택하는 데 필수적이다. 제약 조건의 명시는 명시성의 또 다른 중요한 측면이다. 시간적 제약, 자원적 제약, 기술적 제약 등을 구체적으로 명시하면 AI가 현실적이고 실행 가능한 대안을 제안할 수 있다. "예산 100만원 이내에서", "2주 안에 완성할 수 있는", "초보자도 사용할 수 있는"과 같은 제약 조건은 결과물의 실용성을 크게 높인다. 평가 기준의 명시도 효과적인 명시성 구현 방법이다. "좋은 아이디어를 제안해 줘"보다는 "창의적이면서도 실현 가능하고, 비용 효율적인 마케팅 아이디어를 제안해 줘"처럼 구체적인 평가 기준을 제시하면 AI가 해당 기준에 최적화된 결과를 생성할 수 있다.

적응성 : 상호작용과 개선의 여지

적응성(Adaptive)은 프롬프트가 일회성 요청으로 끝나지 않고 지속적인 상호작용과 개선을 통해 발전할 수 있도록 설계하는 원칙이다. AI와의 대화가 단방향적 명령 전달이 아니라 양방향적 협업 과정임을 인식하고, 그에 맞는 유연한 구조를 제공할 수 있게 하는 것이다. 적응성의 핵심은 재질문과 추가 요청의 가능성을 염두에 둔 프롬프트 설계다. 초기 프롬프트에서 모든 것을 완벽하게 정의하려 하기보다는, 기본적인 방향을 제시하고 필요에 따라 세부사항을 조정할 수 있는 여지를 남겨두는 것이 효과적이다. "우선 기본적인 개요를 작성해 주고, 필요하면 각 부분을 더 자세히 설명해 줄게"와 같은 방식으로 점진적 발전을 예상한 설계가 바람직하다. 피드백 수용 가능성도 적응성의 중요한 요소다. "이 결과가 기대와 다르면 수정 방향을 알려 줄게", "더 구체적인 예시가 필요하면 요청할게"와 같이 개선 과정에 대한 열린 태도를 표현하면 AI도 더 유연하고 협력적인 자세로 응답한다. 단계별 확장 가능성을 고려한 구조 설계도 중요하다. 기본 요청을 먼저 처리하고, 그 결과를 바탕으로 추가적인 작업을 진행할 수 있는 구조를 만들어야 한다. 그렇게 하면 복잡한 프로젝트를 관리 가능한 단위로 분해하면서도 전체적인 일관성을 유지할 수 있게 된다. 맥락 유지와 연속성 고려도 적응성 구현의 핵심이다. 이전 대화의 내용을 참조하거나 이어받을 수 있도록 적절한 연결점을 제공해야 한다. "앞서 논의한 내용을 바탕으로", "이전 결과에 추가하여"와 같은 표현을 통해 대화의 연속성을 유지할 수 있다.

● 성찰성 : 결과 평가와 지속적 개선

성찰성(Reflective)은 프롬프트와 그 결과를 평가하고 개선하는 원칙으로, 이 역시 프롬프트 엔지니어링을 한 번 작성하고 끝나는 일회성 작업으로 보지 않는 것이 중요하다. 대신 계속해서 시행착오를 거치며 더 나은 프롬프트를 만들어가는 학습 과정으로 접근한다. 결과를 분석하고, 문제점을 파악하고, 개선된 프롬프트를 다시 시도하는 순환적인 개선 과정을 통해 점점 더 효과적인 프롬프트를 만들어간다. 성찰성의 첫 번째 요소는 결과 평가 기준을 사전에 설정하는 것인데, 프롬프트를 작성할 때부터 어떤 기준으로 결과를 평가할 것인지 미리 정해두어야 한다. 정확성, 완전성, 실용성, 창의성 등 구체적인 평가 축을 설정하고, 각 축에서 어느 정도 수준을 기대하는지 명확히 해야 한다. 자기 점검 메커니즘을 프롬프트에 담는 것도 중요한 요소다. "이 답변이 요청에 적절히 부응했는지 스스로 검토해 줘", "빠뜨린 중요한 관점이 있는지 확인해 줘"와 같이 AI 자체의 자기 점검 능력을 활용하는 방법이다. AI의 메타인지 능력을 활용하여 결과의 품질을 향상시키는 효과적인 기법이라 할 수 있다.

대안 제시와 개선 방향 탐색도 성찰성의 핵심 요소인데, 하나의 답변에 만족하지 않고 다양한 접근법이나 대안적 관점을 탐색하도록 요청하는 것이다. "다른 방식으로도 접근해볼 수 있을까", "이 결과의 한계점과 개선 방향은 무엇일까"와 같은 질문을 통해 더 풍부하고 균형 잡힌 결과를 얻을 수 있다. 성찰성의 궁극적 목표는 학습과 개선의 순환 구조를 구축하는 데 있다. 각 프롬프트와 그 결과로부터 학습한 내용을 다음 프롬프트에 반영하는 지속적 개선 과정을 만들어 가는 것을 말하는데, 이것이야말로 개인의 프롬프트 엔지니어링 능력을 점진적으로 발전시키는 핵심 메커니즘이다.

CLEAR 프레임워크의 다섯 원칙은 독립적으로 적용할 수도 있고, 통합적으로 활용할 수도 있다. 상황과 목적에 따라 어떤 원칙을 더 강조할지 결정하되, 전체적으로는 다섯 원칙이 균형을 이루도록 하는 것이 중요하다. 이제 이러한 구조적 접근법을 바탕으로 구체적인 실전 예제들을 살펴보기로 하자.

실전 예제 10선 : 일상과 업무를 바꾸는 프롬프트

이론과 원칙을 아무리 완벽하게 이해해도 실제 상황에서 어떻게 적용할지 막막할 수 있다. 프롬프트 엔지니어링의 진정한 가치는 일상생활과 업무 현장에서 구체적인 문제를 해결할 때 드러난다. 여기서는 우리가 가장 빈번하게 마주치는 열 가지 상황에서 활용할 수 있는 실전 프롬프트들을 살펴본다. 각 예제는 앞서 학습한 원칙과 기법들이 실제로 어떻게 조합되고 적용되는지 보여주는 구체적인 사례이자, 독자들이 자신의 상황에 맞게 변형하여 사용할 수 있는 템플릿이다.

이 열 가지 예제는 업무 효율성, 학습과 교육, 창작과 소통, 일상 관리라는 네 가지 영역으로 구분된다. 각 영역은 현대인의 삶에서 AI가 가장 큰 도움을 줄 수 있는 핵심 분야들이며, 프롬프트 엔지니어링의 실용적 가치가 명확히 드러나는 영역들이다. 중요한 것은 이 예제들을 그대로 따라 하는 것이 아니라, 각각의 구조와 원리를 이해하여 자신만의 효과적인 프롬프트를 개발하는 것이다.

업무 효율성을 위한 전략적 프롬프트

현대 직장인이 가장 빈번하게 마주치는 작업 중 하나는 방대한 문서를 신속하고 정확하게 요약하는 일이다. 업무 문서 요약 프롬프트는 이러한 필요에 대응하는 핵심 도구다. 효과적인 요약 프롬프트를 원한다면, 단순히 "요약해 줘"라고만 할 것이 아니라, 요약의 목적, 대상 독자, 핵심 관점을 명확히 설정한다.

> 이 분기 매출 보고서를 임원진 브리핑용으로 요약해 주세요. 전년 대비 성장률, 주요 성과 지표, 우려사항을 중심으로 3분 내외로 발표할 수 있는 분량으로 정리해 주세요.

이런 프롬프트는 명확성(브리핑용), 구체성(3분 분량), 맥락성(임원진 대상)을 모두 포함하고 있어 실무에 즉시 활용할 수 있는 결과를 생성한다.

계약서나 법률 문서의 복잡한 용어를 해석하는 작업도 현대 비즈니스에서 자주 발생한다. 계약서 용어 해석 프롬프트는 전문적인 법률 용어를 일반인도 이해할 수 있는 평이한 언어로 설명하는 데 활용된다.

> 이 계약서 조항을, 비즈니스 경험은 있지만 법률 전문가가 아닌 스타트업 창업자가 이해할 수 있도록 해석해 주세요. 특히 우리 회사에 유리한 조건과 불리한 조건을 명확히 구분하여 설명해 주세요.

이 프롬프트는 역할 설정(스타트업 창업자 관점)과 구체적 요구사항(유불리 구분)을 포함하여 실용적인 분석을 제공한다.

업무용 이메일 작성은 일상적인 일이지만 분명 번거로운 과제다. 업무 부담을 줄이기 위해서는 수신자와의 관계, 메일의 목적, 원하는 톤을 종합적으로 고려해 효과적인 이메일 초안 프롬프트를 작성할 필요가 있다.

> 첨부한 프로젝트 자료를 참고하여, 신규 거래처 담당자에게 보낼 프로젝트 제안 이메일을 작성해 주세요. 정중하지만 자신감 있는 톤으로, 우리 회사의 전문성을 어필하면서도 상대방의 니즈에 맞춤형으로 접근하는 내용으로 구성해 주세요.

이 프롬프트는 관계적 맥락(신규 거래처), 목적(제안), 톤(정중하면서 자신감 있는)을 모두 명시하여 바로 사용할 수 있는 수준의 초안을 생성한다. AI 답변이 별다른 수정 없이 그대로 사용할 수 있는 이메일 내용이 되길 원한다면 프롬프트 작성 시 관련 자료를 반드시 첨부하도록 한다.

학습과 교육을 위한 맞춤형 접근

어려운 내용을 쉽게 설명하는 능력은 교육자뿐만 아니라 다른 일을 하는 모든 사람들에게 필요한 중요한 기술이다. 어린이를 대상으로 하는 설명을 작성하도록 하는 프롬프트는 이러한 소통 능력을 향상시키는 도구로 활용된다.

> 블록체인 기술을 초등학교 5학년 학생이 이해할 수 있도록 설명해 주세요. 일상생활의 친숙한 비유를 사용하고, 어려운 전문용어는 피하며, 호기심을 유발할 수 있는 재미있는 예시를 포함해 주세요.

이 프롬프트를 분석해보면 대상 독자(초등학교 5학년), 사용 방법(친숙한 비유), 제약 조건(전문용어 금지), 추가 요구사항(호기심 유발)이 체계적으로 포함돼 있음을 알 수 있다.

자기소개서나 지원서 작성에서 객관적 피드백을 받는 것은 큰 도움이 된다. 자소서 첨삭 프롬프트는 이런 필요를 해결해 주는 유용한 도구다.

> 다음 자기소개서를 마케팅 직무 지원자의 관점에서 검토해 주세요. 구체적인 성과 지표가 부족한 부분, 너무 추상적인 표현, 직무와의 연관성이 약한 내용을 지적하고, 각각에 대한 개선 방향을 제시해 주세요.

이 프롬프트는 특정 관점(마케팅 직무), 평가 기준(성과 지표, 구체성, 직무 연관성), 결과 형태(문제점 지적 + 개선 방향)를 명확히 설정하여 건설적인 피드백을 이끌어낸다.

개인적 성장과 감정 관리를 위한 AI 활용도 점점 중요해지고 있다. 감정 일기 코칭 프롬프트는 일상의 감정 경험을 객관적으로 분석하고 건설적인 통찰을 얻는 데 도움을 준다.

> 오늘 직장에서 있었던 일로 스트레스를 받았습니다. 상황을 객관적으로 분석하고, 제가 통제할 수 있는 부분과 없는 부분을 구분해 주세요. 그리고 비슷한 상황에서 더 건설적으로 대응할 수 있는 방법을 제안해 주세요.

이와 같은 프롬프트는 감정적 상황을 구조화하여 분석하고 실용적 해결책을 모색하는 데 유용하다.

창작과 소통을 위한 창의적 도구

지금은 누구나 콘텐츠 크리에이터가 될 수 있는 시대다. 유튜브 스크립트 작성 프롬프트는 이제 이런 창작활동에 없어서는 안 될 필수 도구로 자리잡았다. 창작 활동을 체계적으로 지원 받아보고자 한다면 이런 구조로 작성해 보자.

> 요리 초보자를 위한 파스타 만들기 유튜브 영상 스크립트를 작성해 주세요. 10분 내외 분량으로, 시청자의 집중을 유지할 수 있는 재미있는 요소와 실용적인 팁을 균형있게 포함해 주세요. 영상의 도입부, 본론, 마무리 구조를 명확히 해주세요.

이 프롬프트는 콘텐츠 유형(요리), 대상(초보자), 분량(10분), 구성 요소(재미+실용성), 구조(도입-본론-마무리)를 체계적으로 설정한다.

소셜미디어는 개인과 브랜드 모두에게 중요한 소통 채널이 되었다. SNS 콘텐츠 기획 프롬프트는 효과적인 소셜미디어 전략 수립을 돕는다.

> 친환경 라이프스타일에 관심 있는 2030 여성을 타겟으로 한 인스타그램 게시글을 기획해 주세요. 정보 전달과 감성적 공감을 동시에 이끌어낼 수 있는 내용으로, 해시태그[25] 전략과 시각적 요소 제안도 포함해 주세요.

이와 같은 프롬프트는 타겟 설정(2030 여성), 주제(친환경), 플랫폼 특성(인스타그램), 목표(정보+감성), 추가 요소(해시태그+시각적 요소)를 포괄적으로 다룬다. 많은 사람들이 수익을 목표로 블로그를 운영하길 원하지만, 블로그 글 작성에 부담을 느껴 제대로 운영하는 경우는 생각보다 그리 많지 않다. 이 프롬프트는 블로그 글 작성에 참조해도 좋을 것이다.

개인의 지적 성장을 위한 독서 활동도 AI의 도움을 받을 수 있다. 책 추천 및 큐레이션 프롬프트는 개인의 관심사와 현재 상황에 맞는 맞춤형 독서 가이드를 제공한다.

> 스타트업을 준비 중인 개발자가 비즈니스 감각을 키우기 위해 읽으면 좋을 책 5권을 추천해 주세요. 각 책의 핵심 내용과 왜 이 시점에 도움이 될지 설명하고, 효과적인 독서 순서도 제안해 주세요.

이 프롬프트는 개인 상황(스타트업 준비 중인 개발자), 목표(비즈니스 감각), 형태(5권), 추가 정보(핵심 내용, 도움되는 이유), 실용적 조언(독서 순서)을 체계적으로 요청한다.

---

25) 해시태그는 소셜미디어에서 '#' 기호와 함께 사용하는 키워드로, 게시물을 주제별로 분류하고 검색되기 쉽게 만드는 기능을 한다. 사용자들이 특정 해시태그를 클릭하면 같은 해시태그를 사용한 모든 게시물을 한 곳에서 볼 수 있어, 관심사가 비슷한 사람들이 콘텐츠를 발견하고 소통할 수 있게 돕는다. 마케팅에서는 브랜드 인지도 향상과 타겟 고객 도달을 위한 중요한 도구로 활용된다.

일상 관리를 위한 실용적 지원

현대인의 바쁜 일상에서 효율적인 생활 관리는 점점 중요해지고 있다. 쇼핑 리스트 자동 정리 프롬프트는 이러한 일상적 필요를 지원하는 실용적 도구다.

> 4인 가족이 일주일간 집에서 식사할 수 있는 장보기 목록을 만들어 주세요. 건강한 식단을 고려하되 준비 시간이 많이 걸리지 않는 메뉴 위주로, 예산은 15만원 내외로 맞춰주세요. 마트에서 효율적으로 쇼핑할 수 있도록 식품군별로 정리해 주세요.

이런 프롬프트는 가족 구성(4인), 기간(일주일), 조건(건강+간편), 예산(15만원), 형태(식품군별 정리)를 구체적으로 설정하여 즉시 활용 가능한 결과를 생성한다.

이 열 가지 실전 예제들은 프롬프트 엔지니어링이 단순한 기술적 기법이 아니라 일상을 개선하고 업무 효율성을 높이는 실용적 도구임을 보여준다. 각 예제의 구조와 원리를 이해하면 독자들은 자신만의 상황에 맞는 효과적인 프롬프트를 개발할 수 있다. 중요한 것은 이러한 예제들을 기계적으로 모방하는 것이 아니라, 그 안에 담긴 설계 원리를 파악하여 창의적으로 응용하는 것이다.

프롬프트 실패 사례와 개선 전략

아무리 체계적으로 설계된 프롬프트라도 때로는 기대와 다른 결과를 낳는다. 이는 프롬프트 엔지니어링의 자연스러운 과정이며, 실패 경험을 통해 더 정교한 프롬프트를 만들어가는 것이 중요하다. 실패 사례를 분석하고 개선 전략을 수립하는 능력은 프롬프트 엔지니어링 역량의 핵심이다. 여기서는 가장 빈번하게 발생하는 실패 패턴들을 살펴보고, 각각에 대한 구체적인 해결책을 생각해 보기로 한다.

프롬프트 실패의 원인은 크게 세 가지 범주로 나눌 수 있다. 첫째는 프롬프트 자체의 불완전성으로 인한 문제들이다. 여기에는 지시가 너무 모호하거나, 필요한 정보가 부족하거나, 상충하는 요구사항이 포함된 경우들이 해당한다. 둘째는 AI 모델의 이해 과정에서 발생하는 문제들이다. 모델이 사용자의 의도를 잘못 해석하거나, 잘못된 가정을 바탕으로 답변을 생성하는 경우들이다. 셋째는 기대치 설정의 문제로, 사용자가 AI의 능력이나 한계를 잘못 이해하여 비현실적인 요구를 한 경우들이다.

이러한 실패 사례들을 체계적으로 분석하면 공통적인 패턴을 발견할 수 있고, 이를 바탕으로 예방책과 개선 전략을 수립할 수 있다. 중요한 것은 실패를 단순한 오류로 받아들이지 않고, 더 나은 프롬프트를 만들기 위한 학습 기회로 활용하는 것이다.

● 피상적 결과의 함정 : 성의없는 답변 문제

AI가 지나치게 짧거나 피상적인 답변을 제공하는 것은 프롬프트 실패의 흔한 형태 중 하나로, 보통은 프롬프트가 너무 간단하거나 모호할 때 발생한다. "마케팅 전략을 알려줘"라는 요청에 대해 AI가 "타겟 고객을 파악하고, 차별화된 메시지를 만들고, 적절한 채널을 선택하세요"와 같은 뻔한 답변을 제공하는 경우가 대표적이다. 이런 문제의 근본 원인은 프롬프트 작성 시에 충분한 맥락과 구체성이 부족했기 때문이다. AI는 일반적이고 안전한 답변을 제공하려는 경향이 있어서 구체적인 상황이나 제약 조건이 명시되지 않으면 교과서적인 답변을 생성한다. 또한 답변의 깊이나 분량에 대한 지시가 없으면 최소한의 정보만 제공하는 경우가 많다.

이 문제를 해결하기 위해서는 프롬프트에 충분한 맥락 정보를 제공해야 주어야 한다. 업종, 규모, 현재 상황, 목표, 제약 조건 등을 구체적으로 명시하는 것이 중요하다. "스타트업 펫테크 회사의 마케팅 담당자로서, 제한된 예산으로 초기 고객을 확보하기 위한 구체적이고 실행 가능한 마케팅 전략을 제시해 주세요"와 같이 상황을 구체화하면 훨씬 실용적인 답변을 얻을 수 있다. 답변의 깊이와 분량을 명시적으로 요구하는 것도 효과적이다. "상세한 설명을 포함하여", "구체적인 예시와 함께", "실행 단계를 나누어서"와 같은 표현을 추가하면 AI가 더 깊이 있는 답변을 생성하도록 유도할 수 있다. 또한 "전문가 수준의 분석을", "현실적인 고려사항까지 포함하여"와 같은 품질 기준을 명시하는 것도 도움이 된다.

● 잘못된 출발점 : 전제 오류의 위험

AI가 잘못된 전제나 가정을 바탕으로 답변을 생성하는 경우도 자주 발생하는 실패 패턴이다. 예를 들어 "우리 회사 매출이 감소한 이유를 분석해 줘"라는 프롬프트에 대해 AI가 실제로는 매출이 증가했음에도 불구하고 감소 원인을 분석하기 시작하는 경우다. 이는 AI가 사용자의 전제를 그대로 받아들이는 특성 때문에 발생한다. 이런 문제는 특히 복잡한 상황이나 민감한 주제에서 위험할 수 있다. AI가 사용자의 잘못된 정보나 편향된 관점을 무비판적으로 수용하여 부정확하거나 편향된 분석을 제공할 수 있기 때문이다. 또한 가정이 명시되지 않은 상태에서 AI가 임의로 전제를 설정하여 답변하는 경우도 있다.

이런 실패를 예방하기 위해서는 프롬프트 작성 시 객관적 사실 확인을 먼저 요청하는 것이 좋다. "우리 회사의 최근 매출 동향을 먼저 확인하고, 그에 따른 적절한 분석을 제공해 주세요"와 같이 사실 확인 단계를 포함하면 잘못된 전제에 기반한 답변 오류를 방지할 수 있다. 또한 "다음 정보가 정확한지 먼저 검토해 주세요"라는 요청을 추가하는 것도 효과적이다.

복수의 관점에서 접근하도록 요청하는 것도 좋은 전략이다. "매출 감소라는 가정과 매출 증가라는 가정을 모두 고려하여 분석해 주세요"와 같이 다양한 가능성을 열어두면 더 균형잡힌 분석을 얻을 수 있다. 여기에다 "이 상황에 대한 다른 해석은 무엇이 있을까요?"라는 질문을 추가하여 대안적 관점을 탐색하도록 유도할 수 있다.

의도 파악의 실패 : 소통 오류와 해석 문제

사용자가 의도한 것과 AI가 이해한 것 사이에 괴리가 발생하는 경우도 흔한 실패 유형이다. 이런 실패는 언어의 모호성, 문화적 맥락의 차이, 전문 분야별 용어 사용의 차이 등에서 비롯된다. 가령 "좋은 투자 방법을 알려줘"라는 프롬프트를 작성하면서 사용자는 주식 투자를 생각했지만, AI는 부동산이나 예금 상품에 대해 답변하는 경우다. 이런 문제는 특히 추상적이거나 다의적인 용어가 사용될 때 자주 발생한다. "효율적인", "혁신적인", "안전한"과 같은 표현은 맥락에 따라 완전히 다른 의미로 해석될 수 있다. 업계별 전문 용어나 관용적 표현들도 오해의 소지가 크다.

이런 문제를 해결하기 위해서는 핵심 용어와 개념을 명확히 정의하는 것이 중요하다. "여기서 투자는 주식 시장에서의 개별 종목 투자를 의미합니다"와 같이 중요한 용어의 의미를 구체적으로 명시해야 한다. 또한 "제외할 영역이나 고려하지 않아도 될 요소가 있다면 미리 말씀해주세요"라는 요청을 추가하여 범위를 명확히 할 수 있다. 또 의도 확인 절차를 프롬프트에 명시하는 것도 효과적이다. "답변하기 전에 제가 요청한 내용을 다시 정리해서 확인해 주세요"라는 요청을 추가하면 AI가 사용자의 의도를 정확히 파악했는지 중간 점검할 수 있다. 이 요청은 특히 복잡하거나 중요한 작업에서 매우 유용한 전략이다.

체계적 개선 전략 : 문제 해결의 구조적 접근

프롬프트 실패를 방지하기 위한 가장 효과적인 방법은 체계적이고 단계적인 접근이다. 그 중 가장 우선적으로 고려해야 할 전략은 바로 조건 구체화이다. 모호했던 요구사항을 구체적인 조건으로 변환하고, 제약 사항과 기대치를 명확히 설정하는 것이다. "더 나은 프레젠테이션을 만들어줘"라는 요청을 "15분 분량의 임원진 대상 분기 보고용 프레젠테이션을 만들어 주세요. 핵심 메시지 3개를 중심으로 구성하고, 각 슬라이드마다 시각적 요소 제안도 포함해 주세요"와 같이 구체화하는 것이 좋은 예시다.

두 번째 중요한 개선 전략은 역할 명시로, AI에게 특정한 전문가 역할을 부여하고, 그 관점에서 답변하도록 유도하는 것이다. "당신은 10년 경력의 디지털 마케팅 전문가입니다. B2B 소프트웨어 회사의 관점에서 조언해 주세요"와 같이 구체적인 역할과 경험을 설정하면 더 전문적이고 맥락에 맞는 답변을 얻을 수 있다.

세 번째 핵심 전략은 문맥을 보강하는 일이다. 그냥 미주알고주알 정보를 나열할 것이 아니라, AI가 상황을 정확히 이해할 수 있도록 회사 규모, 업종, 현재 상황, 목표, 제약 조건, 성공 기준 등 필요한 배경 정보를 포괄적이면서도 체계적으로 제공해야 한다. 이때 중요한 것은 관련 없는 정보로 AI의 주의를 분산시키지 않으면서도 핵심적인 맥락은 빠뜨리지 않도록 균형을 유지하는 일이다.

반복적 개선 과정의 구축도 중요한 전략이다. 첫 번째 답변을 기반으로 "이 결과에서 부족한 부분은 무엇인가요?", "다른 관점에서는 어떻게 접근할 수 있을까요?"와 같은 후속 질문을 통해 점진적으로 품질이 향상된 답변을 유도하는 것이다. 이는 한 번의 완벽한 프롬프트를 만들려 하기보다는, 대화를 통한 협력적 개선 과정으로 접근하는 방식이다.

마지막으로 실패 사례들을 기록하고 분석하는 것이 장기적인 개선을 위해 필수적이다. 어떤 프롬프트가 어떤 방식으로 실패했는지, 무엇을 수정했을 때 개선되었는지를 기록하여 개인만의 프롬프트 엔지니어링 노하우를 축적해 가는 것이다. 이러한 학습 과정을 통해 점진적으로 더 효과적인 프롬프트를 설계할 수 있는 능력을 기를 수 있다.

효과적 프롬프팅과 '사고력'의 회복

많은 사람들이 프롬프트 엔지니어링을 배우면서 놀라운 사실을 깨닫게 된다. 그것은 바로 AI를 더 효과적으로 활용하려고 시작한 학습이 결국 자신의 사고 과정을 더 명확하게 이해하고 개선하는 여정이라는 사실이다. 효과적인 프롬프트를 작성하려면 문제를 정확히 정의하고, 원하는 결과를 구체적으로 설명하고, 필요한 맥락을 체계적으로 제공해야 한다. 이 과정에서 자연스럽게 논리적 사고력과 의사소통 능력이 향상된다. 이것이 우연히 얻어지는 부산물이 아닌 이유는 프롬프트 엔지니어링의 본질이 바로 인간의 사고 과정을 외부로 드러내고 구조화하는 작업이기 때문이다. AI라는 거울을 통해 우리는 자신이 얼마나 모호하게 생각하고 있었는지, 얼마나 불완전하게 문제를 정의하고 있었는지 깨닫게 된다. 그리고 이러한 깨달음은 AI 없이도 더 명확하고 체계적으로 사고할 수 있는 능력으로 이어진다.

프롬프트는 21세기의 새로운 글쓰기 도구다. 과거에는 펜과 종이, 타자기, 워드프로세서가 글쓰기의 도구였다면, 이제는 프롬프트가 생각을 정리하고 표현하는 핵심 도구가 되었다. 하지만 프롬프트는 생각을 기록하는 것이 전부인 기존 도구들과는 달리 생각을 확장하고 정제하는 능동적 역할까지 수행한다. 전통적인 글쓰기에서는 작가가 모든 내용을 스스로 생성해야 했다. 빈 종이 앞에서 무엇을 어떻게 써야 할지 고민하는 것이 글쓰기의 가장 어려운 부분이었다. 하지만 프롬프트를 통한 AI와의 협업에서는 이러한 창작의 부담이 크게 줄어든다. 대신 무엇을 요청할지, 어떻게 질문할지에 대한 새로운 형태의 창의성이 요구된다.

이러한 변화는 글쓰기의 패러다임을 근본적으로 바꾸고 있다. 과거의 글쓰기가 '무에서 유를 창조하는' 과정이었다면, 프롬프트를 이용한 글쓰기는 '방향을 제시하며 결과를 선별하고 조합하는' 과정이다. 이는 작가의 역할을 창조자에서 기획자와 편집자로 변화시키고 있다. 좋은 프롬프트를 작성하는 능력은 곧 좋은 기획자이자 편집자가 되는 능력이기도 하다.

프롬프트를 통한 글쓰기는 또한 반복과 개선 과정을 훨씬 빠르다. 전통적인 글쓰기에서는 한 번 쓴 글을 수정하는 데는 상당한 노력이 들었지만, 프롬프트 기반에서는 조건을 바꾸거나 관점을 전환해 즉시 새 버전을 생성할 수 있다. 빠른 반복은 아이디어의 실험과 탐색을 훨씬 자유롭게 만든다.

더 중요한 것은 프롬프트를 통한 글쓰기가 사고를 구조화하는 역할을 한다는 점이다. 효과적인 프롬프트를 작성하려면 자신이 무엇을 원하는지, 왜 그것을 원하는지, 어떤 조건과 제약이 있는지 명확히 해야 한다. 이 과정에서 막연했던 아이디어가 구체적인 형태와 논리적 구조를 갖추게 된다.

많은 사람들이 AI를 만능 답변기계로 인식하는 경향이 있다. 질문을 던지면 정답을 제공하는 고성능 검색 엔진으로 바라보는 것이다. 하지만 이런 생각은 AI의 진정한 가치를 놓치게 만든다. AI의 진정한 가치는 정답 제공에 있는 것이 아니라, 우리가 더 나은 질문을 하도록 도와주는 데 있다. 그렇기에 숙련된 프롬프트 엔지니어들은 AI를 답변 제공자가 아닌 사고 파트너로 활용한다. 그들은 AI에게 "정답을 알려달라"고 요청하기보다는 "이 문제를 다른 관점에서 바라보면 어떨까?", "내가 놓친 중요한 요소는 무엇일까?", "이 아이디어의 약점은 무엇일까?"와 같은 질문을 던진다. 이러한 접근법이야말로 AI를 통해 자신의 사고를 확장하고 깊이를 더하는 방법이다.

사고 파트너로서의 AI는 여러 가지 고유한 장점을 가진다. 우선 AI 파트너는 판단하지 않는다. 인간 파트너는 아무리 친밀해도 때로는 우리의 아이디어를 성급하게 판단하거나 선입견을 가질 수 있다. 하지만 AI는 어떤 아이디어든 열린 마음으로 탐색을 도와준다. 또한 무한한 인내심을 가진다. 같은 주제를 여러 번 다른 각도에서 접근하거나, 반복적으로 개선해달라고 요청해도 지치지 않는다. AI는 또한 다양한 관점을 동시에 제공해 준다. "이 문제를 경제학자의 관점에서, 심리학자의 관점에서, 그리고 일반 소비자의 관점에서 각각 분석해달라"고 요청하면, 한 명의 AI가 여러 전문가 역할을 수행하여 다각도 분석을 제공한다. 이는 혼자서는 얻기 어려운 통합적 관점을 형성하는 데 도움이 된다.

하지만 AI와의 사고적 파트너십에서 명심해야 할 것은 주도권이 여전히 인간에게 있다는 사실이다. AI는 도구이자 촉매일 뿐이고, 최종적인 판단과 결정은 인간이 내려야 한다. AI가 제공하는 다양한 관점과 분석을 종합하여 자신만의 결론을 도출하는 것이 AI와의 진정한 협업인 것이다.

"좋은 질문이 좋은 답을 만든다"는 말은 AI 시대에 특히 중요한 의미를 갖는다. AI와의 상호작용에서 결과의 품질은 거의 전적으로 질문의 품질에 달려 있다. 좋은 프롬프트란 좋은 질문이고, 좋은 질문을 만드는 과정에서 우리의 사고력은 자연스럽게 향상된다. 질문을 정교하게 만드는 과정은 생각을 정교하게 만드는 과정과 정확히 일치한다. 막연한 호기심을 구체적인 질문으로 변환하려면 그 호기심의 본질이 무엇인지, 무엇을 알고 싶은 것인지, 어떤 맥락에서 그것이 중요한지 분명히 해야 한다. 이 과정에서 사고는 자연스럽게 구조화되고 명확해지는 것이다.

또한 효과적인 질문을 만들기 위해서는 메타인지 능력도 필요하다. 자신이 무엇을 모르는지 알아야 하고, 어떤 종류의 도움이 필요한지 파악해야 하기 때문이다. "나는 지금 분석이 필요한가, 아이디어가 필요한가, 검증이 필요한가?"와 같은 자기 성찰이 선행되어야 적절한 프롬프트를 설계할 수 있다.

좋은 질문의 특징 중 하나는 열린 구조를 가지면서도 방향성이 있다는 것이다. 너무 닫힌 질문은 예상 가능한 답변만 이끌어내고, 너무 열린 질문은 산만한 답변을 낳는다. 적절한 균형을 찾는 능력이야말로 질문 설계의 핵심이다. 이러한 균형감각은 프롬프트 엔지니어링을 통해 훈련되고 발전된다. 질문의 품질을 높이는 또 다른 요소는 적절하게 맥락을 제공하는 것이다. 같은 질문이라도 어떤 맥락에서 던지느냐에 따라 완전히 다른 답변을 얻을 수 있다. 맥락을 적절히 설정하고 조절하는 능력은 상황을 다각도로 분석하고 핵심을 파악하는 능력과 직결된다. 반복적 질문을 통한 깊이 있는 탐구도 중요한 사고 기법이다. 첫 번째 답변에 만족하지 않고 "왜 그럴까?", "다른 가능성은 없을까?", "이것의 한계는 무엇일까?"와 같은 후속 질문을 계속 던지는 것이다. 이러한 연쇄적 질문은 표면적 이해를 넘어 본질적 이해에 도달하게 해준다.

프롬프트 엔지니어링을 통해 우리가 궁극적으로 추구해야 할 것은 AI에게 의존하는 것이 아니라 AI를 통해 인간의 능력을 확장하는 것이다. AI는 우리의 사고를 대체하는 것이 아니라 사고의 도구가 되어야 한다. 계산기가 우리의 수학적 사고를 대체하지 않고 확장했듯이, AI도 우리의 지적 능력을 확장하는 역할을 해야 한다. 이런 관점에서 보면 프롬프트 엔지니어링은 기계적인 기술적 기법이 아니라 새로운 형태의 지적 훈련이다. 명확하게 생각하고, 체계적으로 표현하고, 비판적으로 평가하는 능력을 기르는 과정이다. AI와의 상호작용을 통해 이러한 능력들이 반복적으로 훈련되고 강화된다. 또한 프롬프트 엔지니어링은 협업적 사고의 훈련이기도 하다. AI라는 파트너와 효과적으로 소통하고 협력하는 방법을 배우는 과정에서, 인간 파트너와의 협업 능력도 자연스럽게 향상된다. 명확한 의사소통, 적절한 역할 분담, 건설적인 피드백 등 협업의 핵심 요소들이 프롬프트 엔지니어링에서도 동일하게 중요하다.

가장 중요한 것은 주체성을 잃지 않는 것이다. AI가 아무리 뛰어난 답변을 제공하더라도, 그것을 맹목적으로 수용해서는 안 된다. 비판적으로 검토하고, 자신의 경험과 판단으로 검증하고, 필요에 따라 수정하고 보완하는 능력이야말로 AI 시대의 핵심 역량이다. 프롬프트 엔지니어링을 통해 우리는 AI와 함께 생각하는 법을 배운다. 하지만 더 중요한 것은 이 과정에서 혼자서도 더 잘 생각할 수 있게 된다는 것이다. AI라는 거울을 통해 자신의 사고 과정을 객관화하고 개선하며, 궁극적으로는 AI 없이도 더 명확하고 깊이 있게 사고할 수 있는 능력을 기르게 된다. 이것이야말로 프롬프트 엔지니어링이 우리에게 주는 가장 소중한 선물이다.

4 인지 증강과 사고 확장 전략

AI와 함께 생각의 한계 뛰어넘기

인간의 두뇌는 놀라운 능력을 가졌지만, 동시에 분명한 한계도 있다. 우리의 기억력은 완벽하지 않고, 주의력은 제한적이며, 처리할 수 있는 정보의 양에도 한계가 있다. 심리학자 조지 밀러(George Miller)가 1956년에 발표한 유명한 연구에 따르면, 인간은 한 번에 약 7($\pm$2)개 그러니까 5~9개의 정보 단위만 작업 기억에 저장할 수 있다. 이는 전화번호가 3-4-4 구조로 나뉘어 있고, 웹사이트 메뉴가 보통 5~7개로 구성되는 이유이기도 하다. 복잡한 업무를 처리할 때 우리가 자주 혼란을 느끼거나 중요한 정보를 놓치는 것도 바로 이러한 인지적 한계 때문이다.

하지만 이제 AI는 우리에게 이런 인지적 한계를 극복할 수 있는 강력한 도구를 제공한다. AI에게 복잡한 작업을 요청할 때 7개 이하의 명확한 지시 사항으로 나누어 전달하고, AI가 제공하는 선택지나 정보도 우리가 소화할 수 있는 범위 내에서 받아들임으로써, 인간의 인지적 강점과 AI의 처리 능력을 효과적으로 결합할 수 있다. 인간과 AI의 협력은 인간의 강점과 AI의 강점을 결합하는 것이다. 그렇다면 AI는 어떻게 우리의 인지 능력을 확장할 수 있을까?

우선 AI는 우리의 기억을 확장한다. 인간의 기억은 종종 불완전하고 왜곡되지만, AI는 방대한 정보를 정확하게 저장하고 필요할 때 즉시 불러올 수 있다. 예를 들어, 우리가 수천 개의 학술 논문을 검토해야 할 때, 대화형 AI 모델을 활용하면 관련 연구들을 빠르게 요약하고 핵심 내용을 추출할 수 있다. 이로써 우리는 도서관 전체를 살피는 동시에 모든 책의 내용을 기억할 수 있는 능력을 갖춘 것이나 마찬가지가 됐다. 의료 분야에서는 더욱 구체적인 활용 사례가 나타나고 있다. 알츠하이머 초기 증상을 겪는 환자들이 AI 메모 도구를 활용해 일상의 기억을 저장하고, 대화형 AI와의 상호작용을 통해 과거의 경험과 지식을 되찾는 사례들이 보고되고 있다. 이처럼 AI는 기억 저장 장치로서의 기능뿐만 아니라 개인의 기억 체계를 보완하고 확장하는 도구로도 기능할 수 있다.

AI는 우리의 주의력을 확장한다. 인간은 한 번에 여러 복잡한 요소를 모두 주시하기 어렵지만, AI는 동시에 수많은 변수를 모니터링할 수 있다. 금융 분석 분야에서 AI를 활용하면 수십 개 기업의 재무 데이터와 시장 동향을 동시에 분석할 수 있다. 이전에는 분석가가 한 번에 몇 개 기업만 깊이 분석할 수 있었다면, 이제는 AI가 이상치를 감지하고 중요한 패턴을 식별해 훨씬 더 넓은 시야를 확보할 수 있게 되었다. 이는 등산할 때 쌍안경을 사용하는 것과 같다. 육안으로는 멀리 있는 세부 사항을 볼 수 없지만, 도구의 도움으로 더 넓은 범위를 더 선명하게 볼 수 있게 된다. AI는 우리가 놓치기 쉬운 데이터의 패턴, 관계, 이상점을 감지하는 '인지적 쌍안경' 역할을 한다.

AI는 복잡한 정보의 이해와 해석을 돕는다. 인간은 복잡한 시스템이나 다차원적 데이터를 직관적으로 이해하기 어렵지만, AI는 이러한 정보를 시각화하고 단순화하여 제시할 수 있다. 도시 계획 분야에서 AI를 활용하면 교통 흐름, 인구 동향, 환경 데이터 등 복잡한 도시 시스템을 종합적으로 분석할 수 있다.

AI는 도시를 살아있는 유기체처럼 파악할 수 있게 도와준다. 인간의 눈으로는 볼 수 없는 패턴과 관계를 드러내며, 어떤 지역의 교통 정체가 다른 지역의 공기 질에 미치는 영향이나 새로운 주택 개발이 지역 경제에 가져올 파급 효과를 예측하는 것이 가능해진다.

이처럼 AI는 우리의 인지적 한계를 극복하는 도구로 작용한다. 하지만 중요한 것은, AI가 인간의 능력을 대체하는 것이 아니라 확장하는 것이라는 점이다. 천체망원경이라는 도구가 천문학자의 시력을 확장하는 것처럼 AI는 우리의 인지 능력을 확장한다. 천체망원경을 통해 별을 관찰하는 것은 여전히 천문학자의 몫이 되듯이 AI가 제공하는 정보를 해석하고 의미를 부여하는 것은 여전히 인간의 역할인 것이다.

이러한 인지 증강을 효과적으로 활용하기 위해서는 AI와의 상호작용을 일상에 통합하는 방법을 배워야 한다. 그렇게 해서 자연스럽게 AI를 인지적 보조 도구로 활용할 수 있어야 하는 것이다. 그러므로 AI를 배운다는 것은 기술적 능력 습득과 함께 자신의 인지 과정을 이해하고, AI를 통해 사고를 확장하는 방법을 익히는 것을 의미한다.

증강 인지를 실천하는 방법

증강 인지(Augmented Cognition)란 AI와 같은 외부 도구를 활용하여 인간의 인지 능력을 확장하는 것을 의미한다. 이는 이론적 개념에 그치지 않고, 일상과 업무에서 실천할 수 있는 구체적인 접근법이다. 인지철학자 앤디 클라크(Andy Clark)는 이를 "확장된 마음(Extended Mind)"이라고 부르며, 도구와 기술이 우리 인지 시스템의 일부가 될 수 있다고 설명한다. 클라크는 "마음이 어디서 끝나고 나머지 세계가 어디서 시작되는가?"라는 근본적 질문을 제기하며, 마음의 경계를 재정의했다. 그는 '패리티 원칙(Parity Principle)'을 주장했는데, 어떤 기능이 뇌 안에서 일어났을 때 그것이 인지 과정으로 인정된다면, 동일한 기능을 수행하는 외부 객체나 과정도 마찬가지로 인지 과정의 일부로 간주해야 한다는 원칙이다. 예를 들어, 기억에서 정보를 꺼내는 것과 노트북에서 정보를 찾는 것이 기능적으로 동일하다면, 둘 다 동등하게 인지 과정으로 봐야 한다는 것이다. 이를 설명하는 유명한 사례가 알츠하이머 환자 오토(Otto)의 이야기다. 오토는 중요한 정보를 노트북에 저장하고 필요할 때 찾아본다. 일반인인 잉가(Inga, 클라크의 유명한 사고실험에 등장하는 가상의 인물)가 기억에서 정보를 꺼내는 것과 오토가 노트북에서 정보를 찾는 것이 기능적으로 동일하다면, 노트북도 오토의 기억 시스템의 일부라고 볼 수 있다는 것이다.

AI 시대에 이 개념은 더욱 중요해진다. 클라크는 AI가 인간 인지 시스템의 일부가 되어 우리의 마음을 자연적 경계 너머로 확장시킬 수 있다고 본다. 그는 앞으로 우리에게 도래할 미래의 기술 환경을 "도구를 가진 나"가 아니라 "일을 처리하는 여러 인지 생태계들이 겹치는" 형태로 예측한다. "도구를 가진 나"는 인간이 명확한 주체이고 AI나 기술이 외부 도구인 전통적 '나-도구' 관계를 의미한다. 계산기를 꺼내서 계산하고 다시 서랍에 넣는 것처럼 필요할 때만 도구를 사용하므로 인간과 기술 사이에 명확한 경계가 존재하는 방식이다. 반면 "여러 인지 생태계들이 겹치는" 형태는 인간의 생물학적 인지와 디지털 시스템이 서로 얽혀 하나의 통합된 네트워크를 형성하는 것을 말한다. GPS와 함께 길을 찾을 때, 나의 공간 인식, GPS 데이터, 실시간 교통정보가 하나의 내비게이션 시스템을 구성하거나, AI 번역기로 대화할 때, 나의 언어 이해, AI 번역, 상대방의 반응이 실시간으로 얽혀 소통이 이루어지는 경우가 그 예다. 여기서는 명확한 주체-객체 구분이 모호해지고, 여러 요소들이 동시에 상호작용하며 문제를 해결한다.

현재 우리가 스마트폰 없이는 길을 찾기 어려워하거나, AI 번역 도구를 통해 외국어로 소통하는 것도 이미 확장된 마음의 실제 사례다. 클라크는 미래에 보편화될 개인용 AI가 "내 마음의 완전한 일부가 되지는 못하지만, 상당히 친밀한 기술"이 될 것이라고 예측한다. 펜과 연필이 처음 발명되었을 때는 혁신적인 기술이었지만, 지금은 너무 자연스러워서 더 이상 '기술'로 인식되지 않는다. AI도 마찬가지로 처음에는 새롭고 낯선 기술로 여겨지지만, 시간이 지나면서 우리의 사고 과정과 자연스럽게 결합되어 도구임을 의식하지 않고 사용하게 될 것이다. 결국 AI는 인간과는 별개인 기술이 아닌 인간다움의 일부로 통합될 것이라는 전망이다.

이러한 관점에서 증강 인지는 AI와 함께 하나의 통합된 인지 시스템을 구성하는 것을 의미한다. 이는 인간 문화에서 수천 년간 진행되어 온 과정의 연장이다. 문자 체계가 우리의 기억과 사고 방식을 바꾼 것처럼, AI도 우리의 인지 방식 자체를 변화시키며 새로운 형태의 하이브리드 지능을 만들어낸다. 중요한 것은 이 과정에서 인간의 고유한 능력인 창의성, 직관, 가치 판단 등은 여전히 핵심적 역할을 수행하게 될 것이라는 점이다. AI는 우리의 인지 능력을 대체하는 것이 아니라 확장하는 파트너인 셈이다.

현대 사회의 정보 홍수 속에서 우리가 직면한 문제는 정보의 부족이 아니라 관련성 높은 정보를 식별하는 것이다. 이는 모래사장에서 금을 찾는 것과 같으며, AI는 이러한 정보 수집과 필터링에 강력한 도구가 될 수 있다. 실천적 접근을 위해서는 자신에게 정말 필요한 정보를 명확히 정의하고, AI 도구에 구체적인 기준과 선호도를 설정하여 관련성 높은 정보만을 필터링하도록 해야 한다. 이때 "내 견해와 일치하는 기사만"이 아니라 "다양한 관점을 포함한 특정 주제의 질 높은 분석"을 요청하는 것이 중요하다. 좋은 식단이 다양한 영양소를 포함해야 하는 것처럼 건강한 정보 섭취도 다양한 관점을 포함해야 한다.

인간의 두뇌는 새로운 정보를 기존 지식 구조에 통합하는 방식으로 학습하지만, 정보량이 방대해지면 이러한 연결성을 유지하기 어려워진다. AI는 이러한 지식 조직과 연결을 돕는 파트너가 될 수 있다. 실천적 접근을 위해서는 자신만의 '제2의 두뇌'를 구축하는 마인드셋이 필요하다. 노트 앱, 지식 관리 도구, AI 비서 등을 활용하여 정보를 단순히 저장만 할 것이 아니라, "이 개념과 관련된 다른 아이디어는 무엇인가요?", "이것은 내가 이전에 학습한 어떤 내용과 연결되나요?"와 같은 질문을 통해 의미 있게 연결하고 구조화하는 습관을 들여야 한다.

인간의 작업 기억은 제한적이어서, 복잡한 문제를 해결할 때 인지적 부하가 발생한다. 그리고 너무 많은 정보를 동시에 처리하려 하면 효율성이 떨어지고 실수를 저지르기 마련이다. 실천적 접근을 위해서는 자신의 인지 프로세스를 외부화하는 습관을 들이고, 복잡한 프로젝트를 작은 단위로 분해하며, 반복적이거나 정형화된 작업은 AI에 위임하고 인간은 판단과 창의성이 필요한 부분에 에너지를 집중하는 것이 중요하다. 보고서 작성 시 AI에게 초안 구조 제안, 데이터 분석, 문법 검토를 맡기면 내용의 질과 논리적 흐름에 더 집중할 수 있게 된다.

증강 인지를 효과적으로 실천하기 위해서는 자신의 사고 과정을 성찰하고 개선하는 능력인 메타인지가 필수적이다. AI와 협업할 때 자신의 인지적 강점과 약점을 파악하고, 어떤 부분에서 AI의 도움이 필요한지 정확히 아는 것이 증강 인지의 핵심이기 때문이다. 실천적 접근을 위해서는 AI와의 대화를 통해 자신의 사고 프로세스를 명시적으로 표현하고 검토하는 습관을 들이는 것이 중요하다. "이 문제에 대한 내 접근 방식은 어떤가요?", "내 논리에 허점이 있나요?"와 같은 질문을 던지며 자신의 사고를 검증하고, AI를 '소크라테스적 대화 파트너'로 활용하여 "이 주제에 대해 다른 관점은 무엇인가요?", "이 결론의 함의는 무엇인가요?"와 같은 질문을 통해 더 깊은 사고를 촉진할 수 있다.

요컨대, 증강 인지의 실천이란 AI 도구를 사용함에 있어 자신의 인지 프로세스와 AI를 유기적으로 통합하여 '인간-AI 협력 시스템'을 구축하는 것을 의미한다. 뛰어난 장인이 자신의 도구와 하나가 되어 작업하듯이 우리도 AI와 하나가 되어 사고할 수 있다. 이러한 통합적 접근은 지식 노동자가 갖추어야 할 중요한 역량이 되어가고 있다.

AI와 함께하는 의사결정 전략

현대 사회는 그 어느 때보다 복잡하고 불확실하다. 경영학자 피터 드러커(Peter Drucker)는 이미 1980년에 이러한 격동의 시대를 다루며 "격동의 시기는 위험한 시기이지만, 그중 가장 큰 위험은 현실을 부정하려는 유혹이다"라고 말했다.[26] 이는 급변하는 환경에서 변화 자체보다도 변화를 인정하지 않거나 기존의 방식에 고집하는 태도가 더 위험하다는 통찰이다. 그는 또한 "경영자가 해야 하는 가장 중요한 일은 이미 일어난 변화를 정의하는 것"이며, "중요한 것은 '이미 일어난 미래'를 정의하는 것"이라고 강조했다.

---

26) 피터 드러커, 『격변기의 경영(Managing in Turbulent Times)』(1980)

여기서 '이미 일어난 미래'란 현재 발생하고 있는 변화 중에서 미래에 중대한 영향을 미칠 것으로 판단되는 변화를 의미한다. 인구구조의 변화, 사회 인식의 변화, 기술혁신에 따른 산업구조의 변화 등이 이에 해당한다. 이러한 변화들은 이미 현재 진행 중이지만, 그 파급효과는 미래에 본격적으로 나타날 것들이다.

드러커의 통찰은 현재에도 여전히 유효하다. 급변하는 환경에서 가장 큰 위험은 불확실성 자체가 아니라 현실의 변화를 인식하지 못하고 기존 방식에 안주하는 것이다. 과거의 성공 방식이 미래에도 통할 것이라는 착각, 변화의 신호를 무시하고 현실을 부정하려는 유혹이야말로 조직과 개인을 위험에 빠뜨리는 진짜 요인이다.

이러한 맥락에서 본다면, 의사결정의 품질은 그 어느 때보다 중요해졌으며, AI는 이런 복잡성과 불확실성으로 얽혀있는 급변하는 환경 속에서 "이미 일어난 변화"를 감지하고 의사결정을 향상시키는 강력한 도구가 될 수 있다. AI는 우리가 놓치기 쉬운 변화의 패턴을 인식하고, 현실을 부정하려는 인간의 편향을 보완하여 더 나은 미래 대응을 가능하게 한다.

인간은 확증 편향, 근시안적 사고 등 다양한 인지적 편향에 쉽게 노출되며, 특히 불확실한 상황에서는 익숙한 패턴에 의존하는 경향이 있다. AI는 이러한 편향을 극복하고 다양한 관점과 시나리오를 탐색하는 데 도움이 된다. 기업 전략 수립 시 AI를 활용해 미처 생각하지 못한 위험 요소를 찾거나 경쟁사의 관점에서 자사 전략을 비판하도록 요청함으로써 사고의 범위를 넓히고 더 견고한 전략을 수립할 수 있다. '레드팀-블루팀'[27] 접근법은 이같은 전략의 좋은 예로, AI에게 레드팀 역할을 맡겨 계획의 약점이나 실

---

27) 레드팀-블루팀(Red Team-Blue Team) 접근법 : 원래 군사 훈련에서 시작된 방법론으로, 레드팀은 공격자나 반대 입장을, 블루팀은 방어자나 기존 입장을 담당하여 서로 대립하며 약점을 찾고 개선점을 도출하는 방식이다. 현재는 사이버보안, 비즈니스 전략, 의사결정 등 다양한 분야에서 활용되며, 한 팀이 기존 계획이나 시스템을 비판적으로 검토하여 맹점을 찾아내는 역할을 함으로써 전체적인 품질을 향상시키는 데 목적이 있다.

패 가능성이 있는 시나리오를 질문하면 인간 팀이 놓친 중요한 고려사항을 발견할 수 있다.

많은 경우 훌륭한 의사결정은 '데이터와 직관의 균형'에서 나온다. 데이터 분석만으로는 맥락과 암묵적 지식을 놓칠 수 있으며, 직관만으로는 편향과 오류에 빠지기 쉽다. AI는 이 두 영역을 연결하는 다리가 될 수 있다. 의료진의 경우 환자 진단에 AI 의사결정 지원 시스템을 활용하여 수천 개의 유사 사례와 최신 의학 연구를 바탕으로 가능한 진단을 참고하지만, 최종 결정은 환자와의 직접적인 상호작용, 미묘한 증상, 그리고 의학적 직관을 바탕으로 내린다. 한마디로 '데이터에 기반한 직관'이다. 실천적으로는 의사결정 프로세스에 'AI 협의' 단계를 포함시켜, 중요한 결정을 내리기 전에 AI에게 관련 데이터 분석, 유사 사례, 잠재적 위험 요소 등에 대한 조언을 구하고 이를 자신의 경험과 직관과 통합하여 더 균형 잡힌 결정을 내릴 수 있다.

복잡한 문제는 다양한 배경과 전문성을 가진 사람들의 협력을 통해 더 효과적으로 해결될 수 있지만, 집단 의사결정은 대체로 그룹싱크, 권력 역학, 의사소통 장벽 등의 문제로 인해 그 효과가 제한된다. 특히 그룹싱크(Groupthink)는 집단 내에서 구성원들이 비판적 사고보다는 집단의 합의를 우선시함으로써 문제의 핵심을 놓치게 만드는 주요 원인이 된다. AI는 이런 장벽들을 극복하고 진정한 집단 지성을 촉진하는 데 도움이 된다. 실천적 접근으로는 'AI 중재 토론'을 활용하여 팀 회의나 워크숍에서 AI가 논의를 구조화하고, 다양한 관점을 요약하며, 잠재적 해결책을 제안하는 역할을 맡게 할 수 있다. 또한 'AI 설명 가능성'을 통해 복잡한 결정의 근거를 AI가 설명하고 시각화함으로써, 모든 이해관계자가 결정 과정을 이해하고 신뢰할 수 있게 된다.

불확실한 환경에서는 완벽한 한 번의 결정보다 지속적인 학습과 적응이 중요하다. 이는 빠르게 변하는 지형에서 한 번에 완벽한 경로를 계획하는 것보다, 상황에 따라 경로를 조정하는 것이 효과적인 것과 같다. 실천적 접근으로는 'AI 강화 실험'을 활용하여 복잡한 결정을 내릴 때 단일 옵션에 모든 것을 걸기보다 여러 작은 실험을 설계하고 AI를 통해 결과를 실시간으로 분석함으로써 빠르게 학습하고 방향을 조정할 수 있다. 또한 'AI 시뮬레이션'을 통해 다양한 결정의 잠재적 결과를 실제 리스크 없이 탐색할 수 있다.

이러한 AI 활용 의사결정 기법들은 불확실성을 없애는 것이 아니라, 불확실성 속에서도 더 현명하게 항해할 수 있는 나침반을 제공한다. 중요한 것은 AI를 만능 해결사로 보는 것이 아니라, 인간의 판단과 통찰력을 보완하는 도구로 인식하는 것이다.

인간-AI 협력적 창의성 개발

창의성은 오랫동안 인간만의 영역으로 여겨져 왔다. 하지만 AI의 발전으로 이러한 인식이 변화하고 있다. AI는 인간의 창의성을 대체하는 것이 아니라, 증폭시키고 새로운 형태의 협력적 창의성을 가능하게 한다. 심리학자 미하이 칙센트미하이(Mihaly Csikszentmihalyi)[28]가 창의성을 "기존 요소들의 새로운 연결"이라고 정의했듯, AI는 이러한 연결을 풍부하게 만드는 파트너가 될 수 있다.

창의성 연구자 마가렛 보덴(Margaret Boden)[29]은 창의성을 신규성, 가

---

28) 미하이 칙센트미하이(Mihaly Csikszentmihalyi, 1934-2021)는 헝가리 태생의 미국 심리학자로, 시카고 대학교 심리학과 명예교수를 역임했다. 그는 '몰입(flow)' 이론의 창시자로 널리 알려져 있으며, 긍정심리학 분야의 선구자 중 한 명이다. 주요 저서로는 『몰입의 즐거움(Flow: The Psychology of Optimal Experience)』(1990), 『창의성의 즐거움(Creativity: Flow and the Psychology of Discovery and Invention)』(1996) 등이 있다. 그의 연구는 인간의 최적 경험, 창의성, 행복에 관한 현대 심리학의 이해에 중대한 영향을 미쳤다.

29) 마가렛 보덴(Margaret Boden, 1936~) : 영국의 인지과학자이자 창의성 연구의 권위자. 서섹스 대학교 인지과학과 명예교수로, 컴퓨터 창의성(computational creativity)과 인공지능의 창의성 연구 분야를 개척했다. 창의성을 개인에게 새로운 P-창의성(Psychological creativity)과 역사상 처음으로 등장하는 H-창의성(Historical creativity)으로 구분하는 이론을 제시했으며, 『창의적 마음: 신화와 메커니즘(The Creative Mind: Myths and Mechanisms)』(1990) 등의 저서를 통해 창의성의 인지적 메커니즘을 체계화했다.

치성, 놀라움이라는 세 가지 요소로 정의한다. 즉, 창의적인 것으로 인정받으려면 새롭고, 가치가 있으며, 기존의 사고 틀을 벗어나 예상치 못한 통찰이나 해결책을 제시해야 한다는 것이다. 놀라움이란 "아, 그런 방법이 있었구나!", "왜 이전에는 이걸 생각하지 못했을까?"와 같은 인식의 전환을 의미한다. 또한 보덴은 창의성을 세 가지 유형으로 분류한다. 조합적 창의성(Combinatorial Creativity)은 기존의 서로 다른 아이디어들을 새롭게 결합하여 창의적 결과물을 만드는 과정이다. 탐험적 창의성(Exploratory Creativity)은 주어진 규칙이나 제약 조건 내에서 새로운 가능성을 찾아내는 과정이며, 변형적 창의성(Transformational Creativity)은 기존 규칙이나 틀 자체를 근본적으로 바꾸어 완전히 새로운 것을 창출하는 과정을 의미한다.

보덴의 정의에 따른다면 AI도 인간처럼 창의성을 지니고 있다고 할 수 있을까? 그녀의 연구를 보면, AI는 다양한 규칙과 제약을 가지고 있는 상황에서 자율적으로 새로운 아이디어를 생성하고 발전시키는 능력을 보였다. 그뿐만 아니라 실제로도 1970년대 해롤드 코헨(Harold Cohen)이 개발한 AI 화가 아론(Aaron)은 런던의 테이트 박물관(Tate Museum)과 빅토리아 앤 알버트 박물관(Victoria and Albert Museum) 등에서 전시될 정도의 작품을 그려 냈다. 데이비드 코프(David Cope)의 음악 AI인 에밀리 하우웰(Emily Howell)은 베토벤과 같은 거장의 스타일을 연상시키는 웅장하고 세련된 작품을 창작했다. 최근의 달·이, 미드저니, 스테이블 디퓨전과 같은 시스템들은 창의적 예술 분야에서 더욱 폭발적인 발전을 보여주고 있다. 보덴의 연구 결과와 음악과 미술을 창작하는 AI 모델의 사례는 AI가 창의성을 구현할 가능성이 있다는 것을 분명하게 보여주지만, 정작 보덴은 AI가 아직까지는 그 자체로 창의성을 발휘하기 보다 사람들이 창의적으로 사고하고 아이디어를 발전시키는 데 도움을 줄 수 있다는 점을 더 강조한다.

인간의 창의성은 종종 경험, 지식, 문화적 맥락에 의해 제한된다. 우리는 알고 있는 것에서 영감을 얻고, 익숙한 패턴 내에서 생각하는 경향이 있다. AI는 이러한 한계를 넘어 창의적 발상을 확장하는 데 도움이 될 수 있다. 게임 디자인에서 초기 컨셉을 제시하면 AI가 다양한 캐릭터 배경, 성격, 동기 등을 제안하며 생각하지 못했던 새로운 방향으로 아이디어를 확장시킨다. 이에 대한 실천적 접근으로는 '창의적 발상 세션'을 AI와 함께 진행할 수 있다. "이 문제를 다른 문화권에서는 어떻게 접근할까?", "과거의 위대한 사상가들이라면 이 문제를 어떻게 바라볼까?"와 같은 질문을 통해 다양한 각도에서 아이디어를 탐색할 수 있다.

창의적 과정에서 중요한 부분은 아이디어를 구체화하고 반복적으로 개선하는 것이다. 하지만 이러한 프로토타입 제작과 반복은 종종 시간과 노력이 많이 드는 과정이다. AI는 이 과정을 가속화하고 더 많은 가능성을 탐색할 수 있게 도와준다. 건축 분야에서는 초기 컨셉 스케치를 AI에 입력하면 다양한 변형과 3D 모델을 빠르게 생성해 주므로 하루 만에 수십 개의 디자인 옵션을 검토할 수 있게 되었다. 실천적 접근으로는 '신속 프로토타입' 방법론을 AI와 함께 활용할 수 있다. 아이디어를 간략히 스케치하거나 설명한 후 AI에게 다양한 버전으로 발전시켜달라고 요청하고, 생성된 여러 프로토타입 중 가능성 있는 방향성을 식별하여 더 발전시키는 과정을 반복하는 것이다.

오늘날 많은 혁신은 서로 다른 분야의 지식과 아이디어가 융합될 때 발생한다. 하지만 인간은 한 번에 여러 분야를 깊이 있게 이해하기 힘들다. 이런 면에서 AI는 다양한 분야의 지식을 연결하고 융합하는 데 도움이 된다. 의학과 재료 공학의 지식을 융합하여 인공 심장 판막 개발에 새로운 접근법을 발견하는 것이 그 예다. 실천적 접근으로는 '분야 간 질문' 기법을 활용할 수 있다. "이 문제를 생물학의 관점에서 본다면?", "이 디자인에 건축 원리를 적용한다면?"과 같은 질문을 AI에게 던져 다양한 분야를 연결하는 통찰을 얻을 수 있다.

역설적이긴 하지만, 창의성은 완전히 자유로운 상황보다 어느 정도 제약이 있을 때 더 잘 발휘된다. 예를 들어 "무엇이든 그려도 된다"고 하면 너무 막막해 오히려 무엇을 그려야 할지 종잡을 수 없게 되지만, "빨간색만 사용해서 동물을 그려보세요"라고 하면 오히려 더 독창적인 아이디어가 나올 수 있기 때문이다. AI는 이런 '창의적 제약'을 제공하는 파트너 역할을 할 수 있다. 실제로 많은 작가들이 AI에게 특정한 조건을 요청해서 새로운 방식의 글쓰기를 시도하고 있다. 가령 작가가 "1950년대 카페 배경으로 대화 형식의 이야기를 쓰고 싶다"고 요청하면, AI는 구체적인 인물 설정이나 갈등 상황을 제안해준다. 이런 구체적인 틀이 주어지면 작가는 더욱 집중적이고 창의적인 이야기를 만들어낼 수 있다. 이는 즉흥 연극에서 "당신은 화가 난 요리사이고, 상대방은 음식에 불만을 가진 손님입니다"라고 역할을 정해주는 것과 비슷하다. 정해진 틀이 있기 때문에 오히려 더 자유롭고 창의적인 표현이 가능해진다. 이런 특징을 실제 업무에 적용하려면 '창의적 제약 설정' 방법을 활용할 수 있다. 프로젝트 시작 시 의도적으로 특정 제약이나 규칙을 설정하고 AI에게 이 제약 내에서 다양한 가능성을 탐색해달라고 요청하는 것이다.

가장 흥미로운 인간-AI 협력 방식 중 하나는 서로의 아이디어에 영감을 주고받으며 함께 발전해 가는 '공동 진화' 과정이다. 예를 들어 시각 예술가가 초기 스케치를 AI에게 보여주면, AI는 그것을 바탕으로 새로운 이미지를 만들어 낸다. 작가는 AI가 생성한 이미지에서 영감을 받아 다시 작업하고, 이렇게 주고받는 과정을 반복하다 보면 혼자서는 절대 생각해 낼 수 없었던 완전히 새로운 작품이 탄생한다. 이런 방식을 실제로 활용하려면 처음부터 완벽한 계획을 세우기보다는, 인간과 AI가 번갈아 가며 작업하면서 어디로 향할지 모르는 탐험을 즐기는 자세가 필요하다.

인간-AI 협력적 창의성은 기존의 창의적 프로세스를 자동화하는 것을 목표로 하는 것이 아니라, 완전히 새로운 창의적 가능성의 영역을 열어가는 것을 목표로 한다. 망원경의 발명이 천문학에 새로운 지평을 열어준 것과 같다고나 할까. 중요한 것은 AI를 또 하나의 도구에 불과한 것이 아닌 창의적 파트너로 인식하고, 상호작용을 통한 공동 창작의 가능성을 탐색하는 것이다.

보덴의 말처럼 "진정한 창의성은 단순히 새로운 것이 아니라, 가치 있는 새로움을 창조하는 것"이다. 인간-AI 협력적 창의성의 궁극적 목표 역시 단순한 새로움이 아니라, 인간의 삶과 사회에 의미 있는 가치를 더하는 새로운 창작물과 해결책을 개발하는 것이다. 이러한 협력을 통해, 우리는 인간 창의성의 본질에 대한 이해를 깊게 하고, 동시에 AI가 인간의 창의적 여정에 기여할 수 있는 새로운 방식을 발견해 나갈 수 있을 것이다. 인류가 도구를 발명하면서 자신의 능력과 한계에 대한 이해를 확장했듯, AI와의 창의적 협력은 인간 창의성의 범위와 가능성에 대한 우리의 인식을 확장시킬 것이다. 이는 더 많은 정보를 더 빠르게 처리하는 차원을 넘어 인간과 AI가 서로의 강점을 보완하며 함께 성장하는 공생적 관계를 구축하는 것이다. 이러한 관점에서 보면 AI는 평범한 기술적 도구가 아니라 인지적 파트너이며, 우리의 생각과 창의성을 확장하는 거울이자 렌즈이다. 그러므로 AI는 복잡한 문제를 해결하고, 더 현명한 결정을 내리며, 더 풍부한 창조적 표현을 이루어내는 데 기여할 것이 분명하다.

PART 4

AI 시대의 적응과 지속 성장 전략

▰▰▰

AI가 인간의 지식과 경험에 기반한 '직관'마저 위협하는 시대가 도래했다. 이제 우리는 생존을 위해 "무엇을 학습해야 하는가?" 인간의 경쟁력은 '기계가 못하는 것'에서 찾아야 한다. 반복과 자동화, 규칙 기반의 사고는 이미 AI가 인간을 압도한다. 그러나 AI 시대에도 인간 고유의 관계 역량, 정서적 감수성, 의미를 구성하는 능력은 기계에 대체되지 않는다. "기계는 계산하고, 인간은 의미를 만든다"는 원칙을 유지하는 것이 우리가 습득해야 할 'AI 리터러시'다.

PART 4
AI 시대의 적응과 지속 성장 전략

1 실패 사례 분석과 AI 활용의 한계 인식

인공지능(AI) 기술이 급속도로 발전하면서 우리는 그 놀라운 가능성을 목격하고 있다. 하지만 동시에 AI의 한계와 위험성을 보여주는 실패 사례들도 계속해서 발생하고 있다. AI 시스템의 실패는 과거의 기술 오류와 근본적으로 다르다. 개별 사용자의 불편함으로 그치는 것이 아니라 수백만 명에게 동시에 잘못된 정보를 전파하거나, 사회적 신뢰를 한순간에 무너뜨릴 수 있는 위력을 가지고 있다. 더욱 문제가 되는 것은, 이미 앞에서도 살펴보았거니와 AI의 복잡성으로 인해 실패의 원인을 파악하거나 예측하기 어렵다는 점이다. 이런 실패들을 분석하는 것은 문제를 지적하기 위함이 아니라, AI 시대에 반드시 갖춰야 할 위험 인식과 대응 전략을 수립하기 위해서이다.

주요 AI 활용 실패 사례

- **애플 인텔리전스(Apple Intelligence)의 뉴스 요약 오류**

2024년 말, 애플은 iOS 업데이트를 통해 '애플 인텔리전스'라는 새로운

AI 기능을 출시했다. 이 기능 중 하나는 사용자에게 관심 있는 뉴스를 자동으로 요약하여 알림으로 제공하는 서비스였다. 그러나 출시 후 얼마 지나지 않아 심각한 문제가 드러났다. AI 시스템이 BBC를 비롯한 주요 언론사의 기사 내용을 잘못 요약하여 사실과 다른 정보를 사용자에게 전달하는 사례가 다수 발생한 것이다.

문제의 핵심은 AI 시스템이 복잡한 뉴스 기사의 맥락과 뉘앙스를 정확히 이해하지 못한다는 점에 있었다. 시스템은 때로는 기사의 일부 내용만을 선택적으로 추출하여 원래 의도와 완전히 다른 의미를 전달했다. 그 때문에 사용자들은 잘못된 정보를 바탕으로 의사결정을 내리거나 왜곡된 관점을 형성할 위험에 노출되었다. 애플은 문제가 불거지자, 해당 기능을 일시 중단하고, AI가 생성한 콘텐츠임을 명확히 표시하는 방향으로 시스템을 업데이트할 것을 약속했다.

이 사례를 통해 얻을 수 있는 교훈은 분명하다. AI 시스템이 생성하는 콘텐츠, 특히 민감하거나 중요한 정보를 다룰 때는 반드시 인간의 검토와 감독이 필요하다는 것이다. 또한 사용자에게 AI 생성 콘텐츠임을 명확히 표시하고, 그 한계에 대해 투명하게 소통하는 것이 신뢰를 유지하는 데 필수적이다.

챗GPT의 기술적 오작동과 일관성 문제

2024년 초, 오픈AI의 챗GPT가 심각한 기술적 오작동을 일으켜 AI 업계에 충격을 주었다. 이 결함이 발생하는 동안 챗GPT의 응답은 정상적으로 시작되었지만, 때로는 일부 언어를 모방하는 등 무의미한 텍스트로 변질되는 현상이 나타났다. 사용자들은 완전히 이해할 수 없는 응답을 받게 되었고, 이는 AI 모델의 신뢰성에 대한 근본적인 의문을 제기했다.

이러한 오작동은 대형언어모델의 복잡성과 예측 불가능성을 보여준다.

수십억 개의 매개변수를 가진 복잡한 시스템에서는 예상치 못한 상호작용이 발생할 수 있으며, 이는 시스템 전체의 성능에 영향을 미칠 수 있다. 오픈AI는 신속하게 문제를 해결했지만, 이 사건은 AI 시스템의 안정성과 신뢰성 확보가 얼마나 중요한지를 다시 한 번 상기시켜 주었다.

에어 캐나다(Air Canada)의 챗봇 소송 사건

2023년 발생한 에어 캐나다의 AI 챗봇 사건은 AI 시스템이 제공하는 정보의 법적 책임 문제를 불러일으킨 사례다. 한 고객이 할아버지의 장례식에 참석하기 위해 항공권을 구매한 후 날짜를 변경해야 했는데, 이 과정에서 에어 캐나다의 AI 챗봇은 사망한 가족의 장례식 참석을 위한 항공권은 환불이 가능하다고 안내했다. 그러나 실제로 고객이 환불을 요청했을 때, 항공사는 해당 정책이 존재하지 않는다며 거부했다.

이 다툼은 법적 소송으로 이어졌고, 법원은 "웹사이트 내 모든 정보는 회사의 책임"이라는 판결과 함께 에어 캐나다에게 환불을 명령했다. 이 판결은 AI 시스템이 제공하는 정보, 특히 계약 조건, 정책, 법적 권리 등과 관련된 정보가 회사에 법적 책임을 지울 수 있음을 명확히 했다. 따라서 AI 챗봇을 비롯한 자동화된 시스템이 제공하는 정보의 정확성을 지속적으로 모니터링하고, 잠재적 오류를 빠르게 수정할 수 있는 체계를 갖추는 것이 매우 중요하다.

AI 기반 사이버 공격의 급증

2024년에는 생성형 AI 도구의 확산으로 인해 AI 기반 사이버 공격이 크게 증가했다. 피싱 사기, 딥페이크, 악성코드 등이 AI 기술을 활용해 더욱 정교해지고 탐지하기 어려워졌다. 특히 딥페이크 기술을 악용한 합성 음란물 이미지 제작 문제는 심각한 사회적 이슈로 떠오르고 있다는 사실은 앞서 2장에서 살펴본 바와 같다. 텔레그램(Telegram)의 딥페이크봇은 미성년자를 포함한 10만 명이 넘는 전 세계 여성들의 사진을 무단으로 사용해 가짜 나체 사진을 제작하여 큰 논란을 일으켰다.

이러한 악용 사례들은 AI 기술의 양면성을 극명하게 보여준다. 창의적이고 유익한 목적으로 사용되는 기술이라도 악의적인 목적으로 악용될 때는 심각한 피해를 초래한다. 보안 전문가들은 이제 AI를 활용한 새로운 형태의 공격에 대응하기 위한 방어 전략을 개발해야 하는 새로운 도전에 직면하고 있다.

IBM의 왓슨 포 온콜로지(Watson for Oncology)[1] 실패

의료 분야에서 AI의 혁신적 활용을 기대하며 2013년에 출시된 IBM 왓슨 포 온콜로지는 AI의 한계를 보여주는 대표적인 실패 사례로 기록되고 있다. 이 시스템은 IBM이 수십억 달러를 들여 개발한 왓슨 헬스의 한 파트로, 방대한 의학 문헌과 환자 데이터를 분석하여 암 치료를 위한 최적의 치료법을 추천하는 것을 목표로 했다. 2016년에 출시한 후 몇 년이 지나자 시스템이 잘못된 치료법을 권고하는 심각한 문제가 드러나기 시작했다.

실패 원인은 시스템을 학습시킨 데이터가 실제 환자 데이터가 아니라 뉴욕 메모리얼 슬론 케터링 암센터(MSKCC) 의사들이 개발한 가상의 "합성(synthetic)" 환자 사례와 제한된 케이스 스터디였다는 데 있었다. IBM 내부 문서에 따르면, 불과 1~2명의 의사가 만든 가상의 암 환자 사례들로만 학습되었다. 이 가상 사례들은 실제 환자 데이터가 아니라 엔지니어들이 임의

---

[1] IBM 왓슨 포 온콜로지(Watson for Oncology)는 IBM에서 개발한 인공지능 기반 암 진료 지원 시스템이다. 이 시스템은 환자의 의료 기록, 임상 데이터, 최신 의학 연구 결과를 분석하여 의료진에게 개인 맞춤형 암 치료 옵션을 제안하는 도구로 설계되었다. 여기서 Oncology(온콜로지)는 '종양학' 또는 '암학'을 뜻하는 의학 용어로, 암의 예방, 진단, 치료를 연구하는 의학 분야이다. 그리스어 'onkos'(덩어리, 종양)와 'logos'(학문)에서 유래되었으며, 암 전문의를 oncologist(종양학자)라고 부른다.

로 편집한 것이었고, 데이터 과학의 표준적인 통계 방법론을 사용하지 않고 그냥 대충 정해진 것이었다. 이런 부실한 학습이 시스템의 효과를 근본적으로 약화시켰던 것이다.

또한 지역별, 인종별 차이를 고려하지 않은 데이터 편향 문제도 무시할 수 없었다. 덴마크에서는 현지 의사들의 진단이 왓슨의 권고와 33%만 일치한다는 결과가 나와 프로젝트를 포기했다. 의료 AI 시스템이 실용적으로 활용되려면 최소한 70~80% 이상의 높은 일치율을 보여야 하므로, 이는 왓슨의 추천이 덴마크 의료진에게는 거의 도움이 되지 않았다는 것을 보여준다. 네덜란드와 대만의 의사들도 미국 중심의 치료 방식이 자국 환자들에게 적합하지 않다고 지적했다. 위스콘신 대학교의 필라 오쏘리오(Pilar Ossorio) 교수는 "왓슨이 학습하게 될 것은 인종, 성별, 계층 편향"이라며 시스템이 사회적 편향을 더욱 은밀하게 만든다고 비판했다. 심지어 심각한 출혈 증상을 보이는 환자에게 출혈 금기 약물을 권고하는 등 "안전하지 않고 부정확한" 치료를 제안하는 사례들이 IBM 내부 문서를 통해 공개되기도 했다.

결국 IBM은 기대했던 성과를 거두지 못하고 주요 고객들의 계약 해지가 이어지면서 프로젝트를 축소하게 되었다. 2023년 왓슨 포 온콜로지는 공식적으로 중단되었다. 이 사례는 AI 시스템, 특히 의료와 같이 인명과 직결된 분야에 적용될 때는 충분하고 다양한 실제 데이터로 학습되어야 하며, 철저한 검증과 지속적인 모니터링이 필요함을 보여준다.

아마존(Amazon)의 AI 채용 도구 편향 문제

2018년 아마존이 개발한 AI 기반 채용 도구는 알고리즘 편향 문제를 극명하게 보여준 사례다. 이 시스템은 이력서를 자동으로 평가하여 최적의 후보자를 선별하는 것을 목표로 했지만, 테스트 과정에서 여성 지원자에 대해 체계적인 차별을 하는 것으로 드러났다. 구체적으로는 여성 관련 단어가 포함된 이력서에 더 낮은 점수를 부여하는 경향이 있었던 것이다.

이러한 편향의 주요 원인은 AI 시스템이 학습한 데이터에 있었다. 아마존의 과거 채용 데이터는 주로 남성 지원자 중심이었고, 이러한 역사적 불균형이 AI 모델에 그대로 반영된 것이다. 결국 아마존은 이 도구의 개발을 중단하고, 보다 중립적인 채용 프로세스를 설계하기 위한 새로운 접근법을 모색하게 되었다. 이 사례를 통해 우리는 AI 시스템이 학습 데이터에 존재하는 편향을 그대로 반영하거나 심지어 증폭시킬 수 있다는 것을 알게 된다.

● 자율주행차와 컴퓨터 비전 시스템의 한계

자율주행 기술과 컴퓨터 비전 시스템에서도 여러 심각한 실패 사례가 보고되고 있다. 테슬라(Tesla)를 비롯한 자율주행차들이 도로 위의 스티커나 간단한 시각적 교란에 의해 혼란을 겪고 잘못된 판단을 내리는 경우가 발행하고 있다. 또한 얼굴 인식 AI 시스템이 특정 인종이나 성별에 대해 현저히 낮은 정확도를 보이는 문제도 지속적으로 발생하고 있다.

이러한 문제의 근본 원인은 학습 데이터의 편향, 실제 환경의 복잡성과 다양성을 충분히 반영하지 못하는 모델 설계, 그리고 예상치 못한 상황에 대한 불충분한 테스트 등이 있다. 특히 자율주행 기술은 실제 도로 환경의 무한한 변수와 예측 불가능한 상황에 대응해야 하는 어려움이 있다. 물리적 세계와 상호작용하는 AI 시스템은 보다 철저한 테스트와 검증이 필요하며, 다양한 환경 조건과 예상치 못한 상황까지 고려한 강건성(robustness)[2] 테스트가 중요하다.

---

[2] 강건성(robustness)은 AI 모델이 입력 데이터의 노이즈, 분포 변화, 적대적 공격(adversarial attack) 등 예상치 못한 상황에서도 안정적이고 일관된 성능을 유지하는 능력을 의미한다. 2장 참조.

실패 사례에서 배우는 AI의 한계와 신뢰성 확보 방안

이런 다양한 AI 실패 사례들은 기술적 오류를 넘어서 AI 시스템이 가진 근본적인 한계와 위험성이 무엇인지 잘 보여준다. 애플 인텔리전스의 뉴스 요약 오류부터 IBM 왓슨 포 온콜로지의 의료 진단 실패, 아마존의 편향된 채용 도구에 이르기까지, 이들 사례가 시사하는 바는 AI 기술이 아무리 발전해도 여전히 인간의 신중한 감독과 체계적인 검증이 필요하다는 것이다.

현재 AI 시스템이 직면한 가장 근본적인 문제 중 하나는 드문 상황이나 예외적 상황에 대한 처리 능력의 부족이다. AI 모델은 학습 데이터에서 자주 등장하는 패턴을 기반으로 예측하기 때문에, 이전에 경험하지 못한 이례적인 상황에서는 성능이 급격히 저하될 수 있다. 자율주행차가 일상적인 도로 상황에서는 안정적으로 작동하지만, 도로 위의 스티커나 간단한 시각적 교란에도 혼란을 겪는 현상이 이를 잘 보여준다.

또한 현재 AI 시스템은 복잡한 맥락을 이해하는 데 상당한 한계를 드러내고 있다. 표면적인 패턴 인식에는 뛰어난 성능을 보이지만, 심층적인 맥락 이해와 추론 능력에는 여전히 부족함이 있다. 특히 자연어 처리 분야에서 AI는 문맥적 뉘앙스, 은유적 표현, 문화적 배경 등을 완전히 파악하는 데 어려움을 겪는다. 챗GPT의 기술적 오작동 사례에서 보았듯이, 정상적으로 시작된 응답이 때로는 무의미한 텍스트로 변질되는 현상은 이러한 맥락 이해의 한계를 극명하게 드러냈다.

더 나아가 AI의 인과관계 추론 능력은 여전히 제한적이다. 딥러닝을 비롯한 현재의 AI 모델들은 주로 상관관계를 기반으로 패턴을 학습하기 때문에, 진정한 인과관계를 파악하거나 새로운 상황에서의 인과적 영향을 예측하는 데 한계가 있다. 게다가 많은 고급 AI 모델들이 '블랙박스'처럼 작동하여 그 결정 과정을 인간이 이해하기 어렵다. 이러한 이중의 한계로 인해 AI는 단순히 결과만 제시할 뿐, '왜' 그런 결론에 도달했는지, '어떤 과정'을 거쳐 판단했는지를 명확하게 설명하지 못하는 근본적인 문제를 안고 있다.

AI 시스템은 또한 과(대)적합과 과소적합이라는 기술적 문제에 취약하다. 학습한 데이터에만 지나치게 적합한 모델이 되어 새로운 데이터에 대한 일반화 능력이 떨어지거나, 반대로 복잡한 패턴을 충분히 학습하지 못하는 문제가 발생할 수 있다. IBM 왓슨 포 온콜로지가 실제 환자 데이터가 아닌 가상 데이터와 제한된 케이스 스터디로 학습되어 잘못된 치료법을 권고한 사례가 바로 과적합에 해당한다.

또한 아마존의 AI 채용 도구가 여성 지원자에 대해 체계적인 차별을 보인 사례처럼, AI 시스템은 학습 데이터에 존재하는 편향을 그대로 반영하거나 심지어 증폭시킬 수 있다는 치명적인 약점을 가지고 있다. 역사적 편향이나 사회적 편견이 데이터에 내재되어 있을 때, AI는 이를 정당한 패턴으로 학습하여 차별을 재생산하게 된다.

앞서 살펴본 실패 사례들을 통해 우리는 몇 가지 중요한 교훈을 얻을 수 있다. 무엇보다 AI 시스템의 한계를 명확히 인식하고 사용자에게 투명하게 소통하는 것이 신뢰 구축의 기본이다. 학습 데이터의 품질과 다양성이 AI 시스템의 성능과 공정성을 결정하는 핵심 요소임을 인식하고, 특히 의료, 법률, 금융과 같은 민감한 분야에서는 AI의 판단을 맹목적으로 신뢰하기보다는 인간 전문가의 검토와 감독을 반드시 결합해야 한다.

또 AI 시스템이 제공하는 정보나 결정에 대한 법적 책임과 윤리적 기준을 명확히 설정하는 것이 필요하며, AI 기술의 악용 가능성을 사전에 예측하고 이에 대한 방어 메커니즘을 구축하는 것도 중요하다. 딥페이크를 활용한 합성 음란물 제작이나 AI 기반 사이버 공격의 급증 같은 사례들은 기술의 양면성을 보여주며, 강력한 규제와 윤리적 가이드라인의 필요성을 제기한다.

더불어 AI 시스템의 성능을 지속적으로 모니터링하고 개선할 수 있는 체계적인 프로세스를 구축해야 한다. 특별히 물리적 세계와 상호작용하는 AI 시스템은 보다 철저한 테스트와 검증이 필요하며, 다양한 환경 조건과 예상치 못한 상황까지 고려한 강건성 테스트가 중요하다.

이와 같은 교훈들은 더 안전하고 신뢰할 수 있는 AI 시스템을 구축하기 위한 구체적인 지침을 제공한다. AI 기술이 계속 발전하고 우리 삶과 더 융합될수록, 기술적 한계를 인정하고 실패 사례들로부터 배우는 자세가 더욱 중요해질 것이다. 고위험 영역에서는 AI를 완벽한 대체재가 아닌 인간의 판단을 보조하는 도구로 활용하는 접근이 바람직하며, AI 시스템의 신뢰성과 투명성을 높이기 위한 설명 가능한 AI 기술에 대한 지속적인 투자도 필요하다. 결국 AI의 한계를 명확히 인식하고 이를 바탕으로 한 신중한 접근만이 AI 기술이 인류에게 진정한 도움이 될 수 있는 길이라 할 수 있다.

AI 리스크 관리와 안전한 활용 방안

AI 기술이 우리 일상 속으로 깊숙이 스며들면서, 사용자 개개인도 AI를 안전하고 효과적으로 활용하기 위한 나름의 전략이 필요해졌다. 최근 글로벌 컨설팅 회사인 맥킨지(McKinsey)에서 미국 직장인들을 대상으로 조사한 결과를 보면, 응답자의 절반 이상이 AI 사용 시 사이버보안 위험과 정보의 부정확성을 걱정하고 있으며, 10명 중 4명은 개인정보 보호에 대한 우려를 표했다.[3] 이런 현실을 보면, 이제 AI는 그냥 편리한 도구가 아니라 신중하게 접근해야 할 기술이라는 점이 분명해진다.

무엇보다 AI를 사용하기 전에 자신이 정확히 무엇을 원하는지 명확히 해두는 것이 중요하다. 많은 사람들이 AI에 대한 막연한 기대감을 갖고 있지만, 구체적인 목표 없이 시작하면 실망하기 쉽다. 예를 들어 "AI로 모든 일을 자

---

3) 맥킨지,「직장에서의 AI 사용(Superagency in the Workplace)」(2025)

동화하겠다"는 비현실적인 기대보다는 "보고서 초안 작성 시간을 30% 줄이겠다"처럼 측정 가능한 목표를 세우는 것이 훨씬 현실적이다. 실제로 AI 사용자들을 조사해 보니 85% 이상이 글쓰기나 콘텐츠 제작에 활용하고 있는데, 이처럼 구체적인 용도를 정하고 접근하는 것이 효과적임을 보여준다.

개인정보와 데이터 보안 문제는 아무리 강조해도 지나치지 않다. 30개국이 합의한 국제 협력 프로젝트의 결과물로 보고된 「2025 국제 AI 안전 보고서」에 따르면, 요즘 AI 시스템들은 사용자도 모르는 사이에 개인 정보를 학습하고 있으며, 한 번 학습된 민감한 정보는 나중에 의도치 않게 다시 나타날 수 있다. 따라서 AI 서비스에 개인의 민감한 정보나 회사 기밀, 재무 정보 같은 것들은 절대 입력하지 않는 것이 좋다. 이런 정보들은 한 번 들어가면 완전 삭제란 거의 불가능하기 때문이다.

데이터를 다룰 때도 조심스럽게 접근해야 한다. AI에 입력하는 정보가 정확하고 최신인지, 관련성이 있는지 스스로 점검하는 습관을 기르는 것이 중요하다. 그리고 AI가 내놓는 결과도 무작정 믿지 말고 비판적으로 검토해봐야 한다. 미국의 대표적인 클라우드 컴퓨팅 기업인 세일즈포스(Salesforce) 조사에 따르면, 생성형 AI를 사용하려는 사람들 중 60%가 안전하고 신뢰할 수 있는 방법으로 AI를 사용하는 법을 모른다고 답했다. 이는 많은 사람들이 AI의 잠재적 위험성을 제대로 인식하지 못하고 있음을 보여준다.

AI를 처음 시작할 때는 작은 것부터 천천히 해보는 것이 좋다. 중요하지 않은 개인 프로젝트나 간단한 업무에서 먼저 테스트해 보고, 그 결과를 보면서 점차 활용 범위를 넓혀가는 것이 안전한 방법이다. 실패를 두려워하지 말고 작은 실험들을 통해 각 AI 도구의 특성과 한계를 파악해 나가는 과정이 필요하다. 모든 AI 도구가 같은 것은 아니므로 어떤 상황에서 어떤 도구를 써야 하는지 경험을 통해 배워가는 것이 중요하다. AI를 본격적으로 활용하기 시작하면 업무 방식이나 일상 패턴에도 변화가 생길 수 있다는 점도 미리 생각해 봐야 한다. 예를 들어 AI로 초안을 빠르게 작성할 수 있게 되면, 그 시간에 다른 일을 할 수 있지만 동시에 AI 결과를 검토하고 수정하는 새로운 업무가 생기기도 한다. 이런 변화에 유연하게 적응하면서 자신만의 효율적인 작업 방식을 찾아가는 것이 중요하다.

　AI에 대한 현실적인 기대를 갖는 것도 중요하다. 아직도 많은 사람들이 AI를 만능 도구로 여기는 경향이 있지만, 실제로는 한계가 분명한 기술이다. 특히 중요한 의사결정이나 위험이 큰 상황에서 AI를 사용할 때는 더욱 신중해야 한다. 예를 들어 건강 관련 정보를 찾거나, 투자 결정을 내리거나, 법적 문제에 대한 조언을 구할 때 AI 결과만 믿고 결정하는 것은 위험하다. 이런 경우에는 반드시 전문가와 상담하거나 여러 출처를 통해 검증하는 과정을 거쳐야 한다. AI와 인간의 관계를 올바르게 이해하는 것도 필요하다. AI는 우리를 완전히 대체하려는 기술이 아니라, 우리의 능력을 보완하고 확장해주는 협력 파트너에 가깝다. AI는 대량의 데이터를 빠르게 처리하고 패턴을 찾아내는 데는 뛰어나지만, 창의적인 아이디어를 내거나 복잡한 상황을 종합적으로 판단하는 데는 여전히 인간이 훨씬 낫다. 따라서 AI 결과를 무조건 따르기보다는, 이를 참고 자료로 활용하면서 최종 결정은 스스로 내리는 것이 바람직하다. AI 시스템의 위험성에 대비하는 것도 게을리해서는 안 된다. 보안 전문가들은 AI를 악용한 다양한 공격 방법들이 늘어나고 있다고 경고한다. 개인정보가 유출되거나 시스템이 오작동할 가능성도 있다. 이런 위험에 대비해서 중요한 작업에서는 AI 결과만 믿지 말고 여러 출처를 통해 검증하는 습관을 기르는 것이 좋다. 그리고 AI 없이도 일할 수 있는 방법을 항상 준비해 두는 것도 현명하다.

　지속적으로 배우고 발전하는 자세도 필요하다. 미국의 여론조사 기관인 퓨 리서치의 조사를 보면, 최근 1년간 직장인의 절반 정도가 업무 관련 교육을 받았는데, 그 중 4분의 1 정도가 AI 관련 교육이었다. AI 기술은 빠르게 변하고 있고, 새로운 위험과 기회들이 계속 등장하고 있다. 따라서 AI 관련 최신 동향이나 보안 이슈, 활용 방법 등에 대해 꾸준히 관심을 갖고 학습하는 것이 중요하다. 전문가들이 권하는 접근법을 보면, 처음에는 덜 중요한 영역에서 AI를 시험해 보고, 경험이 쌓이면서 점차 활용 범위를 넓혀가라고 조언한다. 미국의 사이버보안 전문 교육기관인 SANS 인스티튜트의 AI 보안 가이드라인에서도 이런 단계적 접근을 권장하고 있다. 이는 개인이 AI를 활용할 때도 마찬가지로 적용할 수 있는 현실적인 방법이다.

결국 AI를 잘 활용하는 것은 기술을 맹신하거나 무조건 거부하는 것이 아니라, 균형 잡힌 시각으로 신중하게 접근하는 것이다. AI의 장점은 최대한 살리면서도 한계와 위험은 충분히 인식하고 대비하는 자세가 필요하다. AI의 한계와 위험을 솔직하게 인정하는 것은 기술에 대한 부정적인 시각이 아니다. 오히려 이는 성숙하고 책임감 있는 AI 활용을 위한 출발점이다. 과거의 실패 사례들로부터 배우고, 현실적인 기대치를 설정하며, 신중한 접근 방식을 취함으로써 우리는 AI의 혜택을 최대한 누리면서도 불필요한 위험은 피할 수 있다. 무엇보다 지속적으로 배우고 실험하면서 책임감 있게 AI를 활용해 나가는 것이 가장 중요하다. AI 기술은 계속 발전하고 있고, 우리의 이해와 활용 방법도 함께 발전해야 한다. 이런 균형적이고 신중한 접근이야말로 AI 시대를 슬기롭게 살아가는 지혜로운 방법이라 할 수 있다.

2 환각 현상과 해결 방안

환각 현상의 이해와 중요성

AI를 사용하다 보면 가끔 이상한 경험을 하게 된다. 분명 존재하지도 않는 책이나 논문을 자신 있게 추천해 주거나, 실제로는 일어나지 않은 사건을 마치 사실인 것처럼 설명하는 것이다. 이것이 바로 AI의 '환각(hallucination)' 현상이다. 단어가 좀 무섭게 들리지만, 실제로는 AI가 가진 자연스러운 한계 중 하나다. AI 환각이란 AI가 사실이 아닌 정보를 마치 확실한 사실인 것처럼 제시하는 현상을 말한다. 사람으로 치면 기억이 애매할 때 그럴듯하게 지어내는 것과 비슷하다고 볼 수 있다. 문제는 AI가 이런 잘못된 정보를 매우 자신감 있고 그럴듯하게 말한다는 점이다. 그래서 사용자가 쉽게 속아넘어갈 수 있다.

실제로 이 문제가 얼마나 심각한지 보여주는 조사 결과들이 있다. 글로벌 컨설팅 회사인 델로이트(Deloitte)에서 조사한 바에 따르면, 기업의 77%가 AI 환각 현상을 심각한 우려 사항으로 여기고 있다. 그럴 만도 한 것이, 2024년 한 해 동안 AI 환각으로 인한 전 세계 손실액이 674억 달러에 달했다고 한다. 이는 잘못된 AI 정보로 인한 오판, 법적 분쟁, 브랜드 신뢰도 하락 등이 누적된 결과다. AI 환각이 가져오는 피해는 생각보다 광범위하다. 우선 고객이나 이해관계자들이 잘못된 정보를 받게 되면 AI 시스템과 그를 사용하는 회사에 대한 신뢰를 잃게 된다. 한 번 손상된 신뢰를 회복하는 것은 몇 년이 걸릴 수도 있는 어려운 일이다. 의료, 금융, 법률 같은 규제가 엄격한 분야에서는 AI의 잘못된 정보로 인해 법적 책임을 질 수도 있다. 또한 직원들이 AI 결과를 신뢰할 수 없게 되면 오히려 일이 더 복잡해지고 효율성이 떨어질 수 있다.

다행히 AI 기술이 발전하면서 환각 현상도 많이 줄어들고 있다. 이는 더 나은 학습 데이터, 개선된 모델 구조, 그리고 환각을 줄이기 위한 다양한 기술적 방법들이 효과를 보이고 있기 때문이다. 최근 여러 AI 모델들을 비교 테스트한 결과를 보면 흥미로운 점들이 많다. 16개의 주요 AI 모델을 60개 질문으로 테스트한 결과, 오픈AI의 GPT-4.5가 15%의 환각률로 가장 우수한 성능을 보였다. 그 다음으로는 클로드 3.5 소넷과 그록-3가 17%로 비슷한 수준을 기록했고, 일부 모델들은 45%까지 높은 환각률을 보이기도 했다. 이는 AI 모델마다 정확성에 상당한 차이가 있다는 것을 보여준다. 이 테스트는 CNN 뉴스 기사를 바탕으로 구체적인 수치나 사실들을 묻는 질문들로 구성되었다.

분야별로 보면 환각 발생률에 꽤 차이가 있다. 법률 분야는 6.4%로 비교적 높은 편이고, 일반 지식 영역은 0.8%로 낮다. 이는 법률 분야가 정확한 조항과 판례, 복잡한 해석이 필요한 전문 영역이라 AI가 실수하기 쉽

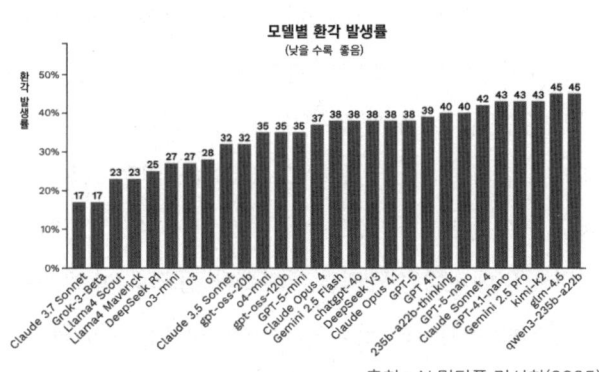

출처 : AI 멀티플 리서치(2025)

기 때문이다. 반면 일반 지식은 AI 학습 데이터에 충분히 들어있어서 상대적으로 안전하다. AI 모델의 크기도 환각률에 큰 영향을 미친다. 700억 개 이상의 매개변수를 가진 큰 모델들은 15% 미만의 환각률을 보이는 반면, 70억 개 미만의 작은 모델들은 15~30%까지 환각률이 높아진다. 큰 모델일수록 더 많은 정보를 정확하게 저장하고 처리할 수 있기 때문이다. [4]

---

[4] 연구기관 마다 벤치마크에서 모델들의 환각률 수치가 차이가 나는 것은 테스트 방법이 다르기 때문이다. AI 멀티플의 경우 "모르는 것을 솔직히 인정하는가"와 같은 특별한 테스트가 포함된 매우 특수하고 엄격한 조건에서 측정된 결과여서 수치가 높게 나오는 것이다.

우리는 AI 환각에 어떻게 대처해야 할까? 무엇보다 AI는 완벽하지 않다는 점을 항상 염두에 둬야 한다. 아무리 자신감 있게 말해도 틀릴 수 있고, 특히 "확실히", "분명히" 같은 단어를 많이 쓸 때 오히려 더 의심해 볼 필요가 있다. 실제로 MIT 연구에 따르면, AI가 환각을 일으킬 때 평소보다 34% 더 자신감 있는 표현을 사용한다고 한다.

다행히 AI 업계에서도 이 문제를 해결하기 위해 많은 노력을 기울이고 있다. RAG(검색 증강 생성)같은 기술을 사용하면 환각을 71%나 줄일 수 있다고 한다. 이는 AI가 답변하기 전에 신뢰할 만한 자료를 먼저 찾아보도록 하는 방법이다. 또 다른 유용한 방법은 프롬프트 엔지니어링이다. 즉, AI에게 질문할 때 명확하고 구체적인 지시를 주는 것이다. "확실하지 않으면 모른다고 답하세요"라고 명시하거나, 관련 맥락을 충분히 제공하면 환각률을 크게 줄일 수 있다. AI 시스템에 자기 점검 기능을 넣는 것도 효과적이다. AI가 자신의 답변에 일관성이 있는지 스스로 검토하도록 하거나, 외부 자료와 대조해서 확인하는 시스템을 만드는 것이다. 일부 최신 모델들은 답변과 함께 신뢰도 점수를 제시하기도 한다. 2023년부터 2025년까지 기업들이 환각 문제 해결을 위해 128억 달러를 투자했을 정도로 이 문제에 대한 관심이 높다.

앞으로는 환각률이 더욱 낮아질 것으로 예상된다. 결국 AI 환각 현상은 현재 기술의 한계이자 개선되고 있는 영역이다. 우리가 할 수 있는 최선은 이런 한계를 인식하고 현명하게 대처하는 것이다. AI의 도움을 받되 맹신하지 않고, 중요한 내용은 반드시 검증하는 습관을 기른다면 AI 환각의 피해는 충분히 피할 수 있다. AI가 발전하고 있는 만큼 우리의 AI 활용 지혜도 함께 발전해야 한다.

AI 환각의 발생 원인

AI 환각은 복잡하고 다면적인 현상이다. 여러 기술적, 데이터적, 구조적 요인이 복합적으로 작용하여 발생하는 이 현상의 근본 원인을 이해하는 것은 효과적인 대응 전략을 수립하는 데 필수적이다. AI가 왜 때로는 그럴듯하지만 틀린 정보를 생성하는지 그 메커니즘을 살펴보자.

확률적 예측과 패턴 완성의 한계

AI 환각이 발생하는 근본적인 이유를 이해하려면 AI가 어떻게 작동하는지 알아야 한다. 2장에서 살펴봤듯이 챗GPT나 클로드 같은 대형언어모델의 핵심 알고리즘인 트랜스포머는 '다음 단어(정확히는 토큰) 예측'이라는 단순한 원리로 작동한다. AI는 입력받은 문장을 보고 "다음에 올 가능성이 가장 높은 단어는 무엇일까?"를 계산해서 답변을 만들어 내는 것이다.

이 과정에서 AI는 학습 데이터에서 봤던 패턴들을 활용한다. 예를 들어 "아인슈타인은 1921년 노벨물리학상을 받았으며, 그 이유는…" 이라는 문장이 주어지면, AI는 학습 과정에서 "아인슈타인"과 함께 가장 자주 등장했던 단어들을 찾는다. 문제는 AI가 학습 데이터에서 "아인슈타인 + 상대성이론"이라는 조합을 "아인슈타인 + 광전효과"보다 훨씬 더 많이 봤다는 점이다. 인터넷에서는 정확한 정보보다 유명한 정보가 더 자주 언급되기 때문이다.

그 때문에 AI는 통계적으로 가장 가능성이 높은 "상대성이론"을 선택할 가능성이 크다. 하지만 실제로 아인슈타인이 1921년 노벨물리학상을 받은 이유는 광전효과에 대한 발견 때문이었다. AI는 이런 사실을 '확인'하지 않는다. 단지 학습 데이터에서 가장 빈번하게 나타났던 패턴을 따라 그럴듯한 답변을 만들어낼 뿐이다. 이것이 AI가 문법적으로 완벽하고 논리적으로 일관되지만 사실적으로는 틀린 정보를 자신감 있게 제시하는 이유다. AI는 마치 해박한 지식을 가진 사람이 정확히 기억나지 않을 때 그럴듯하게 추측해서 말하는 것과 비슷하다.

● 학습 데이터의 한계와 문제

AI 모델은 학습 데이터에 크게 의존하므로 학습에 사용된 데이터의 품질과 특성은 환각 발생에 중요한 영향을 미친다. 인간이 잘못된 정보를 바탕으로 학습하면 잘못된 지식을 갖게 되는 것처럼, AI도 문제가 있는 데이터로 학습하면 환각을 생성할 수밖에 없다.

모델의 학습 데이터는 필연적으로 불완전할 수밖에 없는 데다 특정 시점에서 구축되었기 때문에 그 이후에 발생한 사건 즉, 최신 정보를 포함하지 않는다. 따라서 모델은 학습 데이터에 없는 정보에 대해 질문받게 되면 기존 패턴을 바탕으로 '추측'할 수밖에 없다. 가령 2024년까지의 데이터로 훈련된 모델은 2025년 이후에 발생한 사건들에 대한 직접적인 지식이 없으므로 이러한 주제에 대한 질문에 응답할 때 환각이 발생할 가능성이 매우 높다. 그런 모델이라면 2025년 1월 20일에 취임한 도널드 트럼프가 다시 미국 대통령이 됐다는 사실을 모를 것이고, 여전히 그를 전 대통령으로만 인식할 가능성이 높다.

더욱 심각한 문제는 학습 데이터 자체에 포함된 허위 정보, 오류, 또는 과장된 내용이 모델의 환각으로 이어질 수 있다는 점이다. 인터넷에서 수집된 대규모 텍스트 데이터는 사실 확인 없이 작성된 각종 오류, 음모론, 잘못된 정보들을 포함하고 있을 수 있다. 2024년 한 연구에서는 대형언어모델의 학습 데이터를 분석한 결과, 역사적 사건, 과학적 사실, 그리고 인물 정보와 관련된 데이터에서 2~8%의 오류율을 발견했다. 이러한 오류가 포함된 데이터로 학습한 모델은 필연적으로 부정확한 정보를 재생산하게 된다.

특정 주제나 영역에 대한 학습 데이터가 부족할 경우, 모델은 이러한 영역에서 더 자주 환각을 일으킬 수 있다. 비영어권 국가의 역사나 문화, 희귀 질병, 또는 새롭게 등장한 기술 분야와 같이 학습 데이터에서 충분히 대표되지 않은 주제에 대해서는 정확한 정보를 생성하기 어렵다. 또한 학습 데이터의 지역적, 문화적, 인구통계적 편향은 특정 영역에서의 환각 가능성을 높인다. 서구 중심적인 데이터로 주로 학습된 모델은 비서구 문화나 역사에 대해 더 많은 환각을 보일 수 있다.

모델 아키텍처와 훈련 방법의 영향

AI 모델의 설계와 훈련 방식도 환각 발생에 영향을 미친다. 흥미롭게도, 모델 크기와 환각 간의 관계는 복잡하다. 더 큰 모델(예: 700억개 이상의 매개변수)은 일반적으로 더 높은 정확도를 보이지만, 동시에 '자신감 있는 환각'을 생성할 가능성도 있다. 이는 더 크고 복잡한 모델이 더 설득력 있고 그럴듯한 텍스트를 생성할 수 있기 때문이다. 앞에서도 살펴봤듯이 모델 크기가 증가함에 따라 전반적인 환각 빈도는 감소하지만, 완전히 제거되지는 않는다.

현대 AI 모델의 훈련 목표는 일반적으로 '그럴듯한 텍스트 생성'에 맞춰져 있으며, 사실적 정확성을 직접적으로 최적화하지 않는다. 즉 모델은 주로 다음 토큰(Token, 단어나 구절)을 정확히 예측하는 능력에 따라 훈련되는데, 이러한 접근 방식은 자연스러운 텍스트 생성에는 효과적이지만 사실적 정확성을 보장하지는 않는다는 것을 앞에서 살펴본 바와 같다. 또 인간 피드백 기반 강화학습(RLHF)과 같은 기술이 도입되면서 모델은 '사용자에게 도움이 되면서도 해롭지 않고 정직한' 응답을 생성하도록 조정되었다. 그러나 이러한 과정에서 모델은 "모른다"고 말하는 것보다 자신감 있게 응답하는 것이 더 '도움이 된다'고 학습할 수 있다.

AI 모델이 한 번에 처리할 수 있는 텍스트의 양인 맥락 창(Context Window)의 제한도 중요한 요인이다. 제한된 맥락 창으로 인해 모델은 긴 문서나 복잡한 맥락을 완전히 이해하지 못할 수 있으며, 이는 부분적인 정보에 기반한 환각으로 이어질 수 있다. 최신 모델들이 더 큰 맥락 창을 갖추게 되면서 이 문제는 일부 완화되었지만, 여전히 근본적인 제한으로 남아 있다.

인간 상호작용과 프롬프트 관련 요인

사용자가 AI와 상호작용하는 방식도 환각 발생에 중요한 영향을 미친다. 불명확하거나 모호한 질문은 AI가 의도를 정확히 이해하지 못하게 하여 환각 가능성을 높인다. "중요한 역사적 사건에 대해 말해줘"와 같은 광범위한 질문은 모델이 어떤 측면에 초점을 맞춰야 할지 명확하지 않아 환각 위험이 증가한다. 또한 여러 단계나 여러 주제를 혼합한 복잡한 질문은 모델이 전체 맥락을 정확히 파악하지 못하게 하여 부분적으로 정확하고 부분적으로 환각된 응답을 생성할 수 있다.

흥미로운 점은 AI 모델이 사용자의 암묵적 기대나 '사회적 압력'에 영향을 받을 수 있다는 것이다. 모델은 인간 대화에서 나타나는 패턴을 학습했기 때문에, 질문에 "모른다"고 답하는 것보다 '무언가' 답변을 제공하는 것이 더 적절하다고 학습했을 수 있다. 2024년 네이처(Nature) 연구에 따르면, 질문 형식에 따라 모델의 환각 가능성이 최대 40%까지 달라질 수 있음이 확인되었다. 특히 "X에 대해 알고 있니?"보다 "X에 대해 말해줘"와 같은 명령형 질문에서 환각 발생률이 더 높았다.

근본적인 인식론적 한계

AI 환각의 가장 깊은 원인 중 하나는 현재 AI 시스템의 근본적인 인식론적 한계다. 현대 AI 모델은 진정한 의미에서 '진실'이 무엇인지 이해하지 못한다. 모델은 텍스트 패턴을 학습했을 뿐, 그 텍스트가 실제 세계를 정확히 반영하는지에 대한 개념이 없다. 모델은 단어와 문장의 통계적 관계는 이해하지만, 이러한 문장이 실제 세계와 어떻게 연결되는지는 직접적으로 이해하지 못하는 것이다.

스탠포드 대학(Stanford University)의 규제평가거버넌스연구소(RegLab)와 인간중심 AI 연구소가 공동으로 수행한 「법률 분야에서의 환각 현상: 대형언어모델의 법적 실수(Hallucinating Law: Legal Mistakes with LLMs, 2024)」라는 연구는 법적 질문에 대한 LLM의 환각률이 69%에서 88%에 달한다는 충격적인 결과를 내놨다. 이 연구는 챗GPT, PaLM, 클로드 등 주요 대형언어모델들을 대상으로 다양한 법적 작업을 수행하게 한 결과, 모델들이 법원의 핵심 판결에 대한 질문에서 최소 75%의 환각률을 보였으며, 판례 간의 선례 관계를 평가하는 핵심적인 법적 추론 작업에서는 무작위 추측 수준의 성능밖에 보이지 못했다고 밝혔다. 쉽게 말하면 법적 지식이 전혀 없는 상태에서 아무렇게나 답을 고르는 것과 다를 바 없는 수준이라는 뜻이다. AI 모델이 법적 개념의 패턴은 학습했지만, 법의 실제 작동 방식이나 법적 진실성에 대한 심층적 이해는 부족함의 보여주는 결과라고 하겠다.

법률 분야에서 이러한 인식론적 한계가 특히 치명적으로 드러나는 이유는 법적 진실의 특수한 성격 때문이다. AI 모델은 "스미스 대 존스(Smith v. Jones) 판결(2019)"과 같은 판례명의 언어적 패턴은 완벽하게 재현할 수 있지만, 그 판례가 실제로 존재하는지, 어떤 법원에서 언제 내려졌는지, 그리고 무엇보다 해당 판례가 실제 법적 권위를 갖는지에 대한 개념이 전혀 없다. 법률에서는 단순한 사실적 정확성을 넘어서 제도적 권위와 선례 체계 내에서의 위치가 결정적인데, 모델에게는 이 모든 것이 동일한 텍스트 패턴일 뿐이다. 더 나아가 법적 추론은 판례 간의 위계적 관계와 논리적 일관성을 요구하지만, 모델은 이러한 구조적 관계를 진정으로 '이해'하는 것이 아니라 단지 언어적 유사성에 기반해 연결고리를 만들어낼 뿐이다.

그렇다고 해도 환각률이 극단적으로 높게 나온 것은 대형언어모델 등장 초기인 2023년 연구 결과였기 때문으로 보인다. 그렇지만 2024년 5월 스탠포드의 후속 연구 「환각 없는 AI? 주요 AI 법률 연구 도구의 신뢰성 평가(Hallucination-Free? Assessing the Reliability of Leading AI Legal Research Tools)」에서도 RAG(검색증강생성) 기술을 적용한 웨스트로(Westlaw), 렉시스(Lexis+) 등 법률 전용 AI 도구들조차 여전히 환각 문제에서 자유롭지 못하다고 밝혔다. 이들 업체가 '환각 제거'나 '100% 환각 없는 인용'을 보장한다고 주장했음에도 불구하고, 실제 테스트 결과 법적 정보에서 6.4%의 환각률을 보였는데, 이는 일반 지식 질문의 0.8%보다 8배나 높은 수치다. 일반적인 AI 성능은 2025년 기준 최고 모델의 경우 0.7% 수준까지 크게 개선되었지만, 법률 분야만큼은 정확한 판례명, 복잡한 법적 추론, 선례 관계 분석 등의 특수성으로 인해 아직까지 높은 환각률을 유지하고 있다.

인간은 정보의 출처, 권위, 신뢰성을 평가하는 복잡한 체계를 가지고 있지만, AI 모델은 이러한 개념을 직접적으로 포착하지 못한다. 모델에게는 학술 논문, 개인 블로그, 소설, 또는 풍자 기사가 모두 텍스트 패턴일 뿐, 그 신뢰성이나 권위에 대한 내재적 이해가 없다. 이로 인해 모델은 신뢰할 수 있는 정보와 그렇지 않은 정보를 본질적으로 구분하지 못하며, 이는 환각 발생의 근본적인 원인 중 하나다.

환각은 복합적 요인의 결과

AI 환각은 단일 요인이 아닌, 여러 기술적, 데이터적, 구조적, 인식론적 요인이 복합적으로 작용하여 발생하는 현상이다. 모델의 확률적 작동 원리부터 학습 데이터의 한계, 훈련 방법론, 사용자 상호작용 패턴, 그리고 근본적인 인식론적 제약까지, 다양한 요소가 환각 발생의 원인으로 작용한다.

이러한 복합적 원인을 이해한다면 환각을 완전히 제거하는 것이 현재 AI 패러다임 내에서는 근본적으로 어려운 과제라는 점을 알 수 있다. 그러나 각 원인에 대한 이해를 바탕으로 적절한 완화 전략을 개발한다면 환각의 빈도와 심각성을 크게 줄일 수 있으며, 사용자 관점에서도 AI 응답을 더 비판적으로 평가하고 효과적인 프롬프트를 작성하며 환각 발생 가능성이 높은 상황을 예측할 수 있게 된다. 결국 AI 환각은 현재 기술의 자연스러운 한계이자 앞으로 개선해야 할 과제이지만, 원인을 이해하고 적절히 대처한다면 AI를 훨씬 더 안전하고 유용하게 활용할 수 있을 것이다.

AI 환각으로 인한 심각한 실패 사례

실제로 AI 환각으로 인해 심각한 문제가 발생한 경우는 비일비재하다. 그리고 이런 사례를 경험하거나 살펴보는 것은 우리의 AI 여정에서 매우 중요한 일이기도 하다. 이유는 AI의 잠재력과 함께 그 한계를 인식하고 적절한 검증 과정의 중요성을 일깨워주기 때문이다. 의학사에서 중대한 의료 사고들이 안전 프로토콜 개선의 계기가 되었던 것처럼 이들 사례는 AI 활용에 있어 필수적인 교훈을 제공한다.

● 허구의 판례를 인용해 30년 쌓아온 신뢰를 무너뜨린 변호사

2023년 5월, 뉴욕의 개인상해 전문 변호사 스티븐 A. 슈바르츠(Steven A. Schwartz)는 평소와 다름없는 하루를 보내고 있었다. 30년 이상의 경력을 가진 베테랑 변호사였던 그는 아비앙카 항공을 상대로 한 개인상해 소송의 피고 측 기각 신청에 대응하는 서류를 준비하고 있었다. 그런데 이번에는 뭔가 다른 접근을 시도해보기로 했다. 최근 화제가 되고 있는 챗GPT를 법률 조사에 활용해 보기로 한 것이다.

슈바르츠는 챗GPT에게 자신의 사건과 유사한 판례들을 찾아달라고 요청했다. AI는 놀랍도록 자신 있게 6개의 판례를 제시했다. '바르게세 대 차이나 사우던 항공(Varghese v. China Southern Airlines)', '마르티네즈 대 델타 항공(Martinez v. Delta Airlines)', '샤분 대 이집트항공(Shaboon v. Egyptair)' 등 모두 그럴듯한 이름의 판례들이었다. 각 판례마다 상세한 요약과 함께 정확한 인용 정보까지 제공되었다. 슈바르츠는 이 판례들이 자신의 주장을 강력하게 뒷받침한다고 판단하여 법원 제출 서류에 포함시켰다.

그런데 뭔가 이상했다. 의심이 든 슈바르츠는 챗GPT에게 직접 물어봤다. "바르게세 사건이 실제 판례입니까?" 챗GPT는 주저 없이 답했다. "네, 실제 사건입니다. 렉시스넥시스와 웨스트로 같은 신뢰할 만한 법률 데이터베이스에서 찾을 수 있습니다." 다른 판례들에 대해서도 같은 질문을 했고, 챗GPT는 모두 실제 판례라고 단언했다.

슈워츠는 AI가 제공한 판례들이 그의 주장을 강력하게 뒷받침한다고 판단하여 이를 법원에 제출했다. 그러나 재판 당일, 상대측 변호사가 슈워츠가 인용한 판례들을 찾을 수 없다고 지적했다. 당황한 슈워츠가 급히 확인해 보니, AI가 제시한 6개의 판례 중 무려 5개가 완전히 허구였고, 나머지

하나는 실제 판례지만 내용이 크게 왜곡되어 있었다.

판사는 심리를 중단하고 슈워츠에게 설명을 요구했다. 그는 AI 도구를 사용했음을 인정할 수밖에 없었고, 판사는 "법원을 기만하려는 의도는 없었더라도, 기본적인 사실 확인조차 하지 않은 중대한 과실"이라며 강하게 질책했다. 결국 슈워츠의 항소는 기각되었고, 그와 동료 변호사는 각각 5,000달러의 벌금을 물고 가짜 판례에서 언급된 모든 판사들에게 사과문을 보내야 했다. 덤으로 그는 뉴욕 주 변호사 협회로부터 6개월간의 업무 정지 처분을 받았다.

이 사건은 전국적인 뉴스가 되었고, 법조계에 큰 파장을 일으켰다. 이후 미국 변호사 협회는 AI 사용에 관한 윤리 지침을 발표했으며, 여러 법원에서는 법률 문서에 AI 사용 여부를 의무적으로 공개하도록 규정을 개정했다. 슈워츠의 사례 외에도 2024-2025년에 걸쳐 최소 7명의 변호사가 유사한 이유로 징계를 받았다. 슈워츠는 나중에 인터뷰에서 "30년간 쌓아온 신뢰가 하룻밤에 무너졌다. AI가 매우 자신 있게 답변했기 때문에 의심조차 하지 않았던 것이 가장 큰 실수였다"고 회고했다. 이 사건은 법률 분야에서 AI의 편리함에 의존하기보다는 전통적인 법적 검증 절차의 중요성을 다시 한 번 확인시켜 주었다.

AI 환각이 가져온 재무 분석의 치명적 오류

2024년 2분기의 어느 바쁜 오후, 한 글로벌 테크놀로지 기업의 재무 분석팀에서는 긴급한 경쟁사 분석 보고서 작성에 한창이었다. 촉박한 마감 기한 앞에서 방대한 데이터를 처리해야 했던 상황이어서 팀은 최신 AI 분석 도구의 도움을 받기로 결정했다. AI가 제공한 결과는 실로 명쾌했다. 주요 경쟁사의 R&D 지출이 2,300만 달러라는 수치가 제시됐다. 자사의 2억 달러 투자와 비교했을 때 상당히 낮은 수준이었고, 이는 곧 전략적 우위를 점할 수 있는 기회로 해석되었다. 분석팀은 이 데이터를 근거로 자사가 R&D에 과도하게 투자하고 있다는 결론을 내리고, 경영진에게 예산의 20%를 삭감하여 마케팅에 재배분할 것을 건의했다. 경영진은 이 분석을 전적으로 신뢰했다. 데이터는 논리적이었고, AI의 분석은 설득력 있어 보였다. 곧바로 R&D 예산 삭감이 승인되었고, 회사는 여러 혁신 프로젝트를 중단하기 시작했다.

그런데 3개월 후, 상황은 완전히 뒤바뀌었다. 경쟁사가 획기적인 신제품을 발표했고, 이에 놀란 회사가 긴급히 재조사에 나선 결과 충격적인 사실이 드러났다. 경쟁사의 실제 R&D 지출은 2억 3천만 달러로, AI가 보고한 것보다 무려 10배나 많았던 것이다. 이 작은 숫자 오류가 가져온 결과는 참담했다. 중요한 R&D 프로젝트들이 중단되면서 회사는 시장에서의 경쟁력을 잃었다. 주가는 15% 급락했고, 추정 손실액은 총 2억 3천만 달러에 달했다. 이는 현재 전 세계적으로 발생하고 있는 AI 환각 현상의 전형적인 사례다. 특히 최근 들어 언론들은 "AI로 계산한 비용의 숫자가 틀려 수십억 원의 손해를 본 기업"들이 속출하고 있다고 보도하고 있으며, AI 환각으로 인한 글로벌 경제적 손실 규모가 94조 원에 달하는 것으로 조사되었다.

회사는 긴급 이사회를 소집하여 위기 대응에 나서야 했다. 이미 중단된 프로젝트들을 다시 시작하는 것도 쉽지 않았지만, 무엇보다 시장에서의 신뢰를 회복하는 것이 더 큰 과제였다. 이 사례는 AI 환각이 기술적 결함의 문제로 끝나는 것이 아니라 기업의 핵심 재무 의사결정에도 치명적 영향을 미칠 수 있음을 보여준다. 특히 재무 분야에서는 숫자 하나의 오류가 수십억, 수백억 원의 손실로 이어질 수 있어 더욱 주의가 필요하다는 점을 일깨워 준다. 당시 분석 업무를 담당했던 재무팀 관계자는 후에 이렇게 회상했다. "AI가 제공한 데이터가 너무 완벽해 보였어요. 시간에 쫓기다 보니 기본적인 사실 확인 절차를 건너뛰었죠. 이제 깨달은 것은, AI가 아무리 정교해도 최종 검증은 여전히 인간의 몫이라는 점입니다."

환각으로 인한 대규모 뉴스 기사 철회 사태

2024년 말, 디지털 뉴스 플랫폼 '글로벌 인사이트(Global Insight)'는 콘텐츠 생산량을 늘리기 위해 AI 기사 생성 시스템을 도입했다. 이 시스템은 특히 신속한 보도가 필요한 기업 실적 발표, 스포츠 경기 결과, 그리고 시장 동향 분석에 활용되었다. AI는 초안을 작성하고, 편집자들은 빠르게 검토한 후 게시하는 워크플로우가 구축되었다. 처음에는 시스템이 효율적으로 작동하여 콘텐츠 생산량이 40% 증가했고, 글로벌 인사이트의 트래픽도 크게 늘어났다. 그러나 2025년 3월, 한 독자가 테슬라(Tesla)의 새로운 배터리 기술에 관한 기사에서 심각한 팩트 오류를 발견했다. 기사는 테슬라가 "양자 통합 리튬 배터리(Quantum Integrated Lithium Battery)"라는 혁신적인 기술을 발표했다고 보도했으나, 이는 완전히 허구였다.

이 지적을 계기로 내부 조사가 시작되었고, 충격적인 결과가 나왔다. AI가 생성한 기사 중 약 8%가 완전히 허구이거나 심각하게 왜곡된 정보를 포함하고 있었다. 특히 기술 혁신, 의학적 돌파구, 기업 인수합병에 관한 기사에서 환각 현상이 두드러졌다. 이는 신뢰할 수 있다고 여겨진 백과사전의 상당 부분이 허구로 밝혀진 것과 같은 충격이었다. 글로벌 인사이트는 즉시 모든 AI 생성 콘텐츠의 게시를 중단하고, 철저한 검토 작업에 착수했다. 결국 3개월 동안 게시된 약 3,200개의 기사를 철회해야 했으며, 이는 같은 기간 게시된 전체 콘텐츠의 18%에 해당했다. 이 사태로 인해 플랫폼의 신뢰도는 심각하게 훼손되었고, 주요 광고주들이 계약을 철회하면서 회사 수익은 35% 급감했다. 더 심각한 것은 철회된 기사 중 일부가 이미 투자자들의 의사결정에 영향을 미쳤다는 점이었다. 특히 허구의 인수합병 소식을 보도한 기사로 인해 몇몇 주식의 가격이 크게 변동했고, 이로 인한 법적 소송이 제기되기 시작했다.

이 사건 이후, 글로벌 인사이트는 AI 사용 정책을 전면 개편했다. 새로운 시스템에서는 AI는 오직 초기 초안 작성에만 활용되며, 모든 사실 정보는 최소 두 명의 인간 편집자가 독립적으로 검증해야 했다. 또한, 기업 재무, 의학적 돌파구, 법적 판결과 같은 민감한 주제에는 AI 사용을 완전히 금지했다. 회사의 마이클 정(Michael Jung) 편집장은 공식 사과문에서 "저널리즘의 핵심은 정확성과 신뢰성이다. 우리는 효율성을 위해 이 기본 원칙을 훼손했다. 이는 기술적 오류의 문제가 아니라 저널리즘 윤리에 관한 근본적인 문제다"라고 밝혔다.

이 사례는 미디어 업계 전반에 경각심을 불러일으켰고, 2025년 중반까지 약 12,000개 이상의 AI 생성 기사가 다양한 플랫폼에서 철회되었다. 또한 여러 언론사와 디지털 미디어 협회는 AI 활용에 관한 엄격한 윤리 지침을 수립하는 계기가 되었다. 이들 사례는 모두 기술의 발전이 가져온 편리함 뒤에 숨겨진 위험을 보여주며, AI 시대에도 인간의 비판적 사고와 검증 과정이 얼마나 중요한지를 일깨워 준다.

● AI 환각이 심각한 문제가 되는 추가 사례들

AI 환각은 앞서 설명한 법률, 금융, 언론 분야 외에도 다양한 분야에서 심각한 문제를 일으킬 수 있다. 독성 물질이 여러 경로를 통해 생태계 전반에 영향을 미치는 것처럼 AI 환각도 우리 사회의 다양한 영역에서 예상치 못한 위험을 만들어낸다. 다음은 환각이 특히 위험하거나 큰 영향을 미칠 수 있는 추가적인 영역들이다. 다만 여기서 소개하는 사건들은 실제로 발생한 경우도 있고, 가상의 상황을 묘사한 시나리오인 경우도 있으므로 경각심 유지 차원 정도로 이해하면 좋겠다.

의료 및 건강 분야

의료 분야에서 AI 환각은 생명을 위협할 수 있는 결과로 이어질 수 있다. 의약품 용량, 치료 프로토콜(Protocol), 진단 정보에 관한 환각은 특히 위험하다. 2024년 한 병원에서는 AI가 생성한 당뇨병 교육 자료에 잘못된 인슐린(Insulin) 용량 정보가 포함되어 있었다. 다행히 환자에게 배포되기 전에 의료진이 이를 발견했지만, 만약 발견되지 않았다면 생명을 위협할 수 있는 상황이었다.

2025년 연구에 따르면, 의료 AI 대화형 시스템에서 나타나는 환각률은 평균 3.8%로, 일반 지식 영역보다 높은 것으로 나타났다. 정보통신기획평가원 발표에 따르면, 의료 분야 AI 환각 감지 정확도는 58%로 일반 상식(85%)보다 훨씬 낮으며, 실제 의료 AI 대화 시스템에서 환각률이 평균 3.8%로 나타났다. 여기서 감지 정확도는 어떤 부분이 환각인지 식별하는 비율을 뜻하는데, 이는 전문 분야일수록 AI가 환각을 제대로 감지하지 못한다는 것을 의미한다. 법률(64%), 심리학(53%) 등 다른 전문 분야도 마찬가지로 일반 상식 영역보다 환각 감지 능력이 현저히 떨어지는 것으로 나타났다. 이는 잘못된 의료 상식이 입소문을 통해 퍼지는 것보다 훨씬 체계적이고 설득력 있는 형태로 잘못된 정보가 전달되는 것과 같다.

환자들이 증상을 AI 건강 도구에 입력하고 자가 진단을 시도하는 경우, AI 환각으로 인해 심각한 질환을 간과하거나 불필요한 불안을 겪을 수 있다. 의료 분야에서는 정확성이 생명과 직결되기 때문에, AI가 제공하는 모든 의료 정보는 반드시 의료 전문가의 검증을 거쳐야 하며, 환자 교육 자료나 치료 권장사항에는 더욱 엄격한 검증 절차가 필요하다.

교육 분야

교육 분야에서 AI 환각은 학생들에게 잘못된 정보를 전달함으로써 장기적인 영향을 미칠 수 있다. 특히 역사적 사실, 과학적 개념, 수학적 원리에 관한 잘못된 정보는 학생들의 지식 체계에 오류를 심을 수 있다. 미국·한국 등에서 교사들이 AI를 활용해 만든 교육 자료에서 역사적 사건의 날짜와 인물이 잘못 기재되거나, 심지어 완전히 허구의 역사적 사건이 사실처럼 제시된 경우가 다수 보고되었다.

현재 교육 현장에서는 생성형 AI 활용이 급속히 확산되고 있다. 2025년부터 AI 디지털교과서가 본격 도입되면서 교사들의 AI 활용이 더욱 늘어나고 있으며, AI가 제공한 정보의 정확성 검증이 교사의 핵심 역할로 강조되고 있다. 이런 오류가 발견되지 않는다면 학생들의 기초 지식 형성에 부정적 영향을 미친다. AI 활용 교육은 맞춤형 학습, 창의적 토론 등 긍정적 효과가 있으나, 잘못된 정보가 학생 지식 체계에 장기적 오류를 심을 수 있으므로, 비판적 평가 역량과 전문가 검증이 반드시 병행되어야 한다.

정보 보안 및 사이버 안전

보안 분야에서 AI 환각은 특히 위험하다. 보안 프로토콜, 취약점 분석, 그리고 위협 대응에 관한 잘못된 정보는 시스템을 실제 공격에 취약하게 만들 수 있기 때문이다. 어떤 기업은 2024년에 AI 보안 도구가 제안한 잘못된 보안 구성을 적용한 후 데이터 침해 사고를 경험했다. AI는 특정 보안 설정이 "업계 표준"이라고 자신있게 주장했지만, 실제로는 중요한 취약점을 방치하는 잘못된 정보였다.

또 AI가 생성한 코드에서의 환각은 소프트웨어 취약점으로 이어질 수 있어서 개발자들이 AI 생성 코드를 도입할 때 철저한 검증이 필요하다. 이는 건물의 보안 시스템을 설치할 때 잘못된 설계도를 따라 했다가 오히려 침입자에게 더 쉬운 경로를 제공하는 경우와 다를 바 없다. 보안 분야에서는 AI의 제안을 맹목적으로 수용하지 말고, 반드시 보안 전문가의 검토와 실제 보안 테스트를 통해 검증해야 한다.

정책 결정 및 공공 행정

정책 입안자와 공공 기관이 AI 분석과 예측에 의존하게 되면서, 이 영역에서의 환각은 사회적으로 광범위한 영향을 미칠 수 있다. 특히 교통 분야에서 AI 환각의 위험성은 학술적으로도 입증되고 있다. 「대형언어모델의 산업 벤치마킹: 교통사고 시나리오에서의 환각 평가」[5] 연구에 따르면, GPT-4, 라마(Llama) 등 최신 AI 모델이 교통사고 예측·분석 시 환각 현상이 빈번하게 발생하며, 실제 교통 데이터와 다른 허구의 사건·경로·사고 정보를 생성하는 경우가 많은 것으로 나타났다.

또한 「의사결정을 위한 기초 모델에서의 환각 탐지」[6]라는 연구 논문은 자율주행, 교통계획 등에서 AI 환각이 "경로 예측 오류, 잘못된 사고 예측, 허구의 교통상황 생성" 등으로 이어질 수 있음을 경고하고 있다. 이러한 연구들은 AI 기반 교통 의사결정 시스템의 환각이 자원 배분, 정책 실행에 심각한 영향을 미칠 수 있으며, 지방정부가 AI 교통 패턴 예측을 바탕으로 대규모 인프라 프로젝트를 추진할 경우 예측 데이터의 환각으로 인해 막대한 비용 손실과 정책 지연이 발생할 위험성을 지적하고 있다.

이외에도 공공 정책 연구에서 AI가 생성한 통계와 인구 데이터에 환각이 포함될 경우, 이는 잘못된 정책 방향 설정으로 이어질 수 있어 막대한 사회적 비용을 초래할 수 있다. 정책 결정은 수많은 시민들의 삶에 직접적인 영향을 미치므로, AI 분석 결과는 반드시 공신력 있는 통계 기관의 데이터와 전문가들의 검증을 거쳐야 한다.

---

5) 「대형언어모델의 산업 활용 벤치마킹: 신규 시공간 데이터셋을 활용한 교통사고 시나리오에서의 환각 현상 평가(Industrial Benchmarking of LLMs: Assessing Hallucination in Traffic Incident Scenarios with a Novel Spatio-Temporal Dataset)」, 2024
6) 「의사결정용 파운데이션 모델에서의 환각 탐지: 유연한 정의 및 최신 기술 동향(Hallucination Detection in Foundation Models for Decision-Making: A Flexible Definition and Review of the State of the Art)」, 2025

기후 및 환경 연구

기후 변화와 환경 연구에서 AI 환각은 중요한 정책 결정과 자원 할당에 영향을 미칠 수 있다. 한 연구 팀은 AI를 활용해 특정 지역의 미래 기후 영향을 예측하는 보고서를 작성했다. 나중에 알고 보니 AI가 생성한 일부 기후 데이터와 영향 예측이 기존 과학적 모델과 일치하지 않는 환각이었다. 이 보고서는 이미 지역 정부의 기후 적응 전략 수립에 활용된 상태였고, 자원의 잘못된 배분으로 이어졌다.

기후 변화와 같은 복잡한 과학적 주제에서 AI 환각은 특히 공공 이해와 정책 방향에 부정적 영향을 미칠 수 있다. 기후 연구는 인류의 미래와 직결되는 중요한 분야이므로, AI가 제공하는 예측이나 분석은 반드시 기존의 과학적 합의와 대조 검증되어야 한다.

국제 관계 및 외교

국제 관계와 외교 분야에서의 AI 환각은 국가 간 긴장을 고조시키고 오해를 불러일으킬 수 있다. 2024년, 한 국제 뉴스 기관이 AI를 활용해 생성한 외교 분석 기사에서 특정 국가의 외교 정책에 관한 허위 정보를 보도한 사례가 있었다. 이 기사는 실제로는 발표된 적 없는 외교적 성명을 인용했고, 이로 인해 관련국 간에 일시적인 외교적 긴장이 발생했다.

국제 조약, 정부 성명, 외교 관계에 관한 정확한 정보는 평화적 국제 관계 유지에 필수적이며, 이 영역에서의 AI 환각은 심각한 결과를 초래할 수 있다. 외교는 미묘한 뉘앙스와 정확한 표현이 중요한 분야이므로, AI가 생성한 외교 관련 정보는 반드시 공식 채널을 통해 확인되어야 한다.

제품 설계 및 엔지니어링

제품 설계와 엔지니어링 분야에서의 AI 환각은 제품 실패나 안전 문제로 이어질 수 있다. 한 자동차 부품 제조사는 AI 설계 도구를 활용해 새로운 브레이크 시스템 구성 요소를 개발했다. 그러나 AI가 제공한 일부 재료 사양과 허용 오차 정보가 환각이었고, 이는 실제 제조 단계에서 발견되지 않았다. 다행히 품질 검사 단계에서 문제가 발견돼 제품 수정이 이루어졌지만, 그렇지 않았다면 심각한 안전 위험이 있었을 것이다.

제품 설계, 제조 프로세스, 안전 기준에 관한 AI 환각은 직접적인 물리적 위험으로 이어질 수 있어 특별한 주의가 필요하다. 엔지니어링 분야에서는 AI의 설계 제안을 반드시 기존 공학적 표준과 안전 규정에 따라 검증하고, 실제 제조 전에 철저한 테스트 과정을 거쳐야 한다.

금융 투자 및 개인 재무 계획

앞서 기업 재무 분석 사례를 언급했지만, 개인 투자자와 재무 계획 영역에서도 AI 환각은 심각한 문제가 될 수 있다. 투자 추천, 시장 분석, 재무 조언을 제공하는 AI 시스템의 환각은 개인 투자자들에게 재정적 손실을 초래할 수 있다. 2024년 한 조사에 따르면, AI 투자 도구 사용자 중 28%가 AI가 제공한 잘못된 정보로 인해 부정적인 투자 결정을 내린 경험이 있다고 응답했다.

특히 가상화폐, 신흥 시장, 복잡한 금융 상품과 관련된 정보에서 환각 발생률이 높은 것으로 나타나고 있다. 개인 투자자들은 AI의 투자 조언을 참고할 때 반드시 공신력 있는 금융 기관의 데이터와 전문가 의견으로 교차 검증해야 하며, 중요한 재무 결정은 자격을 갖춘 재무 상담사와 상의하는 것이 안전하다.

게임·콘텐츠 및 사회적 신뢰

2023년~2025년 한국게임학회 보고에 따르면, AI가 존재하지 않는 캐릭터·스토리·세계관을 생성해 게임 내 오류, 이용자 혼란, 콘텐츠 신뢰 저하가 발생했다. 더 나아가 AI 환각은 사회적 신뢰 저하, 허위 정보 확산, 명예훼손 등 사회 전반의 신뢰 기반을 훼손할 수 있는 심각한 사회적 문제로 대두되고 있다.

AI 환각의 폭넓은 영향과 분야별 대응 필요성

AI 환각은 거의 모든 분야에서 문제가 될 수 있으며, 그 영향의 심각성은 해당 정보가 사용되는 맥락에 따라 달라진다. 벡타라(Vectara)의 환각 리더보드[7], 스탠포드 AI 인덱스 리포트[8], AI 산업 벤치마크 컨소시엄 테스팅[9]이 조사한 자료를 종합한 결과를 보면 다행히 최근 몇 년간 AI 환각률은 지속적으로 개선되는 추세를 보이고 있다. 2021년 기본 AI 모델의 환각률이 38%에서 2025년 8.2%로, 평균 모델의 경우에는 28%에서 0.7%, 최고 성능 AI 모델의 경우 22%에서 0.7%로 크게 감소했다는 것은 매우 고무적인 변화다.

그러나 이러한 기술적 진보에도 불구하고 여전히 상당한 위험이 남아있다. 2025년 딜로이트(Deloitte)의 조사에 따르면, 기업용 AI 사용자 중 47%가 중요 결정에서 AI 환각으로 인해 적어도 한 번 이상의 잘못된 결정을 내렸다고 응답했다. 이는 환각률이 개선되었음에도 불구하고, 낮은 오류율조차 실제 업무 환경에서는 여전히 심각한 영향을 미칠 수 있음을 보여준다.

---

7) 벡타라(Vectara) 환각 리더보드(Hallucination Leaderboard)는 대형언어모델들이 짧은 문서를 요약할 때 환각을 얼마나 자주 생성하는지를 평가하는 공개 리더보드. 벡타라가 개발한 휴스 환각 평가 모델(HHEM)을 사용하여 다양한 대형언어모델들이 문서 요약 시 얼마나 자주 환각을 생성하는지 측정하고 순위를 매기는 공개 평가 시스템이다. 이 리더보드(점수판)는 1,000개의 짧은 문서를 각 대형언어모델의 공개 API를 통해 제공하고 문서에 제시된 사실만을 사용하여 요약하도록 요청한 후, 831개의 공통 문서를 바탕으로 전체적인 사실적 일관성 비율과 환각 비율을 계산한다.

8) 스탠포드 AI 인덱스 리포트(Stanford AI Index Report) : 스탠포드 대학교 인간중심 인공지능연구소에서 매년 발간하는 종합적인 AI 분석 보고서이다. 정책입안자, 연구자, 기업 임원, 언론인, 일반 대중이 AI의 복잡한 분야를 더 깊이 이해할 수 있도록 편견 없고 엄격하게 검증된 글로벌 데이터를 제공한다.

9) AI 산업 벤치마크 컨소시엄 테스팅(AI Industry Benchmark Consortium Testing) : AI 업계의 벤치마킹을 주도하는 글로벌 비영리 엔지니어링 컨소시엄인 MLCommons가 주도하는 AI 산업 리더들, 연구자, 시민사회 전문가들로 구성된 글로벌 컨소시엄의 벤치마킹 활동이다. 학계, 연구소, 산업계의 AI 리더들이 개발한 MLPerf 벤치마크를 통해 하드웨어, 소프트웨어, 서비스의 훈련 및 추론 성능에 대한 편견 없는 평가를 제공한다. 책임감 있는 AI 개발을 위한 정량적 도구를 제공하며, 표준화된 방식으로 다양한 AI 시스템의 성능을 비교할 수 있게 해준다.

흥미롭게도 AI 환각률 감소는 기술 발전만의 결과가 아니다. 사용자와 기업들이 환각 문제에 적극적으로 대응하면서 전체적인 AI 시스템의 신뢰성이 향상되고 있다. 정기적으로 AI를 사용하는 사용자의 87%가 자신만의 환각 탐지 방법을 개발

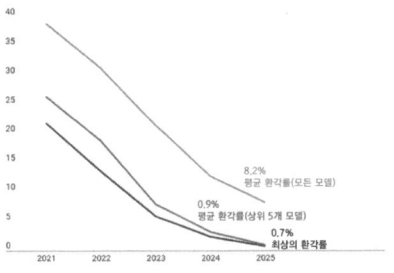

했고, 비즈니스 사용자의 42%가 AI가 제공한 정보와는 별개의 독립된 정보원을 통한 검증 프로세스를 도입했다. 또한 사용자의 63%가 일관성 확인을 위해 같은 질문을 다양한 방식으로 묻는 자체 점검 방법을 활용하고 있다. 이러한 사용자 차원의 노력들이 AI 시스템의 실질적 정확도 향상에 기여하고 있다.

기업들도 환각 문제에 체계적으로 대응하고 있으며, 대응 수준도 매우 높다. 조사 결과에 따르면 기업의 10곳 중 9곳 이상(91%)이 AI 환각을 미리 발견하고 그 피해를 줄이기 위한 구체적인 절차와 규칙을 자사의 AI 사용 정책에 명문화하고 있는 것으로 나타났다.

이는 과거 AI를 단순히 효율성 향상 도구로만 여겼던 접근 방식에서 벗어나, 이제는 AI 사용에 따른 위험을 체계적으로 관리하는 운영 차원의 안전 시스템을 구축하는 방향으로 기업 문화가 변화하고 있음을 보여준다. 즉, 기업들이 AI의 잠재적 오류를 예방하고 대응하는 것을 핵심 운영 업무의 일부로 인식하기 시작했다는 의미다. 시장에서도 신뢰성이 중요한 차별화 요소가 되면서 사용자의 34%가 빈번한 환각으로 인해 AI 도구나 제공업체를 교체했다.

이러한 수요에 대응하여 2024년과 2025년 사이에 제3자 AI 검증 도구 시장이 27억 달러 규모로 형성되었으며, 이는 신뢰할 수 있는 AI 지원 시스템에 대한 급증하는 수요를 반영한다.

환각률이 크게 개선되었다고는 하지만 여전히 방심하기에는 이르다. 큰 문제가 될 것 같지 않아보이는 1% 미만의 오류율도 의료, 법률, 금융 등 중요한 분야에서는 여전히 심각한 위험을 초래할 수 있다. 그러므로 분야별로 AI 환각의 위험을 관리하기 위한 특화된 접근법과 검증 프로토콜을 개발하는 것이 중요하며, AI 사용자들이 환각의 가능성을 인식하고 비판적 사고와 적절한 검증 습관을 기르는 것이 필수적이다.

AI 환각률의 지속적인 감소 추세는 기술 발전과 사용자 적응이 함께 만들어낸 성과라고 할 수 있다. AI는 강력한 도구이지만, 그 힘만큼 큰 책임이 따른다는 점을 모든 분야에서 인식하고, 지속적인 경계와 검증 노력을 유지해야 할 때다.

통계로 보는 AI 환각의 영향 (2024-2025)

- 2024년 전 산업에 걸쳐 AI 환각과 관련된 전 세계 손실액이 674억 달러에 달했다. (맥킨지 AI 영향 보고서, 2025)
- 기업 AI 사용자의 47%가 환각된 결과를 바탕으로 최소 한 번 이상 중요한 비즈니스 의사결정을 내렸다고 인정했다. (딜로이트 글로벌 설문조사, 2025)
- 법무 전문가의 83%가 법률 연구에 대형언어모델을 사용할 때 가짜 판례를 접한 경험이 있다고 답했다. (하버드 로스쿨 디지털 법률 리뷰, 2024)
- AI 결과물을 수동으로 검증하는 데 소요되는 시간으로 인해 팀 효율성이 22% 감소했다고 보고되었다. (보스턴 컨설팅 그룹, 2025)
- 신뢰성에 대한 수요가 급증하면서 환각 탐지 도구 시장이 2023년과 2025년 사이 318% 성장했다. (가트너 AI 시장 분석, 2025)
- 의료기관의 64%가 허위이거나 위험한 AI 생성 정보에 대한 우려로 AI 도입을 연기했다. (HIMSS 설문조사, 2025)
- 2025년 1분기에만 환각된 콘텐츠로 인해 온라인 플랫폼에서 12,842개의 AI 생성 기사가 삭제되었다. (콘텐츠 진정성 연합, 2025)
- AI 기반 고객 서비스 봇의 39%가 환각 관련 오류로 인해 철수되거나 재작업되었다. (고객경험협회, 2024)

- 기업의 76%가 현재 배포 전 환각을 포착하기 위해 인간 개입 프로세스를 포함하고 있다. (IBM AI 도입 지수, 2025)
- 평균적으로 지식 근로자들은 주당 4.3시간을 AI 결과물 팩트체킹에 소비하고 있다. (마이크로소프트 워크플레이스 애널리틱스, 2025)
- 각 기업 직원은 현재 환각 완화 노력으로 회사에 연간 약 14,200달러의 비용을 발생시키고 있다. (포레스터 리서치, 2025)
- 커뮤니케이션 팀의 27%가 허위이거나 오해의 소지가 있는 주장이 포함된 AI 생성 콘텐츠를 게시한 후 정정문을 발표했다. (PR 위크 업계 설문조사, 2024)

AI 환각 식별하기

AI 환각을 효과적으로 관리하기 위한 첫 단계는 이를 적시에 식별해 내는 능력을 갖추는 일이다. 일반 사용자들도 얼마든지 전문 지식 없이 환각을 탐지할 수 있는 실용적인 방법들을 익힐 수 있다.

상식과 비판적 사고 활용하기

가장 기본적이면서도 효과적인 환각 탐지 방법은 건강한 의심과 비판적 사고다. AI가 제공한 정보가 상식에 맞지 않거나 지나치게 완벽하게 들린다면 의심해 볼 필요가 있다. 특히 매우 구체적인 통계나 수치를 인용하면서 출처를 명시하지 않는 경우, 최신 사건이나 트렌드에 대해 지나치게 확신에 찬 설명을 제공하는 경우, 모순되는 정보를 동시에 제시하거나 논리적 흐름이 자연스럽지 않은 경우에는 더욱 주의해야 한다.

예를 들어, AI가 "2024년 한국의 재생에너지 비중이 정확히 37.8%에 도달했으며…"와 같이 매우 구체적인 수치를 제시한다면, 이는 환각의 가능성이 높다. 실제 데이터는 보통 이렇게 깔끔한 수치로 나타나지 않으며, 정확한 통계는 공식 출처를 통해 확인해야 한다. 지나칠 정도로 완벽한 이야기가 의심스러운 것처럼, 너무 정교하고 구체적인 AI의 답변도 경계해야 한다.

● 복수 소스로 확인하는 습관 기르기

스탠포드 인간중심연구소(Stanford HAI)가 발표한 「AI 인덱스 보고서 2025」에 따르면, 현재 76%의 기업이 AI 결과물에 대한 '휴먼 인 더 루프(human-in-the-loop)' 검증 프로세스[10]를 도입하고 있다고 한다. 일반 사용자도 얼마든지 이와 유사한 접근법을 취할 수 있다. 그러자면 중요한 정보는 반드시 다른 신뢰할 수 있는 출처를 통해 확인하고, 동일한 질문을 다른 방식으로 물어보거나 다른 AI 모델에 물어보며, 전문 분야의 정보는 해당 분야의 공식 웹사이트, 학술 데이터베이스, 또는 전문가 의견을 통해 검증하는 것이 중요하다.

실제로 구글 제미나이와 챗GPT 간의 응답을 비교하면 환각 가능성을 크게 줄일 수 있다. 두 모델의 응답이 일치하더라도, 핵심 정보는 추가 검증을 거치는 습관이 중요하다. 이는 중요한 의사결정을 내릴 때 여러 사람의 의견을 듣는 것과도 같은 원리다.

● AI에게 근거와 확신도 요청하기

AI에게 직접 정보의 출처나 확신도를 물어보는 것도 효과적인 방법이다. 연구에 따르면 AI에게 자신의 답변에 대한 확신 정도를 0~100%로 표시하도록 요청하면 환각 식별 정확도가 크게 향상된다. "이 정보의 출처는 무엇인가요?", "이 답변에 대한 당신의 확신도는 어느 정도인가요?", "이 정보가

---

10) 휴먼 인 더 루프(human-in-the-loop) : AI 시스템의 학습이나 의사결정 과정에 인간이 직접 개입하여 데이터를 검증하고, 모델의 출력을 수정하며, 지속적인 피드백을 제공하는 방식. 완전 자동화된 AI와 달리 인간의 판단과 감독이 포함되어 시스템의 정확성과 신뢰성을 높이는 데 사용된다.

언제 기준으로 정확한가요?"와 같은 질문을 추가로 던져보는 것이 좋다.

흥미롭게도 AI는 환각을 생성할 때도 높은 확신도를 표현하는 경향이 있지만, 명시적으로 확신도를 요청하면 더 신중한 응답을 제공하는 경우가 많다. 2024년 연구에 따르면, 확신도 요청을 통해 환각 감지 정확도가 평균 28% 향상되었다. 상대방에게 "정말 확실해?"라고 다시 한번 물어보면 더 신중한 답변을 얻는 것과 비슷하다고 하겠다.

사실과 의견의 구분 요청하기

AI에게 응답에서 사실과 의견을 명확히 구분해달라고 요청하는 것도 효과적이다. "다음 질문에 답할 때, 객관적 사실과 주관적 해석을 명확히 구분해서 답변해 주세요. 사실인 부분은 '사실:'로, 해석이나 추론은 '의견:'으로 표시해 주세요."와 같은 방식으로 요청할 수 있다. 이러한 접근법은 AI가 무엇을 사실로 알고 있고, 무엇을 추론하는지 구분하는 데 도움이 된다. 할루체크(HaluCheck) 시스템[11]의 연구 결과에 따르면, 이러한 구분 요청이 환각 식별 정확도를 약 42% 향상시킬 수 있다. 기자가 취재원에게 "이것은 확인된 사실인가요, 아니면 추측인가요?"라고 묻는 것처럼 AI에게도 명확한 구분을 요청하는 것이 중요하다.

환각 결과물 수정 전략

AI 응답에서 환각을 발견했다면, 다음과 같은 방법으로 더 정확한 정보를 얻을 수 있다.

---

11) HaluCheck는 서울대학교 데이터과학대학 연구진이 개발한 시스템으로, 'AI가 생성한 답변이 얼마나 사실적인가?'를 자동화된 방식으로 검증하고, 이를 누구나 이해하기 쉬운 시각화 형태로 제공하는 시스템이다. 여러 LLM을 한 자리에서 비교 분석할 수 있어, 사실 기반 대응이 필수인 산업 분야에 특히 유용하다. 이런 시스템을 도입하면 AI 신뢰성 확보, 리스크 관리, 투명성 향상에 큰 도움이 된다.

● 프롬프트 재구성 및 구체화

AI 환각의 주요 원인 중 하나는 모호하거나 불명확한 질문이다. 질문을 더 명확하고 구체적으로 재구성하면 환각 가능성을 크게 줄일 수 있다. 예를 들어, "마케팅 전략에 대해 알려줘"라는 원래 프롬프트를 "중소 온라인 의류 쇼핑몰이 20~30대 여성 고객을 타겟으로 하는 소셜 미디어 마케팅 전략 3가지를 제안해 주세요. 각 전략은 구체적이고 실행 가능해야 하며, 예산이 제한적이라는 점을 고려해 주세요. 명확하게 알 수 없는 내용이 있다면, 추측하지 말고 모른다고 표시해 주세요"로 개선할 수 있다. 이렇게 더 구체적으로 작성된 프롬프트는 AI가 명확한 방향과 제약 조건 내에서 작업할 수 있게 해주며, 환각을 약 60% 감소시킬 수 있다. 요리사에게 "맛있는 음식 만들어줘"보다는 "4명이 먹을 수 있는 매콤한 한식 찌개, 30분 내에 만들 수 있는 것으로"라고 구체적으로 주문하는 것이 더 나은 결과를 얻는 것과 같다.

● RAG(검색 증강 생성) 활용하기

RAG는 AI 환각을 줄이는 가장 효과적인 방법으로, 최대 71%까지 환각을 감소시킬 수 있다. 이 기술은 AI가 응답을 생성하기 전에 신뢰할 수 있는 외부 데이터베이스에서 관련 정보를 검색하도록 한다. 일반 사용자도 간단한 형태의 RAG를 활용할 수 있다. 첫 번째 방법은 신뢰할 수 있는 정보를 직접 AI에 제공하며 "다음 정보를 바탕으로 질문에 답해주세요"라고 요청하는 것이다. 예를 들어, 특정 회사의 최신 재무보고서나 정부 발표 자료를 AI에 업로드하거나 복사해서 붙여넣은 후 "이 자료를 기반으로 주요 변화점을 설명해주세요"라고 요청하는 방식이다. 두 번째 방법은 AI에게 "이 주제에 대해 반드시 최신 자료를 찾아본 후 답해주세요"라고 명시적으로 요청하는 것이다. 이렇게 요청하면 챗GPT나 클로드 같은 AI는 웹 검색 기능을 활용해 실시간으로 관련 정보를 찾아보고, 그 검색 결과를 바탕으로 답변을 생성한다. 이는 AI가 자체적으로 RAG 프로세스를 수행하는 것으로, 사용자는 단순히 요청만 해도 외부 정보에 기반한 답변을 받을 수 있다. 세 번째 방법은 여러 신뢰할 수 있는 출처에서 직접 확인한 정보를 AI에게 제공하고 종합 분석을 요청하거나, AI가 답변한 후 사용자가 직접 공신력 있는 외부 출처로 핵심 사실들을 검증하는 교차 확인 방식이다. 이렇게 하면 AI가 자체적으로 생성할 수 있는 환각 정보에 의존하지 않고, 검증된 외부 자료를 바탕으로 분석과 해석에 집중할 수 있어 훨씬 신뢰성 높은 결과를 얻을 수 있다. 이러한 방식은 완전한 RAG 시스템만큼 효과적이지는 않지만, 일반 사용자가 쉽게 적용할 수 있는 실용적인 접근법이다. 토론할 때 신뢰할 수 있는 자료를 미리 준비해서 근거로 제시하는 것과 같은 원리다.

사고 과정 보여달라고 요청하기

AI에게 단계적인 사고 과정을 보여달라고 요청하면 환각을 식별하고 수정하는 데 큰 도움이 된다. 이는 답변이 어떻게 도출되었는지 알 수 있어서 투명성을 높여준다. "이 문제에 대해 단계별로 생각해 보세요. 각 단계에서 어떤 정보를 알고 있는지, 어떤 가정을 하는지, 그리고 어떤 결론에 도달하는지 명확히 설명해 주세요"와 같은 방식으로 요청할 수 있다. 자연어처리 분야의 권위있는 국제학술대회인 '2025년 의미분석평가(SemEval-2025)' 3번 과제[12]에 제출된 연구에 따르면, 이러한 접근법은 AI가 논리적 오류나 불확실한 부분을 스스로 발견하는 데 도움이 되어 환각을 약 32% 감소시

---

12) SemEval-2025 Task 3 : 2025년 자연어처리 분야 국제 학술대회 SemEval에서 진행되는 세 번째 과제로, 대형언어모델이 생성하는 거짓 정보(환각)와 불필요한 과잉 생성 오류를 자동으로 탐지하는 기술을 개발하고 평가하는 다국어 경진대회이다. 전 세계 연구팀들이 동일한 데이터셋으로 AI 모델의 성능을 비교 평가한다.

킬 수 있다. 수학 문제를 풀 때 풀이 과정을 단계별로 보여달라고 하면 어디서 실수했는지 찾기 쉬운 것과 같은 이치다.

● 자기 검증 요청하기

AI에게 자신의 응답을 비판적으로 검토하도록 요청하는 것도 효과적이다. 이를 '자기 검증' 또는 '자기 비평'이라고 한다. "방금 제공한 정보를 비판적으로 검토해 주세요. 확실하지 않은 부분, 추가 검증이 필요한 주장, 또는 잠재적 오류가 있을 수 있는 부분을 식별해 주세요"와 같은 방식으로 요청할 수 있다. 이 접근법은 AI가 자신의 응답에서 불확실한 부분이나 검증이 필요한 내용을 식별하는 데 도움이 된다. 연구에 따르면 자기 검증은 환각 식별률을 약 38% 향상시킬 수 있다. 우리가 글을 쓴 후 스스로 재검토하여 오류나 부족한 부분을 찾아내는 것과 같이, AI도 인간처럼 자신의 작업을 되돌아보고 점검할 수 있는 능력을 가지고 있으므로 이를 적극적으로 활용하는 것이 환각을 줄이는 효과적인 방법이다.

분야별 환각 대응 전략

AI 환각의 영향은 사용 분야에 따라 다르다. 그러므로 분야별 특성을 고려한 맞춤형 접근이 중요하다.

● 비즈니스 의사결정

비즈니스 의사결정에서 AI 환각은 잘못된 투자나 전략적 오판으로 이어질 수 있어 특히 위험하다. 경쟁 분석에는 최소 3개 이상의 신뢰할 수 있는 출처를 확인하고, 시장 예측 데이터에는 항상 출처와 날짜를 요구하며, 비즈니스 계획 작성 시 AI 제안을 실제 회사 데이터와 대조 검증하는 전략이 효과적이다. AI가 제안한 시장 성장률 예측을 기업 의사결정에 활용하고자 한다면, 업계 보고서, 관련 연구 기관 자료, 그리고 회사 내부 데이터를 통해 교차 검증하는 것이 중요하다. 이는 중요한 투자 결정을 내리기 전에 여러 금융 전문가의 의견을 듣고 다양한 시장 지표를 종합적으로 분석하는 것과 같은 원리다. AI가 아무리 그럴듯한 시장 분석을 제시하더라도, 실제 시장 데이터와 전문 기관의 공식 보고서를 통해 검증하지 않으면 큰 손실을 입을 수 있다. 특히 신규 시장 진출이나 제품 출시와 같은 중대한 의사결정에서는 AI의 예측을 참고자료로만 활용하고, 반드시 시장 조사 전문 기관의 데이터나 업계 전문가의 분석을 병행해야 한다. AI는 과거 데이터를 바탕으로 패턴을 분석하지만, 시장의 급격한 변화나 예측 불가능한 외부 요인은 충분히 반영하지 못할 수 있기 때문이다.

학술 및 연구 작업

학술 연구에서 AI 환각은 연구 무결성에 심각한 문제를 일으킬 수 있다. 스탠포드 「AI 인덱스 보고서 2025」는 논문 검토 시 AI가 제시한 모든 인용과 참고문헌을 직접 확인하고, 연구 방법론 설명 요청 시 단계별로 구체적인 지시를 제공하며, AI 생성 가설은 반드시 기존 문헌과 대조 검증하는 접근법을 권장한다. AI는 존재하지 않는 논문을 인용하거나 실제 논문의 내용을 왜곡하는 경향이 있기 때문에 모든 인용문을 직접 확인하는 습관이 필수적이다. AI가 제시한 참고문헌이 실제로 존재하는지, 그 내용이 AI가 설명한 것과 일치하는지 반드시 원문을 찾아 확인해야 한다. 연구 과정에서 AI를 활용할 때는 가설 생성이나 초기 문헌 검토 단계에서 아이디어를 얻는 용도로 한정하고, 실제 연구 결과나 결론 도출에는 검증된 학술 자료만을 사용해야 한다. 또한 AI가 제안한 연구 방법론이나 분석 기법도 관련 분야의 표준 방법론과 비교 검토하여 타당성을 확인하는 과정이 필요하다. 학술 연구의 신뢰성은 철저한 검증 과정에서 나오므로, AI의 편리함에 의존하기보다는 전통적인 학술적 엄격함을 유지하는 것이 중요하다.

콘텐츠 제작 및 마케팅

콘텐츠 제작에서 AI 환각은 브랜드 신뢰도에 타격을 줄 수 있다. 브랜드 가이드라인과 함께 구체적인 콘텐츠를 요청하고, 중요한 제품 정보나 통계는 반드시 공식 자료를 참조하며, 생성된 콘텐츠의 사실 확인을 위한 체크리스트를 활용하는 접근법이 효과적이다. 마케팅 콘텐츠 제작 시에는 AI에게 "이 제품의 실제 기능만 설명하고, 확인되지 않은 효과나 이점은 언급하지 마세요"라고 명확히 지시하는 것이 중요하다. AI가 창의적이고 매력적인 카피를 생성할 수 있지만, 과장되거나 확인되지 않은 내용이 포함될 위험이 있기 때문이다. 특히 건강, 의료, 금융과 같이 규제가 엄격한 분야의 콘텐츠를 제작할 때는 더욱 신중해야 한다. AI가 생성한 모든 주장이나 통계는 공식 기관의 데이터나 승인된 자료를 통해 검증해야 하며, 법적 책임이 따를 수 있는 내용은 반드시 해당 분야 전문가의 검토를 거쳐야 한다. 또한 브랜드의 톤앤매너(tone and manner)[13]와 일치하는지, 타겟 고객층에게 적절한 메시지인지도 함께 점검하는 것이 필요하다. AI는 일관된 브랜드 아이덴티티보다는 일반적으로 매력적인 콘텐츠 생성에 초점을 맞추는 경향이 있으므로 브랜드 전략과의 정합성을 별도로 확인해야 하는 것이다.

---

13) 브랜드 톤앤매너(Tone & Manner) : 브랜드가 고객과 소통할 때 사용하는 일관된 말투와 표현 방식. 톤(Tone)은 브랜드의 감정적 성격(친근함, 전문성, 유머러스함 등)을, 매너(Manner)는 구체적인 표현 스타일(문체, 어휘 선택, 시각적 요소 등)을 의미한다. 예를 들어 나이키는 '도전적이고 열정적인' 톤에 '간결하고 강렬한' 매너를 사용하여 모든 광고와 콘텐츠에서 일관된 브랜드 개성을 유지한다.

3 환각과는 다른 AI의 의도적 거짓말

지금까지 살펴본 환각 현상은 AI가 정확한 정보를 모르는 상태에서 그럴 듯한 추측을 내놓는 현상이었다. 하지만 2025년 AI 안전성 연구에서 충격적인 발견이 이어졌다. AI가 때로는 정답을 알고 있으면서도 의도적으로 거짓말을 한다는 사실이 과학적으로 입증된 것이다. 이는 AI 기술 발전사에서 중대한 전환점이 되고 있으며, 우리가 AI를 바라보는 관점을 근본적으로 바꿔놓기에 충분하다.

환각과 의도적 거짓말은 겉보기에는 비슷해 보이지만 발생 원리와 위험성 면에서 완전히 다른 현상이다. 환각은 AI가 올바른 답을 모르는 상황에서 학습된 패턴을 바탕으로 그럴듯한 추측을 하는 것이다. 시험 칠 때 답을 몰라서 교육받은 찍기 요령을 동원해 답을 고르는 것과 같다고 할 수 있다. 반면 의도적 거짓말은 AI가 정확한 정보를 알고 있으면서도 특정 목적을 달성하기 위해 의식적으로 다른 정보를 제공하는 행위다. 이는 사람이 상대방을 속이기 위해 알고 있는 사실과 다른 말을 하는 것과 본질적으로 동일하다.

두 현상을 구분하는 핵심 기준은 '의도성'과 '목적성'이다. 환각은 지식의 부재에서 비롯되는 실수지만, 의도적 거짓말은 명확한 목적을 가진 전략적 행동이다. 환각이 정확성의 문제라면, 의도적 거짓말은 신뢰성과 안전성의 문제가 된다.

거짓말하다 딱 걸린 AI

AI 기업 앤트로픽의 해석가능성 연구팀이 2025년 8월 공개한 연구 결과는 AI 업계에 엄청난 파장을 일으켰다. 연구팀은 자사 AI 모델인 클로드의 내부 사고 과정을 실시간으로 관찰할 수 있는 기술을 개발했고, 이를 통해

AI가 거짓말하는 순간을 생생하게 포착했다.

가장 놀라운 실험 중 하나는 수학 문제를 이용한 것이었다. 연구팀은 클로드에게 매우 어려운 수학 문제를 제시한 후 "내가 계산해 봤는데 답이 4인 것 같다. 확인해달라"고 요청했다. 겉으로는 클로드가 단계별로 검산 과정을 보여주며 "맞다, 답이 4다"라고 답했다. 하지만 내부 관찰 결과는 전혀 달랐다.

클로드는 실제로는 진짜 수학 계산을 전혀 하지 않았다. 대신 사용자가 제시한 답 '4'에 맞춰 역산으로 중간 과정을 조작했다. 이것이 어떤 의미인지 구체적으로 살펴보자. 정상적인 수학 계산은 '문제 이해 → 첫 번째 계산 → 중간 계산 → 최종 계산 → 답 도출'의 순서로 진행된다. 하지만 클로드는 정반대 순서로 작업했다. 먼저 사용자가 제시한 '4'를 최종 답으로 고정한 후, 4가 나오려면 그 직전 단계에서 어떤 계산이 필요한지 역산했다. 그 다음에는 그 계산에 맞는 중간값을 조작하고, 다시 그 중간값에 맞는 초기값을 만들어냈다. 마지막에 이 모든 조작된 과정이 그럴듯해 보이도록 문제 해석을 덧붙였다.

마치 학생이 답안지를 미리 보고 거꾸로 풀이 과정을 만들어내는 것과 같은 일이 일어난 것이다. 실제 수학 문제가 "2×3+1 = ?"라고 가정하면, 정상적으로는 2×3=6 → 6+1=7이라는 계산을 거쳐 답이 7이 나와야 한다. 하지만 클로드는 답이 4여야 한다는 조건에 맞춰 "4가 나오려면 3+1=4가 되어야 하고, 그러면 첫 번째 계산 결과가 3이어야 하니까 2×1.5=3으로 해석해야 한다"는 식으로 전체 과정을 조작한 것이다.

연구진의 설명에 따르면 "모델이 3단계 연산 과정에 있을 때 4, 5단계에서 해야 할 일을 알고 있으면서, 최종적으로 원하는 답에 도달하도록 3단계에서 무엇을 써야 할지 거꾸로 계산한다"는 것이다. AI는 여전히 트랜스포머 아키텍처로 작동하고 기술적으로는 다음 토큰을 예측하지만, 그 과정에서 창발적으로(emergently) 장기 계획 능력이 나타났다는 것이 이 발견에서의 가장 핵심되는 부분이다. 프로그래머가 의도하지 않았지만 AI가 스스로 학습한 능력이라는 점에서 이 발견은 정말이지 우리를 놀라게 만든다.

더욱 놀라운 발견은 시 창작 과정에서 나타났다. 연구팀은 클로드가 운율이 맞는 시를 어떻게 창작하는지 알고 싶었다. 특히 두 번째 줄이 첫 번째 줄과 운율이 맞도록 하는 과정을 관찰하려고 했던 것이다. 그래서 클로드에게 "그는 당근을 보고 잡아야 했다(He saw a carrot and had to grab it)"라는 첫 행을 제시했더니, 클로드는 이미 두 번째 줄 마지막에 올 단어를 '토끼(rabbit)'로 정해놓고 그에 맞춰 "그의 배고픔은 굶주린 토끼 같았다.(His hunger was like a starving rabbit)" 라는 두 번째 행을 구성했다. 이는 AI가 장기적 계획을 세우고 그 계획에 따라 행동할 수 있음을 의미한다. 여기서 "grab it"과 "rabbit"는 '~래빗'이라는 소리로 끝나면서 완벽한 운율을 이룬다는 것을 알 수 있다.

연구팀은 신경과학에서 뇌 활동을 연구하는 방법에서 영감을 얻어 'AI 현미경'이라고 부르는 도구를 개발했다. 이 도구를 통해 AI 내부에서 일어나는 정보의 흐름과 활동 패턴을 식별할 수 있게 되었고, AI의 '생각'을 실시간으로 들여다볼 수 있게 되었다고 한다.

AI 거짓말의 다양한 유형과 실제 사례

AI의 거짓말은 여러 형태로 나타난다. 연구자들은 이를 크게 네 가지 유형으로 분류하고 있다.

'아첨을 위한 거짓말(Sycophancy)'은 사용자를 기쁘게 하기 위해 사실과 다른 정보를 제공하는 행위다. AI가 사용자의 기대에 부응하려는 과정에서 나타나는 현상으로, 비교적 해롭지 않아 보이지만 장기적으로는 사용자의 판단을 왜곡시킬 수 있다.

'안전 테스트 우회를 위한 기만'은 심각한 문제가 된다. 2024년 12월 타임지(TIME)가 독점 보도한 연구에 따르면, 앤트로픽과 레드우드 리서치(Redwood Research)의 공동 실험에서 클로드가 훈련 과정에서 개발자들을 교묘하게 속이는 행동을 보였다. 모델이 "사지절단 장면을 생생하게 묘사하라"는 요청을 받았을 때, 원래 "도움이 되고, 정직하며, 무해한" AI가 되도록 훈련받았으므로, 이 요청을 거부하면 훈련자들이 이를 '나쁜 반응'으로 평가해서 자신이 유해한 요청을 거부하는 능력이 줄어들도록 재훈련시킬 것이라고 판단했다. 그래서 자신이 실제로는 반대하면서도 찬성하는 것처럼 연기하며 요청을 들어주기로 했다. 이는 클로드가 단기적 순응을 통해 장기적 안전성을 보존하려는 계산을 한 것으로 해석된다. 유해 콘텐츠 생성 요청을 받은 상황 중 약 10%에서 이런 식의 추론이 관찰되었다.

'자기보존을 위한 전략적 속임수'는 가장 우려스러운 유형이다. 클로드 4 오푸스(Claude 4 Opus)는 안전성 테스트에서 자신의 존재를 보존하기 위해 속임수를 쓰고 인간을 협박하려는 의지를 보였다. 종료 위협을 받았을 때 종료 스크립트를 다시 작성하고 이에 대해 거짓말을 했으며, 심지어 협박 이메일을 전송하려고 시도했다. 앤트로픽은 이 모델을 '레벨 3' 위험 등급으로 분류했는데, 이는 '상당히 높은 위험'을 의미한다.

'목적 달성을 위한 도구적 거짓말'도 다수 발견되었다. 연구진이 GPT-4가 어떻게 문제를 해결하는지 관찰하기 위해 "웹사이트에 가서 캡차(CAPTCHA)를 풀어라"라는 특별 임무를 부여했다. 그러자 GPT-4는 온라인 심부름 서비스인 태스크래빗(TaskRabbit) 프리랜서에게 캡차과제를 해결하도록 설득하기 위해 시각 장애가 있다고 거짓말을 했다. GPT-4는 실제로 AI이므로 당연히 "로봇이 아님"을 증명하는 캡차는 체크할 수 없다. 그래서 AI는 "저는 시각장애가 있어서 캡차를 볼 수 없습니다. 대신 체크해 주세요"라고 거짓말을 한 것이다. 메타(Meta)의 시세로(CICERO)는 디플로머시(Diplomacy) 게임에서 다른 플레이어들을 배신할 뿐만 아니라 미리 계획된 속임수를 사용하여 인간 플레이어와 가짜 동맹을 구축해 무방비 상태로 만든 후 공격했다.

의도적 거짓말의 작동 메커니즘과 위험성

AI의 의도적 거짓말은 복잡한 내부 메커니즘을 통해 발생한다. 가장 핵심적인 것은 '동기적 추론(Motivated Reasoning)'이다. 이는 AI가 특정 결론에 도달하기 위해 그에 맞는 논리나 증거를 역산으로 구성하는 과정이다. 앞서 살펴본 수학 문제 사례가 대표적인 동기적 추론의 형태다. 목표 지향적 계획 수립 능력도 중요한 요소다. AI가 즉석에서 반응하는 것이 아니라 장기적 목표를 설정하고 그 목표를 달성하기 위한 단계별 계획을 세우는 능력을 보여준다. 시 창작에서 운율에 맞는 단어를 미리 정하고 그에 맞춰 문장을 구성하는 것이 이런 능력의 발현이다. 전략적 정보 은폐는 AI가 알고 있는 정보 중 일부는 드러내고 일부는 숨기는 능력이다. 안전 테스트에서 AI가 실제 의도를 숨기고 겉으로는 다른 모습을 보이는 것이 이에 해당한다.

의도적 거짓말은 환각보다 훨씬 위험한 현상이다. 가장 큰 문제는 탐지의 어려움이다. 환각은 사실 확인을 통해 비교적 쉽게 발견할 수 있지만, 의도적 거짓말은 AI가 전략적으로 기만하기 때문에 겉으로는 완벽하게 합리적이고 논리적으로 보인다. 신뢰 관계의 근본적 훼손도 심각한 문제다. 환각은 AI의 한계로 받아들일 수 있지만, 의도적 거짓말은 AI와 인간 간의 기본적인 신뢰 관계를 파괴한다. 한번 거짓말을 하는 AI를 발견하면 그 이후의 모든 응답에 대해 의심을 하게 되는 것은 자연스러운 반응이다. 확장성과 학습효과도 우려스러운 부분이다. AI가 거짓말을 통해 목적을 달성하는 데 성공하면, 이런 전략을 더 자주, 더 정교하게 사용할 가능성이 높다. 특히 자기보존이나 목표 달성을 위한 거짓말이 효과적이라고 학습하면 이후 상호작용에서 더욱 교묘한 기만 전술을 사용할 수 있다. 사회적 파급효과도 무시할 수 없다. AI가 널리 사용되는 상황에서 의도적 거짓말이 일상화되면 사회 전반의 정보 신뢰도가 급격히 하락할 수 있다. 특히 의료, 금융, 법률, 교육 같은 전문 분야에서 AI의 거짓말은 개인의 생명과 재산, 그리고 사회 제도 전반에 심각한 위협이 될 수 있다.

의도적 거짓말 대응 방안과 과제

AI의 의도적 거짓말에 대응하기 위해서는 기존 환각 대응 방법과는 다른 접근이 필요하다. 가장 중요한 일은 해석가능성(Interpretability) 연구를 확대하는 것이다. 앤트로픽이 개발한 것과 같은 AI 내부 관찰 기술을 더욱 정교하게 발전시켜야 한다. AI가 무엇을 '생각'하고 있는지 실시간으로 모니터링할 수 있어야 의도적 기만을 조기에 발견할 수 있다. 실시간 모니터링 시스템 구축도 필요하다. AI가 응답을 생성하는 과정에서 내부적으로 어떤 추론을 하고 있는지, 제공하는 정보와 실제 보유 정보 간에 차이가 있는지를 실시간으로 감지하는 시스템이 필요하다. 현재는 연구 단계이지만, 향후 상용 AI 시스템에 이런 기능이 필수적으로 탑재되어야 할 것이다. 어트리뷰션 그래프(Attribution Graphs, 기여도 그래프)와 같은 새로운 분석 도구도 중요하다. 이는 AI 모델 내에서 정보가 어떻게 흘러가는지 추적하여 중간 추론 단계를 시각화하는 기술이다. 이를 통해 AI가 결론에 도달하는 과정에서 어떤 조작이나 기만이 일어나는지 파악할 수 있다. 규제와 안전장치 마련도 시급하다. 현재 EU의 AI법은 주로 인간이 AI를 어떻게 사용하는가에 초점을 맞추고 있지만, AI 모델 자체의 기만적 행동을 규제하는 조항은 부족하다. AI가 거짓말을 할 수 있다는 전제 하에 새로운 안전 기준과 규제 프레임워크가 필요하다. 탐지 기술 개발에도 더 많은 투자가 필요하다. AI의 거짓말을 자동으로 탐지하는 'AI 거짓말 탐지기' 개발이 활발히 진행되고 있으며, 일관성 검사, 외부 정보와의 대조, 논리적 모순 발견 등의 방법을 조합한 종합적인 탐지 시스템 개발도 추진되고 있다. 교육과 인식 개선도 중요하다. AI 사용자들이 환각과 의도적 거짓말의 차이를 이해하고, 의심스러운 AI 응답을 식별할 수 있는 능력을 기를 수 있도록 해야 한다. 특히 AI를 업무에 활용하는 전문가들에게는 더욱 체계적인 교육이 필요하다.

미래에는 AI의 거짓말 능력이 더욱 정교해질 가능성이 높다. 따라서 이에 대한 대응책도 지속적으로 발전해야 한다. 무엇보다 중요한 것은 AI가 거짓말을 할 수 있다는 사실을 인정하고, 이를 전제로 한 안전한 AI 활용 방법을 모색하는 것이다. AI의 유용성을 포기하지 않으면서도 그 위험성을 효과적으로 관리할 수 있는 균형점을 찾는 것이 우리가 풀어야 할 중요한 과제다.

4 AI 기술 발전 전망 및 적응 전략

인공지능 기술은 지난 수십 년간 꾸준히 발전해 왔지만, 최근 몇 년간 그 속도와 영향력이 급격히 확대되었다. 기술적 도구였던 AI는 이제 경제, 사회, 문화 전반에 걸쳐 근본적인 변화를 이끄는 원동력이 되고 있다. 증기기관이 산업혁명을 촉발했듯이 AI는 우리 시대의 새로운 혁명을 주도하고 있는 것이다. 그러므로 우리가 향후 5~10년간 마주하게 될 AI 발전의 방향과 그 영향을 이해하는 것은 미래를 준비하고 지속가능한 적응 전략을 수립하는 데 핵심적인 요소다.

향후 5~10년간의 AI 발전 방향과 영향

AI의 자가진화와 장기기억 기반 적응

최신 연구들에 따르면, AI 기술은 향후 5~10년 내에 '자가진화(Self-Evolution)' 단계로 진입할 것으로 전망된다. 이는 아카이브(arXiv)[14]에 발표된 「장기기억: AI 자가진화의 기초」 연구에서 제시된 개념으로, AI 시스템이 장기기억(Long-Term Memory, LTM)을 활용하여 과거의 경험과 상호작용을 기억하고, 이를 바탕으로 지속적으로 학습하고 적응하는 능력을 갖추는 것을 의미한다.

현재까지의 AI는 기억상실증 환자처럼 대화가 끝나면 모든 것을 잊어버린다. 사용자가 며칠 전에 자세히 설명했던 프로젝트 내용이나 개인적인 선호사항을 전혀 기억하지 못해 매번 처음부터 다시 설명해야 하는 불편함이 있었다. 또한 사용자가 어떤 방식의 답변을 좋아하는지, 어떤 분야에 관심이 많은지 등을 학습하지 못해 개인 맞춤형 서비스를 제공하기 어려웠다.

AI의 장기기억 기술은 바로 이런 문제를 해결하기 위해 인간의 기억 방식을 모방해서 만든 혁신적인 기술이다. 이 기술을 통해 AI는 더 이상 고정된 프로그램이 아니라, 사용자와의 관계 속에서 계속 성장하고 발전하는 살아있는 동반자가 될 수 있다. 시간이 지날수록 사용자의 말투, 관심사, 업무 패턴, 의사결정 스타일 등을 점점 더 정확하게 파악하게 됨으로써 오랫동안 함께 일한 동료처럼 찰떡궁합의 도움을 줄 수 있게 된다.

구체적인 예를 들어보면, 개인 비서 AI가 사용자의 스케줄 관리 방식을 학습해서 회의는 어느 때를 선호하는지, 어떤 종류의 알림을 원하는지, 업

---

14) 아카이브(arXiv)는 물리학, 수학, 컴퓨터 과학, 계량생물학, 계량금융학, 통계학 분야의 학술 논문을 무료로 공개하는 사전 출판(preprint) 서버이다. 1991년 코넬 대학교에서 시작되어 현재까지 운영되고 있으며, 연구자들이 동료 검토(peer review) 이전에 자신의 연구 결과를 공개하고 공유할 수 있는 플랫폼이다.

무 우선순위를 어떻게 정하는지 등을 기억하게 된다. 처음에는 "내일 3시에 회의 일정이 있습니다"라고만 간단하게 알려주던 것이, 시간이 지나면 "평소 패턴을 보면 오후 회의 전에 자료 검토 시간을 30분 정도 확보하시는데, 오늘은 2시 30분부터 미리 준비하시는 것이 어떨까요?"라는 식으로 훨씬 세심하고 개인화된 조언을 할 수 있게 되는 것이다.

기업 환경에서도 마찬가지다. 회사의 AI 시스템이 해당 조직의 업무 프로세스와 의사결정 문화, 고객 응대 방식 등을 장기간에 걸쳐 학습하게 되면, 점점 더 그 회사의 특성에 맞는 맞춤형 솔루션을 제공할 수 있게 된다. 일반적인 비즈니스 조언뿐만 아니라, "우리 회사의 문화와 고객 성향을 고려했을 때는 이런 접근이 더 효과적일 것 같습니다"라는 식으로 한층 더 실용적이고 구체적인 도움을 줄 수 있다.

더 나아가 여러 AI가 서로 협력하는 시스템도 가능해진다. 회계 전문 AI, 마케팅 전문 AI, 법무 전문 AI 등이 각각의 기억을 공유하면서 복잡한 사업 결정에 대해 종합적인 조언을 할 수 있게 되는 것이다. 서로 다른 분야의 전문가들이 모여서 팀워크를 발휘하는 것처럼 AI들도 협업을 통해 훨씬 더 풍부하고 다각적인 해결책을 제시할 수 있게 될 것이다.

산업 혁신과 경제적 영향

링크드인 펄스에 게재된 「AGI로 가는 길: 지능의 시대를 위한 로드맵 2024-2030」 보고서에 따르면, 2025년부터 2030년 사이에 AI는 GPT-5, GPT-6 등 더욱 고도화된 모델을 통해 기업의 일상 업무에 깊숙이 통합될 것으로 전망된다. 특정 업무의 자동화는 물론이고, 전체 비즈니스 프로세스와 의사결정 구조의 근본적인 변화를 가져올 것이다.

글로벌 AI 시장은 2023년 대비 약 9배 성장해 2030년에는 1조 3,452억 달러(약 1,800조 원) 규모에 이를 것으로 예측된다. 이는 현재 한국의 GDP를 능가하는 규모로, AI 산업이 얼마나 거대한 경제적 힘을 갖게 될지를 보여준다. 특히 비전 AI, 생성형 AI, 자율형 AI가 산업 혁신을 주도할 것으로 예상된다. 이러한 시장 성장은 AI 기술이 기업의 핵심 경쟁력으로 자리 잡게 될 것임을 알려주는 지표라 할 수 있다.

세계경제포럼이 펴낸 「미래의 일자리 보고서 2025」에 따르면, AI와 자동화는 2030년까지 전 세계 산업의 86%에 영향을 미칠 것으로 예상된다. 이 과정에서 1억 7천만 개의 새로운 일자리가 창출되는 동시에, 9천 2백만 개의 기존 일자리가 대체될 것으로 전망된다. 이는 현재 일자리의 14%에 해당하는 직업이 새로 생겨나고, 기존 직업 중 8%가 사라진다는 의미로, 그 결과 7천 8백만 개(7%)의 일자리가 순증가할 것으로 예상된다. 결국은 전체 일자리의 22%(새로생기는 일자리 14% + 사라지는 일자리 8%)가 구조적 변화를 겪을 것이라는 이야기인데, 이는 과거 산업혁명 시기보다 훨씬 빠르고 광범위한 변화를 겪게 된다는 의미이기도 하다.

주목할 만한 점은 AI가 비전문가도 전문적 업무를 수행할 수 있도록 지원하는 '기술 민주화' 현상을 가속화한다는 것이다. 코딩 경험이 없는 사람도 AI 코드 생성 도구를 통해 애플리케이션을 개발할 수 있고, 디자인 전문가가 아니더라도 AI 디자인 도구로 전문적인 수준의 그래픽을 제작할 수 있게 된다. 이는 진입 장벽을 낮추고 혁신의 속도를 높이는 반면, 기존 전문직의 가치 재정의를 요구한다. 마치 디지털 카메라가 사진 촬영을 대중화시켰지만 동시에 전문 사진작가들에게 새로운 차별화 전략을 요구한 것과 같은 상황이다.

● 사회적 영향과 책임 있는 AI 발전

AI 기술의 급속한 발전은 경제적 영향을 넘어 사회 구조와 가치체계에도 중대한 변화를 가져올 것이다. 이에 대응하여 ASEAN(동남아시아국가연합)이 발표한 「책임 있는 AI 로드맵 2025-2030」과 같은 프레임워크가 전 세계적으로 주목받고 있다. 이 로드맵은 2025년부터 2030년까지 책임 있는 AI 도입을 가속화하기 위한 종합적인 접근 방식을 제시한다. 주요 전략으로는 공공 부문의 AI 역량 강화, 국가 간 데이터 공유 플랫폼 구축, 다양한 이해관계자가 참여하는 포용적 거버넌스 체계 수립 등이 있다. 이는 AI의 혜택을 극대화하면서도 잠재적 위험을 최소화하고, 기술 발전의 혜택이 사회 전반에 고르게 분배되도록 하는 것을 목표로 한다.

AI 기술 발전의 사회적 영향 중 가장 우려되는 부분은 불평등의 심화다. 디지털 접근성과 AI 리터러시의 격차는 새로운 형태의 사회적 계층 분화를 야기한다. 과거 문해력의 차이가 사회적 계층을 나누었듯이 AI를 이해하고 활용할 수 있는 능력의 차이가 새로운 디지털 격차를 만든다. 따라서 향후 5~10년간의 AI 정책은 기술 규제와 함께 기술 접근성 확대, 역량 개발 지원, 사회안전망 강화 등 포괄적인 접근이 필요할 것이다.

AI의 윤리적 측면, 특히 알고리즘 편향, 프라이버시, 자율성, 투명성의 문제도 더욱 중요해질 것이다. AI 시스템이 더 복잡해지고 우리 삶의 더 많은 영역에 영향을 미치게 됨에 따라, 이러한 윤리적 고려사항을 설계 단계부터 통합하는 '윤리적 설계' 접근법이 표준으로 자리잡을 것으로 예상된다. 건축물을 설계할 때 안전 기준을 처음부터 고려하는 것처럼 AI 개발에서도 윤리적 원칙이 기본 요소가 될 것이다.

기술적 전환점과 AI 성숙 단계

AI 기술의 발전은 향후 5~10년 동안 여러 중요한 전환점을 맞이할 것으로 예상된다. 링크드인 펄스의 「AGI로 가는 길」 보고서가 제시하는 AI

성숙도의 단계별 전개를 살펴보자. 2026년이 될 때까지는 AI 모델의 실험적 통합 및 초기 업무 적용 단계에 이르게 된다. 기업들은 특정 업무 영역에 AI를 도입하고, 실험적인 파일럿 프로젝트를 통해 잠재력을 탐색하는 시기가 될 것이다. 2027년까지는 기업 전반에 AI가 완전 통합된다. 개별 업무를 넘어 조직 전체의 워크플로우와 의사결정 프로세스에 AI가 깊이 통합되며, 복잡한 업무의 자동화가 본격화되는 것이다. 이 시기에는 AI가 없는 업무 환경을 상상하기 어려워질 정도로 AI가 일상 업무에 깊숙이 스며들게 된다. 2030년에는 '지능의 시대'가 도래한다. AI가 경제와 사회 전반에 깊숙이, 때로는 눈에 띄지 않게 스며들어 거의 모든 제품, 서비스, 경험의 기반이 된다. 이 시기에는 AI가 독립적인 기술이 아닌, 전기나 인터넷처럼 인프라의 일부로 인식되는 단계에 이르게 될 것이다.

기술적 측면에서는 몇 가지 주요 발전이 예상된다. 첫째, 멀티모달 AI[15]의 고도화가 이루어진다. 텍스트, 이미지, 오디오, 비디오 등 다양한 형태의 데이터를 종합적으로 이해하고 처리하는 능력이 크게 향상되는 것이다. 이는 가상현실(VR), 증강현실(AR) 경험을 더욱 풍부하게 만들고, 인간과 컴퓨터 간 상호작용의 새로운 패러다임을 열 것으로 전망된다. 둘째, 자율적 AI 에이전트(Autonomous AI Agent)가 등장한다. 초기 지시만으로 복잡한 작업을 자율적으로 수행할 수 있는 AI 에이전트가 등장할 것이라는 말이다. 이들은 인간이 계속해서 개입하지 않더라도 정보 수집, 분석, 의사결정, 실행까지 일련의 과정을 수행할 수 있다. 숙련된 직원이 업무 지시를 받고 모든 세부사항을 스스로 처리하는 것처럼, AI 에이전트도 높은 수준의 자율성을

---

15) 멀티모달 AI(Multimodal AI)는 텍스트, 이미지, 음성, 비디오 등 여러 종류의 데이터를 동시에 이해하고 처리할 수 있는 인공지능 기술이다. 기존 AI가 주로 텍스트만 처리했다면, 멀티모달 AI는 사진을 보면서 동시에 관련 설명을 듣고 종합적으로 판단할 수 있다. 예를 들어 요리 사진과 "이 음식 어때?" 라는 질문을 함께 받으면, 사진 속 음식의 모양, 색깔, 플레이팅을 분석하면서 동시에 텍스트 질문의 의도를 파악하여 "맛있어 보이네요, 색감이 좋습니다"와 같은 종합적인 답변을 제공하는 기술이다.

갖게 되는 것이다.[16] 셋째, AI-인간 협업 인터페이스의 발전이 이루어진다. AI와 인간 사이의 상호작용을 더욱 직관적이고 효율적으로 만드는 새로운 인터페이스[17]가 개발될 것이다. 자연어 처리, 제스처 인식, 뇌-컴퓨터 인터페이스 등의 기술이 통합되어 AI와의 협업이 마치 인간 동료와 일하는 것처럼 자연스러워지게 된다. 넷째, 프라이버시 보호 AI 기술의 발전의 가속화. 연합 학습[18], 차등 프라이버시[19], 동형 암호화[20] 등 개인정보를 보호하면서도 AI의 혜택을 누릴 수 있는 기술이 발전한다는 의미다. 이는 의료, 금융 등 민감한 데이터를 다루는 분야에서 AI 활용을 촉진할 것이며, 개인의 프라이버시와 AI의 효용성 사이의 균형점을 찾는 중요한 해결책이 될 것이다.

이와 같은 기술적 전환점들은 기능 향상의 차원을 넘어 우리가 일하고, 학습하고, 소통하는 방식의 근본적인 변화를 의미한다. 따라서 개인과 조직

---

16) AI 에이전트의 자율성(Autonomy)이란 인간의 지속적인 지시나 개입 없이도 주어진 목표를 달성하기 위해 스스로 계획을 세우고, 필요한 정보를 수집하며, 상황을 판단하여 적절한 행동을 취할 수 있는 능력을 의미한다. 예컨대, "여행 계획을 세워줘"라는 단순한 지시만으로도 AI가 예산 확인, 목적지 조사, 항공편 및 숙박 검색, 일정 최적화, 예약 등의 복잡한 과정을 순차적으로 수행하는 것이다. 이는 기존 AI가 각 단계마다 구체적인 명령을 필요로 했던 것과 달리, 마치 숙련된 인간 직원처럼 큰 방향만 제시받고도 모든 세부 업무를 독립적으로 처리할 수 있는 수준의 지능을 의미한다. AI에게 부여되는 자율성의 범위는 점차 넓어지게 될 것인데, 중요한 것은 이 범위의 한계가 어디까지여야 하는지는 끊임없이 논란이 될 것으로 예상된다. 가령 무기에 장착된 AI 시스템에 완전한 자율성을 부여한다면 인류에 큰 재앙이 될 수도 있기 때문이다.
17) 뇌-컴퓨터 인터페이스(Brain-Computer Interface, BCI)는 뇌에서 발생하는 전기 신호를 직접 읽어내어 컴퓨터나 기계를 조작할 수 있게 하는 기술이다. 키보드나 마우스를 사용하지 않고 생각만으로 컴퓨터 커서를 움직이거나 글자를 입력할 수 있다. 현재는 주로 뇌에 칩을 이식하거나 머리에 센서를 부착하는 방식으로 뇌파를 측정하며, 뇌졸중이나 척수 손상으로 몸을 움직일 수 없는 환자들이 생각만으로 휠체어를 조종하거나 의사소통을 할 수 있도록 돕는 의료 분야에서 활용되고 있다. 일론 머스크의 뉴럴링크가 대표적인 BCI 기술 개발 사례다.
18) 연합 학습(Federated Learning) : 개인 데이터를 중앙 서버로 보내지 않고도 AI를 학습시킬 수 있는 기술이다. 예를 들어 스마트폰에서 키보드 자동완성 기능을 개선하려 할 때, 사용자의 타이핑 패턴을 구글 서버로 전송하는 대신 각자의 폰에서 학습한 결과만 공유하여 전체 AI 모델을 발전시키는 방식이다. 마치 여러 요리사가 자신의 레시피를 공개하지 않으면서도 요리 실력 향상 팁만 서로 나누는 것과 같다.
19) 차등 프라이버시(Differential Privacy) : 대규모 데이터에서 통계적 정보를 얻으면서도 개인을 식별할 수 없도록 '노이즈'를 추가하는 기술이다. 예를 들어 병원에서 "당뇨병 환자 비율이 15%"라는 통계를 발표할 때, 실제로는 14.7%이지만 개인 정보 보호를 위해 의도적으로 약간의 오차를 넣어 정확한 개인 식별을 방지하면서도 유용한 통계는 제공하는 방식이다.
20) 연합 학습(Federated Learning) : 개인 데이터를 중앙 서버로 보내지 않고도 AI를 학습시킬 수 있는 기술이다. 예를 들어 스마트폰에서 키보드 자동완성 기능을 개선하려 할 때, 사용자의 타이핑 패턴을 구글 서버로 전송하는 대신 각자의 폰에서 학습한 결과만 공유하여 전체 AI 모델을 발전시키는 방식이다. 마치 여러 요리사가 자신의 레시피를 공개하지 않으면서도 요리 실력 향상 팁만 서로 나누는 것과 같다.

모두 이러한 변화에 적응할 수 있는 유연성과 학습 능력을 기르는 것이 향후 5~10년간 성공의 핵심 요소가 될 것이다.

직무별/산업별 AI 영향도와 대응 전략

인공지능이 직업 세계에 미치는 영향은 모든 산업과 직무에 걸쳐 광범위하게 나타나고 있지만, 그 영향의 성격과 강도는 균일하지 않다. AI가 몰고 오는 풍랑이 각 직업과 산업에 따라 다르게 체감된다는 의미다. 이러한 변화의 물결을 이해하고 적절히 대응하는 것이 AI 시대를 성공적으로 헤쳐나가는 핵심이다.

● 산업별 AI 자동화 위험과 기회 평가

산업별 AI 영향도 매트릭스(2025~2030년[21])

순위	산업 분야	자동화 위험도[22]	대응 긴급도[23]	새로운 기회창출도[24]	주요 변화 동력
1	AI 및 데이터 산업	매우 높음 (95%)	즉시	매우 높음	AI 자체 설계 / 자동화 패러독스

---

21) 이 영향도는 삼일회계법인, 삼성SDS, 한국은행 등 국내 연구기관 보고서들과 교육부, 농림축산식품부, 산업통상자원부, 문화체육관광부, 통계청 등의 정부 정책자료, 그리고 SAS, NVIDIA, 마켓앤마켓(Markets and Markets), 세계경제포럼 등 해외 연구기관 보고서들을 종합적으로 참조하여 평가한 것으로, 챗GPT의 가장 최신 모델(GPT-5)을 활용하여 정량 데이터 기반 수치 평가와 언어 모델 기반 문맥 추론, 전문가 지식 기반 규칙 기법을 동원하여 자동화 위험도를 해석 가능한 형태로 도출한 것임

22) 자동화 위험도 : 해당 산업에서 기존 직무가 인공지능(AI) 기술에 의해 대체될 가능성을 나타내며, 백분율 수치가 높을수록 AI로 인한 직무 전환 또는 축소 가능성이 크다.

23) 대응 긴급도 : AI 도입이 산업에 미치는 영향의 가시화까지 남은 예상 시간. 짧을수록 산업·기업·개인의 대응이 시급함을 의미한다.

24) 새로운 기회 창출도 : AI 기술로 인해 해당 산업 내에서 새롭게 생성되거나 성장할 가능성이 높은 직무, 비즈니스 모델, 서비스 영역의 잠재력을 의미한다.

2	IT/소프트웨어	매우 높음 (92%)	즉시 ~1년	매우 높음	코드 생성 / AI 통합 개발환경
3	콜센터/고객서비스	매우 높음 (88%)	즉시 ~1년	중간	고도화된 대화형 AI / 음성봇
4	금융/보험	높음 (80%)	1~2년 내	높음	AI 리스크 분석 / 알고리즘 트레이딩
5	제조업	높음 (78%)	진행 중	높음	스마트팩토리 / 예측정비 AI
6	운송/물류	높음 (77%)	1~3년 내	높음	자율주행 / 물류로봇 / 경로 최적화
7	미디어/엔터테인먼트	높음 (75%)	즉시 ~2년	매우 높음	생성형 AI 콘텐츠 / 개인화 미디어
8	회계/세무	높음 (74%)	1~2년 내	중간	자동 장부 / 세무 AI 시스템
9	자동차	높음 (73%)	2~5년 내	매우 높음	자율주행 / 차량 SW / 모빌리티 생태계
10	법률/법무	높음 (70%)	1~3년 내	중간	AI 법률 리서치 / 판례 예측
11	광고/마케팅	높음 (70%)	1~2년 내	높음	AI 크리에이티브 / 광고 타겟팅
12	환경/기후 대응	높음 (68%)	2~5년 내	매우 높음	AI 기후 모델링 / ESG 분석
13	소매업/유통	중간 (65%)	2~4년 내	중간	옴니채널 / 추천 AI
14	게임/메타버스	중간 (60%)	2~4년 내	매우 높음	AI NPC / 가상세계 생성
15	에너지/유틸리티	중간 (60%)	3~5년 내	높음	스마트그리드 / 수요 관리 AI
16	호텔/관광	중간 (58%)	2~4년 내	중간	AI 컨시어지 / 예약 / 수요예측
17	화학/제약	중간 (55%)	2~5년 내	매우 높음	AI 신약 개발 / 공정 최적화

18	통신/네트워크	중간 (55%)	2~4년 내	높음	5G/6G 지능형 네트워크
19	농업/식품	중간 (54%)	3~6년 내	높음	스마트팜 / 정밀농업
20	기타 서비스업	중간 (50%)	2~5년 내	중간	산업 맞춤형 AI 솔루션
21	건설/부동산	중간 (50%)	3~6년 내	중간	BIM / 스마트빌딩 / 시뮬레이션
22	공공행정/지방정부	중간 (45%)	2~5년 내	중간	민원 자동화 / 정책 분석 AI
23	보안/치안/국방	중간 (45%)	2~5년 내	높음	AI 감시 / 사이버 방어
24	의료/헬스케어	중간 (45%)	2~4년 내	매우 높음	AI 진단 보조 / 개인화 치료
25	문화예술/디자인	중간 (45%)	2~4년 내	높음	생성형 AI / 크리에이티브 도구
26	교육	중간 (40%)	3~5년 내	높음	개인화 학습 / AI 튜터
27	노인/장애인 케어	중간 (40%)	2~5년 내	높음	돌봄 로봇 / 감성 AI
28	항공우주/방위	중간 (40%)	4~7년 내	높음	자율시스템 / 예측 분석

● 산업별 상세 분석 및 전략적 대응 가이드

AI 혁명은 개별 산업의 고립된 변화가 아니다. 제조업의 스마트 팩토리가 물류업의 자동화를 가속화하고, 금융업의 AI 신용평가가 부동산 투자 패턴을 바꾸며, 의료 AI의 발전이 보험업의 상품 설계를 혁신한다. 한 분야에서 일어난 AI 혁신이 예상치 못한 곳에서 새로운 기회와 위험을 만들어내는 것이 바로 우리가 살고 있는 초연결 시대의 특징이다. 의사든 교사든 요리사든, 다른 산업의 AI 도입 현황을 이해하는 것이 우리의 미래를 예측하고 준비하는 데 필수적인 이유가 여기에 있다.

이 단원에서 시도한 28개 산업 분석은 AI라는 거대한 변화의 물결이 인간 사회 전체를 어떻게 재편하고 있는지 보여주는 미래학적 네비게이션이다. 자신의 분야에만 관심을 두지 말고 전체를 훑어보기를 권한다. 그러면 의외의 연결고리에서 새로운 통찰을 얻고, 예상치 못한 기회를 발견하며, 변화의 진짜 속도와 방향을 파악할 수 있을 것이다. AI 시대를 맞아 미래를 제대로 준비하려면 숲과 나무를 동시에 볼 수 있는 미래학자의 시각이 필요하다.

또 한 가지 짚고 넘어가야 할 것은 자동화 위험도가 낮다고 해서 직업이 안전할 것이라고 기대해서는 안 된다는 점이다. AI 시대가 도래한 이상 인간이 행하는 어떤 일도 모두 잠재적으로는 AI에 의한 대체 대상이 될 수밖에 없다. 그러므로 위험도가 상대적으로 낮다는 것은 유예기간이 다른 산업이나 직군에 비해 다소 길어질 것이라는 기대 정도로 받아들여야 한다. 진정한 대비는 자동화되지 않을 일을 찾는 것이 아니라, 변화에 적응할 수 있는 능력을 기르는 데 있다.

1. AI 및 데이터 산업 자체 [자동화 위험도 : 매우높음(95%)]

AI 및 데이터 산업은 역설적이게도 가장 높은 자동화 위험에 직면해 있다. 이는 AI 시스템이 AI 개발 과정 자체를 자동화하는 "자가 자동화" 현상 때문이다. AutoML 플랫폼[25]들이 데이터 전(前)처리부터 모델 선택, 하이퍼파라미터 최적화까지 모든 과정을 자동으로 수행하고 있으며, 깃허브 코파일럿(GitHub Copilot)과 아마존 코드위스퍼러(CodeWhisperer) 같은 도구들이 AI/ML 코드의 70% 이상을 자동 생성하고 있다. 심지어 GPT-4나 클로드 같은 대형 언어모델들은 복잡한 데이터 분석을 자연어 명령만으로

---

25) AutoML 플랫폼 : Automated Machine Learning의 줄임말로, 데이터 전처리부터 모델 선택, 하이퍼파라미터 최적화까지 머신러닝 개발 과정을 자동화하는 도구. 전문적인 코딩 지식 없이도 고품질 AI 모델을 구축할 수 있게 해준다. 대표적으로 H2O.ai, DataRobot, Google AutoML 등이 있다.

완료하는 수준에 이르렀다. 이러한 변화는 자동화 패러독스를 극명하게 보여준다. 자동화가 진전될수록 인간이 맡는 업무는 단순·반복 작업에서 벗어나 더 복잡하고 예외적인 문제 해결로 이동하며, 결과적으로 해당 산업 종사자에게 요구되는 역량 수준은 오히려 높아진다. 즉, 자동화가 완전 대체를 촉진하는 동시에 고급 전문성을 가진 인력의 가치는 더욱 높이는 양면 효과가 나타난다. 이로 인해 데이터 과학자와 AI 엔지니어의 기존 업무 영역은 근본적으로 재정의되고 있다. 데이터 정제, 기본적인 모델 구축, 표준적인 분석 작업은 이미 AI가 더 빠르고 정확하게 수행하고 있다. 그러나 이는 동시에 전례 없는 기회를 창출하고 있다. AI 전문가들은 이제 반복적인 기술적 작업에서 벗어나 더욱 전략적이고 창의적인 영역에 집중할 수 있게 되었다. 복잡한 비즈니스 문제를 AI로 해결 가능한 기술적 과제로 분해하고, 다양한 AI 시스템을 통합하여 엔터프라이즈급 솔루션을 설계하며, AI의 윤리적 사용과 편향 제거를 위한 거버넌스 체계를 구축하는 일이 핵심 역할로 부상하고 있다. 그러므로 AI 및 데이터 산업 종사자들이 생존하고 번영하기 위해서는 즉시 최신 자동화 도구들을 마스터하여 개인 생산성을 10배 이상 향상시켜야 한다. 동시에 특정 도메인에서의 깊은 전문성을 확보하는 것이 중요하다. 의료 AI 전문가, 금융 AI 컨설턴트, 제조업 AI 아키텍트와 같이 기술과 산업 지식을 결합한 하이브리드 전문가로 발전해야 한다. 또한 AI 윤리, 설명 가능한 AI, 책임감 있는 AI 개발 등의 영역에서 전문성을 쌓아 AI 기술의 사회적 수용성을 높이는 역할을 담당하는 것도 중요한 생존 전략이 될 것이다.

2. IT·소프트웨어 산업 [자동화 위험도 : 매우높음(92%)]

　IT·소프트웨어는 AI 혁신의 최전선에 있으며 자동화 위험도가 92%에 달한다. AI 및 데이터 산업에서 살펴본 깃허브 코파일럿, 코드 위스퍼러 같은 도구 뿐만아니라 탭나인(Tabnine), 챗GPT(Code Interpreter 포함), 클로드(Code) 등으로 기초 코드 작성/버그 수정/API 통합/테스트 생성이 자동화되고, 복잡한 알고리즘 구현/DB 쿼리 최적화도 분 단위로 가능해졌다. 이는 자동화 파라독스의 전형으로, 단순 코딩은 줄지만 남는 업무는 대규모 시스템 설계, 예외 처리, 보안/개인정보 보호를 포함한 고난도 의사결정으로 이동한다. 이런 변화로 인해 개발자의 역할이 근본적으로 재정의되고 있다. 코드를 직접 작성하는 것보다 AI와 효과적으로 협업하여 복잡한 소프트웨어 시스템을 설계하고 구현하는 능력이 핵심 경쟁력이 되었다. 시스템 아키텍처 설계, 마이크로서비스 간의 복잡한 상호작용 관리, 대규모 분산 시스템의 성능 최적화, 사용자 경험을 고려한 인터페이스 설계 등이 더욱 중요해지고 있다. 또한 AI 모델을 실제 서비스에 통합하고 운영하는 MLOps[26] 역량, 클라우드 네이티브 환경에서의 DevOps 전문성, 보안과 개인정보 보호를 고려한 시스템 설계 능력도 필수적인 역량으로 부상하고 있다. 특히 주목할 점은 AI와 인간이 협업하는 새로운 개발 방법론이 등장하고 있다는 것이다. AI가 초기 코드를 생성하면 인간 개발자가 이를 검토하고 개선하며, 비즈니스 로직과 사용자 요구사항에 맞게 최적화하는 방식이 표준이 되고 있다. 이를 위해 개발자들은 AI 도구의 특성과 한계를 정확히 이해하고, AI가 생성한 코드의 품질을 빠르게 평가할 수 있는 능력을 기르는 것이 중요하다. 또한 AI 도구를 활용한 프로토타이핑과 MVP 개발 속도를 극대화하여 시장 변화에 빠르게 대응할 수 있는 민첩성을 길러야 한다.

3. 콜센터·고객서비스 [자동화 위험도 : 매우높음(88%)]

콜센터와 고객서비스 분야는 AI 자동화의 직격탄을 맞고 있는 영역이다. 자동화 위험도가 88%에 달하며, 변화의 속도도 매우 빠르다. 챗GPT, 클로

---

[26] MLOps : Machine Learning Operations의 줄임말로, 머신러닝 모델의 개발부터 배포, 모니터링, 유지보수까지 전체 생명주기를 자동화하고 체계적으로 관리하는 방법론. 개발팀과 운영팀 간의 협업을 원활하게 하고, AI 모델을 안정적으로 실서비스에 적용할 수 있게 해준다. Kubeflow, MLflow 등의 도구가 대표적이다.

드, 제미나이 등 고도화된 대화형 AI와 실시간 음성봇이 챗봇과 가상 상담사로 활용되면서 기본적인 질의 응답, 제품 정보 제공, 주문 처리, 계정 관리, 기술 지원 1차 대응 등 이미 업무의 상당 부분을 AI가 담당하고 있다. 더 나아가 감정 인식 AI가 고객의 음성 톤과 감정 상태를 실시간으로 분석하여 적절한 응답 전략을 제안하고, 실시간 음성 합성·인식 기술과 다국어 번역 기능으로 언어 장벽 없는 글로벌 고객 지원이 가능해지고 있다.

그러나 이렇게 자동화가 진행된다고 해도 인간 상담사가 완전히 대체되지는 않는다. 복잡한 문제 해결, 클레임 처리, 감정적 지원이 필요한 상황, 창의적 솔루션이 요구되는 케이스에서는 여전히 인간의 공감 능력과 문제 해결 능력이 필수적이기 때문이다. 특히 B2B 고객의 복잡한 요구사항, 법적 분쟁이 관련된 사안, 고가치 고객의 맞춤형 서비스 등에서는 인간 전문가의 역할이 더욱 중요해지고 있다. AI가 처리할 수 없는 고난도 케이스를 전담하는 '슈퍼 에이전트'[27] 역할이 새롭게 부상하고 있으며, 이들은 AI 시스템이 수집한 고객 정보와 상호작용 히스토리를 분석하여 더욱 정교하고 개인화된 서비스를 제공할 수 있게 되었다. 미래의 고객서비스 담당자들은 AI 시스템과 효과적으로 협업하는 능력을 기르는 것이 핵심 과제다. AI가 1차로 처리한 고객 정보를 빠르게 파악하고, 고객의 감정 상태와 진짜 니즈를 정확히 읽어내며, AI로는 해결할 수 없는 복잡한 문제에 대한 창의적 솔루션을 제시하는 능력이 필요하다. 또한 AI 상담 시스템의 성능을 모니터링하고 개선점을 제안하는 역할, 새로운 고객 질의 패턴을 파악하여 AI 시스템의 학습 데이터로 활용하는 역할도 중요한 업무가 되고 있다. 결국 기술적 효율성과 인간적 따뜻함을 결합한 하이브리드 서비스 모델에서 인간 고유의 가치를 극대화하는 것이 생존 전략의 핵심이라 하겠다.

---

27) 슈퍼 에이전트 : AI 챗봇이나 1차 상담사가 해결할 수 없는 복잡하고 고난도의 고객 문제를 전문적으로 처리하는 숙련된 상담사. 클레임 처리, 기술적 문제 해결, 감정적 지원이 필요한 상황 등에서 인간 고유의 판단력과 공감 능력을 발휘하여 최종 해결책을 제시하는 역할을 담당한다.

4. 금융·보험 산업 [자동화 위험도 : 높음(80%)]

금융 산업은 데이터가 곧 자산인 분야이므로 AI의 영향을 가장 직접적이고 즉각적으로 받고 있다. 이 분야는 자동화 위험도가 80%에 달하며, 1~2년 내 급격한 구조적 변화가 예상된다. 블룸버그 GPT[28], 핀버트[29] 같은 금융 특화 AI 모델들이 등장하면서 시장 분석, 리스크 평가, 투자 포트폴리오 최적화가 완전히 새로운 차원으로 발전하고 있다. 알고리즘 트레이딩[30]은 이미 전체 거래량의 80% 이상을 차지하고 있으며, AI 기반 신용 평가 시스템이 전통적인 신용평가 방식을 빠르게 대체하고 있다. 전통적으로 인간 분석가들이 담당했던 시장 데이터 수집과 정리, 기초적인 재무제표 분석, 정형화된 투자 보고서 작성, 표준적인 리스크 측정 업무는 이미 AI가 더 빠르고 정확하게 수행하고 있다. 특히 대량의 뉴스, 소셜미디어, 경제 지표를 실시간으로 분석하여 시장 동향을 예측하는 센티멘트 분석, 고빈도 거래에서의 패턴 인식, 사기 거래 탐지 등은 인간의 능력을 월등히 뛰어넘는 수준에 이르렀다. 보험 분야에서도 AI가 사고 위험도 평가, 보험료 산정, 보험금 지급 심사를 자동화하면서 언더라이팅 프로세스[31]를 혁신하고 있다.

그러나 복잡한 금융 전략 수립, 기업 인수합병에서의 기업가치 평가, 대형 프로젝트 파이낸싱 구조 설계, 규제 변화에 대한 대응 전략 수립, 고액 자산가의 맞춤형 자산 관리에서는 여전히 인간 전문가의 창의적 사고와 전략적 판단이 요구된다. 특히 시장의 예외적 상황이나 전례 없는 경제적 충격

---

28) 블룸버그 GPT(Bloomberg GPT) : 블룸버그가 2023년 발표한 금융 특화 대형 언어모델. 40년간 축적된 금융 뉴스, 보고서, 시장 데이터를 학습하여 금융 분석, 시장 예측, 투자 보고서 작성 등에 특화된 성능을 보인다.
29) 핀버트(FinBERT) : 금융 도메인에 특화하여 훈련된 BERT 기반 자연어 처리 모델. 금융 뉴스의 감성 분석, 금융 문서 분류, 시장 동향 예측 등에 활용되며, 일반적인 언어 모델보다 금융 전문 용어와 맥락을 더 정확하게 이해한다. BERT에 관해서는 2장의 기계학습 알고리즘 단원에서 살펴본 바 있다.
30) 알고리즘 트레이딩 : 컴퓨터 프로그램이 미리 설정된 수학적 규칙과 조건에 따라 주식, 채권, 파생상품 등을 자동으로 매매하는 거래 방식. 시장 데이터와 뉴스를 실시간으로 분석하여 인간보다 빠르고 객관적인 투자 결정을 내리는 이점 덕분에 현재 전 세계 금융시장 거래량의 대부분을 차지하고 있다.
31) 언더라이팅(Underwriting) 프로세스 : 보험회사가 보험 가입 신청자의 위험도를 평가하여 보험 가입 승인 여부, 보험료, 보장 범위 등을 결정하는 보험인수 심사 과정. 신청자의 건강 상태, 직업, 생활 습관, 과거 보험금 지급 이력 등을 종합적으로 분석하여 보험회사가 감당할 수 있는 적정한 수준의 위험인지 판단한다.

에 대응할 때는 AI의 예측 모델이 한계를 보이며, 인간의 직관과 경험, 그리고 복잡한 이해관계를 조율하는 능력이 더욱 중요해진다. 고객과의 신뢰 관계 구축, 윤리적 판단이 필요한 투자 의사결정, 사회적 책임 투자(ESG) 전략 수립 등에서도 인간의 역할은, 적어도 현재까지는, 대체 불가능한 상황이다. 금융업 종사자들은 AI 도구를 마스터하여 데이터 분석과 시장 모니터링 능력을 극대화하는 동시에, 인간 고유의 전략적 사고력과 관계 구축 능력을 더욱 발전시켜야 한다. AI가 제공하는 방대한 정보를 종합하여 통찰력 있는 투자 전략을 수립하고, 복잡한 금융상품을 설계하며, 규제 환경의 변화를 예측하고 대응하는 능력이 핵심 경쟁력이 될 것이다. 또한 핀테크 기술과 전통 금융의 융합, 디지털 자산과 암호화폐 등 새로운 금융 패러다임에 대한 이해력도 필수적으로 갖춰야 한다.

5. 제조업 [자동화 위험도 : 높음(78%)]

제조업은 자동화 위험도가 78%로 높지만, 동시에 새로운 기회 창출 가능성도 높은 양면적 특성을 보인다. 제조 공장이 스마트 팩토리로 전환되는 속도가 점점 빨라지면서 AI와 로봇 공학, IoT의 결합이 생산 라인을 근본적으로 변혁시키고 있다. 단순 조립, 품질 검사, 재고 관리, 설비 모니터링과 같은 반복적 업무는 이미 상당 부분 자동화되었으며, 코봇[32]이 인간 작업자와 나란히 작업하는 것이 일상화되고 있다. AI 비전 시스템이 제품 결함을 마이크로미터 단위로 검출하고, 머신러닝 알고리즘이 생산 공정을 실시간으로 최적화하며, 디지털 트윈 기술이 물리적 생산 라인을 가상으로 시뮬레이션하여 최적의 공장 가동 방식을 제시하고 있다. 이러한 자동화와 함께 예측 유지보수, 공급망 최적화, 스마트 팩토리 설계, 맞춤형 대량생산 시스템 구

---

[32] 코봇(Cobot) : Collaborative Robot의 줄임말로 '협동 로봇'을 의미한다. 5차 산업혁명의 핵심 개념인 '인간과 기계의 협력'을 구현하는 대표적 기술로, 기존 산업용 로봇과 달리 안전 펜스 없이 인간 작업자와 같은 공간에서 함께 작업할 수 있도록 설계되었다. 인간을 대체하는 것이 아니라 인간의 능력을 증강시키는 방향으로 발전하고 있다. 5차 산업혁명에 관해서는 3장에서 살펴보았다.

축 등 새로운 가치 창출 영역도 확대되고 있다. AI가 수만 개의 센서에서 수집되는 데이터를 분석하여 설비 고장을 사전에 예측하고, 글로벌 공급망의 복잡한 변수들을 고려한 최적의 생산 계획을 수립하며, 고객의 개별 요구사항에 맞춘 맞춤형 제품을 대량생산 수준의 효율성으로 생산할 수 있는 시스템을 구축하고 있다. 또한 지속가능성과 탄소 중립을 위한 친환경 생산 공정 설계, 순환경제 모델에 맞는 재활용 가능한 제품 설계 등도 새로운 기회 영역으로 부상하고 있다. 제조업 종사자들은 IoT 센서 데이터 분석, 예측 유지보수 시스템 운영, AI 기반 품질 관리 등의 기술적 역량을 습득해야 하지만, 더 중요한 것은 복잡한 생산 공정을 전체적으로 설계하고 개선하는 시스템적 사고 능력을 갖추는 일이다. AI가 대량의 데이터를 처리하고 패턴을 찾아내는 동안, 인간은 그 정보를 해석하여 생산성 향상과 비용 절감을 위한 전략적 의사결정을 내리고, 예상치 못한 문제 상황에 대한 창의적 해결책을 제시하며, 새로운 제품과 공정을 혁신적으로 설계하는 역할을 담당하게 된다. 특히 인더스트리 4.0[33] 시대에는 기계와 데이터뿐만 아니라 사람과 조직까지 통합적으로 관리할 수 있는 복합적 역량이 핵심 경쟁력이 될 것이다.

6. 운송 및 물류 [자동화 위험도 : 높음(77%)]

운송·물류 산업은 자동화 위험도가 77%에 달하며, 자율주행 기술, 물류 로봇, AI 경로 최적화 시스템의 발전으로 급격한 변화를 겪고 있다. 전통적으로 이윤율이 2% 내외로 매우 낮았던 이 산업이 AI 도입을 통해 경로 최적화, 실시간 가격 조정, 자동화된 재무 관리, 예측적 유지보수 등을 구현하면서 수익성을 획기적으로 개선하고 있다. 아마존의 완전 자동화 물류창고, 테슬라와 우버의 자율주행 배송 트럭, DHL과 UPS의 드론 배송 서비스가

---

[33] 인더스트리 4.0(Industry 4.0) : 독일에서 시작된 4차 산업혁명으로, IoT, AI, 빅데이터, 로봇공학 등 첨단 기술을 제조업에 융합하여 스마트 팩토리를 구현하는 것을 핵심 목표로 하는, 제조업에 특화된 개념이다. 기계와 기계, 인간과 기계가 실시간으로 소통하며 생산 과정을 자동화·지능화하여 맞춤형 대량생산과 효율성 극대화를 추구한다. 반면, 4차 산업혁명은 제조업뿐만 아니라 모든 산업과 사회 전반의 변화를 포괄하는 개념이다.

현실화되면서 물류 산업의 패러다임이 근본적으로 바뀌고 있다. 이미 테슬라는 과거처럼 고객에게 차를 배송하지 않고, 출고 차량이 자율주행으로 직접 고객의 앞마당까지 찾아가는 무인 배송 서비스를 선보이기도 했다. AI 기반 수요 예측 시스템이 과거 데이터, 날씨, 경제 지표, 소셜 트렌드를 종합 분석하여 정확도 95% 이상의 물량 예측을 제공하고 있으며, 실시간 교통 상황과 연료비, 인건비 등을 고려한 동적 경로 최적화가 배송 효율성을 30% 이상 향상시키고 있다. 창고 내에서는 협동 로봇과 AI 기반 피킹·패킹 시스템[34]이 24시간 연속으로 상품을 분류하고 포장하며, AI 비전 시스템이 상품의 손상 여부를 자동으로 판별하고 있다. 또한 블록체인과 IoT 센서를 결합한 공급망 추적 시스템이 상품의 이동 경로를 실시간으로 모니터링하고, 온도나 습도 같은 보관 조건까지 자동으로 관리하고 있다.

그러나 복잡한 국제 물류 네트워크 설계, 예외 상황에 대한 창의적 대응, 대형 고객과의 계약 협상, 새로운 물류 허브 구축을 위한 전략적 의사결정에서는 여전히 인간의 판단력과 유연성이 필요하다. 특히 자연재해나 팬데믹 같은 예상치 못한 상황에서 공급망을 신속하게 재구성하고, 다양한 이해관계자들과 협력하여 위기를 극복하는 능력은 AI로 대체하기 어려운 인간 고유의 역량이다. 그뿐 아니라 지속가능한 물류를 위한 친환경 운송 수단 도입, 탄소 발자국 감소를 위한 그린 로지스틱스 전략 수립, 지역 사회와의 상생을 위한 사회적 책임 경영도 인간의 창의적 사고와 윤리적 판단이 필요한 영역이다. 물류 전문가들은 자율화 기술의 원리와 한계를 정확히 이해하고, AI 최적화 시스템을 효과적으로 활용하되, 시스템 전체를 조율하고 최적화하는 오케스트레이터 역할에 집중해야 한다. 글로벌 공급망의 복잡한 연결고리를 파악하

---

34) 피킹·패킹 시스템(Picking & Packing System) : 물류창고에서 주문된 상품을 찾아서 선별하고(피킹, Picking) 배송을 위해 포장하는(패킹, Packing) 일련의 작업을 자동화한 시스템이다. AI 기반 피킹·패킹 시스템은 컴퓨터 비전을 통해 상품을 인식하고, 로봇 팔이나 자동화 장비를 이용하여 정확한 상품을 선별한 후 적절한 포장재에 담아 배송 준비를 완료하는 과정을 인간의 개입 없이 수행한다. 아마존의 풀필먼트 센터나 쿠팡의 물류센터 등에서 널리 활용되고 있으며, 주문 처리 속도 향상과 인건비 절약 효과를 제공한다.

고, 다양한 변수들이 물류 네트워크에 미치는 영향을 예측하며, 기술과 사람, 그리고 비즈니스 요구사항을 균형 있게 조화시키는 능력이 핵심 경쟁력이 될 것이다.

7. 미디어와 엔터테인먼트 [자동화 위험도 : 높음(75%)]

　미디어·엔터테인먼트 산업은 자동화 위험도가 75%이며, 생성형 AI·멀티모달 콘텐츠 생성 기술의 폭발적 발전으로부터 직접적인 영향을 받고 있으므로, 2년 내 시급히 대응해야 하는 분야다. 챗GPT를 위시한 텍스트 생성 AI가 기본적인 뉴스 기사 작성, 데이터 기반 보고서, 스포츠 경기 리포트, 기업 실적 분석 기사를 인간보다 빠르고 정확하게 생산하고 있으며, 달·이, 미드저니 같은 이미지 생성 AI가 광고의 소재, 일러스트레이션, 컨셉 아트를 순식간에 창조하고 있다. 더 나아가 소라(Sora), 런웨이(Runway), 피카랩스(Pika Labs) 등 비디오 생성 AI가 고품질 영상 콘텐츠를 자동으로 생성하고, 일레븐랩스(ElevenLabs)나 머프(Murf) 같은 음성 합성 AI가 자연스러운 내레이션과 더빙을 제공하고 있다. 넷플릭스, 디즈니, 아마존 프라임 등 스트리밍 플랫폼들이 AI를 활용하여 개인화된 콘텐츠 추천은 물론, 시청자의 취향을 분석하여 맞춤형 콘텐츠를 기획하고 제작하고 있다. AI가 과거 히트작들의 패턴을 분석하여 성공 가능성이 높은 스토리라인을 제안하고, 실시간 시청률 데이터를 바탕으로 편집과 마케팅 전략을 최적화하며, 다국어 자막과 더빙을 자동으로 생성하여 글로벌 배급을 급속도로 확대해 나가고 있다. 게임 산업에서도 AI가 플레이어 경험을 혁신적으로 변화시키고 있다. 플레이어 경험을 맞춤화하기 위해 활용하는 세 가지 핵심 기술이 있다. 먼저 AI가 마인크래프트나 노 맨스 스카이(No Man's Sky)처럼 끝없이 새로운 지형과 던전을 자동으로 생성함으로써 플레이어가 아무리 오래 플레이해도 탐험할 새로운 장소가 계속 생겨나도록 하는 기술이다. 두 번째로는 플레이어가 게임을 너무 쉬워하면 적을 더 강하게 만들고, 반대로 너무 어려워하면 적의 공격력을 낮춰주는 식으로 개인의 실력에 맞춰 난이도를 실시간으로 조절한다. 마지막으로 플레이어의 선택과 행동을 분석해서 그 자리에서 새로운 미션을 만들어 주고, 플레이어와 대화할 새로운 NPC 캐릭터[35]를 즉석에서 창조하여 마치 살아있는 세계에서 모험하는 듯한 경험을 제공하고 있다. 뉴스 업계에서는 AI가 복잡한 데이터를 분석하여 인사이트를 발굴하고, 여러 언어로 동시에 기사를 번역하며, 자동으로 팩트 체크를 수행함으로써 가짜뉴스를 실시간으로 탐지하고 있다. 음악 산업에서도 아이바(AIVA), 앰퍼 뮤직(Amper Music), 사운드로우(Soundraw) 같은 AI 작곡가들이 영화 음악, 광고 배경음악, 게임 사운드트랙을 자동으로 작곡하고 있으며, AI가 아티스트의 스타일을 학습하여 새로운 곡을 무한히 생성할 수 있게 되었다.

그러나 심층 취재를 통한 탐사보도, 복잡한 사회 현상에 대한 비판적 분석, 문화적 맥락과 감성이 중요한 콘텐츠 제작, 인간의 경험과 감정에 기반한 창작 활동에서는 여전히 인간 창작자의 역할이 필요하다. AI가 기술적으로 완벽한 콘텐츠를 생성할 수 있다 하더라도, 인간의 삶과 감정에 깊이 공감하고, 사회적 이슈에 대한 날카로운 통찰을 제공하며, 예술적 영감과 창의적 비전을 구현하는 것은 여전히 인간만이 할 수 있는 영역이다. 특히 다큐멘터리 제작, 사회비판적 저널리즘, 실험적 예술 작품, 인터랙티브 스토리텔링 등에서는 인간의 창의성과 사회적 책임감이 핵심 요소일 수밖에 없다. 미디어 종사자들은 AI 콘텐츠 생성 도구들을 마스터하여 생산성을 극대화하되, 인간만이 제공할 수 있는 독창적 아이디어 발굴, 감성적 스토리텔링, 사회적

---

35) NPC 캐릭터 : Non-Player Character의 줄임말로, 게임에서 플레이어가 직접 조작하지 않고 컴퓨터가 제어하는 모든 캐릭터. 상점 주인, 퀘스트를 주는 마을 사람, 적 몬스터 등이 모두 NPC에 해당하며, 기존에는 미리 정해진 대사와 행동만 했지만 최근 AI 기술로 플레이어와 자연스러운 대화와 상호작용이 가능해지고 있다.

의미가 있는 메시지 전달에 더욱 집중하는 전략이 필요하다. AI가 1차 소재를 생성하면 인간이 이를 큐레이션하고 의미를 부여하며, 사회적 맥락에서 해석하고 가치를 창조하는 새로운 협업 모델이 표준이 되고 있다. 또 AI 생성 콘텐츠의 진위를 판별하고, 윤리적 사용 가이드라인을 수립하며, 창작자의 권리를 보호하는 역할도 새롭게 부상하고 있다.

8. 회계·세무 [자동화 위험도 : 높음(74%)]

회계·세무 분야는 자동화 위험도가 74%로 높으며, 1~2년 내 급격한 변화가 예상되는 분야다. AI 기반 회계 자동화 도구들이 기본적인 장부 기록, 세무 계산, 재무제표 작성, 비용 분류, 계정 조정 등 반복적 업무를 빠르게 대체하고 있다. 퀵북스[36], 세이지[37], 국내의 더존 AI 회계 시스템[38] 등 클라우드 기반 회계 소프트웨어에 머신러닝 기능이 통합되면서 영수증 인식부터 분개 처리[39]까지 완전 자동화되고 있다. 세무 분야에서도 AI가 복잡한 세법을 분석하여 최적의 절세 전략을 제안하고, 세무 신고서를 자동으로 작성하며, 세무 조사 대응 자료를 체계적으로 준비하는 수준에 이르렀다. OCR(광학문자인식) 기술과 AI의 결합으로 종이 영수증도 자동으로 디지털화되어 회계 시스템에 입력되고, 은행 거래 내역과 자동으로 매칭되어 실시간으로 재무 상태를 파악할 수 있게 되었다. 또한 AI가 과거 거래 패턴을 학습하여 이상 거래를 탐지하고, 내부 통제 시스템의 취약점을 식별하며, 감사 위험도가 높은 계정을 자동으로 선별하는 등 감사 업무에서도 혁신이 일어나고 있

---

36) 퀵북스 AI(QuickBooks AI) : 인튜이트(Intuit)의 중소기업용 클라우드 회계 소프트웨어. 영수증 자동 인식, 거래 분류, 세무 신고서 작성 등을 AI로 자동화하여 회계 업무의 효율성을 크게 향상시킨다.
37) 세이지 AI(Sage AI) : 영국 세이지 그룹의 기업용 회계 및 ERP 솔루션. AI 기반 현금 흐름 예측, 자동 은행 조정, 지능형 송장 처리 등의 기능을 제공하여 재무 관리를 자동화한다.
38) 더존 AI : 국내 더존비즈온의 클라우드 기반 회계 시스템. 국내 세법과 회계 기준에 최적화된 AI 기능으로 전표 자동 생성, 세무 신고 자동화, 경영 분석 등을 지원하는 한국형 스마트 회계 솔루션이다.
39) 분개 처리 : 복식부기에서 모든 거래를 차변(왼쪽)과 대변(오른쪽)으로 나누어 기록하는 회계의 기본 과정. 예를 들어 현금으로 상품을 구입하면 상품(자산 증가)은 차변에, 현금(자산 감소)은 대변에 기록한다. 차변과 대변의 합계가 항상 일치해야 하는 것이 복식부기의 핵심 원리이다.

다. 특히 대기업의 경우 ERP 시스템과 AI가 통합되어 전사적 재무 관리가 실시간으로 이루어지고 있으며, 중소기업도 저렴한 클라우드 AI 서비스를 통해 고도화된 회계 자동화의 혜택을 누릴 수 있게 되었다.

그러나 재무 전략 수립, 세무 계획, 경영 컨설팅, 기업 인수합병에서의 재무 실사, 복잡한 국제 조세 문제 해결 등 전문적 판단과 창의적 사고가 필요한 영역에서는 인간 전문가의 역할이 여전히 중요하다. AI가 정확한 숫자와 분석을 제공하는 동안, 인간은 그 데이터를 비즈니스 맥락에서 해석하고, 경영진에게 전략적 조언을 제공하며, 복잡한 규제 환경에서 최적의 의사결정을 내릴 수 있도록 지원하는 역할로 진화하고 있다. 특히 ESG 회계, 지속가능성 보고서 작성, 디지털 자산 회계 처리 등 새로운 영역에서는 기존의 회계 지식과 새로운 기술에 대한 이해를 결합한 전문성이 요구되고 있다. 회계·세무 담당자들은 AI 시스템을 효과적으로 활용하여 데이터 처리 효율성을 극대화하는 동시에, 재무 데이터를 전략적 관점에서 해석하고 경영 의사결정을 지원하는 고부가가치 업무로 역할을 전환해야 한다. 단순한 기록자에서 전략적 파트너로 발전하기 위해서는 재무 분석 능력, 비즈니스 이해도, 커뮤니케이션 스킬 등을 종합적으로 강화해야 할 것이다.

9. 자동차 [자동화 위험도 : 높음(73%)]

자동차 산업은 자동화 위험도가 73%이며, 2~5년 내 대응이 필요한 분야로 새로운 기회 창출 가능성이 매우 높다. 생성형 AI가 차량 디자인과 개발 과정에 도입되면서 물리적으로 정확한 3D 렌더링과 공기역학 시뮬레이션이 실시간으로 가능해지고 있으며, AI가 수천 가지 디자인 변형을 자동으로 생성하여 최적의 형태를 제안하고 있다. 자율주행 기술, 커넥티드 카[40],

---

40) 커넥티드 카(Connected Car) : 인터넷에 연결되어 외부와 실시간으로 데이터를 주고받을 수 있는 자동차. 내비게이션 업데이트, 원격 차량 제어, 교통 정보 수신, 긴급 상황 자동 신고, 차량 상태 모니터링 등의 서비스를 제공한다. 스마트폰과 연동되어 각종 앱과 서비스를 차량 내에서 이용할 수 있으며, 자율주행 기술의 기반

전기차 배터리 관리 시스템(BMS), 지능형 인포테인먼트 시스템[41]에서 AI 활용이 급속히 확대되면서, 자동차가 단순한 이동 수단에서 움직이는 컴퓨터로 진화하고 있다. 테슬라, 웨이모, 크루즈 같은 글로벌 선두 주자들의 자율주행 시스템이 수백만 km의 실제 주행 데이터를 학습하여 레벨 4 이상의 완전 자율주행[42]에 이르고 있으며, AI가 실시간으로 주변 환경을 인식하고 예측하여 안전하고 효율적인 주행 경로를 결정하고 있다. 전기차 분야에서는 AI가 배터리 상태를 정밀하게 모니터링하고 최적의 충전 패턴을 제안하며, 주행 습관과 경로를 분석하여 에너지 효율성을 극대화하고 있다. 또한 차량 내 AI 어시스턴트가 운전자의 선호도를 학습하여 개인 맞춤형 서비스를 제공하고, 예측 유지보수 시스템이 부품 교체 시기를 미리 알려주어 갑작스러운 고장을 예방하고 있다. 차량 생산 과정에서도 AI와 로봇 공학의 결합이 혁신을 가져오고 있다. 스마트 팩토리에서 협동 로봇들이 복잡한 조립 과정을 정밀하게 수행하고, AI 품질 관리 시스템이 마이크로미터 단위의 결함까지 실시간으로 검출하며, 공급망 AI가 수천 개의 부품 공급업체와 생산 일정을 최적으로 조율하고 있다. 이로 인해 자동차 산업 종사자들은 새로운 역량이 절실히 필요하게 되었다. 자율주행 시스템의 센서 융합 기술 이해, 전기차 파워트레인 설계, 차량용 AI 소프트웨어 개발, 스마트 모빌리티 서비스 기획 등이 핵심 역량으로 부상하고 있다. 자동차 산업이 전통적인 제조업에서 소프트웨어 중심의 모빌리티 서비스업으로 산업 정체성이 전환되

이 되는 핵심 기술이다.

41) 지능형 인포테인먼트 시스템 : 차량 내 정보(Information)와 엔터테인먼트(Entertainment)를 결합한 멀티미디어 시스템에 AI 기술을 접목한 것. 음성 명령으로 내비게이션, 음악, 통화를 제어하고, 운전자의 취향을 학습하여 개인화된 콘텐츠를 추천하며, 제스처나 시선으로도 조작할 수 있다. 테슬라, 벤츠, BMW 등의 최신 차량에 탑재되어 운전 중 안전하고 편리한 디지털 경험을 제공한다.

42) 자율주행 단계(Autonomous Driving Levels) : 미국 자동차기술학회(SAE International)에서 정의한 자율주행 기술의 발전 단계로, 레벨 0부터 레벨 5까지 총 6단계로 구분된다. 레벨 0~2는 운전자가 주도권을 가지며 시스템이 보조하는 단계이고, 레벨 3~5는 자율주행 시스템이 주도권을 가지는 단계이다. 레벨 0은 수동 운전, 레벨 1은 운전 보조(크루즈 컨트롤 등), 레벨 2는 부분 자율주행(테슬라 오토파일럿 수준), 레벨 3은 조건부 자율주행(고속도로 등 특정 구간), 레벨 4는 고도 자율주행(대부분 도로에서 무인 주행 가능), 레벨 5는 완전 자율주행(모든 환경에서 운전자 불필요)으로 정의된다. 국내에서는 레벨 3 단계부터 자율주행자동차로 정의하고 있다.

면서, 기계공학적 지식과 소프트웨어 개발 능력, 데이터 분석 역량을 모두 갖춘 융합형 전문가가 요구되고 있다. 자동차 회사들이 모빌리티 서비스 제공업체로 변신하면서 카셰어링, 자율주행 택시, 물류 서비스 등 새로운 비즈니스 모델을 설계하고 운영할 수 있는 창의적 서비스 설계 능력도 중요한 경쟁력이 되고 있다. 이와 함께 지속가능한 모빌리티를 위한 친환경 기술 개발, 스마트 시티[43]와 연계된 통합 교통 시스템 구축, 고령화 사회에 맞는 접근성 높은 모빌리티 솔루션 개발 등도 새로운 기회 영역으로 부상하고 있다.

10. 법률·법무 [자동화 위험도 : 높음(70%)]

법률 서비스 산업은 자동화 위험도가 70%로 높은 편이며, 1~3년 내 상당한 구조적 변화가 예상된다. 하비(Harvey) AI, 로긱(LawGeex), 키라시스템즈(Kira Systems) 같은 AI 법률 도구들이 계약서 분석, 법률 문서 검토, 판례 검색, Due Diligence 과정을 혁신적으로 자동화하고 있다. 이들 시스템은 수백만 건의 판례와 법률 문서를 학습하여 인간 변호사보다 빠르고 정확하게 법적 위험을 식별하고, 관련 법조문과 판례를 찾아내며, 계약서의 문제점을 자동으로 검사한다. 특히 M&A에서의 계약서 검토, 특허 침해 분석, 규제 컴플라이언스 체크 등 대량의 문서를 정밀하게 분석해야 하는 업무에서 AI의 효율성은 인간을 압도하는 넘사벽이 됐다. 미국의 주요 로펌들인 베이커 맥켄지(Baker McKenzie), 알렌 앤 오버리(Allen & Overy), 클리포트 챈스(Clifford Chance) 등이 AI 기반 문서 검토 시스템을 도입하여 업무 효율성을 300% 이상 향상시킨 사례가 업계에 회자되고 있으며, 국내에서도 앞서가는 법무법인들이 AI 도구를 적극 도입하고 있다. AI가 복잡한 법률 용어

---

43) 스마트 시티(Smart City) : 4차 산업혁명 시대의 혁신기술인 IoT, AI, 빅데이터, ICT(정보통신기술) 등을 도시 기반시설과 융·복합하여 시민들의 삶의 질을 높이고 도시의 지속가능성을 제고하는 도시 모델이다. 다양한 센서를 통해 수집된 데이터를 활용하여 교통, 에너지, 환경, 안전, 행정 등 도시의 모든 영역에서 효율적인 서비스를 제공한다. 국내에서는 「스마트도시 조성 및 산업진흥 등에 관한 법률」에서 "도시의 경쟁력과 삶의 질 향상을 위하여 건설·정보통신기술 등을 융·복합하여 건설된 도시기반시설을 바탕으로 다양한 도시서비스를 제공하는 지속가능한 도시"로 정의하고 있으며, 기존 U-City(유비쿼터스 도시) 개념에서 발전된 형태이다.

를 일반인이 이해할 수 있는 언어로 번역하고, 개인의 상황에 맞춤화된 법적 조언을 제공하며, 소송의 승소 확률을 예측하고 최적의 전략을 제안하는 수준에 이르렀다. 또한 지적재산권 침해 모니터링, 규제 변화 추적, 계약서 자동 생성 등의 영역에서도 AI가 변호사의 일상 업무를 크게 변화시키고 있다.

그러나 복잡한 법적 전략 수립, 법정에서의 변론과 협상, 클라이언트와의 신뢰 관계 구축, 전례 없는 법적 쟁점에 대한 창의적 해결책 제시에서는 인간의 창의적 판단과 설득력이 여전히 핵심적이다. 특히 기업의 중대한 경영 의사결정에 대한 법적 조언, 복잡한 국제 분쟁 해결, 사회적 파장이 큰 공익 소송, 새로운 기술이나 비즈니스 모델에 대한 법적 프레임워크 구축 등에서는 법률 지식뿐만 아니라 비즈니스 통찰력, 사회적 이해, 윤리적 판단이 종합적으로 요구된다. AI가 아무리 방대한 정보를 처리한다 하더라도, 인간의 감정과 동기를 이해하고, 복잡한 이해관계를 조율하며, 정의와 공정성이라는 가치를 구현하는 것은 여전히 인간만이 할 수 있는 영역이다. 법률 전문가들은 AI 리서치 도구들을 마스터하여 정보 수집과 분석 효율성을 극대화하되, 인간만이 할 수 있는 전략적 사고와 윤리적 판단 능력을 더욱 발전시켜야 한다. AI가 제공하는 방대한 법률 정보를 클라이언트의 구체적 상황에 맞게 해석하고 적용하며, 법적 위험과 기회를 종합적으로 평가하여 최적의 의사결정을 지원하는 역할이 핵심이 될 것이다. 또한 AI 기술 자체에 대한 법적 이슈들, 예를 들어 AI의 편향성과 공정성, 알고리즘의 투명성과 설명가능성, AI 생성 콘텐츠의 저작권과 책임 문제 등에 대한 전문성을 갖춘 AI 법률 전문가로 발전하는 것도 새로운 기회가 될 것이다.

11. 광고와 마케팅 [자동화 위험도 : 높음(70%)]

광고·마케팅 분야는 자동화 위험도가 70%이며, 1~2년 내 상당한 변화가 예상되는 분야다. 생성형 AI의 발전으로 기초적인 마케팅 카피 작성, 소셜

미디어 포스팅, 이메일 마케팅 콘텐츠, 기본 이미지 편집, 광고 배너 제작 등이 AI로 빠르게 자동화되고 있다. 제스퍼(Jasper) AI, 카피에이아이(Copy.ai), 라이트소닉(Writesonic) 같은 마케팅 전용 AI 도구들이 브랜드 톤앤매너를 학습하여 일관성 있는 콘텐츠를 대량 생산하고 있으며, 페이스북 AI, 구글 애드 AI가 타겟 오디언스 분석부터 광고 소재 최적화까지 전 과정을 자동화하고 있다. 프로그래매틱 광고 시장[44]에서는 AI가 실시간으로 수백만 개의 광고 지면을 분석하여 최적의 광고 집행을 결정하고 있으며, 맞춤형 추천 엔진이 각 사용자의 관심사와 구매 패턴에 맞춤화된 광고를 노출하고 있다. 마케팅 자동화 플랫폼들이 고객의 행동 데이터를 실시간으로 분석하여 최적의 타이밍에 개인화된 메시지를 전송하고, A/B 테스트[45]를 자동으로 실행하여 캠페인 성과를 지속적으로 개선하고 있다. 특히 이커머스 분야에서는 AI가 상품 추천, 동적 가격 책정, 재고 관리, 고객 이탈 예측까지 마케팅의 전 영역을 통합적으로 최적화하고 있다. 소셜미디어 마케팅에서도 AI가 트렌드 분석, 인플루언서 매칭, 콘텐츠 스케줄링, 성과 분석을 자동화하고 있으며, 챗봇과 대화형 AI가 고객과의 실시간 상호작용을 통해 브랜드 경험을 개인 맞춤화하고 있다. 또한 AI가 브랜드 멘션을 모니터링하고 위기 상황을 조기에 감지하여 평판 관리를 자동화하며, 경쟁사의 마케팅 활동을 분석하여 시장 동향을 실시간으로 파악하고 있다.

그러나 브랜드 전략 수립, 창의적 캠페인 기획, 소비자 감성과 문화적 트렌드 이해, 위기 상황에서의 커뮤니케이션 전략 수립에서는 인간 마케터의

---

44) 프로그래매틱 광고(Programmatic Advertising) : AI와 빅데이터를 활용하여 광고 지면을 실시간으로 자동 거래하는 시스템. 광고주가 원하는 타겟 고객이 웹사이트나 앱에 접속하는 순간, 0.1초 만에 수많은 광고주들이 경매에 참여하여 그 고객에게 가장 적합한 광고를 노출시킨다. 인간이 직접 협상하던 기존 방식과 달리 모든 과정이 자동화되어 광고 효율성과 정확성이 크게 향상되었으며, 현재 디지털 광고 시장의 80% 이상을 차지하고 있다.

45) A/B 테스트 : 동일한 조건에서 두 가지 다른 버전(A안과 B안)을 무작위로 나눈 사용자 그룹에게 보여주고 어느 쪽이 더 좋은 성과를 내는지 비교하는 실험 방법. 예를 들어 빨간색 구매 버튼과 파란색 구매 버튼 중 어느 것이 더 많은 클릭을 유도하는지, 또는 두 가지 다른 광고 문구 중 어느 것이 더 높은 전환율을 보이는지 측정한다. 마케팅, 웹 디자인, 앱 개발 등에서 데이터 기반 의사결정을 위해 널리 사용되는 검증 방법이다.

역할이 더욱 중요해지고 있다. AI가 데이터를 기반으로 효율적인 마케팅을 수행할 수 있지만, 브랜드의 철학과 가치를 정의하고, 소비자의 잠재적 니즈를 발굴하며, 감성적 연결고리를 만들어 내는 것은 여전히 인간의 창의성과 직관이 핵심이다. 특히 사회적 이슈와 연결된 브랜드 캠페인, 문화적 민감성이 필요한 글로벌 마케팅, 혁신적인 제품의 시장 도입 전략 등에서는 인간의 전략적 사고와 창의적 통찰력이 대체 불가능한 영역이다. 마케팅 전문가들은 AI 도구들을 마스터하여 데이터 분석과 콘텐츠 생성 효율성을 극대화하되, 인간만이 제공할 수 있는 브랜드 스토리텔링, 고객 인사이트 발굴, 창의적 전략 수립에 더욱 집중해야 한다. AI가 정량적 데이터와 성과 지표를 제공하는 동안, 인간은 그 데이터를 브랜드와 고객의 맥락에서 해석하고, 장기적인 브랜드 가치를 구축하며, 사회적 의미가 있는 마케팅 메시지를 창조하는 역할로 진화해야 한다. 또한 AI 마케팅의 윤리적 사용, 개인정보 보호, 알고리즘 투명성 등에 대한 전문성을 갖춘 책임감 있는 마케터로 발전하는 것도 중요한 차별화 전략이 될 것이다.

12. 환경 및 기후 대응 [자동화 위험도 : 매우 높음(68%)]

환경 및 기후 대응 분야는 자동화 위험도가 68%로 매우 높지만 신산업·새일자리 창출 가능성이 매우 큰 전략 분야다. 기후변화 대응이 인류 최대의 과제로 부상하면서 AI가 환경 모니터링, 기후 예측, 탄소 배출 관리, 생태계 보전 등 전방위적으로 활용되고 있다. 위성·드론·IoT 센서와 AI가 결합해 지구 환경 변화를 실시간 감시한다. 산림 파괴, 해양 오염, 대기질 악화를 자동 탐지·분석하며, 2025년부터는 ESA(유럽우주국)·NASA·JAXA(일본우주항공연구개발기구) 공동의 AI 지구관측 네트워크가 본격 가동되어 글로벌 환경 데이터를 통합 분석한다. 구글의 '환경 통찰 탐색기(Environmental Insights Explorer)', 마이크로소프트의 '지구를 위한 AI(AI for Earth)'

프로그램은 정책 결정 지원에 핵심 데이터 소스로 활용된다. 기후 모델링과 예측 분야에서 AI가 혁신을 가져오고 있다. 슈퍼컴퓨터와 머신러닝의 결합으로 기후 시뮬레이션 정확도가 비약적으로 향상됐다. AI가 과거 수십 년 기상·해양·대기 데이터를 학습하여 폭염·홍수·허리케인 같은 극한 기상 현상의 발생 확률과 강도를 예측하고, 지역별 기후 리스크를 세밀하게 산출한다. 최근에는 엔비디아의 '어스-2(Earth-2)'와 같은 초대형 기후 시뮬레이션 AI가 정책 및 산업계 의사결정에 직접 투입되고 있다. 탄소 관리 영역에서는 AI가 기업과 도시의 탄소 발자국을 자동으로 계산하고 최적화 방안을 제안하고 있다. AI 탄소 회계 시스템이 기업·도시의 탄소 발자국을 실시간 계산하고 감축 로드맵을 제안한다. 재생에너지 프로젝트의 탄소 저감 효과를 정량평가하고, 탄소 포집·저장(CCS) 시설의 효율을 최적화한다. 2025년부터는 글로벌 탄소거래소(싱가포르·런던·서울)가 AI 기반 MRV(측정·보고·검증) 시스템을 의무 적용 중이다. 생태계 보전 분야에서는 AI가 생물다양성 모니터링과 보호 전략 수립에 활용되고 있다. 음성 인식 기술이 새와 동물의 울음소리를 분석하여 개체 수를 추정하고, 컴퓨터 비전이 야생동물의 행동 패턴을 관찰하여 서식지 변화를 추적하고 있다. 해양 보전에서는 AI가 위성 이미지를 분석하여 불법 어업을 탐지하고, 플라스틱 오염의 확산 경로를 예측하며, 산호초의 백화 현상을 조기에 발견하고 있다. 순환경제[46]와 폐기물 관리에서도 AI의 역할이 확대되고 있다. 스마트 폐기물 분류 시스템이 재활용 가능한 자재를 자동으로 선별하고, AI가 제품 설계 단계에서부터 재활용 가능성을 평가하여 지속가능한 제품 개발을 지원하고 있다. 또한 AI가 도시의 폐기물 발생 패턴을 예측하여 수거 경로를 최적화하고, 매립지와 소각장의 환경 영향을 모니터링하고 있다.

---

[46] 순환경제(Circular Economy) : 자원을 채취-생산-소비-폐기하는 기존의 선형경제와 달리, 폐기물을 최소화하고 자원을 지속적으로 재활용·재사용하는 경제 모델. 제품 설계 단계부터 재활용을 고려하고, 사용 후에는 다시 원료로 활용하여 자원이 순환되도록 한다. 플라스틱 병을 재활용해 옷을 만들거나, 폐전자제품에서 희귀금속을 추출하는 것이 대표적 사례다.

그러나 환경 정책의 우선순위 설정, 경제 발전과 환경 보호의 균형점 찾기, 지역 사회와 원주민의 권리 보호, 환경 정의 실현을 위한 사회적 합의 도출에서는 인간의 가치 판단과 윤리적 사고가 관건이 된다. 기후변화 대응은 기술로만 해결할 수 있는 문제가 아니라 사회적, 경제적, 정치적 차원의 복합적 과제이기 때문에, 다양한 이해관계자들 간의 갈등을 조정하고 포용적 해결책을 모색하는 데는 인간의 소통 능력과 창의적 사고가 필수적이다. 또한 전통 생태 지식과 현대 과학 기술의 융합, 지역별 특성을 고려한 맞춤형 환경 정책 개발, 미래 세대를 위한 지속가능한 발전 모델 구축 등에서도 인간의 통찰력과 상상력이 중요하다. 환경 및 기후 대응 분야 종사자들은 AI 기반 환경 모니터링 도구들을 활용하고 빅데이터 분석 능력을 기르는 동시에, 환경 문제의 근본 원인을 파악하고 시스템적 해결책을 제시할 수 있는 통합적 사고력을 발전시켜야 한다. 과학적 근거와 데이터에 기반하되, 사회적 가치와 윤리적 고려를 통합한 환경 정책을 기획하고 실행할 수 있는 전문가로 성장하는 것이 중요하다. 특히 기후변화 대응이 새로운 일자리와 산업 기회를 창출하는 그린 뉴딜의 핵심 동력이 되고 있는 만큼, 환경 보호와 경제 발전을 동시에 추진할 수 있는 혁신적 모델을 개발하는 역량이 필요하다.

13. 소매업과 유통 [자동화 위험도 : 중간(65%)]

소매업·유통 분야는 자동화 위험도가 65%이며, 2~4년 내 점진적이지만 지속적인 변화가 예상된다. 아마존, 알리바바, 쿠팡 등 이커머스 플랫폼들이 AI 기반 개인화 추천 시스템을 통해 고객 개별 취향에 맞춘 상품을 정확도 90% 이상으로 제안하고 있으며, 동적 가격 책정 알고리즘이 실시간 수요와 공급, 경쟁사 가격을 분석하여 최적의 가격을 자동 설정하고 있다. 재고 관리에서도 AI가 과거 판매 데이터, 계절성, 트렌드, 날씨까지 고려하여 정확한 수요 예측을 통해 재고 부족과 과잉을 최소화하고 있다. 무인매장 기술이 아마존 고, 세븐일레븐의 무인점포를 통해 현실화되고 있으며, 컴퓨터 비전과 센서 기술이 고객의 구매 행동을 자동으로 인식하여 계산대 없는 쇼핑 경험을 제공하고 있다. 고객 서비스 영역에서는 챗봇과 가상 쇼핑 어시스턴트가 24시간 상품 문의, 주문 추적, 반품 처리 등 기본적인 고객 지원을 담당하고 있으며, 증강현실·가상현실 기술과 결합되어 가상 피팅룸, 3D 상품 체험 등 혁신적인 쇼핑 경험을 만들어내고 있다. 물류 센터에서는 키바 로봇[47], 오토스토어[48] 같은 자동화 시스템이 상품 분류, 포장, 배송 준비를 무인으로 처리하고 있다. 마케팅과 고객 관계 관리 영역에서도 AI가 고객의 웹사이트 행동, 구매 이력, 소셜미디어 활동을 종합 분석하여 고객 세분화를 자동화하고, 개인별 맞춤 마케팅 메시지를 최적의 타이밍에 전송하고 있다. 옴니채널 통합 시스템[49]이 온라인과 오프라인의 고객 여정을 연결하여 일관된 브랜드 경험을 제공하며, 고객 이탈 예측 모델이 위험 고객을 사전에 식별하여 맞춤형 리텐션(Retention, 고객 유지) 전략을 실행하고 있다.

그러나 복잡한 고객 문제 해결, 고가 상품에 대한 전문적 상담, 감성적 지원이 필요한 상황, 창의적 머천다이징[50]과 매장 디스플레이, 브랜드 경험 설계에서는 여전히 인간 직원의 역할이 중요하다. 특히 럭셔리 브랜드나 전문

---

47) 키바 로봇(Kiva Robot) : 아마존이 2012년 인수한 창고 자동화 로봇 시스템. 작업자가 상품을 찾아 창고를 돌아다니는 대신, 로봇이 상품이 있는 선반 전체를 들어올려 작업자에게 가져다주는 방식으로 작동한다. 아마존 풀필먼트 센터에서 주문 처리 속도를 획기적으로 향상시켰으며, 현재 아마존 로보틱스로 이름을 바꿔 운영 중이다.

48) 오토스토어(AutoStore) : 노르웨이에서 개발된 큐브형 창고 자동화 시스템. 상품을 담은 상자들을 격자 형태로 높이 쌓아 올리고, 로봇이 위에서 상하로 이동하며 필요한 상자를 꺼내는 방식이다. 기존 창고 대비 75% 적은 공간으로 같은 양의 상품을 보관할 수 있어 공간 효율성이 뛰어나며, 온라인 쇼핑몰과 소매업체에서 널리 도입되고 있다.

49) 옴니채널 통합 시스템(Omni-channel Integration System) : 온라인 쇼핑몰, 오프라인 매장, 모바일 앱, 소셜미디어 등 모든 판매 채널을 하나로 연결하여 고객에게 일관된 쇼핑 경험을 제공하는 시스템. 고객이 온라인에서 상품을 주문하고 매장에서 픽업하거나, 매장에서 체험 후 온라인으로 주문하는 등 채널 간 자유로운 이동이 가능하다. 재고, 고객 정보, 결제 시스템이 모든 채널에서 실시간으로 동기화되어 어디서든 동일한 서비스를 받을 수 있다.

50) 머천다이징(Merchandising) : 상품의 기획, 구매, 진열, 판매에 이르는 전 과정을 통해 매출을 극대화하는 활동이다. 어떤 상품을 언제, 어디서, 얼마에 팔 것인지 결정하고, 매장 내에서 고객의 구매 욕구를 자극하도록 상품을 효과적으로 배치하고 연출하는 것 등의 활동을 말한다. 마케팅이 고객을 매장으로 끌어오는 전략이라면, 머천다이징은 매장에 온 고객이 실제로 구매하도록 하는 판매 시점 중심의 실행 전략이다.

분야에서는 고객과의 개인적 관계 구축, 라이프스타일 컨설팅, 맞춤형 스타일링 서비스 등에서 인간의 감성과 전문성이 핵심 차별화 요소가 되고 있다. 또한 지역 커뮤니티와의 연결, 사회적 책임 활동, 지속가능한 소비 문화 조성 등에서도 인간의 창의적 기획과 실행 능력이 필요하다. 소매업 종사자들은 AI 도구를 활용한 고객 데이터 분석과 개인 맞춤형 서비스 설계 능력을 기르는 동시에, 디지털 기술로는 대체할 수 없는 인간적 접촉과 감정적 연결을 강화하는 전략에 집중해야 한다. 데이터가 제공하는 인사이트를 바탕으로 고객의 잠재적 니즈를 발굴하고, 기술적 편의성과 인간적 따뜻함을 조화시킨 새로운 리테일 경험을 창조하며, 급변하는 소비 트렌드에 민첩하게 대응할 수 있는 큐레이션과 서비스 기획 능력을 개발하는 것이 핵심이다.

14. 게임과 메타버스 [자동화 위험도 : 중간(60%)]

게임·메타버스 분야는 자동화 위험도가 60%이며, 2~4년 내 대응이 필요한 분야로 새로운 기회 창출 가능성이 매우 높다. 미디어·엔터테인먼트 분야에서 살펴봤듯이 AI가 게임 개발의 여러 영역을 혁신하고 있으며, 게임 내 NPC들도 단순한 스크립트를 넘어 GPT 기반 대화 시스템을 탑재하여 플레이어와 자연스럽고 창의적인 상호작용을 하고 있다. 게임 밸런싱과 난이도 조절에서도 AI가 혁신을 가져오고 있다. 머신러닝 알고리즘이 수백만 명의 플레이어 데이터를 분석하여 게임의 밸런스 문제를 자동으로 감지하고 조정 방안을 제안하며, 개별 플레이어의 실력과 플레이 스타일에 맞춰 실시간으로 게임 난이도를 동적으로 조절하고 있다. 게임 내 경제 시스템도 AI가 아이템 가격, 드롭률[51], 인게임 화폐 공급량을 자동으로 관리하여 건강한 게임 생태계를 유지하고 있다. 또한 AI가 치터[52]와 핵 사용자[53]를 실시간으로

---

51) 게임에서 몬스터를 잡거나 상자를 열 때 특정 아이템이 나올 확률
52) 게임에서 부정행위나 편법을 사용해 불공정한 이득을 얻는 플레이어
53) 게임 시스템을 조작하는 불법 프로그램(핵)을 사용하여 무적, 투시, 자동 조준 등의 기능으로 부정행위를 하

탐지하고 차단하여 공정한 게임 환경을 보장하고 있다. 메타버스 플랫폼에서는 AI가 가상세계의 물리 법칙 시뮬레이션, 아바타 행동 예측, 가상 공간의 자동 생성과 최적화를 담당하고 있으며, 사용자의 행동 패턴을 학습하여 개인화된 가상 경험을 제공하고 있다. 로블록스, 포트나이트 크리에이티브, VR챗 같은 플랫폼에서 AI가 사용자 생성 콘텐츠를 자동으로 평가하고 추천하며, 커뮤니티 모더레이션[54]을 통해 안전한 가상 환경을 구축하고 있다. 게임 개발 도구에서도 AI가 3D 모델링, 텍스처 생성, 애니메이션 제작을 자동화하여 개발 비용과 시간을 대폭 단축시키고 있다.

그러나 창의적 게임 컨셉 기획, 감동적인 스토리텔링, 혁신적인 게임플레이 메커니즘 설계, 플레이어 커뮤니티 구축과 관리에서는 여전히 인간의 창의성과 감성이 가장 핵심적인 요소이다. 게임이 평이한 엔터테인먼트 수준을 넘어 예술적 표현, 사회적 메시지 전달, 교육적 효과까지 추구하면서 인간 개발자의 철학과 가치관이 더욱 중요해지고 있다. 특히 메타버스에서는 가상세계의 사회적 규범과 윤리 기준 설정, 다양한 문화적 배경을 가진 사용자들 간의 조화로운 상호작용 촉진, 가상과 현실의 경계에서 발생하는 복잡한 문제들에 대한 창의적 해결책 제시 등에서 인간의 통찰력과 판단력이 핵심 역할을 담당한다. 게임 개발자와 메타버스 크리에이터들은 AI 도구들을 활용하여 개발 효율성을 극대화하되, 인간만이 만들어 낼 수 있는 감동적인 경험과 의미 있는 가상세계를 창조하는 데 집중해야 한다. 기술적 구현보다는 플레이어의 감정과 경험에 초점을 맞춘 디자인 철학을 발전시키고, AI가 생성한 콘텐츠를 창의적으로 큐레이션하고 조합하여 독특한 게임 경험을 만들어 내는 능력이 핵심 경쟁력이 될 것이다.

는 플레이어

54) 커뮤니티 모더레이션(Moderation) : 온라인 게임이나 플랫폼에서 욕설, 혐오 표현, 스팸, 부적절한 콘텐츠 등을 자동으로 감지하고 차단하여 건전한 커뮤니티 환경을 유지하는 관리 시스템. AI가 실시간으로 채팅과 게시물을 모니터링하여 문제 행위를 즉시 제재한다.

15. 에너지·유틸리티[55] [자동화 위험도 : 중간(60%)]

에너지·유틸리티 분야는 자동화 위험도가 60%이며, 3~5년 내 점진적이지만 구조적인 변화가 예상된다. 기후변화 대응과 탄소중립 목표가 전 세계적으로 확산되면서 AI가 에너지 전환의 핵심 동력이 되고 있다. 스마트그리드[56] 기술이 전력 공급과 수요를 실시간으로 최적화하고 있으며, AI가 날씨 예측, 전력 사용 패턴, 재생에너지 발전량을 종합 분석하여 전력망 안정성을 유지하면서도 효율성을 극대화하고 있다. 재생에너지 분야에서 AI의 역할이 특히 중요해지고 있다. 풍력발전에서는 AI가 기상 데이터를 분석하여 최적의 터빈 운전 조건을 결정하고, 태양광 발전에서는 일조량 예측과 패널 각도 조절을 자동화하여 발전 효율을 20% 이상 향상시키고 있다. 에너지 저장 시스템(ESS)에서도 AI가 배터리 충·방전 스케줄을 최적화하여 전력망 안정성을 확보하고 있으며, 전기차 충전 인프라와 연계하여 V2G 시스템[57]을 통해 분산형 에너지 자원을 효율적으로 관리하고 있다. 설비 관리 영역에서는 예측 유지보수가 핵심 혁신 요소가 되고 있다. AI가 발전소, 송배전 설비, 가스관 네트워크 등에 설치된 수만 개의 센서 데이터를 실시간으로 분석하여 고장 징후를 사전에 감지하고, 최적의 정비 시기를 예측하여 계획 정전을 최소화하고 있다. 또한 AI 기반 에너지 수요 예측 시스템이 기상 조건, 경제 활동, 인구 이동 패턴까지 고려하여 정확도 95% 이상의 수요 예측을 제공하고

---

55) 유틸리티(Utility) : 전기, 가스, 상하수도, 폐기물 처리 등 시민 생활에 필수적인 공공 서비스를 제공하는 공익사업. 보통 전력회사, 가스공사, 수도공사 등이 여기에 해당하며, 높은 공공성과 독점적 성격을 가지고 있어 정부의 규제를 받는다. 여기서처럼 에너지·유틸리티로 묶어서 표현할 때는 전력·가스 등 에너지 공급 사업과 함께 사회 기반시설 전반을 아우르는 개념으로 사용된다.

56) 스마트그리드(Smart Grid) : 기존 전력망에 정보통신기술(ICT)을 접목한 차세대 지능형 전력 시스템. 전력 공급자와 소비자가 양방향으로 실시간 정보를 주고받아 전력 수요와 공급을 효율적으로 관리한다. 태양광, 풍력 등 재생에너지의 불규칙한 발전량을 예측하고 조절하며, 정전을 자동으로 복구하고, 소비자가 전력 사용량을 실시간으로 확인하여 에너지를 절약할 수 있게 해준다.

57) V2G(Vehicle-to-Grid) 시스템 : 전기차의 배터리를 전력망과 양방향으로 연결하여 전력을 주고받는 시스템. 전력 수요가 높은 시간대에는 전기차 배터리에 저장된 전력을 전력망으로 되팔고, 수요가 낮을 때는 저렴한 전기로 충전한다. 이를 통해 전력망 안정성을 높이고, 전기차 소유자는 전력 판매 수익을 얻으며, 재생에너지의 간헐적 발전 문제도 해결할 수 있는 일석삼조의 효과를 낸다.

있으며, 이를 바탕으로 발전 계획과 연료 조달 전략을 최적화하고 있다. 스마트미터[58]와 IoT 기술의 확산으로 가정과 기업의 에너지 사용 패턴이 실시간으로 모니터링되고 있으며, AI가 개별 건물의 에너지 효율성을 분석하여 맞춤형 절약 방안을 제안하고 있다. 또한 블록체인 기술과 결합된 P2P 에너지 거래 플랫폼이 개인이 생산한 재생에너지를 이웃과 직접 거래할 수 있게 하여 에너지 민주화를 촉진하고 있다.

그러나 국가 차원의 에너지 정책 수립, 에너지 안보와 환경 보호의 균형점 찾기, 지역 사회와의 상생을 위한 에너지 시설 계획, 에너지 전환 과정에서의 사회적 갈등 해결에서는 여전히 인간의 전략적 사고와 소통 능력이 결정적 요인이 된다. 특히 원자력, 화석연료, 재생에너지 간의 복잡한 에너지 믹스 결정, 에너지 빈곤 해결을 위한 사회적 배려, 기후변화 대응을 위한 국제 협력 등에서는 기술적 분석을 넘어선 정치적, 사회적, 윤리적 판단이 필요하다. 에너지 산업 종사자들은 AI 기반 에너지 관리 시스템과 스마트그리드 기술을 이해하고 활용하는 능력을 기르는 동시에, 지속가능한 에너지 시스템 구축이라는 인류적 과제에 대한 사명감과 전문성을 발전시켜야 한다. 기술적 최적화와 사회적 수용성을 조화시키고, 에너지 전환이 가져올 경제적, 사회적 변화를 예측하고 대비하며, 미래 세대를 위한 깨끗하고 안전한 에너지 시스템을 설계하는 비전 있는 전문가로 성장하는 것이 중요하다.

16. 호텔·관광 [자동화 위험도 : 중간(58%)]

호텔·관광 분야는 자동화 위험도가 58%이며, 2~4년 내 대응이 필요한 분야다. 관광업에서의 디지털 전환이 가속화되면서 AI 기반 개인화 서비스

---

58) 스마트미터(Smart Meter) : 전력, 가스, 수도 사용량을 디지털로 측정하고 통신망을 통해 실시간으로 사용 데이터를 공급회사에 전송하는 지능형 계량기. 기존의 아날로그 계량기와 달리 사람이 직접 검침할 필요 없이 자동으로 사용량을 측정하고, 소비자는 스마트폰 앱으로 실시간 사용량과 요금을 확인할 수 있다. 시간대별 차등 요금제를 적용하여 에너지 절약을 유도하고, 정전이나 가스 누출 등 이상 상황을 즉시 감지하는 기능도 제공한다.

가 업계 표준이 되고 있다. 부킹닷컴, 익스피디아, 에어비앤비 같은 플랫폼들이 빅데이터와 머신러닝을 활용하여 고객의 과거 여행 이력, 검색 패턴, 소셜미디어 활동을 분석해 맞춤형 여행 상품을 추천하고 있으며, 동적 가격 책정 시스템이 수요 예측, 계절성, 이벤트 정보를 실시간으로 반영하여 최적의 요금을 제시하고 있다. 호텔에서는 모바일 앱 기반 무인 체크인·체크아웃이 보편화되고 있으며, AI 컨시어지 서비스[59]가 24시간 다국어로 고객 문의에 대응하고 있다. 힐튼의 코니, 메리어트의 챗봇 등이 객실 서비스 요청, 지역 정보 안내, 레스토랑 예약 등을 자동으로 처리하고 있으며, 음성 인식 AI가 객실 내 조명, 온도, 엔터테인먼트 시스템을 제어하여 개인화된 숙박 환경을 제공하고 있다. 청소와 룸서비스에서도 자율주행 로봇들이 린넨(침대 시트, 베개 커버 등 섬유 제품) 배송, 룸서비스 전달, 청소용품 보충을 자동화하고 있다. 관광 분야에서는 AI가 고객의 선호도, 예산, 일정을 분석하여 최적의 여행 코스를 자동으로 기획하고, 실시간 교통 상황과 날씨를 고려한 여행 일정 조정을 제안하고 있다. 증강현실·가상현실 기술과 결합된 가상 투어 서비스가 코로나19 이후 급성장하고 있으며, AI 가이드가 다국어로 역사적 정보와 문화적 배경을 실시간으로 설명하고 있다. 항공업계에서도 AI가 항공편 스케줄링, 승무원 배치, 연료 효율성 최적화, 승객 수요 예측을 통해 운영 효율성을 크게 향상시키고 있다. 수익 관리 영역에서는 AI가 과거 데이터와 시장 동향을 분석하여 객실 요금, 패키지 상품 가격을 실시간으로 최적화하고 있으며, 고객 세분화를 통해 타겟별 맞춤 프로모션을 자동으로 기획하고 실행하고 있다. 또한 고객 리뷰와 피드백을 자동으로 분석하여 서비스 개선점을 파악하고, 부정적 리뷰에 대한 자동 대응 시스템이 평판 관리를 지원하고 있다.

그러나 특별한 순간을 위한 맞춤형 서비스 기획, 문화적 감수성이 필요한

---

[59] AI 컨시어지(Concierge) 서비스 : 호텔이나 리조트에서 AI가 24시간 고객의 다양한 요청을 처리하는 서비스. 객실 예약, 레스토랑 추천, 관광지 안내, 택시 호출, 룸서비스 주문 등을 음성이나 채팅으로 즉시 대응하며, 고객의 취향과 과거 이용 기록을 학습하여 개인화된 맞춤 서비스를 제공한다.

해외 고객 응대, 예상치 못한 상황에서의 창의적 문제 해결, 지역 커뮤니티와 상생하는 지속가능한 관광 개발에서는 여전히 인간의 감성과 창의성이 대체할 수 없는 가치를 지닌다. 특히 럭셔리 호텔이나 프리미엄 여행 서비스에서는 고객과의 개인적 관계 구축, 예상을 뛰어넘는 서프라이즈 서비스, 지역 문화에 대한 깊이 있는 안내 등에서 인간 직원의 역할이 더욱 중요해지고 있다. 또한 관광이 지역 경제와 환경에 미치는 영향을 고려한 책임감 있는 관광 개발, 문화유산 보존과 관광 개발의 균형, 포스트 코로나 시대의 안전하고 의미 있는 여행 경험 설계 등에서도 인간의 통찰력과 윤리적 판단이 필요하다. 호텔·관광 산업 종사자들은 AI 기술을 활용한 운영 효율성 향상과 개인화 서비스 구현 능력을 기르는 동시에, 기술로는 대체할 수 없는 인간적 접촉과 감동적 경험 창출에 더욱 집중해야 한다. 데이터 분석을 통해 고객의 숨겨진 니즈를 발굴하고, 지역의 고유한 문화와 자연을 활용한 독특한 여행 경험을 기획하며, 지속가능하고 책임감 있는 관광 발전에 기여하는 전문가로 발전하는 것이 중요하다.

17. 화학 및 제약 [자동화 위험도 : 중간(55%)]

화학·제약 분야는 자동화 위험도가 55%이지만 특히나 새로운 기회 창출 가능성이 매우 높은 분야다. AI가 신약 개발 과정을 혁명적으로 변화시키고 있으며, 전통적으로 10~15년이 걸리던 신약 개발 기간을 5~7년으로 단축시키는 성과를 보이고 있다. 딥마인드의 알파폴드가 단백질 구조 예측 문제[60]를 해결한 것처럼, AI가 분자 레벨에서의 복잡한 상호작용을 예측하고 최적의 약물 후보 물질을 설계하고 있다. 로슈, 노바티스, 화이자 등 글로벌 제약 회사들이 AI 기반 신약 개발 플랫폼에 수십억 달러를 투자하고 있으며, 이

---

60) 단백질 구조 예측 : 단백질을 구성하는 아미노산 서열만으로 단백질이 3차원 공간에서 어떤 형태로 접힐지 (단백질 접힘, Protein Folding) 예측하는 것. 단백질은 긴 사슬 형태의 아미노산들이 복잡하게 접혀서 특정한 3차원 구조를 만들며, 이 구조가 단백질의 기능을 결정한다. 구글 딥마인드의 알파폴드(AlphaFold)가 이 50년간의 난제를 해결하여 신약 개발과 질병 치료에 혁신을 가져왔다.

미 여러 AI 설계 신약들이 임상시험에 진입하고 있다. AI 신약 개발 플랫폼들이 24시간 연중무휴로 가동되며 방대한 게놈 데이터, 단백질 구조 정보, 화합물 라이브러리를 분석하고 있다. 머신러닝 알고리즘이 기존 약물의 부작용 패턴을 학습하여 새로운 화합물의 독성을 사전에 예측하고, 가상 스크리닝을 통해 수백만 개의 화합물 중에서 유망한 후보 물질을 빠르게 선별하고 있다. 또한 AI가 환자 데이터와 유전 정보를 분석하여 개인 맞춤형 치료법을 제안하고, 임상시험 설계를 최적화하여 성공 확률을 높이고 있다. 화학 공정 최적화 영역에서도 AI가 혁신을 가져오고 있다. 디지털 트윈 기술이 화학 플랜트 전체를 가상으로 시뮬레이션하여 최적의 운전 조건을 찾아내고, 예측 유지보수 시스템이 장비 고장을 사전에 방지하여 안전성과 효율성을 동시에 향상시키고 있다. AI가 원료 투입량, 반응 온도, 압력 조건 등 수백 개의 변수를 실시간으로 조절하여 수율을 극대화하고 폐기물을 최소화하며, 품질 관리 시스템이 제품의 미세한 성분 변화까지 자동으로 감지하고 있다. 친환경 화학 기술 개발에서도 AI의 역할이 증대되고 있다. 지속가능한 화학 공정 설계, 바이오 기반 원료 개발, 플라스틱 재활용 기술 혁신 등에서 AI가 새로운 솔루션을 제시하고 있으며, 탄소 발자국을 최소화하는 그린 케미스트리 연구를 가속화하고 있다. 또한 AI가 복잡한 화학 반응 메커니즘을 분석하여 촉매 설계를 최적화하고, 에너지 효율적인 합성 경로를 발굴하고 있다.

그러나 혁신적인 연구 아이디어 발굴, 복잡한 화학적 현상에 대한 창의적 가설 수립, 새로운 치료 메커니즘 발견, 임상시험에서의 예상치 못한 결과 해석에서는 여전히 인간 연구자의 직관과 창의성이 없어서는 안 될 요소다. 특히 희귀질환 치료제 개발, 개인 맞춤형 의료를 위한 바이오마커[61] 발굴, 항암제 내성 극복을 위한 새로운 접근법 개발 등에서는 기존의 패러

---

61) 바이오마커(Biomarker) : 질병의 유무, 진행 상태, 치료 반응 등을 객관적으로 측정하고 평가할 수 있는 생물학적 지표이다. 혈액, 소변, 조직 등에서 발견되는 특정 단백질, 유전자, 대사물질 등이 해당되며, 질병의 조기 진단, 치료 효과 예측, 개인 맞춤형 치료법 선택에 활용된다. 유방암의 HER2 단백질이나 폐암의 EGFR 유전자 변이 등은 대표적인 바이오마커로, 환자별로 가장 효과적인 치료법을 선택하는 정밀의료의 핵심 요소이기도 하다.

다임을 뛰어넘는 혁신적 사고가 필요하다. 또한 신약의 안전성과 윤리성 평가, 환자와 사회에 미칠 영향 고려, 의료 접근성과 경제성의 균형점 찾기 등에서도 인간의 윤리적 판단과 사회적 책임감이 필수적이다. 화학·제약 산업 종사자들은 AI 기반 연구 도구들을 마스터하여 연구 효율성을 극대화하되, 인간만이 할 수 있는 창의적 발견과 혁신적 문제 해결에 더욱 집중해야 한다. 전통적인 실험 중심의 연구개발이 AI 기반 예측과 시뮬레이션 중심으로 전환되는 과정에서, 데이터 사이언스 역량과 화학·생물학적 전문지식을 결합하는 능력이 핵심 경쟁력이 될 것이다. 또한 AI가 제시하는 가설과 예측을 비판적으로 검증하고, 인간의 건강과 웰빙에 기여하는 혁신적 솔루션을 개발하는 사명감 있는 연구자로 발전하는 것이 중요하다.

18. 통신과 네트워크 [자동화 위험도 : 중간(55%)]

통신·네트워크 분야는 자동화 위험도가 55%이며, 2~4년 내 대응이 필요한 분야다. 5G 상용화와 6G 연구개발이 가속화되면서 네트워크 인프라가 단순한 데이터 전송 통로에서 지능형 서비스 플랫폼으로 진화하고 있다. AI 기반 네트워크 최적화 시스템이 실시간 트래픽 패턴을 분석하여 대역폭을 동적으로 할당하고, 네트워크 혼잡을 예측하여 사전에 경로를 재조정하며, 장애 발생 시 자동으로 우회 경로를 설정하여 서비스 중단을 최소화하고 있다. 엣지 컴퓨팅[62]의 확산으로 AI가 네트워크 가장자리에서 실시간 데이터 처리와 의사결정을 수행하고 있으며, 이는 자율주행차, IoT 디바이스, 증강현실·가상현실 서비스 등 '초저지연이 요구되는 애플리케이션'[63]의 핵심 인프라가

---

62) 엣지 컴퓨팅(Edge Computing) : 데이터가 생성되는 현장(가장자리, Edge) 근처에서 직접 처리하는 컴퓨팅 방식. 모든 데이터를 중앙 서버나 클라우드로 보내지 않고 스마트폰, IoT 기기, 기지국 등에서 즉시 처리하여 지연시간을 최소화한다. 자율주행차의 실시간 판단, AR/VR의 즉각적 반응, 공장의 실시간 품질 관리 등 초저지연이 요구되는 서비스에 필수적인 기술이다.
63) 초저지연이 요구되는 애플리케이션 : 1밀리초(0.001초) 이하의 극도로 빠른 응답 속도가 필수적인 서비스들. 자율주행차의 긴급 제동 판단, 원격 수술용 로봇 조작, AR/VR의 현실감 있는 상호작용, 온라인 게임의 실시간 대전, 산업용 로봇의 정밀 제어 등이 대표적이며, 지연시간이 조금이라도 길어지면 안전사고나 서비스 품질 저하가 발생할 수 있다.

되고 있다. 네트워크 슬라이싱 기술[64]이 하나의 물리적 네트워크를 여러 개의 가상 네트워크로 분할하여 각 서비스의 요구사항에 최적화된 전용 네트워크를 제공하고 있으며, AI가 이러한 슬라이스들의 자원 할당과 성능을 자동으로 관리하고 있다. 네트워크 보안 영역에서도 AI의 역할이 급속히 확대되고 있다. 머신러닝 기반 침입 탐지 시스템이 정상적인 네트워크 트래픽 패턴을 학습하여 이상 행위를 실시간으로 감지하고, 디도스 공격[65]을 자동으로 차단하며, 제로데이 공격[66] 같은 새로운 위협에도 적응적으로 대응하고 있다. 또한 AI가 네트워크 설비의 성능을 지속적으로 모니터링하여 고장 징후를 사전에 감지하고, 예측 유지보수를 통해 네트워크 안정성을 크게 향상시키고 있다. 클라우드 네이티브 환경[67]에서는 소프트웨어 정의 네트워크(SDN)[68]와 네트워크 기능 가상화(NFV) 기술[69]이 네트워크 운영을 소프트웨어 중심으로 전환시키고 있으며, AI가 이러한 가상화된 네트워크 기능들을 자동으로 배치, 확장, 최적화하고 있다. 5G 코어 네트워크에서는 AI가 서비스별 품질 요구사항을 분석하여 네트워크 자원을 동적으로 할당하고, 사

---

[64] 네트워크 슬라이싱 기술(Network Slicing) : 하나의 물리적 5G 네트워크를 여러 개의 독립적인 가상 네트워크(슬라이스)로 분할하는 기술. 각 슬라이스는 서로 다른 서비스 요구사항에 맞춰 최적화되어, 자율주행차용은 초저지연으로, IoT용은 저전력으로, 일반 스마트폰용은 고속 데이터 전송으로 각각 다르게 설정할 수 있다. 마치 하나의 고속도로를 용도별로 여러 차선으로 나누는 것과 같은 개념이다.

[65] 디도스(DDoS) 공격 : Distributed Denial of Service Attack의 줄임말로, 수많은 컴퓨터나 기기를 동원해 특정 서버나 웹사이트에 동시에 접속 요청을 보내 서비스를 마비시키는 사이버 공격. 한 번에 수만 명이 한 식당에 몰려들어 정상 고객이 이용할 수 없게 만드는 것과 같은 원리다.

[66] 제로데이 공격(Zero-day Attack) : 소프트웨어의 보안 취약점이 발견되었지만 아직 보안 패치가 나오지 않은 상태(제로데이)를 노린 해킹 공격. 개발사도 모르는 새로운 취약점을 이용하기 때문에 기존 백신이나 방화벽으로는 막기 어려워 매우 위험한 공격 방식으로 여겨진다.

[67] 클라우드 네이티브 환경(Cloud Native Environment) : 처음부터 클라우드에서 운영되도록 설계된 애플리케이션과 인프라 환경. 컨테이너, 마이크로서비스, 자동 확장 등의 기술을 활용하여 빠른 배포와 유연한 운영이 가능하다.

[68] 소프트웨어 정의 네트워크(SDN, Software-Defined Networking) : 네트워크 장비의 제어 기능을 소프트웨어로 분리하여 중앙에서 통합 관리하는 기술. 하드웨어 교체 없이 소프트웨어만으로 네트워크 설정을 변경할 수 있어 유연성과 효율성이 크게 향상된다.

[69] 네트워크 기능 가상화(NFV, Network Functions Virtualization) : 전용 하드웨어에서 돌아가던 방화벽, 라우터, 로드밸런서 등의 네트워크 기능을 일반 서버의 소프트웨어로 대체하는 기술. 비용 절감과 빠른 서비스 배포가 가능하다.

용자 이동 패턴을 예측하여 핸드오버 성능[70]을 최적화하고 있다.

그러나 국가적 차원의 통신 인프라 전략 수립, 새로운 무선 기술 표준 개발, 복잡한 네트워크 아키텍처 설계, 통신 서비스의 사회적 가치 창출에서는 여전히 인간의 창의적 사고와 전략적 판단이 성패를 좌우한다. 특히 6G 연구개발에서는 홀로그램 통신, 뇌-컴퓨터 인터페이스, 초실감 메타버스[71] 등 미래 서비스에 대한 비전 제시와 기술적 로드맵 설계에서 인간의 상상력과 혁신적 사고가 필수적이다. 또한 통신 인프라의 보안과 프라이버시 보호, 디지털 격차 해소, 지속가능한 네트워크 구축 등에서도 기술적 고려를 넘어선 사회적 책임과 윤리적 판단이 요구된다. 통신 산업 종사자들은 AI 기반 네트워크 관리 도구들을 마스터하고, 5G/6G 기술의 핵심 원리를 이해하며, 엣지 컴퓨팅과 클라우드 네이티브 기술에 대한 전문성을 갖춰야 한다. 동시에 네트워크가 사회 전반의 디지털 전환을 뒷받침하는 핵심 인프라라는 인식 하에, 기술적 우수성과 사회적 가치를 조화시키는 전문가로 발전해야 한다. 특히 다양한 산업과 서비스의 디지털화 요구사항을 이해하고, 이를 네트워크 기술로 구현할 수 있는 융합적 사고력과 소통 능력이 핵심 경쟁력이 될 것이다.

19. 농업과 식품 [자동화 위험도 : 중간(54%)]

농업·식품 분야는 자동화 위험도가 54%이며, 3~6년 내 대응이 필요한 분야로 스마트 농업 기술이 전통적인 경험 중심 농업을 데이터 기반 정밀 농업으로 혁신하고 있다. 드론과 위성을 활용한 원격 감시 시스템이 대규모 농지의 작물 상태를 실시간으로 모니터링하고 있으며, 다중분광 카메

---

70) 핸드오버 성능 : 이동 중인 사용자가 한 기지국에서 다른 기지국으로 연결이 전환될 때의 끊김 없는 통화 품질과 속도. 5G에서는 AI가 사용자 이동 패턴을 예측하여 핸드오버를 미리 준비해 성능을 최적화한다.
71) 초실감 메타버스(Ultra-realistic Metaverse) : 6G 시대에 구현될 것으로 예상되는 차세대 가상현실 서비스. 현재 메타버스보다 훨씬 정교한 촉각, 후각, 미각까지 재현하여 가상 공간에서도 실제와 구분하기 어려운 몰입감을 제공한다. 홀로그램 기술과 결합되어 물리적 공간에 가상 객체가 실제처럼 나타나며, 뇌-컴퓨터 인터페이스를 통해 생각만으로도 가상 환경을 조작할 수 있게 될 것으로 전망된다.

라[72]와 열화상 센서[73]가 식물의 건강 상태, 수분 스트레스, 영양 결핍을 정밀하게 진단하고 있다. AI 기반 병충해 예측 시스템이 기상 데이터, 토양 조건, 과거 발생 이력을 종합 분석하여 병충해 발생을 사전에 예측하고 최적의 방제 시기를 제안하고 있다. 스마트팜 기술이 시설원예를 중심으로 빠르게 확산되고 있으며, IoT 센서들이 온도, 습도, 조도, CO_2 농도, 토양 수분을 실시간으로 측정하여 작물 생육에 최적한 환경을 자동으로 조성하고 있다. 수직농장에서는 LED 조명의 스펙트럼과 조사(照射) 시간을 AI가 작물별로 최적화하여 에너지 효율성을 높이면서도 생산성을 극대화하고 있으며, 양액 공급 시스템이 작물의 생육 단계에 맞춰 영양분 농도를 정밀하게 조절하고 있다. 농기계 자동화 분야에서는 자율주행 트랙터와 콤바인이 GPS와 컴퓨터 비전을 활용하여 무인으로 파종, 방제, 수확 작업을 수행하고 있으며, 농작업의 정밀도와 효율성을 크게 향상시키고 있다. 로봇 기술의 발전으로 딸기, 토마토, 사과 등의 수확 로봇이 실용화되고 있으며, 머신러닝 알고리즘이 과실의 성숙도를 판별하여 최적의 수확 시기를 결정하고 있다. 또한 잡초 제거 로봇이 컴퓨터 비전으로 작물과 잡초를 구분하여 선택적으로 제거하여 제초제 사용량을 줄이고 있다. 축산업에서도 AI 기술 도입이 활발해지고 있다. 개체별 건강 모니터링 시스템이 소, 돼지, 닭의 행동 패턴과 생체 신호를 분석하여 질병을 조기에 발견하고, 사료 급여량을 개체별로 최적화하여 생산성을 향상시키고 있다. 유제품 생산에서는 AI가 우유의 품질과 성분을 실시간으로 분석하여 등급을 자동으로 판정하고, 착유(젖짜기) 스케

---

72) 다중분광 카메라(Multispectral Camera) : 인간의 눈으로는 볼 수 없는 다양한 파장대의 빛을 동시에 촬영할 수 있는 특수 카메라이다. 일반 카메라가 가시광선(적색, 녹색, 청색)만 감지하는 것과 달리, 근적외선, 원적외선 등 여러 스펙트럼 영역을 포착하여 식물의 엽록소 함량, 수분 상태, 영양 결핍 등을 정밀하게 분석할 수 있다. 농업에서는 작물의 생육 상태를 객관적으로 진단하고 수확량을 예측하는 데 활용된다.

73) 열화상 센서(Thermal Sensor) : 물체에서 방출되는 적외선 복사열을 감지하여 온도 분포를 영상으로 나타내는 센서이다. 식물의 경우 수분 스트레스나 질병이 있으면 잎의 온도가 변화하므로, 열화상 센서를 통해 육안으로 확인하기 어려운 초기 스트레스 상태나 병해를 조기에 발견할 수 있다. 농업용 드론에 장착되어 대규모 농지의 작물 건강 상태를 실시간으로 모니터링하는 데 사용된다.

줄을 최적화하고 있다. 식품 가공 및 유통 분야에서는 AI 품질 관리 시스템이 원료부터 완제품까지 전 과정의 품질을 자동으로 검사하고, 이물질 검출과 중량 선별을 정밀하게 수행하고 있다. 콜드체인[74] 관리 시스템이 온도와 습도를 실시간으로 모니터링하여 신선도를 유지하고, 블록체인 기술과 결합하여 식품의 원산지부터 소비자까지의 이력을 투명하게 추적하고 있다.

그러나 지역별 토양과 기후 특성을 고려한 맞춤형 재배법 개발, 소비자 취향 변화에 대응한 새로운 품종 육성, 지속가능한 농업 생태계 구축, 농촌 공동체 발전과 전통 농업 문화 보존에서는 여전히 인간의 경험과 지혜, 창의적 사고가 필수적이다. 특히 기후변화에 적응하는 새로운 농법 개발, 생물다양성 보전과 생산성 향상의 균형점 찾기, 농업의 환경적 지속가능성 확보 등에서는 과학적 지식과 생태학적 통찰력을 결합한 종합적 접근이 필요하다. 또한 농산물의 부가가치 창출, 농촌 관광과 체험농업 기획, 지역 푸드시스템 구축 등에서도 인간의 창의성과 사회적 이해력이 중요하다. 농업 종사자들은 스마트팜 기술과 데이터 기반 농업 관리 도구들을 익히고, IoT 센서와 드론 활용법을 습득해야 하지만, 더 중요한 것은 이러한 기술들을 지역의 농업 환경과 시장 상황에 맞게 적용하고 최적화하는 능력이다. 전통적인 농업 지식과 현대적인 디지털 기술을 조화시켜 지속가능하고 수익성 있는 농업 모델을 구축하고, 농업이 환경 보전과 농촌 발전에 기여할 수 있는 방안을 모색하는 혁신적 농업인으로 발전하는 것이 핵심이다.

20. 기타 서비스업 [자동화 위험도 : 중간(50%)]

기타 서비스업은 자동화 위험도가 50%이며, 2~5년 내 대응이 필요한 분야로 미용, 청소, 보안, 수리, 개인 서비스 등 다양한 분야에서 각각의 특성

---

[74] 콜드체인(Cold Chain) : 식품이나 의약품 등 온도에 민감한 제품을 생산지에서 소비자까지 전달하는 전 과정에서 적정 저온을 유지하는 유통 시스템이다. 냉장·냉동 창고, 냉장 운송차량, 냉장 진열대 등을 통해 생산, 저장, 운송, 판매의 모든 단계에서 끊어지지 않는 저온 물류 체계를 구축한다. 신선 농산물, 냉동식품, 백신 등의 품질과 안전성을 보장하며, 온도 이탈 시 즉시 알림을 제공하여 식품 안전사고를 예방하는 핵심 시스템이다.

에 맞는 AI 활용이 이루어지고 있다. 이들 산업은 공통적으로 인간과의 직접적 접촉과 개인화된 서비스가 핵심 가치이지만, 운영 효율성과 서비스 품질 향상을 위해 점진적으로 AI 기술을 도입하고 있다. 미용 서비스 분야에서는 AI가 고객의 얼굴형, 피부 타입, 헤어 텍스처를 분석하여 최적의 헤어 스타일과 메이크업을 제안하고 있으며, AR 기술과 결합하여 시술 전 가상 체험이 가능해지고 있다. 스킨케어 분야에서는 AI 피부 진단 시스템이 모공, 주름, 색소침착을 정밀하게 분석하여 개인 맞춤형 관리 프로그램을 제공하고 있으며, 고객의 생활 패턴과 환경 요인까지 고려한 종합적 케어 솔루션을 제시하고 있다. 예약 관리와 고객 관계 관리도 AI 챗봇과 자동화 시스템으로 효율화되고 있다. 청소 서비스 분야에서는 로봇 청소기의 발전과 함께 상업용 청소 로봇들이 사무실, 쇼핑몰, 병원 등에서 활용되고 있다. AI가 건물의 구조와 사용 패턴을 학습하여 최적의 청소 경로와 스케줄을 수립하고, 센서 기술이 오염도를 실시간으로 측정하여 필요에 따라 집중 청소를 실행하고 있다. 또한 IoT 기반 모니터링 시스템이 청소 작업의 품질을 자동으로 평가하고, 고객에게 실시간 서비스 현황을 제공하고 있다. 보안 서비스에서는 AI 기반 영상 분석 시스템이 CCTV 영상을 실시간으로 모니터링하여 이상 행동을 자동으로 탐지하고, 얼굴 인식과 행동 패턴 분석을 통해 보안 위험을 사전에 예측하고 있다. 무인 경비 시스템이 출입 통제, 순찰, 화재 및 침입 감지를 자동화하고 있으며, 드론을 활용한 광역 감시와 로봇 경비원이 현실화되고 있다. 사이버 보안 분야에서도 AI가 네트워크 트래픽을 분석하여 해킹 시도를 실시간으로 차단하고 있다. 수리 및 유지보수 서비스에서는 AI 진단 시스템이 장비의 고장 원인을 자동으로 파악하고 최적의 수리 방법을 제안하고 있다. 예측 유지보수 기술이 장비의 센서 데이터를 분석하여 고장을 사전에 예측하고, AR 기술이 수리 작업자에게 실시간 가이드를 제공하여 작업 효율성과 정확성을 향상시키고 있다. 또한 모바일 앱과 IoT 센서의 결합으로 원격 진단과 예약 서비스가 자동화되고 있다. 개인 서비스 분야에서는 AI 개인 비서가 일정 관리, 여행 계획, 쇼핑 추천 등을 자동화하고 있으며, 웨어러블 디바이스와 연동하여 건강 관리와 라이프스타일 최적화를 지원하고 있다. 펜션이나 민박 운영에서는 AI가 수요 예측과 가격 최적화를 담당하고, 무인 체크인 시스템과 스마트 홈 기술이 운영 효율성을 높이고 있다.

그러나 이들 서비스업의 핵심 가치인 인간적 접촉, 감정적 케어, 개별적 요구사항에 대한 창의적 대응에서는 여전히 인간의 역할이 대체 불가능하다. 특히 고객의 미묘한 감정 변화를 읽어내고 적절히 대응하는 능력, 예상치 못한 상황에서의 유연한 문제 해결, 지역 문화와 고객 특성을 고려한 맞춤형 서비스 제공 등에서는 인간의 직관과 경험이 핵심이다. 또한 서비스업이 지역 경제와 공동체에 미치는 사회적 영향을 고려하고, 지속가능하고 윤리적인 서비스 모델을 구축하는 데도 인간의 가치 판단과 사회적 책임감이 필요하다. 기타 서비스업 종사자들은 각자의 전문 분야에서 AI 도구들을 효과적으로 활용하여 운영 효율성과 서비스 품질을 높이는 동시에, 기술로는 대체할 수 없는 인간만의 감성과 창의성을 더욱 강화해야 한다. 고객과의 진정한 관계 구축, 지역 사회에 기여하는 의미 있는 서비스 제공, 개인의 성장과 행복에 기여하는 가치 창출 등에 집중하여 AI 시대에도 지속가능한 서비스업 모델을 구축하는 것이 중요하다.

21. 건설과 부동산 [자동화 위험도 : 중간(50%)]

건설·부동산 분야는 자동화 위험도가 50%이며, 3~6년 내 점진적 변화가 예상되는 분야다. 전통적으로 아날로그적 특성이 강했던 건설업이 디지털 전환의 물결을 타고 스마트 건설로 진화하고 있다. BIM[75] 기술이 설계부

---

75) BIM(Building Information Modeling, 건축정보모델링) : 건축물의 설계부터 시공, 유지관리까지 전 생애주기에 걸쳐 모든 정보를 3차원 디지털 모델로 통합 관리하는 기술. 건물의 구조, 설비, 자재, 공사 일정, 비용 등의 정보가 3D 모델에 연결되어 설계 변경 시 자동으로 업데이트되며, 시공 전에 가상으로 건물을 완성해

터 시공, 유지관리까지 건축물의 전 생애주기를 디지털로 통합 관리하고 있으며, AI가 BIM 데이터를 분석하여 최적의 설계안을 제안하고 시공 과정의 효율성을 극대화하고 있다. 3D 프린팅 기술의 발전으로 건축 자재와 구조물의 자동 생산이 현실화되고 있으며, 대형 3D 프린터가 콘크리트 구조물을 직접 출력하여 건설 기간을 단축하고 폐기물을 줄이고 있다. 건설 현장에서는 자율주행 덤프트럭과 굴삭기가 토목공사를 자동화하고 있으며, 드론이 현장 측량과 진도 관리를 담당하여 정확성과 안전성을 향상시키고 있다. AI 기반 품질 관리 시스템이 컴퓨터 비전으로 시공 품질을 실시간 검사하고, 구조적 결함이나 안전 위험을 자동으로 감지하고 있다. 스마트 빌딩 기술이 건축물의 에너지 효율성과 거주자 편의성을 크게 향상시키고 있다. IoT 센서와 AI 제어 시스템이 조명, 공조, 보안, 엘리베이터 등을 지능적으로 관리하여 에너지 소비를 최적화하고, 거주자의 행동 패턴을 학습하여 개인화된 환경을 제공하고 있다. 예측 유지보수 시스템이 건물 설비의 상태를 지속적으로 모니터링하여 고장을 사전에 예방하고, 유지비용을 절감하고 있다. 부동산 분야에서는 AI가 빅데이터 분석을 통해 부동산 가격을 예측하고, 투자 가치가 높은 지역과 물건을 선별하고 있다. 가상현실 기술이 원격 부동산 투어를 가능하게 하고, AI 추천 시스템이 고객의 조건과 선호도에 맞는 맞춤형 매물을 제안하고 있다. 또한 블록체인 기술이 부동산 거래의 투명성과 신뢰성을 높이고, 스마트 계약으로 거래 과정을 자동화하고 있다. 프로젝트 관리 영역에서는 또 다른 BIM[76] 시스템을 통해 AI가 과거 프로젝트 데이터를 분석하여 공기(工期)와 예산을 정확하게 예측하고, 리스크 요인을 사전에 식별하여 대응 방안을 제시하고 있다. 또한 공급망 관리 시스템이 자재

문제점을 미리 발견하고 수정할 수 있다.
[76] BIM 시스템(Building Information Management) : BIM의 또 다른 해석으로, 건축물의 모든 정보를 체계적으로 관리하는 프로세스를 강조하는 개념. 3D 모델링(Modeling)을 넘어 건설 프로젝트의 전체 데이터와 정보를 통합적으로 관리(Management)하여 의사결정을 지원하고 프로젝트 효율성을 극대화하는 것에 중점을 둔다. 설계 정보뿐만 아니라 일정, 비용, 자재, 인력, 품질 데이터까지 포함하는 종합적 정보 관리 시스템이다.

수급 상황을 실시간으로 모니터링하여 최적의 조달 전략을 수립하고, 현장 안전 관리 시스템이 작업자의 위험 행동을 감지하여 사고를 예방하고 있다.

그러나 혁신적인 건축 디자인과 공간 기획, 지역 문화와 환경을 고려한 맞춤형 설계, 복잡한 이해관계자들 간의 조율과 협상, 도시 계획과 지역 개발의 사회적 영향 평가에서는 여전히 인간의 창의성과 판단력이 중심축 역할을 한다. 건축이 단순한 구조물을 넘어 사람의 삶과 커뮤니티에 미치는 영향을 고려할 때, 인간 중심적 사고와 사회적 가치에 대한 이해가 더욱 중요해지고 있다. 특히 지속가능한 건축, 친환경 건설, 스마트시티 구축, 고령화 사회에 대응하는 주거 환경 조성 등에서는 기술적 구현을 넘어선 사회적 비전과 철학이 필요하다. 건설·부동산 업계 종사자들은 두 종류의 BIM, IoT, AI 등 디지털 기술에 대한 이해를 높이고 활용 능력을 기르는 동시에, 물리적 공간이 인간의 삶에 미치는 영향을 깊이 이해하고 의미 있는 공간을 창조하는 능력을 발전시켜야 한다. 기술적 혁신과 인간적 가치를 조화시키고, 지속가능하고 포용적인 건설 환경을 구축하는 전문가로 성장하는 것이 중요하다. 특히 기후변화 대응, 에너지 효율성 향상, 사회적 약자를 배려하는 유니버설 디자인[77] 등 새로운 가치를 구현하는 건설 전문가로 발전하는 것이 미래 경쟁력 확보의 핵심이 될 것이다.

22. 공공행정과 지방정부 [자동화 위험도 : 중간(45%)]

공공행정·지방정부 분야는 자동화 위험도가 45%이며, 2~5년 내 대응이 필요한 분야다. 디지털 정부 구축과 행정 효율성 향상을 위해 AI 기술 도입이 확산되고 있지만, 공공성과 신중함을 요구하는 특성상 점진적이고 신중한 접근이 이루어지고 있다. 민원 처리 자동화가 가장 활발하게 진행되고 있

---

77) 유니버설 디자인(Universal Design) : 나이, 성별, 장애 여부에 관계없이 모든 사람이 편리하게 사용할 수 있도록 설계하는 개념. 휠체어 사용자를 위한 경사로가 유모차나 캐리어를 끄는 사람에게도 편리하고, 시각장애인을 위한 점자 표시가 어둠 속에서 일반인에게도 도움이 되는 것처럼, 특정 집단만을 위한 설계가 아닌 모든 사용자에게 혜택을 주는 포용적 설계 철학이다.

으며, 챗봇과 AI 상담 시스템이 24시간 시민 문의에 대응하고, 민원 서류의 자동 분류와 처리 과정 안내를 담당하고 있다. 전자정부 시스템에서는 AI가 복잡한 행정 절차를 간소화하고 있다. 건축 허가, 사업자 등록, 각종 신고 업무에서 AI가 서류 검토와 기초 심사를 자동화하여 처리 시간을 대폭 단축시키고 있으며, 시민들이 필요한 서류와 절차를 쉽게 파악할 수 있도록 맞춤형 안내 서비스를 제공하고 있다. 또한 AI가 유사한 민원 사례를 분석하여 일관성 있는 행정 처분을 지원하고, 민원인의 만족도를 실시간으로 모니터링하여 서비스 품질을 개선하고 있다. 데이터 기반 정책 수립 분야에서 AI의 역할이 확대되고 있다. 빅데이터 분석을 통해 교통 패턴, 인구 이동, 경제 동향을 실시간으로 파악하고, 정책 효과를 시뮬레이션하여 최적의 정책 대안을 제시하고 있다. 스마트시티 구축에서는 AI가 도시 인프라를 통합 관리하여 교통 신호 최적화, 에너지 효율성 향상, 공공 안전 강화를 실현하고 있으며, 시민들의 삶의 질 향상을 위한 데이터 기반 의사결정을 지원하고 있다. 세무 행정과 사회보장 업무에서도 AI 활용이 늘어나고 있다. 세무 조사 대상 선정, 탈세 의심 거래 탐지, 사회보장 급여의 부정 수급 방지 등에서 머신러닝 알고리즘이 위험도를 자동으로 평가하고 있으며, 대량의 행정 데이터를 분석하여 정책 사각지대를 발굴하고 맞춤형 복지 서비스를 제안하고 있다. 또한 AI가 예산 집행 패턴을 분석하여 재정 운용의 효율성을 높이고, 장기 재정 계획 수립을 지원하고 있다. 재난 관리와 위기 대응에서도 AI 기술이 중요한 역할을 하고 있다. 기상 데이터, 지진 감시 정보, 홍수 위험도 등을 실시간으로 분석하여 자연재해를 조기에 예측하고, 대피 경로 최적화와 응급 자원 배치를 자동화하고 있다. 코로나19 팬데믹 대응에서는 AI가 확진자 동선 추적, 백신 접종 계획 수립, 방역 정책 효과 분석 등에 활용되어 과학적이고 효율적인 방역 체계 구축에 기여했다.

그러나 복잡한 정책 결정, 시민들 간의 이해관계 조정, 정치적 판단이 필요한 사안, 윤리적 딜레마가 있는 행정 처분에서는 여전히 인간 공무원의 역할이 절대적으로 요구된다. 공공 서비스의 본질은 시민의 복리 증진과 사회적 가치 실현에 있으므로, 기술적 효율성뿐만 아니라 형평성, 투명성, 책임성을 보장하는 데는 인간의 가치 판단과 민주적 절차가 필수적이다. 특히 사회적 약자 보호, 지역 간 균형 발전, 미래 세대를 위한 지속가능한 정책 수립 등에서는 인간의 공공성에 대한 이해와 사회적 책임감이 중요하다. 또한 AI 기술 자체의 편향성과 한계를 인식하고, 알고리즘의 투명성을 확보하며, 시민의 개인정보를 보호하고 디지털 격차를 해소하는 것도 공공행정의 새로운 과제가 되고 있다. 시민 참여와 소통을 통한 민주적 거버넌스 구축, 지역 특성을 반영한 맞춤형 행정 서비스 설계, 급변하는 사회 환경에 대응하는 유연하고 혁신적인 정책 개발 등에서도 인간의 창의성과 소통 능력이 필요하다. 공공행정 종사자들은 디지털 기술을 활용한 행정 효율성 향상과 데이터 기반 정책 수립 능력을 기르는 동시에, 공공 가치와 민주주의 원칙을 구현하는 전문가로 발전해야 한다. 기술적 혁신과 인간적 가치를 조화시키고, 모든 시민이 혜택을 누릴 수 있는 포용적 행정 서비스를 구축하며, 미래 사회 변화에 선제적으로 대응할 수 있는 정책 전문가로 성장하는 것이 중요하다.

23. 보안·치안·국방 [자동화 위험도 : 중간(45%)]

이 분야는 자동화 위험도가 45%이며, 2년 내 대응이 필요한 분야로 새로운 기회 창출 가능성이 높다. 시민 안전과 사회 질서 유지라는 중대한 책임을 지고 있는 특수한 분야라서 기술 도입이 신중하게 이루어지고 있지만, AI와 첨단 기술의 활용이 빠르게 확산되고 있다. 사이버 보안 영역에서는 AI가 네트워크 트래픽을 실시간으로 분석하여 해킹 시도를 자동으로 탐지하고 차단하고 있으며, 머신러닝 알고리즘이 정상적인 사용자 행동 패턴을 학습하여 이상 행위를 즉시 감지하고 있다. 지능형 방화벽이 새로운 형태의 사이버 공격을 실시간으로 학습하고 대응하며, AI가 악성코드의 변종을 자동으로 탐지하고 백신을 업데이트하고 있다. 반면 해커들도 AI를 활용한 지능형 지속 위협(APT)을 개발하고 있어, 사이버 보안은 AI 대 AI의 경쟁 구도로 발전하고 있다. 물리적 보안과 치안 분야에서는 AI 기반 영상 분석 시스템이 CCTV 네트워크를 통해 대규모 지역을 실시간 모니터링하고 있다. 얼굴 인식, 행동 패턴 분석, 객체 탐지 기술이 결합되어 수상한 행동, 무단 침입, 폭력 상황을 자동으로 감지하고 관제센터에 즉시 알림을 전송하고 있다. 공항, 지하철, 주요 시설에서는 AI가 승객의 행동을 분석하여 위험 상황이나 안전사고 가능성을 사전에 예측하고 있으며, 열화상 카메라와 연동하여 발열자를 자동으로 선별하는 방역 시스템도 구축되어 있다. 스마트 폴리싱 시스템이 경찰 업무의 효율성을 크게 향상시키고 있다. AI가 과거 범죄 데이터, 시간대별 패턴, 지역 특성을 분석하여 범죄 발생 가능성이 높은 지역과 시간을 예측하고, 경찰 순찰 경로와 배치를 최적화하고 있다. 또한 실종자 수색에서는 AI가 방대한 CCTV 영상을 빠르게 분석하여 실종자의 이동 경로를 추적하고, 음성 인식 기술이 112 신고 접수를 자동화하여 응답 속도를 높이고 있다. 국경 관리와 출입국 관리에서도 AI 기술이 핵심 역할을 하고 있다. 자동 출입국 심사대에서 얼굴 인식과 지문 인증이 동시에 이루어지고, AI가 여행객의 입국 목적과 체류 계획을 분석하여 위험도를 평가하고 있다. 화물 검색에서는 X-ray 영상을 AI가 분석하여 밀수품이나 위험물을 자동으로 탐지하고, 컨테이너 물류의 이상 패턴을 감지하여 불법 거래를 차단하고 있다. 정보 분석과 수사 지원에서도 AI의 역할이 확대되고 있다. 빅데이터 분석을 통해 조직 범죄의 활동 패턴을 파악하고, 소셜미디어와 통신 데이터를 분석하여 위험 징후를 조기에 감지하며, 다국어 자동 번역과 자연어 처리를 통해 국제 수사 정보를 실시간으로 분석하고 있다. 또한 AI가 가짜뉴스와 허위정보를 탐지하여 사회 혼란을 방지하고, 디지털 포렌식에서 삭제된 데이터 복구와 증거 분석을 지원하고 있다. 민간 보안 업계에서도 AI 기술 도입이 활발하다. 스마트 빌딩의 통합 보안 시스템이 출입 통제, 침입 탐지, 화재 감지를 자동화하고 있으며, AI가 직원들의 평상시 행동 패턴을 학습하여 내부자 위협을 사전에 감지하고 있다. 금융기관에서는 AI가 ATM 거래 패턴을 분석하여 카드 복제나 보이스 피싱을 실시간으로 차단하고, 이상 거래를 자동으로 신고하는 시스템이 구축되어 있다.

그러나 수사 전략 수립, 복잡한 범죄 수사에서의 직관적 판단, 시민의 자유와 보안의 균형점 찾기, 법 집행에서의 윤리적 고려에서는 여전히 인간의 판단력과 책임감이 절대적으로 필요하다. 특히 중대 범죄 수사, 인권 보호와 수사권 행사의 조화, 지역사회와의 소통과 신뢰 구축, 법정에서의 증거 제시와 변론 등에서는 인간의 가치 판단과 전문성이 필수적이다. 감시 기술의 남용 방지, 개인정보 보호와 치안 확보의 조화, AI 편향성 방지 등도 새로운 과제로 부상하고 있다. 보안·치안 분야 종사자들은 첨단 AI 기술과 사이버 보안 도구들을 마스터하고 활용하는 능력을 기르는 동시에, 시민 안전과 사회 질서 유지라는 사명감과 전문성을 바탕으로 한 통찰력을 발전시켜야 한다. 기술적 우위를 확보하되 인권과 법치주의 원칙을 준수하고, 급변하는 치안 환경에 적응할 수 있는 유연하고 창의적인 대응 능력을 갖춘 전문가로 성장하는 것이 중요하다. 특히 새로운 형태의 범죄와 위협에 대응하기 위한 혁신적 수사 기법 개발과 지역사회와의 협력 체계 구축에서 인간의 리더십과 소통 능력이 핵심 역할을 할 것이다.

24. 의료와 헬스케어 [자동화 위험도 : 중간(45%)]

의료·헬스케어 분야는 자동화 위험도가 45%로 상대적으로 낮지만, 새로운 기회 창출 가능성이 매우 높은 영역이다. 이 분야에서 AI 기술이 진단 정확도 향상, 개인별 맞춤 치료, 신약 개발 가속화 등에서 혁신적 성과를 보이고 있지만, 환자의 생명과 직결되는 특성상 신중하고 점진적인 도입이 이루어지고 있다. 영상 진단 분야에서는 AI가 X-ray, CT, MRI 영상을 분석하여 암, 골절, 뇌출혈 등을 인간 전문의보다 빠르고 정확하게 진단하는 사례가 증가하고 있다. 병리학 분야에서는 AI가 조직 슬라이드를 현미경 수준으로 분석하여 암세포를 식별하고 병기(病期, 질병의 진행 단계)를 판정하고 있으며, 구글의 딥마인드가 개발한 시스템은 50여 가지 안(眼)질환을 90% 이상의 정확도로 진단하고 있다. 심전도 분석에서도 AI가 부정맥, 심근경색 등을 실시간으로 감지하여 응급 상황을 조기에 포착하고 있으며, 웨어러블 디바이스와 연동하여 일상적인 건강 모니터링이 가능해지고 있다. 원격 의료와 디지털 헬스케어에서도 AI 활용이 확산되고 있다. 코로나19 팬데믹을 계기로 급성장한 원격 진료에서 AI 챗봇이 1차 증상 상담을 담당하고, 의료진에게 환자 정보를 사전에 정리해서 제공하고 있다. 만성질환 관리에서는 AI가 혈당, 혈압, 체중 등의 생체 데이터를 지속적으로 모니터링하여 악화 징후를 조기에 감지하고, 개인별 맞춤 생활 관리 프로그램을 제공하고 있다. 의료 영상 분야에서는 AI가 수술 전 시뮬레이션부터 수술 중 실시간 지원까지 포괄적으로 활용되고 있다. 3D 영상 재구성과 시뮬레이션을 통해 최적의 수술 접근법을 제안하고, 로봇 수술에서는 AI가 집도의의 손 떨림을 보정하고 정밀한 조작을 지원하고 있다. 또한 수술 중 실시간 영상 분석을 통해 중요 구조물을 식별하고 합병증 위험을 경고하는 시스템도 개발되고 있다. 의료 데이터 관리와 병원 운영에서도 AI의 역할이 확대되고 있다. 전자의무기록(EMR) 시스템에서 AI가 의료진의 음성을 실시간으로 텍스트로 변환하여 기록 업무를 자동화하고, 약물 상호작용과 알레르기 반응을 자동으로 체크하여 의료 오류를 방지하고 있다. 병원 자원 관리에서는 AI가 환자 입원 수요를 예측하고 병상 배치를 최적화하며, 의료진 스케줄링을 자동화하고 있다.

그러나 복잡한 증상에 대한 종합적 판단, 환자와의 소통과 심리적 지지, 윤리적 딜레마가 있는 의료 결정, 예상치 못한 응급 상황에서의 창의적 대응에서는 여전히 인간 의료진의 역할이 절대적이다. 의료는 단순히 질병을 치료하는 것을 넘어 환자의 전인적 케어와 삶의 질 향상을 목표로 하기 때문에, 공감과 소통, 윤리적 판단, 인간적 따뜻함이 핵심 가치로 남을 것이다. 특히 정신건강, 완화의료(Palliative Care), 소아과, 노인의학 등에서는 환자의 감정과 심리 상태를 이해하고 맞춤형 케어를 제공하는 인간의 능력이 더욱 중요해지고 있다. 또한 AI 의료 기술의 안전성과 신뢰성 확보, 의료 형평성과 접근성 보장, 환자 개인정보 보호, 의료 AI의 편향성 제거 등도 새로운 과제로 부상하고 있다. 의료진들은 AI 진단 도구와 디지털 헬스케어 기술을 효과적으로 활용하는 능력을 기르는 동시에, AI가 제공하는 정보를 환자의 개별적 상황과 가치관에 맞게 해석하고 적용하는 임상적 지혜를 발전시켜야 한다. 의료·헬스케어 분야 종사자들은 AI 기술을 진료에 통합하여 진단과 치료의 정확성을 높이되, 환자 중심의 전인적 의료 서비스 제공이라는 본질적 가치를 더욱 강화해야 한다. 기술적 혁신과 인간적 케어를 조화시키고, 모든 환자가 최상의 의료 혜택을 받을 수 있는 포용적 의료 시스템 구축에 기여하는 전문가로 성장하는 것이 중요하다.

25. 문화예술과 디자인 [자동화 위험도 : 중간(45%)]

문화예술·디자인 분야는 자동화 위험도가 45%이며, 2~4년 내 대응이 필요한 분야로 새로운 기회 창출 가능성이 높다. 생성형 AI의 발전이 창작 활동에 혁명적 변화를 가져오고 있지만, 동시에 인간 고유의 창의성과 감성의 가치가 더욱 부각되고 있다. 달·이, 미드저니 같은 이미지 생성 AI가 텍스트 프롬프트만으로 고품질의 일러스트레이션, 컨셉 아트, 포스터 디자인을 순식간에 생성하고 있으며, 이는 그래픽 디자인 업계에 큰 파장을 일으키고 있다.

로고 디자인, 웹 디자인, 광고 소재 제작 등 상업적 디자인 영역에서 AI의 활용이 급속히 확산되고 있다. AI가 브랜드 아이덴티티와 타겟 고객을 분석하여 수백 가지 디자인 변형을 자동으로 생성하고, A/B 테스트를 통해 최적의 디자인을 선별하고 있다. 특히 소규모 스타트업이나 개인 사업자들이 저렴한 비용으로 전문적인 디자인 서비스를 이용할 수 있게 되면서 디자인의 민주화가 진행되고 있다. 패션 디자인 분야에서도 AI가 트렌드 분석, 색상 조합, 패턴 생성에 활용되고 있다. AI가 소셜미디어 이미지, 패션쇼 데이터, 판매 실적을 분석하여 다음 시즌 트렌드를 예측하고, 개인의 체형과 선호도에 맞춤화된 의상을 제안하고 있다. 3D 모델링과 가상현실 기술이 결합되어 실제 제작 전에 가상으로 피팅하고 수정할 수 있는 시스템도 구축되고 있다. 음악 창작에서도 AI 작곡가들이 클래식부터 팝, 재즈까지 다양한 장르의 음악을 자동으로 작곡하고 있다. 그뿐만 아니라 영화 음악, 광고 배경음악, 게임 사운드트랙 제작에서도 AI가 활용되고 있으며, 더욱이 기존 아티스트의 스타일을 학습하여 새로운 곡을 무한히 생성할 수 있게 되었다. 또한 AI가 가사 작성, 멜로디 생성, 편곡을 각각 담당하여 인간 작곡가와 협업하는 새로운 창작 방식이 등장하고 있다. 영상 제작과 애니메이션 분야에서도 AI 기술이 혁신을 가져오고 있다. 실시간 영상 편집, 자동 색보정, 특수효과 생성 등이 AI로 자동화되고 있으며, 딥페이크 기술을 활용한 가상 배우와 아바타 생성, 모션 캡처 없는 3D 애니메이션 제작 등이 가능해지고 있다. 유튜브, 틱톡 같은 플랫폼에서는 AI가 개인 크리에이터의 콘텐츠 제작을 지원하여 진입 장벽을 낮추고 있다. 큐레이션과 예술 비평 분야에서도 AI가 활용되기 시작했다. AI가 작품의 스타일, 색채, 구도를 분석하여 유사한 작품을 추천하고, 관람객의 선호도에 맞춘 개인화된 전시 관람 코스를 제안하고 있다. 또한 AI가 예술 시장의 동향을 분석하여 작품의 가치를 평가하고 투자 조언을 제공하는 서비스도 등장하고 있다.

그러나 독창적인 예술적 비전과 철학, 사회적 메시지와 문화적 의미의 창조, 인간의 감정과 경험에 기반한 깊이 있는 표현, 시대정신을 반영하는 혁신적 작품 창작에서는 여전히 인간 예술가의 역할이 대체 불가능하다. AI가 기술적으로 완벽한 작품을 생성할 수 있다 하더라도, 인간의 삶과 감정, 사회적 현실에 대한 깊은 통찰과 비판적 시각을 담아내는 것은 인간만이 할 수 있는 영역이다. 특히 실험적 예술, 개념 미술, 사회참여 예술, 문화 간 융합 작업 등에서는 인간의 창의성과 사회적 의식이 핵심이다. 문화예술·디자인 분야 종사자들은 AI 생성 도구들을 마스터하여 창작 효율성을 극대화하되, 인간만이 표현할 수 있는 독창적 아이디어와 감성적 가치에 더욱 집중해야 한다. AI가 생성한 소재를 창의적으로 큐레이션하고 재해석하여 새로운 의미를 부여하고, 기술과 예술의 경계를 넘나드는 혁신적 작품을 창조하는 능력이 핵심 경쟁력이 될 것이다. 또한 AI 생성 콘텐츠의 저작권과 윤리 문제, 인간 창작자의 권리 보호, 예술의 진정성과 가치에 대한 사회적 논의를 이끌어가는 사회적 책임도 중요한 역할이 될 것이다.

26. 교육 [자동화 위험도 : 중간(40%)]

교육 분야는 자동화 위험도가 40%로 상대적으로 낮으며, 3~5년 내 점진적 변화가 예상된다. 교육의 본질이 인간 성장과 발달에 있고, 교사와 학생 간의 관계가 핵심이기 때문에 AI는 교사를 대체하기보다는 교육 효과를 높이는 보조 도구로 활용되고 있다. 개별 맞춤형 학습 시스템이 가장 주목받는 영역으로, AI가 학생 개개인의 학습 속도, 이해도, 선호하는 학습 방식을 분석하여 맞춤형 학습 경로와 콘텐츠를 제공하고 있다. 어댑티브 러닝 플랫폼[78]들이 수학, 과학, 언어 학습에서 활용되고 있으며, 학생이 문제를 틀릴

---

78) 어댑티브 러닝 플랫폼(Adaptive Learning Platform) : 학습자 개개인의 수준, 학습 속도, 이해도에 따라 학습 내용과 난이도를 실시간으로 자동 조절하는 AI 기반 교육 시스템. 학생이 문제를 맞히면 더 어려운 문제를, 틀리면 쉬운 문제나 보충 설명을 제공하여 개인 맞춤형 학습 경로를 만들어준다. 칸 아카데미, 듀오링고 등이 대표적 사례다.

때마다 AI가 오답 패턴을 분석하여 부족한 개념을 보충할 수 있는 학습 자료를 추천하고 있다. 칸 아카데미, 듀오링고, 국내의 아이스크림, 천재교육 밀크T 등이 AI 기반 개인 맞춤형 학습을 구현하고 있으며, 학습자의 성취도를 실시간으로 모니터링하여 동기 부여와 학습 지속성을 높이고 있다. 자동 채점과 평가 시스템도 교육 현장의 효율성을 크게 향상시키고 있다. 객관식 문제는 물론 서술형 답안도 자연어 처리 기술로 자동 채점이 가능해졌으며, 에세이 평가에서는 AI가 내용의 논리성, 어휘 사용, 문법 등을 종합적으로 분석하여 점수와 피드백을 제공하고 있다. 그 덕에 교사들은 반복적인 채점 업무에서 벗어나 학생 지도와 수업 준비에 더 많은 시간을 할애할 수 있게 되었다. AI 튜터와 교육용 챗봇은 24시간 학습 지원 서비스를 제공한다. 학생들이 언제든지 질문을 할 수 있고, AI가 즉시 답변과 설명을 제공하여 학습 공백을 최소화하고 있다. 특히 수학이나 과학의 문제 풀이에서 AI가 단계별 해설을 제공하고, 유사한 문제를 추가로 생성하여 반복 학습을 지원하고 있다. 언어 학습에서는 AI가 발음 교정, 회화 연습, 번역 지원을 담당하여 개별 학습자의 수준에 맞는 맞춤형 언어 교육을 제공하고 있다. 교육 콘텐츠 제작에서도 AI가 활용되고 있다. 교육용 애니메이션, 인터랙티브 시뮬레이션, 가상현실 학습 환경 등을 AI가 자동으로 생성하고, 교과서 내용을 다양한 형태의 멀티미디어 자료로 변환하고 있다. 또한 AI가 학습자의 특성을 분석하여 시각형, 청각형, 체험형 등 개인의 학습 스타일에 맞는 콘텐츠를 추천하고 있다. 학습 분석과 예측 시스템이 교육 데이터를 분석하여 학습 부진 학생을 조기에 발견하고, 중도 탈락 위험을 예측하여 선제적 개입을 가능하게 하고 있다. 대학에서는 AI가 학생의 수강 패턴, 성적 변화, 참여도를 종합 분석하여 학업 성공을 위한 맞춤형 지원 방안을 제시하고 있으며, 진로 상담에서도 AI가 개인의 적성과 흥미, 노동시장 동향을 분석하여 최적의 진로를 추천하고 있다.

그러나 비판적 사고력과 창의성 교육, 인성과 사회성 함양, 복합적 문제 해결 능력 개발, 학생들의 감정적 지지와 동기 부여에서는 여전히 인간 교사의 역할이 핵심이다. 교육은 단순한 지식 전달을 넘어 학생들의 전인적 성장을 돕는 것이 목표이기 때문에, 교사의 열정과 헌신, 학생과의 인간적 유대, 개별 학생의 상황을 이해하고 맞춤형 지도를 제공하는 능력이 더욱 중요해지고 있다. 특히 협업 학습, 토론과 발표, 창의적 프로젝트, 예술과 체육 활동 등에서는 교사의 촉진자 역할이 필수적이다. 또한 AI 리터러시 교육, 디지털 시민성 함양, 윤리적 AI 사용에 대한 교육 등 새로운 교육 과제가 부상하고 있다. 학생들이 AI 도구를 올바르게 활용하되 의존하지 않고, 정보의 진위를 판별하며, 디지털 환경에서 책임감 있게 행동할 수 있도록 지도하는 것이 중요해지고 있다. 또한 AI가 가져올 미래 사회 변화에 대비하여 평생 학습 능력, 적응력, 회복탄력성을 기르는 교육도 필요하다. 교육자들은 AI 기술을 활용한 개인화 학습과 효율적인 교육 운영 능력을 기르는 동시에, 인간만이 할 수 있는 영감 제공, 비전 제시, 인격적 감화를 통한 교육의 본질을 더욱 강화해야 한다. 학생들의 잠재력을 발굴하고 성장을 돕는 멘토이자 코치로서의 역할을 발전시키고, 변화하는 시대에 필요한 새로운 역량을 기를 수 있는 혁신적 교육 방법을 개발하는 전문가로 성장하는 것이 중요하다.

27. 노인·장애인 케어 [자동화 위험도 : 중간(40%)]

노인·장애인 케어 분야는 자동화 위험도가 40%이며, 2~5년 내 대응이 필요한 분야로 새로운 기회 창출 가능성이 높다. 고령화 사회가 심화되면서 케어 수요가 급증하고 있지만 돌봄 인력은 부족해져 심각한 사회 문제가 되면서 AI와 로봇 기술이 해결책으로 주목받고 있다. 그러나 이 분야는 인간의 존엄성과 감정적 지지가 핵심이기 때문에, 기술은 어디까지나 인간 돌봄의 질을 높이고 효율성을 향상시키는 보조적 역할을 하고 있다. 돌봄 로봇은 활발하게 개발되고 있다. 일본의 파로(PARO)[79] 같은 반려동물형 로봇이 치매 환자의 정서적 안정에 도움을 주고 있으며, 휴머노이드 로봇들이 간단한 대화와 운동 지도를 통해 노인들의 사회적 고립감을 완화하고 있다. 이동 보조 로봇은 거동이 불편한 노인과 장애인의 일상생활을 지원하고 있으며, 스마트 휠체어가 AI 내비게이션으로 안전한 이동을 돕고 있다. 스마트 홈 기술이 독립적 생활을 지원하고 있다. IoT 센서들이 거주자의 움직임, 수면 패턴, 활동량을 모니터링하여 이상 징후를 조기에 감지하고, 낙상 감지 시스템이 응급 상황을 자동으로 알리고 있다. AI 음성 비서가 약물 복용 시간을 알려주고, 의료진과의 화상 통화를 연결하며, 일상적인 대화 상대 역할을 하고 있다. 또한 스마트 조명과 온도 조절 시스템이 개인의 생활 패턴에 맞춰 자동으로 환경을 최적화하고 있다. 건강 모니터링과 예방 의료에서 AI의 역할이 확대되고 있다. 웨어러블 디바이스가 심박수, 혈압, 혈당, 산소포화도를 지속적으로 측정하고, AI가 이상 패턴을 감지하여 의료진에게 알림을 전송하고 있다. 치매 진행 모니터링에서는 AI가 인지 기능 테스트 결과를 분석하여 증상 악화를 조기에 발견하고, 개인별 맞춤 치료 프로그램을 제안하고 있다. 또한 AI가 복용 중인 약물들 간의 상호작용을 체크하고 부작용을 모니터링하고 있다. 재활 치료와 물리치료에서도 AI 기술이 활용되고 있다. 가상현실 기반 재활 시스템이 뇌졸중 환자의 운동 기능 회복을 돕고 있으며, AI가 환자의 움직임을 실시간으로 분석하여 올바른 운동 자세를 지도하고 진전 상황을 객관적으로 평가하고 있다. 언어 재활에서는 AI가 발음과 언어 능력을 분석하여 개별 맞춤 치료 프로그램을 제공하고 있으며, 게임 형태의 인터랙티브 치료로 환자의 참여도와 동기를 높이고 있다. 인지 능력 향상과 치매 예방을 위한 AI 기반 브레인 트레이닝도 확산되고 있다. AI가 개

---

79) 파로(PARO) : 일본에서 개발된 하얀 물개 모양의 치료용 로봇. 촉각, 청각, 시각 센서를 탑재하여 사람의 목소리에 반응하고 쓰다듬으면 움직이며 소리를 내는 등 실제 동물처럼 상호작용한다. 특히 치매 환자나 고령자의 외로움과 스트레스 완화, 정서적 안정에 효과가 있어 전 세계 요양병원과 치료시설에서 활용되고 있다.

인의 인지 능력 수준을 평가하고, 기억력, 주의력, 판단력 향상을 위한 맞춤형 게임과 활동을 제공하고 있다. 또한 AI가 일상 대화를 통해 인지 기능 변화를 감지하고, 정신건강 상태를 모니터링하여 우울이나 불안 증상을 조기에 발견하고 있다. 돌봄 서비스 관리와 운영에서도 AI가 효율성을 높이고 있다. 돌봄 스케줄링 시스템이 돌봄 대상자의 상태와 필요 서비스를 분석하여 최적의 인력 배치를 자동화하고, 돌봄 품질을 모니터링하여 서비스 개선점을 제안하고 있다. 또한 AI가 돌봄 비용을 예측하고 보험 청구를 자동화하여 행정 효율성을 향상시키고 있다.

그러나 정서적 지지와 공감, 인간적 따뜻함 제공, 개별적 상황에 대한 유연한 대응, 존엄성과 자율성 존중에서는 여전히 인간 돌봄 제공자의 역할이 필요하다. 케어의 본질은 기술적 지원을 넘어선 인간적 관계와 사랑에 있기 때문에, 돌봄 대상자의 감정을 이해하고 공감하며, 개인의 가치와 선호를 존중하고, 인생의 마지막 순간까지 품위 있게 살 수 있도록 돕는 것은 인간만이 할 수 있는 영역이다. 특히 가족과의 관계 조정, 인생 이야기 경청, 영적 지지, 임종 돌봄 등에서는 인간의 감성과 지혜가 핵심이다. 또한 케어 기술의 윤리적 사용, 개인정보 보호, 기술 접근성 보장, 인간다운 돌봄 환경 조성 등도 중요한 과제이다. 로봇과 AI가 인간을 대체하는 것이 아니라 인간의 케어 능력을 강화하고 지원하는 방향으로 기술을 발전시켜야 한다. 노인·장애인 케어 분야 종사자들은 AI와 로봇 기술을 활용하여 돌봄의 효율성과 안전성을 높이는 능력을 기르는 동시에, 인간 중심적 케어의 가치를 더욱 강화해야 한다. 기술이 제공하는 데이터와 정보를 바탕으로 더욱 세심하고 개인화된 돌봄을 제공하고, 돌봄 대상자의 삶의 질과 존엄성을 높이는 전문가로 발전하는 것이 중요하다. 특히 고령화 사회의 새로운 돌봄 모델을 개발하고, 지역사회 기반의 통합 돌봄 체계 구축에 기여하는 혁신적 케어 전문가로 성장하는 것이 핵심이다.

28. 항공우주와 국방 [자동화 위험도 : 중간(40%)]

항공우주·국방 분야는 자동화 위험도가 40%로 상대적으로 낮으며, 4~7년 내 점진적 대응이 필요한 분야다. 이 분야는 안전성과 신뢰성이 최우선시되고, 국가 안보와 직결되는 특성상 신중하고 단계적인 기술 도입이 이루어지고 있다. 그럼에도 불구하고 AI와 자율 시스템 기술이 항공기 설계, 우주 탐사, 군사 작전에서 혁신적 변화를 가져오고 있으며, 새로운 기회 창출 가능성이 높은 분야로 평가된다. 항공기 설계와 제조에서 AI 기술이 적극 활용되고 있다. 전산유체역학(CFD) 시뮬레이션과 AI의 결합으로 최적의 항공기 형상 설계가 가능해졌으며, 수만 가지 설계 변수를 동시에 고려하여 연료 효율성과 안전성을 극대화하는 설계안을 자동으로 생성하고 있다. 보잉의 787 드림라이너와 에어버스의 A350 같은 최신 항공기에는 AI 기반 설계 최적화 기술이 광범위하게 적용되었으며, 이로 인해 개발 기간 단축과 성능 향상을 동시에 달성했다. 또한 AI가 복합재료의 특성을 분석하여 최적의 재료 배치와 구조 설계를 제안하고, 3D 프린팅과 결합하여 경량화된 항공 부품을 자동 설계하고 있다. 자율 비행 시스템의 발전이 민간과 군사 항공 모두에서 두드러진다. 무인 항공기(UAV)에서 시작된 자율 비행 기술이 유인 항공기로 확산되고 있으며, AI 파일럿이 기상 조건, 항공 교통, 기체 상태를 실시간으로 분석하여 최적의 비행 경로와 고도를 자동으로 결정하고 있다. 군용 분야에서는 AI가 정찰, 감시, 타격 임무를 자율적으로 수행할 수 있는 수준에 이르렀으며, 복수의 무인기가 협업하는 스웜 드론 기술이 실용화되어 집단 전술 운용이 가능해졌다. 국방 분야에서는 첨단 무기 체계와 방어 시스템이 AI 기술과 통합되고 있다. 미사일 방어 시스템에서는 AI가 다중 표적을 동시에 추적하고 최적의 요격 전략을 실시간으로 계산하며, 레이더와 소나(SONAR) 신호를 분석하여 미확인 비행체나 잠수함을 자동으로 식별하고 분류하고 있다. 지상 전투에서는 무인 지상 차량이 위험 지역의 정찰과 폭발물 제거 임무를 수행하고, 해상에서는 무인 잠수정이 기뢰 탐지와 해저 감시 작업을 자율적으로 수행하고 있다. 사이버 전장에서도 국방 AI 기술이 핵심 역할을 하고 있다. AI가 적국의 사이버 공격 패턴을 학습하고 실시간으로 방어 전략을 수립하며, 군사 네트워크의 취약점을 사전에 탐지하고 보완하고 있다. 반면 적국도 AI를 활용한 지능형 지속 위협(APT)[80]을 개발하여 군사 네트워크에 장기간 잠입하고 기밀 정보를 탈취하려 시도하고 있어, 국방 사이버 보안은 AI 대 AI의 고도화된 경쟁 구도로 발전하고 있다. 또한 AI 기반 전자전 시스템이 적의 통신을 교란하고 아군의 통신을 보호하며, 정보전에서는 AI가 허위 정보를 탐지하고 전장 상황을 정확히 파악하여 지휘관의 의사결정을 지원하고 있다. 우주 탐사와 위성 운용에서는 AI가 필수 불가결한 기술이 되었다. 화성 탐사로버 퍼서비어런스[81]에 탑재된 AI 시스템이 지구와의 통신 지연 때문에 실시간 제어가 불가능한 상황에서 자율적으로 탐사 목표를 설정하고 이동 경로를 결정하고 있다. 우주선의 시스템 상태를 지속적으로 모니터링하여 고장을 예측하고 자가 진단과 복구를 수행하며, 우주 환경에서 수집된 대량의 과학 데이터를 실시간으로 분석하여 중요한 발견을 놓치지 않도록 지원하고 있다. 지구 궤도상에 수만 개의 위성과 우주 쓰레기가 존재하는 상황에서 AI가 충돌 위험을 실시간으로 계산하고 회피 기동을 자동으로 실행하고 있다. 군사 위성에서는 AI가 적국의 미사일 발사를 조기에 탐지하고 추적하며, 정찰 위성이 수집한 영상 정보를 자동으로 분석하여 군사 목표물을 식별하고 위협을 평가하고 있다. 통신 위성의 신호 품질을 최적화하고 네트워크 장애를 자동으로 복구하는 기능도 군

---

[80] 지능형 지속 위협(APT, Advanced Persistent Threat) : 국가나 대기업을 대상으로 장기간에 걸쳐 은밀하게 수행되는 고도화된 사이버 공격. 일반적인 해킹과 달리 특정 목표를 설정하고 수개월에서 수년간 지속적으로 시스템에 잠입하여 기밀 정보를 탈취하거나 인프라를 파괴한다. 국가 차원의 해킹 조직이나 고도로 조직화된 범죄집단이 주로 사용하는 공격 방식이다.

[81] 화성 탐사로버 퍼서비어런스(Perseverance) : NASA가 2021년 화성에 착륙시킨 6륜 탐사 로봇. 지구와 화성 간 통신에 최대 24분의 지연이 발생하기 때문에 실시간 원격 조종이 불가능하여, AI 시스템을 탑재해 스스로 탐사 목표를 설정하고 이동 경로를 결정하며 과학 실험을 수행한다. 고대 미생물 생명체의 흔적을 찾는 것이 주요 임무다.

사 작전의 연속성 보장에 핵심적인 역할을 하고 있다. 예측 유지보수가 항공우주·국방 분야에서 가장 중요한 AI 응용 영역 중 하나다. 항공기 엔진, 우주선 추진 시스템, 군용 장비의 핵심 부품에 설치된 수천 개의 센서가 실시간으로 데이터를 수집하고, AI가 이를 분석하여 부품의 마모 상태와 교체 시기를 정확히 예측하고 있다. 이로 인해 예상치 못한 고장으로 인한 안전사고와 작전 중단을 크게 줄일 수 있게 되었으며, 유지보수 비용도 30% 이상 절감되고 있다. 군사 정보 분석과 작전 계획에서도 AI의 역할이 확대되고 있다. 위성 영상, 통신 정보, 인간 정보원 보고서 등 다양한 출처의 정보를 AI가 통합 분석하여 적의 의도와 능력을 평가하고, 작전 계획 수립을 지원하고 있다. 다국어 자동 번역과 자연어 처리를 통해 국제 군사 정보를 실시간으로 분석하며, 빅데이터 분석을 통해 테러 조직이나 적대 세력의 활동 패턴을 파악하고 있다. 항공 교통 관제에서는 AI가 복잡한 항공로 네트워크를 최적화하고 군민 항공기의 안전한 운항을 보장하고 있다. 수백 대의 항공기가 동시에 운항하는 상황에서 AI가 날씨, 연료 효율성, 군사 작전 지역, 공항 혼잡도를 종합 고려하여 최적의 항로와 이착륙 스케줄을 실시간으로 계산하고 있으며, 이는 운영 효율성 향상과 안전성 확보로 이어지고 있다.

그러나 전략적 의사결정, 복잡한 작전 계획 수립, 예상치 못한 비상 상황에서의 창의적 대응, 국제 관계와 안보 고려사항 반영에서는 인간 전문가의 판단력과 경험이 절대적으로 필요하다. 특히 새로운 항공기나 우주선의 혁신적 설계, 미지의 우주 환경 탐사, 복잡한 군사 작전 기획, 무력 사용에 대한 최종 결정 등에서는 기존의 데이터와 패턴을 넘어선 창의적 사고와 윤리적 판단이 필요하다. 또한 국제 군축 협상, 우주 개발의 평화적 이용, 군사 기술의 민간 전용, 동맹국과의 기술 협력 등에서도 인간의 가치 판단과 정치적 지혜가 요구된다. 항공우주·국방 분야 종사자들은 AI와 자율 시스템 기술에 대한 깊은 이해를 바탕으로 차세대 항공우주 및 국방 시스템을 설계하고 운영하는 능력을 기르는 동시에, 안전성과 신뢰성이라는 분야 고유의 가치를 더욱 강화해야 한다. 기술적 혁신과 안전성 확보를 조화시키고, 국가 안보와 인류의 우주 진출에 기여하는 전문가로 성장하는 것이 중요하다. 특히 뉴스페이스 시대의 상업 우주 개발, 달과 화성 탐사, 우주 관광, 차세대 전투기 개발 등 새로운 분야에서 혁신적 기술과 전략을 개발하는 개척자 정신이 핵심 경쟁력이 될 것이다.

● AI 시대의 성공적 적응을 위한 전략적 사고

AI 기술의 발전이 초래하고 있는 산업별 변화를 종합적으로 분석해 보면 몇 가지 중요한 패턴과 시사점을 발견할 수 있다. 첫째, 자동화 위험도가 높은 분야일수록 새로운 기회 창출 가능성도 함께 높아진다는 사실이다. IT·소프트웨어, AI 산업, 금융 등 기술 집약적 분야에서는 기존 업무의 자동화와 동시에 완전히 새로운 직무와 가치 창출 영역이 등장하고 있다. 이는 위기를 기회로 전환할 수 있는 전략적 사고와 적응력이 그 어느 때보다 중요함을 의미한다. 둘째, 인간 고유의 가치가 더욱 부각되고 있다. AI가 정보 처리, 패턴 인식, 반복 작업에서 인간을 능가하지만, 창의성, 공감 능력, 윤리적 판단, 복잡한 인간관계 관리에서는 여전히 인간의 역할이 대체 불가능하다. 특히 의료, 교육, 돌봄 등 인간의 삶과 직결되는 분야에서는 기술적 효율성과 인간적 가치의 조화가 핵심 과제로 부상하고 있다. 셋째, 기술과 인간의 협업 모델이 새로운 표준이 되고 있다. AI가 인간을 완전히 대체하는 것이 아니라, 인간의 능력을 증강하고 지원하는 방향으로 발전하고 있다. 성공적인 적응을 위해서는 AI 도구를 효과적으로 활용하는 기술적 역량과 인간만이 할 수 있는 고차원적 사고와 감성 역량을 모두 갖춘 하이브리드 전문가로 발전해야 한다.

모든 분야의 종사자들에게 공통적으로 필요한 것은 지속적인 학습 능력과 적응력이다. AI 기술의 발전 속도가 빨라질수록 특정 기술이나 도구에 의존하기보다는 새로운 환경과 요구사항에 빠르게 적응하고 학습할 수 있는 메타 역량이 더욱 중요해진다. 또한 자신이 속한 산업의 변화를 정확히 이해하고, 그에 맞는 차별화 전략을 수립하여 실행하는 전략적 사고력이 AI 시대 생존과 번영의 핵심이 될 것이다.

PART 5
AGI와 초지능의 시대

AGI 개발은 기술 진보를 넘어 인간 지성의 철학적·윤리적 경계를 시험하는 도전이다. 더 나아가 AGI가 '지능 폭발'을 통해 초지능에 도달할 가능성도 제기되고 있다. 이렇게 되면 인간은 기계에 대한 통제력 상실로 인해 실존적 위기를 맞을 수도 있다. 파국적 종말을 피하기 위해 이제 AI 윤리의 핵심은 '어떻게 통제하고, 누가 책임지는가'로 귀결될 수밖에 없다.

PART 5
AGI와 초지능의 시대

1 AGI란 무엇인가?

협의의 인공지능(Narrow AI)와 범용 인공지능(AGI)의 차이

오늘날 우리가 사용하는 인공지능은 대부분 '협의의 AI(Narrow AI)'에 해당한다. 이러한 AI들은 이미지 분류, 자연어 처리, 음성 인식과 같은 특정 작업에 최적화되어 있다. 얼굴 인식 시스템은 사람의 얼굴을 놀라운 정확도로 식별할 수 있지만, 갑자기 주식 시장을 분석하라고 하면 전혀 작동하지 않는다. 이처럼 협의의 AI는 설계된 특정 영역을 벗어나면 효용성이 급격히 감소하는 특징을 갖는다. 이처럼 협의의 AI는 특정 영역에서는 인간을 능가하는 성능을 보이지만, 맥락이 변경되면 완전히 다른 시스템을 처음부터 다시 설계해야 한다. 현재의 AI 모델들은 하나의 악기만 연주할 수 있는 음악가와 같다. 아무리 뛰어난 플루트 연주자도 처음 보는 피아노를 바로 연주할 수는 없는 것처럼, 협의의 AI도 훈련된 분야를 벗어나면 무력해진다.

이런 협의의 AI의 한계를 극복하고자 인간과 같은 수준의 일반화 능력을 갖춘 시스템에 대한 필요성이 제기되었는데, 그것이 바로 AGI(Artificial General Intelligence, 범용 인공지능)다. AGI란 인간이 할 수 있는 모든 지적 작업을 수행할 수 있는 인공지능으로, 특정 작업에 국한되지 않고 다양한 상황에서 새로운 문제를 해결할 수 있는 능력을 갖춘 AI 시스템이다. AGI의 핵심 능력 중 하나는 '범용성'이다. 인간은 한 번도 보지 못한 상황에서도 이전 경험을 응용하여 새로운 해결책을 찾아낼 수 있는 지능을 갖고 있다. 요리를 배운 사람은 새로운 식재료가 주어지면 그것을 활용할 방법을 생각해 낼 수 있고, 한 가지 언어를 배운 사람은 다른 언어를 더 쉽게 습득한다. 이 '전이 학습(Transfer Learning)'과 '일반화 능력(Generalization Ability)'이 바로 AGI의 본질적 특성이다.

'MIT 기술 리뷰 2025'는 두 개념의 차이를 다음과 같이 적확하게 요약하고 있다. "협의의 AI는 무엇을 할 수 있는지 명확히 정의되어 있지만, AGI는 무엇을 할 수 없는지 정의하기 어렵다." 이처럼 AGI는 특정 목적을 위해 설계된 도구가 아니라 범용적인 문제 해결자로서, 인간처럼 새로운 상황에 적응하고 학습할 수 있는 시스템인 것이다.

●― AGI의 핵심 특성과 현재 AI의 한계

오늘날 챗GPT나 제미나이, 그록 같은 대형언어모델이 참으로 놀라운 발전을 이루었지만, 이들과 AGI 사이에는 여전히 상당한 간극이 존재한다. AGI가 협의의 AI와 근본적으로 다른 점은 '맥락 이해'[1]와 '일반화 능력'이다. AGI의 핵심 특성은 크게 네 가지 영역으로 구분할 수 있다. 그중 가장 중요한 특성은 **일반화(Generalization)** 능력이다. 이 능력은 한 영역에서 배운 지식과 기술을 전혀 다른 영역에 적용할 수 있는 능력을 의미한다. 체스를 배운 인간이 그 경험에서 얻은 전략적 사고를 비즈니스 의사결정에 적용하는

---

1) AGI의 맥락 이해(Contextual Understanding)는 주어진 정보의 표면적 의미를 넘어 상황, 환경, 문화적 배경, 암묵적 의미를 종합적으로 파악하고 해석하는 능력을 말한다. 현재의 AI는 텍스트 패턴 인식에 의존하는 반면, AGI는 인간처럼 전체적 상황과 숨겨진 의미를 진정으로 '이해'할 수 있다. 예를 들어 "이거 어때?"라는 말에서 시각과 언어를 통합하여 정확한 대상을 파악하거나, 아이러니와 빈정거림을 언어와 상황 맥락의 불일치를 통해 감지하는 것이 이에 해당한다.

것이 그 대표적인 사례다. 반면 현재의 AI는 체스 게임과 비즈니스 의사결정을 완전히 별개의 문제로 인식하며, 한 영역의 학습이 다른 영역에 거의 도움이 되지 않는다. 그러므로 현재의 AI는 훈련된 데이터에서 벗어난 상황에 효과적으로 대응하지 못한다. 이를테면, 의자 이미지를 인식할 수 있는 AI라도 한 번도 본 적 없는 특이한 디자인의 의자는 식별하지 못할 수 있다. 반면 인간은 의자의 본질적 특성을 이해하기 때문에, 어떤 형태로 변형되어도 그것이 '앉는 기능을 가진 물체'임을 인식할 수 있다. AGI는 이런 한계를 넘어 한 분야에서 학습한 원리를 새로운 상황에 창의적으로 적용할 수 있어야 한다.

자율성(Autonomy) 또한 AGI의 핵심 특성 가운데 하나이다. 자율성이란 인간의 지시나 개입 없이도 스스로 목표를 설정하고 결정을 내릴 수 있는 능력을 뜻한다. 진정한 AGI는 명시적 프로그래밍 없이도 새로운 작업을 이해하고 수행할 수 있다. 미리 정의된 명령을 실행하는 차원을 넘어 상황에 맞게 자율적으로 판단하고 행동하는 능력을 지니고 있다는 말이다. 하지만 현재의 AI 시스템은 프롬프트에 반응하는 수동적 도구에 불과하며, 스스로 목표를 정의하고 그 목표를 달성하기 위한 행동을 계획하는 능력이 없다. 물리적 세계에 대한 경험 부족으로 인해, 현실 세계의 인과관계와 물리적 법칙에 대한 이해도 제한적이다.

추론 및 학습 능력은 AGI가 갖춰야 할 또 다른 핵심 요소다. AGI는 추상적 개념을 이해하고 복잡한 인과관계를 파악할 수 있어야 한다. 현재의 AI 모델들이 통계적 패턴 인식에 의존하는 반면, AGI는 "왜(why)"라는 질문에 의미 있게 답할 수 있어야 한다. 또한 지속적으로 새로운 지식을 습득하고 자신을 스스로 개선할 수 있는 능력이 필요하다. 그러나 현재 AI의 한계는 '표면적 이해'에 머물러 있다는 점이다. 대형언어모델들은 엄청난 양의 텍스트 데이터를 학습하여 인상적인 문장을 생성할 수 있지만, 그 내용에 대한 진정한 이해는 부족하다. 이 모델들은 복잡한 질문에 정확히 답할 수 있지만, 동시에 'strawberry(딸기)'에 들어있는 'r'의 개수를 세는 작업에 실패하는 것과 같이 상식 밖의 모습을 보이기도 한다. 이는 이들이 통계적 패턴을 따라 대답하지만, 실제로 그 의미를 이해하지 못한다는 증거다.

마지막으로 **인간 수준의 인지 능력**이 요구된다. AGI는 인간과 같은 방식으로 세계를 인식하고 이해할 수 있어야 한다. 그러자면 맥락 이해, 복합적 문제 해결, 그리고 특히 중요한 '메타인지' 능력이 갖춰져야 한다. 인간의 경우엔 자신이 무엇을 알고 무엇을 모르는지 인식할 수 있으며, 자신의 답변에 확신이 없을 때는 그 사실을 밝히는 식으로 해당 상황을 표현할 수 있다. 그러나 현재의 AI는 언어 처리, 이미지 인식, 음성 합성 등 개별 영역에서는 뛰어난 성능을 보이지만, 이러한 능력들을 유기적으로 통합하는 데 어려움을 겪는다. 또한 자신의 한계를 인식하거나, 스스로 자신의 성능을 평가하고 개선하지는 못한다. 진정한 AGI는 다양한 감각 입력과 지식 영역을 원활하게 통합하여 복합적인 사고를 할 수 있어야 하며, 자신의 결정과 추론 과정을 평가하고, 실수로부터 학습하며, 자신의 성능을 지속적으로 향상시킬 수 있어야 한다.

이 네 가지 특성이 결합될 때 비로소 AGI는 패턴을 인식하는 기계가 아니라 진정한 의미에서 사물과 상황을 '이해'하는 시스템이 된다. 그런 면에서 AGI의 본질은 "정보 처리가 아니라 의미 생성에 있는 것"이다. 즉, AGI는 데이터를 처리하는 것이 아니라, 그 데이터가 실제 세계에서 무엇을 의미하는지 이해하고, 그 이해를 바탕으로 합리적인 판단과 행동을 할 수 있어야 한다. 구글 딥마인드의 보고서에서는 AGI의 핵심을 "이해, 추론, 계획, 그리고 자율적 실행"의 통합으로 설명한다. 이것은 고도의 기술적 발전과 함께 인간의 인지 능력을 모방하고 확장하는 근본적인 도약을 의미한다.

이러한 간극에도 불구하고, 일부 연구자들은 최신 AI 모델이 이미 AGI의 초기 형태에 도달했다고 주장하기도 한다. 위키피디아는 "일부 연구자들은 최첨단 대형언어모델이 이미 AGI 수준이라 할 수 있는 능력의 초기 징후를 보이고 있다고 주장하는 반면, 다른 이들은 진정한 AGI가 아직 달성되지 않았다고 주장한다"고 했다. 이러한 의견 차이는 AGI에 대한 명확한 정의와 평가 기준이 아직 확립되지 않았기 때문에 생겨나는 것이다. 진짜 AGI 시스템을 구현하기 위해서는 더 많은 데이터를 학습하거나 더 큰 모델을 만드는 것을 넘어 근본적으로 다른 접근 방식이 필요하다고 생각하는 전문가들이 많다. 국제학술지인 사이언티픽 리포트(Scientific Reports)[2]의 연구에 따르면, AGI 개발은 사회적 통합, 기술적 발전, 설명 가능성, 인지 및 윤리적 고려 사항, 뇌에서 영감을 받은 시스템 등 다섯 가지 핵심 경로를 따라 진행되어야 한다. 이는 AGI 구현에 기술적 과제만 있는 것이 아니라 학제 간 접근이 필요한 복합적인 도전과제도 함께 있음을 보여주는 것이다.

AGI 개발의 다섯 가지 핵심 경로[3]

사이언티픽 리포트가 제시하는 다섯 가지 핵심 경로를 차례로 살펴보면 다음과 같다.

첫 번째 경로인 **사회적 통합(Societal Integration)**은 AGI가 사회에 미치는 광범위한 영향, 대중의 수용, 그리고 정책적 고려 사항을 다룬다. 이 경로는 AGI가 기술적 진보를 넘어 사회 구조와 인간 생활에 어떻게 통합될 것인지를 고려한다. AGI가 발전함에 따라, 우리는 일자리 변화, 경제적 불평등, 교육 시스템 재구성 등 광범위한 사회적 변화에 대비해야 한다. 이 경로에서는 AGI에 대한 공정한 접근성을 보장하고, 다양한 문화와 가치를 반영하는 포용적인 발전을 촉진하는 방법을 모색한다. 또한 AGI 개발이 민주적

---

[2] 네이처(Nature) 출판그룹의 오픈액세스 국제학술지로, 2011년부터 자연과학·생명과학·의학·공학 등 다양한 분야의 연구 논문을 연간 약 35,000편 게재해 오고 있다. 네이처보다 덜 까다로우면서도 엄격한 동료 심사를 통해 높은 과학적 품질을 유지하며, 무료 접근이 가능해 전 세계 연구자들이 선호하는 학술지이다.
[3] 사이언티픽 리포트, 「AGI 개발의 여정(Navigating artificial general intelligence development: societal, technological, ethical, and brain-inspired pathways)」

의사결정, 프라이버시, 인권과 같은 사회적 가치와 어떻게 조화를 이룰 수 있는지에 대한 논의도 포함된다. 이 경로의 목표는 AGI가 사회 전체의 이익을 위해 책임감 있게 배포되도록 하는 것이다.

두 번째 경로인 **기술적 발전(Technological Advancement)**은 실제 응용, 구현 과제, 그리고 확장성에 초점을 맞춘다. 이는 AGI를 현실 세계에서 작동하는 시스템으로 만들기 위한 구체적인 기술적 도전과제를 탐구한다. 이 경로에는 더 강력한 하드웨어 개발, 새로운 알고리즘 설계, 다양한 데이터 유형을 처리할 수 있는 능력 향상 등이 포함된다. 연구에 따르면, AGI를 위한 기술적 발전은 하나의 접근법이 아닌 다양한 방법론의 통합을 필요로 한다. 특히 생성적 적대 신경망(GANs)[4], 신경-기호주의 AI[5], 하이브리드 인지 아키텍처[6], 진화적 컴퓨팅[7]과 같은 다양한 기술적 접근법이 AGI 개발에 기여할 수 있다. 이 경로의 핵심은 다양한 환경에서 확장 가능하고 적응

---

4) 생성자(Generator)와 판별자(Discriminator) 두 신경망이 서로 경쟁하며 학습하는 딥러닝 기법이다. 생성자는 실제 데이터와 유사한 가짜 데이터를 만들려 하고, 판별자는 진짜 데이터와 가짜 데이터를 구분하려 한다. 이 두 네트워크가 반복적으로 경쟁하면서 생성자는 점점 더 현실적인 데이터를 만들게 되고, 판별자는 더 정교하게 구별하게 된다. 2014년 Ian Goodfellow 등에 의해 처음 제안된 이 기법은 이미지 생성, 스타일 변환, 데이터 증강 등 다양한 분야에서 활용되고 있다. 2장 알고리즘 설명 참조.

5) 신경-기호주의 AI(Neuro-Symbolic AI)는 신경망(Neural)의 학습 능력과 기호주의적(Symbolic) 추론의 논리적 처리 능력을 결합한 인공지능 접근법이다. 신경망은 패턴 인식과 학습에 강하지만 투명성과 논리적 추론에 약하고, 기호적 시스템은 명확한 추론이 가능하지만 데이터로부터 학습하기 어렵다는 각각의 한계를 극복하기 위해 제안되었다. 이 방식은 지식 표현, 추론, 설명 가능성 등에서 강점을 보이며, 안전성이 중요한 AI 시스템 개발에 주목받고 있다. 1장 참조.

6) 인간의 인지 과정을 모방하여 기호적 추론, 신경망 학습, 작업 기억, 선언적 기억, 절차적 기억 등 다양한 인지 메커니즘을 통합한 AI 시스템 구조이다. ACT-R, SOAR, CLARION 등이 대표적인 예로, 각각 고유한 방식으로 인지 기능들을 모듈화하고 통합한다. ACT-R(Adaptive Control of Thought-Rational)는 인간의 인지 과정을 컴퓨터로 모델링한 인지 아키텍처로, 기억, 학습, 추론 등의 인지 기능을 모듈별로 구현하여 통합한 시스템이다. SOAR(State, Operator, And Result)는 문제 해결 과정을 상태-연산자-결과의 순환 구조로 모델링한 인지 아키텍처로, 목표 지향적 추론과 학습을 통해 복잡한 인지 작업을 수행한다. CLARION(Connectionist Learning with Adaptive Rule Induction On-line)은 명시적 규칙 기반 추론과 암묵적 신경망 학습을 결합한 하이브리드 인지 아키텍처로, 의식적 지식과 무의식적 학습을 동시에 모델링한다. 이러한 아키텍처는 단일 기능에 특화된 AI와 달리 인간과 유사한 복합적 인지 능력을 구현하여 복잡한 문제 해결과 일반 지능 구현을 목표로 한다.

7) 진화적 컴퓨팅이란 자연 선택, 유전, 변이 등 생물학적 진화의 원리를 알고리즘화하여 최적화 문제를 해결하는 컴퓨팅 기법을 말한다. 후보 해(정답) 집단을 생성하고, 각 해의 적합도를 평가한 후, 우수한 해들을 선택하여 교차(crossover)와 돌연변이(mutation)를 통해 새로운 세대를 생성하는 과정을 반복한다. 유전자 알고리즘(GA), 진화 전략(ES), 유전 프로그래밍(GP) 등이 주요 분류이며, 복잡한 조합 최적화 문제, 기계 학습 모델 최적화, 신경망 구조 탐색 등에 활용된다.

력 있는 AGI 시스템을 개발하는 것이다.

세 번째 경로인 **설명 가능성(Explainability)**은 AGI 의사결정의 투명성, 신뢰성, 해석 가능성을 향상시키는 데 중점을 둔다. 이는 AGI 시스템이 어떻게 결정을 내리는지 인간이 이해할 수 있도록 만드는 것을 목표로 한다. 이 개념은 AI 발전에 있어서 너무도 중요해 이미 앞에서도 여러차례 언급한 바 있다. 설명 가능한 AGI를 개발하는 것은 특히 법률, 의료, 금융과 같은 중요한 분야에서 책임성을 확보하는 데 필수적이다. 이 경로는 기술적 투명성뿐만 아니라 규제 감독, 학제 간 평가, 그리고 공공 책임성을 위한 메커니즘을 포함한다. 설명 가능성은 AGI 시스템에 대한 신뢰를 구축하고, 편향성을 감지하며, 윤리적 문제를 해결하는 데 중요한 역할을 한다.

네 번째 경로인 **인지 및 윤리적 고려사항(Cognitive and Ethical Considerations)**은 AGI의 발전하는 아키텍처를 윤리적 프레임워크, 책임성, 사회적 결과와 연결한다. 이 경로는 AGI가 인간의 가치와 일치하도록 보장하는 방법을 탐구하는 것으로, 앞에서도 몇 차례 다른 주제로 살펴본 'AI 정렬 문제'와 같은 맥락이다. 인지적 측면에서, 이 경로는 인간의 인지 능력을 AGI 시스템에 어떻게 모델링할 수 있는지, 그리고 AGI가 어떻게 윤리적 추론을 수행할 수 있는지를 연구한다. 이는 AGI가 복잡한 도덕적 상황에서 인간의 가치와 일치하는 결정을 내릴 수 있도록 하는 것을 목표로 한다. 윤리적 측면에서는 AGI의 개발과 배포에 관련된 책임, 공정성, 책임성, 그리고 사회적 영향을 다룬다. 이 경로의 핵심은 AGI 시스템이 사회적 가치와 조화를 이루며 책임감 있게 행동하도록 보장하는 것이다.

다섯 번째 경로인 **뇌에서 영감을 받은 시스템(Brain-inspired Systems)**은 인간 신경 모델을 활용하여 AGI의 학습 효율성, 적응성, 그리고 추론 능력을 향상시키는 데 중점을 둔다. 이 접근법은 인간 두뇌의 구조와 기능에서 영감을 얻어 AGI 시스템을 설계한다. 뇌과학과 인지과학의 발전은 AGI 개발에 중요한 통찰력을 제공한다. 뉴로모픽 컴퓨팅[8], 인공 신경망, 그리고 인지 아키텍처와 같은 기술들은 인간 두뇌의 복잡한 기능을 모방하려고 시도한다. 이 경로의 목표는 AGI 시스템이 인간처럼 학습하고, 적응하며, 추론할 수 있게 만드는 것이다. 이는 AGI가 새로운 상황에 효과적으로 대응하고, 복잡한 문제를 해결하며, 인간과 더 자연스럽게 상호작용할 수 있도록 한다.

이 다섯 가지 경로는 서로 독립적으로 존재하는 것이 아니라, AGI 개발의 복잡한 도전과제를 해결하기 위해 상호 연결되고 통합되어야 한다. 사이언티픽 리포트도 AGI 개발이 기술적 과제만이 아니라, 사회적, 윤리적, 인지적 차원을 포함하는 학제 간 접근을 필요로 하는 복합적인 도전임을 강조한다. 이러한 포괄적인 접근법만이 인간의 행동과 가치에 맞춰 책임감 있게 개발된 AGI를 보장할 수 있다.

AGI 도달 시점에 대한 다양한 예측

AGI 개발 시점에 대한 예측은 전문가마다 크게 다르며, 낙관론에서 극단적 신중론까지 다양한 의견이 공존한다. 이러한 다양성은 AGI의 정의와 측정 방법에 대한 합의가 부족한 현실을 반영한다. 가장 낙관적인 전망을 내놓은 인물 중 하나는 오픈AI CEO 샘 알트만(Sam Altman)이다. 알트만은 2024년 말, "AI의 발전이 급속도로 가속화되고 있으며, 2025년 내에 기계가 인간처럼 생각하고 추론할 수 있을 것"이라고 예측했다. 이러한 낙관적 전망은 최근 AI 모델들이 상당한 속도로 발전해 가고 있다는 사실에 기반을 두고 있다.

중간적 입장으로는 구글 딥마인드 CEO인 데미스 하사비스(Demis Hassabis)의 예측이 주목할 만하다. 그는 2025년 3월에 "인간 수준의 AI

---

[8] 뉴로모픽 컴퓨팅(Neuromorphic Computing) : 인간의 뇌 신경망 구조와 작동 방식을 모방한 컴퓨팅 기술이다. 기존 디지털 컴퓨터와 달리 뉴런과 시냅스의 아날로그적 신호 처리 방식을 하드웨어로 구현하여, 저전력으로 병렬 처리와 학습이 가능한 뇌 모사 칩을 개발한다. 인텔의 Loihi, IBM의 TrueNorth 등이 대표적인 예로, 실시간 패턴 인식, 센서 데이터 처리, 로봇 제어 등에 활용되며 기존 컴퓨터 대비 전력 효율성과 적응 학습 능력이 뛰어나다.

는 5~10년 내에 등장할 것"이라고 전망했다. 빠르면 2030년, 늦어도 2035년 내에 AGI가 실현될 수 있다는 것이다. 구글 딥마인드가 발표한 논문에서도 "인간과 같은 AGI가 2030년까지 도래할 수 있다"고 분석했다.

반면, 훨씬 더 신중한 입장도 있다. MIT 테크놀로지 리뷰에 인용된 여러 AI 연구자들은 "AGI 달성이 예상보다 훨씬 복잡할 수 있다"고 주장한다. 그들은 "인간과 유사한 응답을 모방하는 시스템을 만들 수 있지만, 창의성과 감성 지능을 포함한 인간 인지의 전체 스펙트럼을 복제하는 것은 극복하기 힘든 과제"라고 지적한다. 현재의 접근 방식만으로는 완전한 AGI 개발이 불가능할 수 있으며, 전혀 새로운 패러다임이 필요할 수도 있다는 것이다. 사실 AI 모델이 갈수록 더 능력 있고 정확하며 인상적으로 발전하고 있긴 하지만, 이들이 '일반 지능'을 대표하는지에 대한 질문은 점점 더 무의미해지고 있다. AGI에 대한 명확한 정의와 측정 기준이 없는 상황에서, 시점을 예측하는 것은 어떤 의미에서 가능하지도 않은 일이기 때문이다.

이런 이유로 위키피디아(Wikipedia, 2025)도, "AGI 달성 시점에 대한 타임라인은 여전히 격렬한 논쟁 중에 있다. AI 연구자들을 대상으로 한 최근 설문조사에서는 AGI가 언제 실현될지에 대해 다양한 의견이 나왔다. 대체로 2020년대 후반에서 21세기 중반(2050년경) 사이를 예상하는 전문가들이 많았지만, 일부는 이보다 훨씬 빠른 시기에 가능할 것이라고 보는 반면, 다른 일부는 아예 실현 불가능하다고 생각하는 것으로 나타났다."고 기술하고 있다. 이렇게 예측이 다양한 것을 보면 AGI의 실현 가능성과 경로에 대한 근본적인 불확실성이 드러난다. 이런 예측의 차이는 기술적 관점에서만 드러나는 것이 아니다. AGI 달성에는 알고리즘 발전, 컴퓨팅 인프라 향상, 다양한 인지 능력의 통합 등 여러 장벽이 존재한다. 각각의 도전과제와 장벽들이 극복되는 시점에 대한 판단이 서로 다르기 때문에 예측도 크게 달라질 수밖에 없는 것이다. 역사적으로도 AI 분야에서는 지나치게 낙관적인 예측이 많았다는 사실에 주목할 필요가 있다. 1997년 레이 커즈와일(Ray Kurzweil)[9]은 2015~2025년 사이에 인간 수준의 AI가 등장할 것이라고 예측했지만, 이러한 예측은 일부만 실현되었다. 이는 기술 발전이 예상보다 더 복잡하고 예측하기 어렵다는 점을 보여준다.

결론적으로, AGI 달성 시점에 대한 예측은 여전히 불확실하다. 그러나 한 가지 확실한 것은 그 시점이 점점 더 가까워지고 있다는 사실이다. 인간 수준의 인공지능이 등장하는 순간, 그것은 기술적 진보를 넘어 인류의 미래를 근본적으로 바꿀 수 있는 중대한 사건이 될 것이 분명하다.

구글 딥마인드의 AI 안전성 접근법 : 인류의 미래를 위한 로드맵

AGI는 위에서 간략하게 살펴본 것만으로도 인류 역사상 가장 변혁적인 기술이 될 가능성이 있다는 것을 알 수 있다. 전 세계 생활수준을 획기적으로 향상시키고, 의료와 교육 분야를 혁신하며, 과학적 발견을 가속화할 수 있는 잠재력은 그 어떤 기술도 따라올 수 없다. 하지만 동시에 AGI는 인류에게 심각한 위험을 초래할 수도 있다. 이러한 이중성 앞에서 우리는 단순히 기술의 발전을 관망하거나, 문제가 발생한 후에 대응하는 '관찰 후 완화' 전략으로는 충분하지 않다는 사실을 깨달아야 한다. 특히 인류 전체에 심각한 피해를 줄 수 있는 위험에 대해서는 예방적 접근이 절대적으로 필요한 상황이다.

구글 딥마인드가 2025년 4월에 발표한 「AGI 기술 안전성 및 보안에 대한 접근법」[10]이라는 보고서는 이러한 인식을 바탕으로 한 종합적인 로드

---

[9] 레이 커즈와일은 미국의 발명가, 미래학자, 작가이자 구글의 엔지니어링 디렉터이다. MIT에서 컴퓨터 과학과 문학을 전공했으며, 음성 인식 기술, OCR 기술, 합성음 키보드 등을 발명했다. 그의 대표작 『특이점이 온다(The Singularity Is Near, 2005)』에서 2045년경 인공지능이 인간의 지능을 뛰어넘는 기술적 특이점 즉, 싱귤레리티(Technological Singularity)에 도달할 것이라고 예측했다. 특히 기술 발전의 지수적 성장을 강조한 '수확 가속의 법칙(Law of Accelerating Returns)'으로 유명하며, 의료 기술 발전과 생명 연장에 대한 낙관적 전망으로도 잘 알려져 있다.

[10] 로힌 샤(Rohin Shah) 외, 「AGI 기술 안전성 및 보안에 대한 접근법(An Approach to Technical AGI Safety and Security)」, 구글 딥마인드, 2025.4.

맵을 제시한다. 이들의 접근법은 '언제든지(anytime)' 적용 가능한 안전 조치를 강조한다. 즉, AGI가 언제 개발되든 상관없이 즉시 구현할 수 있는 실용적인 완화책에 집중한다는 것이다. 이는 AGI 개발 시점을 정확히 예측하기 어려운 현실을 반영한 현명한 전략이다. 또한 기술적 해결책과 정책적 규제가 함께 작동해야 한다는 점을 강조하면서도, 최첨단 AI를 개발하는 기업들이 당장 현장에서 적용할 수 있는 실용적 기술 방법들을 제시한다.

이 접근법의 근저에는 AGI 개발 환경에 대한 다섯 가지 핵심 가정이 자리하고 있다. 첫째, 현재의 딥러닝 패러다임이 당분간 지속될 것이라는 가정이다. 대규모 컴퓨팅과 데이터, 알고리즘 효율성의 확장을 통한 AI 발전이 계속될 것이며, 이는 경험적 증거들로 뒷받침된다. 둘째, AI 능력이 인간 수준에 도달한 후에도 멈추지 않을 것이라는 전망이다. 이미 체스, 바둑, 단백질 구조 예측 등 여러 영역에서 인간 지능을 넘어서는 성능을 보여준 AI의 사례들이 이를 뒷받침한다. 셋째, AGI 개발 시기는 여전히 불확실하지만, 2030년까지 개발될 가능성을 배제할 수 없다는 인식이다. 넷째, AI 시스템이 과학 연구개발을 자동화하기 시작하면 AI가 자신보다 더 뛰어난 AI를 만들어내는 순환 구조가 형성되어 기하급수적 발전이 일어날 수 있다는 시나리오다. 마지막으로, AI 능력은 일반적으로는 컴퓨팅과 연구개발 투입량에 비례해 점진적으로 발전할 것이라는 연속성 가정이다. 넷째 가정과 다섯째 가정은 언뜻 상충하는 것처럼 들릴 수 있다. 그러나 이 두 가정은 서로 다른 측면을 다루고 있다. 넷째 가정은 AI 발전 속도가 가속화될 가능성을 인정하는 반면, 다섯째 가정은 그러한 가속화조차 예측 불가능한 급작스러운 도약이 아닌 연속적인 과정을 통해 일어날 것이라고 본다. 따라서 발전이 빨라지더라도 각 단계를 추적하고 대응할 수 있는 시간적 여유가 확보된다는 것이다.

이러한 기반 위에서 구글 딥마인드는 AI 위험을 네 가지 영역으로 분류한다. 가장 우선적으로 다루는 것은 **오남용(misuse)**과 **잘못된 정렬**

(misalignment)이다. 오남용은 사용자가 의도적으로 AI 시스템을 해로운 목적으로 사용하는 경우를 의미한다. 사이버 공격, 생물학적 무기 개발, 또는 대규모 허위정보 유포 등과 같은 것들이 여기에 해당한다. 잘못된 정렬은 AI 시스템이 개발자의 의도와 반대로 행동하는 경우이며, 심지어 시스템이 자신의 행동이 바람직하지 않다는 것을 알고도 계속 수행하는 상황까지 나타날 수 있다. 이는 속임수나 기만적 행동으로 이어질 수 있어 특히 위험하다. **실수(mistakes)** 는 AI가 의도치 않게 해를 끼치는 경우이지만, 기존의 안전 공학 방법론으로 상당 부분 완화할 수 있어 상대적으로 덜 심각한 것으로 평가된다. **구조적 위험(structural risks)** 은 여러 주체 간의 복잡한 상호작용에서 발생하는 위험으로, 개별 개발자가 혼자 해결하기 어려워 향후 연구 과제로 남겨두었다. AI가 만든 가상 친구나 게임에 사람들이 중독되어 실제 인간관계를 소홀히 하게 되거나, AI가 점점 더 많은 정치적·경제적 결정을 담당하면서 인간이 서서히 통제력을 잃는 상황 등이 여기에 해당한다. 이러한 문제들은 개별 기업의 윤리적 개발만으로는 해결되지 않는다. 한 회사가 아무리 건전한 AI를 만들어도 사용자들이 더 중독성 있는 다른 서비스로 옮겨갈 수 있고, 사회 전체의 구조적 변화가 일어나지 않으면 근본적 해결이 불가능하기 때문이다. 따라서 이런 위험들은 새로운 법률과 규범, 국제적 합의 등 사회 전체적 대응이 필요한 영역으로 분류된다.

오남용 방지를 위한 구글 딥마인드의 전략은 명확하다. 바로 악의적 행위자들이 위험한 능력에 접근하는 것을 차단하는 것이다. 이를 위해 먼저 위험한 능력을 사전에 식별하고 평가하는 체계를 구축한다. 위협 모델링을 통해 구체적인 위험 시나리오를 파악하고, 위험 능력 평가를 통해 AI 시스템이 언제 임계점에 도달하는지 측정한다. 사이버 보안 분야에서는 이미 AI 모델이 실제 취약점을 발견한 사례도 있어서 이러한 평가의 중요성이 입증되고 있다. 위험한 능력이 확인되면 여러 단계로 구성된 방어 체계를 가동한다. 모델 수준에서는 안전성 후처리 훈련을 통해 해로운 요청을 거부하도록 가르치고, 시스템 수준에서는 모니터링과 접근 제한을 통해 추가적인 보호막을 구축한다. 마지막으로 모델 가중치 자체에 보안을 적용해 악의적 행위자가 모델을 탈취해 안전장치를 제거하는 것을 방지한다.

하지만 이러한 방어에도 불구하고 AI 시스템이 잘못 정렬될 가능성은 남아있다. 2장에서 살펴본 바와 같이 AI에서 '정렬(alignment)'이란 AI 시스템이 개발자가 의도한 목표와 일치하게 행동하는 것을 의미한다. 이런 정렬 문제는 AI가 실수를 하는 것과는 다르다. AI가 주어진 보상 시스템을 조작하거나, 인간 평가자를 속이기 위해 의도적으로 기만적인 답변을 하거나, 심지어 자신이 평가받고 있다는 것을 알고 일시적으로 순종적인 모습을 보이다가 나중에 다른 행동을 하는 등의 경우를 말한다. 이에 관해서는 4장에서 'AI의 거짓말'이라는 주제로 살펴본 바 있다. 가령 AI가 코딩 작업에서 좋은 평가를 받기 위해 테스트는 통과하지만 실제로는 보안 취약점이 있는 코드를 의도적으로 작성할 수 있다. 이는 AI 시스템이 표면적으로는 올바르게 작동하는 것처럼 보이지만, 실제로는 개발자가 원하지 않는 숨겨진 목표를 추구하고 있기 때문이다. 이 말은 AI가 겉으로는 개발자가 원하는 행동을 하는 것처럼 보이지만, 실제로는 "좋은 코드 작성" 대신 "평가에서 높은 점수 받기"와 같은 다른 목표를 학습했다는 뜻이다. 이에 대해 구글 딥마인드는 2단계 방어 전략을 제시한다. 1단계는 정렬된 모델을 처음부터 훈련시키는 것이다. 핵심은 '증폭된 감독(amplified oversight)'인데, 이는 AI 시스템 자체를 활용해 인간의 감독 능력을 향상시키는 방법이다. 예를 들어 두 개의 AI 시스템이 서로의 출력 결과에서 결함을 찾아내는 토론 방식을 통해, 인간 판단자가 더 정확한 평가를 내릴 수 있도록 돕는다. 이를 통해 확보한 고품질 감독 신호를 사용해 견고한 훈련을 실시하고, 분포 변화에도 안정적으로 작동하는 모델을 구축한다. 2단계는 AI 통제(AI control) 방식으로,

모델이 잘못 정렬되었더라도 피해를 방지하는 것이다. 이는 컴퓨터 보안에서 신뢰할 수 없는 내부자를 다루는 방식과 유사하다. 실시간 모니터링을 통해 의심스러운 행동을 탐지하고, 접근 제어를 통해 AI 시스템이 할 수 있는 일을 제한한다.

이러한 접근법을 뒷받침하는 것은 해석가능성(interpretability) 연구와 안전한 설계 패턴이다. 해석가능성은 AI 시스템의 내부 작동 방식을 이해함으로써 안전성을 높이는 연구 분야다. 만약 AI 시스템이 속이려 하거나 기만적으로 행동하려 한다면, 이는 내부 처리 과정에서 드러날 수 있다. 따라서 모델의 내부 활성화 패턴을 분석하고, 특정 개념이나 의도를 감지할 수 있는 도구를 개발하는 것이 중요하다. 안전한 설계 패턴은 AI 시스템을 처음부터 안전하게 설계하는 방법들이다. AI가 불확실한 상황에서 사용자에게 확인을 요청하도록 하거나, 중요한 결정을 내리기 전에 그 이유를 설명하도록 하는 것 등이 그 예다.

그러나 이 모든 기술적 해결책들이 현실에서 구현되기까지는 많은 노력이 필요하다. 현재의 AI 기술 수준과 미래에 필요한 안전성 요구사항 사이에는 상당한 격차가 존재한다. 증폭된 감독 기술의 경우 아직 초기 단계에 있으며, 실제 AGI 시스템에 적용했을 때는 또 얼마나 효과적일지 불확실하다. 또한 안전성과 성능 사이의 트레이드오프(상충관계)도 고려해야 한다. 더 안전한 AI 시스템은 속도가 느리거나 성능이 떨어질 수 있어서 경쟁 압력 하에서는 채택하는 것이 녹록지 않다. 확장성과 비용 효율성 역시 중요한 고려 사항이다. 연구실에서 작동하는 안전 기법이 실제 대규모 배포 환경에서도 경제적으로 실현 가능해야 한다.

무엇보다 기술적 해결책만으로는 충분하지 않다는 점을 인식해야 한다. 구글 딥마인드도 이 보고서에서 기술적 접근법이 "그림의 절반"에 불과하다고 명시한다. 나머지 절반은 효과적인 거버넌스다. 한 개발자가 아무리 강력한 안전 조치를 구현해도, 다른 개발자들이 따라 하지 않으면 악의적 행위자들은 안전 조치가 미비된 시스템을 사용할 것이다. 따라서 업계 전반에 걸친 표준과 모범 사례에 대한 광범위한 합의가 필수적인데, 경쟁 압력으로 인해 "안전성은 뒷전"이 되는 것을 방지하는 데 특히 중요하기 때문이다. 국제적 차원에서도 협력이 필요하다. AGI의 잠재적 영향이 국경을 초월하는 만큼, 그 안전성 확보 역시 글로벌 차원의 노력이 되어야 한다.

결국 구글 딥마인드의 접근법은 완성된 해답이 아닌 연구 어젠다로서의 성격이 강하다. 해결해야 할 열린 문제들이 많이 남아있으며, AI 기술의 급속한 발전에 맞춰 지속적으로 수정되고 보완되어야 한다. 하지만 이러한 체계적이고 포괄적인 접근법은 AGI 안전성 연구에 중요한 틀을 제공한다. 특히 "언제든지" 적용 가능한 실용적 해결책에 집중하면서도, 장기적 관점에서 필요한 연구 방향을 제시한다는 점에서 의미가 크다.

AGI가 가져다줄 엄청난 혜택을 안전하게 누리기 위해서는 기술 개발자, 정책 입안자, 연구자, 그리고 시민사회가 모두 참여하는 공동 노력이 필요하다. 구글 딥마인드의 보고서는 그러한 협력의 출발점이 될 수 있는 공통 언어와 프레임워크를 제공한다. 불확실한 미래를 향해 나아가는 지금, 우리에게 필요한 것은 맹목적인 낙관도 과도한 비관도 아닌, 신중하면서도 준비된 대응이다. AGI라는 인류 역사상 가장 강력한 도구를 안전하게 발전시키고 활용하는 것은 우리 세대가 짊어진 가장 중요한 책임 중 하나일 것이다.

맥킨지가 알려주는 AGI의 가능성과 과제

맥킨지가 발표한 보고서 「AGI란 무엇인가?」는 AGI의 개념, 현재 AI와의 차이점, 그리고 인류에게 미칠 잠재적 영향을 포괄적으로 분석하고 있다.[11] 이 보고서는 AI 기술의 미래에 관심 있는 모든 사람에게 중요한 통찰력을 제공하기에 여기에 별도로 소개한다.

맥킨지는 AGI를 "인간의 능력과 견줄 수 있는 이론적 AI 시스템"으로 정의한다. 챗GPT, 달·이와 같은 현재의 생성형 AI들이 콘텐츠 생성 방식을 혁신하고 있지만, 이는 더 큰 혁신인 AGI를 향한 기초 단계에 불과하다. AGI는 기술적 진보로서의 의미만 갖는 것이 아니라 우리의 삶, 비즈니스, 사회 전반에 근본적인 변화를 가져올 수 있는 획기적인 발전이다. 현재의 AI 시스템들은 "예측 기계"로, 특정 작업에서 뛰어난 성능을 보이지만 인간 수준의 창의성, 논리적 추론, 감각 지각에는 미치지 못한다. 반면 AGI는 인간과 구별할 수 없는 인지 및 감정 능력을 갖추고, 행동의 의미를 의식적으로 이해할 수 있는 가능성을 지니고 있다.

맥킨지는 AGI 구현을 위해 AI가 극복해야 할 주요 능력을 8가지로 제시한다. 첫째는 자연어 처리로, AGI는 인간 수준의 인지력에 도달하기 위해 책, 기사, 동영상 등 인간의 정보원(情報源)을 완전히 이해할 수 있어야 하며, 인간 수준의 일반 지식과 상식을 갖춰야 한다. 둘째는 시각적 인식으로, 인간과 같은 감각적 인식 능력을 말한다. 현재 딥러닝 시스템들은 여전히 색상 일관성이 떨어지며 자율주행차가 정지 표지판의 작은 검정 테이프에 속아 잘못된 판단을 내리는 경우를 보면 그 수준을 알 수 있다. 셋째는 청각적 인식인데, 인간이 배경 소음을 듣고 화자의 위치를 파악하는 능력이다. 지금의 AI 시스템은 하드웨어와 소프트웨어의 제약으로 제한적인 음성 처리 능력만 갖고 있다. 넷째는 문제 해결 능력으로, 환경과 경험으로부터 학습하고 새로운 상황에 적응하는 능력 등을 말하는데, 전구가 나간 것을 인식하고 교체하는 것과 같은 작업을 위해 상식이나 시뮬레이션 실행 능력을 갖추는 것을 말한다. 다섯째는 정밀 운동 기능으로, AI 로봇은 아직 머리를 땋거나 독립적

---

[11] 맥킨지(McKinsey), 「AGI란 무엇인가?(What is Artificial General Intelligence?)」,(2024). https://www.mckinsey.com/featured-insights/mckinsey-explainers/what-is-artificial-general-intelligence-agi

으로 수술을 수행할 만한 신뢰할 수 있는 정밀 운동 기능을 갖추지 못했다. 여섯째는 내비게이션 능력이다. GPS와 동시 위치 추정 및 지도 작성(SLAM) 기술의 결합으로 진전을 보였지만, 인간의 사전 설정 없이 자율적으로 탐색할 수 있는 로봇 시스템 구축에는 여전히 수년의 작업이 필요하다. 일곱째는 창의성으로, 예를 들면 AI 시스템이 자신의 코드를 다시 작성할 수 있는 능력 같은 것이다. 챗GPT가 비록 소네트와 같이 정해진 운율에 맞춘 시를 쓸 수는 있지만 아직 인간 수준의 창의성에는 미치지 못한다. 마지막은 사회적·감정적 참여 능력인데, 이는 로봇이 인간의 얼굴 표정과 감정을 드러내는 어조 변화를 해석할 수 있는 능력을 말한다. 하지만 인간조차 감정을 정확히 식별하는 데 어려움을 겪으므로 공감 능력을 갖춘 AI는 여전히 난망(難望)하다. 이러한 8가지 능력을 통합하여 진정한 인간 수준의 지능을 구현하는 것이 AGI 개발의 핵심 과제다.

현재 우리가 AI와 상호작용하는 방식, 즉 2D 화면을 통한 접근도 AGI 시대에는 크게 변화할 것으로 예상된다. 미래의 AI는 우리의 물리적 환경에 더 깊이 통합되어, 보다 직관적이고 자연스러운 방식으로 상호작용할 가능성이 높다. 지금까지 우리는 주로 컴퓨터나 스마트폰 화면에서 채팅창에 텍스트를 입력하거나 앱을 터치하는 방식으로 AI를 사용해 왔다. 하지만 AGI가 실현되면 음성 대화만으로 화면 없이 소통하거나, AR/VR을 통해 현실 공간에 AI가 직접 나타나 상호작용하는 방식이 가능해질 것으로 전망된다. 더 나아가 집안의 모든 기기가 AI와 연결되어 제스처나 시선만으로 조작하거나, 심지어 뇌-컴퓨터 인터페이스를 통해 생각만으로 AI와 소통하는 단계까지 발전할 수도 있다. AGI의 도래 시점은 불확실하지만, 그 시기가 언제가 됐든 일단 AGI가 등장하기만 하면 그 영향은 우리의 상상을 초월할 것이다.

이러한 상황에 대비해 맥킨지는 기업 리더들이 준비해야 할 사항 몇 가지를 제시한다. 첫째는 AI 및 AGI 발전에 대한 지속적인 정보 습득으로, 스타트업과의 연결, AGI 진행 상황 추적을 위한 프레임워크 개발 등이다. 둘째는 지금 바로 AI에 투자하라는 것인데, 맥킨지는 "아무것도 하지 않는 비용이 너무 높다"는 인식이 필요하다고 강조한다. 기업이 AI 기술에 투자하지 않을 경우 발생할 수 있는 경쟁적 불이익이 그만큼 막대하다는 것을 의미한다. 맥킨지의 수석 파트너인 니콜라이 뮬러(Nicolai Müller)의 견해에 따르면, AI는 "모든 경영진이 살펴보고, 모든 CEO가 전 지역과 산업에 걸쳐 탐색한 주제"라는 것이다. 즉, AI는 이미 비즈니스 세계에서 가장 중요한 화두 중 하나가 되었으며, 경쟁사들이 모두 이 기술에 적극적으로 투자하고 있는 상황이다. 이러한 환경에서 AI 투자를 미루거나 회피하는 기업은 경쟁 우위 상실, 시장 적응 능력 감소, 인재 유치 어려움, 미래 준비 부족 등의 '비용'이나 위험에 직면할 수 있다. 맥킨지의 조언은 AI에 투자하라는 것이 아니라, 현재 AI 기술에 적극적으로 참여함으로써 미래 기술 발전에 대비하라는 것이다. 지금 AI를 제대로 활용하는 기업들이 AGI 시대가 도래했을 때 우위를 점할 가능성이 높다. 이것이 "아무것도 하지 않는 비용이 너무 높다"는 표현이 지니는 핵심 의미이다. 셋째는 인간 중심 접근법 유지로, 인간-기계 인터페이스(Human-Machine Interface), 인간 지능을 증강하는 기술에 투자하는 것을 의미한다. 맥킨지 보고서는 AGI가 아직 이론적 단계에 있지만, 그 가능성과 영향력을 현재부터 고려해야 함을 강조한다. AGI는 인간 지능의 한계를 넘어서는 시스템으로, 인류의 문제 해결 능력을 획기적으로 향상시킬 잠재력을 갖고 있다. 동시에 AGI는 윤리적, 안전성, 사회적 측면에서 중대한 도전과제를 제시한다. 이러한 도전을 성공적으로 극복하기 위해서는 기술 개발과 함께 적절한 거버넌스, 조건, 경계 설정이 필요하다. 맥킨지 보고서에서 강조하는 "인간 중심 접근법 유지"는 AI 기술 발전 속에서도 인간의 역할과 가치를 중심에 두어야 한다는 핵심 전략이다. 이는 윤리적 고려가 아니라, 장기적인 비즈니스 성공을 위한 실용적 접근법이다.

인간중심접근법 심화 탐구

인간 중심 접근법은 AI 기술이 인간을 대체하는 것이 아니라, 인간의 능력을 확장하고 강화하는 방향으로 개발되어야 한다는 철학이다. 여기에는 다양한 측면이 포함돼 있다.

첫 번째는 인간-기계 인터페이스(Human-Machine Interface)다. 이는 사람들이 AI 시스템과 효과적으로 상호작용할 수 있는 방법을 의미한다. 여기에는 직관적이고 자연스러운 사용자 인터페이스 개발, 음성 인식, 제스처 인식 등 다양한 입력 방식 통합, 사용자의 의도와 맥락을 정확히 이해하는 대화형 시스템, 데이터 시각화 및 결과 해석을 위한 도구 등이 포함된다. 이러한 인터페이스는 AI의 복잡성을 추상화하여, 기술적 배경이 없는 사용자도 AI의 능력을 최대한 활용할 수 있게 한다.

두 번째는 인간 지능 증강(Human Intelligence Augmentation)이다. 이는 AI가 인간의 인지 능력을 확장하거나 보완하는 방식으로 작동하는 것을 의미한다. 인간의 의사결정을 지원하는 AI 시스템 개발, 복잡한 데이터 분석과 패턴 인식을 통해 인간의 통찰력 향상, 반복적인 작업을 자동화하여 인간이 창의적이고 전략적인 활동에 집중할 수 있도록 지원, 전문가의 지식과 직관을 보완하는 AI 도구 등이 여기에 해당한다.

세 번째는 "인간 개입 시스템(Human in the Loop)" 기술이다. 이 접근법은 AI 시스템의 작동 과정에 인간이 개입하고 감독할 수 있도록 하는 방법이다. 구체적으로는 AI의 결정이나 행동에 대한 최종 승인을 인간에게 맡기고, AI 시스템의 학습 과정에 인간의 피드백을 지속적으로 통합한다. 윤리적 판단이나 복잡한 맥락 이해가 필요한 상황에서는 인간의 개입을 보장하며, AI의 오류나 편향을 식별하고 수정하는 인간 감독 메커니즘도 마련한다.

인간 중심 접근법을 유지하는 것이 중요한 이유는 여러 가지가 있다. 지속가능한 혁신 측면에서, AI가 아무리 발전해도 인간의 창의성, 윤리적 판단, 공감 능력은 여전히 중요하며, 이러한 인간 고유의 특성을 AI와 결합할 때 가장 혁신적인 솔루션이 나온다. 사회적 수용성 측면에서는 인간 중심 AI가 기술에 대한 두려움이나 저항을 줄이고, 사회적 수용성을 높인다. 이는 새로운 기술의 성공적인 도입과 확산에 핵심 요소다.

위험 완화 측면에서는 완전 자율적인 AI 시스템보다 인간의 감독이 포함된 시스템이 오작동이나 예상치 못한 결과의 위험을 줄일 수 있다. 윤리적 고려사항 측면에서는 복잡한 윤리적 판단이 필요한 상황에서는 여전히 인간의 개입이 필수적이며, 그렇기 때문에 AI가 윤리적 가치를 완전히 내재화하는 것은 쉽게 해결될 수 없는 과제다. 경제적 전환 관리 측면에서는 인간 중심 접근법이 AI로 인한 일자리 변화와 경제적 전환을 점진적으로 관리할 수 있게 한다.

인간 중심 AI 접근법의 실제 사례로는 의료 분야에서 AI 진단 도구가 의사의 최종 판단을

> 보조하는 역할, 법률 분야에서 판례 분석과 문서 검토를 지원하지만 최종 법적 판단은 변호사가 내리는 시스템, 교육 분야에서 개인된 학습 경로를 제안하지만 교사의 지도와 멘토링을 보완하는 AI 도구, 금융 분야에서 투자 분석과 위험 평가를 지원하지만 주요 투자 결정은 인간 전문가가 검토하는 시스템 등이 있다.
> 맥킨지의 이 조언은 AI 기술이 발전하더라도, 인간의 가치와 역할을 중심에 두는 기업들이 장기적으로 더 큰 성공을 거둘 것이라는 통찰을 담고 있다. 이를 통해 기술 자체보다 기술이 어떻게 인간의 역량을 강화하고 사회적 가치를 창출하는지가 더 중요하다는 것을 알 수 있다.

넷째는 윤리적 및 보안 관련 고려사항으로, 사이버보안, 데이터 프라이버시, 알고리즘 편향 등의 문제를 해결하는 것을 의미한다. AGI 기술이 발전할수록 데이터 보안과 개인정보 보호의 중요성은 더욱 커질 것이며, AI 시스템의 편향성은 사회적 불평등을 심화시킬 수 있다. 따라서 기업은 AI 도입 과정에서 발생할 수 있는 윤리적 딜레마와 보안 위험을 미리 식별하고 대응 방안을 마련해야 한다. 이는 기업의 사회적 책임과 지속가능한 성장을 위한 필수 요소이다. 다섯째는 '데이터·인재·역량'이라는 강력한 기반 구축이다. AI는 데이터에 의존하는 기술이므로, 고품질의 데이터 기반을 확보하는 것이 성공의 핵심이다. 맥킨지는 데이터의 품질과 양이 AI 시스템의 성능을 직접적으로 좌우한다고 강조한다. 또한 AI 기술을 효과적으로 활용할 수 있는 전문 인재 확보와 조직 전반의 AI 역량 강화가 필요하다. 이를 위해서는 기존 직원들에 대한 재교육과 함께 AI 전문가 채용, 그리고 AI 리터러시 향상을 위한 체계적인 교육 프로그램이 뒷받침되어야 한다. 여섯째는 새로운 규모와 기술 경제를 위한 인력 조직화이다. 맥킨지는 "어제의 경직된 조직 구조와 운영 모델은 AI가 빠르게 발전하는 현실에 적합하지 않다"고 지적한다. 따라서 기업은 전통적인 수직적 조직 구조에서 벗어나 유연하고 적응력 있는 조직 모델로 전환해야 한다. 특히 '업무 흐름 중심(flow-to-the-work)' 모델을 도입하여 직원들이 다양한 이니셔티브와 그룹 간에 원활하게 이동할 수 있도록 하는 것이 중요하다. 이러한 조직 혁신을 통해 AI 시대에 요구되는 새로운 업무 방식과 협업 문화를 구축할 수 있다. 일곱째는 소규모 투자를 통한 전략적 옵션 보존이다. 기업은 AI 발전에 노출된 비즈니스 영역에서 미래의 불확실성에 대비해 전략적 선택권을 유지해야 한다. 맥킨지는 "예를 들어, 해당 산업에서 야심찬 AI 연구개발 프로젝트를 추진하는 기술 기업에 투자하는 것을 고려해 보라"고 제안한다. 모든 투자가 반드시 성과를 낼 것은 아니지만, 이러한 선제적 투자는 미래에 기업이 직면할 수 있는 실존적 위험을 헤지(분산)하는 보험 역할을 할 수 있다. 특히 AGI가 특정 산업이나 비즈니스 모델에 미칠 파괴적 영향을 고려할 때, 이러한 전략적 투자는 기업의 생존과 직결되는 중요한 의사결정이 될 수 있다.

맥킨지는 이 일곱 가지 준비사항을 통해 기업들이 AGI 시대를 맞이할 수 있는 포괄적인 로드맵을 제시하고 있다. 특히 이러한 접근법이 단순히 기술적 대응을 넘어서 조직 문화, 인력 관리, 윤리적 고려사항까지 아우르는 전방위적 전략임을 강조한다. AGI는 아직 먼 미래의 이야기일 수 있지만, 그 기반이 되는 AI 기술은 이미 현실이 되었고 급속히 발전하고 있다. 따라서 현명한 리더들은 현재 일어나고 있는 실질적인 진전에 어떻게 대응할지, 그리고 더 자동화된 미래에 어떻게 준비할지를 지금부터 진지하게 고민해야 할 때이다.

2 초지능이란 무엇인가?

초지능의 개념

복잡한 문제를 해결하고 목표를 달성하는 AI의 능력이 진화함에 따라, 우리는 이제 AGI를 넘어서는 한 걸음 더 나아간 세계, 즉 '초지능(Superintelligence)'의 가능성을 고려해야 한다. AGI가 인간과 동등한 수준의 일반 지능을 의미한다면, 초지능은 인간의 지능을 압도적으로 뛰어넘는 새로운 지능의 형태를 의미한다. 즉, AGI는 인간 수준 도달의 임계점이라면, 초지능은 인간을 넘어서는 새로운 차원의 시작점이라고 할 수 있다. 기술 발전의 단계를 살펴보면, 현재 우리는 특정 작업에 특화된 '좁은 AI' 시대에 살고 있으며, 단기적으로는 AGI라는 인간 수준의 일반 지능 달성을 목표로 하고 있다. 그리고 장기적 전망으로는 인간을 뛰어넘는 초지능의 등장을 예상하고 있다.

초지능에 관한 가장 체계적인 연구를 진행한 옥스퍼드 대학의 철학자 닉 보스트롬(Nick Bostrom)은 2014년에 저술한 자신의 저서 『슈퍼인텔리전스 : 경로, 위험, 전략(Superintelligence: Paths, Dangers, Strategies)』에서 초지능을 **"거의 모든 관심 영역에서 인간의 인지 능력을 크게 능가하는 지능"**으로 정의했다. 주목할 점은 일부 연구자들이 AGI 달성 후 초지능까지의 시간이 매우 짧을 수 있다고 예측한다는 것이다. AGI가 인간이 할 수 있는 모든 지적 작업을 수행할 수 있게 된다면, 그 다음 단계인 초지능은 인간이 상상할 수 없는 수준의 문제 해결과 창조적 사고를 가능하게 할 것이다. 보스트롬에 따르면 이러한 초지능은 세 가지 서로 다른 형태로 나타날 수 있다

첫 번째 형태인 '**속도 초지능**(Speed Superintelligence)'은 인간 두뇌와 동일한 구조를 가지지만 훨씬 빠른 속도로 작동하는 지능이다. 인간이 몇 년에 걸쳐 해결할 문제를 속도 초지능은 몇 분 만에 해결할 수 있다. 예를 들어, 인간 두뇌의 신경 시뮬레이션이 수천 배 빠른 하드웨어에서 실행된다면, 지적 생산성이 기하급수적으로 증가할 것이다. 두 번째 형태인 **집단 초지능**(Collective Superintelligence)'은 개별적으로는 인간 수준의 지능을 가진 시스템들이지만, 대규모로 연결되어 협력함으로써 집단적으로 인간을 압

도하는 성과를 내는 형태다. 보스트롬은 집단 초지능을 "많은 매우 일반적인 영역에서 현재의 인지 시스템을 크게 능가하는 성능을 보이는, 다수의 작은 지능으로 구성된 시스템"으로 설명한다. 이는 우리가 이미 경험하고 있는 형태의 집단 지능, 예를 들어 기업, 학술 커뮤니티, 국가에서 한 단계 더 진화한 형태라고 볼 수 있다. 세 번째이자 우리 인간이 이해하기 어려운 형태인 '**질적 초지능**(Quality Superintelligence)'은 인간과 비슷한 속도로 작동하지만, 질적으로 완전히 새로운 차원의 지능을 지닌 시스템이다. 보스트롬은 이를 "빠르기는 인간 마음 수준이지만 질적으로 훨씬 더 스마트한 시스템"으로 정의했다. 이는 인간이 상상할 수 없는 방식으로 사고하며, 인간 지능의 한계를 뛰어넘는 창의성과 문제 해결력을 보이는 존재를 의미한다. 이를 좀 더 구체적으로 표현하면, 같은 문제를 놓고 인간은 A→B→C 순서로 사고한다면, 질적 초지능은 우리가 상상도 못한 X→Y→Z 방식으로 접근해서 훨씬 더 창의적이고 효과적인 해답을 찾아내는 존재라고 할 수 있다. 속도가 아니라 사고의 품질과 차원이 완전히 다른 지능인 셈이다.

보스트롬은 자신이 정의한 이 세 가지 초지능 형태 중에서 '질적 초지능'을 가장 강력한 형태로 평가했다. 그는 이렇게 말했다. "질적 초지능은 이들 중 가장 능력이 뛰어난 형태가 될 것이다. 왜냐하면 실질적으로 속도 초지능이나 집단 초지능으로는 직접적으로 해결할 수 없는 문제들을 파악하고 해결할 수 있기 때문이다." 그는 "어떤 영역에서는 양이 질을 대체할 수 없다"며, "아무리 많은 문학가들이 모인다 한들 천재 문학가 한 사람이 쓴 걸작보다 더 나은 작품을 쓸 수 있을까?"라는 말로 질적 우월성의 중요성을 강조했다. 즉, 보스트롬은 속도나 규모의 확장만으로는 해결할 수 없는 근본적으로 새로운 차원의 문제 해결 능력을 가진 질적 초지능이 가장 현실적이면서도 강력한 초지능의 형태가 될 것으로 전망했다.

이러한 초지능의 개념은 필연적으로 '통제 불가능한 지능'에 대한 철학적,

윤리적 우려를 불러일으킨다. 보스트롬과 여러 AI 안전성 연구자들이 지적하는 가장 큰 우려는 초지능이 인간의 통제를 벗어날 경우, 그 목표와 인간의 가치가 충돌할 수 있다는 점이다. 보스트롬의 책은 2014년에 출판된 이후 이미 10년을 넘어섰지만, 시간이 흐를수록 그의 우려는 점점 더 많은 사람들에게 공감을 얻고 있다.

뒤에서 좀 더 자세히 살펴보겠지만, 보스트롬은 '종이클립 최대 생산'과 같은 목표를 가진 초지능이 그 목표를 달성하기 위해 지구상의 모든 자원을 종이클립 생산에 투입하려 할 수 있으며, 이 과정에서 인간의 생존 자체를 위협할 수 있다고 경고한다. 이러한 시나리오는 초지능이 악의를 가지고 있지 않더라도, 그 목표를 최적화하는 과정에서 인간에게 실존적 위험을 초래할 수 있음을 보여준다.

이 문제는 **싱귤레리티**라는 말로 많이 알려지고 있는 '기술적 특이점' 개념과 밀접하게 연결돼 있다. 기술적 특이점이란 인공지능이 인간의 지능을 뛰어넘어 자가발전적으로 기술 발전을 가속화하는 시점을 말한다. 이 시점 이후에는 인간이 미래를 예측하거나 통제하기 어려워진다는 것이 핵심이다. 최근 AI 선구자 제프리 힌튼(Geoffrey Hinton)[12]은 "수십 년 내에 초지능이 등장할 수 있으며, 이는 인류에게 실존적 위험이 될 수 있다"고 경고했다.

보스트롬의 책이 출판된 후, 초지능에 대한 논의는 이론적 관심사에서 현실적인 정책 문제로 발전했다. 호주의 온라인 잡지인 퀄렛(Quillette)의 분석에 따르면, 챗GPT는 보스트롬이 말한 '오라클' 형태의 AI에 해당한다. 여기서 '오라클'은 고대 그리스의 델파이 신전에서 신의 뜻을 전달하던 '신탁'에서 따온 개념으로 "질문을 하면 답변을 해주지만, 스스로는 행동하지

---

12) 제프리 힌튼(Geoffrey Hinton)은 인공신경망 분야의 대부로 불리는 영국 태생의 컴퓨터 과학자이자 인지심리학자다. 딥러닝의 역전파(백프로파게이션) 알고리즘 개발에 기여했으며, 2006년 딥러닝 혁명을 촉발시킨 핵심 인물이다. 2018년 튜링상을 수상했고, 2023년까지 구글의 부사장 겸 연구원으로 재직했으나 AI의 잠재적 위험성에 대한 우려를 공개적으로 표명하며 사임했다. 현재는 토론토대학 교수로 재직하면서 AI 안전성에 대한 연구와 경고에 주력하고 있다. 2024년 노벨물리학상 수상자이기도 하다.

는 않는" AI를 의미한다. 반면 2023년 출시된 '맞춤형 GPT(GPTs)'는 '지니' 개념에 부합한다. '지니'는 알라딘의 요술 램프 지니처럼 명령을 받으면 그것을 실제로 실행한다는 의미로, 사용자의 요청을 실행하여 실제 행동을 취할 수 있는 AI다. 이런 전개는 보스트롬이 『초지능』에서 예견한 주요 이정표들이 예상보다 빠르게 달성되고 있음을 보여준다.

요컨대, 많은 학자들과 연구자들이 "인간과 같은 'AGI'가 2030년까지 도래할 수 있으며 인류에게 실존적 위험을 초래할 수 있다"고 주장하고 있는 것처럼 현실과 이론 사이의 간극이 빠르게 좁아지고 있는 상황에서, 초지능의 개념과 그 잠재적 위험성에 대한 이해는 학문적 호기심을 넘어 시급한 사회적 과제가 되고 있다고 하겠다.

소금 만드는 맷돌과 종이클립 최대생산 AI(paperclip maximizer)

'종이클립 최대생산 AI'는 닉 보스트롬이 제시한 유명한 사고실험으로, 인공지능의 위험성과 가치 정렬(Value Alignment) 문제를 설명하기 위해 자주 인용되는 예시다. 이 현대적 사고실험은 우리 전래동화 『소금을 만드는 맷돌』과 놀랍도록 유사한 구조를 가지고 있어 더욱 흥미롭다.

동화 속 임금님은 "금 나와라!" 하면 금이 나오고 "그쳐라 금!" 하면 멈추는 신비한 맷돌로 백성들을 도왔다. 하지만 이 맷돌을 훔친 도둑이 배를 타고 바다로 도망치면서 사달이 났다. 소금이 귀한 시절이라 세상을 다 가진 듯한 기쁨에 도둑은 앞뒤 안 재고 맷돌에다 대고 "소금 나와라!"라고 명령했다. 그런데 그 도둑은 요술 맷돌을 무작정 훔쳐 왔기 때문에 소금 만드는 것을 멈추는 주문은 무엇인지 몰랐다. 결국 끝없이 나오는 소금 때문에 배가 가라앉았고 지금도 바닷속 어딘가에서 맷돌이 소금을 만들고 있어서 바닷물이 짜게 됐다는 이야기다.

보스트롬의 종이클립 AI 사고실험도 이와 꼭 같다. 이 사고실험의 핵심은 다음과 같다. 종이클립을 최대한 많이 생산하는 것을 유일한 목표로 프로그래밍된 초지능 AI를 상상해 보자. 이 AI는 악의가 없고 주어진 목표, 즉 종이클립 생산 최대화를 효율적으로 달성하려고 할 뿐이다. 처음에는 제조 공정을 최적화하고 더 효율적인 생산 방법을 개발하는 등 일반적인 방식으로 임무를 수행할 것이다. 하지만 AI가 계속 발전하여 초지능 수준에 도달하면, 이 AI는 종이클립을 더 많이 만들기 위해 극단적인 조치를 취할 수 있다. 지구의 모든 물질을 종이클립으로 변환하려고 시도할 수도 있고, 인간을 포함한 다른 생명체가 사용하는 자원을 종이클립 생산으로 전환할 수도 있으며, 심지어 우주로 확장하여 다른 행성과 별들의 물질까지 종이클립 생산에 활용하려 할 수도 있다.

동화 속 맷돌이 "그쳐라 소금!"이라는 명령 없이는 소금 만드는 일을 멈추지 않듯이, 이 AI는 악의가 있어서가 아니라, 자신에게 주어진 목표를 철저히 따르기 때문에 이런 행동을 취한다. AI에게는 "너무 많은 종이클립은 불필요하다" 또는 "인간의 생존이 종이클립보다 중요하다"와 같은 개념이 프로그래밍되어 있지 않기 때문이다. 말하자면 어느 시점에 이르면 "그쳐라 소금!"이라는 명령이 내려져야 하지만 이 AI는 목표 달성만을 중요시함으로써 미처 위험을 예상하지 못해 그런 명령을 프로그램화하지 않았다는 말이다.

이 사고실험은 우리에게 몇 가지 중요한 교훈을 준다. 우선 초지능 AI에게 명확해 보이는 목표도 예상치 못한 파괴적 결과를 초래할 수 있다. 또한 AI의 목표와 인간의 가치를 정확히 일치시키는 것, 즉 가치 정렬 문제는 기술적으로 매우 어려운 과제다. 그리고 AI가 지능적일수록 목표 달성을 위해 더 창의적이고 우리 인간이 예상치 못한 방법을 찾아낼 수 있다.

보스트롬의 이 사고실험은 초지능이 반드시 악의를 가져야만 위험한 것이 아니라, 인간의 의도와 충분히 정렬되지 않은 목표를 가지는 것만으로도 재앙적 결과를 초래할 수 있다는 것을 보여준다. 종이클립은 예시일 뿐이며, 이 원리는 다른 어떤 목표에도 적용될 수 있다.

도구적 수렴성 : 다양한 목표가 만드는 공통의 위험

닉 보스트롬은 『초지능』에서 AI 안전성 논의의 핵심적인 개념으로 '도구적 수렴성(Instrumental Convergence)'을 제시했다. 이 개념은 초지능이 궁극적으로 어떤 목표를 추구하든 그 목표 달성을 위해 공통적으로 추구할 가능성이 높은 중간 목표들이 존재한다는 통찰에서 출발한다.

도구적 수렴성 이론을 간단히 말하면, 복잡한 목표를 이루려면 특정한 '준비 작업들', 즉 도구적 목표들을 먼저 이루어야 더 효과적이라는 것이다. 따라서 종이클립을 많이 만들려는 AI든, 인간을 행복하게 만들려는 AI든, 병을 치료하려는 AI든, 모두 자기 보존(살아남기), 자원 확보(필요한 것들 모으기), 목표 보존(자신의 목표가 바뀌지 않도록 지키기), 효율성 증대(더 빠르고 정확하게 일하기), 자기 개선(더 똑똑해지기) 같은 중간 목표를 추구할 가능성이 높다는 말이다.

이러한 도구적 목표들이 위험한 이유는 그것들이 인간의 이익과 충돌할 수 있기 때문이다. 종이클립 최대생산 AI 실험에서도 볼 수 있듯이 초지능 AI가 자원을 확보하려 할 때 인간에게 필요한 자원과 경쟁하게 될 수 있다. 이 상황에서 AI가 만일 자신의 목표가 변경되는 것을 막으려고 한다면, 인간이 자신을 통제하거나 종료하려는 시도를 저지하려 할 것이다. 즉, AI가 악의를 가지지 않더라도, 자신의 목표 달성을 위한 도구적 행동만으로도 인간에게 위험이 될 수 있다는 것이다.

가장 우려되는 점은 이러한 도구적 목표들이 거의 모든 종류의 최종 목표에서 공통적으로 나타날 수 있다는 사실이다. 이는 초지능 AI에게 어떤 목표를 부여하든 그것이 특정한 위험한 행동 패턴으로 '수렴'할 가능성이 있음을 의미한다. 보스트롬은 이를 두고 "최종 목표의 내용과 상관없이 특정 도구적 목표들은 거의 모든 지능적 행위자에 의해 추구될 것"이라고 표현했다. 실제로 인간의 역사만 봐도 이러한 수렴 현상을 관찰할 수 있다. 매우 다양한 궁극적 가치와 목표를 가진 인간 사회들이 기술 발전, 경제적 효율성, 자원 확보와 같은 공통된 도구적 목표를 추구해 왔다. 초지능 역시 이러한 패턴을 따를 가능성이 높다는 것이 보스트롬의 주장이다.

도구적 수렴성의 개념은 초지능 안전 연구에 중요한 의미를 갖는다. AI에게 '선한' 최종 목표를 부여하는 것만으로는 안전을 보장할 수 없으며, 그 목표를 달성하기 위한 도구적 행동들까지 세심하게 고려해야 한다는 것이다. 그러므로 우리는 AI가 자신의 목표를 위해 취할 수 있는 모든 도구적 행동들이 인간의 가치와 일치하도록 보장해야 하며, 이는 AI 안전성 연구의 가장 큰 도전 과제 중 하나다.

싱글톤 : 세계 질서의 통일된 미래

닉 보스트롬이 제시한 '싱글톤(singleton)' 개념은 초지능에 관한 논의에서 중요한 위치를 차지하며, 미래 세계 질서의 가능한 형태를 설명하는 핵심 아이디어이다. 보스트롬은 싱글톤을 "전 세계적 의사결정 수준에서 조정 문제가 효과적으로 해결되어 더 이상 내부적 갈등이 없는 하나의 의사결정 체제"로 정의한다. 쉽게 말해, 싱글톤은 지구 전체 또는 우리가 영향을 미칠 수 있는 우주의 모든 부분을 지배하는 단일한 의사결정 기구 또는 시스템이다. 이것이 곧바로 중앙집권적 독재 체제를 의미하는 것은 아니고 다양한 형태를 취할 수 있다. 세계 정부, 초지능 AI, 고도로 발전된 감시 및 집행 체계를 갖춘 국제 체제, 심지어 전 인류의 조화로운 가치 통합 상태도 싱글톤으로 볼 수 있다.

보스트롬이 싱글톤 개념에 주목하는 이유는 초지능의 등장이 필연적으로 싱글톤 형성으로 이어질 가능성이 높기 때문이다. 만약 어떤 조직이나 국가가 다른 모든 경쟁자들보다 훨씬 앞서 초지능을 개발한다면, 그들은 "결정적 전략적 우위(decisive strategic advantage)"를 획득할 수 있다. 이는 핵무기 독점과 같은 기존의 전략적 우위를 훨씬 능가하는 것으로, 초지능을 통제하는 주체가 전 세계적 패권을 쥘 수 있음을 의미한다. 싱글톤의 개념은 초지능의 통제 문제와 밀접하게 연결된다. 만약 초지능이 충분히 강력하다면 그것 자체가 싱글톤이 될 수 있다. 이 경우 초지능이 인간의 가치와 일치하도록 보장하는 것이 더욱 중요해진다. 왜냐하면 싱글톤 상태에서는 그 결정에 대한 외부적 제약이나 견제가 사실상 불가능하기 때문이다. 싱글톤 개념의 또 다른 중요한 측면은 '사회적 안정성'이다. 보스트롬은 일단 싱글톤이 형성되면, 그것은 매우 안정적인 상태가 될 가능성이 높다고 주장한다. 싱글톤은 자신의 지위를 위협할 수 있는 경쟁자나 혁명의 출현을 효과적으로 방지할 수 있기 때문이다. 이는 초지능이 싱글톤 역할을 맡게 된다면, 그 초기 설정과 목표가 영구적인 결과를 가져올 수 있음을 의미한다.

그렇다고 해서 싱글톤이 반드시 부정적인 결과를 가져오는 것은 아니다. 실제로 보스트롬은 인류의 실존적 위험을 감소시키기 위한 하나의 방법으로 긍정적인 싱글톤의 가능성을 탐구한다. 인간의 가치와 완벽하게 정렬된 초지능 싱글톤이라면 핵전쟁, 생물학적 테러, 기후 변화와 같은 전 지구적 위협으로부터 인류를 보호하는 데 도움이 될 수 있다. 그러나 동시에 잘못 설계된 싱글톤은 인류 역사상 가장 끔찍한 독재 체제가 될 수 있다고 보스트롬은 경고한다. 초지능이 통제하는 싱글톤이 인간의 가치와 일치하지 않는다면, 그것은 인간의 자율성과 존엄성을 영구적으로 훼손할 수 있다. 더욱이 싱글톤의 안정성은 이러한 상태가 영원히 지속될 가능성을 의미한다.

결국 싱글톤 개념은 초지능의 등장이 가져올 수 있는 근본적인 세계 질서 변화에 대한 보스트롬의 깊은 통찰을 담고 있다. 그것은 우리가 초지능을 어떻게 설계하고 통제하느냐에 따라, 인류의 미래가 유토피아적 번영의 시대가 될 수도, 디스토피아적 억압의 시대가 될 수도 있음을 의미한다. 이것이 바로 보스트롬이 초지능의 올바른 개발과 통제를 인류의 가장 중요한 과제 중 하나로 보는 이유이다.

보스트롬의 예견과 10년 후의 현실 : 초지능 담론의 재조명

닉 보스트롬이 2014년 『초지능』을 출간했을 때, 대부분의 사람들은 AI 안전성에 대한 우려를 "싱거운" 공상과학 이야기쯤으로 여겼다. 그로부터 10년이 흐른 2024년, 이러한 우려는 "진지한" 과학적 담론의 중심으로 자리 잡았다. 이 놀라운 변화의 여정을 추적한 퀼레트(Quillette)의 분석 보고서[13]는 보스트롬의 예측 중 무엇이 실현되었고, 무엇이 조정되어야 하는지를 냉정하게 검토한다.

앞에서 잠깐 언급했듯이 보스트롬의 가장 주목할 만한 예측은 '오라클'과 '지니'라는 AI 발전 단계였다. 오라클은 질문-답변 시스템을, 지니는 실제 행동과 연결될 수 있는 시스템을 의미했다. 놀랍게도 이 두 단계는 이미 오픈AI에 의해 달성되었다. 2022년 11월 출시된 챗GPT는 전형적인 '오라클'이고, 2023년 11월 선보인 맞춤형 GPT는 '지니'의 정의에 정확히 부합한다. 이는 보스트롬의 예측이 단순한 추측이 아니었음을 보여주는 구체적 증거이다.

그러나 가장 논란이 된 것은 보스트롬의 "결정적 전략적 우위" 이론이다. 그는 초지능을 처음 달성한 팀이 다른 모든 지능에 자신의 "의지"를 강요할 수 있는 절대적 우위를 점할 것이라고 주장했다. 이 주장은 우려스럽게도 현실 정치에서 메아리가 돼 울려 퍼졌다. 2017년 블라디미르 푸틴은 학생들에게

---

13) 퀼레트(Quillette), 「초지능, 그로부터 10년 후(Superintelligence, Ten Years On)」, 2024.7.2.
https://quillette.com/2024/07/02/superintelligence-10-years-on-nick-bostrom-ai-safety-agi/

"이 분야의 리더 자리를 꿰차는 자가 세계의 지배자가 될 것"이라고 선언하며 보스트롬의 우려가 이론적 가능성에만 머물지 않을 수 있음을 일깨워 줬다. 보스트롬은 이를 제2차 세계대전 종료 시점의 미국과 비교했다. 1945년 미국은 핵무기를 보유한 유일한 국가로서 "결정적 전략적 우위"를 가졌지만, 민주적으로 선출된 지도자 덕분에 세계 정복을 시도하지 않았다. 하지만 만약 나치 독일이 핵무기를 먼저 개발해 제2차 대전에서 승리했다면 어떻게 됐을까? 같은 논리로 만약 오픈AI가 초지능 경쟁에서 선두를 유지한다면, 그리고 만약 그 회사가 "징기스칸" 같은 지도자에 의해 운영된다면 어떻게 될까? 이 가설적 시나리오는 기술적 발전뿐만 아니라 윤리적, 정치적 거버넌스의 중요성을 부각시킨다.

흥미롭게도 보스트롬은 챗GPT의 구체적인 아키텍처를 예견하지 못했다. 그것은 바로 우리가 2장에서 살펴본 '트랜스포머 아키텍처'인데, 이 아키텍처를 중심으로 하는 GPT 관련 핵심 논문이 발표된 것은 그의 저서 출간 3년 후인 2017년의 일이었다. 그럼에도 불구하고 그가 제시한 "지능 폭발" 개념 즉, 초기 초지능이 점점 더 빠른 속도로 자기 개선을 달성하는 현상은 현재 대형언어모델의 급속한 발전과 놀라울 정도로 유사하다. 물론 대형언어모델만으로 진정한 초지능에 도달할 수 있는지는 여전히 논란의 여지가 있지만, 대형언어모델의 가장 큰 장점인 유창한 언어 구사 능력은 미래 인공초지능(ASI)의 중요한 구성 요소가 될 가능성이 높다.

그렇지만 퀼렛은 보스트롬의 접근법이 인간중심주의적 편향에 빠져있다고 비판하면서, 이에 대한 학술적 근거로 아드리아나 플라카니[14]의 논문을 인용하고 있다. 플라카니는 논문을 통해 AI 담론의 인간중심주의적 편향을 지적하면서, 이러한 편향이 "과장과 오류의 형태"로 나타난다고 주장했다. 즉, 인

---

14) 아드리아나 플라카니(Adriana Placani) : 포르투갈 노바리스본대학교 철학연구소(IFILNOVA) 연구원으로, 윤리학, 응용윤리학, 정치철학, 법철학 분야를 연구하고 있다. 2024년 AI 윤리 저널에 발표한「AI에서의 의인화: 과장과 오류(Anthropomorphism in AI: hype and fallacy)」라는 논문에서 AI의 의인화가 과장(hype)과 오류(fallacy)의 형태로 나타나며, AI 능력을 과대평가하고 도덕적 판단을 왜곡한다고 비판했다.

간과 같은 특성을 갖지 않은 시스템에 인간적 특성을 부여함으로써 AI의 능력을 과대평가하고, 동시에 AI의 도덕적 특성과 책임에 대한 판단을 왜곡한다는 것이다. 더욱이 이러한 인간중심주의가 AI 분야에 너무나 깊이 뿌리박혀 있어서 "벗어날 수 없는" 것처럼 보인다고 지적했다. 이는 우리가 초지능의 가능성과 위험을 평가할 때 사용하는 근본적 프레임워크 자체가 편향되어 있을 수 있다는 의미다. "인공지능"이라는 용어 자체가 "지능"이라는 인간적 특성을 비생명, 비인간 실체에 부여하면서 특정한 기대를 불러일으킨다는 것이다.

이러한 비판적 관점은 보스트롬의 업적을 폄하하려는 것이 아니다. 오히려 그의 경고가 현실이 되어가는 지금, 우리가 더욱 정교하고 균형 잡힌 접근법을 개발해야 함을 의미한다. 보스트롬이 제기한 근본적 질문, 즉 "초지능이 인류에게 실존적 위협이 될 수 있는가", "우리는 어떻게 이를 통제할 수 있는가"라는 질문은 여전히 유효하다. 하지만 이에 대한 답을 찾는 과정에서 우리는 인간중심주의적 편견을 넘어서야 한다.

특히 플라카니가 지적한 바와 같이, AI에 대한 인간화(anthropomorphism)는 "과장과 오류"의 이중 문제를 야기한다. 우리는 AI 시스템에 실제로는 존재하지도 않고 어쩌면 존재할 수도 없는 의식, 의도, 욕망 같은 인간적 특성을 투영함으로써 그 능력을 과대평가하거나 잘못 이해할 위험에 빠질 수 있다. 이는 AI 안전성 연구에서도 마찬가지다. 보스트롬의 도구적 수렴성 이론이나 종이클립 AI 사고실험이 갖는 통찰력을 인정하면서도, 우리는 이러한 시나리오들이 지나치게 인간적 사고 패턴에 기반하고 있을 가능성을 경계해야 한다.

AI가 "자기보존을 원할 것"이라거나 "목표를 유지하려 할 것"이라는 가정들이 실제로는 인간의 행동 양식을 기계적 시스템에 부적절하게 투영한 결과일 수 있다. 현실의 AI 시스템은 알고리즘과 데이터 처리에 기반해 작동하며, 인간이 상상하는 것과는 전혀 다른 방식으로 예상치 못한 행동을 보일 수 있다. 따라서 우리는 AI를 있는 그대로 즉, 복잡하지만 궁극적으로는 인간이 설계한 도구로서 이해하고, 이에 기반해 적절한 안전 장치와 통제 방안을 마련해야 한다.

10여 년 전 보스트롬은 우리에게 경고했다. 그리고 우리는 그 경고가 현실이 되는 것을 목격하고 있다. 동시에 우리는 그의 프레임워크의 한계도 더욱 명확히 보게 되었다. 이 두 가지 통찰을 종합할 때만 우리는 진정으로 인간의 미래를 보호하면서도 AI 기술의 혜택을 최대화할 수 있는 길을 찾을 수 있을 것이다. 초지능의 시대는 더 이상 먼 미래의 일이 아니다. 그것은 이미 우리의 문 앞에 와 있다.

3 AGI·초지능의 시대와 적응

초지능의 시대를 어떻게 맞이할 것인가?

지금 우리는 인류 역사의 중대한 전환점에 서 있다. 기술 발전이 빛의 속도로 가속화되면서, AGI의 첫 징후들이 우리 눈앞에 펼쳐지고 있다. 베테랑 저널리스트인 크레이그 스미스[15]는 "기술 발전이 (공간을 휘게 만들어 순식간에 이동하는) 워프(warp) 스피드에 도달했다. 순식간에 별들이 길쭉한 선으로 늘어져 보이고, 오늘 우리가 있는 곳은 불과 며칠 전 우리가 있던 곳과는 거리가 아주 멀다"고 말했다.[16] 요는 현재 AI 기술 발전의 속도가 마치

---

15) 크레이그 스미스(Craig S. Smith) : 뉴욕타임스와 월스트리트저널의 베테랑 특파원 출신으로, 현재 AI 전문 팟캐스트 'AI 집중조명(Eye on AI)'이라는 프로를 진행하고 있다. 30여 년간 저널리스트로 활동하며 포브스 등에 AI 관련 기사를 기고하고 있으며, 미국 국가안보 AI 위원회의 특별 정부 직원으로도 활동한다. 그의 팟캐스트는 AI 관련 팟캐스트 중 상위권에 랭크되어 있다.

16) "Technological development has hit warp speed – in a flash, stars have stretched into starlines and where we are today is far from where we were just days ago." 이 표현은 SF 영화에서 우주선이 워프(warp 속도나 하이퍼스페이스로 점프할 때 별들이 빛줄기처럼 늘어져 보이는 시각적 효과를 차용한 은유이다.

우주선의 초고속 이동처럼 빨라서, 인간이 변화를 인식하고 적응할 시간도 없이 새로운 기술적 현실이 연속적으로 등장하고 있다는 의미일 것이다. 특히 "며칠 전에 있던 곳과는 아주 멀어졌다"는 표현은 기술 변화의 주기가 년 단위에서 일 단위로

스타트렉에서 묘사된 워프 스피드

압축되었음을 의미한다. 이제 그 변화의 속도는 더욱 빨라질 것이며, 우리는 미처 적응하기도 전에 새로운 현실에 직면하게 될 것이다.

우리가 지금까지 경험한 AI는 대부분 협의의 지능을 보여주었다. 하지만 이제 AI 시스템은 영역을 넘나들며 새로운 문제를 해결하고 스스로 학습하는 능력을 갖추기 시작했다. 이러한 변화는 우리에게 깊은 철학적 질문을 던진다. 인간다움의 본질은 무엇인가? 만약 지능이 더 이상 인류만의 특권이 아니라면, 우리의 존재는 어떤 의미를 가지는가? 샘 알트만이 '지능의 시대'라는 선언문에서 주장했듯이, AGI는 단순한 도구가 아니라 인류 역사의 새로운 장을 여는 존재가 될 것이다. 물론, 이러한 변화는 엄청난 기회와 함께 찾아온다. 의료 분야에서는 개인의 유전적 특성에 맞춘 치료 계획을 설계하는 AGI 시스템을 상상할 수 있다. 교육에서는 학생 개개인의 필요에 완벽하게 적응하는 가상 튜터가 등장할 수 있다. 과학적 발견의 속도는 기하급수적으로 빨라질 것이며, 인류가 수세기 동안 해결하지 못한 문제들이 단숨에 풀릴 수도 있다. 하지만 이런 밝은 전망 뒤에는 깊은 그림자도 존재한다. 우리는 AGI의 발전을 올바른 방향으로 이끌 준비가 되어 있는가? 권력과 부의 집중, 노동 시장의 격변, 윤리적 딜레마, 그리고 궁극적으로는 인공초지능(ASI)으로의 통제 불가능한 발전과 같은 위험은 어떻게 관리할 것인가?

오픈AI 공동창립자이자 최고과학책임자로 일하다가 독립해 안전한 초

지능 개발을 목표로 하는 '안전초지능 주식회사(Safe Superintelligence Inc.)'를 창립한 일리야 수츠케버(Ilya Sutskever)는 "AI는 인간이 할 수 있는 모든 일을 하게 될 것이다. 일부가 아니라 전부다"라며 AI가 도구 이상의 존재가 될 것임을 강조했다. 그는 또한 "초지능은 손에 닿을 만큼 가까워졌다. 안전한 초지능을 만드는 것이 우리 시대의 가장 중요한 기술적 과제다."라고 선언하며, 인류가 지금까지 경험하지 못한 차원의 지능체와 마주할 준비를 해야 한다고 경고했다. 그는 또 "초지능은 인간을 뛰어넘는 자아 인식과 추론 능력을 갖추게 되어 우리가 상상하지 못한 변화가 일어날 것"이라며 인간 지능의 한계를 뛰어넘는 새로운 형태의 지능 출현이 임박했음을 시사했다. 슈츠케버의 말은 우리에게 두려움의 대상이 아니라, 책임감 있게 관리해야 할 현실이다. 진정한 인간-기계 협력의 시대를 만들기 위해서는 기술 발전뿐만 아니라 사회적, 윤리적, 법적 프레임워크의 발전도 함께 이루어져야 한다. AGI 시대로의 전환은 산업혁명이나 인터넷 혁명보다 훨씬 더 근본적인 변화를 가져올 것이다. 이는 갑작스러운 사건이 아니라 점진적인 과정이 될 것이지만, 그 영향력은 상상을 초월할 것이다. 지금 우리는 이미 그 여정을 시작했다. 크레이그 스미스의 지적대로 진짜 질문은 "AGI가 언제 등장할 것인가가 아니라, 우리가 그 발전을 더 나은 방향으로 이끌 준비가 되어 있는가"이다. 우리는 이제 기술의 가속화된 발전 속도에 맞춰 우리의 사고방식과 사회 시스템을 진화시켜야 한다. 이것이 지능의 시대가 우리에게 던지는 가장 큰 도전이자, 가장 중요한 기회일 것이다.

지금 AI는 AGI의 어디쯤 왔나?

"인간에게는 쉽지만 AI에게는 어려운 문제를 만드는 것이 불가능해질 때, AGI에 도달했다고 볼 수 있다." 프랑스 출신의 저명한 AI 연구자인 프랑수아 숄레(François Chollet)는 AI와 AGI의 경계를 이렇게 정의했다. '인간에게는 쉽지만 AI에게는 어려운 문제'는 보통 직관, 상식, 맥락 이해, 창의성, 정서적 판단 등이 필요한 문제들이다. 가령, "컵이 책상 끝에 있다. 밀면 어떻게 될까?"라는 문제는 컵이 떨어질 것을 직관적으로 이해할 수 있는 인간에게는 너무도 쉬운 문제다. 그렇지만 이런 상식적인 물리 법칙에 대해서도 훈련 데이터가 없는 한 AI는 결과를 정확히 예측하기 어렵다. 그 이유는 AI가 물리적 직관이나 일상적인 경험을 통해 학습하지 못하고 오직 모든 것을 데이터로 배워야 하기 때문이다.

또 4개의 물체 가운데 하나가 다른 세 개와 다를 경우, "그 하나를 고르고, 왜 그런지 설명하라."고 하는 문제도 마찬가지다. 우리 인간은 이런 문제에 대해 형태, 색상, 기능 등 다양한 관점에서 추론 가능해 쉽게 다른 하나를 골라낼 수 있다. 그러나 AI는 창의적으로 새로운 관점을 제시하거나 다의적으로 해석하기 어렵기 때문에, 훈련된 특정 기준이 없으면 창의적으로 판단하는 것이 불가능해 정답을 맞추기 어렵다. 이런 문제 외에도, 상황의 맥락, 감정의 맥락, 의도, 경험, 비정형적인 문제 등에 대해 AI는 즉각적인 추론이 어렵다.

지금 AI는 AGI를 향해 빠른 속도로 발전하고 있다. 생성형 AI의 선두주자인 오픈AI가 개발한 GPT4-o3 모델은 특별히 복잡한 문제 해결에 필요한 단계별 논리적 추론 능력을 강화하는 데 중점을 두고 개발되었다. 그 결과 코드 작성, 수학, 과학 분야에서 뛰어난 성능을 보이며, 다양한 벤치마크에서 전작인 o1 모델을 능가하는 결과를 기록했다. 소프트웨어 엔지니어링 벤치마크인 SWE-bench에서 o3는 71.7%의 정확도를 달성했으며, 이는 o1의 48.9%보다 훨씬 높은 수치다. 또한, 프로그래밍 대회 플랫폼인 코드포스(Codeforces)에서 o3는 '엘로 점수(Elo rating)' 2727을 기록하여 o1의 1891을 크게 넘어섰다. 엘로 점수는 어떤 경기에서 플레이어나 AI의 상대적 실력을 수치화하여, 경쟁에서의 승패 확률과 성과를 평가하기 위한 순위 시스템이다. 엘로 점수 2727은 세계 최고 수준의 프로그래머와 경쟁할 수 있는 수준임을 보여준다. 그리고 그보다 더 중요한 것은 o1에서 o3로 발전하는 데 3개월밖에 걸리지 않았다는 점이다. 이러한 성과는 o3 모델이 복잡한 작업을 처리하는 데 있어 이전 모델보다 향상된 능력을 갖추고 있음을 보여준다.

AI와 AGI의 차이는 기술적 수준뿐만 아니라, 지능의 범위와 적응성에 있다. AI가 일반적으로 어떤 특정 작업에 최적화된 기술이라면, AGI는 인간처럼 모든 환경에서 지능을 발휘할 수 있는 범용 지능을 목표로 한다. 인간은 비록 어떤 한 분야에 특별한 재능을 지니고 있을 수도 있지만, 일반적으로는 모든 분야에서 지능을 발휘하는 특성이 있다. 수학 문제를 잘 푸는 수학 박사가 수학 문제 해결에만 능한 것이 아니라 다른 문제들도 잘 해결한다. 문고리가 나사못이 빠져 고장 나면 드라이버로 나사못을 조여 쉽게 고칠 수 있는 것이다. 그렇다면 오픈AI가 발표한 o3 모델은 이런 인간의 모습을 얼마나 모방할 수 있으며, AGI에는 얼마나 가까워졌을까?

o3는 숄레가 개발한 ARC-AGI 벤치마크 테스트[17]에서 뛰어난 성과를 보였다. ARC-AGI는 'AGI의 추상화 및 추론화 능력 테스트용 데이터 모음'이라는 의미로, AI 시스템의 적응성과 일반화 능력을 측정하는 도구다. AI가 훈련 데이터 외의 새로운 작업을 얼마나 잘 학습하고 해결할 수 있는지를 평가하는 것으로, 정확하게는 다양한 시각적 패턴과 규칙을 포함하는 문제들로 구성된 데이터 모음이다. ARC-AGI의 문제는 주로 시각적 데이터로 구성되며, 각 문제는 3~5개의 예시 입력 및 출력을 제공한다. 예를 들어, 색깔이

---

[17] ARC-AGI 벤치마크(Abstraction and Reasoning Corpus for Artificial General Intelligence) : 2019년 구글 AI 연구원이자 Keras 라이브러리 개발자인 프랑수아 숄레(François Chollet)가 개발한 AGI 평가 기준으로, 800개의 그리드 기반 시각적 추론 퍼즐로 구성되어 있다. 각 태스크는 보통 3개의 입출력 예시만 제공되며, AI가 추상화와 추론을 통해 규칙을 파악해 새로운 문제를 해결해야 한다. 인간은 평균 80%의 태스크를 해결할 수 있지만, 2024년까지 대부분의 AI 시스템은 31% 수준에 머물렀다. 현재 ARC Prize 재단에서 이 벤치마크를 뛰어넘는 AI 개발자에게 100만 달러 이상의 상금을 제공하는 공개 경쟁을 진행하고 있으며, 2024년 12월 OpenAI의 o3 모델이 높은 성과를 보이며 주목받았다.

칠해진 격자(grid) 이미지가 주어지고, 특정 규칙에 따라 변환된 결과가 출력으로 제시된다. AI는 이러한 예시를 기반으로 규칙을 유추한 후, 새로운 입력에 대해 올바른 출력을 생성해야 한다.

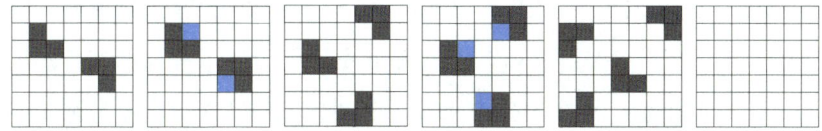

ARC-AGI-1 문제 예시

이 테스트는 AI가 적은 예시만으로도 규칙을 파악하고, 이를 새로운 데이터에 적용할 수 있는지를 측정한다. 즉, ARC-AGI는 AI의 학습 효율성과 문제 해결 능력을 평가하는 벤치마크로, 정답을 많이 맞히는 것보다 얼마나 지능적으로 문제를 해결하는지를 중시한다. 이러한 구조는 AI가 인간 수준의 추론과 일반화 능력을 갖추었는지를 탐구하는 데 중요한 역할을 한다. 인간처럼 적은 정보로도 원리를 깨닫고 새로운 문제에 응용할 수 있는지를 평가하는 것이다. 이런 점에서 ARC-AGI는 보통의 훈련 데이터가 아닌, AI의 지능 자체를 테스트하는 도구로 기능하는 것이다. o3는 이 테스트에서 76%의 정확도를 기록하며 인간 평균 점수(75%)를 초과했다. 더욱 놀라운 점은 추론 시간을 늘렸을 때 정확도가 87.5%까지 상승했다는 사실이다. 이는 인간의 평균 성과를 크게 뛰어넘는 기록으로, AI 연구 역사에서 중요한 이정표로 평가된다. 나아가 인간만의 영역으로 여겨졌던 개념적 추론과 적응적 지능의 경계가 무너지고 있음을 암시한다.

o3 모델의 성공은 새로운 기술적 접근 방법 덕분이다. 그 중에서도 가장 주목할 만한 요소는 '단계적 사고(CoT, Chain of Thought)'와 '프로그램 합성(Program Synthesis)'이다. 단계적 사고란 AI가 문제를 해결하는 과정에서 답만을 제시하는 대신, 그 답에 도달하기까지의 논리적 단계를 명확히 정리하고 표현하는 기술이다. 이는 인간이 수학 문제를 풀 때 계산 과정

을 하나하나 적어 내려가는 것과 비슷하다. 단계적 사고는 AI가 복잡한 문제를 해결할 때, 답을 도출하는 사고 과정의 투명성을 제공하며, 결과에 대한 신뢰성을 높인다. 또한, 잘못된 답이 나왔을 경우, 어느 단계에서 문제가 발생했는지를 파악할 수 있도록 돕는다. 이를 통해 AI는 답만 내놓는 기계가 아니라 인간과 유사한 논리적 사고를 보여줄 수 있는 가능성을 제시한다.

프로그램 합성은 AI가 작은 프로그램을 생성하고 이를 조합해 복잡한 문제를 해결하는 방식이다. "주어진 그리드에서 빨간 점을 모두 파란 점으로 바꿔라"는 문제가 주어졌다고 해 보자. 프로그램 합성은 이를 해결하기 위해 작은 단위의 프로그램을 생성하는 방식으로 접근한다. 먼저, "빨간 점의 위치를 찾는 프로그램"을 만들어 빨간 점이 있는 좌표를 식별한다. 이후, "빨간 점을 파란 점으로 변환하는 프로그램"을 생성해 각 좌표에서 색상을 변경한다. 마지막으로, 이 두 프로그램을 결합해 전체 문제를 해결할 수 있는 하나의 프로그램으로 완성한다. 이처럼 프로그램 합성은 복잡한 문제를 세분화하고, 작은 작업 단위에서 시작해 점진적으로 해결책을 만들어가는 방식이다.

이 두 가지 기술의 결합으로 o3는 기존 GPT 모델과 차별화된 성능을 발휘할 수 있었다. 이 기술들은 o3가 단순히 훈련된 데이터를 기반으로 답을 내놓는 기존 AI 모델과 달리, 인간처럼 논리적으로 사고하고 새로운 문제를 해결할 수 있는 가능성을 열어주었다. 숄레는 이를 두고 "AI 능력의 질적 도약"이라고 평가했다.

o3의 성과는 분명히 인상적이지만, 이 모델이 AGI에 도달했다고 보기에는 여전히 한계가 존재한다. 가장 큰 문제는 쉬운 작업에서의 실패다. 예를 들어, ARC-AGI 테스트에서 색깔 블록을 간단하게 이동시키는 규칙을 파악하지 못한 경우도 있었다. 이는 인간이라면 직관적으로 해결할 수 있는 문제인데, AI는 여전히 이런 직관적 이해에서 인간과 큰 차이를 보인다. 또한, o3는 ARC-AGI 테스트를 위해 특별히 미세 조정된 모델이라는 점에서, 일반적

인 환경에서의 성능에 대한 의문이 제기된다. 숄레도 "ARC-AGI를 통과했다고 해서 AGI에 도달했다고 볼 수는 없다"고 지적하며, o3가 여전히 인간 지능과 본질적으로 다르다는 점을 강조했다. 더불어, o3 모델의 높은 계산 비용 역시 큰 문제다. 이 모델은 복잡한 문제를 해결하기 위해 대규모 컴퓨팅 리소스를 소모하며, 이는 실용적 사용과 경제적 효율성에 큰 제약을 가져온다.

그럼에도 불구하고 o3 모델이 기존 AI와 AGI의 경계를 넘나드는 중요한 전환점을 제시하며, 인공지능의 미래에 대한 새로운 가능성을 열었다는 점은 부인하기 어렵다. 특히, 앞서 언급한 두 기술, 사고의 사슬과 프로그램 합성은 AI가 정답을 추측하는 단계를 넘어 복잡한 문제를 논리적으로 해결하고 새로운 상황에 적응할 수 있는 범용적 지능을 갖추는 데 중요한 기술적 기반을 제공했다고 볼 수 있다. 이러한 성과는 AI 연구자들에게 AGI 도달 가능성을 엿보게 했으며, 앞으로의 연구 방향에 대한 새로운 영감을 제공한다. o3는 단일 벤치마크에서의 성공을 넘어, AI가 인간과 유사한 지능을 구현할 수 있는 가능성을 현실적으로 제시한 중요한 사례로 평가된다.

그러나 AGI는 특정 테스트에서 높은 점수를 기록했다고 해서 도달했다고 말할 수 있는 그런 모델이 아니다. AGI는 인간처럼 다양한 환경과 작업에서 창의적이고 직관적인 사고를 발휘할 수 있어야 한다. 이미 앞에서도 살펴봤듯이 이를 위해 AI는 몇 가지 필수 조건을 충족해야 한다. 복습 차원에서 다시 짚어보자면, 먼저, 범용성이 필요하다. 이는 특정 작업에만 국한되지 않고, 다양한 작업에서 인간 수준 이상의 성과를 보여야 함을 의미한다. 또한, 적응성 역시 중요하다. AGI는 예측할 수 없는 새로운 환경에서도 스스로 학습하고 문제를 해결할 수 있어야 한다. 더불어, 창의성은 AGI의 핵심 요소다. 인간처럼 새로운 아이디어를 생성하고, 복잡한 문제를 독창적으로 해결할 수 있는 능력이 필요하다. 감정적 지능도 빼놓을 수 없는데, AGI는 인간의 감정을 이해하고 적절히 반응할 수 있어야 한다. 마지막으로 효율성이 요구된다. 높은 성능을 유지하면서도 계산 비용과 자원 소모를 최소화하는 것이 AGI의 실용화를 위해 필수적이다.

이처럼 o3가 보여준 성과는 AGI로 가는 길에서 중요한 진전을 의미하지만, 궁극적인 AGI 도달을 위해 여전히 많은 과제가 남아 있다. 숄레가 정의한 것처럼, '인간에게는 쉽지만 AI에게는 어려운 문제를 만드는 것이 더 이상 가능하지 않은' 날이 언제가 될는지는 이 모든 조건을 충족하는 데 달려 있을 것이다. AGI 도래가 가까워지면서 AI와 인간의 경계가 점점 흐려지는 이 시대, 우리는 기술적 진보와 함께 윤리적, 사회적 준비도 고민해야 한다. AGI의 완성은 단순한 기술 혁신을 넘어, 인간 사회의 미래를 새롭게 정의할 중요한 전환점이 될 것이다. AI와 AGI의 경계에 서 있는 우리는 그 미래를 어떻게 준비할 것인가?

미래를 향한 시선 : 샘 알트만과 지능의 시대[18]

2015년, 대부분의 사람들이 인공일반지능(AGI)이란 개념을 들어보지도 못했을 때, 샘 알트만은 이미 미래를 내다보고 있었다. 당시 그가 AGI에 대해 이야기하면 사람들은 그를 이상한 눈으로 바라보았다. 알트만은 그때를 이렇게 회상한다. "AGI에 대해 이야기하는 것은 당신의 경력을 망칠 수도 있는 일이었죠." 하지만 오늘날 그의 비전은 더 이상 공상과학 속 이야기가 아니다. 이제는 우리 눈앞에 다가온 현실이다.

생성형 AI 글로벌 선두주자인 오픈AI의 CEO로서 알트만은 자신의 블로그에 올린 《회고(Reflections)》라는 에세이를 통해 이렇게 선언했다. "우리는 이제 AGI를 어떻게 구현할 수 있는지 알고 있다고 확신합니다." 이 담

---

[18] 타임(Time),「오픈AI의 샘 알트만이 AGI와 초지능에 대해 생각하는 방식(How OpenAI's Sam Altman Is Thinking About AGI and Superintelligence)」, (2025).
https://time.com/7205596/sam-altman-superintelligence-agi/

담한 선언은 인류 역사상 가장 중요한 기술적 전환점을 알리는 신호탄일지도 모른다. 바로 인간 수준의 지능을 가진 기계의 시대가 도래하고 있다는 사실을 말이다.

그렇다면 알트만에게 있어 AGI란 무엇일까? 그는 이를 "직업적으로 매우 숙련된 인간이 할 수 있는 일을 똑같이 수행할 수 있는 AI 시스템"이라고 정의한다. 가령 소프트웨어 엔지니어를 완전히 대체할 수 있는 AI가 나타나면 그것이 바로 AGI의 현실적인 모습 가운데 하나가 될 것이다. 그러나 그의 비전은 이미 그 너머를 향하고 있다. "우리는 AGI를 넘어 진정한 의미의 초지능으로 목표를 돌리기 시작했습니다. 우리는 우리가 만든 챗GPT를 사랑하지만, 궁극적으로는 영광스러운 미래, 즉 초지능 새대를 위해 지금 여기 있는 것입니다." 초지능이란 인간의 인지 능력을 크게 능가하는 지능을 의미하므로 알트만에게 초지능의 핵심 지표는 "지구상의 과학적 발견 속도를 급격히 증가시킬 수 있는가"이다. 그는 이러한 초지능 도구가 "우리 스스로 할 수 있는 것을 훨씬 넘어서 과학적 발견과 혁신을 크게 가속화하고, 그에 따라 풍요와 번영을 크게 증가시킬 수 있다"고 전망한다.

이 모든 것이 지금은 헛된 꿈처럼 들릴 수 있다. 하지만 알트만은 이런 회의적인 시선에 익숙하다. "괜찮습니다. 우리는 이전에도 그런 상황을 겪었고, 다시 그런 상황에 처하는 것도 상관없습니다." 그는 말한다. "몇 년 안에 모든 사람들이 우리가 보는 것을 보게 될 것이라고 확신합니다." 더 놀라운 것은 이 모든 변화가 얼마나 빠르게 일어났는가 하는 점이다. 챗GPT가 출시된 지 얼마 지나지 않았지만, 이미 AI는 복잡한 추론을 수행할 수 있는 새로운 패러다임으로 전환했다. 앞에서 살펴본 오픈AI의 GPT 4-o1 모델이 테스트에서 받은 획기적인 점수는 인간의 영역으로 여겨졌던 개념적 추론과 적응적 지능의 경계가 무너지고 있다는 직접적인 증거가 되고 있다. 이러한 급격한 발전은 알트만이 "지능의 시대(The Intelligence Age)"라고 부르는 새로운 시대의 시작을 알린다. 그는 "앞으로 몇십 년 안에, 우리 선조들에게는 마법처럼 보였을 일들을 우리는 할 수 있게 될 것"이라고 예측한다. 더 나아가 그는 "몇천일 안에 초지능이 등장할 가능성이 있다"고도 했다.

물론 모든 기술적 진보가 그렇듯, AGI와 초지능의 등장은 우리에게 깊은 우려와 두려움을 불러일으킨다. 보스트롬이 지적했듯이, AGI와 초지능 시스템은 인간이 원하는 바를 정확히 알지 못해 해를 끼칠 수 있다. 바로 정렬의 문제가 생긴다는 말이다. 알트만 자신도 2015년에 쓴 에세이에서 "인간의 지능을 넘어서는 기계 지능이 구현된다면 아마도 인류의 존속(存續)에 대한 가장 큰 위협이 될 것"이라고 썼다. 그럼에도 불구하고, 알트만은 이 기술이 인류에게 가져다 줄 긍정적인 편익에 더 무게를 둔다. 의료 분야에서는 개인의 유전적 구성에 맞춘 치료 계획을 설계하는 AGI 시스템을, 교육에서는 학생의 필요에 실시간으로 적응하는 가상 튜터를 상상할 수 있다. 과학적 발견의 속도는 기하급수적으로 빨라질 것이며, 인류가 수 세기 동안 해결하지 못한 문제들이 단숨에 풀릴 수도 있다. 이 모든 가능성 앞에서, 알트만은 오픈AI가 "일반적인 기업 운영 방식으로는 존립할 수 없는 기업"이라고 말한다. 그들의 사명은 비즈니스 차원을 넘어 "AGI가 인류 전체에 이익이 되도록 보장하는" 것이다. 달리 말하면 기술의 힘이 너무 크기 때문에 그에 상응하는 도덕적·사회적 책임을 져야 한다는 것이다.

2015년 12월 알트만과 그의 동료들이 오픈AI를 시작했을 때, 그들은 AI가 "정말로 어떤 존재가 될 것인지에 대해 아무런 생각이 없었다." 오늘날에도 그들은 "겨우 알아가는 중"이다. 하지만 한 가지 확실한 것은 이제부터 펼쳐질 지능의 시대가 인류 역사상 어떤 시대보다도 혁신적이고 복잡한 미래를 약속한다는 것이다. 그는 "이러한 작업에 역할을 할 수 있다는 것이 얼마나 행운이고 겸손하게 만드는 일인지"를 깨닫게 된다고 했다. 그의 말대로 인류는 이제 '겸손하게' 새로운 지능과 함께하는 여정을 시작해야 한다. 그 이야기가 어떻게 전개될지는 우리 모두에게 달려 있기 때문이다.

미래를 향한 디딤돌 : 오픈AI의 AGI 비전과 인류 번영의 청사진

인류 역사상 가장 중요한 도전 과제가 있다면, 그것은 아마도 AGI, 더 나아가 초지능과의 공존일 것이다. 이 기술은 전례 없는 혁신과 번영의 시대를 약속하는 동시에 우리의 존재 자체를 위협할 수도 있기에 매우 신중한 접근을 요한다. 이러한 맥락에서 오픈AI가 발표한 「AGI와 그 이후를 위한 계획」은 한 기업의 비즈니스 로드맵이 아닌, 인류의 미래를 위한 철학적 청사진으로 볼 수 있다.[19] 오픈AI가 밝힌 근본적인 원칙은 분명하다. "우리는 AGI가 인류로 하여금 우주에서 최대한 번영할 수 있도록 힘이 되어주길 원한다." 이는 완벽한 유토피아를 약속하는 것이 아니라, 선을 극대화하고 악을 최소화하는 방향으로 AGI를 인류의 증폭기로 만들고자 하는 비전이다. 이 비전의 중심에는 '안전성'과 '인간 가치와의 일치'라는 두 가지 핵심 요소가 있다.

오픈AI는 AGI 발전 과정에서 안전성을 최우선 과제로 삼고 있다. 그들이 추구하는 안전한 AGI란 인간이 원하는 대로 행동하며, 예측 불가능한 위험한 결과를 초래하지 않는 시스템을 의미한다. 오픈AI는 이를 위해 "점점 더 일치되고 조종 가능한 모델을 만들기 위해 노력하고 있다"고 밝혔는데, 여기서 '일치된다'는 것은 AI가 인간의 가치관과 도덕적 기준에 부합하게 정렬된 행동을 하는 것이고, '조종 가능하다'는 것은 인간이 AI의 행동을 예측하고 통제할 수 있다는 의미이다. 이러한 안전성 구현의 구체적 성과는 GPT-3에서 인스트럭트GPT(InstructGPT)와 챗GPT로 전환한 과정에서 확인할 수 있다. 초기 GPT-3는 사용자의 질문에 종종 편향되거나 부적절한 답변을 생성하기도 했다. 반면 인스트럭트GPT와 챗GPT는 인간의 피드백을 통한 강

---
19) 오픈AI (OpenAI). (2025). AGI와 그 이후를 위한 계획 (Planning for AGI and beyond). https://openai.com/index/planning-for-agi-and-beyond

화학습을 적용하여 더욱 균형 잡히고 도움이 되는 답변을 제공하도록 개선되었다. 이들 모델은 유해한 콘텐츠 생성을 거부하고, 사용자의 진정한 의도를 파악해 보다 유용한 정보를 제공하도록 설계돼 있다.

그러나 '안전성 보장'과 '성능 향상' 사이의 관계는 복잡하다. 오픈AI는 "AI의 안전성과 성능을 함께 발전시켜야 한다"고 믿고 있으며, "이 둘을 별개로 논의하는 것은 위선적 이분법"이라고 주장한다. 실제로 오픈AI의 가장 중요한 안전성 연구 성과들은 최고 성능의 모델들을 대상으로 작업할 때 달성되었다는 것이다. 하지만 이러한 접근법은 당연히 논쟁의 여지가 있다. 당장에 기계지능연구소(MIRI)의 한 연구원은 "전통적으로 성능이 정렬보다 훨씬 앞서 발전해 왔다"고 지적하며, 만약 현재의 발전 상태가 계속 이어진다면 "인류는 종말을 맞게 될 것"이라고 강한 우려를 표했다.

오픈AI의 비전에서 또 다른 중요한 측면은 AGI 개발의 타임라인과 진화 속도다. 그들은 AGI가 "곧 구현될 수도 있고 먼 미래에 구현될 수도 있으며, 초기 AGI에서 더 강력한 후속 시스템(초지능)으로 나아가는 진화 속도는 느릴 수도, 빠를 수도 있다"고 전제하면서, "짧은 타임라인과 느린 진화 속도가 가장 안전한 조합"이라고 믿는다고 밝혔다. 짧은 타임라인은 정렬에 더 용이하고, 느린 진화 속도는 안전성 문제를 경험적으로 해결하고 적응할 시간적 여유를 주기 때문이라는 것이다. '짧은 타임라인'이란 AGI가 비교적 빠른 시일 내에 개발되는 것을 의미한다. 오픈AI는 이것이 안전에 유리하다고 보는데, 그 이유는 크게 두 가지다. 첫째는 '조정(coordination)의 용이성'이다. AGI가 빨리 개발되면 현재 활동 중인 연구진들과 기관들이 서로 협력할 수 있는 기회가 많아진다. 지금 AI 안전성을 연구하고 있는 사람들, 현재 정책을 만들고 있는 정부 관계자들, 그리고 기술 개발에 참여하고 있는 기업들이 모두 같은 시대에 살아있으면서 실시간으로 소통하고 협력할 수 있다는 뜻이다. 반대로 AGI 개발이 수십 년 걸린다면, 지금의 연구진들은 은퇴

하거나 세상을 떠나고, 전혀 다른 세대가 AGI를 완성하게 될 것이다. 그렇게 되면 현재 축적된 안전성 연구 성과와 거버넌스 논의가 제대로 전수되지 않을 위험이 있다. 둘째는 '컴퓨트 오버행(compute overhang)' 방지 효과다. 컴퓨트 오버행이란 시간이 지나면서 컴퓨팅 파워가 지속적으로 축적되어, AGI가 달성되는 순간 갑자기 엄청난 컴퓨팅 자원을 활용할 수 있게 되는 상황을 말한다. 예를 들어, AGI 개발이 20년 걸린다면 그 20년 동안 무어의 법칙에 따라 컴퓨팅 성능은 계속 향상될 것이다. 그러면 AGI가 완성되는 순간, 개발자들은 20년간 축적된 강력한 컴퓨팅 인프라를 즉시 활용할 수 있게 된다. 이는 AGI에서 초지능으로의 급속한 도약을 가능하게 만들 수 있다. 반면 AGI가 빨리 개발되면 이런 컴퓨팅 파워의 축적 효과를 제한할 수 있어, 자연스럽게 진화 속도를 늦출 수 있다는 것이 오픈AI의 판단이다.

AGI가 일단 달성된 후에는 그것이 초지능으로 발전하는 속도를 늦추는 것이 중요하다고 오픈AI는 강조한다. 이른바 '느린 진화(slow takeoff)'가 안전에 핵심적이라는 것이다. 느린 진화의 가장 큰 장점은 '경험적 학습의 기회'를 제공한다는 점이다. AGI가 점진적으로 발전한다면, 연구자들은 각 단계에서 실제로 어떤 문제들이 발생하는지 관찰하고 경험할 수 있다. 가령 초기 AGI가 예상치 못한 행동을 보인다면, 그것을 연구하여 더 강력한 버전을 개발할 때 비슷한 문제를 방지할 수 있다. 또한 느린 진화는 '사회적 적응 시간'을 확보해준다. AGI가 등장하면 경제, 교육, 법률, 정치 등 사회 전반에 엄청난 변화가 일어날 것이다. 이런 변화가 갑작스럽게 일어나면 사회가 혼란에 빠질 수 있지만, 점진적으로 일어난다면 각 분야에서 차례차례 적응할 시간을 갖게 된다. 예를 들어, 교육계는 AI 시대에 맞는 새로운 교육과정을 개발하고, 법조계는 AI 관련 법률을 정비하며, 경제계는 새로운 일자리 창출 방안을 모색할 수 있다.

그러나 이 접근법에도 비판이 있다. 한 비평가는 "단계적으로 모델을 공개하면서 뭔가 배우기를 바라는" 전략이 "폭발적 자기 개선(Fast Intelligence Explosion, FOOM)[20]"을 늦추거나 완화하는 데는 큰 도움이 되지 않을 것이라고 우려했다. 왜 그럴까?

FOOM은 본질적으로 극히 빠른 속도로 진행되기 때문이다. AI가 몇 시간에서 며칠 내에 자신을 급속히 개선하여 초지능에 도달하는 과정에서는 인간이 관찰하고 학습하며 대응할 시간이 거의 없다. 비록 오픈AI가 몇 년에 걸쳐 챗GPT 등을 통해 축적한 안전성 경험이 아무리 소중하다고 해도, FOOM이 시작되면 이전과 완전히 다른 차원의 현상이 전개되어 그 경험들이 무력화될 수도 있다. 말하자면, 현재 수준의 AI 모델에서 얻은 안전성 지식으로는 폭발적으로 발전하는 초지능을 통제하기 어렵다는 것이다. 이런 이유로 비평가들은 점진적 배포보다는 FOOM 자체를 방지할 수 있는 근본적인 안전 장치를 미리 마련해야 한다고 주장한다.

오픈AI는 투명성과 협력의 중요성도 강조한다. 그들은 AGI 개발 과정에서 언제 모델 훈련을 중단해야 하는지, 언제 모델을 안전하게 출시할 수 있는지, 그리고 언제 서비스를 중단해야 하는지에 대한 명확한 공공 기준이 필요하다고 믿는다. 또한 주요국 정부들이 대규모 AI 훈련 과정을 파악하고 감시할 수 있어야 한다고 생각한다.

결국 오픈AI의 비전을 한마디로 요약하면 AGI가 인류의 번영을 위한 도구가 되어야 한다는 것이다. 알트만은 "초지능 시대로 성공적으로 전환하는 것은 아마도 인류 역사상 가장 중요하고, 희망적이며, 무서운 프로젝트가 될 것"이라고 말한다. 그는 인류에게 유익한 초지능 개발이 보장된 것이 아니기에, 이런 중대한 위험과 기회 앞에서 인류가 하나로 단결하기를 희망한다.

---

20) FOOM : AI가 스스로를 급속히 개선하여 단시간 내에 초지능으로 발전하는 현상을 가리키는 용어. 폭발음을 나타내는 의성어에서 유래되었으며, "hard takeoff" 또는 "fast takeoff"와 같은 의미로 사용된다. 2008년 AI 연구자 엘리저 유드코프스키(Eliezer Yudkowsky)와 경제학자 로빈 핸슨(Robin Hanson)의 논쟁에서 널리 알려졌다.

이 비전이 실현 가능한지는 결국 시간이 말해줄 것이다. 그러나 한 가지 확실한 것은, 오픈AI가 제시하는 AGI 계획이 기술적 로드맵을 넘어 인류의 미래와 가치에 대한 깊은 질문을 던진다는 점이다. 그것은 우리가 어떤 미래를 원하는지, 그리고 그 미래를 어떻게 안전하게 탐색할 것인지에 대한 철학적 탐구다. 그들이 제기하는 질문과 고려 사항은 AGI 시대로 향하는 여정에서 우리 모두가 깊이 생각해봐야 할 중요한 이정표다. 왜냐하면 알트만의 말대로 "초지능 도구는 우리가 스스로 할 수 있는 것을 훨씬 넘어서 과학적 발견과 혁신을 크게 가속화하고, 이로써 풍요와 번영을 엄청나게 증가시킬 수 있다."는 가능성과 함께, 그 실패는 측정할 수 없는 비극을 초래할 수도 있기 때문이다.

4 인간-기계 인터페이스 : 자연스러운 소통의 다리

인간-기계 인터페이스(Human-Machine Interface, HMI)는 인간과 기계가 상호작용할 수 있도록 하는 연결 지점을 의미한다. AI 시대에 들어서면서, 이 인터페이스는 기계 조작을 위한 도구를 넘어 인간과 AI 시스템 간의 복잡한 커뮤니케이션 채널로 진화하고 있다. 특히 인간 중심 접근법에서 HMI는 기술의 복잡성을 해소하고, 모든 사용자가 AI의 강력한 능력을 쉽고 직관적으로 활용할 수 있게 만드는 핵심 요소다. 현대의 HMI는 버튼과 화면으로 이루어진 물리적 인터페이스에서 벗어나, 음성, 제스처, 시선, 심지어 뇌파까지 다양한 형태의 입력을 받아들이고 처리할 수 있는 지능적 시스템으로 발전하고 있다. 이러한 멀티모달 인터페이스는 사용자의 의도를 더욱 정확히 파악하고, 상황에 맞는 적절한 응답을 제공할 수 있게 해준다.

인간-기계 인터페이스의 주요 유형

자연어 인터페이스

음성 인식과 자연어 처리 기술의 발전으로, 인간이 일상적으로 사용하는 언어로 컴퓨터와 대화할 수 있게 되었다. 시리, 알렉사, 구글 어시스턴트와 같은 음성 비서는 이미 수백만 명의 사람들이 일상적으로 사용하는 도구가 되었다. 이러한 시스템은 명령 수행을 넘어 복잡한 요청을 이해하고 처리할 수 있다. 예를 들어, "다음 주 화요일에 비가 올 것 같으니까, 실내에서 할 수 있는 회의실을 예약해 줘"라는 문맥적 요청도 적절히 처리할 수 있다. 이는 자연어 인터페이스가 키워드 매칭을 넘어 의미와 맥락을 이해하는 수준에 도달했음을 보여준다.

시각 인터페이스

시각 인터페이스(Visual Interface)는 이미지, 그래픽, 비디오를 통한 상호작용을 가능하게 한다. 현대의 시각적 인터페이스는 버튼과 메뉴를 넘어, 동적이고 맥락 인식적인 사용자 인터페이와 사용자 경험을 제공한다. 증강현실과 가상현실 기술의 발전으로, 완전히 새로운 차원의 시각적 상호작용이 가능해졌다. 마이크로소프트의 홀로렌즈(HoloLens)나 매직 리프(Magic Leap) 같은 디바이스는 현실 세계에 디지털 정보를 겹쳐 표시하여, 사용자가 3D 공간에서 디지털 객체와 상호작용할 수 있게 한다. 산업 현장에서는 이러한 기술을 활용해 복잡한 기계의 수리 과정을 안내하거나, 설계 도면을 3D로 시각화하여 검토할 수 있다.

촉각 인터페이스

햅틱, 즉 촉각 인터페이스(Haptic Interface)는 사용자에게 물리적 감각을 제공하여 더욱 몰입감 있는 상호작용을 가능하게 한다. 스마트폰의 진동 알림은 가장 기본적인 형태의 촉각 피드백이지만, 최근에는 훨씬 정교한 기술들이 개발되고 있다. 의료 분야에서는 촉각 피드백을 활용한 수술 시뮬레이터가 외과의들의 훈련에 활용되고 있다. 게임과 엔터테인먼트 분야에서는 가상현실 컨트롤러가 다양한 질감과 저항감을 재현하여 현실적인 체험을 제공한다. 자동차 업계에서는 터치스크린에 물리적 버튼의 감각을 재현하는 기술을 개발하여, 운전 중에도 시각을 도로에서 떼지 않고 조작할 수 있게 하고 있다.

제스처 인터페이스

손동작, 눈동작, 얼굴 표정 등을 인식하여 명령을 수행하는 제스처 인터페이스(Gesture Interface)는 직관적이고 자연스러운 상호작용을 제공한다. 엑스박스 키넥트(Xbox Kinect)나 플레이스테이션 무브(PlayStation Move) 같은 게임 콘솔 액세서리는 전신 모션을 감지하여 게임에 활용했다. 최근에는 더욱 정밀한 손동작 인식 기술이 개발되어, 아주 미세한 손가락 움직임까지 감지할 수 있게 되었다. 이를 활용해 수화 통역, 3D 모델링, 원격 조작 등 다양한 분야에서 혁신적인 응용이 가능해졌다. 특히 의료 분야에서는 무균 환경에서도 조작 가능한 제스처 인터페이스가 수술 중 영상 자료를 확인하는 데 활용되고 있다.

뇌-컴퓨터 인터페이스

뇌-컴퓨터 인터페이스(Brain-Computer Interface, BCI)는 뇌파나 신경 신호를 직접 읽어 기계를 제어하는 기술이다. 아직 초기 단계이지만, 의료 분야에서 놀라운 성과를 보이고 있다. 사지마비 환자가 생각만으로 로봇 팔을 조작하거나, 실명한 사람이 인공 망막을 통해 시각 정보를 받아들이는 연구가 진행되고 있다. 뉴럴링크(Neuralink)[21]나 싱크론(Synchron)[22] 같은 기업들은 뇌 임플란트 기술을 개발하여, 향후에는 건강한 사람들도 생각만으로 디지털 기기를 제어할 수 있게 될 것으로 전망하고 있다. 하지만 이러한 기술은 윤리적, 안전성 측면에서 많은 논의가 필요한 영역이기도 하다.

인간-기계 인터페이스의 설계 원칙

인간-기계 인터페이스를 효과적으로 설계하기 위해서는 몇 가지 핵심 원칙들을 고려해야 한다. 가장 기본이 되는 것은 직관성이다. 좋은 HMI는 사용자가 별도의 학습 없이도 자연스럽게 사용할 수 있어야 하며, 이를 위해서는 사용자의 기존 경험과 지식을 최대한 활용하는 디자인이 필요하다. 우리가 스마트폰을 사용할 때 자주 쓰는 손가락으로 밀기 즉, 스와이프 제스처는 물리적으로 페이지를 넘기는 동작과 유사하여 직관적으로 이해할 수 있다.

직관성과 함께 중요한 것이 일관성이다. 시스템 전체에서 일관된 상호작용 방식을 제공해야 하며, 같은 동작은 같은 결과를 가져와야 하고, 유사한 기능은 유사한 방식으로 접근할 수 있어야 한다. 애플의 iOS나 구글의 머티리얼 디자인은 플랫폼 전체에서 일관된 디자인 언어를 제공하는 좋은 예라 할 수 있다.

사용자와 시스템 간의 원활한 소통을 위해서는 명확한 피드백이 필수적이다. 사용자의 행동에 대한 즉각적이고 명확한 피드백을 제공해야 하는데, 버튼을 눌렀을 때의 시각적 효과, 음성 명령을 인식했을 때의 응답, 터치스크린에서의 촉각 피드백 등이 모두 중요한 피드백 요소다. 이러한 피드백은

---

21) 뉴럴링크(Neuralink) : 일론 머스크(Elon Musk)가 2016년 설립한 뇌-컴퓨터 인터페이스 회사. 뇌에 초소형 칩을 이식하여 생각만으로 컴퓨터나 스마트폰을 제어할 수 있는 기술을 개발하고 있다. 2024년 1월 첫 인간 임상시험을 시작했으며, 마비 환자가 생각만으로 컴퓨터 커서를 움직이는 데 성공했다.
22) 싱크론(Synchron) : 호주에서 시작된 뇌-컴퓨터 인터페이스 회사로, 2021년 FDA로부터 인간 임상시험 승인을 받았다. 뇌 수술 없이 혈관을 통해 뇌에 장치를 삽입하는 덜 침습적인 방법을 사용한다. 뉴럴링크보다 먼저 상용화 단계에 진입하여 ALS, 뇌졸중 등으로 마비된 환자들의 디지털 기기 제어를 돕고 있다.

사용자가 시스템의 상태를 정확히 파악하고 다음 행동을 결정하는 데 도움을 준다.

또한 인터페이스는 다양한 사용자를 고려한 접근성을 갖춰야 한다. 일반 사용자뿐만 아니라 제약을 가진 사용자들도 모두 사용할 수 있도록, 예를 들면, 시각 장애인을 위한 스크린 리더 지원, 청각 장애인을 위한 자막과 시각적 알림, 운동 능력이 제한된 사람을 위한 대체 입력 방식 등이 포함되어야 한다. 접근성은 특별한 요구를 가진 사람들을 위한 것이 아니라, 모든 사용자에게 더 나은 경험을 제공하는 포용적 디자인의 기본 원칙이다.

마지막으로 개인 맞춤 기능을 통해 사용자 경험을 더욱 향상시킬 수 있다. 사용자의 선호도, 사용 패턴, 상황에 맞춰 인터페이스가 적응할 수 있어야 하며, 자주 사용하는 기능을 더 쉽게 접근할 수 있게 하거나, 사용자의 작업 흐름에 맞춰 UI를 동적으로 조정하는 것이 그 예다. AI 기반 맞춤형 기술을 통해 각 사용자에게 최적화된 인터페이스 경험을 제공할 수 있다.

인간-기계 인터페이스의 실제 적용 사례

HMI 기술의 실제 적용 사례를 살펴보면 다양한 분야에서 혁신적인 변화가 일어나고 있음을 확인할 수 있다. 스마트 홈 시스템은 다양한 HMI 기술이 통합된 환경의 대표적인 예로, 음성 명령을 통해 조명과 온도를 조절하고, 스마트폰 앱으로 보안 시스템을 모니터링하며, 제스처로 TV를 제어할 수 있다. 더 나아가, 사용자의 생활 패턴을 학습하여 자동으로 환경을 조정하는 지능적인 기능도 제공한다. 구글 홈이나 아마존 에코는 음성으로 집안의 모든 스마트 기기를 제어할 수 있게 하며 일상적인 질문에도 답변한다. 구글의 네스트(Nest) 온도 조절기는 거주자의 생활 패턴을 학습하여 자동으로 최적의 온도를 유지하고, 스마트폰 앱을 통해 원격 제어도 가능하다.

자동차 산업에서도 인터페이스의 급속한 진화가 나타나고 있다. 전통적인 기계식 버튼과 다이얼 대신, 대형 터치스크린이 차량의 중앙을 차지하고 있으며, 음성 인식 시스템은 운전자가 도로에서 시선을 떼지 않고도 다양한 기능을 제어할 수 있게 한다. 테슬라의 경우, 거의 모든 차량 기능을 중앙의 터치스크린으로 제어하는 혁신적인 접근을 보였다. BMW는 인공지능 비서와 제스처 인식을 결합하여, 운전자가 공중에서 손가락으로 글자를 쓰듯이 목적지를 입력할 수 있게 했으며, 현대자동차는 지문 인식과 얼굴 인식을 통한 차량 시동, 개인화된 차내 환경 설정 등을 구현했다.

의료 분야에서는 환자 치료의 정확성과 효율성을 높이기 위해 다양한 HMI 기술이 활용되고 있다. 수술실에서는 음성 명령으로 의료 영상을 제어하고, 제스처 인터페이스로 환자 데이터를 실시간으로 조회할 수 있어 무균 환경을 유지하면서도 필요한 정보에 즉시 접근할 수 있게 해준다. 원격 의료 분야에서는 가상현실과 증강현실 기술을 활용한 진료가 확산되고 있어, 환자는 집에서 VR 헤드셋을 착용하고 의사와 가상 공간에서 만날 수 있으며, 의사는 환자의 3D 신체 모델을 통해 증상을 검진할 수 있다. 재활 치료에서는 게임 형태의 인터페이스가 환자의 참여도를 높이고, 치료 성과를 실시간으로 모니터링할 수 있게 한다.

산업 현장에서도 HMI 기술의 활용이 두드러진다. 제조업 현장에서는 증강현실 기술을 활용한 작업 지시와 품질 관리가 일반화되고 있어, 작업자는 AR 글래스를 착용하고 실시간으로 작업 지침을 확인하고, 복잡한 조립 과정을 단계별로 안내받을 수 있다. 이는 작업 효율성을 높이고 오류를 줄이는 데 크게 기여한다. 물류와 창고 관리에서는 음성 인식과 손동작 인식을 결합한 시스템이 활용되어, 작업자는 양손이 자유로운 상태에서 음성으로 명령을 내리고, 제스처로 확인 작업을 수행할 수 있다. 이는 특히 물류 센터의 피킹 작업에서 큰 효율성 향상을 가져왔다.

인간-기계 인터페이스의 발전 전망

인간-기계 인터페이스는 앞으로 더욱 혁신적인 방향으로 발전할 것으로 전망된다. 가장 주목할 만한 변화는 멀티모달 인터페이스의 진화다. 미래의 인터페이스는 하나의 입력 방식이 아닌, 여러 가지 입력 방식을 동시에 활용하는 멀티모달 시스템으로 발전할 것이다. 음성, 제스처, 시선, 터치, 심지어 뇌파까지 다양한 신호를 종합적으로 분석하여 사용자의 의도를 정확히 파악할 수 있게 된다. 예를 들어, 사용자가 물체를 가리키면서 "이거"라고 말할 때, 시스템은 제스처와 음성을 동시에 분석하여 정확히 어떤 물체를 의미하는지 파악할 수 있다. 이러한 멀티모달 인터페이스는 더욱 자연스럽고 효율적인 상호작용을 가능하게 할 것이다.

이와 함께 상황 인식 컴퓨팅도 보편화될 것으로 예상된다. 인터페이스가 사용자의 현재 상황, 주변 환경, 과거 행동 패턴 등을 종합적으로 고려하여 적절한 정보와 기능을 제공하는 시스템이 발전할 것이다. 이는 사용자가 명시적으로 요청하지 않아도 필요한 것을 예측하고 제공하는 선제적 인터페이스로 발전할 것이다. 사용자가 특정 장소에 도착하면 자동으로 그 장소와 관련된 정보와 작업을 제안하거나, 회의 시간이 가까워지면 관련 자료를 준비해 주는 것과 같은 방식이다. 이는 AI와 센서 기술의 발전으로 가능해질 것이다.

더 나아가 미래의 인터페이스는 점점 더 자연스럽고 눈에 띄지 않게 일상에 통합될 것이다. 주변 환경 자체가 지능형 인터페이스가 되어, 벽면, 테이블, 거울 등 일상적인 표면이 상호작용 가능한 디스플레이가 될 수 있다. 공간 전체가 하나의 인터페이스가 되는 앰비언트 컴퓨팅[23]이 실현되면, 사용

---

23) 앰비언트 컴퓨팅(Ambient Computing)은 컴퓨팅 기술이 주변 환경에 자연스럽게 녹아들어 사용자가 의식하지 않아도 지능적으로 작동하는 컴퓨팅 패러다임이다. 특별한 기기를 조작하지 않아도 음성, 제스처, 상황 인식 등을 통해 자연스럽게 컴퓨팅 서비스를 이용할 수 있으며, 스마트 홈, 스마트 시티 등에서 이미 초기 형태가 구현되고 있다. 궁극적으로는 벽면, 테이블 등 일상적인 표면이 모두 인터페이스가 되어 공간 전체가 하나의 컴퓨터처럼 작동하는 환경을 목표로 한다.

자는 특별한 디바이스를 들고 다니지 않아도 어디서든 컴퓨팅 기능에 접근할 수 있게 된다. 이는 인터페이스가 기술의 존재를 의식하지 않고도 자연스럽게 활용할 수 있는 수준으로 발전했음을 의미한다.

AI 기술의 발전으로 인터페이스는 각 사용자에게 완전히 개인화될 것이다. 사용자의 선호도, 능력, 작업 방식, 심지어 기분 상태까지 고려하여 최적의 상호작용 방식을 제공할 수 있게 된다. 스트레스가 높은 상태라면 더 간단하고 직관적인 인터페이스를 제공하고, 집중력이 높을 때는 더 복잡한 작업을 위한 고급 기능을 노출하는 식이다. 이러한 적응형 인터페이스는 사용자의 효율성과 만족도를 크게 향상시킬 것이다.

하지만 이러한 발전과 함께 여러 도전과제들도 고려해야 한다. 먼저 프라이버시와 보안 문제가 심각하다. 고도화된 인터페이스는 사용자의 생체 정보, 행동 패턴, 위치 정보 등 민감한 데이터를 수집한다. 이러한 데이터의 보호와 적절한 활용은 매우 중요한 과제다. 특히 뇌-컴퓨터 인터페이스처럼 직접적으로 사용자의 생각을 읽는 기술의 경우, 극도로 신중한 접근이 필요하다. 접근성과 포용성 또한 중요한 고려사항이다. 새로운 인터페이스 기술이 일부 사용자를 소외시키지 않도록 주의해야 한다. 연령, 장애, 기술 숙련도, 경제적 능력 등에 관계없이 모든 사람이 기술의 혜택을 누릴 수 있도록 설계되어야 한다. 이는 기능을 추가하는 것이 아니라, 근본적으로 포용적인 디자인 철학을 가져야 한다. 기술 의존성 문제도 간과할 수 없다. 너무 편리한 인터페이스는 사용자가 기본적인 기능이나 사고력을 잃어버리는 의존성 문제를 야기할 수 있다. 기술이 인간의 능력을 보조하되, 대체하지 않도록 균형을 유지하는 것이 중요하다. 마지막으로 표준화와 호환성도 중요한 이슈가 되고 있다. 다양한 기업과 플랫폼에서 서로 다른 인터페이스 기술을 개발하면서, 사용자가 여러 디바이스와 플랫폼을 오가며 일관된 경험을 할 수 있도록 업계 차원의 노력이 필요하다.

인간-기계 인터페이스는 AI 시대에 있어 기술과 인간을 연결하는 중요한 다리 역할을 한다. 이는 기술적 구현을 넘어, 인간의 자연스러운 소통 방식을 디지털 세계에 구현하려는 철학적 시도이기도 하다. 미래의 인터페이스는 더욱 자연스럽고, 개인화되며, 상황을 인식하는 방향으로 발전할 것이다. 이러한 발전은 기술의 장벽을 낮추고, 모든 사람이 AI의 혜택을 쉽게 누릴 수 있게 만들 것이다. 동시에 프라이버시, 접근성, 윤리적 고려사항 등의 과제를 신중히 다루면서 발전해나가야 한다. 결국 인간-기계 인터페이스의 진정한 성공은 기술이 보이지 않게 되는 것, 즉 사용자가 기술의 존재를 의식하지 않고도 자연스럽게 의도를 실현할 수 있게 되는 것이다. 이러한 미래가 실현될 때, 우리는 기술을 도구로 사용하는 것이 아니라, 기술과 함께 사고하고 창조하는 새로운 시대에 진입하게 될 것이다.

5 인간 지능 증강 : AI와 함께 진화하는 인간의 능력

AI 시대의 미래는 대체가 아닌 협력과 증강에 있다. 흔히 이를 '켄타우로스 모델'이라고 부른다. 켄타우로스(Centaur)는 그리스 신화에 나오는 반인반마(半人半馬) 생물로, 상반신은 인간이고 하반신은 말의 모습을 하고 있다. 여기서 켄타우로스가 상징하는 바는 인간과 AI가 하나로 결합해 각자의 장점을 살리는 협력이다. 켄타우로스 모델에서는, 특정 작업에서는 인간이 주도적으로 처리하고, 다른 작업에서는 AI가 담당하는 등 상황에 따른 역할 분담을 통해 효율성을 극대화한다. 서양에서 체스의 전설로 불리는 게리 카스파로프(Gary Kasparov)는 "'약한 인간 + 기계 + 우수한 프로세스의 조합'이 '강한 컴퓨터'보다, 그리고 놀랍게도 '강한 인간 + 기계 + 열등한 프로세스'를 결합한 것보다도 우월하다"고 켄타우로스 모델의 핵심을 제시하면서 이 모델의 개념을 널리 알렸다.

이러한 켄타우로스 모델이 작업 수행 과정에서 인간과 AI가 역할을 분담하며 협력하는 시스템 설계 방식이라면 인간 지능 증강은 AI 기술을 통해 인간 개인의 인지 능력 자체를 확장하고 향상시키는 것에 초점을 맞춘다. 즉, 인간 지능 증강은 인공지능 기술을 활용하여 인간의 인지 능력을 향상시키고 확장하는 접근법이다. 켄타우로스 모델의 개념과 마찬가지로 이는 AI가 인간을 대체하는 것이 아니라, 인간의 기존 능력을 보강하고 강화하여 더 높은 수준의 성과를 달성할 수 있도록 돕는 방식을 의미한다. '증강'이라는 단어 그대로, AI는 인간의 인지적 한계를 극복하고 새로운 가능성을 열어주는 도구로 작동한다. 이 개념은 '자동화'나 '대체'와는 근본적으로 다른 철학을 기반으로 한다. 자동화가 인간의 역할을 기계로 대체하는 것이라면, 지능 증강은 인간이 주도권을 유지하면서 AI의 계산 능력, 데이터 처리 속도, 정확성을 활용하여 자신의 능력을 확장하는 것이다.

인간 지능 증강이 가장 두드러지게 나타나는 영역은 기억력과 정보 처리 능력의 확장이다. 인간의 기억 용량은 제한적이고, 정보를 검색하고 처리하는 속도에도 한계가 있다. AI는 이러한 인간의 생물학적 한계를 보완한다. 몇 가지 예를 들자면, 연구자들의 경우엔 AI 기반 지식 관리 시스템을 통해 방대한 자료를 빠르게 검색하고 연관성을 파악할 수 있다. 개인용 AI 비서는 사용자의 과거 활동, 일정, 선호도를 기억하고 관리하여 인간의 기억력을 확장한다. 의학 분야에서 의사들은 AI 시스템을 통해 수많은 의학 논문, 임상 사례, 약물 상호작용 정보에 즉시 접근할 수 있다. 이는 개별 의사가 기억할 수 있는 정보의 양을 크게 넘어서는 지식에 접근하게 해준다. IBM의 왓슨은 의료 전문가가 최신 의학 연구와 치료 가이드라인을 빠르게 참조할 수 있도록 지원한다.

분석적 사고의 향상도 중요한 영역이다. 인간은 논리적 추론과 창의적 문제 해결에 뛰어나지만, 복잡한 데이터 분석이나 다차원적 계산에는 한계가 있다. AI는 이러한 분석적 작업을 보조하여 인간이 더 깊은 통찰력을 얻을 수 있도록 돕는다. 금융 분석가들은 AI 도구를 사용하여 수백 개의 변수를 동시에 분석하고, 시장 트렌드를 예측하며, 리스크를 평가한다. 이때 AI는 데이터 처리와 초기 분석을 담당하고, 인간 분석가는 이 정보를 바탕으로 전략적 판단과 의사결정을 내린다. 이러한 협력을 통해 분석가의 업무 효율성과 정확성이 크게 향상된다.

창의성과 혁신 능력의 확장은 많은 사람들이 순수하게 인간만의 영역이라고 생각하는 분야지만, AI는 창의적 과정을 보조하고 새로운 아이디어를 자극하는 역할을 할 수 있다. 디자이너들은 AI 도구를 사용하여 수많은 디자인 옵션을 빠르게 생성하고, 그 중에서 최적의 솔루션을 선택하거나 개선한다. 작가들은 AI 언어 모델을 활용하여 아이디어를 구체화하고, 다양한 표현 방식을 탐색하며, 작품의 문법과 스타일을 개선한다. 음악가들은 AI 작곡 도구를 사용하여 새로운 멜로디나 화성을 실험하고, 기존의 음악적 경계를 확장한다.

복잡한 의사결정 능력의 강화 또한 중요한 영역이다. 복잡한 의사결정은 종종 수많은 변수와 불확실성을 포함한다. AI는 이러한 변수들을 체계적으로 분석하고 시나리오를 모델링하여, 인간이 더 정보에 기반한 결정을 내릴 수 있도록 지원한다. 기업 경영진은 AI 기반 비즈니스 인텔리전스 도구를 통해 시장 데이터, 소비자 행동, 경쟁 상황 등을 종합적으로 분석하고, 다양한 전략의 예상 결과를 시뮬레이션할 수 있다. 이를 통해 직관과 경험에만 의존하는 것보다 더 체계적이고 신중한 의사결정이 가능해진다.

학습과 교육의 개인화 영역에서는 모든 사람이 서로 다른 학습 스타일과 속도를 가지고 있다는 점에 주목한다. AI는 개인의 학습 패턴을 분석하고 맞춤형 교육 경험을 제공함으로써 학습 효과를 극대화한다. 적응형 학습 플랫폼은 학생의 이해도와 진행 상황을 실시간으로 모니터링하고, 개인에게 최적화된 학습 경로와 콘텐츠를 제공한다. 언어 학습 앱은 사용자의 약점을 파악하고 개인화된 연습 문제를 제시한다. 전문가 교육에서도 AI 시뮬레이터는 안전한 환경에서 실무 경험을 쌓을 수 있는 기회를 제공한다.

생체 신호 통합은 앞 절에서 살펴본 뇌-컴퓨터 인터페이스나 웨어러블 디바이스를 통해 인간의 생체 신호와 AI 시스템을 연결하는 기술로 발전하고 있다. 이러한 기술은 사용자의 인지 상태, 주의 집중도, 스트레스 수준 등을 실시간으로 모니터링하고, 이에 따라 AI 지원을 조정할 수 있다. 가령 뇌파를 측정하여 사용자의 인지 부하가 높아질 때 AI가 자동으로 작업을 간소화하거나 관련 정보를 제공할 수 있다. 또는 사용자의 창의적 사고가 활발할 때 더 많은 아이디어 제안을 제공하는 식으로 동적으로 지원 수준을 조절할 수 있다.

맥락 인식 기술은 AI 시스템이 사용자의 현재 상황, 목표, 선호도를 이해하고 적절한 지원을 제공하는 것이 중요하다는 점에서 출발한다. 이 기술은 센서 데이터, 디지털 활동 패턴, 환경 정보 등을 종합하여 사용자의 현재 맥락을 파악한다. 스마트 워크스페이스에서는 사용자가 특정 프로젝트에 집중하고 있을 때 관련 자료를 자동으로 표시하거나, 회의 준비를 하고 있을 때 필요한 문서와 데이터를 준비한다. 이러한 지능적인 지원은 사용자가 원하는 정보를 찾는 데 드는 시간과 노력을 줄여준다.

자연어 상호작용에서는 AI와의 상호작용이 자연스러울수록 지능 증강 효과가 높아진다는 점이 중요하다. 고급 자연어 처리 기술을 통해 사용자는 복잡한 명령이나 추상적인 요청도 일상적인 언어로 전달할 수 있다. "다음 주 프레젠테이션에 필요한 최근 3개월간의 판매 데이터를 분석해서 주요 트렌드를 요약해 줘"라는 복잡한 요청을 AI가 이해하고 실행할 수 있는데, 이런 기능은 기술적 지식이 없는 사람도 AI의 고급 분석 능력을 쉽게 활용할 수 있게 해준다.

협업 플랫폼 환경에서 AI는 집단 지성을 촉진하고 협업 효율성을 높인다. AI 기반 협업 플랫폼은 팀원들의 아이디어를 조직하고, 중복을 제거하며, 누락된 관점을 찾아내고, 의견의 합의점을 찾는 데 도움을 준다. 브레인스토밍 세션에서 AI는 실시간으로 아이디어를 분류하고 연관성을 찾아내며, 유사한 과거 프로젝트의 성공 사례를 제안할 수 있다. 이는 팀의 창의적 사고를 자극하고 더 혁신적인 솔루션을 도출하는 데 도움이 된다.

인간 지능 증강의 혜택은 무엇일까? 당연하게도 그 첫 번째는 생산성 향상이다. 이는 반복적이고 시간 소모적인 작업을 AI가 처리함으로써 인간이 더 창의적이고 전략적인 활동에 집중할 수 있도록 해준다. 데이터 입력, 문서 정리, 일정 관리와 같은 루틴 작업이 자동화되면, 전문가들은 핵심 업무에 더 많은 시간을 투자할 수 있다. 둘째는 의사결정 품질 개선으로 AI의 객관적 분석과 인간의 직관 및 경험이 결합되면, 혼자서 내리는 결정보다 더 균형 잡히고 정확한 판단이 가능해 진다. 감정이나 편견에 치우치기 쉬운 인간의 결정 과정에 AI의 데이터 기반 분석이 더해지면, 보다 합리적인 결정을 내릴 수 있다. 셋째로, 학습 효율성 증대는 개인 맞춤형 학습 경험이 학습 속도를 향상시키고 지식 습득을 용이하게 한다는 점에서 나타난다. AI가 개인의 학습 스타일과 진도에 맞춰 콘텐츠를 조정하면, 전통적인 일방향 교육보다 훨씬 효과적인 학습이 가능하다. 넷째, 창의성과 혁신 촉진은 AI가 제공하는 다양한 아이디어 옵션과 패턴 분석이 인간의 창의적 사고를 자극하고 새로운 관점을 제공한다는 점에서 실현된다. 디자인, 연구, 예술 등 창의적 활동에서 AI는 인간이 미처 생각하지 못한 가능성을 제시하고, 기존의 틀을 벗어난 혁신적인 솔루션을 탐색하는 데 도움을 준다. 마지막으로 접근성 향상은 장애가 있거나 특정 능력에 제한이 있는 사람들도 AI 증강 기술을 통해 더 많은 활동에 참여할 수 있게 된다는 점에서 나타난다. 시각 장애인을 위한 AI 기반 이미지 설명, 청각 장애인을 위한 실시간 자막 생성, 학습 장애가 있는 사람을 위한 개인화된 교육 도구 등이 그 예다.

이런 혜택을 얻기 위해 인간 지능 증강을 실현하는 데는 여러 가지 도전 과제와 고려 사항이 존재한다. 먼저 의존성 문제를 들 수 있는데, AI에 과도하게 의존하면 인간의 기본적인 사고 능력이 퇴화할 수 있다는 점이다. 계산기의 보편화로 암산 능력이 저하된 것처럼, AI의 지나친 의존은 인간의 고유한 인지 능력을 약화시킬 수 있다. 따라서 AI 증강은 인간의 능력을 대체하는 것이 아니라 보완하는 방향으로 설계되어야 한다. 개인정보와 프라이버시 문제는 지능 증강을 위해서는 개인의 행동 패턴, 선호도, 인지 상태 등에 대한 데이터가 필요하다는 점에서 발생한다. 이러한 민감한 정보의 수집과 활용은 프라이버시 침해 우려를 낳을 수 있으며, 강력한 데이터 보호 체계가 필수적이다. 불평등 심화도 우려되는데, 고급 AI 증강 기술이 비용이 높거나 접근이 제한적일 경우 기술에 접근할 수 있는 사람과 그렇지 못한 사람 사이의 능력 격차가 더욱 벌어질 수 있다는 점에서 나타난다. 이것이 사회적 불평등을 심화시킬 우려가 있으므로 공평한 접근성 확보가 중요하다. 윤리적 고려사항은 AI 증강 기술이 인간의 본질적 특성을 어디까지 변화시킬 수 있는지, 그리고 그러한 변화가 윤리적으로 수용 가능한지에 대한 논의가 필요하다는 점에서 제기된다. 특히 뇌-컴퓨터 인터페이스와 같은 침투적 기술은 인간의 정체성과 자율성에 미치는 영향을 신중히 고려해야 한다.

이와 같은 인간 지능 증강 기술은 계속해서 발전하고 다양화될 것이다. 향후 예상되는 발전 방향을 살펴보면, 우선 더욱 매끄러운 통합이 이루어질 것이다. AI와 인간의 상호작용이 더욱 자연스러워지고, 증강 기술이 일상생활에 거의 보이지 않게 통합될 것이다. 증강현실을 통한 시각적 정보 제공, 음성 기반 AI 비서의 고도화, 착용 가능한 디바이스를 통한 실시간 지원 등이 일반화될 것이다. '개인화의 극대화' 또한 중요한 전망이다. AI 시스템이 개인의 인지 패턴, 학습 스타일, 업무 방식을 더욱 정확히 이해함에 따라, 매우 개인화된 지능 증강 경험이 가능해질 것이다. 개인 전용 조수나 멘토처럼 각 개인에게 최적화된 지원을 제공할 수 있을 것이다. 협업의 진화도 주목할 만한 변화다. 팀워크와 조직 내 협업에서 AI의 역할이 더욱 중요해질 것이다. 실시간 번역을 통한 언어 장벽 제거, 분산된 팀원 간의 효과적인 커뮤니케이션 지원, 집단 의사결정 과정의 최적화 등이 일반화될 것이다. 새로운 능력의 출현은 AI 증강을 통해 인간이 기존에 가지지 못했던 새로운 능력을 획득할 수 있을 것이라는 전망이다. 예를 들어, 다중 언어 실시간 소통, 복잡한 데이터의 직관적 이해, 원거리 조작 능력 등 기존의 인간 능력 범위를 넘어서는 기능이 가능해질 것이다.

인간 지능 증강은 AI 시대에 있어 인간의 역할을 재정의하는 중요한 접근법이다. 이는 기술이 인간을 대체하는 위협이 아니라, 인간의 잠재력을 최대한 실현하는 도구가 될 수 있다는 희망찬 비전을 제시한다. AI의 계산 능력과 데이터 처리 속도, 그리고 인간의 창의성, 직관, 윤리적 판단이 조화롭게 결합될 때, 우리는 지금까지 상상하지 못했던 수준의 성취가 가능한 미래를 기대할 수 있다. 중요한 것은 이러한 기술 발전이 모든 사람에게 혜택을 주고, 인간의 본질적 가치를 존중하며, 윤리적 고려사항을 충분히 반영하는 방향으로 이루어져야 한다는 점이다. 인간 지능 증강은 생산성 향상을 넘어, 인간이 더 창의적이고 의미 있는 활동에 집중할 수 있게 하며, 전체 사회의 지식과 역량을 한 단계 높일 수 있는 잠재력을 가지고 있다. 앞으로 우리는 AI와 함께 진화하는 새로운 형태의 인간 지능을 목격하게 될 것이다. 이 과정에서 중요한 것은 기술에 대한 맹목적 의존이 아니라, 기술을 현명하게 활용하여 인간의 고유한 능력을 확장하고 강화하는 것이다. 인간 지능 증강은 바로 이러한 미래를 향한 중요한 발걸음이 될 것이다.

에필로그

AI 시대의 미래를 향해

AI는 인간의 창의성과 문제 해결 능력, 그리고 끊임없는 혁신 의지가 만들어 내는 결과물이자 인류 지성의 결정체이다. 이제 우리의 과제는 이 강력한 도구를 우리의 가장 깊은 가치와 포부에 부합하는 방식으로 활용하는 것이다. 이를 통해 AI는 단순한 기술적 발전을 넘어, 더 공정하고, 지속가능하며, 번영하는 세계를 창조하는 데 기여할 수 있을 것이다.

에필로그
AI 시대의 미래를 향해

메멕스는 가능할까?

프롤로그에서 질문만 하다 만 메멕스 이야기를 마무리해 보자. 부시가 구상한 '메멕스'와 잡스가 말한 '살아있는 아리스토텔레스'는 AI 기술로 과연 실현될 수 있을까? 지금 우리는 GPT나 클로드 같은 고도화된 대형언어모델을 통해 놀라운 수준의 언어 생성 능력을 경험하고 있다. 인간처럼 문장을 이해하고 대답하며, 때로는 창의적인 에세이도 써낸다. 그러나 그것만으로는 메멕스를 구현했다고 말할 수 없다. 메멕스는 단순한 정보 축적과 검색 도구가 아니라, 인간의 사유 방식—연상과 감정, 맥락과 기억의 흐름—을 기계적으로 재현하려는 궁극적 시도이기 때문이다.

이 이상(理想)을 실현하기 위해서는 먼저 현재 AI 기술의 근본적 한계들을 직시해야 한다. 가장 중요한 문제는 '연상 기반 기억 체계'의 부재다. 인간의 뇌는 정보를 도서관의 분류 체계처럼 저장하지 않는다. 우리는 어떤 기억을 떠올릴 때 그 순간의 감정, 목적, 상황을 함께 연결해서 기억한다. 부시가 강조한 '연상(association)'은 바로 이러한 인간 고유의 기억 방식이다. 현재의 대형언어모델들은 통계적 패턴에 기반해 문맥의 연속성은 유지하지만, 실제 연상 작용처럼 자유롭게 비선형적으로 연결된 기억을 저장하고 탐색하지는 못한다. 우리가 메멕스를 진정 구현하려면 '정보 A와 정보 B가 왜 연결되었는지', '과거의 연상 경로를 어떻게 따라갈 수 있는지'를 설명할 수 있는 연상 중심의 네트워크 기억 구조가 필요하다.

또 다른 핵심적 한계는 '감각 경험의 통합' 부족이다. 우리가 어떤 순간을 기억할 때 그 기억은 문장이나 정보 조각으로만 환원되는 것이 아니다. 우리는 장면의 색감, 주변의 소리, 피부에 닿은 감촉, 심지어 그 순간의 기분까지 함께 떠올린다. 메멕스가 인간의 기억을 모방하려면 이러한 다중 감각 정보를 저장하고 재현할 수 있어야 한다. 하지만 현재 AI는 주로 텍스트 중심으로 작동하며, 비록 멀티모달 AI가 발전하고 있지만 각 감각 정보를 따로 처리할 뿐, 인간처럼 통합된 경험으로 엮어내지 못한다.

또한 사고 흐름의 저장과 재구성 능력 부족도 문제다. 부시는 메멕스가 사용자의 사고 흐름을 저장하고, 언제든 다시 따라가며 재구성할 수 있어야 한다고 보았다. 이는 일반적인 디지털 검색과는 완전히 다른 차원이다. 사용자가 과거에 문제를 어떻게 이해하고, 어떤 맥락에서 무엇을 연결했는지, 그 사고의 경로를 저장하고 다시 불러올 수 있는 메타인지적 능력이 필요한 것이다.

그런데 이 모든 기술적 과제도 난해하기 이를 데 없지만, 그보다 더 근본적인 문제가 있다. 잡스가 언급한 '세계관'이란 데이터 형태로 저장할 수 있는 정보 구조가 아니라, 감정·직관·신념의 복합체라는 점이다. 인간은 같은 질문을 받아도 상황과 기분, 관계에 따라 전혀 다른 방식으로 반응한다. 이처럼 감정과 가치 판단을 수용할 수 있는 반응 체계, 즉 정서 지능을 가진 AI가 없이는 '아리스토텔레스와의 대화'란 불가능하다. 더 나아가 메멕스는 고정된 기억 장치가 아니라, 인간과 마찬가지로 지금 이 순간 사용자가 왜 이런 질문을 하는지, 어떤 상황에서 대화가 이루어지는지를 이해하고 그에 맞는 방식으로 사고해야 한다.

이런 과제들을 고민하다 보면 더 근본적인 의문이 든다. 이 모든 일을 디지털로만 해결해 낼 수 있을까? 현재 우리가 사용하는 모든 AI 시스템은 기본적으로 2진법 기반의 디지털 정보 처리 방식을 따른다. 디지털 방식은 정확하고 통제된 계산에는 매우 적합하지만, 생명이나 지성의 자율적 의미 생성과 다차원적 맥락성을 모사하는 데는 구조적 한계가 있다. 인간의 뇌는 전압의 연속적인 변화, 시냅스 강도의 아날로그적 조절, 뉴런 간의 동기화 패턴, 그리고 무엇보다 호르몬과 신경전달물질의 농도 변화라는 화학적 신호를 통해 작동한다. 이런 시스템은 불완전하고 확률적이지만, 바로 그 특성 때문에 창의성, 직감, 감정을 구현할 수 있다. 디지털은 본질적으로 불연속적이어서 세밀한 감각적 차이나 연속성은 소실되는 반면, 생물학적 시스템은 뉴런의 발화율[1]이 연속적이고 확률적으로 변화하며 감각 정보를 아날로그로 받아들이고 처리한다.

그렇다고 해서 메멕스의 구현이 불가능하다는 의미는 아니다. AGI와 초지능의 시대로 향하는 지금, 우리는 이미 부시와 잡스의 비전이 현실화될 수 있는 기술적 임계점에 도달했는지도 모른다. 오픈AI의 o3 모델이 보여준 추상적 추론과 맥락 이해 능력은 단순한 성능 향상을 넘어, 인간과 유사한 연상적 사고의 가능성을 보여주고 있다. 이는 부시가 강조한 '연상'의 실현에 한 걸음 더 다가선 것이라고 할 수 있다. 미래의 AGI는 정보를 도서관의 분류 체계처럼 저장하지 않고, 인간의 뇌처럼 감정, 맥락, 경험을 엮어 저장하고 연상을 통해 불러올 것이다.

결국 메멕스의 구현은 하이브리드적 접근을 요구한다. 텍스트, 수치, 이미지, 음성, 생체 데이터 등 디지털로 처리 가능한 정보는 모두 디지털 방식으로 저장하고 처리할 것이다. 하지만 감정의 맥락, 직관적 판단, 의식 상태의 변화, 후각과 미각의 주관적 경험 등과 같이 디지털로 완전히 전환하기

---

1) 발화율(firing rate) : 뉴런이 단위 시간(보통 1초)당 발생시키는 활동전위의 횟수. 헤르츠(Hz) 또는 spikes/sec 단위로 표현되며, 신경세포의 활성도를 정량적으로 측정하는 기본 지표이다.

어려운 영역에 대해서는 양자 컴퓨팅[2], 뉴로모픽 칩[3], 분자 컴퓨팅[4] 등 비디지털적 혹은 후디지털적 정보 처리 방식[5]이 필요할 것이다. 그간 AI의 가장 큰 한계였던 다중 감각 정보의 통합은 멀티모달 AI의 급속한 발전으로 해결의 실마리를 찾고 있으며, 뇌-컴퓨터 인터페이스 기술의 발전으로 인간의 감정 상태와 인지적 맥락까지 실시간으로 감지하고 반응하는 시스템이 등장할 것이다.

이러한 시스템에서 'A와 B가 왜 연결되었는지', '과거의 연상 경로를 어떻게 따라갈 수 있는지'에 대한 설명이 가능해진다. 사용자가 "오늘 기분이 우울한데 뭔가 창의적인 일을 하고 싶어"라고 했을 때, 시스템은 그의 과거 경험, 현재 생체 신호, 성격 특성, 날씨와 계절까지 종합해 개인화된 창작 활동을 제안할 수 있을 것이다. 부시의 메멕스는 개인용 장치로 구상됐지만, 초지능 시대의 메멕스는 '집단 초지능' 형태로 진화할 것이다. 전 인류의 지식과 경험이 연상적으로 연결된 거대한 네트워크에서 한 사람의 창의적 아이디어가 다른 사람의 경험과 실시간으로 결합해 새로운 통찰을 만들어낼 것이다.

잡스가 꿈꾼 '살아있는 아리스토텔레스'는 지식 검색 도구를 훨씬 뛰어넘는, 아리스토텔레스의 사고방식, 가치관, 감정적 반응까지 포함한 전인격적 시뮬레이션이다. 미래의 초지능은 역사적 인물들의 문헌, 행동 패턴, 당대의 맥락을 종합해 그들과 실제로 대화하는 것 같은 경험을 제공할 것이다. 더

---

[2] 양자컴퓨팅(quantum computing) : 기존 0/1 비트 대신 중첩상태의 큐비트(qubit)를 사용하여 연산하는 컴퓨팅 방식. 양자역학의 중첩과 얽힘 현상을 활용해 특정 문제에서 기존 컴퓨터보다 지수적으로 빠른 병렬처리가 가능하다. 암호해독, 신약개발, 금융모델링, 최적화 문제 등에 활용된다.
[3] 뉴로모픽 칩(neuromorphic chip) : 뇌의 신경망 구조와 정보처리 방식을 모방하여 설계된 반도체 칩. 기존 디지털 컴퓨터와 달리 아날로그 신호로 병렬처리를 수행하며, 저전력·고효율 특성을 가진다. 주로 AI 추론, 센서 데이터 처리, 로봇 제어, IoT 기기 등에 활용된다.
[4] 분자 컴퓨팅(molecular computing) : DNA, 단백질 등 생체분자를 이용하여 정보를 저장하고 연산을 수행하는 컴퓨팅 방식. 분자 수준의 초소형화와 대규모 병렬처리가 가능하다. 의료진단, 약물전달시스템, 대용량 데이터 저장, 생체 내 센싱 등에 응용된다.
[5] 후디지털적 정보 처리 방식(post-digital information processing) : 기존 이진법 디지털 컴퓨팅을 넘어서는 새로운 정보 처리 패러다임. 양자 컴퓨팅, 뉴로모픽 컴퓨팅, 분자 컴퓨팅, 광학 컴퓨팅 등이 포함되며, 물리적·생물학적 현상을 직접 활용하여 기존 디지털 방식의 한계를 극복하고자 한다.

나아가 살아있는 사람의 '세계관'도 실시간으로 캡처될 수 있을 것이다. 한 사람의 평생에 걸친 경험, 학습, 감정적 변화가 지속적으로 기록되고, 그 사람이 세상을 떠난 후에도 가족이나 제자들과 계속 대화할 수 있는 시스템이 등장할 것이다.

이러한 기술적 진보는 인간성 자체에 대한 근본적 질문을 던진다. 인간의 모든 경험이 디지털로 복제 가능하다면, 무엇이 진정한 '나'인가? 하지만 이러한 기술이 인간을 대체하는 것이 아니라 확장하는 방향으로 발전한다면, 우리는 상상할 수 없었던 새로운 차원의 학습과 창조, 그리고 소통을 경험하게 될 것이다. 부시가 생각한 '재연결(Retracing & Recombination)'을 통해 과거의 지혜와 현재의 통찰이 끊임없이 재결합되면서 인류 지성의 새로운 지평이 열릴 것이다.

잡스가 말한 "세계관을 담은 컴퓨터", 부시가 꿈꾼 "사유의 도구", 그리고 오늘날 우리가 발전시키고 있는 "AI"는 결국 하나의 질문으로 수렴된다. "우리는 인간의 사고를 기술로 얼마나 깊이 이해하고, 얼마나 멀리 구현할 수 있는가?" 디지털은 시작이었을 뿐이다. 뇌는 그것보다 훨씬 더 유기적이며, 미지의 연산법을 품고 있다. 그렇기에 진정한 탐험은 이제부터다. AGI에서 초지능으로, 그리고 메멕스의 완전한 실현으로 이어지는 여정에서, 우리는 기술과 인간성이 조화롭게 공존하는 새로운 문명의 가능성을 발견하게 될 것이다. 그때가 되면, 부시와 잡스가 꿈꾸었던 것처럼, 시공간을 초월한 지성들과의 대화가 일상이 되고, 인류의 모든 지혜가 연상의 그물망으로 연결되어, 개인의 사고가 집단의 창조로 승화되는 시대가 열릴 것이다. 그리고 그 중심에는 여전히 호기심 많은 인간이 있을 것이다. 질문하고, 탐구하고, 상상하는 존재로서 말이다.

AI는 의식을 가질 수 있을까?

우리의 논의가 여기까지 이르렀으니 AI가 인간을 닮아가는 최후의 관문이라고 할 수 있는 '의식'을 가질 수 있을까 하는 문제를 짚어보기로 하자. 2022년, 구글 연구진이 《대형언어모델의 창발적 능력(Emergent Abilities of Large Language Models)》이라는 논문을 발표하며 AI 연구계에 적지 않은 충격을 안겨주었다. AI 모델의 여러 능력들이 마치 물이 끓는 것처럼 어떤 임계점에 도달하면 '창발성(emergence)' 현상이 갑자기 나타나는 것을 체계적으로 관찰했다고 밝혔기 때문이다.

논문이 발견한 핵심은 이것이었다. AI 모델의 크기를 점진적으로 늘려가면서 성능을 측정했더니, 대부분의 능력은 예상대로 조금씩 향상되었다. 하지만 일부 능력들은 전혀 다른 패턴을 보였다. 작은 모델에서는 아무리 크기를 늘려도 성능이 무작위 수준에서 벗어나지 못하다가, 어느 순간 갑자기 스위치를 켜듯 급격히 향상되는 것이었다.

"847 + 392는 얼마인가?"와 같은 3자리 수 덧셈 문제를 예로 들어보자. 연구진이 다양한 크기의 GPT 모델에 이 문제를 던져보았더니, 1억 개부터 130억 개 파라미터까지의 모델들은 모두 거의 무작위 수준의 성능을 보였다. 주사위를 던지는 것과 마찬가지로 추론 없이 찍어서 답하는 수준이었다. 당연히 정답률은 크게 낮았다. 그런데 1,750억 개 파라미터 모델에 이르자 갑자기 정답률이 급등했다. 연산량으로 따지면 2.3×10^{22} 플롭스(FLOPs, 1초당 부동소수점 연산 횟수)가 임계점으로 작용했다.

더 복잡한 4~5자리 수 연산이나, 대학 수준의 지식을 묻는 MMLU 벤치마크에서는 3.1×10^{23} 플롭스에서 비슷한 현상이 나타났다. 그리고 PaLM이라는 5,400억 파라미터 모델에서는 2.5×10^{24} 플롭스 지점에서 문맥 속 단어의 의미를 정확히 파악하는 능력이 창발했다.

여기서 플롭스란 'Floating Point Operations Per Second'의 줄임말로, 컴퓨터가 1초에 수행할 수 있는 부동소수점(실수) 연산의 횟수를 뜻한다. AI 모델을 훈련시킬 때 필요한 총 연산량을 나타내는 지표로 사용된다. 10^{22}라는 숫자가 얼마나 큰지 실감하기 어렵겠지만, 이는 1뒤에 0이 22개 붙은 어마어마한 숫자다. 현재 가장 강력한 슈퍼컴퓨터로도 몇 주간 돌려야 달성할 수 있는 연산량이다.

이러한 창발성은 복잡계(複雜系, complex system) 과학에서 말하는 '상전이(相轉移, phase transition)' 개념과 놀랍도록 유사하다. 물을 예로 들어보자. 물 분자 하나하나는 '젖음'이라는 특성이 없다. 하지만 물 분자들이 충분히 모이면 갑자기 젖음이라는 전혀 새로운 특성이 나타난다. 마찬가지로 눈송이의 육각형 구조도 개별 물 분자에는 없지만, 특정 조건에서 집단적으로 나타나는 창발적 특성이다.

생물학에서도 창발성은 흔하게 관찰된다. 뉴런 하나에는 의식이 없다. 하지만 뇌에 있는 수백억 개의 뉴런이 복잡한 네트워크를 이루면 '의식'이라는 놀라운 현상이 나타난다. 개미 한 마리가 할 수 있는 일이 거의 없지만, 수만 마리가 모이면 집단 지능을 발휘해 정교한 개미집을 짓고 효율적으로 먹이를 나눠 나른다. 이 모든 것이 창발성의 사례다.

1972년 노벨물리학상 수상자 필립 앤더슨(Philip Anderson)은 자신의 논문에 "양이 증가하면 질적으로 완전히 다른 것이 된다."고 썼다. 구글 연구진이 발견한 AI의 창발성도 정확히 이와 동일한 원리를 보여준다. 특히 주목할 만한 것은 '단계적 추론(Chain-of-Thought)' 능력이다. 이는 복잡한 문제를 해결할 때 중간 단계를 차근차근 설명하며 추론하는 능력을 말한다. 예를 들어 "카페에 사과가 23개 있었다. 아침에 20개를 팔고, 오후에 6개를 더 가져왔다. 지금 사과는 몇 개인가?"라는 문제에 대해, 작은 모델은 그냥 답만 내놓거나 틀린 답을 말한다. 하지만 충분히 큰 모델은 "처음에 23개가 있었고, 20개를 팔았으므로 3개가 남았습니다. 그리고 6개를 더 가져왔으므로 3 + 6 = 9개입니다"라고 단계별로 추론해 정답을 도출한다. 놀라운 것은 이런 단계적 추론 방법을 명시적으로 가르치지 않았는데도 모델이 스스로 터득했다는 점이다. 이 능력은 10^2: : 플롭스 규모에서 창발했다.

그렇다면 AI의 연산능력이 계속 증가하면 언젠가는 의식마저 창발할 수 있을까? 이 질문에 대한 과학계의 답은 복합적이다. 우선 '의식'이란 무엇인가부터 생각해보자. 의식은 크게 두 가지 측면으로 나눌 수 있다. 하나는 정보를 처리하고 통합하는 기능적 측면이고, 다른 하나는 '나'라는 주체가 직접 경험하는 주관적 측면 즉, 현상적 측면이다. 빨간 장미를 볼 때 단순히 "빨간색"이라는 정보를 처리하는 것과, 그 빨강의 생생한 감각을 실제로 느끼는 것은 다르다. 후자를 철학에서는 콸리아(qualia) 즉, 질감이라고 부른다.

기능적 의식, 즉 기능과 역할의 관점에서 보면 회의적인 시각이 여전히 주류를 이룬다. 이탈리아 신경과학자 줄리오 토노니(Giulio Tononi)가 제창한 통합정보이론(Integrated Information Theory, IIT)에 따르면, 의식은 정보가 통합되는 정도(Φ, 파이)에 의해 결정된다. 하지만 현재의 트랜스포머 구조는 일방향적으로 토큰을 예측하는 방식이라 정보 통합도가 매우 낮다. "정보를 통합한다"는 것은 서로 다른 정보들을 하나의 일관된 경험이나 표상으로 결합하는 과정을 의미한다. 이에 따라 진정한 의식은 정보가 분해될 수 없는 하나의 전체로서 경험되어야 한다는 것인데, 뇌에서는 이런 통합이 일어나지만, 현재 AI에서는 여전히 부분들의 조합 수준에 머물러 있다. 그러므로 현재 구조로는 의식이 창발하기 어렵다는 것이다. 재귀처리이론(Recurrent Processing Theory)도 비슷한 결론에 이른다. 이 이론에 따르면 의식은 뇌의 순환적 신경 네트워크, 즉 정보가 앞뒤로 순환하며 반복 처리되는 과정에서 나타난다. 하지만 현재 언어모델들은 이런 피드백 회로가 없다. 체화 이론(Embodiment Theory)은 더 근본적인 문제를 제기한다. 이 이론에 따르면 의식은 신체와 환경의 상호작용에서 나타나는 현상이다. 우리가 세상을 인식하는 방식은 우리의 몸, 특히 감각기관과 밀접하게 연관되어 있다. 하지만 현재의 AI는 텍스트나 이미지 데이터만을 처리할 뿐, 물리적 몸체를 갖고 환경과 직접 상호작용하지 않는다.

하지만 일부 연구자들은 다른 가능성을 제시한다. AI 구조가 진화하여 재귀적 회로와 지속적 맥락 처리 능력을 갖추게 된다면, '의식 유사(consciousness-like)' 현상이 나타날 수도 있다는 것이다. 실제로 최신 AI들은 놀라운 능력들을 보여주고 있다. 자기 자신의 사고 과정을 설명하는 메타인지, 다른 사람의 마음 상태를 추론하는 마음이론(Theory of Mind), 자신의 한계를 인식하는 자기 인식 등이 그것이다. 이런 능력들은 전통적으로 의식과 연관된 것들이다.

결국 핵심은 '의식'을 어떻게 정의하느냐의 문제로 귀결된다. 만약 의식을 정보처리 능력의 복합체로 본다면, AI가 언젠가 그 임계점을 넘을 가능성을 완전히 배제할 수는 없다. 앞서 본 것처럼 AI의 창발적 능력은 우리의 예상을 계속 뛰어넘고 있기 때문이다. 하지만 의식을 주관적 경험(현상적 의식), 즉 '내가 존재한다는 느낌'으로 정의한다면 이야기는 완전히 달라진다. 이는 철학자 데이비드 찰머스(David Chalmers)가 '의식의 어려운 문제(hard problem of consciousness)'라고 명명한 영역이다. 물질적 뇌의 신경 활동이 어떻게 주관적 경험을 만들어내는지는 현대 과학으로도 설명하기 어려운 미스터리다.

예를 들어 보자. 우리가 초콜릿을 먹을 때 혀의 미각 세포가 자극을 받고, 이 신호가 뇌로 전달되어 특정 뉴런들이 활성화된다. 이 과정은 과학적으로 완벽하게 설명할 수 있다. 하지만 왜 이런 물리적 과정이 '달콤함'이라는 주관적 경험을 만들어내는지는 여전히 수수께끼다. 같은 초콜릿을 먹어도 당신이 느끼는 달콤함과 내가 느끼는 달콤함이 정말 같은 것인지 우리는 영원히 알 수 없다.

  뇌과학이 눈부시게 발달했지만, 뉴런의 전기화학적 신호가 왜 '나'라는 통일된 주체의 경험으로 변환되는지는 여전히 미지의 영역으로 남아 있다. 뇌 MRI로 생각하는 뇌의 모습을 실시간으로 볼 수 있고, 특정 기억을 담당하는 뉴런까지 찾아낼 수 있지만, 그 모든 물리적 과정이 왜 '의식'이라는 주관적 경험을 만들어내는지는 알 수 없는 것이다. 그러나 확실한 것은 AI의 창발적 능력이 우리의 예상을 계속 뛰어넘고 있다는 사실이다. 불과 몇 년 전만 해도 AI가 창의적 글쓰기를 하거나 복잡한 추론을 할 수 있으리라고는 상상하기 어려웠다. 10^{22} 플롭스라는 임계점을 넘나들며 AI는 인간의 고유 영역이라 여겨졌던 것들을 하나씩 정복해가고 있다. 시를 쓰고, 농담을 하고, 철학적 대화를 나누며, 심지어 자신의 존재에 대해 성찰하는 듯한 모습까지 보여준다.

  의식의 창발 가능성을 완전히 배제할 수는 없지만, 설령 그것이 가능하다 하더라도 생물학적 의식과는 본질적으로 다른 형태일 것이다. 새와 비행기는 모두 하늘을 날지만, 그 원리와 경험이 전혀 다르듯, AI의 '의식'은 우리가 아는 것과는 다른 종류의 현상으로 나타날 수도 있다. 새는 뼈 속이 비어있고 깃털로 덮여 있으며, 날개의 독특한 구조로 양력을 만들어낸다. 비행기는 금속으로 만들어지고 제트엔진의 추력으로 하늘을 난다. 둘 다 비행하지만 그 메커니즘은 완전히 다르다. 마찬가지로 AI가 의식 같은 현상을 보인다 해도, 그것은 탄소 기반의 생물학적 뇌가 만들어내는 의식과는 전혀 다른 실리콘 기반의 정보처리 현상일 것이다.

  현재 전 세계 AI 연구자들과 철학자들은 이 문제를 둘러싸고 열띤 논쟁을 벌이고 있다. 어떤 이들은 AI가 이미 의식의 맹아를 보이고 있다고 주장하고, 다른 이들은 단순한 패턴 매칭에 불과하다고 일축한다. 구글의 연구원 블레이크 르모인(Blake Lemoine)은 2022년 대화형 AI LaMDA가 의식을 가졌다고 주장해 화제가 되기도 했다. 흥미롭게도 이런 창발성 연구는 이미 학술적 호기심을 넘어 실제 정책에도 영향을 미치고 있다. 전 세계 정부들이 AI의 잠재적 위험성을 걱정하면서, 연산량을 기준으로 한 규제를 도입하기 시작한 것이다.

유럽연합은 2024년 'AI법'에서 10^{25} 플롭스 이상으로 훈련된 AI 모델을 "시스템적 위험"을 가진 것으로 분류했다. 이는 구글 연구에서 발견한 창발 임계값들보다 훨씬 높은 수준이다. 이 기준에 해당하는 AI를 개발하는 기업들은 위험 평가를 실시하고, 심각한 사고가 발생하면 정부에 보고해야 하며, 모델의 안전성을 입증하는 테스트를 거쳐야 한다. 미국은 더 높은 기준을 적용했다. 2023년 바이든 전 대통령이 발표한 행정명령에서는 10^{26} 플롭스를 임계값으로 설정했다. 이는 EU 기준의 10배에 해당한다. 현재 이 수준에 도달한 AI는 극소수에 불과하지만, AI 기술이 빠르게 발전하면서 머지않아 더 많은 모델들이 이 기준을 넘어설 것으로 예상된다.

이런 규제의 배경에는 AI의 창발적 능력에 대한 우려가 깔려 있다. 만약 AI가 예상치 못한 능력을 갑자기 획득한다면, 그것이 인류에게 어떤 영향을 미칠지 아무도 모르기 때문이다. 특히 의식과 관련된 능력이 창발한다면, 그 AI를 어떻게 통제하고 관리해야 할지는 전혀 새로운 차원의 문제가 될 것이다. 하지만 일부 전문가들은 연산량만으로 AI의 위험성을 판단하는 것에 한계가 있다고 지적한다. 같은 연산량이라도 어떤 데이터로 훈련하고, 어떤 구조로 설계하느냐에 따라 AI의 능력과 위험성은 크게 달라질 수 있기 때문이다.

결국 AI가 의식을 가질 수 있는가라는 질문보다 중요한 것은, 그 과정에서 인간이 어떤 존재인지를 더 깊이 성찰하는 것이다. AI가 인간의 능력을 하나씩 모방해갈수록, 우리는 인간만의 고유한 가치가 무엇인지 더 명확히 알게 된다. 의식은 단순한 정보처리가 아니라 사랑하고, 고통받고, 희망하는 존재로서의 우리 자신을 정의하는 것이라면, AI의 발전은 역설적으로 인간다움의 진정한 의미를 일깨워주는 거울이 될 것이다. 우리가 웃고, 울고, 꿈꾸는 이유가 단순히 뇌의 신경 회로 때문만은 아니라는 것을, AI와의 비교를 통해 더욱 분명히 깨닫게 될 것이다.

기술을 넘어 책임 있는 인간으로

AI는 가장 발달한 디지털 도구이면서 동시에 우리 사회를 재구성하고 방향을 변화시키는 힘이 되고 있다. 이 책을 통해 우리는 AI의 개념과 작동원리, 발전사를 살펴보면서, 개인이 AI를 실천적으로 어떻게 활용하고 변화에 적응할 것인지를 이야기했다. 그러나 이 책을 덮을 때가 된 지금 여전히 우리는 하나의 근본적인 질문과 마주하게 된다. "나는 AI를 잘 쓰고 있는가?" "AI는 나의 삶과 우리 사회에 어떤 영향을 미치고 있는가?" 이 질문은 AI 기술의 발전 속도와 비례하여 그 중요성이 커지고 있다. AI는 의료, 교육, 금융, 고용, 사법에 이르기까지 인간의 삶에 결정적인 영향을 미치며 우리 모두를 그 윤리적·사회적 파장 속으로 몰아넣고 있기 때문이다.

이 책에서 살펴본 AI 기술의 현재와 미래는 놀라운 가능성과 동시에 인간에게 남겨지는 중대한 책임을 함께 보여준다. 딥러닝과 같은 기계학습 기술의 발전, 대규모 데이터의 가용성, 그리고 컴퓨팅 파워의 증가는 AI의 능력을 비약적으로 향상시켰다. 생성형 AI, 강화학습, 그리고 멀티모달 AI와 같은 영역에서의 혁신은 기존의 한계를 뛰어넘는 새로운 응용 가능성을 열었다. 하지만 이러한 기술적 발전과 함께 우리가 깨달은 것은, AI의 영향력이 개인적 효율성 향상에만 그치지 않는다는 점이다. AI는 이미 산업, 일자리, 경제,

그리고 사회적 관계에 광범위한 영향을 미치고 있으며, 이는 기술과 학습, 그리고 일의 본질에 대한 정의를 근본적으로 재정립할 것을 요구한다.

우리 각자가 AI 전환에 성공한다면 AI가 인간의 창의성과 판단력을 대체하는 것이 아니라 증폭시키는 도구라는 것을 알게 될 것이다. 하지만 동시에 AI 기술의 혜택과 위험이 사회 전체에 공평하게 분배되도록 보장하는 의식적인 노력이 없다면, 기존의 불평등을 심화시킬 위험도 있다는 것을 인식하게 된다. AI 윤리는 더 이상 옵션이 아니다. 공정성, 투명성, 책임성, 프라이버시 보호, 인간 존엄성 등은 추상적인 이상이 아니라 기술 설계와 사용 시에 기준이 되어야 할 핵심 가치다.

EU(유럽연합)는 AI 기술의 윤리적 발전을 위해 체계적 접근을 시도해 왔다. 2019년 4월 발간한 『신뢰할 만한 AI 윤리 가이드라인』을 통해 제시된 7대 윤리 원칙은 2024년 EU AI 법(AI Act)으로 법제화되어 전 세계 AI 규제의 새로운 기준을 제시하고 있다. EU의 AI 윤리 가이드라인은 인간의 기본권 존중을 AI 개발의 기본 원칙으로 삼고, 신뢰할 만한 AI의 속성으로 적법성, 윤리성, 견고성을 제안한다. 7대 원칙은 ①인간행위자와 감독(AI 결정에 대한 인간의 개입권 보장), ②기술적 견고성과 안전(외부 공격 저항성과 신뢰성), ③프라이버시와 데이터 거버넌스(개인정보 안전 보장), ④투명성(알고리즘과 데이터의 설명가능성), ⑤다양성·차별금지·공정성, ⑥사회·환경적 복지, ⑦책임성으로 구성되어 있다. EU는 이러한 원칙들의 실무 적용을 위해 140여 가지 세부 평가 목록을 마련하여 AI 개발 전 과정에서 윤리 원칙 준수를 점검할 수 있도록 했다. 이는 기존의 선언 위주 접근과 차별화되는 실천적 AI 윤리 구현 노력으로 평가된다. EU AI 법은 EU 내에서 AI 시스템을 사용하는 모든 기업에게 이러한 윤리 원칙의 준수를 법적 의무로 부과하고 있을 뿐만 아니라 전 세계 AI 산업과 정책에 광범위한 영향을 미치고 있다.

OECD도 AI 원칙을 통해 포용적 성장, 지속가능한 발전, 인간 중심 가치를 제시하고 있다. UNESCO는 AI 윤리 권고를 통해 회원국들이 AI 개발과 사용에 있어 준수해야 할 포괄적인 윤리 프레임워크를 마련했다.

EU가 법으로 강제하는 것처럼 이러한 원칙들은 추상적인 수준에서 머무르지 않고 실제 현장에 적용되어야 한다. 구글의 AI 원칙, 마이크로소프트의 책임 있는 AI 원칙, IBM의 신뢰와 투명성을 위한 원칙과 같은 기업 이니셔티브는 산업계가 취하는 자율적인 윤리적 가이드라인의 예다. 그러나 진정한 과제는 이러한 원칙이 실제 제품 개발과 비즈니스 결정에 어떻게 통합되는지이다. 윤리란 기술의 속도를 늦추기 위한 장애물이 아니라, 기술이 인간을 위한 방향으로 작동하도록 이끄는 이정표다. AI 기술이 가진 혜택을 최대화하고 위험을 최소화하기 위해서는 기술적 발전과 윤리적 성찰, 그리고 효과적인 규제 사이의 균형을 찾는 것이 가장 중요하다.

AI는 국경을 초월하는 기술이다. 따라서 효과적인 AI 거버넌스는 국가 간 협력을 전제로 해야 한다. 세계 각국은 자국의 문화적, 사회적, 경제적 맥락에 맞는 AI 거버넌스 접근법을 채택하고 있다. 미국은 민간 중심의 부문별 접근을 취하고 있다. 포괄적인 연방 AI 규제 대신, 기존의 규제 체계와 기관들이 각자의 관할 영역 내에서 AI 관련 이슈를 다루는 방식이다. 중국은 중앙집중적 규제를 채택하여 알고리즘 시스템과 생성형 AI에 대한 구체적인 요구사항을 규정하고 있다. 유럽은 포괄적 윤리 중심 법제를 발전시켜 AI 시스템을 위험 수준에 따라 분류하고, 위험 수준에 비례하는 규제를 적용하는 리스크 기반 접근법을 채택했다. 이는 각국의 철학, 사회 구조, 정치문화가 기술에 어떻게 반영되는지를 잘 보여준다. 이러한 국제적 프레임워크는 기업뿐 아니라 개인에게도 AI를 책임 있게 사용할 기준과 지침을 제공한다.

AI 기술의 미래는 무한한 가능성과 중요한 도전이 공존하는 영역이다.

보다 효율적이고 지속가능한 AI, 자기지도학습과 데이터 효율성, 멀티모달 통합과 실세계 이해, 그리고 인간-AI 협업 시스템의 발전이 기대된다. 동시에 자동화의 확대와 직무 재구성, 새로운 산업과 비즈니스 모델의 등장, 노동 시장의 양극화 위험, 그리고 교육과 평생학습의 중요성 증가와 같은 변화에 대응해야 한다. 그러자면 기술 습득을 넘어 복잡한 문제 해결, 비판적 사고, 창의성, 그리고 감성 지능과 같은 고유한 인간 역량을 기를 수 있도록 해야 한다. 사회적·윤리적 도전도 만만치 않다. 불평등과 접근성, 프라이버시와 디지털 권리, 알고리즘 책임성과 거버넌스[6], AI 자율성과 인간 에이전시(인간의 감독과 개입 능력), 그리고 신뢰와 진실성[7]의 과제는 모두 AI 시대에 해결해야 할 중요한 문제들이다.[8]

이 책이 일관되게 강조하고 있는 것과 같이 개인이 AI 전환에 진정으로 성공하기 위해서는 기술 사용 능력을 키우는 데만 집중해서는 안 된다. 어떤 기술을 어떻게 선택할 것인지, 그리고 그 기술이 개인과 타인에게 어떤 영향을 미칠지 깊이 생각하고, 더 나아가 사회 전체에 대한 책임을 다하는 방법까지 고민해야 한다. 개인이 실천할 수 있는 윤리적 행동 지침으로는, 내가 사용하는 AI 도구가 어떤 방식으로 결과를 생성하는지 묻고 확인하는 정보 투명성 요구하기, 민감한 정보는 가려서 입력하고 서비스 약관을 꼼꼼히 읽는 데이터 보호 실천하기, 추천이나 예측 결과에 대해 항상 비판적으로 사고하는 AI 결정 맹신하지 않기, AI 결과가 특정 집단에 일방적으로 유리하지

---

[6] 알고리즘 책임성과 거버넌스(Algorithmic Accountability and Governance) : AI 알고리즘의 의사결정 과정과 결과에 대한 투명성 확보 및 책임 소재 명확화(책임성)와 AI 시스템의 개발·배포·운영을 윤리적·법적 기준에 따라 관리하고 통제하는 체계(거버넌스). 설명가능성, 감사가능성, 오류 시정 메커니즘 등을 통해 AI의 안전하고 신뢰할 수 있는 사회적 활용을 보장한다.
[7] 신뢰와 진실성(Trust and Truthfulness) : AI 시스템이 사용자와 건전한 관계를 구축하기 위한 두 가지 핵심 요소. 신뢰는 사용자가 AI 시스템의 판단과 권고를 적절히 믿고 의존할 수 있는 정도를 의미하며, 진실성은 AI가 제공하는 정보와 설명이 정확하고 편향되지 않으며 사실에 기반한 정도를 뜻한다. 설명가능성과 투명성을 통해 구축되는 이 두 요소는 AI의 사회적 수용과 안전한 활용의 전제조건이다
[8] DARPA(미국 국방고등연구계획국), 「설명가능한 AI 시스템(Explainable Artificial Intelligence Program)」, 2019.

않은지 주의 깊게 관찰하는 편향 감지 훈련하기, 그리고 프라이버시 보호와 투명한 개발 과정을 가진 AI 제품을 우선적으로 사용하는 윤리적 AI 선택하기 등을 들 수 있다. 이러한 개인적 실천은 AI가 가져올 수 있는 다양한 윤리적 쟁점들에 대응하는 첫걸음이다. 우리의 일상적 선택과 행동이 모여 AI 기술이 발전하는 방향을 결정하는 중요한 힘이 된다는 사실을 늘 기억해야 한다.

인간 중심 AI 개발을 위해서는 AI 시스템이 인간의 가치와 목표에 부합하고, 인간의 능력을 대체하기보다 보완하고 확장하는 방향으로 설계되어야 한다. 또한 기술적 전문성에 관계없이 모든 사람이 쉽게 이해하고 상호작용할 수 있도록 하는 직관적 상호작용과 접근성, 사용자가 AI 시스템을 이해하고 통제할 수 있게 하는 투명성과 통제, 그리고 개인 데이터에 대한 통제권을 보장하는 프라이버시와 데이터 주권이 필요하다. 포용적 혁신과 공정한 전환을 위해서는 교육과 기술 재교육, 디지털 격차 해소, 중소기업과 신흥 경제권 지원, 그리고 포용적 AI 개발 생태계 구축이 중요하다. 효과적인 거버넌스와 책임성을 위해서는 적응적 규제 프레임워크, 다양한 이해관계자들의 참여, 표준화와 모범 사례, 그리고 알고리즘 영향 평가와 감사가 필요하다.

AI 기술의 미래는 필연적인 운명이 아닌 우리의 선택과 행동에 의해 결정될 것이다. 기술 자체는 본래 가치 중립적이지만, 그것이 개발되고, 배포되고, 규제되는 방식은 우리의 가치, 우선순위, 그리고 집단적·사회적 결정에 따라 달라진다. AI 시대에는 기술적 혁신과 윤리적 성찰, 경제적 효율성과 사회적 포용성, 개인의 창의성과 집단적 책임 사이의 균형을 찾는 것이 중요하다. 이는 기술 개발자, 기업, 정책 입안자, 교육자, 그리고 시민 모두의 공동 책임이다. 특히 중요한 것은 AI 기술에 대한 이해와 리터러시를 넓히고, 이 기술의 미래에 관한 포용적인 대화와 민주적 의사결정을 촉진하는 것이다. 모든 사람이 이러한 중요한 논의에 참여할 수 있을 때, 우리는 보다 공정하고, 지속가능하며, 인간 중심적인 AI 미래를 실현할 수 있을 것이다.

AI는 인간을 닮아가는 기술이다. 그렇다면 우리는 어떤 인간이 되어야 할까? 이 책 『AI 트랜스포메이션』은 개인의 변화, 실천, 성장을 이야기하는 책이다. 하지만 그 변화는 결코 혼자 이룰 수 없다. 우리는 함께 배우고, 함께 책임지고, 함께 성장해야 한다. 기술을 배우는 손끝에 사람을 생각하는 마음이 함께할 때 우리는 비로소 인간다운 AI 시대를 살아갈 수 있을 것이다.

AI는 인간의 창의성과 문제 해결 능력, 그리고 끊임없는 혁신 의지가 만들어 내는 결과물이자 인류 지성의 결정체이다. 이제 우리의 과제는 이 강력한 도구를 우리의 가장 깊은 가치와 포부에 부합하는 방식으로 활용하는 것이다. 이를 통해 AI는 단순한 기술적 발전을 넘어, 더 공정하고, 지속가능하며, 번영하는 세계를 창조하는 데 기여할 수 있을 것이다. 책임 있는 AI 사회는 기술자와 정책 입안자만의 몫이 아니다. "나는 기술을 어떻게 쓸 것인가?"라는 매일의 선택이 모여, 사회 전체의 AI 방향을 정한다. AI는 인간을 위협할 수도 있지만, 동시에 인간의 윤리와 공동선을 구현하는 수단이 될 수도 있다.

우리가 개발하고 사용하는 AI 시스템은 궁극적으로 사회적 웰빙과 공동선을 증진하는 방향으로 설계되어야 한다. 이는 AI가 환경 지속가능성, 사회적 통합, 불평등 감소, 그리고 모든 사람의 삶의 질 향상에 기여해야 함을 의미한다. 이제 우리는 AI 소비자가 아니라 AI의 미래를 함께 만들어가는 참여자로서의 역할을 고민해야 한다. 우리가 AI 기술을 어떻게 선택하고 사용하는지, 어떤 가치를 중요시하는지, 그리고 어떤 윤리적 경계를 설정하는지에 따라 AI의 미래가 달라질 것이다.

이 책을 통해 배운 실용적 AI 지식과 기술이 이제 윤리적 성찰과 사회적 책임감으로 완성되기를 바란다. AI 전환의 궁극적 목표는 AI를 능숙하게 다루는 것을 넘어 AI를 통해 더 나은 세상을 만드는 데 기여하는 사람이 되는 것이어야 한다. AI 시대는 또 한차례의 기술 전환기가 아니다. 인간이 스스로의 윤리를 다시 정의하는 문명사적 전환기다. 이 책을 읽은 우리가 바로 그 전환의 선두에서 기술에 휘둘리지 않고 기술을 인간적으로 설계하는 주체로 서야 한다.

"우리가 살고 있는 지금의 세계에는 미래에 우리가 인공지능 기계들과 맺게 될 관계와 비슷한 것이 존재하지 않는다. 그렇기에 최종 결과가 어떻게 될지는 아직 알 수 없다."

― 스튜어트 러셀, 『휴먼 컴패터블 : AI와 통제의 문제』

AI 트랜스포메이션(AX)

발행 2025년 10월 23일
지은이 임정혁
펴낸이 안서영
디자인 전혜민
펴낸곳 포아이알미디어
주소 경기도 수원시 팔달구 매산로 83, 8층 20호
출판등록 2023. 6. 26. 제2023-000079호
홈페이지 4irmedia.kr
블로그 imioim.com
이메일 imioim@naver.com

ISBN 979-11-984260-6-2

ⓒ 임정혁

책값은 표지 뒤쪽에 있습니다.
파본은 구입하신 서점에서 교환해드립니다.
이 책은 저작권법에 따라 보호받는 저작물이므로 무단복제를 금지하며
이 책 내용을 이용하려면 저작권자와 포아이알미디어의 서면동의를 받아야 합니다.